国家哲学社会科学成果文库
NATIONAL ACHIEVEMENTS LIBRARY
OF PHILOSOPHY AND SOCIAL SCIENCES

中古丧葬模式与礼仪空间
（上）

李梅田 著

上海古籍出版社

责任编辑：缪　丹
封面设计：严克勤
版式设计：耿莹祎
责任校对：王舒平

图书在版编目(CIP)数据

中古丧葬模式与礼仪空间/李梅田著.—上海：
上海古籍出版社,2023.5
ISBN 978-7-5732-0711-1

Ⅰ.①中… Ⅱ.①李… Ⅲ.①葬俗－研究－中国－中古　Ⅳ.①K892.22

中国国家版本馆CIP数据核字(2023)第075900号

国家哲学社会科学成果文库
中古丧葬模式与礼仪空间
BURIAL MODES AND RITUAL SPACES IN MEDIEVAL CHINA
李梅田　著
上海古籍出版社出版发行
(上海市闵行区号景路159弄1-5号A座5F　邮政编码201101)
（1）网址：www.guji.com.cn
（2）E-mail：guji1@guji.com.cn
（3）易文网网址：www.ewen.co
上海盛通时代印刷有限公司印刷
开本710×1000　1/16　印张44.75　插页12　字数591,000
2023年5月第1版　2023年5月第1次印刷
ISBN 978-7-5732-0711-1
K·3378　定价：268.00元
如有质量问题，请与承印公司联系

《国家哲学社会科学成果文库》
出版说明

  为充分发挥哲学社会科学优秀成果和优秀人才的示范引领作用，促进我国哲学社会科学繁荣发展，自 2010 年始设立《国家哲学社会科学成果文库》。入选成果经同行专家严格评审，反映新时代中国特色社会主义理论和实践创新，代表当前相关学科领域前沿水平。按照"统一标识、统一风格、统一版式、统一标准"的总体要求组织出版。

全国哲学社会科学工作办公室

2023 年 3 月

目 录

前　言　/ 001

上　卷

第一章　认识墓葬：墓葬考古研究方法论的回顾　/ 003
　　一、考古学理论下的墓葬研究　/ 003
　　　　1. 从文化历史考古学到新考古学　/ 004
　　　　2. 后过程考古学　/ 007
　　　　3."过渡礼仪"理论　/ 008
　　二、作为礼制的墓葬研究　/ 011
　　三、作为礼仪空间的墓葬研究　/ 018
　　四、作为观念史的墓葬研究　/ 022
　　五、本书的思路与结构　/ 026

第二章　魂魄所归：丧葬礼仪的象征性　/ 029
　　一、魂魄二元论　/ 029

二、招魂礼 / 031

三、寓情于礼的丧葬礼仪 / 035

四、藏形于墓 / 038

五、安魂于庙 / 041

六、墓祭引起的墓葬功能转变 / 045

七、小结 / 049

第三章　黄泉之下：先秦至西汉井椁式的丧葬模式 / 060

一、黄泉与幽都 / 060

二、藏形的井椁 / 063

　　1. 史前木椁的出现 / 063

　　2. 殷商井椁的构筑 / 064

　　3. 周代井椁的变革 / 069

　　4. 秦汉时期的井椁 / 074

　　5. 墓道的礼仪功能 / 079

三、陈器之道 / 081

　　1. 器物的来源 / 081

　　2. 器物的礼仪含义 / 083

四、丧葬美术的兴起 / 090

　　1. 葬具画像 / 090

　　2. 漆器画像 / 094

　　3. 帛画 / 096

五、小结 / 100

第四章　宅第内外：汉代宅第化的丧葬模式　/ 112

一、秦汉帝陵陵园空间　/ 112
1. 秦始皇陵开创的陵寝制度　/ 112
2. 西汉陵寝制度　/ 116
3. 东汉陵寝制度的变革　/ 125

二、墓室的宅第化　/ 134
1. 空间形态的新旧转变　/ 134
2. 西汉诸侯王墓的宅第化　/ 138
3. 东汉宅第墓室的普及　/ 144

三、祭祀空间的配置　/ 149
1. 墓地的祭祀设施　/ 149
2. 墓内的祭祀空间　/ 154

四、陈器之道的转变　/ 169

五、丧葬美术的勃兴　/ 173
1. 画像的原境与主题　/ 174
2. 画像的结构与叙事　/ 189

六、丧葬中的道教与佛教元素　/ 195
1. 道教元素　/ 195
2. 佛教元素　/ 211

七、小结　/ 214

第五章　微缩宇宙：魏晋变革下的丧葬模式　/ 219

一、魏晋模式的形成　/ 219
二、墓室空间形态　/ 227
1. 墓室的单室化　/ 227

2. 魏晋模式的传播　/ 234

三、墓内祭祀与空间营造　/ 241

四、魏晋墓室画像　/ 246

　　1. 河西地区　/ 248

　　2. 东北地区　/ 255

　　3. 南方地区　/ 268

五、遣策与随葬之物　/ 269

六、小结　/ 275

下　卷

第六章　复古创新：南北朝地域社会中的丧葬模式　/ 281

一、地域社会中的丧葬模式　/ 281

二、墓地空间与设施　/ 300

　　1. 从平城到洛阳　/ 300

　　2. 邺城与长安　/ 309

　　3. 建康地区　/ 311

三、墓室空间　/ 317

　　1. 平城　/ 317

　　2. 洛阳　/ 324

　　3. 邺城与晋阳　/ 329

　　4. 长安与原州　/ 335

　　5. 建康与襄阳　/ 339

四、丧葬图像的场景与主题　/ 342

1. 北朝石葬具画像 / 342

　　　2. 北朝墓室壁画 / 387

　　　3. 南朝画像砖 / 409

　五、若即若离的佛教与丧葬 / 426

　　　1. 佛教图像在墓室空间中的意义 / 428

　　　2. 平城墓葬中的佛教意涵 / 430

　　　3. 佛殿式的墓室：邢合姜石椁 / 436

　　　4. 仙佛同墓：长川 1 号墓 / 443

　　　5. 墓寺一体：方山陵园 / 447

　　　6. 以窟为墓：瘗窟 / 449

　　　7. 佛教与丧葬的"边界"与"合作" / 452

　六、小结 / 456

　　　1. 地域传统的形成 / 456

　　　2. 空间形态 / 457

　　　3. 石葬具画像 / 459

　　　4. 墓室壁画 / 460

　　　5. 佛教对传统丧葬的影响 / 462

第七章　秩序重建：隋唐一统下的丧葬模式 / 478

　一、陵园空间的承旧与创新 / 479

　　　1. 空间布局的演变 / 479

　　　2. 等级秩序的形成 / 492

　　　3. 陵园内的礼仪活动 / 495

　二、地下的墓室空间 / 498

　　　1. 隋代的埋葬方式 / 499

2. 唐墓的等级秩序 / 505

三、画像的配置与内容 / 518

  1. 石葬具画像 / 518

  2. 墓室壁画的空间意涵 / 540

四、关中模式的对外辐射 / 579

  1. 京畿以外的高等级唐墓 / 580

  2. 漠北突厥贵族墓 / 593

五、小结 / 597

第八章 结语：不知死，焉知生？ / 601

一、中古生死观的变迁 / 601

二、反思墓葬研究的目的 / 609

三、刍议死亡考古学 / 612

  1. 丧葬空间 / 612

  2. 丧葬仪式 / 616

  3. 丧葬观念 / 622

参考文献 / 625

插图索引 / 683

表格索引 / 691

后　记 / 693

Summary / 695

CONTENTS

Preface / 001

Chapter 1 Understanding Burials: A Review of the Theories on Burial Archaeology / 003
- I. Archaeological Theories on Burials / 003
    - i. From Historical Archaeology to New Archaeology / 004
    - ii. Post-Processual Archaeology / 007
    - iii. Theory of "Rite of Passage" / 008
- II. Burials and Ritual Systems / 011
- III. Burials and Ritual Spaces / 018
- IV. Burials and Concept History / 022
- V. Ideas, Methodology and Outline / 026

Chapter 2 Where the Soul Belongs: Symbolism of Funeral Rites / 029
- I. Dualism of Bodily Soul and Spiritual Soul / 029
- II. Ceremony of Soul-Summoning / 031
- III. Funeral Rites with Emotion / 035
- IV. Hiding the Bodily Soul in a Tomb / 038
- V. Resting the Spiritual Soul in a Temple / 041
- VI. Sacrificial Offering at the Cemetery and Changing of Tomb's Function / 045
- VII. Conclusion / 049

Chapter 3 Beneath the Yellow Spring: The Burial Mode from the Pre-Qin Period to the Western Han Dynasty / 060

  I. The Yellow Spring and the Dark Necropolis / 060
  II. Well-Shaped Outer Coffin for Hiding the Body / 063
   i. Occurrence of Well-Shaped Coffins in Prehistorical Tombs / 063
   ii. Construction of Well-Shaped Coffins During the Shang Dynasty / 064
   iii. Reform of the Well-Shaped Coffins During the Zhou Dynasty / 069
   iv. Burials with the Well-Shaped Coffins During the Qin & Han Dynasties / 074
   v. Ceremonial Function of a Tomb Passageway / 079
  III. Principles of Burial Objects / 081
   i. The Multiple Sources of Burial Objects / 081
   ii. The Ritual Implications of Burial Objects / 083
  IV. Emergence of Funerary Art / 090
   i. Paintings on Coffins / 090
   ii. Paintings on Lacquerwares / 094
   iii. Paintings on Silks / 096
  V. Conclusion / 100

Chapter 4 Underground Residencies: The Burial Mode of House-Modeled Tombs During the Han Dynasty / 112

  I. Spatial Layout of Imperial Mausoleums in the Qin & Han Dynasties / 112
   i. Mausoleum System of Emperor Qin Shihuang / 112
   ii. Mausoleum System of the Western Han Dynasty / 116
   iii. Reform of Mausoleum System During the Eastern Han Dynasty / 125
  II. The House-Modeled Tomb Chambers / 134
   i. Transformation of Tomb Chambers' Structures / 134
   ii. Occurrence of House-Modeled Chambers in Princely Tombs During the Western Han Dynasty / 138
   iii. Popularization of House-Modeled Chambers in Princely Tombs During the Eastern Han Dynasty / 144
  III. Arrangement of the Ritual Spaces / 149

         i. The Ground-Level Ritual Space in a Cemetery / 149
         ii. The Subterranean Ritual Space in a Tomb / 154
    IV. Changing of the Principles of Burial Objects / 169
    V. Prosperity of the Funerary Art / 173
         i. Context and Motifs in Pictorial Representations / 174
         ii. Programs and Narratives in Pictorial Representations / 189
    VI. Buddhist and Taoist Elements in Funerary Practices / 195
         i. Taoist Elements / 195
         ii. Buddhist Elements / 211
    VII. Conclusion / 214

Chapter 5   Microcosm: The Burial Mode during the Wei-Jin Period / 219
    I. Formation of the Wei-Jin Mode / 219
    II. Tomb Chamber's Spatial Forms / 227
         i. Single Chamber Tomb / 227
         ii. Spread of the Wei-Jin Mode / 234
    III. Ritual Space and Spatial Layout in Tombs / 241
    IV. Burial Pictorial Representations during the Wei-Jin Period / 246
         i. Hexi Corridor / 248
         ii. Northeast Region / 255
         iii. Southern Region / 268
    V. Burial Goods Inventory and Tomb Accompaniments / 269
    VI. Conclusion / 275

Chapter 6   Retro Practices and Innovations: The Funeral Modes in Regional Societies During the Northern & Southern Dynasties / 281
    I. Burial Modes in Regional Societies / 281
    II. Cemetery Space and Facilities / 300
         i. From *Pingcheng* to *Luoyang* / 300
         ii. *Yecheng* and *Chang'an* / 309
         iii. *Jiankang* / 311

III. Underground Burial Spaces / 317

    i. *Pingcheng* / 317

    ii. *Luoyang* / 324

    iii. *Yecheng* and *Jinyang* / 329

    iv. *Chang'an* and *Yuanzhou* / 335

    v. *Jiankang* and *Xiangyang* / 339

IV. Scenes and Themes in Funeral Images / 342

    i. Stone Coffin Images of the Northern Dynasties / 342

    ii. Tomb Chamber Murals of the Northern Dynasties / 387

    iii. Image Bricks of the Southern Dynasties / 409

V. The Ambiguous Relationship between Buddhism and Funerary Practices / 426

    i. The Meaning of Buddhist Images in Burial Spaces / 428

    ii. Buddhist Connotations in *Pingcheng* Burials / 430

    iii. A Buddhist Hall-Style Tomb Chamber: The *Xinghejiang* Stone Outer Coffin / 436

    iv. Co-Locating Immortals and Buddhas in Tombs: The *Changchuan* Tomb No.1 / 443

    v. Integration of Tombs and Temples: The *Fangshan* Imperial Cemetery / 447

    vi. Using the Grotto as a Tomb: The Burials in Buddhist Caves / 449

    vii. The "Boundaries" and "Collaboration" between Buddhism and Funeral Practices / 452

VI. Conclusion / 456

    i. The Formation of Regional Traditions / 456

    ii. Spatial forms / 457

    iii. Stone Coffin Images / 459

    iv. Tomb Chamber Murals / 460

    v. The influence of Buddhism on Traditional Funerary Customs / 462

Chapter 7 Reconstructing Order: The Burial Mode under the Unified Sui & Tang Dynasties / 478

    I. The Evolution and Innovation of the Spatial Layout of Cemeteries / 479

  i. Changing of Spatial Layout / 479
  ii. Formation of Hierarchical Order / 492
  iii. Ceremonial Activities in Cemeteries / 495
 II. Underground Burial Spaces / 498
  i. Burial Methods during the Sui Dynasty / 499
  ii. Hierarchical Order of Tang Tombs / 505
 III. Configuration and Content of Tomb Paintings / 518
  i. Pictorial Representation on Stone Coffins / 518
  ii. Spatial Significance of Tomb Murals / 540
 IV. The Radiation of the Capital Model / 579
  i. High-Level Tang Tombs Outside the Capital Region / 580
  ii. Tombs of Turko-Mongol Elites in the Far North / 593
 V. Conclusion / 597

Chapter 8 Conclusion: Can Life be Understood Without Understanding Death? / 601
 I. The Changing Concept of Life & Death / 601
 II. Rethinking the Purpose of Burial Archaeology / 609
 III. A Preliminary Discussion on "Archaeology of Death" / 612
  i. Burial Spaces / 612
  ii. Burial Rites / 616
  iii. Concepts of Life & Death / 622

Bibliography / 625

Index of Illustrations / 683

Index of Tables / 691

Epilogue / 693

Summary / 695

在昔无酒饮，今但湛空觞。春醪生浮蚁，何时更能尝！肴案盈我前，亲旧哭我傍。欲语口无音，欲视眼无光。昔在高堂寝，今宿荒草乡。荒草无人眠，极视正茫茫。一朝出门去，归来良未央。

——陶渊明《挽歌诗》

前　言

南朝刘宋元嘉七年（430），彭城王刘义康在整修他的东府城时，发现了一座古冢。古冢不见封土，无砖瓦，内有一椁二棺，棺上有图画而不可识，又有木俑20余件、五铢钱百余枚，还有甘蔗、梅、李等果实残骸，未见墓志。这是一次类似于今天"基建考古"的发现。可以想见当时刘义康们的震惊与疑惑，这是一座对他们来说完全陌生的古墓。虽然对墓葬的主人和时代百思不得其解，但他们还是对古墓进行了妥善的处理，给予了重新安葬，因不知墓主姓名而假其名号曰"冥漠君"，以豚酒祭之。当世名士谢惠连还为此撰写了一篇文采斐然的祭文，这就是我们在《昭明文选》里读到的《祭古冢文》[1]。

祭文先描绘了古墓发现时的情形：

东府掘城北堑，入丈余，得古冢。上无封域，不用砖甃，以木为椁，中有二棺，正方，两头无和。明器之属，材瓦铜漆有数十种，多异形，不可尽识。刻木为人，长三尺可，有二十余头。初开见，悉是人

---

1 ［梁］萧统编，［唐］李善等注：《六臣注文选》卷60《祭古冢文》，中华书局影印本，1987年，下册，1122—1123页。

形，以物㧣拨之，应手灰灭。棺上有五铢钱百余枚，水中有甘蔗节及梅李核，瓜瓣皆浮出，不甚烂坏。铭志不存，世代不可得而知也。公命城者改埋于东冈，祭之以豚酒。既不知其名字、远近，故假为之号曰"冥漠君"云尔。

随即发出一连串的追问：

追惟夫子，生自何代？曜质几年？潜灵几载？为寿为夭？宁显宁晦？铭志湮灭，姓字不传，今谁子后？曩谁子先？功名美恶，如何蔑然？

这些是对墓主人生前生活的追问：哪个朝代的人？阳寿几何？曾经显贵抑或贫贱？父母子女都是谁？如何评价他或她的一生？5世纪的南朝人由一堆遗存想到了数百年前的墓主及其生命与死亡。这种追问跟我们今天所说的"透物见人"相似，是一种"考古学式的追问"。

对于这座古墓，今天的考古学家自然比南朝人要知道的多得多。比如，根据遗存很容易判断它是一座西汉时期的古墓，墓主可能是一位具有一定社会地位的官员或贵族，采取的是竖穴土坑木椁墓的埋葬方式。假如我们还有机会对出土的食物残骸进行鉴定，或对棺画、随葬器物进行研究，必然还可得到更多、更生动的信息。就像1972年长沙马王堆汉墓被发现后，考古学家对墓主的认识一样：墓主是西汉长沙国丞相轪侯的夫人，名叫辛追，是一位锦衣玉食的贵妇，大约50岁去世，A型血，生前患有冠心病等多种疾病，在公元前168年左右的一个瓜果飘香的夏季猝然去世。至于她的死因，很可能是因消化不良引发了冠心病，因为她的胃里还残留着未消化的果实[1]。

---

[1] 湖南省博物馆、中国科学院考古研究所：《长沙马王堆一号汉墓》，文物出版社，1973年。

对于辛追墓葬的研究，考古学家至今乐此不疲，不但从出土的简牍文字了解了她的身世，还从随她入墓的饮食、器物和画像，对她所处的时代提出了一连串的追问：辛追处在一个什么样的社会？她的时代是如何看待死亡和处理死亡的？那些打包整齐、整装待发的竹箱预示着一段什么样的"旅程"？辛追的埋葬方式与南朝刘义康所见的古墓大同小异，南朝人在重新安葬这座西汉古墓时，必定是按照他们熟知的礼仪来进行的，那么他们是否意识到，南朝与西汉在丧葬方式上已经大不相同？又是什么原因造成了丧葬方式的改变？

埃及帝王谷的图坦卡蒙（Tutankhamun）金字塔是唯一未被洗劫的法老陵墓，墓主是公元前14世纪的古埃及新王国第18王朝的法老。整座陵墓由前室、主室、耳室及仓库组成，主室内除了黄金覆盖的石质棺椁、木乃伊和黄金面具外，还充斥着各类衣物、食品、葡萄酒、器皿等物，所有物品皆井然有序地陈列着，整装待发，似乎要开启一段由战车引领的远行[1]。如此奢华的埋葬自然表达了法老曾经的权势与荣耀，但对考古学家而言，似乎还需要更深层次的思考：他要去向何方？死亡对古埃及人来说意味着什么？考古学家认为法老的陵墓体现了古埃及人观念中生与死、灵与肉、王国与宇宙的多个二元统一[2]。

极尽奢华的埋葬方式在古代中国也十分常见，一些为中国人耳熟能详的帝王级别墓葬堪称奢华，醒目的墓地建筑、宏大的墓室和丰厚的随葬品遵守着不同时代的埋葬规范，墓室的空间设计、随葬品的配置、遗体的处理等一切丧葬行为都受制于一定的埋葬规范，而这个规范的思想基础就源于人们对于死亡的态度和对于来世的想象。考古学家的工作就是从这些可见的遗存来

---

1 Aidan Dodson, Salima Ikram. *The Tomb in Ancient Egypt: Royal and Private Sepulchres from the Early Dynastic Period to the Romans*. Thames & Hudson, Ltd, London, 2008, pp. 241–246.
2 Mike Parker Pearson. *The Archaeology of Death and Burial*, Sutton Publishing Ltd, 1999, p. 58.

"观看"不可见的丧葬行为，探索不同文化背景下人们处理死亡的方式和对待死亡的态度，以及这些方式和态度反映的社会生活状况和意识形态。

死亡是人类永恒的话题，对死亡的恐惧与焦虑与对生命的期望一样，伴随着人的一生。死亡意味着生命的终结，但是生命消失之后去往何处？考古所见的墓葬在本质上正是不同文化背景下的人类对于死亡的态度以及对于来世的想象，是社会形态、宗教信仰、技术、艺术的物质载体。墓葬不但是人类社会的物质遗存，也是人类精神世界的反映，不但关乎死，也关乎生动的人类社会。

孔子说："未知生，焉知死？"[1] 他是从"仁"的角度看待生死的，认为只有重视现实的生活与生命，才能把握死的内涵。而对今天的考古学家来说，对古人死亡世界的探究，或是进入古人生活的重要途径，丰富的墓葬遗存为我们提供了由死及生地探索古代社会的可能。从这个意义来说，墓葬考古学是一门"死亡之学（Thanatology）"，它是关于丧葬行为与生死观念的学科，它使我们可以审视古代社会的物质形态，也可以一窥古人的精神世界。

---

[1] 杨伯峻译注《论语译注·先进第十一》："季路问事鬼神，子曰：'未能事人，焉能事鬼？'曰：'敢问死。'曰：'未知生，焉知死？'"中华书局，1980年，113页。

上　卷

第一章
认识墓葬：墓葬考古研究方法论的回顾

随着田野考古工作的精细化和多种自然科学手段的介入，墓葬信息的提取能力已经大大提高，很多以往被忽视的信息被提取出来，如墓主的生物特征信息，与环境相关的动植物信息，与精神生活相关的图像信息等，但对这些信息的解释是一个更具挑战性的任务，现在人文社会科学领域的各种理论和方法都被引入到墓葬遗存的阐释中，为我们由死及生地探索古代社会提供了多样化的视角。

一、考古学理论下的墓葬研究

考古学理论可谓层出不穷，其实很多理论都是从墓葬的个案研究中提炼出来的，往往将墓葬考古定位为"死亡的考古学（Archaeology of Death）"[1]，一般采用类型学、定量分析、民族考古等方法分析墓葬遗存，关注与死亡有关（同时也与生命有关）的一切话题，如埋葬方式（Burial）、丧葬仪式（Ritual）、社会结构（Social Structure）等。考古学理论在不断发展，对于墓葬遗存的认识也在不断深入。

---

[1] Joseph L. Rife. "Review of The Archaeology of Death and Burial". *American Journal of Archaeology*. 105 (1), 2001, pp. 110–112.

1. 从文化历史考古学到新考古学

20世纪60年代新考古学理论产生之前，西方考古学多属文化历史考古学的范畴。陈胜前把文化历史考古学分为五个发展阶段，从标志着考古学诞生的汤姆森（Thomsen）"三期说"开始萌芽，到蒙特留斯（Montelius）的类型学成熟，到科西纳（Kossinna）以考古学文化概念研究德意志民族的历史渊源，到柴尔德（Childe）以考古学文化概念构建欧洲史前史体系，最后到克拉克（Grahame Clark）等人的聚落考古研究，逐渐形成了以文化的历史指代人类历史的研究范式。他认为文化历史考古学在考古材料的认识、研究范畴、解释人类行为与社会运作机制等方面，存在一定的局限性和鸿沟，但从中国的考古研究实践来看，文化历史考古学仍然具有不可替代性[1]。

中国考古学孕育于金石学，从金石学鼎盛时期的北宋来看，它主要是出于复古目的的"证经补史"，以青铜器和石刻文字来阐释古代的经典，还谈不上对古史的建构。100年前，中国考古学走上现代考古学之路后，就接受了文化历史考古学方法，开始了以考古遗存建构历史的历程。在墓葬研究上就是以墓葬遗存构建文化的历史，主要是通过划分墓葬遗存的类型、确定遗存的时间维度（分期）和空间维度（分区），以一定时空范围内的遗存共同体代表特定的文化类型。这种研究方法在进行大范围、长时段的墓葬资料处理时，是极为有效的，可以将所有残缺不全的墓葬资料都纳入研究中来，通过归纳和提炼，建立墓葬文化的时空框架。这种研究方法的有效性在很大程度上取决于类型学的运用，但是类型学在历史时期墓葬研究中似乎不如史前遗存研究那么有效，因为墓葬大多被盗扰，可用作类型学分析的遗存支离破碎，很难获得完整的器物组合。因此，历史时期的墓葬研究一般以墓葬的形制与结构来进行分类，再参考纪年材料、传世文献中的经济地理分区、朝代

---

1 陈胜前：《文化历史考古的理论反思：中国考古学的视角》，《考古》2018年第2期。

更替等因素,来构建墓葬文化的时空框架。这种研究范式虽然有助于构建墓葬代表的文化谱系,但在文化阐释上是存在局限的,实际上墓葬遗存的时空序列并不能代表文化史本身,它仅是对物质文化所作的部分归纳,基本不涉及精神文化领域,还无法对人类的丧葬行为和思想观念做出系统的阐释。因此,当墓葬遗存的时空框架搭建起来后,我们需要寻求新的途径去阐释遗存背后的丧葬行为与丧葬观念。

20世纪六七十年代在美国兴起的新考古学是对文化历史考古学的反思,以宾福德(Lewis R. Binford)为代表的新考古学派对文化历史考古学家所持的文化概念进行了辨析,认为文化不仅是实物遗存的共同体,更是人类对于环境的适应方式,考古学家应该从社会组织、技术经济、意识形态三个层面,发现和重建人类的行为,追寻文化发展的动态过程及背后的规律。在以往的文化历史考古学家看来,不同的遗存共同体也许只意味着不同时空内的文化类型,但在新考古学家看来,它们还意味着人类行为的差异。新考古学派一般通过民族考古、实验考古等"中程研究"来探讨遗存背后的人与社会,一个重要实践就是跨文化的丧葬研究,通过在世界不同地区的民族考古学调查,寻找静态的考古遗存与动态的人类行为之间的关系。宾福德通过大量的民族学调查,将社会人群划分为狩猎采集者、迁徙农业者、定居农业者、放牧者四类不同的形态,认为任何丧葬行为的形式与结构都受制于社会组织的形式及其复杂性,墓葬遗存反映了年龄、性别、社会地位、死亡状态、社会关系等多个社会维度,越复杂的社会(如定居农业),丧礼会越复杂,会从越多的角度(尸体处理与埋葬,墓葬形制、方向与位置,随葬品种类与数量)来表现死者的社会角色[1]。塞克斯(Arthur Saxe)根据在西

---

[1] L. R. Binford. "Mortuary Practices: Their Study and their Potential", in J.A. Brown, ed. *Approaches to the Social Demensions of Mortuary Practices*. New York (Memoirs of the Society for American Archaeology 25), 1971, pp. 6–29.

非、新几内亚、菲律宾的人类学调查，提出了关于丧葬行为的假设，认为墓葬各元素（地面和地下的各种物品和设施）的不同组合可能代表了与社会组织形式相关的不同社会角色，在较复杂和较简单的社会里，随葬物品的数量、种类及相关的象征意义是不同的[1]。泰恩特（Joseph Tainter）通过103个民族的资料考察了社会地位与丧葬之间的关系，发现社会地位在丧礼中主要表现在遗体处理、墓葬建筑、丧礼内容和延续时间、丧葬物品、祭祀物品等方面，他发现在90%的个案里，个人的社会地位与丧礼的能量消费等级（Energy Expenditure）成正比关系，而只有不到5%是通过随葬品来体现的[2]。

新考古学的中程研究在静态的墓葬遗存与动态的社会之间架起了一座理解的桥梁，将"透物见人"的考古学向前推进了一大步，为阐释人类行为及其结果提供了可能。但是新考古学常采用简单与复杂（simple & complex）之类的概念来概括考古遗存与现生民族，简单意味着公平，复杂意味着等级森严，后者代表了人类社会进化的高级形态，这种倾向因隐含了种族主义的倾向而广受批评。而且，新考古学将墓葬实物遗存视为丧葬行为的结果，但却没有解释丧葬行为与人类思想、信仰等精神活动的关系，虽然在一定程度上阐释了人类的丧葬行为，却忽视了发生这种丧葬行为的原因[3]。新考古学在墓葬研究上表现出来的这些局限性，主要归因于其研究对象多是史前墓葬，在没有文字记载的情况下，对丧葬行为与古代社会的深层次思考恐怕有心无力。在这方面，历史时期的墓葬研究有着更加便利的条件，莫里斯（Ian Morris）对希腊罗马墓葬的研究堪称西方历史时期墓葬研究的代表，他利用

---

1 Arthur Saxe. "Social Dimensions of Mortuary Practices". *PhD thesis*, University of Michigan, 1970.

2 J. R. Tainter. "Mortuary Practices and the Study of Prehistoric Social Systems", *Archaeological Method and Theory*, 1978: 1, pp. 105–141.

3 Mike Parker Pearson. *The Archaeology of Death and Burial*, Sutton Publishing Ltd, 1999, p. 32.

传世文献、墓志铭、图像等资料讨论了丧葬行为背后的社会结构，认为墓葬遗存是社会结构通过仪式的自我呈现，仪式不仅是信仰的结果，也是社会现实的镜像，考古遗存能揭示出比传世文献更完整的有关雅典社会和罗马帝国的社会结构[1]。莫里斯的这种研究方法也是中国考古学者研究历史时期墓葬的主要方法，对传世文献、出土文献的依赖度较高，不仅用于考古遗存的断代，也用于分析社会等级、礼仪制度、文化传承与交流等。

2. 后过程考古学

从20世纪80年代开始，在批判新考古学的基础上产生的后过程考古学提供了一种新的解释模式。伊恩·霍德（Ian Hodder）主张从物质遗存的原境（context）理解人类的行为模式，在墓葬研究上，不是将墓葬遗存代表的物质文化当成人类丧葬行为的被动结果，而是强调社会对丧葬行为的主动影响，将丧葬行为视为人类思想、信仰等观念活动的一部分，"在特定的历史和文化观念、信仰和意义组合中，物质文化和社会相互依赖，相互支持。因此，墓葬和社会之间的关系完全取决于对死亡的态度"[2]。

英国考古学家皮尔森（Parker Pearson）说，考古学家对于墓葬的研究，首先要根据实物遗存复原丧葬行为，但它并非目的，更重要的是在历史的原境下理解这些丧葬行为发生的原因。他以阿尔卑斯山上发现的冰人和意大利瑞米德罗遗址（Remedello）发现的墓葬为例，认为丧葬有两种呈现方式：一是死者真实的呈现（衣服、装备、纹身等），二是生者对死者的呈现。后者是丧葬行为的理想化、礼仪化呈现，是一种扭曲的、非生前真实生活的反映，如死者所穿衣物是生前从未穿过的，又如以兵器随葬并不表明死者生

---

[1] Ian Morris. *Death-Ritual and Social Structure in Classical Antiquity*. Cambridge University Press, 1992, pp. 8, 202–204.

[2] 伊恩·霍德、司格特·哈特森著，徐坚译：《阅读过去》，岳麓书社，2005年，3页。

是个战士。但无论是真实的呈现，还是生者对死者的呈现，都是基于真实的社会，只是其原境各不相同而已[1]。

在中国墓葬研究中，常以"事死如生"来解释丧葬行为，常见"……反映了……的社会现实"之类的结论，这种说法没有问题，但是过于模糊，并不能解释墓葬遗存的真实内涵。其实墓葬遗存是丧葬礼仪的产物，墓内的一切陈设和物品都产生于礼仪过程中，具有礼仪方面的功能和意义。就墓内器物来说，既有死者的生前旧物，也有丧礼中宾客所赠的助丧物，还有祭奠礼仪中的献祭物品；从功能来说，有为死者的来世而备的物品，也有防止灵魂回到人间的具有厌胜性质的物品；从类别来看，有具有实用功能的真实物品，也有"貌而不用"的明器。这些来源、功能和类别不同的物品，显然不能都用"事死如生"来解释，因为它们并不是照搬现实的生活，而是一种象征性的呈现。中国大多数考古报告中将墓内物品笼统称为"随葬品"，然后按照材质和外形进行分类，这是一种局外人的视角。我们只有将它们还原到礼仪程序的原境中，才可能从局内人的视角区分礼书中的明器、用器、祭器、鬼器、人器、生器等，分析它们的来源、代表的社会角色、在仪式中的呈现方式，解释其礼仪功能和象征意义。

3. "过渡礼仪"理论

无论新考古学和后过程考古学，都把人类行为作为解释考古遗存的出发点，而墓葬遗存背后的人类行为就是丧葬仪式，因此对仪式的解读在墓葬研究中最为关键。仪式是族群或社会内部文化认同的表现方式，是被自觉遵守的一种礼仪行为，不需要强制力量，甚至也并不直接反映参与者的信仰。沃森（James L. Watson）讨论了中国晚期帝国时期丧礼的形式、死亡观以及丧

---

1 Mike Parker Pearson. *The Archaeology of Death and Burial*, Sutton Publishing Ltd, 1999, pp. 1-4.

礼在中国文化中的作用，认为规范化的礼仪是形成和维系中国文化统一性的最核心因素，在丧礼中，中国人自觉地接受和参与规范化的仪式，在大多数情况下并没有强制力量，丧礼与他们对于死亡或来世的信仰关系不大，而是一种规范化了的符号，可以说所谓中国文化就是数个世纪以来的礼仪规范化的结果[1]。

当丧礼变成一种自觉的行为规范，它的本来含义就丧失了，变成了一种符号。虽然参与者不再关心其本来含义，但它仍是主流意识形态的反映，是社会思想、信仰等观念活动的一部分。墓葬考古研究就是要通过考古遗存来还原丧葬仪式的进程，讨论仪式的象征意义。关于丧葬仪式的象征意义，社会学的"过渡礼仪（Rites of Passage）"理论为我们提供了一个非常有用的视角。

"过渡礼仪"是20世纪初期法国社会人类学家范热内普（Arnold van Gennep）提出的概念[2]。作为20世纪初最伟大的民俗学家，他认为民俗不应仅仅是僵死的历史学素材，而应是活生生的人类行为及背后的宇宙观、哲学观，他在《过渡礼仪》里以大量篇幅对人类礼仪进行了分类，希望找到一个普适性的分类标准，以此揭示人类仪式的本质。丧礼是范热内普"过渡礼仪"理论的一个重点，他认为生命不是一个自然的连续体，而会在不同的阶段发生状态的转变，好像从一个通道进入另一个通道，在每个转变的关键

---

1 James L. Watson. "The Structure of Chinese Funerary Rites: Elementary Forms, Ritual Sequence, and the Primacy of Performance". J. L. Watson and E.S Rawski. eds., *Death Ritual in Late Imperial and Modern China*, SMC Publishing Inc. Taipei, 1988, pp. 3-4.

2 Arnold Van Gennep. *The Rites of Passages* (second edition). London: University of Chicago Press, Ltd., 2019, pp. 8-20. Translation by Monika B. Vizedom and Gabrielle L. Caffee, Introduction by David I. Kertzer. 范热内普是一位比利时民俗学家，大部分时间生活在法国，曾任法国农业部翻译和中学法语教师，曾在瑞士的纳沙泰尔（Neuchatel）大学短期任教，他生前并没有真正进入主流学术圈。在他去世后，成果经过特尔纳（Victor Turner [b.1920]）的推介才为学术界所接受。*Rites de Passage* 一书最早完成于1908年，在1960年代出版了英文版。参 Victor Turner (b.1920). "Betwixt and Between: The Liminal Period in Rites de Passage", in *The Proceedings of the American Ethnological Society, Symposium on New Approachese to the Study of Religion*. Seattle: University of Washington Press, pp. 4-20. 中国学者张举文2002年将其从法文原文翻译成中文，避免了经过英文转译的错讹，对我们是有一定参考价值的。张举文译本见（法）阿诺尔德·范热内普著，张举文译：《过渡礼仪》，商务印书馆，2010年。

点上都要举行特定的仪式，以使得生命的状态得以延续。死亡是从生的状态向死的状态的转变，在这个转变时期举行的仪式就是丧礼。丧礼按象征意义可以分为三个阶段：一是分离（separation）阶段，指人刚刚去世时的状态，灵魂从肉体分离，人从鲜活的生命变为遗体；二是临界（marginality）阶段，是生死之间的临界状态，是生者表达哀悼的阶段，哀悼者的正常生活会被打乱，在饮食、服饰、承担的社会角色等方面的正常状态都会发生改变，这个阶段持续的时间在不同文化里大不相同；三是聚合阶段（aggregation），生命状态的转变全部完成，死者的肉体化为尘土，灵魂加入祖先的行列，生者的生活完全恢复正常，丧礼结束。

中国古代有许多类似的"过渡礼仪"，如通过改变发式或头饰来表示成长的阶段：幼儿的头发自然下垂，被称作"垂髫"；少年的头发要梳成小丫角，被称作"总角"；女子十五岁开始用发笄（"及笄"），男子二十岁要戴冠（"弱冠"）。及笄和弱冠之岁要举行成年礼，表示生命进入了一种新的状态，被赋予了安身立命、伦理道德等方面的社会责任。中国古代的丧礼包括丧、葬、祭等礼仪行为，根据"过渡礼仪"理论，也可分为分离、临界、聚合三个阶段：人初死时，灵魂与肉体分离，这时举行的招魂等仪式象征着"分离"；此后直到下葬结束的一系列仪式环节都处于生死之间的"临界"状态，在这期间，生者的正常生活（如服饰、饮食、嫁娶、官员履职等）被迫改变；葬礼结束后，死者的遗体永藏地下，生者的生活恢复正常，死者的灵魂加入祖先的行列，进入"聚合"状态。从"过渡礼仪"理论来看，所有的墓葬遗存都是丧葬仪式的结果，是临界阶段仪式结束后的遗存，当墓室被封闭后，墓室内的仪式场景被"定格"为一个包含了各类陈设和物品的静止的空间，空间内的物品和陈设有着隐含的逻辑联系，考古学的任务就是发现这种逻辑联系，还原仪式的过程，从而解释丧葬礼仪发生的动因，即社会结构、生死观念与宗教信仰等。

二、作为礼制的墓葬研究

丧葬礼仪在中国古代社会生活中具有极高地位,受到统治者和士人阶层的特别重视。

> 礼者,谨于治生死者也。生,人之始也;死,人之终也。终始俱善,人道毕矣。故君子敬始而慎终。终始如一,是君子之道,礼义之文也。[1]

先秦思想家将丧葬礼仪视为礼之大节,以"养生葬死""慎终追远"作为伦理的标准和行为的规范。先秦丧葬礼仪以《周礼》《仪礼》和《礼记》的记载最详,"三礼"成书年代不同,内容各有侧重,所记礼制的年代跨度亦大,主要是对周代礼仪理论及规范的记录。历代改朝换代之后所制新礼皆以周礼为范,因此历代统治者和士人都特别重视对"三礼"的诠释,留下了大量关于丧葬礼仪的研究著作。古人对丧葬礼制的重视,是将其作为经国济世、安身立命之学。这种倾向在近代学术转型之后才发生改变,丧葬礼制成为古代文化史的研究内容。

当中国考古学诞生之后,越来越多的墓葬资料为解释古代的丧葬、器用制度提供了素材,历史学家将考古材料纳入礼制研究中,如杨树达(1933)[2]、杨宽(1985)[3]、钱玄(1987,1996)[4]、陈戍国(1991)[5]、李如森(1995)[6]、

---

1 [清]王先谦撰,沈啸寰点校:《荀子集解》卷13《礼论第十九》,《新编诸子集成》第一辑,中华书局,1988年,358—359页。
2 杨树达:《汉代婚丧礼俗考》,商务印书馆,1933年。
3 杨宽:《中国古代陵寝制度史研究》,上海古籍出版社,1985年。
4 钱玄:《三礼名物通释》,江苏古籍出版社,1987年;钱玄:《三礼通论》,南京师范大学出版社,1996年。
5 陈戍国:《中国礼制史》,湖南教育出版社,1991年。
6 李如森:《汉代丧葬制度》,吉林大学出版社,1995年。

丁凌华（2000）[1]、吴丽娱（2012）[2]等。他们在丧葬礼制研究中，皆注重结合墓葬实物诠释礼书的记载，梳理礼制的变迁，不过大多是将考古资料作为解释丧葬礼制变迁的辅助材料。参与墓葬发掘的考古学者也持有这种倾向，常根据墓葬形制结构和器物来诠释《仪礼》的《士丧礼》《既夕礼》所记的周代贵族丧葬制度。最早以墓葬遗存来解释周代丧葬礼制的是郭宝钧先生，他在史语所殷墟发掘的同时，还主持发掘了中原地区几处保存很好的周代墓葬，如浚县辛村西周卫国墓地（1932—1933）[3]、汲县山彪镇战国大墓（1935）和辉县琉璃阁战国墓地（1935—1937）[4]等。这几次发掘引领了历史时期墓葬研究之先，将墓葬资料纳入丧葬礼制的研究中来，他将随葬品区分为明器和用器，总结出周代关于明器"备而不用"的特征[5]；又根据随葬品在墓室的位置总结了"陈器"的规律[6]；根据遗存堆积情况复原了造墓、殴墓、下棺、明器、封墓等礼仪程序[7]；还根据墓葬的形制、随葬品数量、列鼎制度和车马坑、殉牲现象区分墓葬的等级[8]。1950年郭宝钧主持发掘的殷墟武官村大墓是一座比妇好墓面积大得多的墓葬，墓室面积是妇好墓的8倍，深达8.4米，他根据周礼的记载将墓葬的建造分为画地、掘土、腰坑、井椁、封筑五道工序[9]。

---

[1] 丁凌华：《中国丧服制度史》，上海人民出版社，2000年。

[2] 吴丽娱：《终极之典——中古丧葬制度研究》，中华书局，2012年。

[3] 郭宝钧：《浚县辛村古残墓之清理》，《田野考古报告》（中研院历史语言研究所专刊之十三），商务印书馆，1936年。

[4] 郭宝钧：《山彪镇与琉璃阁》，科学出版社，1959年。

[5] "殉葬器物，明器居半，用器居半。用器有为墓主自用者，有为其先世遗留者……至明器则与墓主之时代，相并演进，形式较若划一，惟铜质者薄，所谓'备而不用'者也。"前揭《浚县辛村古残墓之清理》，173—176、178页。

[6] 前揭《浚县辛村古残墓之清理》，178页。

[7] 前揭《山彪镇与琉璃阁》，4—5页。

[8] 前揭《浚县辛村》，72页；前揭《山彪镇与琉璃阁》，42页。

[9] 郭宝钧：《一九五〇春殷墟发掘报告》，中国科学院考古研究所编《中国考古学报》第五册，1951年，1—62页。他指出，所谓画地即《周礼·春官》"冢人掌公墓之地，辨其兆域而为之图"，郑玄注："图谓画其地形……清量度所始窆之处也。"掘土指把土掷到四边，《仪礼·士丧礼》中有"掘四隅，外其壤，掘中，南其壤"，南其壤指由南墓道把土送出。

郭宝钧基于考古材料的礼制研究，代表了墓葬考古研究的倾向，使得历史文献中语焉不详的丧葬礼制变得清晰化和具体化。

建国初期，陈公柔沿着同样的路径，将考古遗存与周代贵族礼制进行了对照，着重对《士丧礼》《既夕礼》记载的各类物品进行辨析，进一步丰富了周代的丧葬礼仪，并根据考古发现反证《仪礼》的成书年代[1]。新中国成立后陆续在列国都城发掘了大量规模宏大的墓葬，墓葬结构完整、随葬物品丰富，还出土了大量简牍和青铜器文字材料，使得礼书中很多语焉不详的名物得以被辨识，同时也推动了棺椁、衣衾、器用等制度的热烈讨论。这些以墓葬资料诠释礼仪经典的研究至今仍是商周墓葬研究的重点，或是用于复原《仪礼·士丧礼》所记的丧葬程序[2]，或是考释《士丧礼》中的丧、葬、祭活动[3]，也有对楚墓所见葬制与葬俗的研究等[4]。高崇文根据《仪礼》的记载，讨论了考古所见的先秦两汉时期装殓、启殡埋葬、葬后墓祭等礼制的变迁[5]，又根据湖北云梦睡虎地 M77 出土的五枚西汉《葬律》简的内容，讨论了先秦至西汉前期的丧葬礼俗[6]。张闻捷也从用鼎、装殓、棺椁等角度，讨论了楚、汉丧葬礼俗的传承[7]。

考古学以墓葬遗存来解释周代丧葬礼仪的研究属制度史范畴，体现了中国考古学的传统史学根基。值得注意的是，近年考古学对商周墓葬的关注也发生了一些变化，由对礼制的诠释转向了对社会史的探索，如罗泰从社会人

---

1 陈公柔：《士丧礼、既夕礼中所记载的丧葬制度》，《考古学报》1956 年第 4 期。
2 陈公柔：《仪礼士丧礼墓葬研究》《仪礼士丧礼器物研究》，台湾中华书局，1971 年。
3 陈克伦：《〈仪礼·士丧礼〉中所见丧葬、祭奠器物考略》，《郑州大学学报（哲学社会科学版）》1989 年第 3 期。
4 彭浩：《关于葬俗的几个问题》，湖北省荆州地区博物馆《江陵马山一号楚墓》，文物出版社，1985 年；胡雅丽：《包山二号楚墓所见葬制葬俗考》，湖北省荆沙铁路考古队编《包山楚墓（上）》，文物出版社，1991 年。
5 高崇文：《试论先秦两汉丧葬礼俗的演变》，《考古学报》2006 年第 4 期。
6 高崇文：《论汉简〈葬律〉中的祭奠之礼》，《文物》2011 年第 5 期。
7 张闻捷：《楚国青铜礼器制度研究》，厦门大学出版社，2015 年。

类学的角度阐述了青铜时代晚期的社会结构和社会变迁[1]，张闻捷通过青铜器讨论了楚国的礼制改革[2]等，墓葬考古资料已成为文化史和社会史研究的内容。

秦汉以后的墓葬资料与商周相比有很大不同，地面多有醒目的标记，被盗者众，多是一些碎片化的遗存，远不如商周墓葬保存得完整，很难成为直接诠释丧葬礼制的资料。因此，对秦汉以后墓葬的研究应有所不同，一般的研究范式是对相对碎片化的墓葬材料进行归纳总结，建立类似"考古学文化"概念的墓葬文化遗存共同体，归纳出一个时期的基本丧葬模式，然后结合历史文献进行文化史的阐释，这是属于文化历史考古学的研究范式。这种研究范式需要大量的墓葬材料来支撑，进行类似大数据的处理方式，一般以类型学方法对墓葬形制、随葬品等进行分类、分区和分期，构建墓葬遗存代表的文化历史。

汉墓是历史时期最成体系的墓葬资料，因此文化历史考古学的研究范式在汉墓研究中体现得最为充分。20世纪50年代，王仲殊先生就对周代至汉代的墓葬形制进行了详细的分类，根据材质和结构将墓葬分为土坑墓、土洞墓、空心砖墓、小砖墓、石室墓、崖墓六种类型，各有特定的时空分布规律[3]。《洛阳烧沟汉墓》是对1953年发掘的225座汉墓所编的发掘报告，发掘者对墓葬形制、随葬品及其组合进行了精细的类型学分析，将墓葬分为六个时期，建立了汉墓的分期断代标准，也对墓葬反映的汉代社会进行了阐释：

> 从战国末年到西汉中期在墓形、器形和丧葬礼俗方面起过一次极大的变化，这种变化从现象上看，似乎只是所谓汉代厚葬风气的发展，但从本质上却使我们感到一个新的时代经济基础和在这个基础上所反映的

---

1 （美）罗泰著，吴长青等译：《宗子维城——从考古材料的角度看公元前1000至前250年的中国社会》，上海古籍出版社，2017年，319—438页。
2 前揭《楚国青铜礼器制度研究》，152—175页。
3 中国科学院研究所编：《考古学基础·秦汉考古》，科学出版社，1958年，135—137页。

一套社会制度问题。[1]

俞伟超同样根据墓葬形制、棺椁、随葬品的归纳，对西汉墓葬进行了分区、分期研究，划分了类别和等级，特别是将墓葬的等级与汉代的二十等爵制联系了起来[2]。其他学者对汉墓的研究途径大致相似，如李如森通过分区与分期讨论了汉代的社会变迁，在很大程度上沿用了俞伟超的解释模式[3]。

这些汉墓研究都属于文化历史考古学的范畴，主要贡献是建立了较为可靠的文化时空谱系，但在文化的解释上始终对礼制有着特别的偏好，往往特别注重考古遗存与丧葬礼制的对应，常将墓葬遗存体现出的考古学文化现象称作丧葬制度，最具代表性的研究莫过于近40年来对"周制""汉制""晋制"的讨论。

1979年，俞伟超在中国考古学会成立大会上，首次以"周制""汉制""晋制"来概括战国至魏晋时期墓葬发展的几个阶段。他主要依据墓葬形制的变化，将竖穴木椁墓代表的墓葬称为"周制"，将汉武帝前后出现的凿山为藏的横穴墓称作"汉制"，后者在东汉发展为以前、中、后三室为轴线，两侧附带耳室的砖室墓。囿于资料的限制，他对"晋制"只是简单提及，认为：

> 约从三国两晋时期开始，除河西等较为边远的地区仍大体沿用东汉后期的旧制外，许多身份极高的贵族之墓，往往变成单室砖墓。墓形制度从此又进入一个新的阶段："汉制"已被赶出历史舞台，"晋制"出现了。[4]

---

1 洛阳区考古发掘队：《洛阳烧沟汉墓》，科学出版社，1959年，241页。
2 北京大学历史系考古教研室：《战国秦汉考古（上）》，1973年，70—100页。
3 前揭《汉代丧葬制度》。
4 俞伟超：《汉代诸侯王与列侯墓葬的形制分析——兼论"周制"、"汉制"、"晋制"的三阶段性》，《中国考古学会第一次年会论文集（1979）》，文物出版社，1980年，332—337页。

时隔 10 余年后，俞伟超根据新发现的西晋文帝司马昭的崇阳陵及陪葬墓、武帝司马炎的峻阳陵[1]、洛阳正始八年墓[2]等，进一步将"晋制"总结为：不树不封，不起陵园；不用玉衣；不用金银铜铁随葬；墓室尺寸变小，以长方形单室墓为主，弧壁单室墓成为晋制的标准形态[3]。俞伟超对三种形制墓葬的成因也做出了解释，认为地下的墓室建筑是对现实人居建筑的模拟，如周代宫室制度中有前堂、后寝、左右厢房的结构，故"周制"下的墓葬分别以头箱、棺箱、边箱和足箱来代替宫室中的各部分；"汉制"下墓葬模拟的内容也是一样的，只是表现形式出现了变化，如诸侯王和列侯墓表现为包括明堂、后寝、便房、梓宫、黄肠题凑在内的正藏和外藏椁；新出现的前、中、后三室砖室墓也被解释为对现实的模拟，如前室象征庭，中室象征明堂，后室象征后寝，而耳室是作为大片农田、牧野的象征物而出现的。

俞伟超对墓葬阶段的划分以及对墓葬形制的概括无疑是正确的，已被大量考古发现所证实，迄今的考古发现也没有改变俞伟超的结论。他将墓葬形制转变的原因主要归结于等级制度和经济背景，如认为以井田制为基础的等级制度决定了周制的出现、东汉豪强的经济势力导致了汉制的破坏、九品中正制取代汉代的二十等爵制和凋敝的经济形势导致了晋制的产生等。经济基础和政治体制自然是墓葬形制变化的重要背景，但它到底如何影响了丧葬行为，俞伟超并没有深究。

俞伟超的"三制"论正如他的其他很多论点一样，长时期引领了学术潮流。近 40 年里，学界围绕"三制"作了大量讨论，尤其对"晋制"的讨论至今仍是热门话题。杨泓总结新的魏晋葬俗体现在墓室结构的改变、墓志的

---

[1] 中国社会科学院考古研究所洛阳汉魏故城工作队：《西晋帝陵勘察记》，《考古》1984 年第 12 期。

[2] 李宗道等：《洛阳 16 工区曹魏墓清理》，《考古通讯》1958 年第 7 期；洛阳市文物工作队：《洛阳曹魏正始八年墓发掘报告》，《考古》1989 年第 4 期。

[3] 俞伟超根据新发现的魏晋墓葬进一步完善了"晋制"的论述，见俞伟超：《魏晋墓制非日本古坟之源》，载《古史的考古学探索》，文物出版社，2002 年，359—369 页。

出现、随葬俑群的变化、玉衣的消失等，认为葬俗转变的原因有经济因素、政治因素和信仰因素等，如佛教的传入导致生死观的变化，而摒弃了寄托不朽之愿的玉衣装殓习俗[1]。韩国河考察了汉晋上层的丧葬制度，认为晋制的创新性具体表现在"不树不封"等薄葬制度，凶门柏历之制，新的陪葬、合葬与家族葬制，墓葬形制的单室化，明器组合的变化等。他认为晋制代表的丧葬礼俗主要体现于阶级性、等级性、礼法性、宗教性等方面，但晋制较之汉制，在等级性、礼法性上更为突出，并认为这种汉、晋差异与汉晋社会等级相符[2]；认为从汉制向晋制的过渡发生在三国时期，中原地区的曹魏墓和长江流域的东吴墓都为晋制的形成作出了贡献[3]。吴桂兵将洛阳地区的前后室墓和单室墓看成晋制的典型代表，称为洛阳因素；传播至长江下游后与本地因素融合，在东晋产生了建康因素，前者是北朝墓葬之源，后者是南朝墓葬之源[4]。刘斌将晋制归纳为五个方面：不树不封、墓室由多室向单室转化、土洞墓在高等级墓中使用、以牛车为中心的明器制度、墓志的出现，他认为晋制的产生有经济因素、礼制变迁和玄学思想等多方面的原因[5]。霍巍从瑞兽题材讨论了汉制向晋制的转变，认为晋制的表现之一是以狮子为代表的瑞兽题材取代汉代以四神为代表的瑞兽系统，这种题材的转换反映了传统升仙观念在六朝时期发生了改变，被注入了以狮子为代表的外来文化新风。这种转变具有划时代的意义，是在汉代丝绸之路开通后西方因素的传入、佛教思想的渗透、汉晋玄学的影响下发生的[6]。霍巍以瑞兽题材来讨论丧葬制度的转变可谓另辟蹊径，很好地揭示了汉代以后外来文化对中国传统丧葬的影响，他以石兽和神道石刻作为晋制的标志，认为晋制主要在南方发展和定型，这已与俞

---

1 杨泓：《谈中国汉唐之间葬俗的演变》，《文物》1999年第10期。
2 韩国河：《魏晋时期丧葬礼制的承传与创新》，《文史哲》1999年第1期。
3 韩国河、朱津：《三国时期墓葬特征述论》，《中原文物》2010年第6期。
4 吴桂兵：《晋代墓葬制度与两晋变迁》，《东南文化》2009年第3期。
5 刘斌：《洛阳地区西晋墓葬研究——兼谈晋制及其影响》，《考古》2012年第4期。
6 霍巍：《六朝陵墓装饰中瑞兽的嬗变与"晋制"的形成》，《考古》2015年第2期。

伟超提出的晋制不同，代表了对晋制的新认识。齐东方注意到唐代政治变迁与唐代墓葬变化之间的不尽合拍现象，主张墓葬研究不要拘泥于政治上的王朝更替，而应深入到丧葬观念习俗与礼仪制度的层面来解释墓葬的变化[1]。他将丧葬观念视为讨论"晋制"的根本，提出丧葬观念、丧葬习俗、丧葬礼仪和丧葬制度四个概念，认为丧葬观念产生了丧葬习俗，丧葬观念和丧葬习俗的结合成为礼仪，再进一步发展为强制性约束的制度[2]。齐东方将墓葬制度看成丧葬观念和丧葬习俗的结果，注意到了墓葬背后的人类行为。

学界对"三制"的讨论是历史考古学中经久不衰的主题，甚至有学者进一步延伸到南北朝、隋唐墓葬的研究，提出"魏制""唐制"等说法[3]。其实这些"制"主要是对考古遗存现象的归纳，相当于史前考古中的"考古学文化"概念，它们并不等同于历史文献记载的丧葬礼制，只是一定时空范围内的丧葬模式（Burial Mode），反映了特定文化内的人们对于死亡的态度和处理死亡的方式。

三、作为礼仪空间的墓葬研究

墓葬形式上只是藏尸之所，由墓葬建筑、陈设、画像和随葬品构成，实质上是一个古人举行丧葬礼仪的空间，空间内的一切是按照一定的逻辑关系组织在一起的。将墓葬作为一个整体的礼仪空间，便于我们发现各类残缺不全的考古遗存之间隐含的逻辑联系，而这种逻辑联系反映了丧葬空间的营造理念，是我们探索丧葬行为和生死观念的基础。

空间分析是社会考古学中一个十分重要的方法，是通过考古遗存的空间

---

1 齐东方:《唐代的丧葬观念习俗与礼仪制度》,《考古学报》2006 年第 1 期。
2 齐东方:《中国古代丧葬中的晋制》,《考古学报》2015 年第 3 期。
3 倪润安:《光宅中原——拓跋至北魏的墓葬文化与社会演进》,上海古籍出版社,2017 年,9 页。

形态考察背后的社会关系与社会结构。以伊恩·霍德为代表的后过程考古学家将空间概念应用于聚落考古的研究，认为聚落的空间构成和相互关系反映了史前社会的秩序感。他将聚落的内部空间划分为住家和野外两部分，前者包括房屋、日用陶器、女性雕塑和其他日常生活遗存，后者包括墓地、手工业作坊、武器等遗存，两个空间各有不同的象征意义，分别象征日常生活状态和信仰仪式。他还注意到单体建筑物内部空间的不同含义，曲线房屋比相对独立的矩形房屋更具公共性，房屋的形状反映了不同的功用；还以建筑的资源消耗来讨论社会分层，资源消耗越多的建筑物规模越大，使用者的级别也越高，如宫殿和礼制性建筑代表了集权制度下的绝对权力[1]。这种对聚落和建筑物的空间分析对中国古代墓葬研究是具有启示意义的，墓地是一个由众多墓葬、纪念性和标记性设施构成的空间，单座墓葬是一个由地面设施和地下墓室建筑构成的空间，它们都是丧葬行为的产物，其形态和结构隐含着社会阶层、社会关系、思想信仰等方面的信息。

空间分析在中国传统考古学中同样被广泛应用，墓葬研究中一般进行三个层次的空间分析：宏观、中观和微观。宏观空间主要指墓葬的地理分布，文化史考古学的墓葬分区就是这种宏观空间分析；中观空间分析主要讨论一个墓地的空间结构，如陵园或墓园的形态、选址、墓位排列、设施等；微观空间是对单座墓葬的空间分析，一般将墓葬空间分为地面和地下两部分，又将地下空间分解为墓道、甬道、天井、墓室（前堂、后室、耳室、侧室）、墓顶等多个建筑单元，以它们的形制变化作为断代和划分文化类型的依据。这三个层次的空间分析虽然在中国墓葬研究中被广泛应用，但分析方法与社会考古学的空间分析是存在差别的，比如不太注重空间含义的解释。

在中国墓葬研究中，美术史也引入了社会考古学的空间思想，如巫鸿特

---

[1] 肯·达柯著，刘文锁、卓文静译：《理论考古学》，岳麓书社，2005年，107—109页。

别强调墓葬内部的"空间性",主张要发现墓葬设计、装饰和陈设中隐含的逻辑和理念,阐释这些人造物和图像所折射出的社会关系、历史和记忆、宇宙观、宗教观等更深层次的问题[1]。2016年巫鸿以"空间的美术史"为题系统地阐述了美术史的空间分析方法,认为近二三十年的美术史在关注点和解释方式上已经由传统的图像志、图像学和形式分析发生了空间转向,如打破了图像、雕塑、器物和建筑等的传统类别划分,而更注重其共存关系;更关注图像与作品的彼此关系而不是孤立的图像和作品;注意图像的内在属性(如题材与风格)与外在属性(环境、场地和流通)之间的关联。他以一系列的空间概念阐释墓葬美术,如以"视觉空间""图像空间"讨论图像的再现方式和图像意义,以"物质空间""知觉空间""经验空间"讨论墓室各部分的象征意义等[2]。又将汉代墓室宅第化后出现的壁画解释为对死后世界的描绘,认为壁画空间中存在"三重宇宙",由"幸福家园""图绘天界""描绘仙境"构成,在这个宇宙中,墓主人处于主体位置的"灵座"上,作为"观者"对墓葬中的一切进行审视[3]。墓葬美术的空间分析显然比传统考古学更重视对空间含义的解释。

社会考古学和美术史的空间分析使得墓葬研究不只是重构物质文化史,也可以让我们一窥墓葬背后的人与社会。然而,静态的墓葬空间与动态的社会之间并没有直接的关联,其中还需要一个解释的媒介——丧葬礼仪行为。墓葬空间曾是一个人神互动的礼仪空间,空间是静止的,而场景是人类行为的动态呈现,墓葬的空间状态就是丧葬礼仪场景的"定格"和物化。我们今天看到的一切遗存都是礼仪场景的物质遗留,因此对墓葬空间含义的解读还

---

[1] 巫鸿:《东亚墓葬艺术反思:一个有关方法论的提案》,载巫鸿著,梅玫、肖铁、施杰译《时空中的美术——巫鸿中国美术史文编二集》,生活·读书·新知三联书店,2009年,162页。

[2] 巫鸿著,钱文逸译:《"空间"的美术史》,上海人民出版社,9—11、55、85、163页。

[3] 巫鸿著,施杰译:《黄泉下的美术:宏观中国古代墓葬》,生活·读书·新知三联书店,2010年,62—63页。

得在这个礼仪场景中进行。

为了重建丧葬礼仪的场景,我们不妨借用戏剧学中的"场景"分析方法。场景学(Scenography)本义是指剧场内通过实物与技术呈现出来的表演环境,包括场景的建筑设计、空间布置(灯光、服装、道具等)、环境与气氛营造等内容,是视觉艺术与表演空间的综合体[1]。为了表达剧本的原始意图,将舞台空间与艺术、学术、演员、导演、观众进行有机的结合,不仅向观者呈现,也有观者的参与、与观众的互动[2]。戏剧学中的场景概念也在其他学科中得到应用,如城市社会学认为城市的空间内涵是通过人类活动的场景来体现的,城市空间中的各种设施不但具有实际的社会生活功能,同时隐含着文化、传统、价值观。场景学也用于博物馆的展陈设计,策展人需要通过实物、技术和一定的理念,布置出一个以实物叙事,又与观众互动的展览[3]。

黄晓芬对汉墓的研究就采取了类似的场景分析方法,她从礼仪行为的角度对汉墓的空间形态给出了不同于传统考古学的解释,认为礼仪行为的变化决定了墓葬空间形态的变化,如汉代墓葬的祭祀空间与埋葬空间的分离和独立、玄室顶部的增高和扩大,都是由于战国中晚期出现了将献祭物品放在头厢内的做法,当出现羡道和玄门结构后,玄门与棺室门之间就被固定为祭祀空间,祭祀空间逐步扩大后,以棺为中心的埋葬空间后移,逐步形成了前堂后室之制[4]。黄晓芬的研究将空间形态归因于丧葬行为,把空间看成了礼仪场景的结果,这将墓葬的空间分析向前推进了重要的一步。

场景分析方法特别强调空间、行为与观念之间的互动性,这对我们解释墓室空间的形态是很有意义的,如中古时期的墓室壁画一般以墓主或墓主

---

1 Pamela Howard. *What is Scenography?* London: Routledge. 2002, p. 130
2 Joslin McKinney. *The Cambridge Introduction to Scenography*. Cambridge: Cambridge University Press. 2009, p. 4c.
3 Jennifer Gadsby. *Scenography in Museum Design: An Examination of Its Current Use and Its Impact on Visitors' Value of Experience*. Dissertation. Birmingham City University, 2014.
4 黄晓芬:《汉墓的考古学研究》,岳麓书社,2003年,92页。

夫妇正面端坐像为中心，两侧配以饮食供奉、伎乐歌舞的图像系统，与祭台、帷帐、祭器和献祭食品等陈设共同构成了墓室内的祭祀场景，这种场景是为死者而设的，同时也属于生者，墓室是一个生死交互的场景，空间内的各种设施、图像和器物皆围绕这种交互性展开。乔讯（Jonathan Hay）曾用场景分析法将初唐的墓室画像分为四个场景：第一个场景是内宅之内，是棺床或石椁所在的私属区域，以石椁、棺床或壁画中的花园、侍者等形象表现墓主的宫廷生活；第二个场景是内宅，是棺床以外至甬道的部分，甬道两旁绘侍者和建筑物，建筑物分别象征地下世界和真实居所，侍者分别象征墓主的出行与回归的场景；第三个场景是墓道部分象征的外宅，以过洞上方的门楼表示层层递进的庭院，过洞两壁的侍者和武士象征死者的社会身份；第四个场景是斜坡墓道的近地处，象征居所之外的场景，以鞍马、狩猎等画像表现墓主出发前往户外活动的场景[1]。乔讯的场景分析采取了"亲历观察（Participant Observation）"的途径，就像一个信徒进入寺庙后对神像的观察一样，但他的解释没有考虑到历史文献记载的墓内礼仪行为，并不能很好地解释画像的叙事逻辑，因此他认为初唐墓室壁画的图像结构缺乏逻辑性、主题不明显、宅第内外的图像存在矛盾现象，并得出了这种设计是为了"墓主死后的多样化选择"这种结论[2]。

四、作为观念史的墓葬研究

文化史的墓葬研究建立了文化的时空序列，空间分析和场景分析建立了墓葬遗存与丧葬行为之间的联系，但墓葬研究的目的还不止于此，我们还应

---

1 Jonathan Hay. "Seeing Through Dead Eyes: How Early Tang Tombs Staged the Afterlife". *Anthropology and Aesthetics*, Spring/Autumn 2010, No. 57/58. pp. 16-54.

2 Jonathan Hay. "Seeing Through Dead Eyes: How Early Tang Tombs Staged the Afterlife". *Anthropology and Aesthetics*, Spring/Autumn 2010, No. 57/58. pp. 29, 32-33.

探索丧葬行为背后的生死观，即不同社会背景下对待死亡的态度。

如果说中国古代有一个一以贯之的生死观，可能就是魂魄二元论，它是一种延续性极强的民间信仰，这也是中国古代丧葬模式保持较强延续性的重要原因。魂魄二元论认为生命由魂和魄组成，死亡是魂与魄的分离，所有的丧葬和祭祀行为都是为了妥善处理魂和魄，只不过在不同时期的主流意识形态影响下，对魂魄的处理方式有所变化，一般来说藏形于墓、安魂于庙，但有时也在墓地或墓内举行祭祀安魂仪式。

具有西方学术背景的学者较倾向于从魂魄观来解释中国古代的墓葬，尤其重视汉代，因为它是佛教传入之前中国传统思想与信仰的沉淀和定型时期，是魂魄观影响丧葬最深的时期。余英时、亚瑟·威利（Arthur Waley）、李约瑟（Joseph Needlam）、鲁惟一（Michael Loewe）、安娜·塞德尔（Anna Seidel）、蒲慕州、来国龙等各自表达了对魂魄观的理解及其在丧葬中的表现。余英时根据《礼记·郊特牲》的记载，认为魂魄二元观在公元前2世纪已经完全成形，他将魂译成"breath soul"，魄译成"bodily soul"，虽然都与英文的soul（灵魂）对应，但二者的物质性是不一样的，魂如气，是一种活跃体（active entity），魄指形，是一种被动体（passive entity）[1]。鲁惟一将魂和魄分别译为"精神之力（spiritual force）"和"肉体之力（vital force）"，前者指智力、知识等精神活动，后者指肉体、器官的活动。他还根据《仪礼》的记载提出了对"鬼"的理解，将鬼译为"malevolent ghost（恶灵）"，并以马王堆帛画、规矩镜（TLV镜）和西王母信仰为例，讨论了汉代宇宙观和儒、道传统下对魂、魄的不同处理方式，认为埋葬的功能就是埋藏形魄，墓葬里的一切设施都是为了让形魄舒适，并防止其四处游荡，而魂是需要升入仙界的，需要借助一些象征物（如帛画、规矩镜等），通过巫术活

---

[1] Ying-Shih Yu. "O Soul, Come Back! A Study in the Changing Conceptions of the Soul and Afterlife in Pre-Buddhist China", *Harvard Journal of Asiatic Studies*, Vol. 47, No. 2, 1987, pp. 375-378.

动升入西王母所代表的仙界[1]。但塞德尔指出鲁惟一的解释不符合逻辑，既然招魂礼仪代表了魂飞仙界，墓葬里就不再有魂的存在，那么以帛画、规矩镜等道具助魂升仙的说法也就不成立了，因此她认为魂魄并不分离，墓葬本身就具有安魂的功能，如马王堆汉墓里的升仙帛画和汉代地面的祠堂都是安魂的道具与设施[2]。布拉西尔（Kenneth Brashier）认为魂魄二元观主要是知识阶层的认知（Scholasticism），民间并没有把魂、魄截然分开，他通过道家文献中对疾病的处理方式以及墓志铭等证据，认为魂也是可以存在于墓中的，墓葬与祠堂一样具有安魂的功能，如汉光武帝时的招魂葬之俗、汉墓中的葬玉、三国墓中的魂瓶等，都表明了墓葬的安魂功能[3]。塞德尔和布拉西尔对墓葬功能的解释都是合理的，他们的分歧在于混淆了西汉与东汉丧葬模式上的巨大差异，以马王堆汉墓为代表的西汉墓和有地面祠堂的东汉墓是两种不同的丧葬空间形态，墓葬的功能是不同的，前者主要是藏形的空间，后者才是兼具藏形与安魂功能的空间。从西汉到东汉，以魂魄观为内容的生死观发生了变化，墓葬功能也因此发生了转变，并最终导致了墓葬空间形态的变化。

从生到死，恰如一段从现实世界通往灵魂世界的旅程，灵魂的世界就是根据现实生活创造出来的来世（afterlife）。在很多古代文明里，都以文字和图像方式形象地表现了通往来世的旅程，如埃及金字塔图像中，常以河流象征着法老灵魂的旅程，灵魂历经重重险阻到达尽头，得以重生[4]。基督教也把生命当成一段旅程，天堂是旅程的终点。从汉墓出土的文书、物品和图像来看，汉代已经有了较为明确的来世观。鲁惟一从中国并没有出现像柏拉

---

1 Michael Loewe. *Ways to Paradise: the Chinese Quest for Immortality*. SMC Pub, 1994, pp. 12-13.

2 Anna Seidel. "Tokens of Immortality in Han Graves" (review article). *Numen*, Vol. 29, Fasc. 1, 1982, p. 107.

3 Kenneth E. Brashier. "Han Thanatology and the Division of 'Souls'". *Early China*, vol. 21, 1996, pp. 125-158.

4 Mike Parker Pearson, *The Archaeology of Death and Burial*, Sutton Publishing Ltd, 1999, p. 58.

图《斐多篇》那样关于来世的逻辑表述，而否认中国古代有完整的来世信仰，认为知识分子的著作和富人阶层的墓葬并不能代表中国人的普遍信仰[1]。这是失之偏颇的。汉代墓葬不但完整表述了来世的多个层次（天界、仙界、人间、鬼界等），而且通过"灵魂之旅"表达了去往来世的途径，现实世界与来世之间的逻辑关系是清晰而完整的。来国龙认为先秦至两汉墓葬里的物品皆为灵魂的他世之旅（otherworldly Journey）而设，灵魂之旅分为两类，一类是纵向的天地之旅，如黄泉、青铜器铭文中的陟降、帝所、帝廷，代表了商和西周早期的祖先崇拜观念，死者的灵魂垂直上升与下降，以与生者沟通；另一类是横向的东西之旅，与战国流行的东蓬莱、西昆仑观有关[2]。无论天庭，还是蓬莱、昆仑，都是灵魂将要永驻的来世，而汉墓中以打包整齐并挂有标签的行李箱、图像中的桥和天门等来表达这种来世之旅。有的还以文书的形式表达了灵魂向来世的抵达，如马王堆3号汉墓的告地策以家丞的名义向来世的"主藏君"、江陵凤凰山168号墓的告地策以江陵丞的名义向"地下丞"报到并办理了财物的移交，而汉墓图像中常见的河流、桥梁、门等则象征着生死之间的分界，这种分界形象地表现了从生到死的一段旅程。

来世是古人基于现实世界对未知世界的想象，当现实世界发生变化的时候，来世景象也会发生变化。但来世景象并不是现实世界的翻版，而是在具体的丧葬行为中被创造出来的，反映了主流意识形态下人们对待死亡和来世的认知。中国中古时期发生了巨大的社会变迁，政治割据、民族融合、人口迁徙、外来宗教等造成了社会的巨大变迁，主流意识形态也发生了几次关键的变化，这些都影响到人们对待来世的想象。儒家、佛教、玄学等都曾是一段时期内的主流意识形态，它们对待死亡的态度各不相同，由此产生了处理

---

[1]（英）鲁惟一著，王浩译：《汉代的信仰、神话和理性》，北京大学出版社，2009年，26页。
[2] Guolong Lai. "Death and the Otherworldly Journey in Early China as Seen Through Tomb Texts, Travel Paraphernalia, and Road Rituals". *Asia Major*, 2005, pp. 3-4.

死亡的方式即丧葬行为的差异，我们有可能从墓葬遗存背后的丧葬行为重构一部以魂魄观、来世观为核心的观念史。

五、本书的思路与结构

考古学是一门以实物遗存为研究对象的人文学科，其研究目的是揭示遗存背后复杂的社会形态、多样化的文化类型、多元化的价值观，这些都是与人类命运密切相关的人文问题。在各类型的考古遗存中，只有墓葬是直接关乎生命与死亡的遗存，反映了古人对待死亡的态度和处理死亡的方式，是最能体现考古学人文性的一类遗存。随着田野考古工作的精细化和自然科学手段的不断介入，我们从墓葬中获取的信息越来越丰富、越来越准确，如何阐释这些关于死亡（也是关于生命）的信息，值得我们深思。

本研究将墓葬当成死亡考古学研究的材料（详见第八章），讨论中古时期对待死亡的态度和处理死亡的方式，针对中国考古学的实际情况提出了"丧葬模式"的概念。丧葬模式（Burial Mode）是对丧葬行为的归纳，包括丧葬空间、丧葬礼仪和丧葬观念三个方面的内容：

丧葬空间是处理死亡的礼仪空间，空间设置上包括地面墓园和地下墓室两部分，空间功能上又包括埋葬空间和祭祀空间。

丧葬礼仪是考古遗存背后的人类丧葬行为，对丧葬礼仪的研究是透物见人的考古学采取的路径，可以从静态的考古材料观察到动态的人类活动，从空间形态观察到古代丧葬活动的场景，而中古时期的丧葬礼仪在历史文献中有着详细的记载，这为我们复原丧葬行为提供了极为便利的条件。

丧葬观念是在主流意识形态、宗教和民间信仰的综合影响之下对待死亡的态度，中古时期的主流意识形态经过了儒家、玄学、道教、佛教等的发展变迁，它们对生死观的影响若何？人们对待死亡的态度是如何传承和变迁的？这些都是本研究重点考虑的问题。

本书讨论的时间范围大致集中于汉唐时期，相当于史学家所称的"中古"时期。中古是"二战"后日本学者对中国历史分期的认识，以内藤湖南为代表的京都学派将中国六朝隋唐称为中古时期，认为这个时期是贵族政治最鼎盛的时期。近年很多中国学者都沿用了这样的中古概念，一般指称六朝隋唐，也有前延至秦汉时期的。本书将采用后一种中古概念，主要讨论秦汉至隋唐时期的丧葬模式，为了探讨秦汉丧葬模式的渊源，会前延到战国时期。中古时期是社会文化、思想信仰发生巨大变迁的时期，受其影响，人们对待死亡的态度和处理死亡的方式也发生了巨大的变化。这个时期的墓葬材料极为丰富，同时也有大量的传世文献留下了关于丧葬活动的记载，因此是死亡考古学研究的极佳范例。

本书的结构如下：

第一章是对墓葬研究学术史的回顾，对西方考古学理论中的墓葬研究方法和中国的墓葬考古研究史进行简要述评，强调考古学理论在墓葬研究中的应用，希望寻找到一套适合中国考古学实际情况的墓葬研究途径。

第二章是对魂魄二元论的讨论，它是不同于西方灵魂观的观念，是中国古人关于生命与死亡的基本信仰，也是中国古人处理死亡的思想基础。虽然各个时期的丧葬模式存在差异，但基于魂魄二元论的藏形与安魂可谓中古丧葬行为的主要内容，因此，后面几章对丧葬模式的讨论皆以本章为基础。

第三章是对先秦至西汉前期丧葬模式的讨论，将丧葬空间归纳为黄泉式的井椁墓，它是以藏形为主的封闭性墓葬，代表了中国古代早期的丧葬模式。主要结合先秦礼书中记载的丧葬礼仪，讨论了空间形态、陈器之道和丧葬美术三个问题。

第四章是对秦汉丧葬模式的讨论，将西汉中期以后定型的丧葬模式归纳为宅第式，与旧式的封闭性井椁墓相比，其主要特征是丧葬空间逐渐走向开放，由此导致了空间形态的一系列变化，反映了儒家思想统治下丧葬行为的变化。讨论主要包括丧葬空间形态、陈器之道、丧葬美术、丧葬中的宗教因素等几个方面。

第五章是在汉晋社会变迁的背景下，讨论了魏晋模式的形成与发展。魏晋时期是中国古代的薄葬时期，受主流意识形态的影响，丧葬行为发生了较大的改变，本章从墓室空间形态、墓室画像和器物陈设等方面，讨论了丧葬行为和观念的变迁。

第六章讨论了南北朝时期的丧葬模式，这是中国古代丧葬模式最复杂的时期，本章从地域传统、墓地与墓室的空间形态、丧葬类图像、佛教与丧葬的关系等方面，讨论了南北朝丧葬模式的复古与创新、整合与互动情况。

第七章是对隋唐丧葬模式的讨论，这是汉代以后重归大一统的时期，丧葬模式是对汉、魏晋、南北朝传统的继承、整合与创新，从帝陵和高等级墓的空间形态、葬具画像、壁画等方面讨论了丧葬新秩序的形成与特征。

第八章是对全书的总结，基于中古时期的丧葬模式，提出了死亡考古学的研究思路，认为死亡考古学可能是一种适合中国考古实际情况的研究途径，也是考古学的一种工作方法，将有助于加强对墓葬资料的阐释，有助于揭示丧葬遗存中的人文价值及其传承脉络。

第二章
魂魄所归：丧葬礼仪的象征性

如果说中国古人对于死亡有个一以贯之的信仰，可能就是灵魂观，从先秦思想家到近世民间，这种思想一直深入人心并贯彻于丧葬礼俗之中，蕴含了中国古人关于生命的丰富想象。纯粹的灵魂信仰主要是佛教传入之前的魂魄二元论，周至汉代的思想家给予了充分的阐述，它是关于生命与死亡的基本认识。

一、魂魄二元论

灵魂信仰是古代社会极为普遍的关于生命与死亡的认知，欧洲古代哲学家以泛灵论（animism）解释灵魂和肉体的关系。柏拉图认为死亡是肉体与灵魂分离之后的状态，生命的本质是灵魂，而灵魂是不朽的，肉体是灵魂的牢狱，使人们充满了激情、欲望、恐惧和愚昧。19世纪法国学者纵观欧洲及印度历史，"无论上溯若干藐古，总未见有'死即止'的思想。在远古哲学家出现以前，极古的时代，颇信死后尚有第二个世界。他们以为死者，并非人体消解之谓，不过一种生活变迁而已"[1]。弗雷泽（Frazer）则从灵魂信仰解释了葬礼的成因，认为葬礼是出于对死者灵魂的恐惧而产生的，生者试图通过一系列复杂的埋葬仪式来掌控死者的灵魂，如"垒石于墓，以制其魂……

---

[1] （法）古郎士（Fustel de Coulanges）著，李玄伯译：《希腊罗马古代社会研究》，中国政法大学出版社，2005年，3页。

盛装其身，供其饮食，以诱其魂，以免为患"[1]。这套埋葬方式与中国古代的丧葬礼仪非常相似。

灵魂信仰是古代人类社会的一种普遍信仰，但各大文明里对于灵魂的认识也不完全相同。钱穆先生对比了埃及、犹太、希腊、罗马等的灵魂观、永生观、复活观后，认为中国的灵魂信仰与西方大不相同，丧葬形式亦大不同，如西方丧葬观念中魂随尸葬，而中国古代则魂不随尸[2]。这种灵魂安抚方式上的差异主要由于中国古代灵魂观的基础是魂、魄二元论，魂与魄的性质不同，去向也不一样。《左传·宣公十五年》记载了春秋时期晋国大夫赵同的故事：赵同因为对周天子不敬而被刘康公诅咒，"不及十年，原叔（赵同）必有大咎。天夺之魄矣"[3]，后来赵同果然被晋侯所杀。

又，《左传·昭公七年》记郑国大夫良霄（字伯有）与贵族驷带相争，被杀后化为厉鬼复仇，杀了仇人驷带和公孙段，又时时惊扰国人，直到其子被子产立为大夫，阴魂乃安。众人不知其故，子产解释道：

> 鬼有所归，乃不为厉。吾为之归也。……人生始化曰魄，既生魄，阳曰魂。用物精多，则魂魄强。是以有精爽，至于神明。匹夫匹妇强死，其魂魄犹能冯依于人，以为淫厉。况良霄，我先君穆公之胄，子良之孙，子耳之子，敝邑之卿，从政三世矣。……其用物也弘矣，其取精也多矣。其族又大，所冯厚矣，而强死，能为鬼，不亦宜乎。
>
> （左传·昭公七年）[4]

---

[1] James G. Frazer. "On Certain Burial Customs as Illustrative of the Primitive Theory of the Soul". In *The Journal of the Anthropological Institute of Great Britain and Ireland*, Vol. 15 (1886), pp. 65, 74—75. 引文为我据其大意翻译。

[2] 钱穆：《钱宾四先生全集》第46册《灵魂与心·论古代对于鬼魂及葬祭之观念》，台北联经出版事业公司，1988年，59—64页。

[3] [清] 洪亮吉撰，李解民点校：《春秋左传诂》卷10，中华书局，1987年，431页。

[4] 前揭《春秋左传诂》卷16，680—681页。

这是一段关于魂魄二元论的系统论述。人的生命由魂、魄组成，魄主形体，魂主精神、智力，故有"体魄""魂气"之谓。魂魄合一，则有健全的生命，魂魄分离，则意味着死亡。"夫精气为魂，身形为魄。人若命至终毕，必是精气离形。"[1]魂魄有强弱、盛衰之分，正如人有地位尊卑之别，良霄地位显赫，故魂魄强于常人，虽死而魂魄不散，化为厉鬼为患生人，直到得到妥善的安抚，才会真正地死亡。人因魂魄离散而死，但魂魄并非立刻消失，而是各有所归。魂与魄分离后，"魂气归于天，形魄归于地"[2]，即所谓"魂飞魄散"，魂如气一样飞升飘荡，魄则下沉于地，最终瓦解而化为尘土。

这种魂魄二元观是先秦丧葬礼仪的理论基础，所有的丧葬礼仪皆以对魂、魄的安抚为目的。礼家为此设计了一套完备的魂魄安抚礼仪，从初死的招魂之礼，到烦琐的服丧之礼、隆重的葬礼和死后的祭祀之礼，无非为安抚离散的魂与魄，使之各有理想的归属。秦汉及以后，儒家、道教、玄学、佛教等主流意识形态对魂魄的看法不尽相同，对魂魄的安抚方式也有所不同，相应的丧葬模式也发生了阶段性的变化。我们可以将墓葬作为藏形与祭祀、安魂的礼仪空间，从藏形与安魂的礼仪行为来讨论墓葬的功能变化及呈现。

二、招魂礼

人初死而魂魄离散，但人们出于对生命的眷念，希望能借助巫术手段使魂魄重新结合，这就是中国古代延续数千年的招魂习俗。在先秦儒家礼仪中有了规范化的招魂仪式——"复"。《仪礼·士丧礼》记载了复礼的过程：

---

1 [汉] 郑玄注，[唐] 孔颖达疏：《礼记正义》卷4《曲礼下》，北京大学出版社，1999年，1248页。
2 [清] 孙希旦撰，沈啸寰、王星贤点校：《礼记集解》卷26《郊特牲》，中华书局，1989年，714页。

复者一人，以爵弁服簪裳于衣，左何之，扱领于带；升自前东荣、中屋，北面招以衣，曰："皋——某复！"三。降衣于前，受用箧，升自阼阶，以衣尸。复者降自后西荣。[1]

主持招魂仪式的"复者"拿着死者生前的礼服登上屋顶，面向魂之所归的北方呼喊死者的名字，三呼之后将衣服扔下，盖在死者身上。用作招魂的衣服是死者生前所服，荷载了死者的灵魂；招魂之后又覆盖于遗体，象征着魂魄复合，似乎灵魂可以重归身体，生命得以延续。这样的信仰也延续至后世，当死者尸骨不可得而葬时，常以衣冠招魂，以"衣冠冢"埋葬，即具有同样的含义。

与中原地区相对简略的"复"礼相比，楚国的招魂仪式更似一场盛大的巫术表演。战国时期，秦楚相争，楚怀王客死秦都咸阳，楚人在郢都（今湖北江陵）为怀王举行了盛大的招魂仪式，仪式实况见于《楚辞》之《招魂》和《大招》二篇，二者内容大同小异，可能是为楚怀王两次招魂所得[2]。

帝告巫阳曰：

有人在下，我欲辅之。魂魄离散，汝筮予之！

魂兮归来，君无下此幽都些……魂兮归来，入修门兮……魂兮归来，反故居些……像设君室，静闲安些。

---

[1]〔汉〕郑玄注，〔唐〕贾公彦疏，彭林整理：《仪礼注疏》卷35《士丧礼》，北京大学出版社，1999年，658—660页。

[2]《招魂》有宋玉招屈原魂、屈原招楚怀王魂二说，朱熹认为是宋玉哀悯屈原而作，参〔宋〕朱熹撰，蒋立甫点校：《楚辞集注》卷7《招魂》，上海古籍出版社，2001年，129页。《大招》也有景差招屈原魂、屈原招楚怀王魂二说，也有人认为《招魂》《大招》是楚人为怀王二次招魂之辞，参林家骊译注：《楚辞》，中华书局，2009年，224页。

巫师（巫阳）奉天帝之令举行了招魂仪式，大致程序是：在旌幡簇拥下，巫阳手持盛有招魂衣的精致竹笼，徐徐倒行，边走边喊"魂兮归来"，以招引死者灵魂的回归。仪式中还要唱诵"外陈四方之恶，内崇楚国之美"[1]的招魂辞。招魂辞由两部分内容组成：一部分描绘了东南西北四方及天上、地下的恐怖景象，如东方有索魂的千仞长人，南方有食人的蛮夷，恐怖的蝮蛇、封狐和九头巨蛇，西方有干旱贫瘠的千里流沙，更有巨大的蚂蚁和玄蜂，北方飞雪千里；天上有虎豹豺狼、九头怪物，地下阴暗的幽都里土伯杀气腾腾。另一部分则描述了十分温馨美妙的居所景象，有富丽堂皇的高堂水榭、亭台楼阁，室内充满了奇珍异宝、翡翠珠被、兰膏明烛，又有各种美酒佳肴，呈现出一种奴婢成群、歌舞唱和的家居氛围。

招魂辞不厌其烦地描述了两个完全对立的场景——恐怖的幽都和美妙的故居。巫阳一面阻止灵魂去往恐怖的幽都，一面招引灵魂回到美妙的故居。幽都是恐怖的所在，暗指墓葬，是人死后的藏形之所。而位于郢都修门之内的故居是安魂之所。在故居的"君室"内设置有死者的肖像——"像设君室，静闲安些"[2]，此"像"当指死者的遗像，象征着死者的灵魂。显然相比中原复礼中的灵魂之不可见，楚地的灵魂是可见的，以死者的肖像来表现。这个设有死者肖像的"君室"应是具有祖庙性质的房屋，是死者灵魂接受供奉、与生者交流的地方。《礼记·问丧》阐明了祭祀的意义："祭之宗庙，以鬼飨之，徼幸复反也"[3]，在宗庙向祖先的亡灵献祭饮食，是寄希望于灵魂复返，表达了对逝者的不舍之情，也包含了魂魄二元观下的安魂思想。可见，招魂辞描述的幽都与君室是两个性质不同的所在，幽都是墓葬，仅为藏形，君室是祖庙，仅为安魂，体现了"藏形于墓、安魂于庙"的丧葬理念。

---

1 [汉]王逸注：《楚辞章句补注》卷9《招魂章句》，吉林人民出版社，2005年，201页。
2 前揭《楚辞》，224页。
3 前揭《礼记集解》卷54《问丧》，1351页。

宗庙里的"像"早已不存，但从墓葬出土的帛画来看，战国楚地确实以肖像的方式让灵魂可见。湖南省博物馆收藏的《人物龙凤图》和《人物御龙图》是现存最早的两幅帛画，画像内容可能是楚地招魂仪式的一个片段。两幅帛画分别于1949年和1973年出自长沙的战国中期楚墓，其中《人物龙凤图》出自陈家大山楚墓，长约30、宽约20厘米。绘有一位垂髻的细腰女子，头戴冠，侧身向左，双手前伸合掌。上前方是飞翔的龙与凤，脚下有一月牙状物，类似于舟。帛画出土时，被折叠端正地放在随葬的陶敦里[1]。《人物御龙图》出自子弹库楚墓，长方形，长37.5、宽28厘米，上横边裹着一根细竹条，系有棕色丝绳。绘有一位胡须男子，侧身立于舆盖之下，腰佩长剑，手执缰绳，驾驭着一条舟形巨龙。龙尾立有一只鹤，左下还绘有一条游鱼，画面中飘带、缰绳拂动的方向一致（图2.1）[2]。

学者们一般认为帛画中的人物是墓主人像，但对帛画内容和性质的认识不尽一致。如果联系《楚辞·招魂》中的描述，这两幅帛画描绘的可能是招魂的场景。帛画中的人像代表魂魄分离后的灵魂，是灵魂的"可视化"，正如宗庙里的死者肖像一样。但是，这两幅帛画的人物均为侧身像，呈从右向左、低眉缓行的运动之态，似乎暗示前方还有被省略了的灵魂招引者——徐徐倒行的巫阳。巫鸿早就注意到周代至汉代人物画中侧面像与正面像的差别，将这种呈运动姿态的侧面像称为情节性构图，从观者的角度看是闭合式的构图，与正面的开放式构图不同[3]。郑岩进一步解释了两种不同构图方式的使用场景，认为侧面像侧重于叙事，与祭祀场景中常见的正面式偶像是不同的[4]。巫鸿与郑岩的

---

1 孙作云：《长沙战国时代出土帛画考》，《人文杂志》1960年第4期。
2 湖南省博物馆：《新发现的长沙战国楚墓帛画》，《文物》1973年第7期。
3（美）巫鸿著，柳扬、岑河译：《武梁祠：中国古代画像艺术的思想性》，生活·读书·新知三联书店，2006年，149—151页。
4 郑岩：《墓主画像研究》，载《逝者的面具——汉唐墓葬艺术研究》，北京大学出版社，2013年，181—186页。

解释是非常合理的，有助于我们理解这类图像与丧葬行为的关系。这类图像虽然表现的不是人神互动的祭祀场景，但仍以侧面的墓主像将灵魂可视化。

战国两汉时期的丧礼中，主要以两种图式将灵魂可视化：一是动态的升仙过程，一是静态的祭祀场景。前者以动态的侧面像表现灵魂的"升迁"，是一种闭合式的叙事，不与观者发生交流，后者以静态的正面端坐形象表现接受祭祀的灵魂，强调生者与死者的交互。这两幅帛画属于前一种图式，是为了描绘灵魂升仙的过程，与作为祭祀场景中心的正面像是不同的。

在帛画描绘的升仙叙事里，人物皆向左运动，这可能与战国两汉时期的西方信仰有关。屈原《离骚》中有"朝发轫于天津兮，夕余至乎西极"[1]，天津即天河，西极指极西之地，西王母所居的昆仑山也位于西方，因此在图像中常将西方作为死后的归宿。类似的西向升仙图，还见于长沙西汉马王堆1号和3号墓[2]、临沂金雀山9号墓出土的帛画[3]，洛阳西汉卜千秋墓脊顶的壁画[4]等。这种动态的西向运动叙事方式一直持续到汉末魏晋时期，如山东、辽东等地的汉末魏晋墓中，一般画像程序起自墓室前部的壁龛，沿着墓室的侧壁和后壁左行，以向左运动的车马队列来表现，整幅画像呈逆时针方向运动的态势（详见第四章）。

三、寓情于礼的丧葬礼仪

大约成书于东周的《仪礼》是一部记载各类礼仪规范的书籍，其中《士丧礼》《既夕礼》《士虞礼》三篇详记了士级贵族的丧葬和祭祀礼仪。《士丧

---

1 闻一多：《离骚解诂》，上海古籍出版社，1985年，61页。
2 傅举有、陈松长编著：《马王堆汉墓文物》，湖南出版社，1992年，20、24页。
3 临沂金雀山汉墓发掘组：《山东临沂金雀山九号汉墓发掘简报》，《文物》1977年第11期。
4 洛阳博物馆：《洛阳西汉卜千秋壁画墓发掘简报》，《文物》1977年第6期；王绣、霍宏伟：《洛阳两汉彩画》，文物出版社，2015年，34—59页。

礼》记从初死到入殓的各个仪节,包括讣告、吊襚、沐浴、小敛、大敛、成服、祭奠、葬期、明器陈设等葬前各项准备;《既夕礼》记葬前一日在祖庙的辞家及下葬仪节,含启殡、祖奠、饰棺柩、陈明器、读赗读遣、下葬陈器等;《士虞礼》记祭祀安魂之礼——虞礼,葬礼之后死者的灵魂返回居所,主人需在专为祭祀而设的殡宫祭奠,殡宫是灵魂的新居所——庙。

《仪礼》三篇所记的仪式设计原则是"事死如生、事亡如存",即模拟现实生活对死者进行侍奉,所献物品包括:包裹羊豕之肉的苞,盛黍、稷、麦的筥,盛醯、醢、屑的陶瓮,盛醴、酒的陶甒,还有弓、矢等兵器,耒、耜等农具,敦、杅等盛汤浆之器,盘、匜等盛水之器,甲、胄、干、笮等劳役之器,杖、笠、翣等燕居安体之器,等等。这些物品分别承担"养口、养鼻、养目、养耳、养体"的功能,即《荀子·礼论》所言:

> 故礼者,养也。刍豢稻粱,五味调香,所以养口也;椒兰芬苾,所以养鼻也;雕琢、刻镂、黼黻、文章,所以养目也;钟鼓、管磬、琴瑟、竽笙,所以养耳也;疏房、檖䫉、越席、床笫、几筵,所以养体也。[1]

衣食住行、饮食娱乐之物无所不备,可谓用情之至。而在所有仪式环节中,饮食供奉是最为重要的内容,从始死到大敛,饮食之物渐丰、恭敬之情渐烈,各类饮食应有尽有,而且十分体贴地剔除了骨头、切成了块,分别盛于容器中,用布包好,以木架固定。如小敛奠中的"陈一鼎于寝门外……其实特豚,四鬄,去蹄,两胉,脊、肺"[2],大敛奠中的"陈三鼎于门外,北上。豚合升……腊左胖,髀不升"[3]。这里的"特豚"是乳猪,要去掉头部、蹄甲

---

[1] 前揭《荀子集解》卷13《礼论十九》,347页。
[2] 前揭《仪礼注疏》卷36《士丧礼》,689页。
[3] 前揭《仪礼注疏》卷37《士丧礼》,700页。

等部位，仅以躯体献祭，而"腊"是风干的牲肉，要去掉脾，只用左半边献祭。墓葬中也发现了以这种方式献祭的实物，在一些战国墓中发现了装有无头、无骨、被切成多块的牲肉，如信阳城阳遗址战国中晚期8号墓前室的陶鼎内，发现了牛、羊、猪的太牢三牲组合，这些动物遗骸上有明显的砍切痕迹，表明下葬时有分割牲体的行为[1]。

这种关怀备至的礼仪是为了表达对死者的恭敬之情，是一种寓情于礼的表现。《礼记·问丧篇》：

> 孝子亲死，悲哀志懑，故匍匐而哭之，若将复生然，安可得夺而敛之也？故曰：三日而后殓者，以俟其生也。三日而不生，亦不生矣！孝子之心，亦益衰矣！[2]

明知逝者不能死而复生，却不忍仓促装殓，故有三日而后殓；明知饮食并不能为死者所享用，却要备足精美的饮食。这样的礼仪无非是"示哀敬"而已。当死而复生的希望破灭，还要对灵魂进行祭祀，"祭之宗庙，以鬼飨之，徼幸复反也"[3]，寄希望于死者的灵魂再返宗庙，接受生者的供奉，与生者交流。

但是，这些丧葬和祭祀礼仪中的"情"却与孔子所宣扬的"仁"相矛盾，他主张以神明之道对待死者，即死者是有知、但又与生者有别的神明。

> 之死而致死之，不仁而不可为也；之死而致生之，不知（智）而不可为也。是故竹不成用，瓦不成味，木不成斫，琴瑟张而不平，竽笙备

---

[1] 侯彦峰、王娟：《信阳城阳城址八号墓鼎实用牲研究》，《华夏考古》2020年第4期。
[2] 前揭《礼记集解》卷54《问丧》，1352页。
[3] 前揭《礼记集解》卷54《问丧》，1351页。

而不和，有钟磬而无簨虡。其曰明器，神明之也。[1]

在丧葬礼仪中往送死者，若以死者之礼待之，不仁；若以生者之礼待之，不智。所以孔子采取折中的办法，既要为死者预备各类生活用具，但又不能与生前所用之物雷同，即备物而不可用，强调了死者灵魂与真实生命的差别。

四、藏形于墓

丧葬礼仪的程序设计不只为表达对死者的恭敬之情，还有信仰的意义，是魂魄二元观的符号化。中国古代的丧葬礼仪虽然异常繁复，但无非为了藏形和安魂两个目的，即《荀子·礼论》所言：

> 故葬埋，敬藏其形也；祭祀，敬事其神也；其铭、诔、系世，敬传其名也。[2]

子曰：

> 二端既立，报以二礼：建设朝事，燔燎膻、芗，见以萧光，以报气也，此教众反始也。荐黍稷，羞肝、肺、首、心，见间以侠甒，加以郁鬯，以报魄也。教民相爱，上下用情，礼之至也。[3]

孔子所言"二礼"，一为"报魄"，二为"报气"，即指藏形与安魂。所谓藏

---

[1] 前揭《礼记集解》卷9《檀弓上》，216页。
[2] 前揭《荀子集解》卷13《礼论十九》，371页。
[3] 前揭《礼记集解》卷46《祭义》，1220页。

形,是指埋葬,要为死者的形魄安排一个舒适的来世生活空间,在墓室内布置各类衣冠、饮食和娱乐设施,象征生前生活的延续;所谓安魂,是指祭祀,要让飘荡的灵魂有所归依,接受生者的供奉,又为生者赐福。

墓葬的最初功能只有藏形,即《礼记·檀弓上》所谓:

> 葬也者,藏也。藏也者,欲人之弗得见也。是故衣足以饰身,棺周于衣,椁周于棺,土周于椁,反壤树之哉。[1]

这样的墓里除了棺椁,并没有过多的人类活动的空间,是一种以"藏"为主的埋葬方式,墓葬是一次性埋葬的结果。考古发现的商周至西汉前期的井椁墓皆是这样的埋葬模式,一是进行深埋、密封,二是以多重棺椁和衣物包裹遗体,种种方式皆为了表达"藏"的含义。《仪礼·既夕礼》记载了墓室空间的布置方式,陈列各类饮食器、用器、燕乐器、役器后,在其上加上支撑物和铺垫物,然后覆土、填实墓穴,直到墓葬完全封闭。这样的墓葬仅是埋葬遗体的空间,封闭性极强,不但墓室被棺椁和各类随葬品填满,而且在葬礼结束后即完全封闭。为藏形而设的封闭性墓葬也被称为竖穴木椁墓或椁墓,并无安魂的功能,除了棺室前方的狭小空间内可能举行下葬时的祭祀外,是没有举行大规模祭祀的空间的,当时的安魂祭祀之礼主要还是在祖庙进行,也就是说,藏形与安魂的场所是分开的。

用于藏形的墓葬封闭性极强,表明当时的观念中生死是有别的,墓葬是与生前世界不同的另一个世界,但又与生前世界有着紧密的联系。如果按照社会人类学的"过渡礼仪"理论,葬礼是纪念生命状态转变的仪式,那么墓葬就是一个生死转化的空间,从生向死的转变犹如一次单程的"旅行",通

---

[1] 前揭《礼记集解》卷9《檀弓上》,227页。

过这种"旅行"完成了从生到死的转化。先秦两汉时期的封闭式墓内，往往以一些陈设、实物和图像表达"旅行"的含义，如打包整齐并挂有标签的行李箱、图像中的桥和门等，暗示着将要开启的生命转化之旅[1]。有的墓内还以文书的形式表达了两个世界之间的转化，如西汉墓葬中的告地策，以公文的形式向地下世界宣告死者的抵达，如长沙马王堆3号汉墓出土的告地策以家丞奋的名义向地下的同僚主葬君报告死者的到达（图2.3：1）：

> 十二年，二月乙巳朔戊辰，家丞奋，移主葬郎中，移葬物一编，书到先选具奏主葬君……[2]

江陵凤凰山168号汉墓告地策（文帝前元十三年，前167）则以江陵丞的名义向地下主汇报（图2.3：2）：

> 十三年五月……江陵丞敢告地下丞：市阳五夫遂，自言与大奴良等廿八人、大婢益等十八人、轺车二乘、牛车一两、□马四匹、□马二匹、骑马四匹。可令吏以从事。敢告主。[3]

告地策里的家丞与江陵丞分别对应地下世界的主葬君与地下丞，以他们的名义报告死者的身份及所携带的财物，仿佛让死者在地下世界里获得了官方的合法证明。与告地策同出的文书还有遣策，详记车马、奴婢、漆器、丝

---

1 来国龙将墓内物品表达的灵魂之旅分为纵向的天地之旅和横向的东西之旅，反映了当时的祖先崇拜和神仙信仰等观念。参 Guolong Lai. "Death and the Otherworldly Journey in Early China as Seen Through Tomb Texts, Travel Paraphernalia, and Road Rituals". *Asia Major*, 2005, pp. 3-4.

2 湖南省博物馆、湖南省文物考古研究所：《长沙马王堆二、三号汉墓》，文物出版社，2004年，43页。

3 纪南城凤凰山一六八号汉墓发掘整理组：《湖北江陵凤凰山一六八号汉墓发掘简报》，《文物》1975年第9期。

麻织品、竹器、食物等的名称、大小、数量，是一份详细的物品清单，隐含了生前世界在地下世界延续的含义。田天认为遣策这类文本建构了死者的地下世界，死者在地下的生活不只是简单的模拟，更是地上生活的延续，其所进入的地方既非仙界，也非化外之地，而具有与地上世界相同的秩序与规范[1]。

五、安魂于庙

在魂魄二元论下，除了藏形，还需要对死者的灵魂进行安抚，那就是祭祀。祭祀要进行多次，丧礼阶段的祭祀在居所进行，小敛在寝、大敛在堂。之后起殡至祖庙，又有多次祭祀，有葬前庙祭和葬后虞祭[2]，二者意义是不同的，前者是丧礼的一部分，属凶礼，后者是虞礼，属吉礼；前者为送死，示生死将别，后者为安魂，示人神沟通。

葬后祭礼是常设性的祭祀，起到团结亲族、整饬社会伦理的作用。《仪礼·士虞礼》详记葬后的祭礼——虞祭，一般以死者的孙辈来代替死者接受祭祀，这位暂时充任死者的活人被称作"尸"。仪式中有立尸、迎尸、拜尸、飨尸等环节，代替死者的灵魂接受子孙亲朋的供奉，同时赐福于生者。郑玄注："尸，主也。孝子之祭，不见亲之形象。心无所系，立尸而主意焉。"[3] 显然，以"尸"代表死者的形象是为了让孝子心有所系，是死者灵魂的有形化，是为了营造人神互动的场景。有形化的灵魂在祭祀场景中类似于宗教仪式中的偶像，只不过这是对祖先神灵的祭祀，反映了祖先崇拜的信仰。

---

1 田天：《西汉遣策"偶人简"研究》，《文物》2019年第6期。
2 关于丧葬礼仪中的祭祀活动，参高崇文：《试论先秦两汉丧葬礼俗的演变》，《考古学报》2006年第4期。
3 李学勤主编：《十三经注疏·仪礼注释》卷42《士虞礼》："祝迎尸。一人衰绖奉篚，哭从尸。尸入门，丈夫踊，妇人踊。淳尸盥，宗人授巾。尸及阶，祝延尸。尸升，宗人诏踊如初。尸入户，踊如初，哭止。妇人入于房。主人及祝拜妥尸。尸拜，遂坐。"北京大学出版社，1999年，803—804页。

在祖庙进行的祭祀是长期的，除了虞祭，还有祔祭（将灵魂附于列祖列宗，以供配享）、祥祭（周年之祭为小祥、二周年之祭为大祥）、禫祭（帝王去世四年之祭）等。在这些常设性的祭祀中，不再以"尸"代表灵魂，而是以"神主"来代替；不再是人的形象，但具有与"尸"同样的让祭祀者心有所系的作用。《论衡·解除篇》："礼，入宗庙，无所主意，斩尺二寸之木，名之曰主，主心事之，不为人像。"[1] 神主是用桑木或栗木做成的牌位，"虞主用桑，练主用栗"[2]。冯时认为桑木具有家居与安宁的含义，通过虞祭迎接新逝的灵魂回归家庙，正如迎接新生命进入家庭[3]。通过这种"迎归"，仿佛刚逝的亲人完成了一次生命的蜕变，虽然形骸已经藏于黄泉之下，但他的灵魂并没有远离家人，而是像新生的婴儿一样被隆重地迎接回家。虞祭要在一年之内举行三次；一年之后再举行练祭，又称小祥祭，此时灵魂不再是"新"的，需以栗木代替神主；此后丧家可以"练衣冠"，即改变服丧期间的服饰。这种迎归的祭祀仪式象征着生命状态的又一次转化，相当于社会学过渡礼仪的"聚合"阶段。在这个阶段，灵魂归入祖先行列，生者的生活恢复正常。

无论是尸，还是神主，都是有形化的灵魂，是作为祭祀场景的视觉中心而存在的。祭祀礼仪以模拟日常侍奉的方式进行，主要内容是饮食供奉。《诗经·楚茨》描绘了一次周代祭礼的过程[4]：

楚楚者茨，言抽其棘。自昔何为？我艺黍稷。我黍与与，我稷翼翼。我仓既盈，我庾维亿。以为酒食，以享以祀。以妥以侑，以介景福。

---

1 前揭《论衡校释》卷25《解除篇》，1045页。
2 [战国] 公羊高撰，顾馨、徐明点校：《春秋公羊传·文公二年》，辽宁教育出版社，1997年，57页。
3 冯时：《丧、噩考——兼论丧礼的形成及其意义》，《中原文物》2019年第1期。
4 周振甫译注：《诗经译注》卷5《小雅》，中华书局，2002年，342—346页。

用田野里的粮食做成美酒佳肴，用来敬神和祭祀，可得大福祉。

济济跄跄，絜尔牛羊，以往烝尝。或剥或亨，或肆或将。祝祭于祊，祀事孔明。先祖是皇，神保是飨。孝孙有庆，报以介福，万寿无疆！

众人忙碌地将牛羊清洗、宰割、烹煮，用作秋祭和冬祭，由巫祝献祭于庙门旁，请尸来享用，子孙会得到赐福，从此万寿无疆。

执爨踖踖，为俎孔硕，或燔或炙。君妇莫莫，为豆孔庶。为宾为客，献酬交错。礼仪卒度，笑语卒获。神保是格，报以介福，万寿攸酢！

厨师准备食物，主妇忙着陈列食器，宾客如云，觥筹交错，一切都符合礼仪，笑语连连，尸来享用美酒美食，回赐以万寿无疆。

我孔熯矣，式礼莫愆。工祝致告，徂赉孝孙。苾芬孝祀，神嗜饮食。卜尔百福，如几如式。既齐既稷，既匡既敕。永锡尔极，时万时亿！

礼仪恭谨有加，巫祝向神报告，神来享用美酒佳肴，向子孙赐福。

礼仪既备，钟鼓既戒，孝孙徂位，工祝致告。神具醉止，皇尸载起。鼓钟送尸，神保聿归。诸宰君妇，废彻不迟。诸父兄弟，备言燕私。

礼仪已经完备，钟鼓早已备好，孝孙已经就位，巫祝向神祷告，神尽享美食。打鼓敲钟送尸回去，主人主妇撤掉祭神的酒席，父兄们另设酒宴。

乐具入奏，以绥后禄。尔肴既将，莫怨具庆。既醉既饱，小大稽首。神嗜饮食，使君寿考。孔惠孔时，维其尽之。子子孙孙，勿替引之！

乐器早已备好，大家安享祭后的佳肴，酒足饭饱，互相稽首行礼。神享用美酒佳肴，可以赐你寿考。只要子子孙孙尽礼尽孝，各种赐福少不了。

这套祭礼似乎并没有生死离别时的悲戚气氛，而更像一场热闹非凡的宴会，包括祭前备食、巫祝献祭、迎尸、飨尸、送尸、祭后宴享等环节，实际上是一个借助宴饮活动而人神互动的场景，生者与死者的灵魂共享美食，死者的灵魂得以安宁，生者得死者赐福。

在战国两汉时期的一些器物、墓室画像中常见的"宴乐图"可能正是祭祀场景的再现，而不是简单的对现实生活的描绘。故宫博物院收藏的一件战国铜壶，壶腹有精美的图像，描绘了采桑、宴乐、渔猎、攻战等世俗生活的场景，但此壶显然不是一般的生活用器，而是礼器，有研究者将其图像解释为射礼（春射、秋狝）的场景[1]。类似的战国铜壶还有多例，画像内容大同小异，如成都发现的"采桑宴饮乐舞射猎攻占铜壶"[2]等。如果参照上述《诗》对祭礼的描述，这种铜壶画像或许还有另外的解释，它可能就是祭祀的场景。

以故宫藏铜壶为例，壶的外表图像从上到下分为三区，其中第Ⅰ区是颈部图像，表现的是采桑、射礼等礼仪活动；第Ⅱ区是上腹部图像，是1组射猎、宴享乐舞图；第Ⅲ区是下腹部图像，是1组水陆攻占图。值得注意的是第Ⅱ区上腹部图像，画面分为左右2组，右面上部是1组7人在饮酒宴享，下部是载歌载舞场景，悬有钟磬的簨簴和建鼓旁边有6位乐手正在演奏；画面左边是1组射猎场景，5位射手动作各异，鸟兽鱼鳖或飞、或立、或游。似乎表现的正是祭前备食和祭祀的场景（图2.1）。

先秦时期的祭祀图一般附于礼器上，进入西汉以后，出现了大量独立的壁画。两汉时期墓室壁画中这类宴饮场景更加常见，一般以并坐的墓主夫妇像为中心，左右绘饮食供奉和乐舞场景。这种图像前方一般还摆放有献祭饮食的实物器具，其祭祀特征更加明显（详见后述）。

---

1 袁俊杰：《两周射礼研究》，河南大学博士学位论文，2010年，300—301页。
2 四川省博物馆：《成都百花潭中学十号墓发掘记》，《文物》1976年第3期。

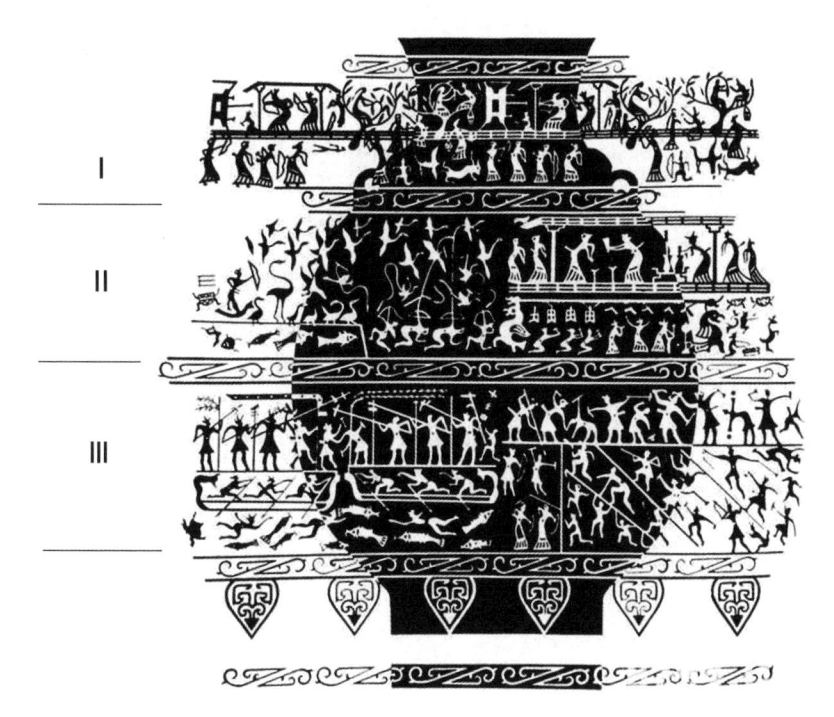

图 2.1　战国铜壶上的祭祀场景
（故宫博物院藏）

祭祀礼仪不仅为安抚逝去的灵魂，也是一种基于祖先崇拜的社交活动，通过对共同祖先的祭祀，可以起到团结血亲、维护社会伦理的作用，而对一个政权来说，对先王的祭祀更是上升到维护政权稳定的高度，因此，祭祀在中国古代礼仪中具有至高无上的地位，这就是古代社会里宗庙与社稷并重的原因。

六、墓祭引起的墓葬功能转变

藏形与安魂是基于魂魄二元论的两种性质不同的礼仪行为，分别在墓葬与祖庙进行。中国早期的竖穴土坑墓仅具有藏形功能而无安魂功能，因此，墓葬的主要特征在于"藏"，极具封闭性。但这种情况从战国开始发生变化，墓葬逐渐被赋予了安魂的功能，出现了墓祭，墓葬的封闭性被打破而逐渐走向开放。

墓葬走向开放的标志之一,是地面的标记性和祭祀性设施的出现。封土是墓地最初的标记性设施。传说孔子合葬其父母于防,筑有四尺高的封土,孔子此举是不符合"墓而不坟"古礼的,但是为了将来知其所处而标识之[1]。孔子时代的封土已有很多考古证据,但大多还是墓葬回填后的余壤形成的虚土坟丘,与后来夯筑的高大封土性质是不同的[2]。刘振东认为,从考古发掘情况看,并不能断言春秋时期坟丘墓已经普遍流行了,真正经过夯筑的人工高大坟丘是春秋战国之际出现、战国时期流行起来的[3]。目前发现较早的封土墓主要在春、战之际的楚国地区,如江陵纪南城发现的春秋晚期至战国时期的大型贵族墓[4]、河南固始发现的春秋末年侯古堆大墓(1号墓)[5]等都有了规模巨大的封土。这些早期大型贵族墓的封土不仅仅是标识,更具备了礼仪的含义,"以爵等为丘封之度与其树数"[6],封土的大小成为身份等级的标志。

战国时期的列国王陵普遍出现了夯筑的封土,如邯郸故城附近的赵王陵,皆以山丘为基,筑高大的陵台,台面平坦,呈南北向长方形,周边夯筑加固,有的还以石护坡[7]。河北平山县的战国中山王陵有夯筑的覆斗形封土,东西并列的M1、M2(中山王𰀃墓及哀后的墓)封土带有三级台阶,上建享堂、回廊等建筑。M1的封土底边长100米、宽90米,顶部是边长18米的方形平台[8]。

---

1 前揭《礼记集解》卷7《檀弓上》:"孔子既得合葬于防,曰:'吾闻之,古也墓而不坟。今丘也,东西南北之人也,不可以弗识也。'于是封之,崇四尺。"168—169页。
2 王世民:《中国春秋战国时代的冢墓》,《考古》1981年第5期。
3 刘振东:《冥界的秩序——中国古代墓葬制度概论》,文物出版社,2015年,33—34页。
4 江陵县文物工作组:《湖北江陵楚冢调查》,《考古学集刊》(4),中国社会科学出版社,1984年。
5 固始侯古堆一号墓发掘组:《河南固始侯古堆一号墓发掘简报》,《文物》1981年第1期。
6 [汉]郑玄注,[唐]贾公彦疏,赵伯雄整理:《周礼注疏》卷22《春官·冢人》,北京大学出版社,1999年,568页。
7 河北省文管处等:《河北邯郸赵王陵》,《考古》1982年第6期。
8 河北省文物研究所:《𰀃墓——战国中山国国王之墓》(上),文物出版社,1996年,11—22、105页。

墓地的祭祀性设施何时出现，现在并没有明确的证据。从目前考古发现来看，虽然殷墟妇好墓、山东滕州前掌大墓等商代后期大墓的墓圹上发现了夯土台和建筑遗迹，但很难说就是当时的墓祭遗存。按照墓葬功能的演变逻辑，墓地祭祀性设施应是与人工夯筑的封土同时出现的，战国以前的墓地可能没有祭祀性设施，但战国墓地大多发现了明确的与祭祀有关的遗迹，有的是祭祀坑，有的是享堂式建筑。湖北江陵熊家冢墓地的主墓南侧、主墓与陪葬墓之间、主墓与车马坑之间，一共发现了排列整齐的100余座祭祀坑，多为圆形，少数为方形，在某些祭祀坑上发现的柱洞痕迹可能表明墓地祭祀性建筑的存在。已发掘的祭祀坑内出土了玉璧、玉珩等祭祀性礼器[1]。虽然不清楚这些祭祀坑和建筑遗存的原有形制，但与下葬或葬后的祭祀仪式有关，应该是没有问题的。

河北平山县战国中山王陵的夯筑封土台上发现了享堂、回廊等建筑遗存，根据中山王䰾墓椁室出土的铜版兆域图，可知陵园内规划了东西并列的5座享堂式建筑。这些墓上建筑被称作"堂"，中央是"王堂"，两侧是"王后堂""哀后堂""夫人堂"等，应是象征墓主饮食起居的寝，是纪念性的建筑。它们不是用于祭祀的庙或享堂[2]，因为这些建筑都在墓口之上，是不适合举行祭祀活动的，《礼记·曲礼》"适墓不登垄"，郑玄注："为其不敬。"[3]

只有到了战国晚期，墓口之上的"堂"移至封土之侧，成为常设性的墓地祭祀空间。这种设置见于秦的芷阳陵园，后来被秦始皇陵和西汉帝陵所继承。秦汉时期，墓地陵园内已有了完备的祭祀性设施。西汉自惠帝开始，在陵园附近设置宗庙，但还处于陵园以外，东汉明帝以后才将祭祀用的庙建在陵园内，墓地祭祀开始普遍流行。

---

1 荆州博物馆：《湖北荆州熊家冢墓地2006—2007年发掘简报》，《文物》2009年第4期。
2 前揭《中国古代陵寝制度史研究》，25—28页。
3 前揭《礼记集解》卷4《曲礼上》，79页。

因此，从春、战之际到秦汉时期，墓地的祭祀性设施从无到有，逐渐完备，丧葬空间也因墓祭而走向开放。祭祀是团结亲族、社会交往的重要手段，由于墓祭的流行，墓地由凄凉沉寂的死者世界一变而为熙熙攘攘的社会活动中心[1]。

墓葬走向开放的标志之二，是地下墓室空间的变化，主要是祭祀空间的独立与扩大。黄晓芬总结了战国中晚期至汉代墓室的变化，主要是埋葬空间与祭祀空间的逐渐分离与独立，当出现羡道和玄门结构后，玄门与棺室门之间的祭祀空间逐步扩大，以棺为中心的埋葬空间后移，逐步形成了前堂后室之制[2]。这是对墓室结构变化趋势的准确归纳。西汉中期以后定型的前堂后室式横穴墓中，前堂是祭祀空间，一般宽敞高大；后室是埋葬空间，相对狭小。两个空间的陈设也有差别，显示出前堂后室礼仪功能上的差异。西汉中期开始，祭祀空间越来越受到重视，表明墓内祭祀活动成为一项重要的丧葬礼仪，这是由于下葬时要举行盛大的祭祀仪式，参与者众多，需要高大宽敞的空间，也需要营造特别的场景（如祭台、祭器和画像等）。独立的祭祀空间出现后，墓室内部与外部也有了沟通的通道，出现了羡道、墓门等，墓室的封闭性被彻底打破，墓室开始走向开放。

综上，从春、战之际到东汉，墓葬地面逐渐出现了标记性和祭祀性设施，地下也出现了独立的祭祀空间，这主要是由于墓葬功能的转变所致。墓葬由最初的单一藏形功能，逐渐被赋予了藏形与安魂的双重功能。正是墓葬功能的转变促使丧葬空间形态发生了变革。当然，地下墓室内的开放性并不是永久的，只会因合葬等需要而在一段时期内保持开放，墓室的主要功能还是藏形。正因如此，南阳冯孺人墓的中室被称作"藏阁"，在主室石柱上也

---

1 巫鸿著，郑岩等译：《礼仪中的美术——巫鸿中国古代美术史文编》，生活·读书·新知三联书店，2005年，275—280、549—568页。

2 前揭《汉墓的考古学研究》，92页。

有"千岁不发"等语[1];苍山元嘉元年墓有铭文"长就幽冥则决绝,闭圹之后不复发"[2]。虽然这些墓葬已属新式的横穴式墓,墓室内已有了专门的祭祀空间,但最终还是要封闭的,所有的陈设、物品和精美的画像都会成为死者来世的专属。"隐藏"是中国墓葬区别于埃及法老陵和日本古坟的特点,"最大量的财富、劳力和艺术想象都是隐藏在地下的"[3]。

七、小　结

本章从魂魄观来解释中国古人对待死亡的态度、处理死亡的方式,虽然在各个历史时期里,宗教或主流意识形态发生了多次变化,但魂魄观以及由此产生的来世想象一直没有发生根本的转变,具有极强的延续性,这也是中国古代丧葬模式具有独特延续性的原因。

魂魄二元论是中国古人对于生命的基本态度,认为人的生命由魂、魄组成,魄主形体,魂主精神,魂魄合一则有健全的生命,魂魄分离则意味着死亡,分离后的魂、魄各有所归,即所谓"魂气归于天,形魄归于地"。烦琐的丧葬礼仪皆以对魂、魄的安抚为目的,即藏形与安魂。藏形是对遗体的处理与安葬,安魂是对死者灵魂的祭祀,以人神互动的方式进行。由于魂与魄的性质不一样,分离后的去向也不一样,因此藏形与安魂的礼仪形式不一样,仪式场所也不一样。一般来说藏形于墓、安魂于庙,墓葬只是安葬遗体的空间,庙才是安魂之所。《楚辞·招魂》记载的战国楚地招魂仪式,反映了先秦"藏形于墓、安魂于庙"的丧葬理念,招魂辞中的"幽都"指藏形的墓葬,而"君室"是位于故居之内的安魂之所,相当于庙。由于魂是不可见

---

1 南阳地区文物队、南阳博物馆:《唐河汉郁平大尹冯君孺人画象石墓》,《考古学报》1980年第2期。
2 山东省博物馆、苍山县文化馆:《山东苍山元嘉元年画像石墓》,《考古》1975年第2期。
3 巫鸿:《全球景观中的中国古代艺术》,生活·读书·新知三联书店,2017年,86页。

的，为了营造祭祀的场景，往往会以死者的肖像象征灵魂的存在，即招魂辞中所谓设在君室的"像"。长沙战国楚墓帛画可能正是楚地招魂仪式中的道具，其中侧身而左行的男、女墓主像正是丧礼阶段的祭祀仪式中"可视的"灵魂。

先秦至西汉前期的墓葬仅仅只是为了藏形，并不具备安魂的功能，一般以深埋、密封等方式表达"藏"的观念，还以多重棺椁和衣物包裹遗体。这样的墓葬封闭性极强，不但墓室被棺椁和各类随葬品填满，而且埋葬的过程是一个逐步封闭墓室的不可逆过程，墓穴在葬礼结束即完全封闭。在封闭性的墓室里，空间的陈设是按"事死如生、事亡如存"的原则设计的，即模拟现实生活对死者进行侍奉，要为死者的来世生活预备各类衣食住行、饮食娱乐之物，而饮食供奉是最重要的内容，这种关怀备至的礼仪设计是为了表达对死者的恭敬之情，是一种寓情于礼的表现。但是，生死毕竟有别，因此既要为死者预备各类生活用具，但又不能与生前所用物品完全相同，即"备物而不可用"，在生死问题上强调死者与真实生命的差别。在这种观念之下，墓葬就像一个生死转化的空间，通过葬礼完成了生命状态的转变。从生向死的转变犹如一次单程的"旅行"，在先秦至西汉时期的封闭式墓内，以一些陈设和实物表达了"旅行"的含义，如打包整齐并挂有标签的行李箱、图像中的桥和门等，暗示了这种生死之旅，有的还以告地策等文书的形式表达了生死两界之间的过渡。

祭祀是与埋葬性质不同的礼仪活动，是对灵魂的安抚，在下葬之前的丧礼阶段和下葬之后的祖庙内，以模拟日常侍奉的方式进行，强调生者与死者的交流，主要是奉献各类饮食。从《诗经·楚茨》描绘的祭礼来看，葬后的祭祀是一场热闹非凡的宴会，也是一个人神交互的场景。故宫博物院收藏的一件战国铜壶的腹部描绘有采桑、宴乐、渔猎、攻战的生活场景，这些内容很可能是祭前备食和祭祀的场景。

"藏形于墓、安魂于庙"的观念从春、战之交开始发生变化，墓葬被赋予了安魂的功能，一个重要表现是出现了墓祭，逐渐形成了一套完备的礼仪规范，在丧葬空间的表现就是墓地的标记性和祭祀性设施从无到有，逐渐完备。同时，由于墓祭的出现，墓室空间形态也发生了变革，原来极具封闭性的墓室内出现了独立的祭祀空间，这意味着墓葬由原来的单一藏形功能，逐渐被赋予了藏形与安魂的双重功能。正是这种墓葬功能的转变，促使战国以后丧葬空间由封闭走向开放。

丧葬空间由封闭走向开放，在考古学上体现在地面和地下遗存的变化，一是地面的标记性和祭祀性设施出现，二是地下墓室内的祭祀空间的独立与扩大。开放式的墓室空间定型于西汉出现的前堂后室式横穴墓中，以独立的前堂作为祭祀空间，一般宽敞高大，而作为埋葬空间的后室则相对狭小，两个空间的陈设方式有着明显的差别。当独立的祭祀空间出现后，祭祀空间与外部也有了沟通的通道，出现了羡道、墓门等，墓室的封闭性被彻底打破，墓室开始走向开放。

任何礼仪都是有象征意义的，中国古代丧葬礼仪的基本内容是藏形与安魂，象征着生命状态从生到死的转化，作为埋葬空间的墓和作为祭祀空间的庙是生死转化的场所，是连接生与死、现世与来世的桥梁。在考古学上，墓葬遗存保留了较完整的礼仪空间形态，我们对墓葬遗存的解释也应从礼仪行为及其象征性着手。

052

1   2

图 2.2　长沙出土战国帛画
1. 人物龙凤图　2. 人物御龙图
(《中国美术全集·绘画编·第 1 卷》[1])

---

[1] 张安治主编:《中国美术全集·绘画编》第 1 卷《原始社会至南北朝绘画》,人民美术出版社,1986年,50—51页。

1　　　　　　　2

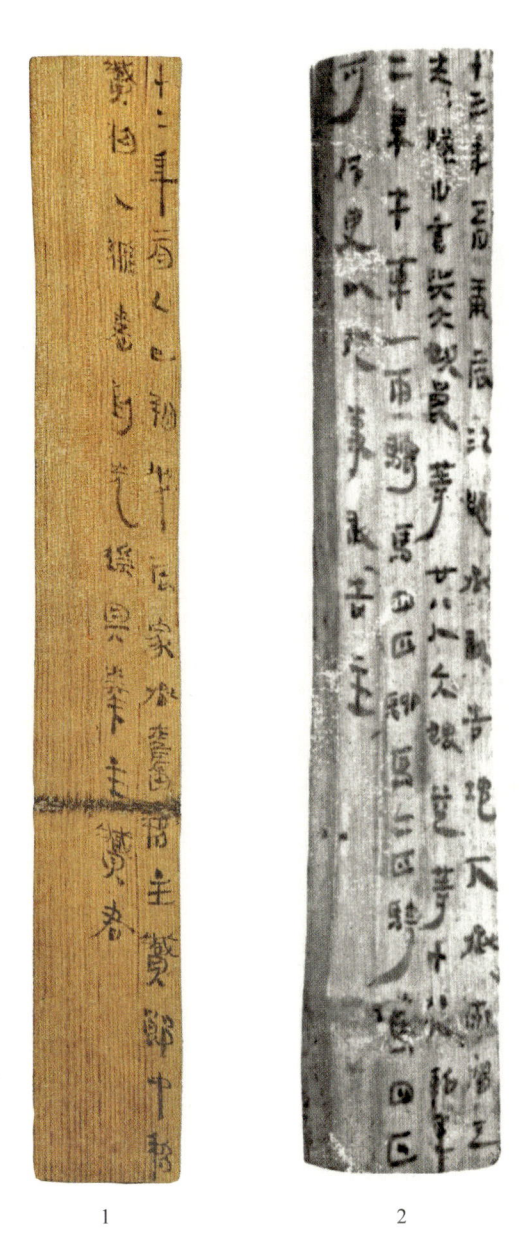

图 2.3　西汉墓出土告地策

1. 马王堆三号汉墓（《马王堆汉墓文物》[1]）　2. 江陵凤凰山 168 号汉墓（《文物》1975 年第 9 期）

1　傅举有、陈松长编著：《马王堆汉墓文物》，湖南出版社，1992 年，37 页。

图 3.1　三门峡西周虢国墓地 M2001（虢季墓）墓底遗存
（《三门峡虢国墓》第一卷，彩版一）

上：黑地彩绘棺（第二重）
下：朱地彩绘棺（第三重）

图 3.2　马王堆 1 号汉墓漆棺绘画局部
（《马王堆汉墓文物》9、11、15、17 页）

056

图 3.3 荆门包山 2 号漆奁图像
（《包山楚墓》下册彩版柒、捌）

图3.4 随州战国、西汉漆器彩绘
1. 曾侯乙墓漆箱(《曾侯乙墓》彩版一三)
2. 擂鼓台1号墓漆奁(《江汉考古》2017年第6期张瀚墨文,73页)

058

图 3.5　马王堆 1 号墓帛画
(《马王堆汉墓文物》19 页)

图 3.6 马王堆 3 号墓帛画
(《马王堆汉墓文物》23 页)

第三章
黄泉之下：先秦至西汉井椁式的丧葬模式

中国古代最常见的墓葬形制是竖穴土坑墓，至少在1万多年前的新石器时代早期就已经采取这种埋葬方式。在被统称为"竖穴土坑墓"的墓葬中，有一类以深埋、秘藏为特征的贵族墓，封闭性极强，与文学作品中描述的"黄泉"相似，它们是商周至西汉前期贵族墓的埋葬方式。墓主的身份地位越高，墓室空间就越大、越深，墓室被棺椁、器物和填土所填塞，埋葬过程是一次性的，墓内没有预设祭祀的空间。直到战国以后，墓内祭祀空间出现并独立，墓室空间形态也发生了相应的变化。

一、黄泉与幽都

黄泉常见于文学作品中，是对阴曹地府的描述，以一种凄美的方式比喻人生最后的归宿，但其最初并没有这样的含义，仅指地下深处的井泉。《左传·隐公元年》记载，郑庄公愤于母亲姜氏与弟密谋，而将姜氏软禁，誓言"不及黄泉，无相见也"，但后来思母心切，乃听从颍考叔的建议挖了一条深及黄泉的地道，通过地道与母亲相见（"阙地及泉，隧而相见"），母子和好如初，其乐融融[1]。这个故事里的黄泉尚无坟墓的意思，只是地下深处之泉。

---

[1] 杨伯峻编著：《春秋左传注》（一），中华书局，2016年，15—16页。

齐国陈仲子是一位著名的廉洁之士，生活极其俭朴，只吃虫蛀的果实，拒食他人馈赠的美食，但在孟子看来，这还不够，认为只有像蚯蚓一样"上食槁壤，下饮黄泉"才是真正的廉洁[1]，此黄泉指地下深处的污浊之水。

黄泉深处地下，是一个幽闭而令人恐惧的所在，很早就与埋葬发生了联系。先秦贵族墓由于要葬入棺椁和大量器物，需要很大的墓室空间，但墓室空间不是横向扩展，而是纵深向下，往往深掘至潜水面以下，常以深度是否"及泉"作为礼仪的规范。春秋时的高士季札葬其长子于嬴、博之间，"其坎深不至于泉，其敛以时服，既葬而封，广轮揜坎，其高可隐也"[2]。这是一座墓室深度不及于黄泉的墓葬，不符合当时的贵族礼仪，但正因其是一种"薄葬"而受到孔子的观礼和称道。"季札葬子"毕竟是特例，目前考古发现的商周大墓流行深埋，很多高等级贵族墓的深度都已达到潜水面以下，如商代晚期的妇好墓深达7.5米[3]，武官村大墓深达8.4米，发掘时棺椁及墓底的腰坑皆在潜水面以下[4]。三门峡虢国国君虢季墓、梁姬墓及太子墓的深度达11米，考古发掘时棺椁基本没于潜水面以下[5]。正是由于深埋，加上青膏泥的密封作用和木炭的吸水作用，墓中的很多有机物得以完好地保存下来。

这种深埋及泉的埋葬方式延续到了西汉，一些诸侯王和列侯墓皆是这种形制，黄泉也成为幽深阴暗的墓穴的代称。西汉广陵王刘胥在"祝诅案"案发后自缢，死前发出了"黄泉下兮幽深，人生要死，何为苦心！"[6]的慨叹，

---

1 [汉]赵岐注，[宋]孙奭疏，廖名春、刘佑平整理：《孟子注疏》卷6《滕文公章句下》，北京大学出版社，2000年，214页。

2 前揭《礼记集解》卷11《檀弓下》，294页。

3 前揭《殷墟妇好墓》，7页。

4 前揭《一九五〇春殷墟发掘报告》，7—8页。

5 虢季墓（M2001）深11.15米，梁姬墓（M2012）深10.93米，太子墓（M2011）深11.3米。参河南省文物考古研究所、三门峡市文物工作队：《三门峡虢国墓》（第一卷），文物出版社，1999年，15、235、317页。

6 《汉书》卷63《武五子传·广陵厉王胥》，2762页。

充满了对生的眷念和对死的恐惧。汉乐府中常以黄泉比喻人生的最后结局，悲苦的孤儿有"居生不乐，不如早去，下从地下黄泉"[1]的无奈，有情人则发出了"结发同枕席，黄泉共为友"[2]的爱情宣言。

黄泉作为生命的最终归宿，当如《楚辞·招魂》所描述的"幽都"一样，是一个幽深的、与世隔绝的恐怖之地。这正是中国早期贵族墓的基本形态，即从平地向下深掘墓坑以掩藏遗体，规模愈大，墓穴愈幽深阴暗，正如黄泉或幽都一样。这种结构的墓葬体现了生死有别的态度，人死，出于难以割舍的眷念，需要举行复杂的丧葬仪式，除了将生前物品悉数带走，还要特别准备一些饮食、娱乐、生活便利之物，就如亲友远行，要为他的旅途备足物品一样。不同的是，现实中的远行只是暂时的离别，而丧葬则是永久的诀别。完成一系列倾注了浓浓之亲情的丧葬礼仪后，将遗体埋入深深的墓穴，永久封闭，从此生死两绝、永不相见。

这种埋葬方式包含了两层含义：一是永久告别，人死而魂魄分离，被埋藏的形魄代表了死者的不朽存在，它将要在另一个世界里继续生活，在生者看来这种来世生活是与生前生活无异的，死亡只是生命状态的转变；二是生死有别，通过深藏，将生者的世界与死者的世界完全隔离，在生者看来，虽然死者的生活会在来世延续，但生死异途、互不相干。至于人死之后的另一个存在——灵魂，则继续保持着与生者的联系，它会以无形的状态存在于人间，与生者发生交集，可以护佑生者，也可能为患生者，因此需要给予妥善的安抚。先秦时期对灵魂的安抚主要在远离墓地的庙中进行，在庙中设置神主或肖像，将无形的灵魂有形化，定期给予饮食供奉，人神交互，恭敬有加。

---

[1] [宋]郭茂倩：《乐府诗集》卷38《相和歌辞十三·孤儿行》，中华书局，1979年，567页。
[2] 前揭《乐府诗集》卷73《杂曲歌辞十三·焦仲卿妻》，1035页。

二、藏形的井椁

自新石器时代末期社会复杂化以后，竖穴土坑墓的形态发生了分化，少数具有特殊身份和地位的人，开始以更多、更精美的物品随葬，有的还有殉葬的人或动物，这就需要大大扩展墓穴的空间，开始在竖穴土坑内以木头搭建复杂的椁室，形成竖穴土坑木椁墓。建造墓室的木椁以木或金属楔子连接和固定，构成井字形的框架，因此也可称作井椁墓。"井椁"之名源于《仪礼·士丧礼》中"既井椁"的记载[1]，属于下葬前的殡礼环节，由匠人将加工好的木椁临时陈列在殡门外，摆放成井圈形，与明器一起陈列，以模拟将要在地下建造的椁室，丧家围绕井椁作顺时针绕行，检视井椁，向死者告别和向匠人行礼。在完成这些仪式后，将井椁移植、组装于竖穴土坑墓内。

1. 史前木椁的出现

在新石器时代晚期，少数身份特殊的人已经使用复杂的木椁墓，墓内物品出现了种类的分化，且摆放有一定规范，意味着当时出现了较规范的葬仪。新石器时代的大汶口墓地M10是一座大汶口文化晚期的大墓，墓室长4.2米，宽3.2米，深0.36米。根据遗痕，推测应有大型木质葬具，在葬具内底中央有一个长方形坑，坑内葬有一位女性死者。随葬品的摆放极有规律，可分三组：一是棺内物品，包括身体佩戴物和1组陶饮食器，前者如石臂环、象牙梳、笄，后者放置在墓主头上方和身体两侧；二是棺椁之间，放置象牙雕筒和漆器；三是椁外，放置食器和猪下颌骨。当物品安放完毕并填

---

[1] 前揭《仪礼注疏》卷37《士丧礼》："既井椁，主人西面拜工，左还椁，反位，哭，不踊。妇人哭于堂。献材于殡门外，西面北上，綪。主人遍视之，如哭椁。"郑玄注："匠人为椁，刊治其材，以井构于殡门外也。"717页。

土过半后，在墓穴四角各放置 1 件宽肩壶[1]。这座墓葬的空间划分十分明确，分为棺内、棺椁之间、椁外三个空间，根据离墓主遗体的远近摆放不同的器物，分别是身体装饰物和饮食器、财富和葬仪器物，从立体上又可分为墓穴和填土两个反映了葬仪过程的空间。

山东临朐朱封遗址发掘的新石器时代末期墓葬（M202）是一座更复杂的墓葬，墓深 2 米，是一座长近 7 米、宽 2.2—3.15 米的长方形墓，在墓圹边缘筑出二层台，墓内置有一棺一椁。棺椁之间是专门放置随葬品的空间，除了精致的蛋壳陶杯和其他陶器外，还有骨匕、砺石、鳄鱼骨板等，棺内有玉器和绿松石；二层台上放置各类陶器，边箱、棺椁壁面上有彩绘。另一座墓（M203）的结构更复杂一些，是一棺二椁，椁呈井字形结构，以 50 件陶器及 10 余件石器等随葬[2]。这种结构复杂、随葬品丰富的史前墓葬必属于身份特殊的人物，一定伴随着较为复杂的丧葬礼仪，从遗存的堆积状态可知下葬过程是一个逐步封闭墓室的过程。

2. 殷商井椁的构筑

殷商时期出现了更复杂的丧葬礼仪，随葬品大量增加，墓葬需要更大的空间，墓室变得更加幽深，出现了真正意义上的黄泉式井椁墓。1976 年发掘的安阳殷墟妇好墓（小屯 5 号墓）是一座保存完好的商代晚期大墓，墓主是商王武丁的配偶妇好，死于武丁晚期，庙号"辛"。这座墓保存良好，为我们考察商代贵族的葬仪提供了极好的证据。根据考古报告，我们可以复原墓葬的建造和下葬过程（图 3.7）[3]：

---

[1] 山东省文物管理处、济南市博物馆：《大汶口——新石器时代墓葬发掘报告》，文物出版社，1974 年，22—24 页。

[2] 中国社会科学院考古研究所山东工作队：《山东临朐朱封龙山文化墓葬》，《考古》1990 年第 7 期，587—594 页。

[3] 中国社会科学院考古研究所：《殷墟妇好墓》，文物出版社，1980 年，7—14 页。

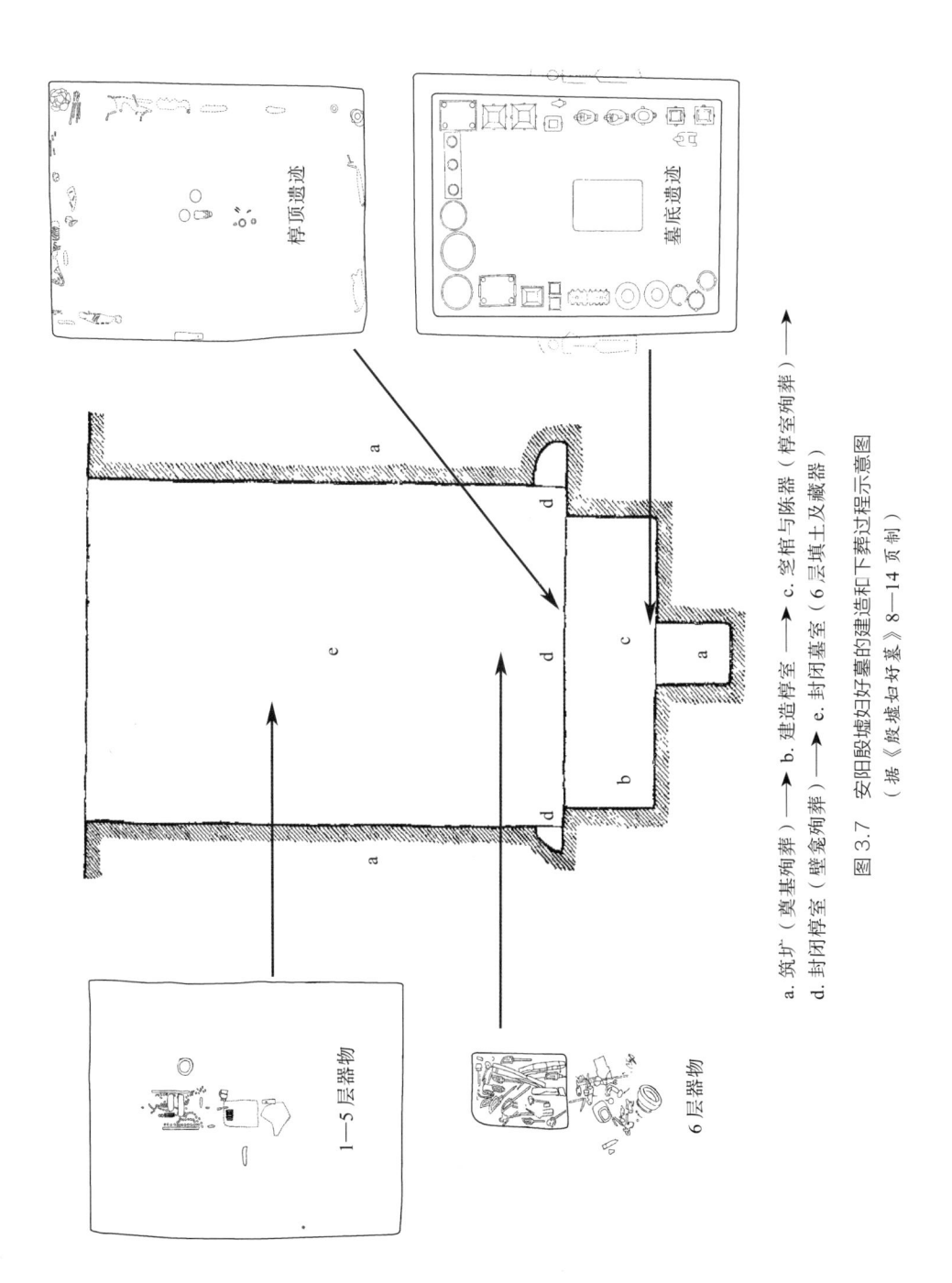

第三章 黄泉之下：先秦至西汉井椁式的丧葬模式 065

图 3.7 安阳殷墟妇好墓的建造和下葬过程示意图
a. 筑圹（奠基殉葬）——→ b. 建造椁室 ——→ c. 竖棺与陈器（椁室殉葬）——→
d. 封闭椁室（壁龛殉葬）——→ e. 封闭墓室（6层填土及藏器）——→
（据《殷墟妇好墓》8—14 页制）

椁顶遗迹

墓底遗迹

1—5 层器物

6 层器物

a. 筑圹：先从平地下掘一个长方形的竖穴土坑，南北长约5.6米，东西宽4米，深约7.5米。在东西二壁上各挖出一个壁龛，以备放置殉葬者的遗体。从壁龛大小看，殉葬者是没有棺椁的。在壁龛以下的四壁夯筑二层台，以备置入搭建木椁的盖板。在土圹内建造椁室之前，还要举行杀殉奠基仪式，在墓底中部挖出一个腰坑，长约1.2米，宽约0.8米，深约1米，坑内葬有1个殉人、1只殉狗。殉人的头骨已经破碎，葬法不明，从腰坑尺寸看，显然不是正常的仰身直肢方式。

b. 建造椁室：奠基之后，将预制好的椁室悬吊入墓圹内，沿着四壁搭建边框，并分隔棺室和椁室，椁的上沿与夯筑的二层土台平齐。木椁的深度已在潜水面以下。

c. 窆棺与陈器：将木棺悬吊入建好的木椁内，并陈设器物。根据墓内随葬品的堆积情况，可知棺内和棺外器物的摆放次序：首先是棺内器物，是下葬之前就放置在棺内的，主要是玉器和海贝。玉器包括身体佩玉以及置于身体旁侧的玉戈、玉璧、环、瑗等礼器和玉人，佩玉以外的其他玉器可能曾装在漆木箱子里，出土时仅剩红色漆皮。棺内西侧堆放着6 000多枚海贝、刻刀和玉鱼等随葬品，其中海贝的作用可能如后来的钱币一样，象征着死者的财富。其次是椁内器物，是窆棺之后"陈器"环节置入的，分门别类放置在棺外、椁内的空间里，椁室北部基本为大型重器所占据，其中"妇好"或"好"铭器物放在最显著的部位，"司母辛"等器物也放在较重要部位，北面是司母辛大方鼎和妇好铭的甗、盂、瓿、圆鼎等；东面是2件大方尊及妇好罍、觥、鸮尊、扁圆壶、方壶、石鸬鹚；西面是司母辛大方鼎，妇好铭的方尊、方斝、偶方彝、圆尊等。此外，在椁室的南部作为杀殉的空间，留下了8具非正常死亡的人骨，占整个墓葬人殉个体的一半。

d. 封闭椁室：下葬和陈器之后，用原木搭建椁室的盖板，这种原木即礼书里所记的"抗木"，其上还有席子等铺垫物。封闭椁室后又举行了复杂的殉葬仪式,在预留的两个壁龛内葬入3人(东壁龛2人、西壁龛1人),遗骨完整,头向皆朝北。椁盖板上还有另外的4具人骨架和5具狗骨架。这些人、牲都是殉葬者,但身份有所差异,壁龛内的3具人骨可能地位较高,骨骼完整,而椁盖板上的4具人骨是普通的殉葬者,遗骨不完整。与殉葬的人、牲伴出的还有一些器物,如2件玉簋(带有骨勺和铜匕)、1套铜尊及斝,这几件铜器均有"子束泉"铭文。另外还发现1件"妊冉入石"刻文的小石磬、1件"司辛"石牛,及陶埙、铜镞及绿松石等物。这些器物与殉人、殉牲位于同一层位,应是封闭椁室的仪式环节中置入的。

e. 封闭墓室:从椁盖至地表有将近6米的深度,用层层的夯土填实,可分为六层,表明在回填墓室的过程中也伴随着多次仪式,每次皆有器物置入,如在第6层中部的长方形木匣内装有80余件器物,包括玉盘、玉援戈、铜镜、陶埙、铜镞、骨笄及一些小型动物形雕塑;第5层有玉戈、玉圭;第4层有铜戈、骨镞等兵器和马身饰物等;第3层有石铲和石磬;第2层有玉臼;第1层有陶爵等。每层遗物代表了一个仪式环节。

1950年郭宝钧主持发掘的殷墟武官村大墓,墓室面积是妇好墓的8倍,深达8.4米,也是一座封闭性的井椁墓。郭宝钧将墓葬的建造过程分为画地、掘土、腰坑、井椁、封筑五道工序[1],与妇好墓的建造过程相似,筑墓和回填时伴随着更复杂的祭奠和殉葬仪式。在椁周的二层台上,埋有至少41具殉葬者的人骨架,排列有一定规则,东侧多为男性,西侧多为女性,骨架完整,有的有木棺,有的有随葬品,有的有头饰或胸前佩玉,有的甚至自带1个殉人或小兽,没有捆绑挣扎之状,这表明他们的地位较高,可能是墓主的侍从或亲信。南北两条墓道是犬马殉葬处,分别象征着守门者和驾车者,北

---

[1] 郭宝钧认为所谓画地,即《周礼·春官》"冢人掌公墓之地,辨其兆域而为之图",郑玄注:"图谓画其地形……请量度所始竁之处地";掘土,《仪礼·士丧礼》中有"掘四隅,外其壤,掘中,南其壤",分别指把土掷到四边,南其壤指由南墓道把土送出。武官村大墓南墓道较为宽大,说明使用较多。前揭《一九五〇春殷墟发掘报告》,9—10页。

墓道内有 16 匹马、4 只犬,另有 2 个殉人对蹲于殉葬坑内,南墓道也有犬马殉葬,另有 1 具跪葬人骨架。在回填墓室时也有杀殉仪式,各层填土中共发现犬马禽兽类骨架 52 个个体,并发现 34 个人头盖骨,应是将墓外杀殉的人头骨埋入了填土中。这次埋葬中至少有 131 个生命被用于殉葬(图 3.8)。

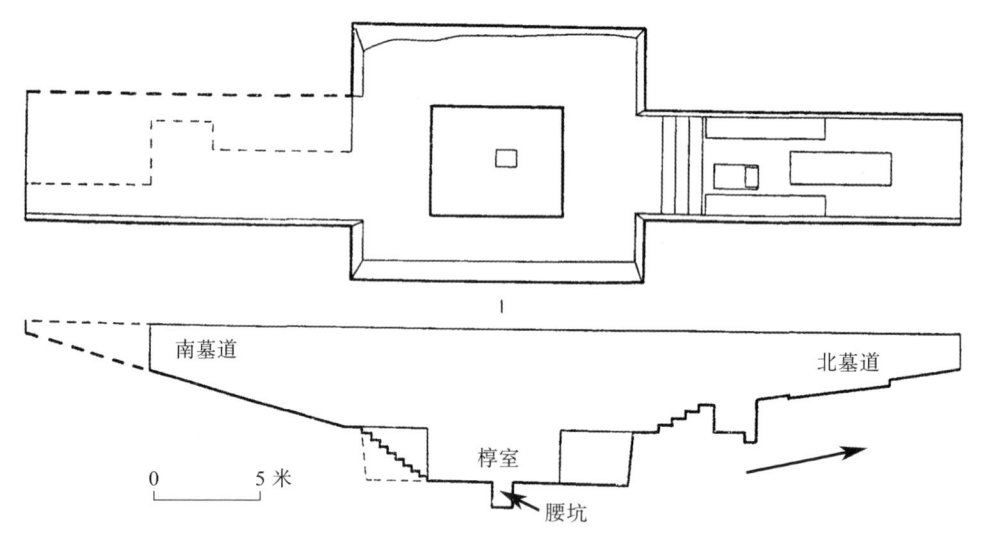

图 3.8 安阳殷墟武官村大墓平剖面图
(《中国考古学报》1951 年第五册,6 页)

此墓以大量活人和动物殉葬,分别承担了侍从、驾驭者、守卫和奴隶的职责,显然模拟了贵族生前的生活状态,被杀殉者有可能就是墓主生前的服侍者,这是一种接近真实的、但十分残暴的"事死如生"埋葬。西周以后杀殉式埋葬减少了,多以陶、木俑群来代替,秦汉以后又以俑群或画像来代替。

从妇好墓和武官村大墓来看,商代贵族的埋葬遵循了一套十分复杂的丧葬仪式,基本程序与后来的《仪礼》等礼书所记大致相符。总体上来说,商代贵族墓从奠基、筑圹到回填是一个连续封藏墓室的不可逆过程,当墓室被填实后再无进入墓室的可能,属葬毕即藏的封闭性墓葬。

3. 周代井椁的变革

周代墓葬沿用了与殷商类似的井椁式结构，埋葬过程也是一个连续的封藏遗体、封闭墓室的过程，只不过减少了残忍的杀殉仪式，而是在墓圹的外部另辟一坑以车马殉葬，形成排列整齐的车马坑。

三门峡虢国墓地是西周晚期的一处大型墓地，其中宣、幽王时期的虢国国君（虢季）墓（M2001），面积不如妇好墓大，但深达11.5米。在椁室内置有套棺，棺椁之间置有大量青铜礼乐器、玉器，其中75件铜礼器上均有铭文，注明了作器者是虢季（图3.1）。此墓不再有人殉，只有动物殉葬，动物也未埋在墓内，而是附葬于一侧的车马坑里。在东侧车马坑内发现16辆车、70匹马、6只狗，车辆排列整齐有序，动物是被捆绑杀死后葬入的。另外在墓外安置陪葬墓，有单独的墓圹和随葬品，墓南侧的4座小墓墓主身份较高，相当于士、上大夫和大夫级的贵族。同时发掘的梁姬墓、太子墓的埋葬方式大抵相同[1]。

春、战时期的墓葬封闭性得到更好的实施，一个重要表现是"积石积炭"。1987年发掘的太原金胜村251号春秋大墓，位于东周晋阳古城的东部，是一座大型积石积炭木椁墓。没有墓道，墓圹呈口大底小的斗状，墓口近100平方米，墓底约60平方米，深14米，木椁高3.4米。墓圹以小块的砾石和夯土相间填实，每隔0.5米夯筑一层，每隔1米放置重约50千克的大石块。椁室的四周和底部、顶部堆积了厚达1米的石头和木炭，计200多立方米。这大约就是《吕氏春秋·节葬》所谓"积石积炭，以环其外"[2]的做法。椁室内有3重套棺，棺的四周环绕着4个殉葬者，各有单独的棺和少量

---

[1] 前揭《三门峡虢国墓》（第一卷），15—29页。
[2] 许维遹：《吕氏春秋集释》卷10《节葬》："国弥大，家弥富，葬弥厚。含珠鳞施，夫玩好货宝，钟鼎壶滥，舆马衣被戈剑，不可胜其数。诸养生之具，无不从者。题凑之室，棺椁数袭，积石积炭，以环其外。"中华书局，2009年，222—223页。

随葬器物，他们应是身份特殊的近侍之类，是同时下葬的殉葬者。在棺的东部和北部放置着各类青铜礼器和兵器（图3.9）。属于墓主的器物都放置在殉葬棺的上部，有两套共19件编钟、13件编磬，以及一些车马器。另在大墓东北侧设有一个曲尺形的车马坑，总面积约110平方米，发现44匹马、16辆车，马匹都是杀死后依次掩埋的，车辆排列整齐，构件齐全，都是实用的战车。墓主可能是春秋晚期晋国六卿之一的赵鞅[1]。

曾侯乙墓是一座在岩石里凿出的竖穴墓，是战国早期的大型井椁墓，约在公元前443—前400年间。墓口总面积约220平方米，墓穴原深13米左右。墓圹的下部是由171根长条形梓木搭建的木椁，发掘时大部分被浸泡在水面以下。木椁的建造程序是：先铺底板，再垒12道墙板，分隔成4个椁室，每个室的四壁墙上都有一些木钉，可能曾悬挂帷幔等物。在4个椁室分别放置主棺和陪葬棺、随葬品，主棺由装饰精美的髹漆内、外棺相套而成，另有21具陪葬棺、1具殉狗棺。下棺后，加椁盖板，铺竹席、绢、竹网，再覆土封闭整个椁室。封闭椁室后，以青膏泥、石板和夯土层交替填实整个墓穴，椁室四周的用炭总量在6万千克以上，无疑也是一座"积石积炭"墓。不同于其他井椁墓的是，此墓的4个椁室都将最底下的一块墙板截去一段，构成一个很小的门洞，使得椁室的底部是彼此互通的，但这种互通只是象征性的，与后来的横穴式墓的互通性不同，并不是为礼仪活动而设，因为最大的门洞也只有0.6米高、0.47米宽（图3.10）[2]。

1956年发掘的信阳长台关1、2号楚墓可能是战国早期士大夫级别的墓，两墓皆有较长的斜坡墓道，1号墓的墓圹面积170多平方米，深10.25米，墓道斜长17米，墓圹四周筑有4层台阶，以500多根长条形方木构建

---

1 山西省考古研究所、太原市文物管理委员会：《太原金胜村251号春秋大墓及车马坑发掘简报》，《文物》1989年第9期；侯毅：《试论太原金胜村251号墓墓主身份》，《文物》1989年第9期；渠川福：《太原金胜村大墓年代的推定》，《文物》1989年第9期。

2 湖北省博物馆：《曾侯乙墓》，文物出版社，1989年，7—11页。

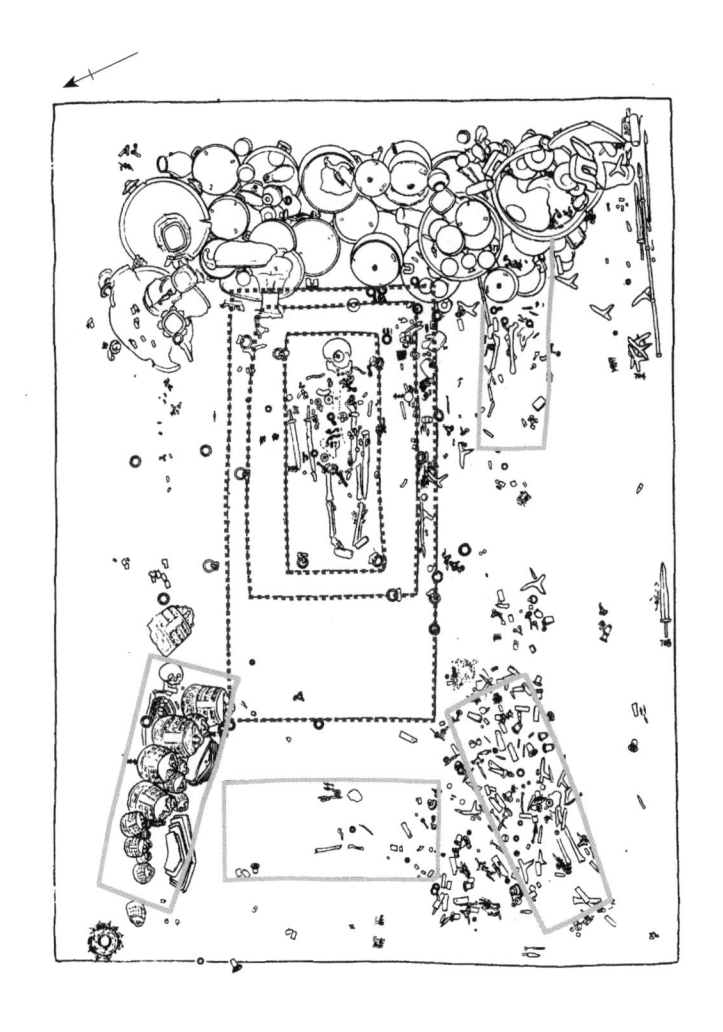

第三章　黄泉之下：先秦至西汉井椁式的丧葬模式　071

图 3.9　太原金胜村 251 号春秋大墓平剖面及墓底遗存图
（《文物》1989 年第 9 期，62 页）

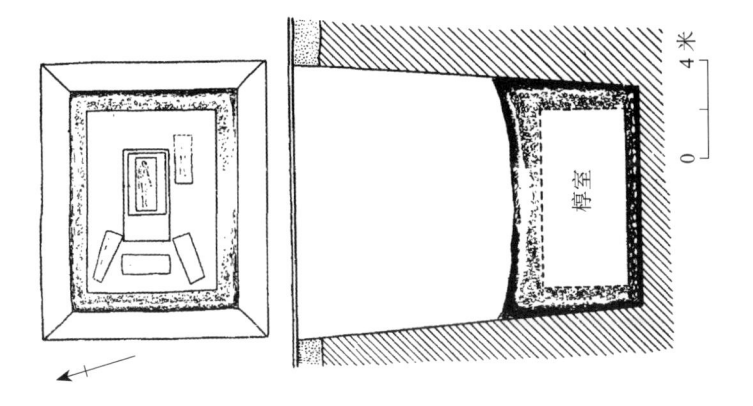

图 3.10　湖北随县战国曾侯乙墓结构
(《曾侯乙墓》图版六)

高达 3 米的庞大椁室，椁室被分隔成 7 个隔间，彼此之间无门可通。主室底部筑有腰坑，以 1 只鹿殉葬。此墓的封闭性明显，椁盖板以 80 根方木搭成，以榫卯、细腰和木楔严密扣合在一起，盖板上铺有苇席，并以麻绳及成排的木桩固定。在椁室周围及上部皆以青膏泥填实，再以夯土填实整个墓圹。2 号墓年代略晚于 1 号墓，规模和结构相似（图 3.11）[1]。

信阳二墓的前室都是宽敞的横列式前堂，是所有椁室中最大的一间，从陈设来看应是一个祭祀空间，陈设不同于后室：1 号墓的前堂以实用的青铜

---

[1] 河南省文物研究所：《信阳楚墓》，文物出版社，1986 年，1—18、71—82 页。

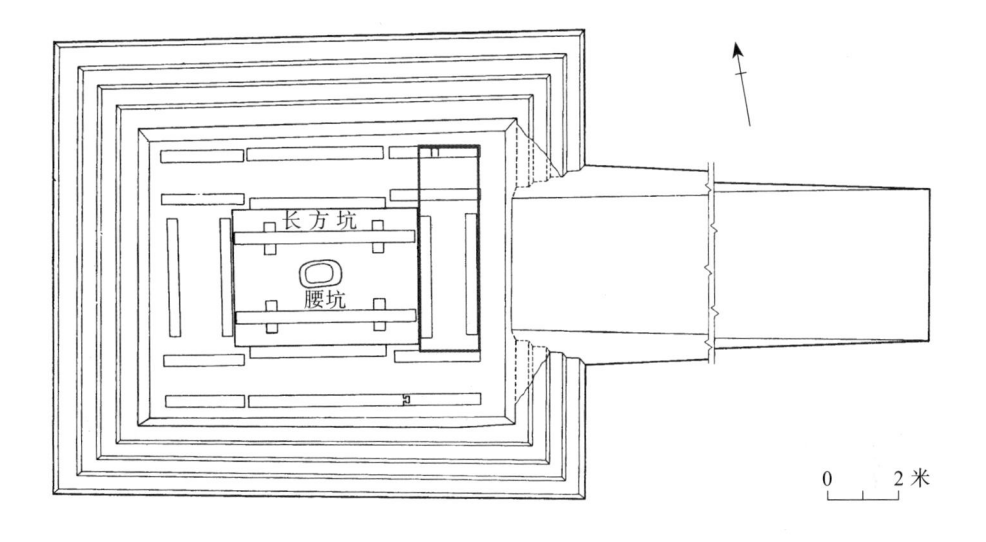

第三章 黄泉之下：先秦至西汉井椁式的丧葬模式　073

长方坑

腰坑

0　2米

盗洞2

墓道

图3.11　信阳长台关1、2号战国楚墓椁室结构
(《信阳楚墓》17、83页)

编钟为中心，配以 1 组漆案及饮食器、1 组陶明器（图 3.11：上）；2 号墓的前堂以床、案为中心（含漆案和铜案各 1 件），配以 1 套漆器饮食器、1 组陶明器，这些都是为祭祀而设的陈设（图 3.11：下）。值得注意的是，1 号墓前堂的编钟是实用器，同出的竹简记录了死者的生平，而左侧室的遣策只记录随葬物品的种类和数量，这表明前堂和左侧室的功能是不同的，前堂是祭祀空间，是生者与死者沟通的地方，实用编钟可能是祭祀仪式中使用过的，记录死者生平的竹简象征死者灵魂的存在，而左侧室的遣策及明器都是为来世而备的物品，这种陈设的特殊性表明祭祀空间在陈设上是与埋葬空间存在明显区分的。2 号墓的陈设也有祭祀空间与埋葬空间的差别，前堂只有实用的祭台和祭器，左侧室的木质编钟是没有实用价值的明器[1]。可见，信阳二墓的空间设计已出现了独立的祭祀空间。黄晓芬认为战国中晚期较复杂的楚墓中开始根据随葬品的种类在各侧厢内区划放置，逐渐把供献祭祀品集中放置在头厢内，作为供献祭祀的特殊空间固定下来，原本以棺为中心的埋葬空间逐渐后移，祭祀空间与埋葬空间的比例关系逐渐分明起来，既互相独立，又共同占据玄室内的中央空间[2]。这种空间划分和陈设实际上是墓内祭祀礼仪的结果，墓内祭祀是墓室结构变革的关键原因。

虽然战国时期的墓室出现了独立的祭祀空间，但还是属于封闭性的井椁墓，祭祀只是下葬仪式的一个环节，埋葬过程仍是一个连续的封闭墓室的过程，封闭性仍是这类埋葬的主要特征。

4. 秦汉时期的井椁

秦汉延续了战国以来的埋葬方式，仍流行封闭性的井椁墓，但井椁内的祭祀空间进一步扩大和独立。以保存完好的西汉前期长沙马王堆轪侯家族

---

[1] 前揭《信阳楚墓》，5—21、70—85、121 页。
[2] 前揭《汉墓的考古学研究》，92 页。

墓为例。马王堆汉墓的构筑方式是先版筑土台，然后从土台下掘墓室，葬完后再积土成丘，故墓室的上半部位于夯层中，下半部才是掘生土而成，此即汉代史籍中所记"穿复土"的构筑方法[1]。这种筑墓方法源自战国时期的大型墓，河北平山县中山王䰽墓的墓室是从夯筑的台丘往下掘的，一部分位于地面以上，深5.6—5.7米，一部分位于地面以下，深8.2米，墓室内建有椁室和3个放置器物的库室[2]。

马王堆1号墓发掘时顶部还有圆平的封土，原来可能是战国以来流行的覆斗形封土形制，岁月侵蚀之后成了圆平形状。覆斗形是秦和西汉大型墓的封土形制，秦始皇陵和西汉帝、后陵都是这种封土，其工程量应比圆形封土要大得多，因此成为埋葬等级的标志之一，后来唐代也以此作为最高等级的封土形制（详见第七章）。马王堆1号墓的上部是逐级内收的4层台阶，下部是斗形的墓室，墓口面积约350平方米，墓底面积则缩至约51平方米，墓室总深度达16米。在这样的深度建造椁室和下葬是极为不便的，故在北侧筑有一条斜坡墓道，葬毕以夯筑方式回填。墓室内的木椁周围和上部填塞大量木炭和青膏泥，椁的下面也以青膏泥垫底，全墓共用木炭1万多斤（图3.12：左）[3]。

椁室分为4个边箱，包围着棺室。4个边箱被各类随葬物品填满，共1 000多件容器和食品、313件竹简遣策（图3.12：右）。食品是其中最重要的部分，遣策所记三分之二的物品都与食品有关，而且都有实物发现，包括10种粮食和20种肉制品，其中7种肉类各有13种不同的烹饪方法。从物品类别看，各椁室有着严格的功能区分和象征意义。按巫鸿的解释，北边箱

---

1 《汉书》卷11《哀帝纪》载，西汉哀帝生母丁氏于建平二年（前5）去世后葬于定陶，以五万人穿圹和复土；《汉书》卷4《文帝纪》载文帝死后，以三万余人穿复土。颜师古注曰："穿圹，出土下棺也。已而填之，又即以为坟，故云复土。" 132、134、339页。

2 前揭《䰽墓——战国中山国国王之墓》（上册），27—28页。

3 前揭《长沙马王堆一号汉墓》（上集），文物出版社，1973年，3—4页。

076　中古丧葬模式与礼仪空间

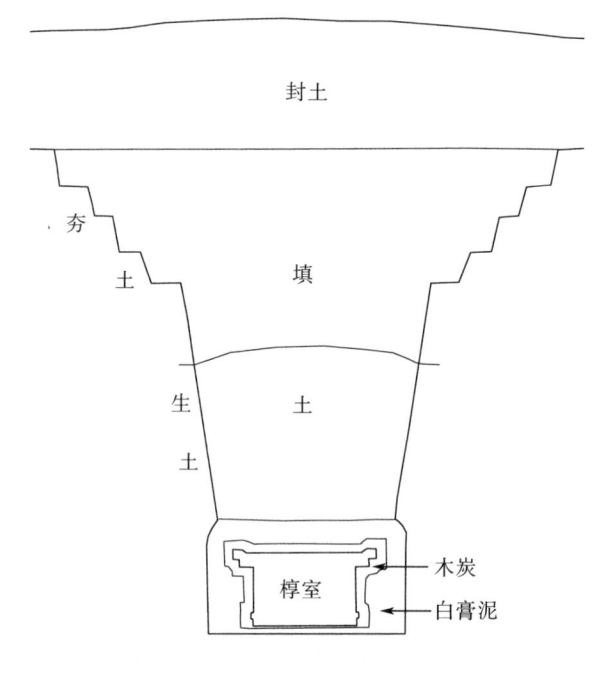

图3.12　马王堆1号汉墓结构
(《长沙马王堆一号汉墓》上集3页、下集7页)

模拟宅第的内寝,丝幕挂在四壁,竹席铺在底部,饮食器和几案放在中央;东西边箱代表了整个家庭及其财产;边箱围绕的是棺室,内置四重套棺。巫鸿将这样的棺椁结构解释为死者的四个不同生存空间:宇宙、阴间、仙境和阴宅[1]。

  墓葬遗存是丧葬仪式的产物,我们对墓室空间象征性的解释需要立足于具体的丧葬仪式。先看棺室的情况,内置有四重套棺,从外至内的装饰各不相同,第一重是黑漆素棺,第二重是黑地彩绘棺,第三重是朱地彩绘棺,第四重是锦饰内棺。大致是愈接近遗体,装饰愈华丽,从第二重开始,棺上绘有大量神禽异兽和云气纹,最内重的锦棺最为精致,以12道帛束捆绑,并粘贴绒毛绣锦。尸体以20层衣物层层包裹,并以9道丝带捆扎,再在上覆盖锦袍。这种内外棺装饰的差异与葬仪有关,从丧仪程序看,小敛阶段会对遗体进行包裹("设袭"),大敛阶段将遗体入棺,需要对棺进行精心的装饰,在随后的仪节中,棺是作为仪式场景的视觉中心被公开展示的。在四重套棺中,可能只有最内侧的锦饰棺在葬仪中展示,其他的棺和椁应都是在墓室内拼装的,因此无须过多地装饰。此外,围绕棺室的4个边箱内,物品类别也反映了它们在葬仪中的象征意义:北边箱被布置为一个相对宽敞的祭祀空间,四壁张挂着丝质的帷幔,底部铺以竹席,中间陈设着一套祭祀性设施,由1副漆案、盛有食品的献祭容器(漆钫、勺、卮、耳杯、盘及陶壶)、漆屏风、几、枕、梳妆用具、俑群等组成,这套陈设应反映了下葬时的祭祀仪式。其他3个边箱被各类包装整齐的物品塞满,没有人的活动空间,其中西边厢放置着竹笥和竹篓,盛放着各类丝帛衣物、食物和模型明器,东、南边箱放置着各类陶俑及陶、漆器和竹笥、竹简文书,大多数物品被封裹在竹笥内。这几个边箱的物品是为死者的来世生活而备的,将应有尽有的物品打包

---

[1] 前揭《礼仪中的美术——巫鸿中国古代美术史文编》,121页。

整齐，挂上标签（遣策），去往来世。因此，结合具体的葬仪，马王堆1号墓的4个边箱之间似乎隐含着这样的设计逻辑：通过祭祀礼仪，完成了从生到死的转化，作为祭祀空间的北边箱是一个相对独立的人神互动的空间，其他3个边箱是死者独享的来世空间，并没有生者的参与。

虽然马王堆汉墓出现了独立的祭祀空间，但各椁室之间并没有连通，也没有墓门与外界沟通，只有一条为了运送棺椁和器物的方便而设的墓道，下葬完毕后是要以夯土填实的，因此仍属于封闭性的墓葬。

在已发掘的数十座西汉诸侯王和王后、列侯墓中[1]，这种封闭性的竖穴木椁墓与新出现的横穴式墓大致数量相当，表明西汉时期是新旧两种埋葬模式的转变时期，旧式的井椁墓延续到了西汉，但直到东汉才完全被开放性的宅第墓所取代。

在统一的西汉王朝版图内，封闭性的井椁墓也流行于一些边缘地区，如朝鲜半岛北部的乐浪地区、岭南的南越国地区等。广西贵县罗泊湾1、2号汉墓是西汉初年南越国在桂林郡的最高等级墓葬，其中1号墓是一座深达6.3米的井椁墓，椁室结构非常复杂，用木板分隔为前中后三室，共12个椁箱，作为祭祀空间的前室中部陈设着漆器、竹笥、玉杯、果核等，中室和后室都是棺室，置有3具木棺，椁室底部又发现7个殉葬坑，各有1具木棺，除了一位13岁左右的男性外，其余皆为年龄在16—26岁之间的女性。殉葬坑的前部有2个器物坑，内置铜鼓、盆、壶、钟、鼎、灯等器，应是属于7位殉葬者的送死之物。墓道尽头还设有车马坑和仓储坑[2]。从遗存的堆积关系

---

1 黄展岳统计西汉诸侯王和王后墓34座，2010年出版的《中国考古学·秦汉卷》已增加到近50座，之后又发掘了海昏侯刘贺墓、江都王刘非夫妇墓等新资料。参黄展岳：《汉代诸侯王墓论述》，《考古学报》1998年第1期；中国社会科学院考古研究所编著：《中国考古学·秦汉卷》，中国社会科学出版社，2010年，340—346页；南京博物院等：《江苏盱眙县大云山汉墓》，《考古》2012年第7期；江西省文物考古研究所等：《南昌市西汉海昏侯墓》，《考古》2016年第7期。

2 广西壮族自治区博物馆：《广西贵县罗泊湾汉墓》，文物出版社，1988年，5—19、88—91页。

来看，这是一座先殉葬，再建椁室和填充墓室的墓葬，下葬过程也是一个逐步封闭墓室的过程。

5. 墓道的礼仪功能

井椁墓的墓葬等级越高，入葬的物品就越多，墓室空间越大，工程量也越大，这就导致了墓道的出现。墓道不仅是为了筑墓工程和下葬需要而设，还有礼仪的功能。

墓道又称羡道，是进入墓圹的通道。《仪礼·既夕礼》：

> 至于圹，陈器于道东西，北上。茵先入，属引。主人袒，众主人西面，北上，夫人东面。皆不哭，乃窆。[1]

羡道是运送棺木、器物的通道，同时也是举行下葬仪式的地方，下葬时要先将器物陈列在墓道两侧，参加葬礼的宾客男女分列左右，面向北边的墓室方向举行祭祀，等待下棺。这种仪式之所以在墓道进行，是因为椁室会被各类器物和陈设填满，根本没有行礼的空间，而且井椁墓一般极深，椁室上沿比斜坡墓道的最低端还低，所有器物和棺木只能悬吊入圹，众宾客是不可能进入椁室的。悬吊窆棺是井椁墓的主要下葬方式，在很多井椁墓里都发现了悬吊窆棺的遗存，如山西绛县横水西周 M1 是一座典型的封闭性井椁墓，从墓口到墓底有 15.28 米深，椁室高度不到 3 米，墓道底端与椁板之间还有约 5 米的落差，下葬时应是将内外棺用绳子捆好，加盖墙柳和荒帷后吊装下去的[2]。江陵凤凰山 167 号墓是一座西汉初年的井椁墓，墓深 6.05 米，长 5.7 米，宽 3.8 米，无墓道，在墓口南北各有两条沟槽，应是下棺时放置横杠的

---

[1] 前揭《礼仪注疏》卷 40《既夕礼》，759—760 页。
[2] 山西省考古研究所：《山西绛县横水西周墓发掘简报》，《文物》2006 年第 8 期。

地方，棺下还发现了两条相套的竹绳，是窆棺遗存[1]。马王堆轪侯家族3座墓的墓道底端也高于椁室，也只能是悬吊式窆棺。葬礼结束后墓道和墓室一起被完全填实，有的在墓道殉葬后再填实。

井椁墓的墓道与后来的宅第墓的墓道功能是不完全一样的，后者通过尾端的甬道直通墓室，不必悬吊窆棺，而是直接运送棺木入室，宾客也可通过墓道直接进入墓室参加祭祀活动。这种墓道为了合葬、墓祭等礼仪的需要，还会在一段时期内保持开放，因此具有更多的礼仪含义，也正因如此，一般有精心装饰的壁画。

井椁墓的墓道一般是长斜坡的露天式，上无遮盖。汉唐时人根据《左传》晋文公"请隧"的故事认为先秦墓道有两种形制：一是上无负土的羡道，一是上有负土的隧道，隧道的等级高于羡道。《左传·僖公二十五年》记载晋文公重耳"请隧"：

> 晋侯朝王。王享醴，命之宥。请隧，弗许，曰："王章也，未有代德，而有二王，亦叔父之所恶也。"[2]

汉代以后学者将"隧"解释为上有负土的墓道，认为是天子之礼，等级高于上无负土的羡道[3]。从考古发现的井椁墓下葬方式看，这应是汉唐人根据当时情况所做的曲解，考古从未发现先秦时期的隧道式墓道，都是上无负土的羡道，只有当宅第墓流行后墓道内才出现了上有负土的过洞，带有过洞的墓

---

1 凤凰山一六七号汉墓发掘整理小组：《江陵凤凰山一六七号汉墓发掘简报》，《文物》1976年第10期。
2 前揭《春秋左传注·僖公二十五年》注："古代天子葬礼有隧，诸侯以下有羡道。隧有负土，即全系地下道，羡道无负土，虽是地道，犹露出地面。请隧者，晋文请天子允许其死后得以天子礼葬己耳。盖晋文先请隧葬，隧葬既得，则必置六遂供葬具也。" 472—473页。
3 《后汉书》卷39《赵咨传》，唐李贤注："隧道谓掘地为挻道，王之葬礼也。诸侯则悬柩，故谓之也。" 1317页。

道在东汉出现,北周至隋唐高等级墓里盛行,这种带有过洞的墓道可能才是先秦文献中所谓的隧道。因此晋文公所请之"隧"应作它解。段清波解释"隧"指天子都城外的行政建制"乡遂",各诸侯国中,除鲁国外是不能使用的,所以"晋侯请隧"被视为逾礼[1],这是较为合理的解释。

三、陈器之道

> 簠、簋、俎、豆,制度、文章,礼之器也。[2]

礼器是仪式的一种实物呈现,被赋予了特别的象征意义。《周易·系辞》曰:"形而上者谓之道,形而下者谓之器。"道为无形之法则,器为有形之实体,故有"器以载道""器以藏礼"的思想,一些器物通过礼仪活动承载了礼仪制度、社会关系、伦理道德等方面的象征性。这类礼器在商周丧葬中极为普遍,器物的种类与陈设方式都具有严格的规定,我们需从葬仪的角度来理解丧葬中的陈器之道,也就是古人选择器物、陈设器物的原则与喻义。

1. 器物的来源

考古报告中往往以"随葬品"统称墓内的各类物品,一般按照器物的形态分为炊器、酒器、兵器、车马器、俑等,也有分为礼器和明器的,它们都是葬仪的产物,都属广义的明器(或冥器)。但器物的来源是有差别的,既包括死者生前旧物,也有专为丧葬而作的明器和祭祀中使用的祭器,器物来源的不同表明它们在葬仪中的含义不尽相同。

---

[1] 段清波:《晋侯请隧中的"隧"不当作墓道讲》,《中国文物报》2006年2月24日第7版。
[2] 前揭《礼记集解》卷37《乐记》,989页。

前述新石器时代晚期大汶口文化 M10 的物品摆放有明显的规律性，张弛认为与当时的葬仪有关，墓内器物以酒具最多，有不同的组合关系和摆放位置：a. 单只或成对陶杯（椁外右侧及右上角）；b. 背壶＋单把杯（棺椁之间）；c. 背壶＋高柄杯（椁外上方）；d. 1 组酒器（棺内头部）。除了 d 组器形很小，可能是专为丧葬而作的器物外，其他应都是具有实用价值的酒器，有温酒、注酒、饮酒等不同功用，这些酒具的不同组合说明它们在葬仪的不同环节多次出现[1]。这是一座保存较好、器物位移不大的墓葬，多个酒器的组合表明埋葬和填土过程中都有以酒献祭的仪式，器物的组合和位置关系代表了丧葬仪式的不同环节。

商周青铜器上的铭文为我们了解器物的来源提供了重要的线索。妇好墓出土的 1 928 件随葬品中，有青铜器、玉器、宝石器、象牙器、骨器、蚌器等，其中青铜器 468 件，以礼器和武器为主，礼器多成套，如"妇好"铭的鸮尊、盉、小方鼎各 1 对，圆鼎 12 件，"司母辛"铭大方鼎、四足觥各 1 对，还有成对的方壶、方尊，多配有 10 觚、10 爵。有铭文的礼器 190 件，其中 109 件有妇好铭，多是大型重器[2]。铭文表明绝大部分器物是墓主生前拥有的礼器，如 109 件"妇好"铭铜礼器和 2 件大铜钺，此外还有妇好去世后由王室成员所作的祭器，如"司母辛"组的 5 件铜礼器和 1 件刻有"司辛"的石牛等。

曾侯乙墓的青铜器铭文也显示了器物的来源，既有生前旧物，也有去世后制作的器物，还有宾客赠赠的物品。青铜器中最著名的重器是楚惠王为曾侯乙铸造的宗彝，曾侯乙死后，将其中一件镈钟随葬，置于钟架下层最显眼的地方，表明曾国对楚国礼物的重视。上有铭文 31 字"维王五十又六

---

1 张弛：《新石器时代葬仪空间所见饮具四例》，《江汉考古》2019 年第 1 期。
2 前揭《殷墟妇好墓》，15 页。

祀，返自西阳，楚王畲章乍曾侯乙宗彝，奠之于西阳，其永时用享"[1]。此外，竹简记载曾侯乙死后所获得的各种赠赠物品，如来自王、太子、令尹、鲁阳公、阳城君、坪夜君、鄝君等楚国王公贵族的车马。甬钟均有"曾侯乙乍时"五字，鼎、簋、簠、豆、鬲等食器和尊缶、壶、尊盘等酒器及水器等都有铭文"曾侯乙乍持用终"，兵器上也有"曾侯乙之走戈""曾侯乙之寝戈"铭，这些器物应是专为曾侯乙作的礼器。

2. 器物的礼仪含义

周代礼书中对丧礼中使用的器物有所谓明器、祭器、人器、鬼器、生器的说法，这是根据器物的功用来划分的，但这些分类可能主要存在于理论层面，在实际丧葬行为中未必有这么明确的区分。宋襄公以"醯、醢百瓮"葬母，瓮是供死者使用的鬼器，本应与生者使用的生器不同，具其象征性即可（明器），但襄公在瓮内装入了献祭的肉酱类食物，这就违背了器物的使用原则，因此被曾子批评曰"既曰明器矣，而又实之"，郑玄注曰"言明之为明器，而又与祭器皆实之，是乱鬼器与人器"[2]。也就是说，明器是鬼器，祭器是人器，二者性质是完全不同的，这是对葬仪器物的基本分类。

在周代贵族丧礼中，"陈器"是一个重要的环节，即将丧礼中获得的物品进行集中展示，由丧家检视，再在下葬时陈列于墓道，最后藏入椁室。《吕氏春秋·节葬》说：

> 国弥大，家弥富，葬弥厚。含珠鳞施，夫玩好货宝，钟鼎壶滥，舆

---

[1] 前揭《曾侯乙墓》，88页。
[2] 前揭《礼记集解》卷9《檀弓上》，225页。

马衣被戈剑，不可胜其数，诸养生之具，无不从者。[1]

有的来自宾客赠送，有的是丧家自备，这类器物被称作"养生之具"，喻指为死者的来世生活而备。但是墓中物品不只有"养生之具"，还有大量专为丧葬而作的"送死之物"，那就是没有什么实用价值的东西，仅在丧葬中使用，如前述大汶口文化 M10 的 d 类酒器组合，不但外形较小，而且置于棺内，显示它是为死者特制的，这类外形与真实器物相异、专为丧葬而作的器物被称作明器。

《仪礼·既夕礼》记载了下葬之前的大遣奠仪式，是士一级贵族的礼仪规范，仪式中需将丧家自备的各种物品、宾客赠送的物品集中展示，即陈明器，所陈物品包括[2]：

① 明器，指食物及容器，如包裹羊、豕之肉的苞，盛黍、稷、麦等谷物的筲，盛醯、醢、屑等调味品的陶瓮，盛醴、酒等酒水的陶甒等。

② 用器，指生产、生活用具，包括弓、矢等兵器，耒、耜等农具，敦、杅等盛汤浆器，盘、匜等盛水器。

③ 役器，指甲、胄、干、笮等兵戎之器。

④ 燕器，指杖、笠、翣等燕居安体之器。

其中盛有食物的容器（①类）被称作明器，但实际上是用于献祭的祭器，将其下葬表明是以祭器随葬，显然这是不符合明器理论的。从来源看，这四类物品中，除了一部分是丧家自备的器物外，大部分应是参加丧礼的宾客所赠。仪式中有赗、奠、赙、赠环节，由宾客献上种类不一的助丧物品，丧家依礼迎送，所有物品皆登记造册——"书赗于方""书遣于策"。

---

1 前揭《吕氏春秋集释》卷 10《节葬》，222—223 页。
2 前揭《仪礼注疏》卷 38《既夕礼》，737—739 页。

第三章　黄泉之下：先秦至西汉井椁式的丧葬模式　085

凡将礼，必请而后拜送。兄弟，赗、奠可也。所知，则赗而不奠。知死者赠，知生者赙。书赗于方，若九，若七，若五。书遣于策。[1]

"书赗于方"是将赠物之人名和赠物之数记载于方板上，有"赗、奠、赙赠"之物[2]，相当于礼单。"书遣于策"是将送死之物书写于竹木简牍上，"遣"即送，指将要入圹之物。之后又有"读赗""读遣"环节，由专人宣读所获得的各类赠物。在仪式中高调地陈列器物和宣读礼单是展现死者哀荣的一种手段，宾客越多，赗赠物品越多，表明死者生前社会地位越高，丧家以此为荣，同时也加强了亲族的联系，维护了社会的伦理纲常，因此"陈明器"是最能彰显丧礼社会属性的环节。越是重视丧礼的社会属性，丧礼的规模就越大，所获得的赗、奠、赙、赠物品就越多，墓葬规模也就越大。从这个意义上来说，厚葬与薄葬实际上反映了丧礼社会属性的强弱，在一些薄葬的时代（如魏晋），墓葬规模小、墓内物品少，说明丧礼是较为简略的，丧礼在社会生活中的重要性不如厚葬时代。

按理说，赗方上所记的物品是助丧物品，很多都有实用价值，丧家在丧礼后还可以自用，因此是不会下葬的，只有记在遣策上的送死之物才应葬入墓中。但是实际上未必有这么明确的区分，丧礼中展示的物品可能葬入墓中，未在丧礼中展示的物品也可能葬入墓中。关于陈器与藏器的原则，《礼记·丧服小记》有这样的记载：

陈器之道，多陈之而省纳之可也，省陈之而尽纳之可也。

---

1 前揭《仪礼注疏》卷38《既夕礼》，747—748页。
2 关于"赗奠赙赠"的性质及分类，参杨华：《襚·赗·遣——简牍所见楚地助丧礼制研究》，《学术月刊》2003年第9期；郑曙斌：《遣策的考古发现与文献诠释》，《南方文物》2005年第2期。

郑玄注：

> 多陈之，谓宾客之就器也，以多为荣。省陈之，谓主人之明器也，以节为礼。[1]

宾客所赠的物品要尽可能多地展示，以多为荣，但不一定都埋入墓中；丧家自备物品不必都展示，以节为礼，但要尽数埋入墓中。埋入墓中的物品又称"藏器"。东汉郑玄注曰："明器，藏器也。"这些物品在大遣奠后被运往墓地，下葬时在墓道两侧再次陈列，然后藏入椁中，最后与棺椁及其他各类设施被完全掩埋封闭，在封闭之前要在器物上加上抗木和抗席，以防止坍塌损毁。

战国早期的信阳长台关1号墓的前室和左侧室都发现了竹简，但所记内容存在差异，前室的竹简记死者生平事迹，而左侧室的竹简则主要是随葬物品的清单。与竹简内容相对应，前室陈放1组精美的漆器饮食器具，是下葬时的祭器；左侧室则主要是车马器、伞盖及木俑等物，应是陈明器环节的送死之物，即藏器[2]。

先秦儒家思想家非常重视以器物表达形而上的"丧道"，尤其强调明器的使用原则。系统阐述明器含义的是战国晚期《荀子·礼论》和战国至汉成书的《礼记》。荀子的明器主张是：

> 荐器则冠有鍪而毋继，瓮、庑虚而不实，有簟席而无床笫，木器不成斫，陶器不成物，薄器不成内，笙、竽具而不和，琴、瑟张而不均，舆藏而马反，告不用也。具生器以适墓，象徙道也。……故生器文而不

---

[1] 前揭《礼记集解》卷33《丧服小记》，895页。
[2] 前揭《信阳楚墓》，5—21页。

功，明器貌而不用。[1]

孔子主张明器既要模拟真实的物品，又要在外形和功能上有所区别：

> 之死而致死之，不仁而不可为也；之死而致生之，不知（智）而不可为也。是故竹不成用，瓦不成味，木不成斫，琴瑟张而不平，竽笙备而不和，有钟磬而无簨虡。其曰明器，神明之也。[2]

荀子和孔子所说明器可谓狭义的"明器"，专指为丧葬而作的貌而不用之物，但《既夕礼》所列明器显然不仅只有貌而不用之物，还有大量具有实用价值的物品，来自生前的真实世界，它们被藏入墓中为死者的来世服务，算得上是广义上的明器。

巫鸿总结战国时期明器的特征为微型、拟古、变形、粗制、素面、仿铜、重套，考古学上确实发现了具有这些特征的器物，一般器形较小，制作较粗劣，明显不具备实用价值[3]。儒家的明器理论反映了周代对待死亡的态度，既要将生前世界在死后延续，又不可完全照搬，只要体现其象征意义即可，如此既合乎礼仪，又体现了孔子一向宣扬的"仁"，是一种"寓情于礼"的表达。

与明器"貌而不用"的性质完全不同的是祭器，是丧葬和祭祀礼仪中献祭饮食的器物。在丧礼的敛、遣和葬后礼仪环节中都有祭祀，祭祀是与死者灵魂的沟通，而沟通的方式是通过供奉饮食完成的。

---

1 前揭《荀子集解》卷13《礼论十九》，368—369页。
2 前揭《礼记集解》卷9《檀弓上》，216页。
3 巫鸿：《明器的理论和实践：战国时期礼仪美术的观念化倾向》，《文物》2006年第6期。

> 夫祭者，供食鬼也；鬼者，死人之精也。若非死人之精，人未尝见鬼之饮食也。推生事死，推人事鬼，见生人有饮食，死为鬼当能复饮食，感物思亲，故祭祀也。[1]

祭器与明器有着本质的区别，正如仲宪与曾子的讨论。仲宪言于曾子曰：

> 夏后氏用明器，示民无知也。殷人用祭器，示民有知也。周人兼用之，示民疑也。

曾子曰：

> 其不然乎！其不然乎！夫明器，鬼器也。祭器，人器也。夫古之人胡为而死其亲乎？。[2]

明器与祭器的区别一在功用，二在象征性，三在使用场景。功用上，明器讲究貌而不用；祭器则是盛装饮食的实用器物，有的十分精致，如漆器。象征性上，明器是为死者来世生活而备的物品，是鬼器；祭器是生者与死者沟通的媒介，是生器或人器。使用场景上，明器皆藏入墓中；祭器则主要在下葬和葬后祭祀中使用，主要陈列在祖庙等祭祀场所，当墓内祭祀出现之后，祭器也可能出现在墓内祭祀空间里。

周代贵族墓中，貌而不用之物与实用器物俱备。在战国墓室内出现祭祀空间后，下葬时是需要祭祀的，部分祭器可能也存于墓中。随着祭祀空间的扩大和确立、墓内祭祀的普及，祭器也就成为墓内普遍存在的物品了。

---

1 黄晖：《论衡校释》卷24《讥日篇》，中华书局，1990年，992页。
2 前揭《礼记集解》卷9《檀弓上》，219页。

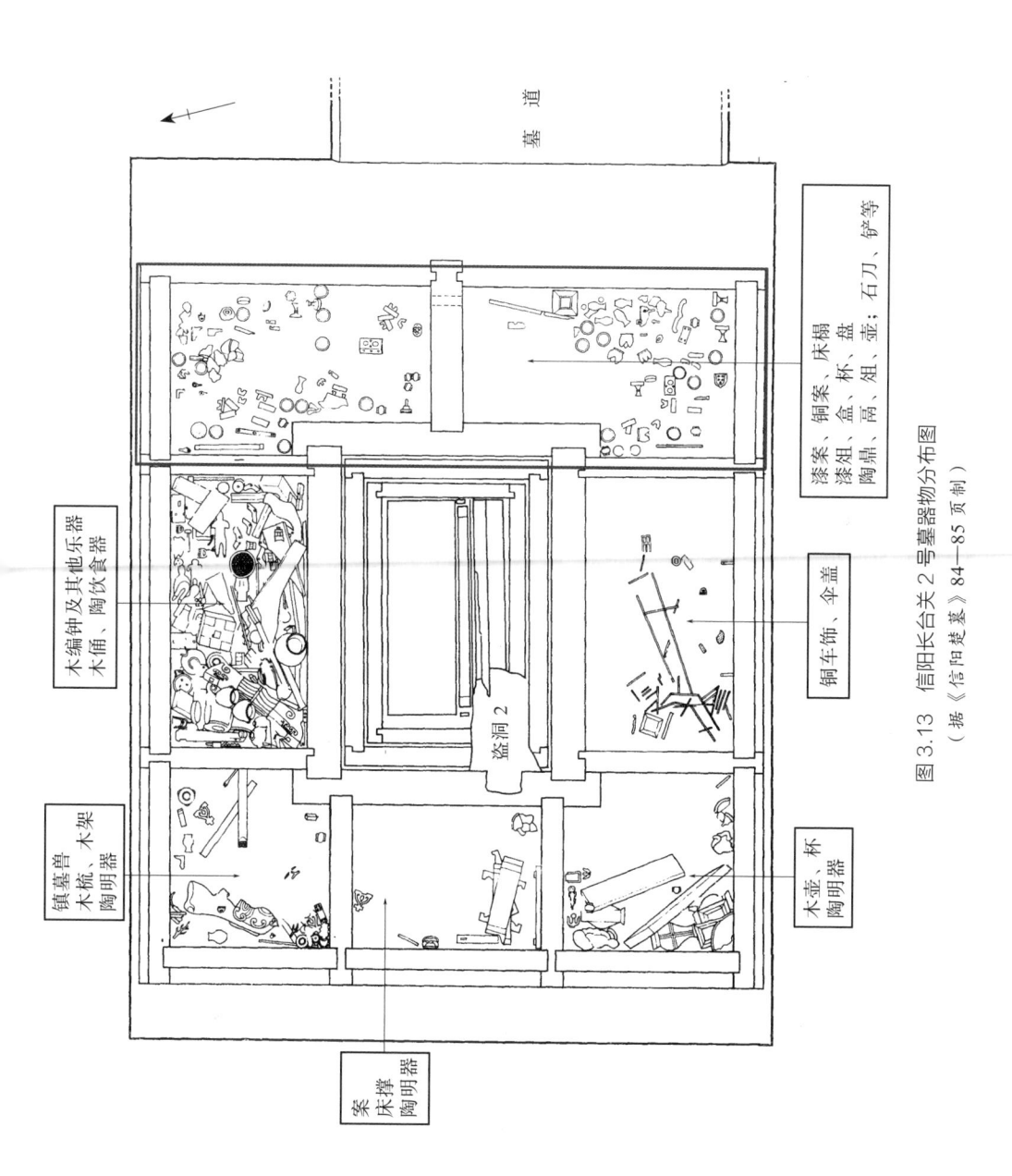

第三章　黄泉之下：先秦至西汉井椁式的丧葬模式　089

图3.13　信阳长台关2号墓器物分布图
（据《信阳楚墓》84—85页制）

090　中古丧葬模式与礼仪空间

我们还可以根据墓内器物的陈设方式区分明器与祭器。前举战国早期的信阳长台关2号墓，在木椁的前部专门开辟出一个横列式前堂，作为一个墓内祭祀的空间，器物的陈设上明显区别于其他各室。1号墓的前室有1套编钟及鼓瑟等乐器、1组漆案及饮食器、铜鼎、壶、敦、盘等铜器，另有果核残留，也有1组陶明器。编钟是具有实用性的，与漆案及饮食器、食物构成了祭祀空间。左右侧室放车明器、漆案及饮食器；后室放陶俑、镇墓兽；左右后室放床席、几案及各类漆饮食器。2号墓的前室则以床、案（含漆案和铜案各1件）为中心，主要配置有床撑、漆案、铜案及大量漆木饮食器（杯、盘、豆、盒、俎），其中漆俎达21件，另有1组陶饮食器和工具，如鼎、鬲、俎、壶、刀、铲等，可能原有一个以床、案为中心的祭祀场景，以大量精美的漆俎等盛贮献祭食物。此墓的编钟等乐器皆为木质，没有实用价值，属于明器，故置于左侧室，而不是放在作为祭祀空间的前室（图3.13）。

四、丧葬美术的兴起

丧葬美术是与丧葬礼仪有关的图像，有的是为丧葬场景而设，有的是丧葬仪式中的道具，也有的只是当时流行的装饰性图案。井椁墓中丧葬美术的地位不如汉代以后宅第墓中那么突出，因为井椁墓采取的是葬毕即藏的丧葬模式，椁室是一个极其封闭的空间，没有宅第墓那样独立而宽敞的祭祀空间，墓室里不会有大规模的礼仪活动，自然也就无需装饰。但是井椁墓从战国开始出现了最初的丧葬美术，在葬具、帛画和一些器物上出现了具有一定主题和叙事的绘画，它们与丧葬礼仪有关。

1. 葬具画像

井椁墓的葬具是木椁和木棺，一般只对木棺进行装饰，因为木棺是礼仪场景的视觉中心，具有公开展示性；而木椁是在墓穴里拼装而成的，并不会在仪式中整体展示，装饰就没那么重要了。虽然丧礼中有"既井椁"的程序，由匠人将加工好的木椁构件临时陈列在殡门外，摆放成井圈形，与做好的明器一起陈列，接受丧家的检视，但它并非成型的木椁，是不会在殡宫、祖庙等礼仪场合中接受瞻仰的。

贵族的井椁墓往往采用多重套棺，其中最内侧的棺可能是生前早就预备好了的，礼书中有"君即位而为椑，岁一漆之，藏焉"[1]的说法，"椑"指套棺中的内棺，其外的棺称"大棺"，也就是说国君即位伊始就要预备好内棺，并且每年上一遍漆以为维护。这种内棺在丧礼中具有公开展示性，尤其在大敛（遗体入棺）之后的各个礼仪环节中要被盛装展示，正因如此，内棺的装饰往往最为精致繁复。

战国曾侯乙墓和西汉马王堆汉墓多重套棺的装饰方式较好地体现了饰棺与礼仪的关系。曾侯乙墓由内、外两重套棺组成，内棺为全木结构，装饰十分繁复，内、外表皆髹漆，而外壁髹漆更讲究，以黑漆、红漆为地，再以墨、金色绘制异常繁复的图案。棺盖绘四行各17组首尾相接的龙；头挡图案分30组，绘各种龙、蛇、鸟及神异动物；足挡图案以一个覆斗形的窗框为中心，周边遍布神异动物，窗的左右两侧突出表现了龙、凤、蛇相绕和神人操蛇图案；左右侧板以格子门及守门的神兽武士为主体，周围遍布各种神人和神异动物，神异的名称与寓意已难以考证，大致是一些辟邪或祥瑞的内容，反映了时人对于未知世界的想象（图3.14）。

对照《楚辞》对招魂场景的描绘，曾侯乙墓的内棺图案似乎包含了"外陈四方之恶，内崇楚国之美"[2]两层含义：各种恐怖的神异动物大概就是对天、地、四方恐怖景象的描绘，如索魂的长人、食人的蛮夷、恐怖的蝮蛇、

---

1 前揭《礼记集解》卷9《檀弓上》，230页。
2 前揭《楚辞章句补注》卷9《招魂章句》，201页。

图 3.14 曾侯乙墓内棺漆画
1. 头挡 2. 足挡 3. 侧壁板
(《曾侯乙墓》38、34、36 页)

九头巨蛇、虎豹豺狼、土伯等，而有门窗的房屋大概就是对美好故居的描绘，如高堂邃宇、层台累榭、网户朱缀，这是期待中的灵魂居所，希望死者的灵魂通过"修门"回到美好的故居。不过，曾侯乙墓内棺上的这些图案远不如《楚辞》文本那样有清晰的叙事逻辑，虽有一定的设计意识，但表现得相当凌乱。

内棺在大殓之后，先后在殡宫、祖庙展示，接受丧家和宾客的祭祀，然后运往墓地，整体吊装入搭建好的椁室，在椁室内再加上外棺。外棺由笨重的铜框架和梓木组装而成，出土时起重机计量约7吨，估计下葬时重量超过6吨[1]。这种体量的外棺是不太可能在葬前仪式中陈列的，只能在墓穴内拼装而成，因此装饰不如内棺华丽，以黑漆为地，绘朱色间杂黄色花纹，饰有20组由阴刻的圆涡纹和朱绘的龙形卷曲勾连纹组成的图案，都是一些装饰性图案，并没有表现什么主题，也没有内棺上那些繁复的神异内容，只是在足挡阴刻一个长方形的门框。

西汉马王堆汉墓的套棺也有类似的情况，1号墓有四重套棺，从外至内的装饰各不相同：第一重黑漆素棺；第二重黑地彩绘棺，外壁绘有衔蛇操蛇的各种怪兽、神仙对舞等形象，以云气纹作为边饰；第三重朱地彩绘棺，绘有龙虎相斗、双龙穿璧、朱雀和鹿等形象；第四重锦饰内棺，棺身粘贴一层菱形勾连纹的贴毛锦，缠有两道帛束，装饰极尽华丽[2]。四重棺的装饰大致是愈接近遗体，装饰愈华丽，从第二重开始，棺上绘有大量神禽异兽和云气纹，最内重的锦棺最为精致。这三具装饰华丽的彩绘棺和锦饰棺可能都是要在丧礼中陈列的，而最外侧的黑漆素棺可能是在墓室内拼装而成的（图 3.2）。

---

[1] 前揭《曾侯乙墓》，19—55 页。
[2] 前揭《马王堆一号汉墓发掘报告》，13—27 页。

其他战国至西汉前期井椁墓的葬具装饰情况大致相似，漆木棺是重点装饰的对象，棺上的画像是为丧葬礼仪而设的，主要反映的是对来世的想象和对死亡的恐惧，但画像还没有明确的叙事逻辑，相比当时的文本而言还较为抽象和凌乱。

2. 漆器画像

先秦至西汉的井椁墓中常见一类彩绘的漆器，在楚墓中最为多见。最完整的一幅漆画见于荆门包山2号墓出土的子母口漆奁，通体内髹红漆，外髹黑漆，用深红、橘红、土黄、棕褐、青等色彩绘纹饰，在盖顶面中央绘有四分龙凤图案，外圈绘二方连续龙凤图案。主要叙事性图案在盖的外壁，由26个人物、4辆车、10匹马、5棵树、1只猪、2只狗、9只雁组成，以树木分隔为五段，表现车马出行、出迎的过程[1]。学者们对这幅漆画的解读意见很不一致，有聘礼、出行、王孙亲迎、婚礼等多种说法[2]。

这些当然都是从画面本身的内容所作的推测。值得注意的是，这件漆奁并非普通的生活用品，而是一件与葬仪有关的器物。漆奁内盛有花椒和一些梳妆用品，包括2件铜镜、2件骨笄、1个蛤蜊壳和2个木片饰。此奁见于遣策的记载，与另外一件形状相似但无彩绘的漆器一起，被称作"二革圆"，可能是丧礼阶段获得的赗赠之物，是宾客送的助丧礼物。既然是为丧葬而作，那么画面表现的也就不是一般的出行、婚礼或聘礼了，画面内容也应放在丧葬的背景下来解读。

画面中的骖马车出现了2次，车上皆为3人，一位驭者，一位侍者，一

---

1 前揭《包山楚墓》，144—146页，彩版柒、捌。
2 胡雅丽：《包山二号墓漆画考》，《文物》1998年第5期；崔仁义：《荆门市包山二号墓出土的〈迎宾出行图初论〉》，《江汉考古》1988年第2期；陈振裕：《楚国车马出行图初论》，《江汉考古》1989年第4期；彭德：《屈原时代的一幅情节性绘画——荆门楚墓彩绘〈王孙亲迎图〉》，《文艺研究》1990年第8期；张闻捷：《包山二号墓漆画为婚礼图考》，《江汉考古》2009年第4期。

位白衣男子（居中）。显然这位白衣男子是尊者，应是整个画面的中心人物，以尊者的出现作为标准，可将画面分为四个片段（图3.3）：

a. 尊者与家人告别的场景。尊者面向右方的一位贵妇，贵妇后有一位女侍，尊者的后方是背向的两位男侍，背景是2棵树，其间有猪、狗奔跑，显示这是家居时的场景，天上有飞鸟。

b. 尊者已经上车，向左行进，一人持物而行，上有二鸟向左飞翔，这幅画面位于两树之间。

c. 尊者被护卫着西行的场景。尊者坐在同样的骖马上，车前是一位伏地的恭迎者，车后跟随着持旌者、持殳者及奔跑的侍者，另有一辆二马驾引的车，是队伍的后从，这幅画面也介于两树之间。

d. 已不见尊者，只有五位侍者仰望天空，天上有鸟飞翔，后从的车马已经掉转车头，停歇于树后，准备返回。

如果从葬仪的角度来看待这幅画，表现的应是生死状态的转化，画中的尊者代表死者，与家人告别后被送葬者护卫着西行，通过天帝使者（c段的伏地恭迎者）的接引，灵魂升天，完成了从生到死的转化。在这幅画中，死亡被描绘成一段旅程，而从右到左的旅行方向与当时的其他画像作品是一致的，反映了魂归西方的思想。

曾侯乙墓东室出土的5件衣箱，器表以黑漆为地，绘以朱漆花纹，纹饰各不相同。其中一件（E.66）盖面当中朱书篆文"斗"，周围写有二十八宿名称，两端绘青龙、白虎、蟾蜍等。E.67盖面绘兽、鸟、太阳等，可能是"夸父逐日"的故事。E.61盖面绘树木、射鸟等，可能是"后羿射日"故事。另在边缘绘两条双首人面蛇，可能表现的是伏羲女娲，箱子的侧面也有各种流云、神异图案（图3.4：1）[1]。

---

[1] 前揭《曾侯乙墓》，353—359页。

襄阳凤凰山西汉早期的擂鼓台1号墓出土了3件圆形漆奁，其中一件内髹红漆，外髹黑漆，在盖内外和器身都有朱漆彩绘。盖内面的中心是鸟云纹，外圈由树木分隔为4组人物：戴冠佩剑的男子二人、披发长袍的女子二人、相随男女二人、人面兽身怪物一人。器底内面内容与盖内大致相同，也是3组人物[1]。张瀚墨利用文献记载的吴越争霸故事，认为这七组图画反映的是以西施、郑旦为中心的美人计细节（图3.4：2）[2]。

这些战国至西汉初期的楚地漆器上出现了明确的叙事性绘画，叙事的内容已多不可考。由于漆器是当时贵族现实生活中的日常用品，画像内容可能反映了当时居室陈设中的绘画情况，有神话故事、历史故事等内容，但它们又是丧礼环节中的赗赠类物品，有些画像内容也可能与葬仪有关。

3. 帛画

井椁墓中的独立绘画作品主要是帛画，有在丧礼过程中使用的旌幡，也有挂在椁室墙壁上的帛画。曾侯乙墓4个椁室的墙壁上都钉有木钉，可能用于悬挂帷幔。马王堆1号汉墓的头箱也有这样的情况，3号棺室的东西墙壁上挂有2幅帛画。相比木棺画像，这些帛画的主题和叙事逻辑更加清晰，有的是对丧葬礼仪的描绘。

长沙出土的两幅战国帛画可能反映了战国楚地的招魂实况。两幅帛画出自两座战国中期楚墓，其中《人物御龙图》出自子弹库楚墓，被平放在椁盖板下面的隔板上，上横边有细竹条和棕色丝绳，表明曾作张举展示。画面以一位向左侧行进的男子为中心，上有舆盖，腰佩长剑，手执缰绳驾驭着一条舟形巨龙，龙尾上立有一只鹤，左下还绘有一条游鱼[3]。《人物龙凤图》出自

---

1 襄阳地区博物馆：《湖北襄阳擂鼓台一号墓发掘简报》，《考古》1982年第2期。
2 张瀚墨：《襄阳擂鼓台一号墓出土漆奁绘画装饰解读》，《江汉考古》2017年第6期。
3 湖南省博物馆：《新发现的长沙战国楚墓帛画》，《文物》1973年第7期；《长沙子弹库战国木椁墓》，《文物》1974年第2期。

陈家大山楚墓，被折叠放在一件陶敦里。画面以一位向左行进的垂髻细腰女子为中心，前方是飞翔的龙与凤，脚下有一舟状物[1]。两幅帛画中的男女人物应是墓主的形象，结合《楚辞·招魂》描述的战国楚地招魂仪式，表现的可能正是招魂仪式的片段。李清泉认为帛画体现了灵魂的来与去，似乎正被巫阳引导着徐徐前行[2]。这种解释是很有说服力的。楚人将熟悉的招魂情节绘在帛画上，在丧礼中被张举展示，下葬时覆盖在棺上或存放在器物内，具有招魂复魄的象征意义。

西汉井椁墓中也有类似的帛画，如著名的马王堆汉墓帛画，内容比战国帛画复杂得多，不但有动态的仪式情节，也有对于天上和鬼神世界的想象。1号墓帛画长205厘米，顶部裹有一根竹竿，并系以棕色的丝带，以便张举悬挂，下葬时覆盖在内棺上[3]。学界对这幅帛画的画像结构和内容解读非常多，一般认为从上到下分别表现了汉人观念中的天上、人间和地下鬼魂世界。

巫鸿从构图将帛画分为四个部分，这是对画像结构的合理划分。画面中的三个平台明显起到了划分场景的作用，整幅画面被分隔为四个场景：天上景象、引魂升天、祭祀空间、鬼怪世界，四个场景以天门、帷幔、象征地平线的平板分隔（图3.5、3.6、3.15）：

第一段是天上景象，以人首蛇身的神为中心，左右绘日、月，以一个平台和两个立柱表现天门，门上悬有巨型钮钟，门柱上有二豹子，门内绘拱手对坐的两位门神。这段图像反映了楚人对天上世界的想象。

第二段在屋宇之下，描绘引魂升天的场景。墓主拄杖，面向左方，前有

---

[1] 孙作云：《长沙战国时代出土帛画考》，《人文杂志》1960年第4期。
[2] 李清泉：《引魂升天，还是招魂入墓——马王堆帛画的功能与汉代的死后招魂习俗》，台湾大学《美术史研究集刊》第四十一期，2016年，1—48页。
[3] 前揭《长沙马王堆一号汉墓》，39—45页。

098　中古丧葬模式与礼仪空间

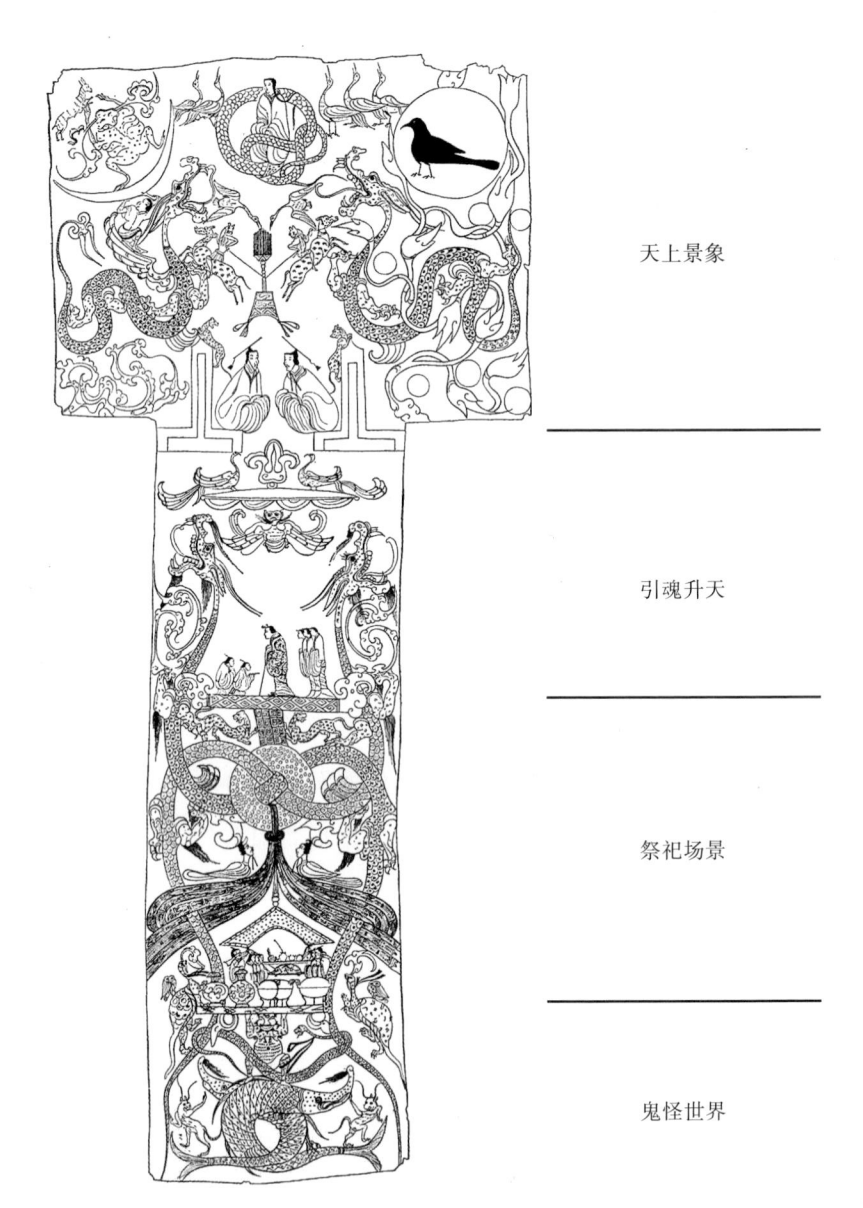

天上景象

引魂升天

祭祀场景

鬼怪世界

图 3.15　马王堆 1 号汉墓帛画
(《长沙马王堆一号汉墓发掘报告》上册 40 页图三八)

两位小吏迎接，后有三位侍从护送，表现了墓主灵魂被恭送、恭迎升仙的片段。这段内容与长沙子弹库和陈家大山出土的帛画内容相似。

第三段是祭祀场景，位于帛画的下部，在一座挂有精致帷幔的屋宇内，布置着由灵床、祭台和祭祀者构成的祭祀空间。祭台上放着1组祭器，灵床上是覆有锦被的墓主遗体（巫鸿先生的判断），床前排列着2排七位祭祀者，拱手相对而坐，左侧还有一位站立的白衣侍者，面向1组鼎、壶，正在取食。此画面表现了由侍者备食、孝子献祭的场景。由于死者用锦被盖着，尚未入棺，很可能表现的是小殓后的祭祀仪式[1]。3号汉墓的帛画也有类似的场景。帷帐、床榻、祭台、祭器与食物是祭祀场景的通常表现元素，常见于汉代以后墓室的祭祀空间，有的以图像表示，有的以实物表现。

第四段是鬼怪世界，用置有鼎和壶的平板与祭祀空间分开，平板由一位赤身裸体的神人托举，神人两侧是由龙、鱼、龟等构成的鬼怪世界。这些似人似兽的神人及神异动物是楚人对地下鬼神世界的想象。

四个场景中的第二、三段叙事逻辑清晰，描绘的是丧礼阶段的招魂和小殓仪式，与想象中的天上、地下世界一起构成了1幅逻辑性极强的画面。

马王堆3号墓也出土了4幅帛画，除了1幅与1号墓相似的T形帛画、1幅《导引图》外，另有两幅是挂在棺室东、西壁面上的。东壁帛画绘房屋建筑、车骑、妇女乘船等场景。西壁帛画绘车马人物，以左上方的佩剑长袍墓主像为中心，后方跟随着由5列车乘、100人的骑兵方阵、100余人的鼓乐出行队伍组成的阵列，墓主由持盾、戈的武士护卫，以华盖相随[2]。帛画的叙事性是极强的，可能表现的是丧礼场景。

---

1 巫鸿认为锦被覆盖的"很可能是礼书中所描述的放置在灵床上被衣物和尸巾覆盖起来且以酒食祭献的死者尸体"，参巫鸿：《礼仪中的美术——马王堆再思》，载前揭《礼仪中的美术——巫鸿中国美术史文编》，109页。张闻捷认为反映的是小敛奠仪式，合乎墓主辛追身份的"绞衾"葬制，参张闻捷：《汉代"特牛"之礼与马王堆帛画中的祭奠图像》，《故宫博物院院刊》2017年第2期。

2 前揭《长沙马王堆二、三号汉墓》，103—114页。

长沙战国帛画和西汉马王堆帛画已是真正的独立绘画，有了明确的叙事性，描绘的是与丧葬礼仪有关的内容，代表了真正丧葬美术的兴起。值得注意的是，帛画的叙事方式与后来的宅第墓壁画是不一样的，画中的墓主像还不是被祭祀的对象，所有的场景都是闭合式的构图，以侧面的、不对称的人物姿态进行叙事[1]。这种闭合式的叙事只是对礼仪活动的描绘，而不是为了构建一个生死交互的场景，彼时的生死交流——祭祀应还是在墓地以外的祖庙进行，即《楚辞·招魂》所谓"像设君室，静闲安些"[2]。直到墓室转变为开放式的宅第墓，墓室内出现了独立的祭祀空间后，才会出现正面的、偶像式绘画，为了营造祭祀场景的墓室画像才会盛行起来。

五、小　结

本章是对中国古代早期丧葬模式的讨论，从丧葬空间的形态讨论了先秦至西汉前期贵族墓的埋葬方式。这个时期的墓葬空间是封闭性的井椁墓，通过深埋和秘藏的方式建造墓室，深度达到潜水面以下，与文学作品中描述的黄泉相似，因此也可称作黄泉式的埋葬空间。本章根据礼书中记载的丧葬行为讨论了空间形态、陈器之道和丧葬美术三个问题。

井椁墓的空间形态与墓葬的功能密切相关。由于井椁墓的主要功能是藏形，秘藏是其主要特征，因此，墓室被井椁和物品所充斥，以填土、砂石、木炭或青膏泥严密封闭，而且下葬过程也是一个逐步封闭墓室的不可逆过程。这种埋葬方式包含了两层象征意义：一是永久告别，人死而魂魄分离，被埋藏的形魄代表了死者的不朽存在，它将要在另一个世界里（即来世）继续生活，死亡只是生命状态的转化。在生者看来，这种来世生活是与

---

[1] 前揭《武梁祠：中国古代画像艺术的思想性》，149—151页；前揭《墓主画像研究》，181—186页。
[2] 前揭《楚辞》，224页。

生前生活是有关联的，因此以"事死如生"的方式进行空间陈设。二是生死有别，通过深藏的方式，将生者的世界与死者的世界相隔，虽然死者的生活会在地下世界延续，但又生死异途、互不相干。至于人死之后的另一个存在——灵魂，则继续保持着与生者的联系，它会以无形的状态存在于人间，与生者发生交集，可能护佑生者，也可能为患生者，因此需要给予妥善的安抚，即祭祀。先秦时期的祭祀主要在远离墓地的庙中进行，在庙中设置神主或肖像，将无形的灵魂有形化，定期给予饮食供奉，恭敬有加，人神交互。大约从春、战之交开始，井椁墓"藏"的观念发生了变化，在藏形之外又被赋予了安魂的功能，使得墓祭逐渐流行。墓葬不再是一个秘藏的、专属死者的空间，通过隆重的葬礼和墓祭等活动，墓地变成了一个公共活动的空间。相应的，丧葬空间的形态也发生了变化，主要特征是由封闭走向开放，具体表现是地面出现了标记性和祭祀性设施，地下墓室也出现了独立的祭祀空间。

陈器是礼仪程序中的一个环节，将各类随葬物品在丧礼和葬礼中公开展示。死者生前社会地位越高，丧礼的规模就越大，所获得的赗、奠、赙、赠物品也就越多，这是一种宣示死者哀荣的手段，也是一种社交手段，所陈之器承载了礼仪制度、社会关系、伦理道德等多方面的象征意义，即所谓"器以载道""器以藏礼"。陈器的种类和原则在礼书中有大量的记载，有明器、祭器、人器、鬼器、生器之分，而在考古报告中，一般将所有墓内器物都统称为随葬品，未对器物的含义作明确的区分，丢失了大量有关丧葬行为的信息，因此本章试图通过器物的类别和陈设方式，来观察古人的丧葬行为与观念。首先，从葬仪的过程来看器物的来源，墓内器物并不是对现实生活物品的照搬，而都是与葬仪有关的物品，既有死者生前旧物，也有来自宾客的赗赠物品、丧家专门为丧葬而作的明器，还有在葬仪中使用的祭器，不同类别的物品在品质和陈列方式上是存在差异的，是可以通过考古遗存进行区分的。其次，从器物在墓内的陈设方式观察它们的礼仪功能和意义，前文主要讨论了明器和祭祀的区别，二者的区别一在功用，二在象征性，三在使用场景。功用上，明器讲究貌而不用；祭器则是盛装饮食的实用器物，有的十分精致，如漆器。象征性上，明器是为死者来世生活而备的物品，是鬼器；祭器是生者与死者沟通的媒介，是生器或人器。使用场景上，明器皆藏入墓中；祭器则主要在下葬和葬后祭祀中使用，主要陈列在祖庙等祭祀场所，当墓内祭祀出现之后，祭器也可能出现在墓内祭祀空间中。

丧葬美术泛指墓内发现的一切与丧葬活动有关的美术作品。井椁墓从封闭走向开放的过程中出现了最初的丧葬美术，在葬具、帛画和一些器物上出现了具有一定叙事主题和叙事逻辑的绘画，我们对它们的认识也应立足于丧葬礼仪的行为与场景上。在井椁墓中，漆木棺要在丧葬礼仪中公开展示，因此是重点装饰的对象，但先秦时期木棺上的画像虽有一定的设计意识，但还没有明确的叙事逻辑，相比当时的文本而言还较为抽象和凌乱，主要表现了对来世的想象和对死亡的恐惧。

相对而言，一些精致的器物上出现了一些叙事主题和逻辑较为明确的绘画，由于漆器是当时贵族现实生活中的日常用品，画像可能反映了当时居室陈设中的绘画情况，有神话故事、历史故事等内容，但它们又是丧礼环节中的赠赠类物品，有些画像内容也可能与葬仪有关。本章重点讨论了荆门包山2号墓出土的子母口漆奁上的图案，认为它表现的应是死者与家人告别后灵魂升天的场景。死亡被描绘成一段旅程，而从右到左的旅行方向反映了魂归西方的思想。

帛画是井椁墓中出现的真正的独立绘画，长沙出土的两幅战国帛画可能反映了战国楚地的招魂实况。西汉马王堆汉墓帛画内容比战国帛画复杂得多，不但有动态的仪式情节，也有对于天上和鬼神世界的想象。相比木棺画像，这些帛画的主题和叙事逻辑更加清晰，有的可能是对丧葬礼仪的描绘，尤其是马王堆1号墓壁画的四个场景中，第二、三段的叙事性极强，描绘的是丧礼阶段的招魂和小殓仪式，与想象中的天上、地下世界一起，构成了一幅逻辑性极强的画面。但是，帛画中的墓主像还不是被祭祀的偶像，并未构建一个生死交互的场景。直到墓室转变为开放式的宅第式，墓室内出现了独立的祭祀空间后，才会出现正面的、偶像式绘画，为了营造祭祀场景的墓室画像才会盛行起来。

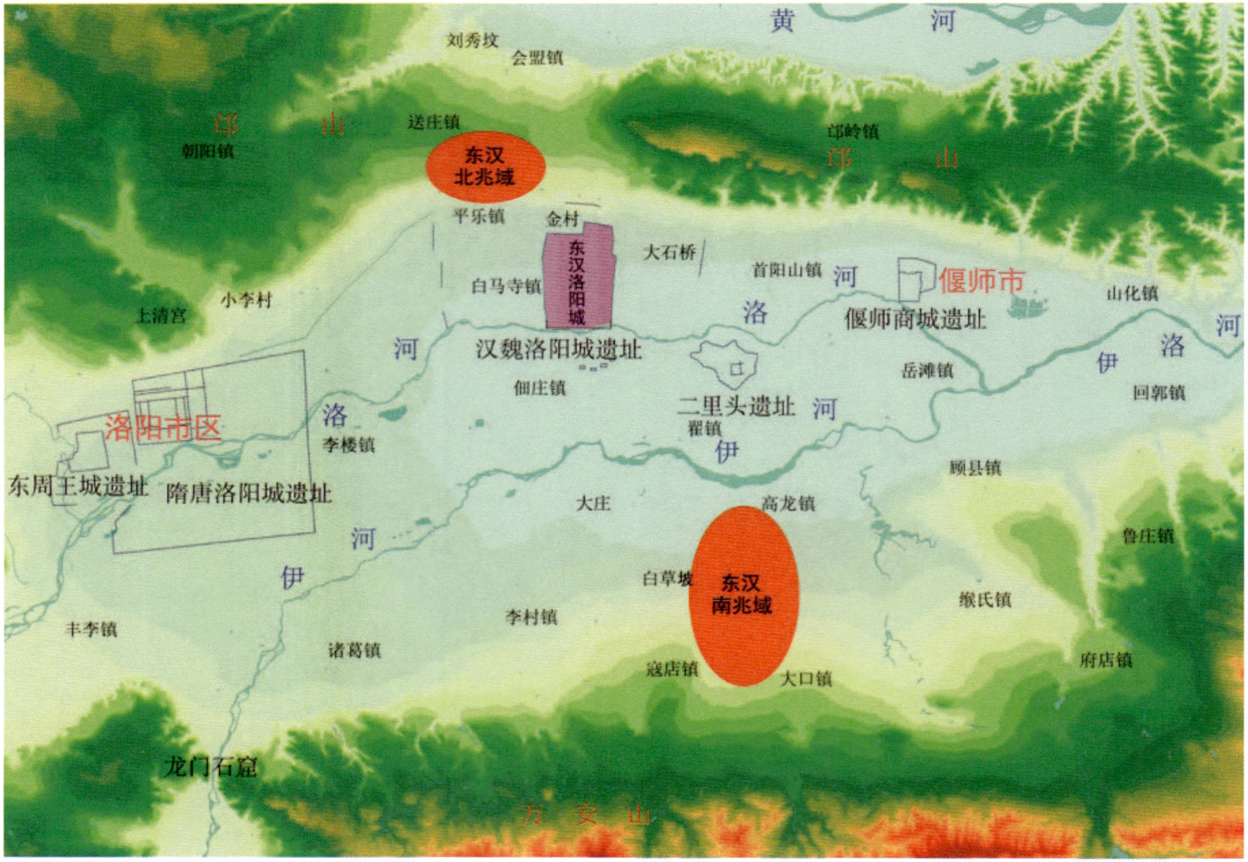

图 4.1 东汉帝陵陵区位置图
(《中原文物》2019 年第 1 期钱国祥文,58 页)

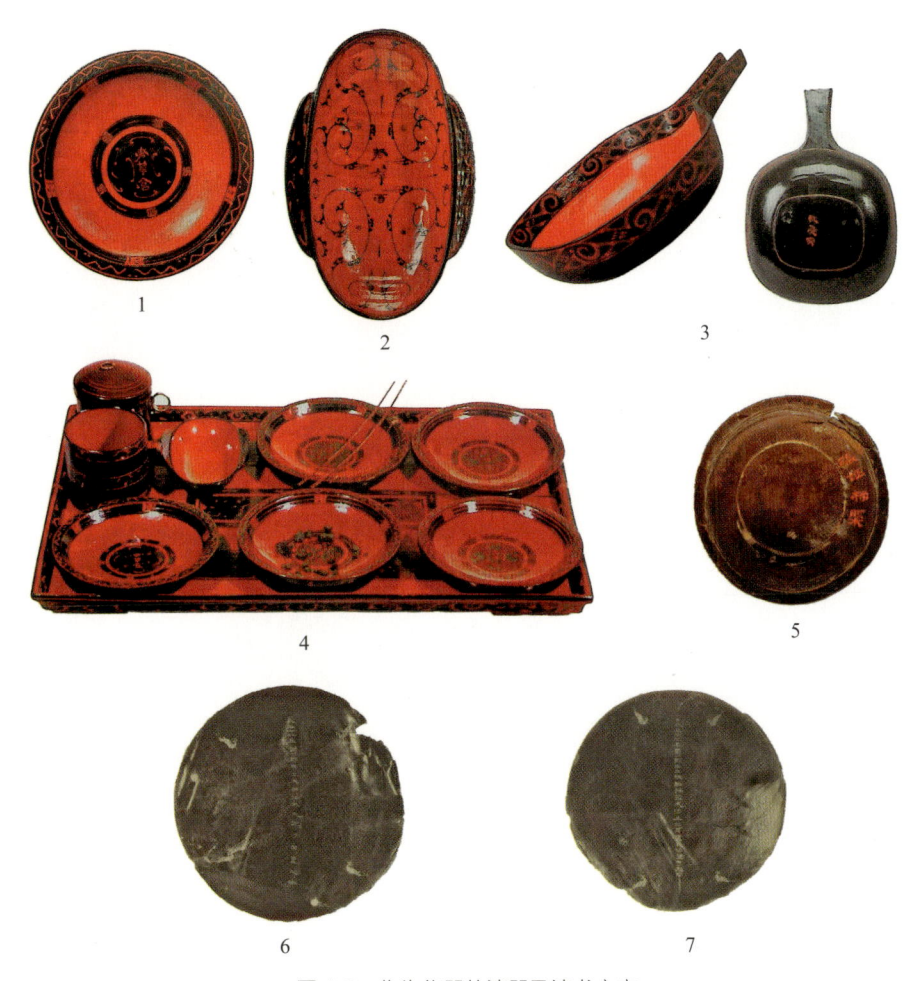

图 4.2 作为祭器的漆器及漆书文字

1."君幸食" 2."君幸酒" 3."軑侯家" 4.漆案及餐具摆放复原 5."张姃（姬）榜檠" 6."永平十二年蜀郡西工夹纻行三丸宜子孙卢氏作" 7."永平十二年蜀郡西工夹纻行三丸治千二百卢氏作宜子孙牢"
（1、2、3、4均出自长沙马王堆1号汉墓，分别采自《马王堆汉墓漆器整理与研究》下[1]，129、101、155、145页；5出自长沙望城风篷岭西汉墓M1，《文物》2007年第12期，26页；6、7出自平壤五官掾王盱墓，《樂浪–五官掾王盱の墳墓》图版五六、六〇。）

---

1 陈建明、聂菲主编：《马王堆汉墓漆器整理与研究》（下），中华书局，2019年，101、129、145、155页。

图 4.3　洛阳西汉卜千秋墓脊顶壁画
(《洛阳两汉彩画》, 40—41 页)

图 4.4　洛阳烧沟 61 号西汉墓脊顶壁画
(《洛阳两汉彩画》, 40—41 页)

107

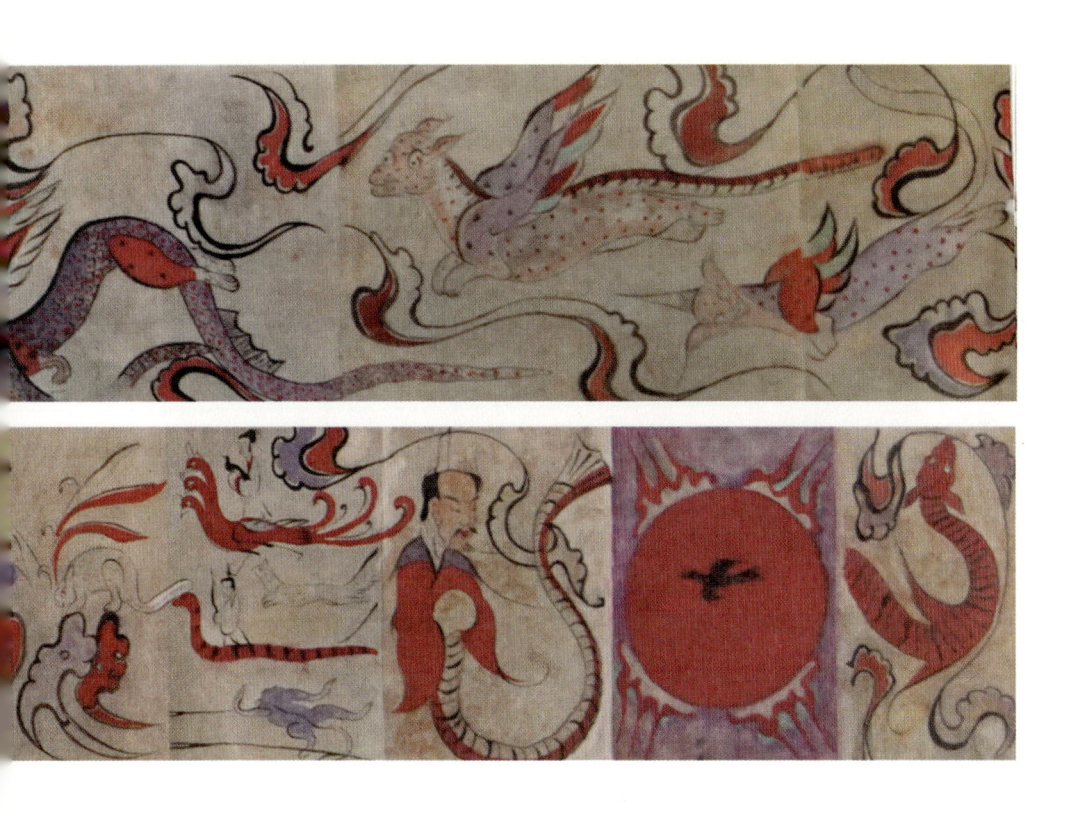

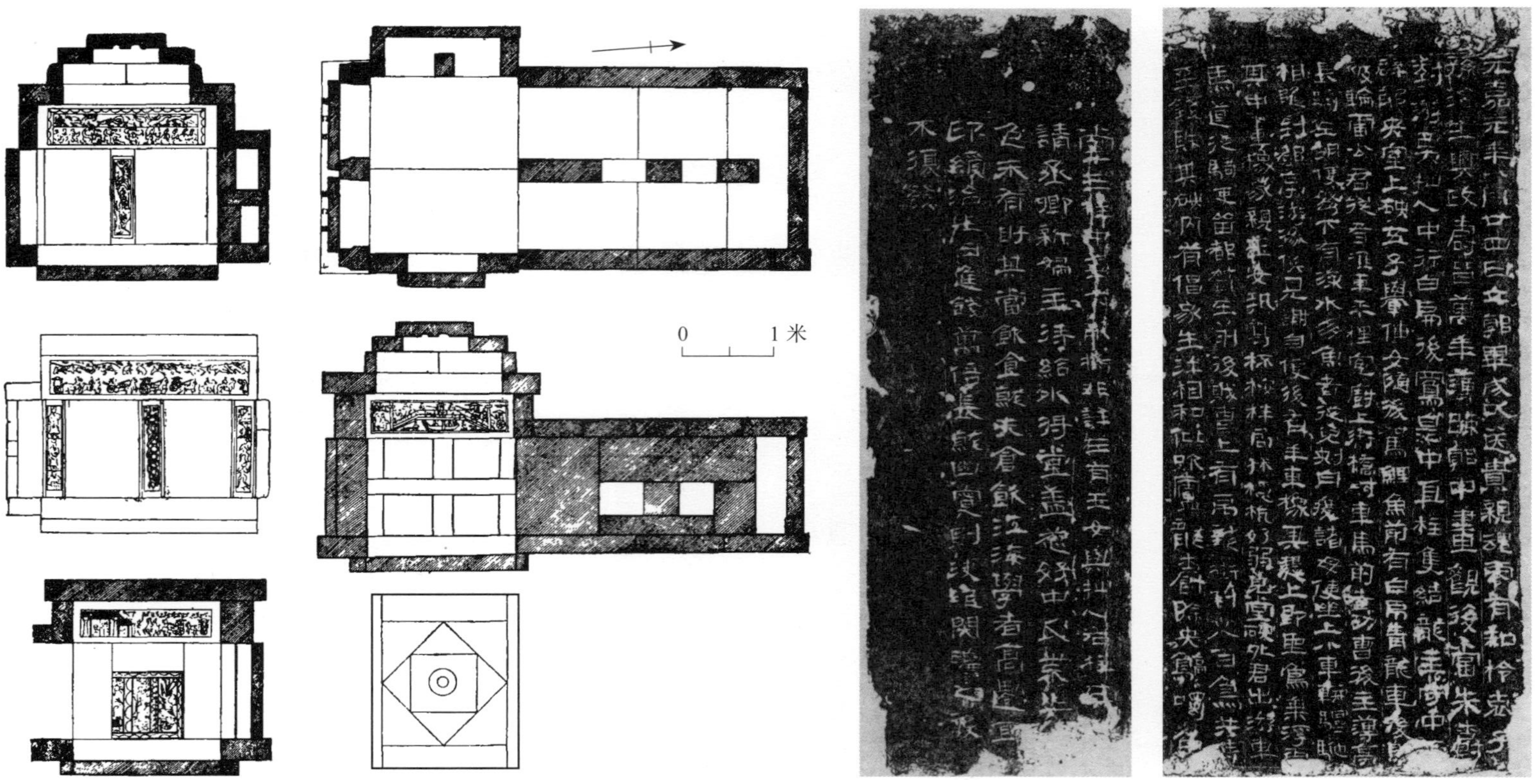

图 4.5 苍山元嘉元年画像石墓及题记
(《考古》1975 年第 2 期，124、126 页)

图 4.6　望都县所药村一号墓西壁壁画（《望都汉墓壁画》，图版八）

图 4.7 西汉帛画和壁画中的墓主形象

1. 马王堆 1 号墓帛画（《马王堆汉墓文物》，20 页） 2. 马王堆 3 号墓帛画（《马王堆汉墓文物》，24 页） 3. 金雀山 9 号墓帛画（《文物》

图 4.8 大连营城子东汉墓壁画
(《中国出土壁画全集·东北卷》, 2 页)

第四章
宅第内外：汉代宅第化的丧葬模式

从战国开始，墓地出现了标记性和祭祀性设施，墓葬逐渐被赋予安魂的功能，地面的丧葬空间因此走向开放，但墓室仍是一个秘藏于地下的封闭空间。随着墓地的开放性进一步增强，到秦汉时期形成了以墓祭设施为重要内容的完备墓园制度。与此同时，地下的墓室空间也进一步走向开放，出现了新式的宅第墓。西汉前期还是旧式的井椁墓与新式的宅第墓共存，但西汉中期以后，宅第墓逐渐成为墓葬的主流。宅第墓在建材、筑墓方式和空间形态上都大不相同，不再在深深的竖穴内搭建木椁，而是以小砖、空心砖、石块、土洞等方式模拟现实生活中的宅第，墓室空间的扩展由纵向转为横向，这种空间形态为墓壁的装饰提供了可能性和必要性。

一、秦汉帝陵陵园空间

1. 秦始皇陵开创的陵寝制度

秦始皇陵是中国古代第一座皇帝陵墓，正如秦始皇创立的其他许多影响后世的做法一样，他的陵寝制度也极具开创性并且影响深远。始皇即位之始，就开始了在骊山修建宏大地下宫殿的工程，用工数十万、历时30余年，直到去世也未完工。这座宏大的地宫未进行考古发掘，详情尚未可知，但经过数十年的考古勘探，地面陵园的空间形态已大体清晰，是一座南北长方形的陵园，占地面积212.95万平方米，由内外两重城垣围绕而成，四面辟门；内城南部是墓室所在，上有高大的封土，封土之下是带有多条墓道的宏大地宫，由地下墙垣围绕；封土北侧有多组地面建筑群，由近至远分别是寝殿与便殿；西、北二面还有食官、陪葬墓及埋藏珍禽异兽和马的土坑；外城之外的东侧有司马道，旁侧配置4座大型兵马俑坑及若干马厩坑、动物坑等（图4.9）[1]。

这座由封土、殿堂建筑、陪葬坑、双重墙垣组成的陵园，是在先秦陵园基础上逐渐发展而来的。考古调查的陕西凤翔春秋战国时期的秦公陵园已初具制度化的设计，14座陵园各有壕沟环绕，墓葬皆东向。每座陵园内都有两座或两座以上的主墓，此与中原地区的魏国、赵国、中山国的单

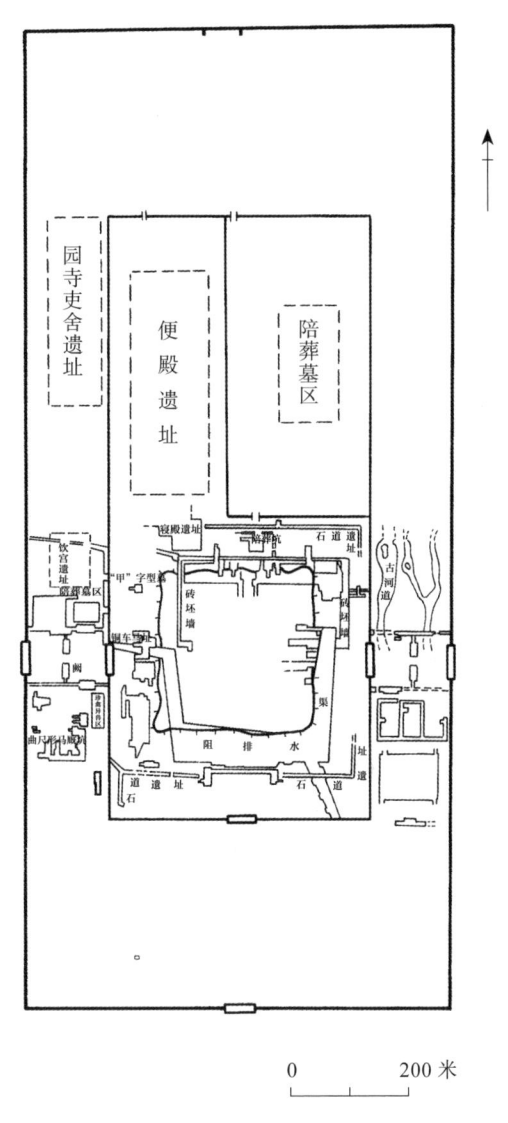

图4.9 秦始皇帝陵园遗址平面示意图
（《考古与文物》2010年第5期，10页[2]）

---

1 陕西省考古研究所、秦始皇兵马俑博物馆：《秦始皇帝陵园考古报告（1999）》，科学出版社，2000年；陕西省考古研究所、秦始皇兵马俑博物馆：《秦始皇帝陵园考古报告（2000）》，文物出版社，2006年；陕西省考古研究院、秦始皇兵马俑博物馆：《秦始皇帝陵园考古报告（2000—2003）》，文物出版社，2007年；秦始皇帝陵博物院：《秦始皇帝陵园考古报告（2009—2010）》，科学出版社，2012年。

2 陕西省考古研究院：《2009年度秦始皇帝陵园考古勘探简报》，《考古与文物》2010年第5期。

独陵园制度不同[1]。战国晚期的咸阳秦陵区出现了由墙垣和壕沟组成的内外两重墙垣，内有覆斗形封土及外藏坑[2]。从先秦到秦统一，秦的陵园制度完成了从集中公墓到独立陵园制度的变化，制度逐渐定型，由此奠定了中国古代帝王陵墓制度的基础[3]。

在先秦陵园制度基础上成型的秦始皇陵园，在空间配置上主次分明、设施完善、功能齐全；从礼仪功能上，可以分为标记性设施和祭祀性设施。封土是秦始皇陵的标记性设施，也是陵园的主体，呈四方锥台体形，实测封土高度并没有《汉书·刘向传》所说的五十余丈（折合成汉尺，应有116米高），很可能由于陵墓的复土工程并未完工[4]。封土固然与墓葬工程有关（因墓葬规模扩大而出土量增加），但从礼仪功能上却是墓葬走向开放的标志之一，是最重要的标记性设施，标记墓地的目的是墓地祭祀。秦始皇陵已发现了明确的与祭祀有关的建筑遗存，即位于封土以北的寝殿、便殿等建筑基址。秦始皇统一天下后，逐渐规范并建立了完备的祭祀礼仪，在原有的郊社之礼基础上创立封禅大典以祀天地，作为宣扬天命、巩固统治的一种手段。除了祭祀天地，还要祭祀祖先，秦朝除了在宗庙里进行的祭祖典礼外，还规范化了战国以来的陵寝制度，在墓地设立寝殿以祭祀先祖。

秦始皇陵的墓室是始皇帝的藏形之所，是一座十分宏大的地宫。

始皇初即位，穿治郦山，及并天下，天下徒送诣七十余万人，穿三泉，下铜而致椁，宫观百官奇器珍怪徙藏满之。令匠作机弩矢，有所

---

[1] 陕西省雍城考古队：《凤翔秦公陵园第二次钻探简报》，《文物》1987年第5期；焦南峰、孙伟刚、杜林渊：《秦人的十个陵区》，《文物》2014年第6期。

[2] 陕西省考古研究院、咸阳市文物考古研究所：《咸阳"周王陵"考古调查、勘探简报》，《考古与文物》2011年第1期。

[3] 焦南峰、孙伟刚、杜林渊：《秦人的十个陵区》，《文物》2014年第6期。

[4] 《汉书》卷36《楚元王附刘向传》："秦始皇帝葬于骊山之阿，下锢三泉，上崇三坟，其高五十余丈，周回五里有余。"1954页。

穿近者辄射之。以水银为百川江河大海，机相灌输，上具天文，下具地理。以人鱼膏为烛，度不灭者久之……大事毕，已臧，闭中羡，下外羡门，尽闭工匠臧者，无复出者。[1]

司马迁的这段描述引发了两千多年来人们的无穷想象，虽然目前并没有对地宫进行考古发掘，但通过勘探，可知封土之下是带有多条墓道的宏大墓室，被地下墙垣围绕。这种空间形态也源自先秦的秦陵制度，而与战国时期东方诸国的地下空间差异较大：秦陵都是四条墓道的亚字形大墓，而东方诸国的王陵多是两条墓道的中字型或一条墓道的甲字形大墓[2]。

秦始皇陵的地宫外围还分布着180余座陪葬墓和陪葬坑，构成外藏系统。发掘者将秦始皇陵的陪葬系统划分为四个层次：地宫之内的台阶之上、内城之内、内外城之间、外城之外，认为这是秦帝国兴盛时期中央政权、皇权等各类运作机构在地下的模拟反映[3]。继承秦制的西汉帝陵，如阳陵的陪葬系统，也被认为具有同样的性质，分别象征厨、厩、宫观、百官位秩，代表不同的政府机构和设施[4]。不过也有学者反对这种类比，认为出土文物不能证明外藏系统与百官官署的相关性，它们是生前权力与社会生活的真实反映，又是面对未来世界的一种心理满足和实在需求[5]。不管这些被称作外藏系统的各类陪葬墓、陪葬坑是否有模拟现实官僚机构的主观意图，但确实是一个极具设计意识的空间，与地面封土和寝殿设施的空间格局相似，有明显的主次之分，与作为正藏的地宫一起构成了死者的来世空间。

---

[1]《史记》卷6《秦始皇本纪》，265页。
[2] 梁云：《战国王陵形制的东西差别》，《社会科学战线》2013年第6期。
[3] 前揭《秦始皇帝陵园考古报告（2000）》，265页。
[4] 焦南峰：《汉阳陵从葬坑初探》，《文物》2006年第7期；段清波：《外藏系统的兴衰与中央集权整体的确立》，《文物》2016年第8期。
[5] 赵化成：《秦汉帝陵外藏系统（从葬坑）的性质问题》，《秦始皇帝陵博物院院刊》，三秦出版社，2011年，119—130页。

秦始皇陵最大的开创性在于地面标记性和祭祀性设施的制度化，这表明墓地祭祀制度的规范化，抛弃了商周以来以藏形为主的丧葬空间营造理念，开创了藏形、安魂并重的新模式，通过强化地下的藏形空间、完善地面的安魂空间，以地上地下彼此呼应的方式构建了影响深远的新的丧葬礼仪空间形态。

2. 西汉陵寝制度

西汉帝陵位于汉长安城的西北和东南高地上，渭河北岸的咸阳原上从西向东分布着武帝茂陵、昭帝平陵、成帝延陵、平帝康陵、元帝渭陵、哀帝义陵、惠帝安陵、高祖长陵、景帝阳陵；渭河以南的白鹿原、少陵原上分布着文帝霸陵和宣帝杜陵。

在承秦的基础上，西汉建立了更加完善的陵寝制度，朝廷设有专门机构负责皇室陵寝事务，以掌治宫室的将作大匠作为庞大帝陵工程的负责机构，下设"东园主章"制作葬具，"左右前后中校"役使刑徒。将作大匠的规模和职能在西汉一代有所变化，从一个侧面也反映了西汉前后阶段陵寝制度的变化[1]。20世纪60年代以来，考古部门陆续对各帝陵的陵园进行了考古调查，但发掘仅限于地面建筑、陪葬墓、从葬坑、刑徒墓地等地面遗存，因此我们对西汉陵寝制度的了解主要还是限于地面陵园。从考古调查与发掘来看[2]，西汉帝陵在陵园空间形态上经过了几次关键的变革：

---

1 马永嬴：《从"将作大匠"看西汉帝陵的变化》，《考古与文物》2009年第4期，72—76页。
2 关于西汉帝陵考古发现与布局的讨论，参刘庆柱、李毓芳：《关于西汉帝陵形制诸问题探讨》，《考古与文物》1985年第5期；刘庆柱、李毓芳：《西汉十一陵》，陕西人民出版社，1987年；《汉杜陵陵园遗址》，科学出版社，1993年；焦南峰：《汉阳陵从葬坑初探》，《文物》2006年第7期；王建新：《"阳陵模式"与西汉帝陵制度》，《古代文明》第5卷，文物出版社，2006年；咸阳市文物考古研究所：《西汉帝陵钻探调查报告》，文物出版社，2010年；陕西省考古研究院、咸阳市文物考古研究所、茂陵博物馆：《汉武帝茂陵考古调查、勘探简报》，《考古与文物》2011年第2期；焦南峰：《西汉帝陵形制要素的分析与推定》，《考古与文物》2013年第5期。

① 汉初高祖长陵和惠帝安陵明显是对秦始皇陵模式的继承，如陵园内的覆斗形封土、寝殿建筑、外藏陪葬坑等设施。

② 文帝霸陵一改人工垒筑的覆斗形封土，而因山为陵，后陵单辟一园。

③ 景帝阳陵开始，陵园制度又有较大变革。阳陵设有内陵园、中陵园、外陵园三重陵园系统，由墙垣、门阙、壕沟进行界定[1]；帝、后各有单独陵园，周围环绕寝殿、陵庙和外藏坑、陪葬墓，空间布局规整，主次分明，体现了以帝陵为中心的严格等级制度。

④ 西汉后期，诸陵陵园空间有简化的趋势，如陵庙之设不再成为定制，外藏系统规模缩减等。

西汉诸陵的陵园空间中最醒目的设施是高大的封土，除文帝霸陵外，都呈覆斗形，底部一般约150—170米见方，高约20—30米，以武帝茂陵最大。这种形状的封土与战国楚地等地的圆形封土形制不一样，可能与先秦墓上的祭祀性建筑"堂"有关[2]。唯一的例外是文帝霸陵，没有封土，而是依山为陵，这种封土样式当与文帝的节葬思想有关，"治霸陵皆以瓦器，不得以金银铜锡为饰，不治坟，欲为省，毋烦民"[3]。从工程量来说，依山为陵的工程量比人工垒筑的方形封土要少得多。以人工方式堆垒封土是一个巨大的工程。哀帝生母丁氏于建平二年（前5）去世后葬于定陶，以五万人穿圹和复土。而文帝死后的穿圹复土工程仅三万余人[4]，这是因为霸陵以自然山峰为封土，建墓工程只需修筑墓圹、回填墓圹等，自然工程量要小得多。

---

1 刘瑞：《汉景帝阳陵内、中、外三重陵园的建筑和埋藏特点》，《中国文物报》2007年4月20日7版。
2 李毓芳认为覆斗形封土是由先秦用于祭祀的墓上建筑堂发展而来的，有坊和复斗两种形态，坊形较早，复斗形较晚。参李毓芳：《西汉陵墓封土渊源与形制》，《文博》1987年第3期。
3《史记》卷10《孝文本纪》，433页。
4《汉书》卷11《哀帝纪》："遂葬定陶。发陈留、济阴近郡国五万人穿复土。"339页。《汉书》卷4《文帝纪》："发近县卒万六千人，发内史卒万五千人，臧郭穿复土属将军武。"注引如淳曰："主穿圹填瘗事也。"师古曰："穿圹，出土下棺也。已而填之，又即以为坟，故云复土。"132、134页。

以封土为中心，西汉诸陵营建了完善的陵园空间，景帝阳陵陵园是西汉帝陵中最成熟的一种形态，是一个布局严谨、主次分明的庞大陵区。根据主次关系大致可以分为西、东2组遗存：西组是陵区的主体，以帝陵和皇后陵为中心，周围环绕着妃子墓、从葬坑及几组与祭祀有关的建筑，西部最远处是参与陵寝工程的刑徒墓地；东组是大片的陪葬墓园群，估计分布着200多座墓园、5 000余座墓葬，东端最远端是守陵人居住的陵邑[1]。阳陵陵区在空间上以西部为重，而西部又以单独成园的帝、后陵为核心，除了作为陵区主体的覆斗形封土外，最重要的地面遗存是5处礼仪性建筑，错落分布在墓葬周围，其中最接近帝后陵的"罗经石"遗址是一处方形建筑基址，中央是方形基座、有十字刻纹的石刻。李零认为这组建筑采取了博局式或明堂式的设计，推测它可能是阳陵的陵庙[2]，其他几组建筑遗存可能是寝殿遗存（图4.10）。

在阳陵陵园的空间设计上，祭祀性建筑十分重要，它是在秦始皇陵陵园的基础上发展而来的。焦南峰认为阳陵陵区的规划模仿了现实中的西汉帝国建设理念，西部的帝后陵及寝殿、陵庙类建筑是长安城主要宫殿和礼制性建筑在地下的再现，东部的墓园则象征着诸侯王、公主和郡太守的侯国、邑、郡等行政设置[3]。

西汉陵园延续了秦始皇陵的墓祭设施，有了更明确的功能区分。与墓祭有关的主要建筑是寝殿、便殿、陵庙。这是三种功能不同的祭祀建筑，有祭祀时间和祭祀方式的差异。寝殿是供奉"衣冠几杖象生之具"的建筑，有"寝"之意，象征帝王生前宫殿的正殿[4]。便殿是寝殿的附属建筑，是参与祭

---

1 焦南峰：《试论西汉帝陵的建设理念》，《考古》2007年第11期。
2 李零：《说汉阳陵"罗经石"遗址的建筑设计》，《考古与文物》2002年第6期。
3 焦南峰：《试论西汉帝陵的建设理念》，《考古》2007年第11期。
4 《后汉书·祭祀志下》："庙以藏主，以四时祭。寝有衣冠几杖象生之具，以荐新物。秦始出寝，起于墓侧，汉因而弗改，故陵上称寝殿，起居衣服象生人之具，古寝之意也。"3199—3200页。

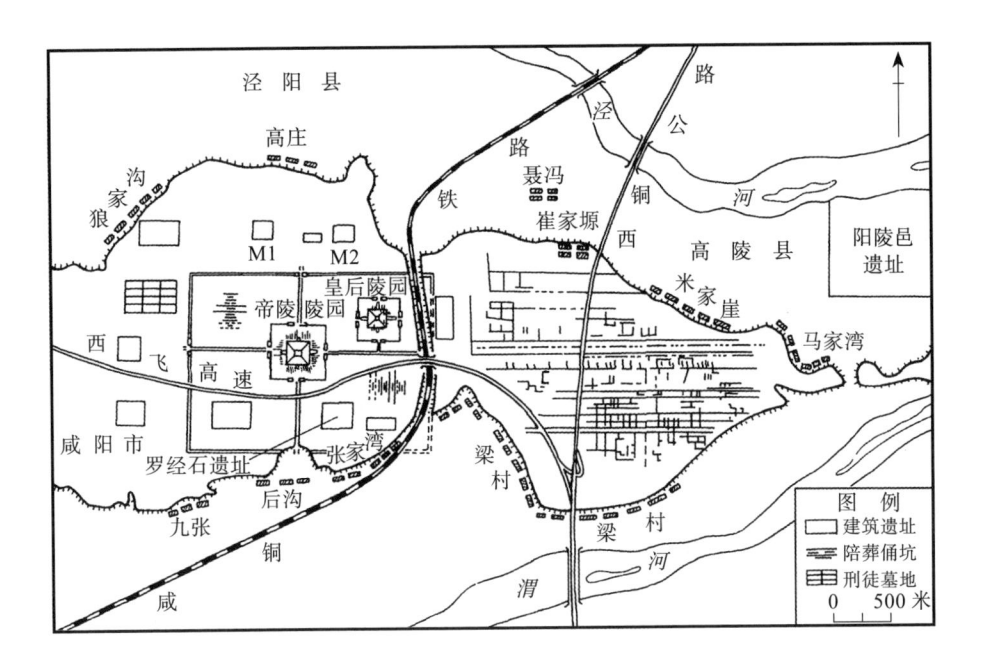

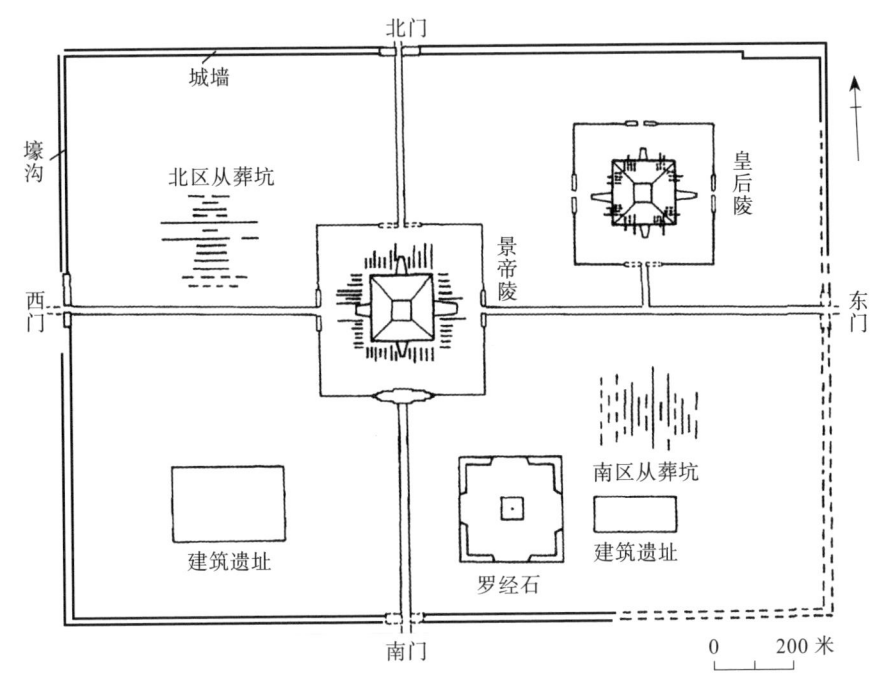

第四章　宅第内外：汉代宅第化的丧葬模式　119

图 4.10　西汉景帝阳陵陵区遗迹及陵园布局
(《考古》2007 年第 11 期焦南峰文，3 页)

祀仪式者的休息闲宴之处。寝殿与便殿的关系是寝殿为正、便殿为副，二者有主次之分。颜师古对此有明确的解释：

> 凡言便殿、便室、便坐者，皆非正大之处，所以就便安也。园者，于陵上作之，既有正寝以象平生正殿，又立便殿为休息闲宴之处耳。说者不晓其意，乃解云便殿、便室皆是正名，斯大惑矣。[1]

但是，便殿也有祭祀的功能，只是在祭祀的时间上与寝殿有区别，有"日祭于寝，月祭于庙，时祭于便殿"[2]的区别。寝殿是日祭之所，每日四次上食供奉，象征如生时一样的奉养；便殿是时祭之所，应是一种小规模供奉。寝殿和便殿都有模拟"寝"之意，所以建筑形制同于生人的居室。而作为月祭之所的陵庙则不同，它是祭祀神主的建筑，因此建筑形制不同于一般的居室，而有特殊的礼制性建筑格局。张闻捷认为西汉的陵庙受阴阳五行思想影响而呈方形、四向五室的建筑格局[3]。

陵庙是藏神主的祭祀性建筑，在皇帝陵园设陵庙是从西汉初开始的，每个帝陵旁皆立有陵庙，"京师自高祖下至宣帝，与太上皇、悼皇考各自居陵旁立庙，并为百七十六"[4]。也就是说，西汉对先帝的祭祀场所除了都城里的宗庙，还有墓地的陵庙。陵庙的祭法也应取法于宗庙，以神主作为祭祀的对象。神主是木头做成的牌位，代替死者的肖像接受祭祀[5]。《后汉书·光武帝

---

1 《汉书》卷6《武帝纪》"高园便殿火"注，159页。
2 《汉书》卷73《韦贤传附玄成传》："又园中各有寝、便殿，日祭于寝，月祭于庙，时祭于便殿。寝，日四上食；庙，岁二十五祠；便殿，岁四祠。又月一游衣冠。" 3116页。
3 张闻捷：《西汉陵庙与陵寝建制考——兼论海昏侯墓墓园中的祠堂与寝》，《故宫博物院院刊》2019年第4期。
4 《汉书》卷73《韦贤传附玄成传》，3115页。
5 前揭《论衡校释》卷25《解除篇》："礼，入宗庙，无所主意，斩尺二寸之木，名之曰主，主心事之，不为人像。" 1045页。

纪》李贤注：

> 神主，以木为之，方尺二寸，穿中央，达四方。天子主长尺二寸，诸侯主长一尺。虞主用桑，练主用栗。卫宏《旧汉仪》曰："已葬，收主，为木函，藏庙太室中西壁坎中，去地六尺一寸，祭则立主于坎下。"[1]

神主是代替虞祭阶段"尸"的物品，是常设性祭祀中作为祭祀空间的视觉中心而存在的，是灵魂的有形化。神主祭祀是常设性的，木质的神主在不同祭祀阶段要进行更换，虞祭用桑木，练祭用栗木。虞祭在一年之内举行三次，一年之后再举行练祭，又称小祥祭，此时需以栗木代替。西汉诸帝皆有陵庙，如武帝的陵庙叫龙渊，在茂陵之东；宣帝的陵庙叫乐游，在杜陵西北；景帝的陵庙叫德阳宫，阳陵陵园内的罗经石遗址可能就是陵庙的中心[2]。西汉的陵庙祭祀是制度化了的，设有专门的管理机构，在太常下设有"寝、庙令（各一人）"[3]。西汉后期，墓祭制度衰落，取消了陵庙。汉元帝时，听从贡禹、韦玄成等的建议，先后废除了郡国庙及寝殿、陵庙[4]，等于基本取消了墓地的所有祭祀性设施，神主回到都城里的宗庙进行祭祀。

以上是西汉帝陵陵园的情况。根据考古勘探情况，诸侯王墓也有类似于帝陵的墓园空间设计，永城芒砀山梁王陵、大云山江都王陵、南昌海昏侯墓、徐州狮子山楚王陵等都发现了较明确的墓园遗迹。

河南永城保安山的梁孝王寝园位于1、2号墓（梁孝王及王后墓）之间的台地上，呈南北向长方形，长110米，宽60米，四周围绕夯土墙或夯土

---

[1]《后汉书》卷1《光武帝纪上》，28页。
[2] 前揭《中国古代陵寝制度史研究》，18—19页。
[3] 刘庆柱辑注：《关中记辑注》，三秦出版社，2006年，119页。
[4]《汉书》卷73《韦贤传附玄成传》，3116—3117页。

与石块结合的垣墙。寝园的中部是主体建筑——寝殿，是一座土木混合结构的高台大殿，南侧有庭院，四周有回廊环绕。寝殿北部是以"堂"为中心的一组建筑群。在寝园内发现大批模印"孝园"文字的筒瓦[1]。大云山江都王陵的陵园是一座四面有垣墙的方形陵园，由3座主墓、11座陪葬墓、2座车马坑和2座兵器坑组成，主墓位于南部，陪葬墓和兵器坑位于北部[2]。徐州狮子山楚王陵的陵园应由内外两重陵园组成，内陵园包括楚王、王后的单独陵园及墓上建筑，外陵园包括从葬坑、陪葬墓和各类建筑遗址[3]。

南昌海昏侯的墓园呈梯形，由2座主墓、7座陪葬坑、门阙、祠堂、厢房等组成，两座主墓属于海昏侯刘贺及夫人（M1、M2），占据墓园中心，共用一个位于高台上的寝殿和祠堂，是一处墓祭设施非常明确的墓园（图4.11）[4]。

与地面陵园主次分明的祭祀空间类似，西汉诸陵的地下空间也按照主次有别的方式来设置，有正藏、外藏两个系统，包括文献里所说的梓宫、便房、黄肠题凑等设施。《汉书·霍光传》记载：

> 光薨，上及皇太后亲临光丧……赐金钱、缯絮、绣被百领，衣五十箧，璧珠玑玉衣，梓宫、便房、黄肠题凑各一具，枞木外藏椁十五具。东园温明，皆如乘舆制度。[5]

霍光作为权倾一时的重臣，死后是以皇帝的乘舆制度来埋葬的。学者们对照考古发现情况，对《霍光传》提到的正藏、外藏、便房、黄肠题凑等进行了

---

1 河南省文物考古研究所编著：《永城西汉梁国王陵及寝园》，中州古籍出版社，1996年，68、84—90页；河南省商丘市文物管理委员会等编著：《芒砀山西汉梁王墓地》，文物出版社，2001年，13—14页。
2 南京博物馆等：《江苏盱眙大云山汉墓》，《考古》2012年第7期。
3 刘聪等：《徐州狮子山西汉楚王陵园考古调查及初步研究》，《中原文物》2019年第6期。
4 江西省文物考古研究所等：《南昌市西汉海昏侯墓》，《考古》2016年第7期；杨军：《江西南昌西汉海昏侯墓园》，《大众考古》2015年第12期。
5 《汉书》卷68《霍光传》，2948—2949页。

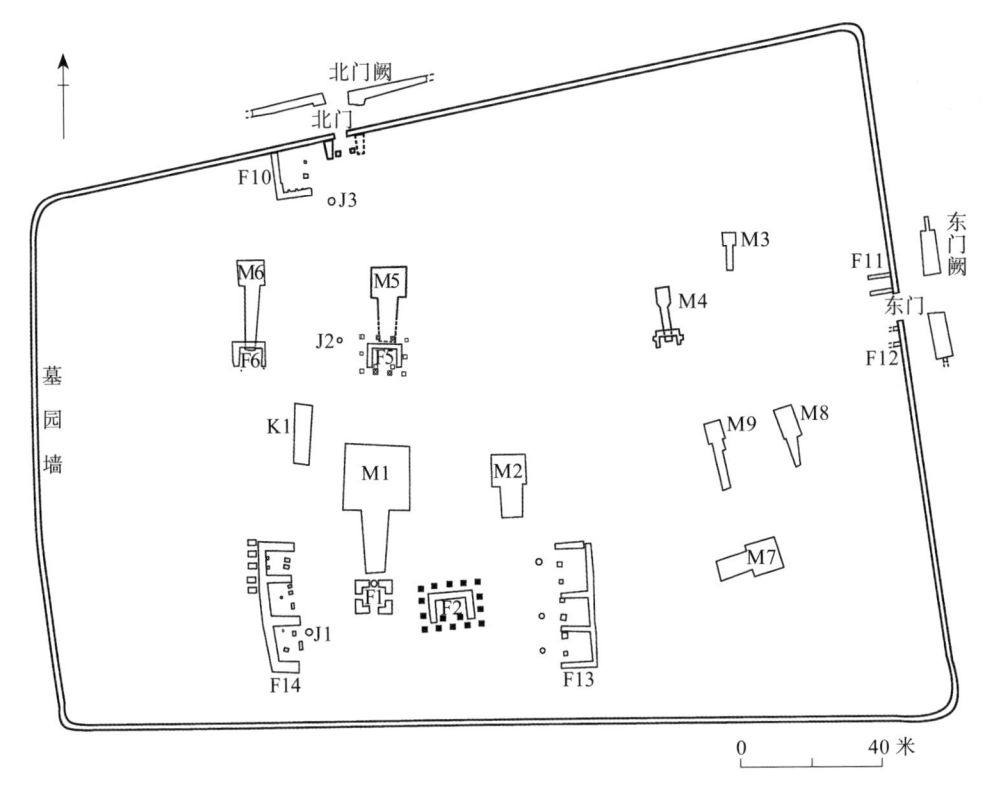

第四章　宅第内外：汉代宅第化的丧葬模式　123

图 4.11　南昌海昏侯墓墓园平面图
（《考古》2016 年第 7 期，47 页）

大量的讨论，大多认为主椁室是正藏，主椁室之外的部分如耳室、侧室、回廊等都是外藏[1]。而对于便房的解释分歧较大，有的认为指棺室两侧的侧室[2]，

1　俞伟超最早以考古发现的墓葬来解释外藏椁，认为主椁室之外的椁室都是外藏，如曾侯乙墓主椁之外放置礼乐器、车马器和兵器、殉人的三个椁室，又如西汉主墓室周围的回廊、凿山为藏式墓的耳室等。参俞伟超：《汉代诸侯王与列侯墓葬的制形分析——兼论周制、汉制与晋制的三阶段性》，《先秦两汉考古学论集》，文物出版社，1985 年，119—122 页。李如森基本认同俞伟超的看法，认为汉代外藏椁由商周时期的墓内外殉人、车马坑、墓内壁龛等因素演变而来，到西汉中期开始外藏椁被纳入墓内，西汉末至东汉时期，外藏椁日趋消亡，标志了耳室减少或缩小，并变成侧室，东汉末年退出历史舞台，参李如森：《汉代外藏椁的起源与演变》，《考古》1997 年第 12 期。高崇文从周礼中的 "寿终正寝" 解释贵族房屋建筑的正寝包括前堂、后室、左右房，故而模拟生前所居的整个椁室（包括题凑之内的棺房、前室回廊等）都是正藏，而题凑之外放置物品的各类回廊、椁、室、坑都可定为外藏，而崖洞式墓的前堂后室是正藏，其他在甬道、墓地两侧开辟的耳室和侧室都是外藏，参高崇文：《释 "正藏" 与 "外藏"》，《湖南省博物馆馆刊》2010 年，293—297 页。

2　俞伟超：《汉代诸侯王与列侯墓葬的制形分析》，载前揭《先秦两汉考古学论集》，119—122 页。

有的认为指整个椁室，包括各类侧室和椁箱[1]。那么我们应该如何理解便房呢？

颜师古引东汉服虔对"便房"的解释是"便房，藏中便坐也""便房，小曲室也"，对外藏椁的解释是"在正藏外，婢妾藏也。或曰厨厩之属也"。显然，便房与外藏椁是不同的，便房应是与梓宫、黄肠题凑等一样，属墓室的主体，是正藏，而"枞木外藏椁"是正藏之外的部分，属附属性的陪葬系统。

服虔所说的便房是藏"便坐"的小室，应是设置神座、藏神主的小墓室，是秦汉高等级墓里专门设置的祭祀空间，是战国以来墓内祭祀空间独立的结果。从西汉开始，由于墓内祭祀的流行，便房受到了特别的重视。汉哀帝时，恩宠极盛的董贤死后享有殊礼：

> 及至东园秘器，珠襦玉柙，豫以赐贤，无不备具。又令将作为贤起冢茔义陵旁，内为便房，刚柏题凑，外为徼道，周垣数里，门阙罘罳甚盛。[2]

董贤墓中的便房应是题凑之内藏神主的小室。虽然便房与梓宫、黄肠题凑都属正藏系统，但功能却与梓宫和黄肠题凑不同，是正藏内的安魂空间。汉成帝的昌陵因选址不合适而作罢，主要原因是"便房犹在平地上，客土之中不保幽冥之灵"[3]，显然便房本应是深藏于地下的安魂空间。东汉大丧的合葬礼中，皇帝要由墓道亲入便房祭祀。西晋武帝的皇后合葬于崇阳陵，葬礼中

---

[1] 韩国河认为便房的内涵在西汉时期是椁室总称，东汉至魏晋演变为祭祀空间，隋唐时期成为墓道的耳室，参韩国河：《温明、秘器与便房考》，《文史哲》2003年第4期。高崇文从2007年江陵谢家桥发现的吕后五年（前184）墓遣策中的"梗椁具室"记载，认为此梗椁即便房，指整个椁室，由椁室、头箱、足箱、左右边箱组成，参高崇文：《释"便椁"、"便房"与"便殿"》，《考古与文物》2010年第3期。

[2] 《汉书》卷93《佞幸传·董贤传》，3734页。

[3] 《汉书》卷70《陈汤传》："昌陵因卑为高，积土为山，度便房犹在平地上，客土之中不保幽冥之灵，浅外不固，卒徒工庸以巨万数，至然脂火夜作，取土东山，且与谷同贾。"3024页。

要将皇帝密玺藏于便房内的神座[1]。唐高宗追谥其子李弘为孝敬皇帝，因玄宫狭小，只能在墓道左右设有4座便房[2]。以上各例说明，便房是帝陵中正藏的组成部分，在功能上属于安魂的空间，承担了与地面寝殿类似的功能，便房的存在反映了墓内祭祀之风。由于西汉时期的墓室空间发生了由竖穴向横穴的演变，便房的空间也呈逐渐扩大的趋势，由最初椁室内狭小的祭祀空间，逐渐演变为单独的墓室——前后室墓的前堂、前中后三室墓的前室或中室。

3. 东汉陵寝制度的变革

东汉十二帝除了葬于汉河内郡山阳县（今河南省修武县境内）的献帝禅陵外，其余十一帝葬于汉洛阳城的南北两大茔域。其中5座位于洛阳城西北的邙山：光武帝原陵、安帝恭陵、顺帝宪陵、冲帝怀陵、灵帝文陵，皆在今孟津境内；6座位于洛阳城东南的万安山北麓：明帝显节陵、章帝敬陵、和帝慎陵、殇帝康陵、质帝静陵、桓帝宣陵，皆在今偃师境内。南北两大茔域各有大片陪葬墓群，一起构成了庞大的东汉帝陵陵区（图4.1）[3]。

钱国详将东汉陵区的现存大型封土与各帝陵进行了一一对应，认为大汉冢是东汉祖陵——光武帝的原陵，是北茔域规模最大的，其余帝陵环绕在南、东、北三面；南边的二汉冢是安帝的恭陵，刘家井大冢为灵帝文陵，朱

---

[1]《晋书》卷20《礼志中》："武帝泰始四年，文明王皇后崩，将合葬，开崇阳陵，使太尉司马望奉祭，进皇帝密玺绶于便房神坐。"633页。

[2]《旧唐书》卷89《狄仁杰传》："时司农卿韦机兼领将作、少府二司，高宗以恭陵玄宫狭小，不容送终之具，遣机续成其功。机于埏之左右为便房四所，又造宿羽、高山、上阳等宫，莫不壮丽。"2886页。

[3] 洛阳市文物考古研究院编著：《邙山陵墓群考古调查与勘测第一阶段考古报告》（上册），文物出版社，2018年，440页。考古工作者对东汉陵墓的寻找与确认是一项持续多年的工作，参洛阳市第二文物工作队：《洛阳邙山陵墓群的文物普查》，《文物》2007年第10期；洛阳市第二文物工作队：《洛阳孟津朱仓东汉帝陵陵园遗址》，《文物》2011年第9期；洛阳市第二文物工作队、偃师市文物管理委员会：《偃师白草坡东汉帝陵陵园遗址》，《文物》2007年第10期；洛阳市文物考古研究院：《洛阳偃师东汉洛南陵区2008年考古勘探简报》，《洛阳考古》2015年第2期。

仓大冢是顺帝宪陵，朱仓升子冢是冲帝怀陵。南兆域的主陵 M1038（磨盘冢）可能是明帝显节陵，白草坡 M1030 是桓帝宣陵，M1108 或 M1129 可能是质帝静陵，M1052 是章帝敬陵，M1054 可能是和帝慎陵，M1079 是殇帝康陵[1]。2020 年，考古工作者在百草坡陵园遗址发现"光和二年造"石质器物，基本可以确认此陵园属汉桓帝，发现了园寺、吏舍、石殿等建筑遗迹和大量建材[2]。

（1）陵园空间形态

东汉帝陵的陵园空间相比西汉有了很大的变化，根据梁云等的研究[3]，主要表现为：

① 墓地祭祀设施简化，仅具供奉"衣冠几杖之属"的寝殿和守陵人员居住和办事的园省、园寺吏舍等附属建筑，其相对位置关系是"寝殿、园省在东。园寺吏舍在殿北"[4]；

② 取消了陵庙，以石殿代替，明帝显节陵开始，开创了在石殿进行的上陵礼；

③ 简化了双重墙垣制度，只设一道墙垣，或以"行马"（木竹栅栏）代替墙垣，未发现门阙等设施；

④ 墓葬方向改东向为南向；

⑤ 改变了覆斗形的封土形制，采用西汉帝陵以下墓葬使用的圆形封土。

东汉帝陵陵园形态的变化反映了丧葬礼仪的变化，主要是祭祀方式的变

---

1 前揭《邙山陵墓群考古调查与勘测第一阶段考古报告》（上册），186 页表一九；钱国祥：《东汉洛阳帝陵的布局与归属辨析》，《中原文物》2019 年第 1 期。
2 桂娟、史林静：《河南洛阳出土纪年器物，基本确认墓主为汉桓帝》，新华网新闻，2020 年 12 月 30 日。
3 梁云等对两汉帝陵的差别有很好的归纳，参梁云、王璐：《论东汉帝陵形制的渊源》，《考古》2019 年第 1 期。
4 《后汉书·礼仪志下》，3149 页。

革，多项变革都是从明帝开始的。

其一，以上陵礼方式进行墓祭。东汉建立后，光武帝建武二年（26）在洛阳建立社稷、宗庙制度，适逢赤眉军焚掠关中，西汉宫室和陵园皆遭到重创，刘秀乃遣大司徒邓禹将高祖以下十一帝的神主统一收纳入洛阳的宗庙——高庙，进行集中庙祭，《后汉书》注引《汉礼制度》："光武都洛阳，乃合高祖以下至平帝为一庙，藏十一帝主于其中。"[1] 这是汉代祭祀制度的一次重大转变。然而东汉虽然实行集中庙祭制度，但墓祭的传统并没有废弃，可能采取了墓祭与庙祭同时进行的方式，在宗庙集中祭祀列祖列宗的同时，也还兼顾对先帝陵墓的单独墓祭[2]。到明帝时，墓祭活动越发受到重视，上升为一项具有浓厚政治色彩的大型礼仪活动，变为由皇帝率领、众多皇室成员和官员参加的会陵仪式。明帝于永平元年（58）仿照元日在宫殿正殿举行的朝会仪式，创立上陵礼，在光武帝的原陵进行墓祭，即《后汉书·明帝纪》"帝率公卿已下朝于原陵，如元会仪"[3]。《后汉书·礼仪志》详记了仪式的过程：

> 西都旧有上陵。东都之仪，百官、四姓亲家妇女、公主、诸王大夫、外国朝者侍子、郡国计吏会陵。昼漏上水，大鸿胪设九宾，随立寝殿前。钟鸣，谒者治礼引客，群臣就位如仪。乘舆自东厢下，太常导出，西向拜，旋升阼阶，拜神坐。退坐东厢，西向。侍中、尚书、陛者皆神坐后。公卿群臣谒神坐，太官上食，太常乐奏食举，［舞］《文始》《五行》之舞。乐阕，［群］臣受赐食毕，郡国上计吏以次前，当神轩占其郡［国］谷价，民所疾苦，欲神知其动静。孝子事亲尽礼，敬爱之心也。周遍如

---

[1]《后汉书》卷1《光武帝纪》，27页。
[2]《后汉书·祭祀志下》："建武以来，关西诸陵以转久远，但四时特牲祠；帝每幸长安谒诸陵，乃太牢祠。自雒阳诸陵至灵帝，皆以晦望二十四气伏腊及四时祠。"3200页。
[3]《后汉书》卷2《孝明帝纪》，99页。

礼。最后亲陵,遣计吏,赐之带佩。八月饮酎,上陵,礼亦如之。[1]

这个盛大的上陵礼是在陵园的寝殿举行的,仪式由太常主持,除了皇帝带领公卿群臣拜神坐、上食、乐舞、受赐食等活动外,还有一个郡国计吏"上计"的环节,即由各郡国的官员汇报年度治理工作。"上计"本是元旦在宫殿正殿举行的朝贺典礼的一个环节,贯穿于东汉朝的始终[2],被照搬到上陵礼中,也有向先帝灵魂汇报的意味,即"欲神知其动静",是一种人神互动的仪式。在寝殿举行的上陵礼和在宫殿举行的朝会礼,仪式环节是大同小异的,不同的是当上陵礼结束后,皇帝还要"亲陵",即离开寝殿亲自到陵前拜谒,"其亲陵所宫人随鼓漏理被枕,具盥水,陈严具"[3],做出服侍先帝日常盥洗的举动,以表孝心。

汉明帝开创的上陵礼确立了帝王陵寝祭祀之制,成为以后皇家墓祭之源,如北魏孝文帝在方山陵园对冯太后陵的"谒陵",唐宋及以后帝陵的"上宫""下宫"祭祀等,皆可看成东汉上陵礼的延续。

由于上陵礼的施行,原陵陵园内应出现了很多与祭祀有关的设施,虽然目前在大汉冢前并没有发现这些设施,但根据文献记载,原来至少是有神道石刻的。《水经注·阴沟水》记载曹操之父曹嵩的墓前设施有石马,但石作粗拙,比不上光武帝墓前的象、马[4],说明原陵神道两侧设有石象、石马,北魏时尚存。今孟津平乐镇象庄村尚存 1 座石象,长 375 厘米、宽 120 厘米、

---

[1]《后汉书·礼仪志上》,3103 页。

[2] 侯旭东详述了两汉郡国上计制度的变迁,认为东汉上计制度的强化,是光武帝强化皇权、削弱三公职权的一部分。参侯旭东:《丞相、皇帝与郡国计吏:两汉上计制度变迁探微》,《中国史研究》2014 年第 4 期。

[3]《后汉书·祭祀志下》,3200 页。

[4] [北魏] 郦道元著,陈桥驿校证:《水经注校证》卷 23《阴沟水》:"(谯城)城南有曹嵩冢,冢北有碑,碑北有庙堂,余基尚存,柱础仍在。庙北有二石阙双峙……夹碑东西,列对两石马,高八尺五寸,石作粗拙,不匹光武隧道所表象马也。"中华书局,2007 年,553 页。

高 255 厘米，可能是东汉某帝陵的神道石象。陵前设石象、石马的做法是不见于西汉的，霍去病墓前设有石刻，但那是对其特殊战功的纪念，与墓地祭祀无关。从原陵开始的神道石刻群是适应祭祀的需要而设的，属于祭祀性设施。这种做法被社会其他阶层所效仿，也成为东汉以后神道石刻的源头，最先效仿的可能是光武帝之子中山简王刘焉，《后汉书·中山简王传》"大为修冢茔，开神道"，李贤注："墓前开道，建石柱以为标，谓之神道。"[1]《水经注·易水》也记载了中山简王墓前有神道、石碑、石虎等[2]。

其二，开启了石殿祭祀制度。杨宽认为帝陵的石殿从地方上的石祠堂发展而来[3]，梁云等也持类似看法，认为可能源自南阳章陵的园庙，是设在墓地的祠堂[4]。由于藏神主的陵庙在西汉后期已经取消，皇帝"亲陵"（到陵前做出服侍先帝日常盥洗的举动）的地点，很可能是东汉新创设的石殿，应是一种取代西汉陵庙的石结构殿堂。《古今注》记载的东汉诸帝陵园设施中，光武帝原陵有墙垣、司马门、寝殿、钟虡等设施，不见石殿，但从明帝显节陵开始，不见了墙垣，但增加了石殿等设施：

> 明帝显节陵，山方三百步，高八丈。无周垣，为行马，四出司马门。石殿、钟虡在行马内。寝殿、园省在东。园寺吏舍在殿北。[5]

韩国河等认为明帝时形成了以石殿、寝殿为代表的朝寝分离模式[6]。明帝以后的章帝敬陵、和帝顺陵、安帝恭陵、顺帝宪陵陵园设施基本相同，都设有石

---

1 《后汉书·礼仪志下》，3149 页。
2 前揭《水经注校证》卷 11《易水》："其东谓之石虎冈，范晔《汉书》云：'中山简王焉之窆也。'厚其葬，采涿郡山石，以树坟茔，陵隧碑兽，并出此山，有所遗二石虎，后人因以名冈。" 282 页。
3 前揭《中国古代陵寝制度史研究》，132 页。
4 前揭《论东汉帝陵形制的渊源》，114 页。
5 《后汉书·礼仪志下》，3149 页。
6 韩国河、张鸿亮：《东汉陵园建筑布局的相关研究》，《考古与文物》2019 年第 6 期。

殿，但殇帝康陵和顺帝宪陵以后的诸陵，如冲帝怀陵、质帝静陵、桓帝宣陵、灵帝文陵，又不见石殿的记载。

东汉陵园有一个整体的简化趋势，不仅取消了较复杂的陵庙，而且取消了夯土的墙垣，改为竹木围绕的"行马"。石殿也是一种简化了的祭祀性建筑，但石构坚固，可以永久存在于陵园，这是常设性的上陵祭祀仪式所需的。目前没有发现石殿的实物，但考古勘探的大汉冢（推测为光武帝原陵）和朱仓大冢（推测为顺帝宪陵）的陵园内，发现了2处夯土台基，严辉等认为可能与石殿有关[1]。从陵园布局来看，石殿都在比寝殿更接近封土的地方，是符合寝殿仪式结束后的"亲陵"行为的。

虽然顺帝以后诸陵没有了石殿的记载，但上陵礼直到汉末都一直存在。建宁五年（172），司徒掾蔡邕参加了灵帝主持的原陵祭礼后，对上陵礼的合法性提出了质疑，但最终表达了对明帝所创上陵礼的理解：

> 闻古不墓祭。朝廷有上陵之礼，始谓可损。今见其仪，察其本意，乃知孝明皇帝至孝恻隐，不可易旧。[2]

受皇帝上陵礼的影响，墓祭之俗在汉代流行于社会各阶层，尤其是东汉中晚期的民间墓地出现了大量石祠堂，应是皇帝石殿祭祀制度的民间表现。目前发现的民间石祠大多属于东汉中晚期，从流行的年代看，可能是一种自上而下流行的墓祭习俗。

其三，陵寝中出现了佛教元素。据《牟子理惑论》，显节陵上出现了最初的佛像，"预修造寿陵，陵曰显节，亦于其上作佛图像"[3]。这是佛教初传中

---

[1] 严辉、张鸿亮、卢青峰：《洛阳孟津朱仓东汉帝陵陵园遗址相关问题的思考》，《文物》2011年第9期。

[2]《后汉书·礼仪志上》注引《谢承书》，3103页。

[3] [梁] 僧祐编撰，刘立夫、胡勇译注：《弘明集·牟子理惑论》，中华书局，2011年，47页。

国时期的现象，未必有明确的佛教信仰含义。明帝同时还在洛阳城西的雍门外起佛寺，在南宫清凉台、开阳城门上都作了佛像。佛教元素入墓是一个值得注意的现象。

（2）正藏、便房与外藏

根据考古发掘的东汉诸侯王墓情况，推测东汉帝陵的地下空间也发生了由旧式的井椁墓向新式的横穴墓的转变，横穴式的砖室墓（或砖石混筑墓）成为主流。据考古出土的东汉黄肠石刻铭可知，这些黄肠石是汉代高等级墓由竖穴木椁墓变为砖石混筑的横穴墓后对黄肠题凑的变革[1]。由黄肠石构建的东汉帝陵墓室基本结构是以回廊包围前堂和后室，回廊的作用相当于竖穴木椁墓的黄肠题凑部分，黄肠石包围的空间是正藏，包括棺室和作为便房的前堂，回廊以外的部分则相当于外藏。经考古勘探，大汉冢的甬道部分明显突出，应是前堂所在[2]，是一个祭祀空间，可能就是文献记载的藏神主的便房（图 4.12）。

定县北庄东汉早期的中山简王墓，以前堂后室、带回廊和耳室的结构配置地下空间，也有正藏、外藏之分，原来位于墓室之外的仓厨、厕、仓等外藏设施转移至墓道两侧和墓室周围的回廊内（图 4.13）[3]。

年代稍晚一些的淮阳北关 1 号墓被推断为东汉安帝延光三年（124）的陈顷王刘崇墓，墓室结构更复杂，前堂后室及耳室等 7 个小室被回廊包围，各有甬道和券门相通[4]。

在这些横穴式墓内，便房的地位较竖穴墓更加突出，空间更加扩大，一般是单独的前堂，内设帷帐、祭台等祭祀性设施，反映了墓内祭祀活动的扩大。等级低于帝陵和诸侯王墓的东汉大中型墓没有回廊，但都有前堂、后

---

1 前揭《邙山陵墓群考古调查与勘测第一阶段考古报告》（上册），431—479 页。
2 前揭《邙山陵墓群考古调查与勘测第一阶段考古报告》（上册），173—175、178—185 页。
3 河北省文化局文物工作队：《河北定县北庄汉墓发掘报告》，《考古学报》1964 年第 2 期。
4 周口地区文物工作队、淮阳县博物馆：《河南淮阳北关一号汉墓发掘简报》，《文物》1991 年第 4 期。

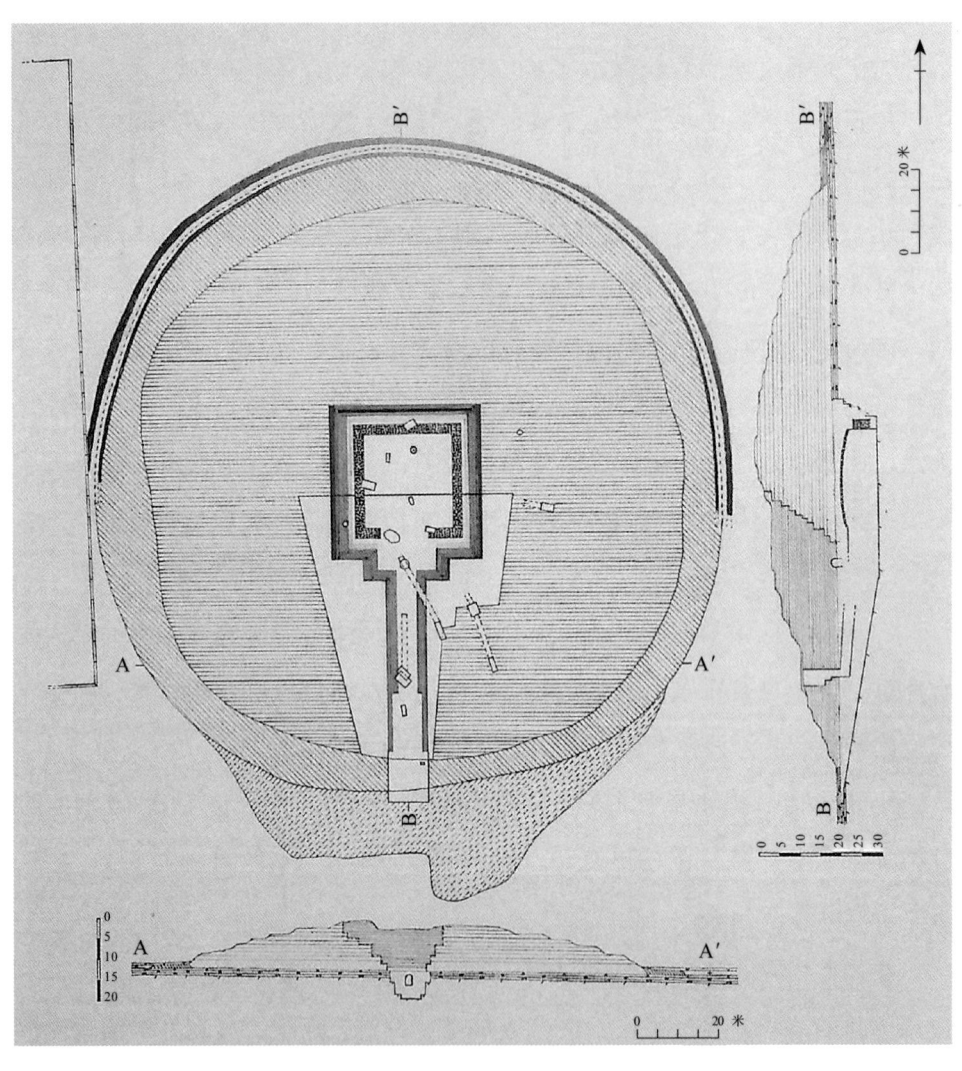

图 4.12　洛阳大汉冢钻探平剖面图
(《邙山陵墓群考古调查与勘测第一阶段考古报告》(上册)，180 页)

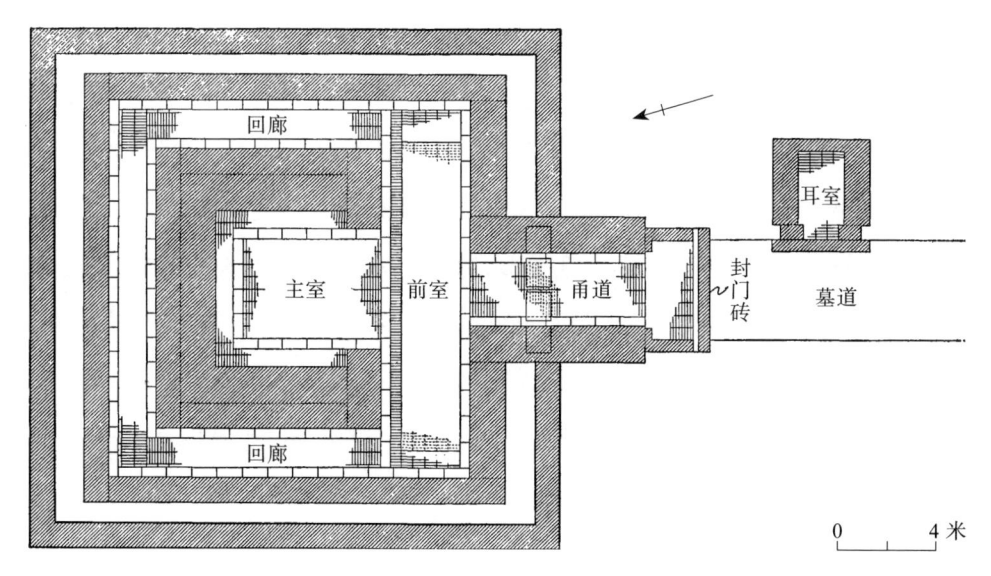

图 4.13 定县北庄中山简王刘焉墓
(《考古学报》1964 年第 2 期，130 页)

室、左右侧室，其中前堂即便房，与后室一起构成正藏，而耳室、侧室是外藏。

东汉帝陵和诸侯王墓空间的变化与墓室内进行的祭祀活动有关。《后汉书·礼仪志》记大丧合葬礼仪：

> 羡道开通，皇帝谒便房，太常导至羡道，去杖，中常侍受，至柩前，谒，伏哭止如仪。辞，太常导出，中常侍授杖，升车归宫。已下，反虞立主如礼。诸郊庙祭服皆下便房。五时朝服各一袭在陵寝，其余及宴服皆封以箧笥，藏宫殿后阁室。[1]

由皇帝主导的合葬祭祀之礼在墓内的便房进行，礼仪结束后，便房又成为收纳祭服之处。此便房当即墓内的前堂，大多采取横长方形，是位于棺室之前

---

[1]《后汉书·礼仪志下·大丧》，3152 页。

的宽敞空间。从帝陵勘探情况看，前堂的形制有由横长方形向竖长方形演变的趋势[1]。

东汉陵寝无论地面还是地下，都有一个逐渐简化的趋势，这固然有经济和社会结构变化的原因，如东汉庞大刑徒队伍的丧失，或豪族力量壮大导致皇室无力承担宏大的陵寝工程[2]，但主要原因应是合葬引起的丧葬行为改变。东汉改变了西汉时的异穴合葬而流行同穴合葬，墓葬至少在一段时期内是可以重新开启的，墓室不再是深埋、秘藏的空间，而成为一个相对开放的场所，这导致了墓内祭祀空间（便房）的扩大和独立。也正是由于墓内祭祀的流行，墓壁也有了装饰的可能性和必要性，开始流行壁画、画像石等墓壁装饰。

二、墓室的宅第化

1. 空间形态的新旧转变

目前已发掘的大量两汉诸侯王和王后墓结构清晰，见证了墓室空间由竖穴式井椁墓向横穴式宅第墓转变和定型的过程，其他阶层的墓葬也经历了这种转变。

黄展岳将汉代诸侯王墓分为崖洞墓、竖穴土石坑墓两类。崖洞墓是将整个墓室穿凿在山崖中，大致出现在武帝前后，如满城汉墓在景帝和武帝元鼎年间，徐州龟山 M2 在武帝元鼎年间，永城梁孝王和王后墓在景帝和武帝时期，南越王墓在武帝时期。竖穴土石坑墓是在山顶开凿竖穴，穴内建黄肠题凑式木椁，再以夯土填实，部分梁王、吴氏长沙王、南越王、广陵王、昌邑王、济北王、赵王、广阳王、齐王、长沙王、定县中山王墓等都属此类[3]。

---

1 前揭《邙山陵墓群考古调查与勘测第一阶段考古报告》（上册），173—174 页。
2 前揭《论东汉帝陵形制的渊源》，106 页。
3 黄展岳：《汉代诸侯王墓论述》，《考古学报》1998 年第 1 期。

黄展岳主要是从建造方法作的分类，并未考虑空间形态的整体差异和变化趋势，因此混淆了一部分横穴墓和竖穴墓，如南越王墓、巨野昌邑王墓，虽然墓室建在竖穴石坑内，但它们是由石板搭建的横穴式宅第墓，有石门和前堂后室、耳室结构，与封闭性的竖穴墓是不同的。我们不如参考黄晓芬的椁墓、室墓划分法[1]，将两汉诸侯王墓分为旧式的井椁墓和新式的宅第墓，这两种空间形态在西汉发生了新旧更替（图4.14）。

西汉诸侯王和列侯墓中，竖穴式的井椁墓和横穴式的宅第墓并存。其中井椁墓有：北京大葆台广阳王刘建夫妇墓[2]、石家庄小沿村赵景王张耳墓[3]、定州八角廊中山怀王刘修墓[4]、河北获鹿高庄常山宪王刘舜墓[5]、临淄窝托村齐哀王刘襄墓[6]、章丘洛庄吕王吕台墓[7]、长清双乳山济北王刘宽墓[8]、巨野红土山昌邑王刘髆墓[9]、高邮神居山广陵王刘胥夫妇墓[10]、盱眙县大云山江都王刘非与王后墓[11]、江西新建海昏侯刘贺夫妇墓[12]、长沙咸家湖陡壁山1号吴氏长沙王后曹㜈墓[13]、象鼻嘴1号吴氏长沙王墓[14]等。宅第墓有：满城陵山中山靖王刘胜夫妇墓[15]，徐州北洞山、狮子山、驮篮山、龟山、石桥等地楚王

---

1 前揭《汉墓的考古学研究》，12—24页，第1图。
2 中国社会科学院考古研究所：《北京大葆台汉墓》，文物出版社，1989年。
3 石家庄市图书馆文物考古小组：《河北石家庄市北郊西汉墓发掘简报》，《考古》1980年第1期。
4 河北省文物研究所：《河北定县40号汉墓发掘简报》，《文物》1981年第8期。
5 石家庄市文物保管所、获鹿县文物保管所：《河北获鹿高庄出土西汉常山国文物》，《考古》1994年第4期。
6 山东省淄博市博物馆：《西汉齐王墓随葬器物坑》，《考古学报》1985年第2期。
7 济南市考古研究所等：《山东章丘市洛庄汉墓陪葬坑的清理》，《考古》2004年第8期。
8 山东大学考古系、山东省文物局、长清县文化局：《山东长清县双乳山一号汉墓发掘简报》，《考古》1997年第3期。
9 山东省菏泽地区汉墓发掘小组：《巨野红土山西汉墓》，《考古学报》1983年第4期。
10 王冰：《高邮天山汉墓墓主考辨》，《文博》1999年第2期。
11 南京博物院、盱眙县文广新局：《江苏盱眙县大云山汉墓》，《考古》2012年第7期。
12 江西省文物考古研究所、南昌市博物馆、南昌市新建区博物馆：《南昌市西汉海昏侯墓》，《考古》2016年第7期。
13 长沙市文化局文物组：《长沙咸家湖西汉曹㜈墓》，《文物》1979年第3期。
14 湖南省博物馆：《长沙象鼻嘴一号西汉墓》，《考古学报》1981年第1期。
15 中国社会科学院考古研究所、河北省文物管理处：《满城汉墓发掘报告》，文物出版社，1980年。

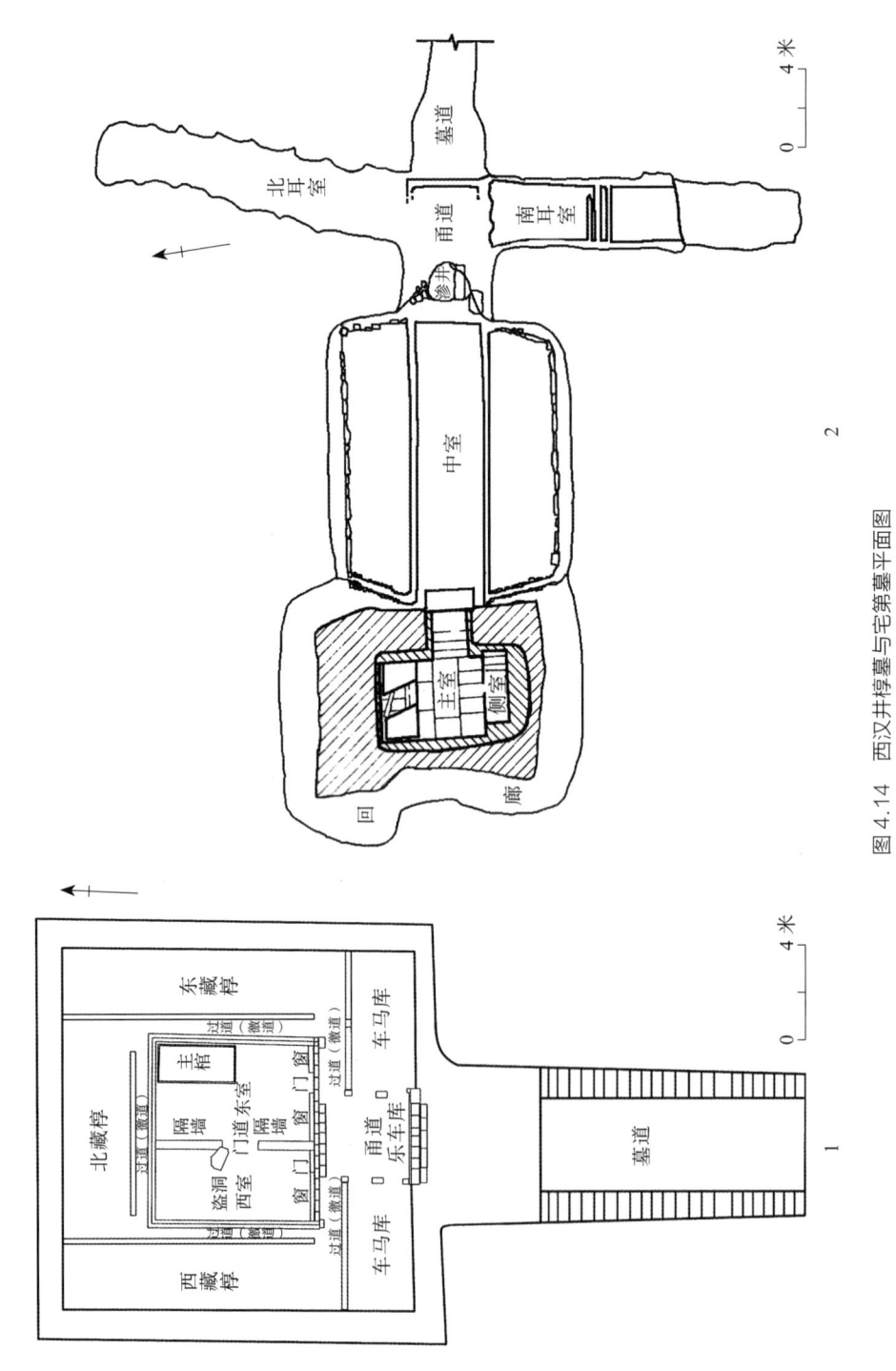

136　中古丧葬模式与礼仪空间

图 4.14　西汉井椁墓与宅第墓平面图
1. 海昏侯刘贺墓（《考古》2016 年第 7 期，49 页）　2. 中山靖王刘胜墓（《满城汉墓发掘报告》上，11 页）

及王妃墓[1]，曲阜九龙山鲁王或王后墓[2]，永城保安山梁孝王和李后墓等[3]，永城柿园村、夫子山、铁角山、黄土山、窑山、僖山等地其他梁王墓[4]，昌乐东圈淄川王后墓[5]，广州象岗南越王墓[6]等。

东汉诸侯王墓多为砖石混筑，以前堂后室为基本结构，后室往往绕以回廊，有的在砖砌棺室外有一圈题凑石墙，都属横穴式的宅第墓。包括邗江甘泉2号墓，墓主可能是东汉前期的广陵王刘荆[7]；定县北庄汉墓，可能是中山简王刘焉及王后的合葬墓[8]；淮阳北关1号墓，墓主是东汉中期的陈顷王刘崇[9]；定县北陵头43号墓，墓主是东汉晚期的中山穆王刘畅及王后合葬墓[10]等。

西汉武帝前后是井椁墓向宅第墓转变的关键时期，这种转变与墓内的祭祀行为关系密切。战国墓内已初见祭祀空间与埋葬空间分离的现象，在竖穴式木椁墓里，普遍在木椁墓的前端开辟出一个小小的祭祀空间，但这种祭祀空间仅是为下葬时的祭祀而设，祭祀规模不会太大，下葬仪式结束后，会随着椁室一起封闭，也没有葬后祭祀的可能。虽然木椁内出现了一些仿人居木

---

1 徐州博物馆、南京大学历史系考古专业：《徐州北洞山西汉墓发掘简报》，《文物》1988年第2期；徐州博物馆：《徐州狮子山兵马俑坑第一次发掘简报》，《文物》1986年第12期；南京博物院、铜山县文化馆：《铜山龟山二号西汉崖洞墓》，《考古学报》1985年第1期；徐州博物馆：《徐州石桥汉墓清理报告》，《文物》1984年第11期；徐州博物馆、南京大学历史学系考古专业：《徐州北洞山西汉楚王墓》，文物出版社，2003年。
2 山东省博物馆：《曲阜九龙山汉墓发掘简报》，《文物》1972年第5期。
3 河南省文物研究所、永城县文物管理委员会：《河南永城芒山西汉梁国王陵的调查》，《华夏考古》1992年第3期；河南省文物考古研究院：《永城西汉梁国王陵与寝园》，中州古籍出版社，1996年。
4 阎道衡：《永城芒山柿园发现梁国国王壁画墓》，《中原文物》1990年第1期；河南省商丘市文物管理委员会、河南省文物考古研究所、河南省永城市文物管理委员会：《芒砀山西汉梁王墓地》，文物出版社，2001年。
5 潍坊市博物馆、昌乐县文管所：《山东昌乐县东圈汉墓》，《考古》1993年第6期。
6 广州市文物管理委员会、中国社会科学院考古研究所、广东省博物馆：《西汉南越王墓》，文物出版社，1991年。
7 南京博物院：《江苏邗江甘泉二号汉墓》，《文物》1981年第11期。
8 河北省文化局文物工作队：《河北定县北庄汉墓发掘报告》，《考古学报》1964年第2期。
9 周口地区文物工作队、淮阳县博物馆：《河南淮阳北关一号汉墓发掘简报》，《文物》1991年第4期。
10 定县博物馆：《河北定县43号墓发掘简报》，《文物》1973年第11期。

构建筑的现象，如在椁室与墓道之间，或各个椁室之间出现了门窗结构[1]，但墓室空间并没有发生根本性的变化，仍属于葬毕即藏的封闭性空间，还不能称为宅第化的墓室。只有当西汉武帝前后出现了凿山为藏的崖洞墓后，墓室空间才变成模拟宅第的横穴式。到东汉时期，崖洞墓消失了，以砖、石建造的横穴式宅第墓完全取代了旧式的井椁墓。

2. 西汉诸侯王墓的宅第化

大约从汉武帝开始，西汉诸侯王墓的地下空间形态发生了分化，一部分是旧式的竖穴式木椁墓，一部分是新式的凿山为藏的横穴式宅第墓，二者在空间配置上有着明显的不同。

竖穴式木椁墓采取黄肠题凑式的木椁形制，题凑以内的空间都属正藏，墓道及墓外的各类陪葬墓和陪葬坑都属外藏。例如，象鼻嘴1号吴氏长沙王墓，是在岩石上凿出的竖穴墓，穴内由题凑木搭建由回廊围绕的棺室，棺室内置三重套棺，左、右回廊各被分隔成三间。在棺室的前部用木枋搭成一个狭小的前室，地面高于墓室其他部位。前室与过道、墓道相通，过道与墓道之间对称放置偶人（图4.15）[2]。这是一座西汉时期的典型黄肠题凑墓，墓主可能是西汉早期的某代长沙王，题凑以内部分都属于正藏，地势较高的前室可能是墓内的祭祀空间——便房。这还是一座"葬毕即藏"的墓葬，祭祀活动规模不大，仅限于下葬时，因此便房的空间不会太大。

横穴式墓模拟生前的宅第，采前堂后室之制，前堂部分一般设有帷帐和祭台，是举行祭祀活动的便房；而分布于墓道两侧的耳室和侧室属外藏。目

---

1 赵明星认为战国中期木椁墓中设有门窗结构与其他仿木构设施后，墓葬俨然是地下房屋了。参赵明星：《战国至汉代墓葬中的仿木构因素——兼论仿木构墓葬的起源》，《中国国家博物馆馆刊》2011年第4期。

2 湖南省博物馆：《长沙象鼻嘴一号西汉墓》，《考古学报》1981年第1期。

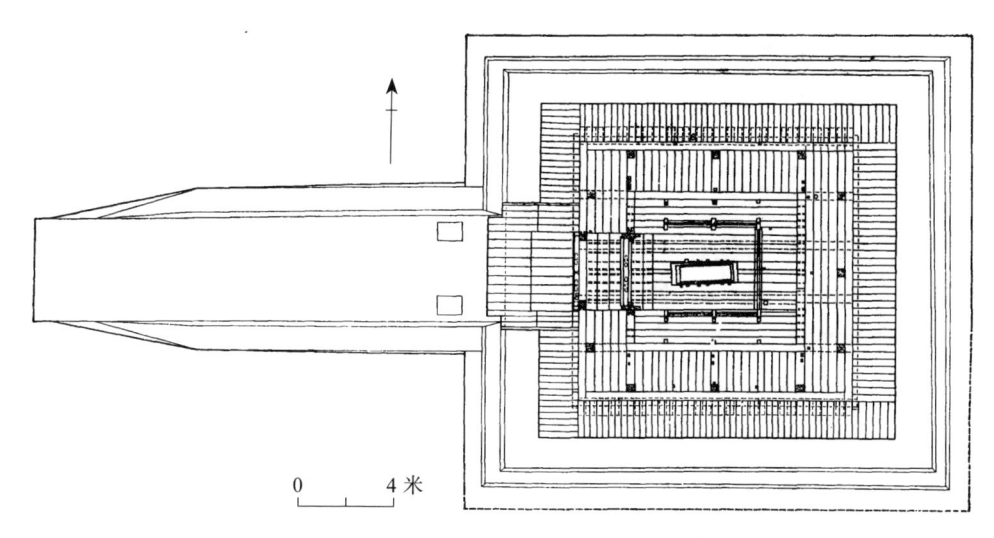

图 4.15　西汉前期的黄肠题凑式竖穴木椁墓（长沙象鼻嘴 1 号墓）
(《考古学报》1981 年第 1 期，114 页)

前发现最早的宅第墓是西汉早期的凿山为藏墓，最先在实力强大的楚国和梁国出现，在山崖里开凿了规模巨大、结构复杂的模拟宫室结构的墓室，如西汉早期的徐州北洞山楚王墓、永城保安山梁王墓等。

徐州北洞山楚王墓的墓主可能是葬于公元前 129 年的西汉第五代楚王刘道。墓葬总长 77.65 米，由凿山为藏的 8 间洞室和 11 间由石材搭砌的院落构成。主体墓室皆在山体里凿出，由横列的前室、直列的后室及耳室、侧室和厕间构成，以石门框和木门建造的墓门沟通墓室内外。这是一座模拟宫室及宅院的墓葬，主体部分模拟了前堂、后寝、东西塾、双阙、厕间，附属部分则模拟了侍卫室、仓库、更衣室、宴饮乐舞室、天井、厨房、凌阴、薪炭库、厕间等（图 4.16）[1]。值得注意的是，各室的四壁皆用三合土、黑漆和朱砂进行了粉刷和装饰，虽然未见壁画，但对墓壁的粉刷和装饰意味着墓室的开放性，当与墓内祭祀活动的扩大有关。

1　前揭《徐州北洞山西汉楚王墓》，6—43、180 页。

140　中古丧葬模式与礼仪空间

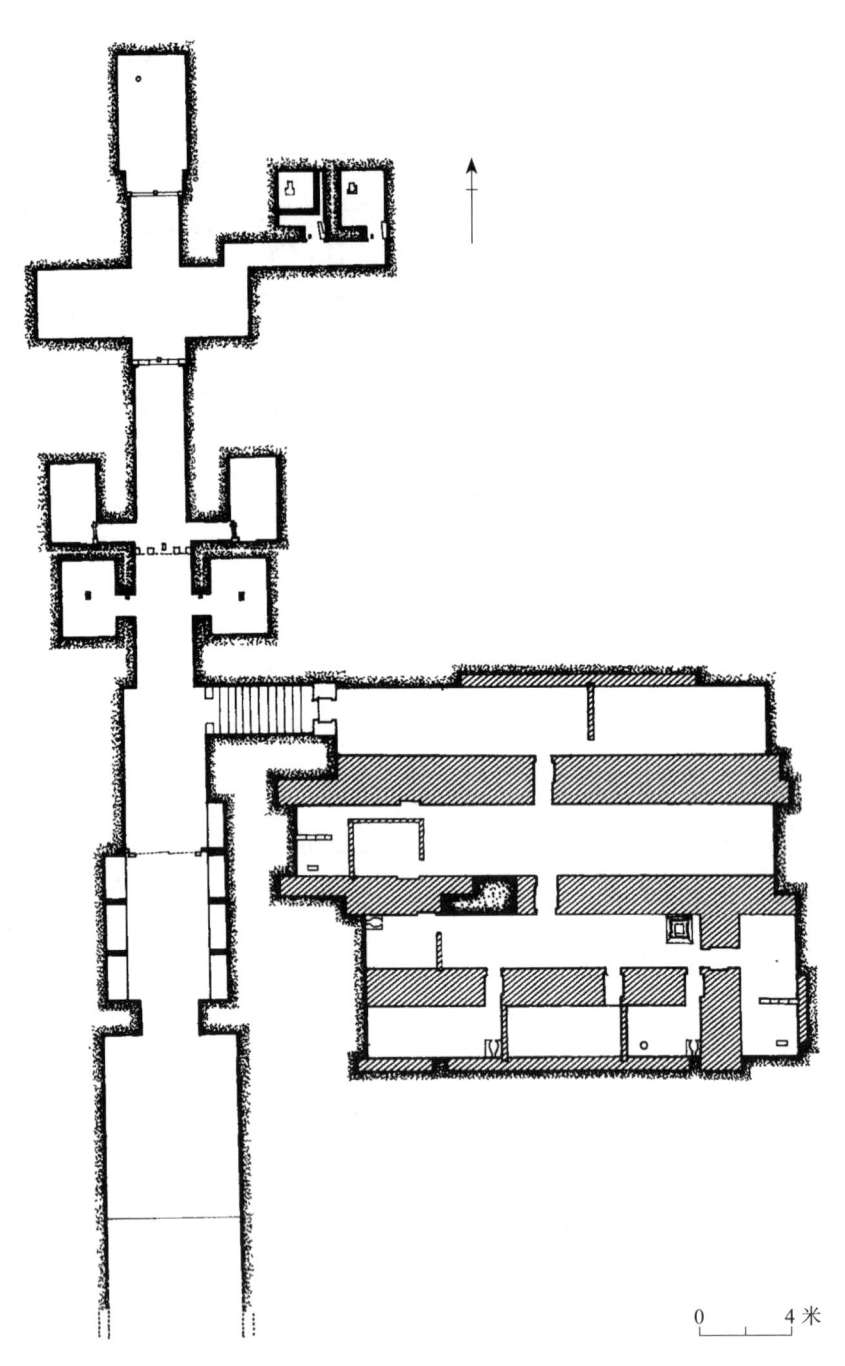

图 4.16　徐州北洞山楚王墓平面图
(《徐州北洞山西汉楚王墓》, 7 页)

第四章　宅第内外：汉代宅第化的丧葬模式　141

永城保安山 1 号墓的墓主可能是梁孝王，该墓是由墓道、甬道、主室、回廊及 10 余间侧室、耳室、角室构成的墓葬。2 号墓的墓主可能是梁孝王的王后，规模更大，由 2 条墓道、前庭、前室、后室、34 个侧室和回廊等构成，全长 210.5 米，总面积 1 600 多平方米（图 4.17）[1]。

这两座西汉早期的诸侯王墓工程浩大，在墓室的宅第化进程中引领了风气之先。保安山 2 号墓有自名"东宫""西宫"的墓室，表明在设计理念上有了模拟宫室的自觉，而前堂与后室的独立设计则反映了墓内祭祀活动的扩大。前堂是相当于作为祭祀空间的便房，模拟了城市祭祀建筑的设计，施杰认为保安山 1 号墓前堂的设计与明堂有着密切的关系[2]。但是，这种凿山为藏的宅第墓并没有普及到其他社会阶层，目前发现的西汉列侯墓大多还是采取旧式的竖穴木椁墓形制，中小型墓也主要还是沿用旧式的竖穴土坑墓或土洞墓结构[3]，直到墓室建筑材料普遍采用小砖后的东汉时期，横穴式宅第墓才完全普及。

西汉中晚期凿山为藏的诸侯王墓规模比早期大为缩减，如满城中山靖王刘胜夫妇墓、曲阜九龙山鲁王墓等。满城 1 号墓的墓主推测是卒于武帝元鼎四年（前 113）的中山靖王刘胜，全长 51.7 米，主体部分由前堂（中室）、后室及围绕后室的回廊、耳室组成。2 号墓是刘胜之妻窦绾的墓，结构相似，全长 49.7 米，后室无回廊（图 4.18）[4]。山东曲阜九龙山发掘了 4 座大型汉墓，其中 3 号墓 72.1 米，主体部分是前堂、后室，共有墓室 10 个，墓主推测为鲁孝王刘庆忌[5]。

西汉中晚期，宅第化的墓室空间形态已成诸侯王墓的主流，正是这些诸侯王墓引领了墓室的宅第化新风。

---

1 前揭《芒砀山西汉梁王墓地》，14—34、40—42、71 页。
2 施杰：《交通幽冥：西汉诸侯王墓中的祭祀空间》，载巫鸿、朱青生、郑岩主编《古代墓葬美术研究》第二辑，湖南美术出版社，2013 年，73—93 页。
3 前揭《冥界的秩序——中国古代墓葬制度概论》，124—131、149—152 页。
4 前揭《满城汉墓发掘报告》。
5 山东省博物馆：《曲阜九龙山汉墓发掘简报》，《文物》1972 年第 5 期。

142 中古丧葬模式与礼仪空间

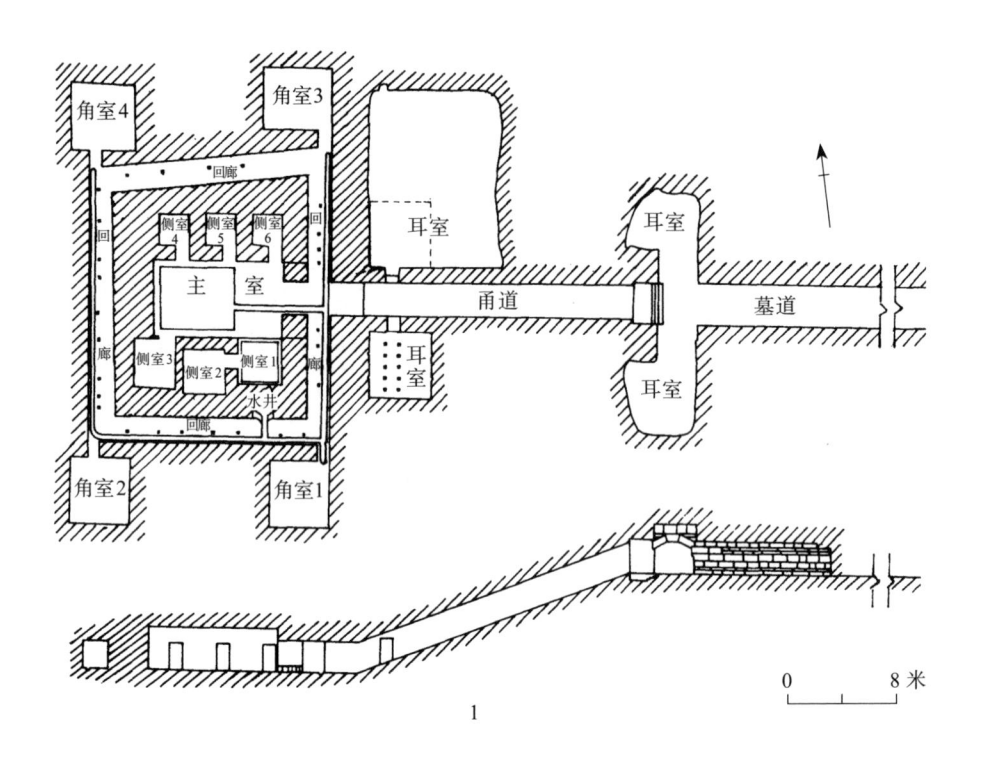

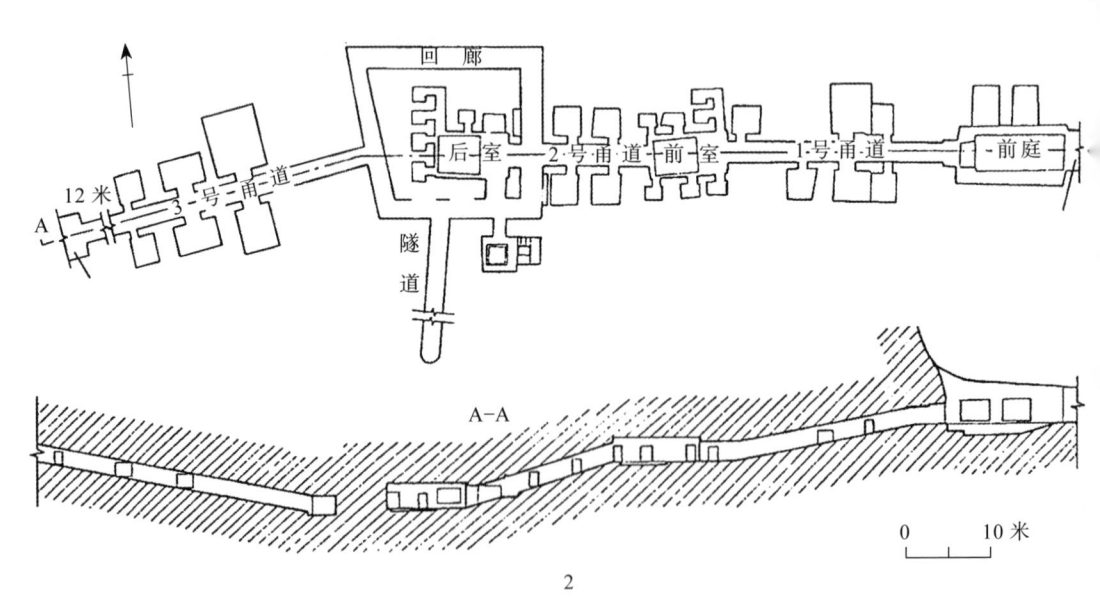

图4.17 永城保安山1号、2号墓平剖面图
(《芒砀山西汉梁王墓地》15页图三、插页图一七)

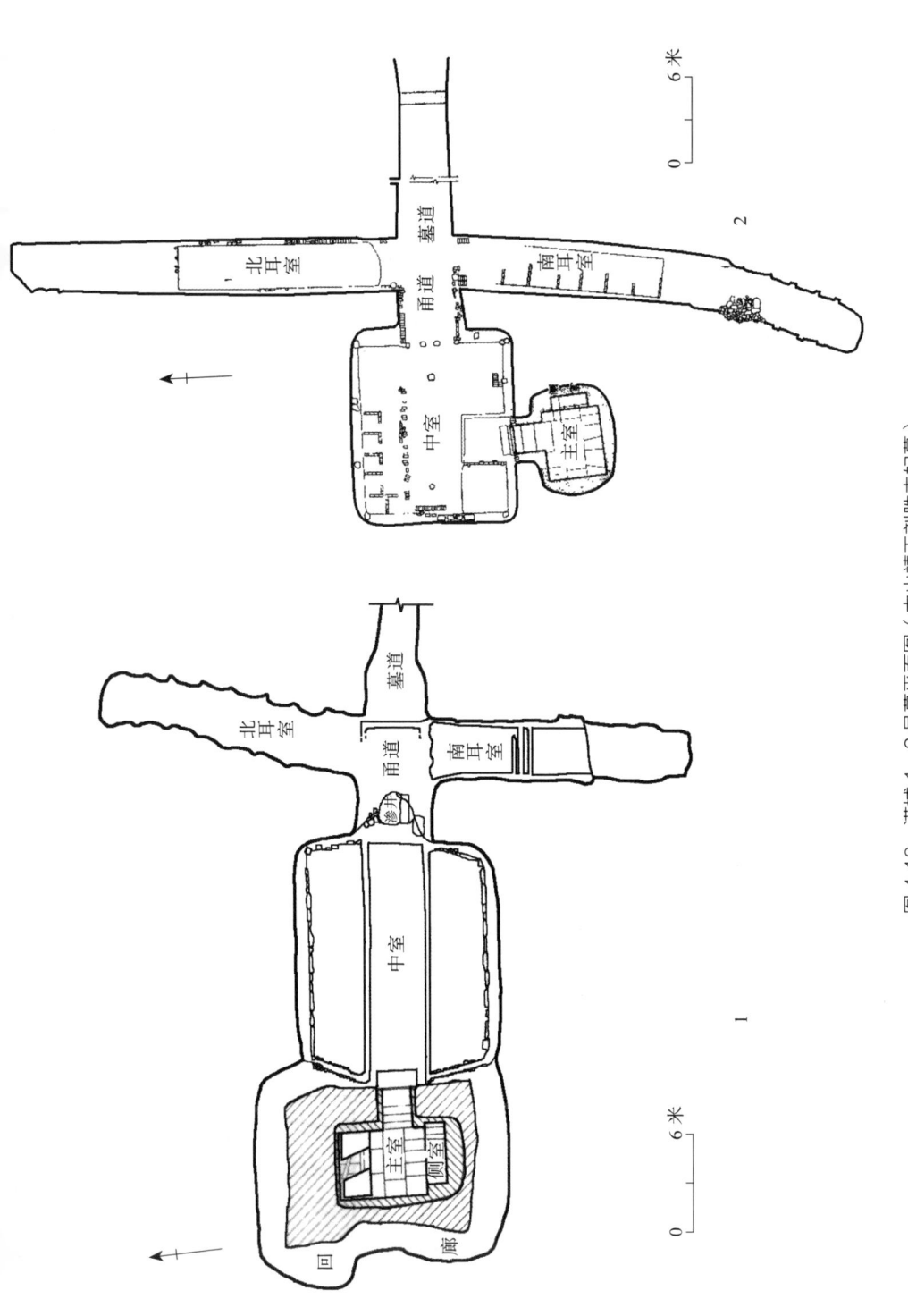

第四章　宅第内外：汉代宅第化的丧葬模式　143

图 4.18　满城 1、2 号墓平面图（中山靖王刘胜夫妇墓）
（《满城汉墓发掘报告》上、11、217 页）

3. 东汉宅第墓室的普及

宅第化的墓室空间普及于东汉时期，仍是从社会上层开始的。前叙东汉诸侯王墓，如邗江甘泉2号墓、淮阳北关1号墓、定县北陵头43号墓、徐州土山等，多是砖石混筑的宅第墓，墓室数目比西汉墓减少了，仅保留了前堂、后室和耳室的基本结构，仍以黄肠石构建围绕后室的回廊结构，但这种回廊结构仅限于帝王、诸侯王和部分豪强地主的墓葬。墓室结构的这种变化不仅是两汉的差异，也是中国古代墓葬结构的一次根本性变革。归纳起来，新的墓室空间形态大致有如下特征：

① 材质和建造方式发生了改变。不再以木椁构建墓室，而是以砖或砖石混筑的方式构建墓室。木椁是事先预制后运往墓坑内拼装而成的，而砖室墓（或砖石墓）除了石制构件需预制外，作为主体的砖构部分（如墓壁、墓顶和铺地砖）是在墓内直接砌筑而成的。

② 下葬方式发生了改变。井椁墓的下葬是一个逐步封闭墓室的过程，墓道前端与椁顶之间有相当大的落差，只能是悬吊下棺。下葬时，将棺木和随葬物品吊入椁室，按照一定礼仪窆棺、陈器及祭奠后，以椁板封闭整个墓室，加上铺垫物，逐层填土直到地面，再在墓口之上夯筑封土，这是一个不可逆的下葬过程，葬完绝无再开启的可能。而宅第墓是在墓室完全竣工之后下葬，棺木等葬具和所有随葬品都从墓道、墓门进入墓室。窆棺、陈器和祭奠后并不填塞墓室，仅以墓门和封门砖来封闭墓室。由于东汉流行同穴合葬，以及墓内祭祀的需要，这种墓葬具有相当大的开放性，墓道可以通达墓室，成为下葬、陈器和祭祀的通道，墓门是可以开启的。当下葬仪式结束后，再以砖封门，但封门墙只是临时性的设施，当下次合葬或祔葬时还需再次打开，这可能是考古所见的封门墙大多较为随意的原因。

③ 从空间形态看，井椁墓是一个纵深扩展的埋葬空间，宅第墓是一个

横向平铺的埋葬空间，前者在葬后被完全填塞和封闭，后者则在葬后还预留有活动空间，是为合葬、墓内祭祀活动而设的。如果说井椁墓像一个深埋于地下、由多个隔间构成的木构盒子，那么宅第墓则像一所由前堂后室、左右仓储构成的砖砌宅第。

④ 象征意义发生了改变。井椁墓因深埋和秘藏的特性，只是一个藏形之所，象征死者的来世世界；宅第墓具有相当大的开放性，尤其是祭祀空间扩大和独立后，墓葬既是藏形之所，也是安魂之所，是人神互动的空间。

经过这些改变的墓室俨如一座人居的宅第，东汉画像石墓的文字题记中，将墓室称为"灵第""吉宅""室宅""万岁堂""万年堂""官舍""室"等，或将不同墓室分别称作"室""堂""庭""车庑""藏内""牛马圈""炊内""各内""便座""君更衣""厨""仓"等[1]。这些称呼表明墓室空间的营造理念就是模拟人居的宅第。

南阳唐河发现的汉郁平大尹冯孺人墓，有榜题"始建国天凤五年郁平大尹冯君孺人"，是一座带回廊的砖石混筑墓，墓葬规模与东汉诸侯王墓相当，反映了东汉帝乡豪强地主的经济实力。墓室的主体是两个东西并列的棺室，属正藏。前部是作为祭祀空间的前堂（便房），而围绕在棺室和前堂周围的回廊，以及甬道两侧的耳室都属外藏系统，墓内发现的多处榜题表明外藏象征着仓储车厩之属，如耳室标明"车库"、回廊标明"藏阁"（图4.19）[2]。回廊结构应是西汉诸侯王墓黄肠题凑之制的遗留，代表了东汉墓的最高等级，诸侯王以下的墓葬较少回廊设施，至东汉晚期回廊设施基本绝迹了。

东汉郡太守级（二千石官吏）的墓葬已发掘10余座，大多属于东汉晚期，皆为砖室墓或砖石混筑的大型宅第墓，一般由前堂、后室，或前中后三

---

[1] 杨爱国：《室即墓室》，《文物》1998年第9期；杨爱国：《幽墓美 鬼神宁——山东沂南北寨村汉代画像石墓探析》，《美术学报》2016年第6期。

[2] 南阳地区文物队、南阳博物馆：《唐河汉郁平大尹冯君孺人画像石墓》，《考古学报》1980年第2期。

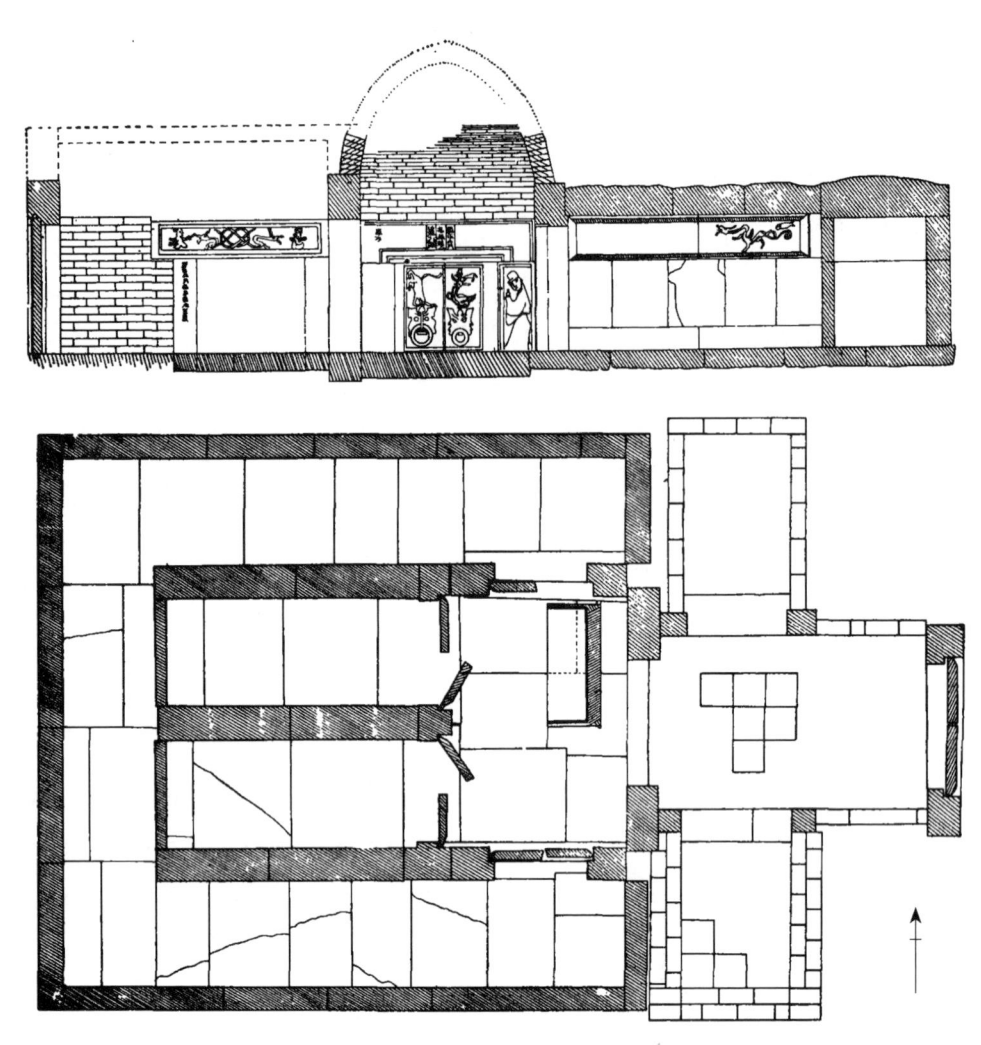

图 4.19　带回廊的东汉宅第墓（南阳冯孺人墓）
（《考古学报》1980 年第 2 期，240 页）

室构成主干结构，两侧配置数目不等的侧室或耳室。前堂或中室一般是横长方形，是墓内的祭祀空间；后室是直长方形，是埋葬空间。

河南密县打虎亭汉墓的中室是横长方形，在其一旁的侧室里（报告指中室西段）设置祭台（图 4.20：1）[1]。这是一个祭祀空间，相当于便房。

---

[1] 河南省文物研究所：《密县打虎亭汉墓》，文物出版社，1993 年。

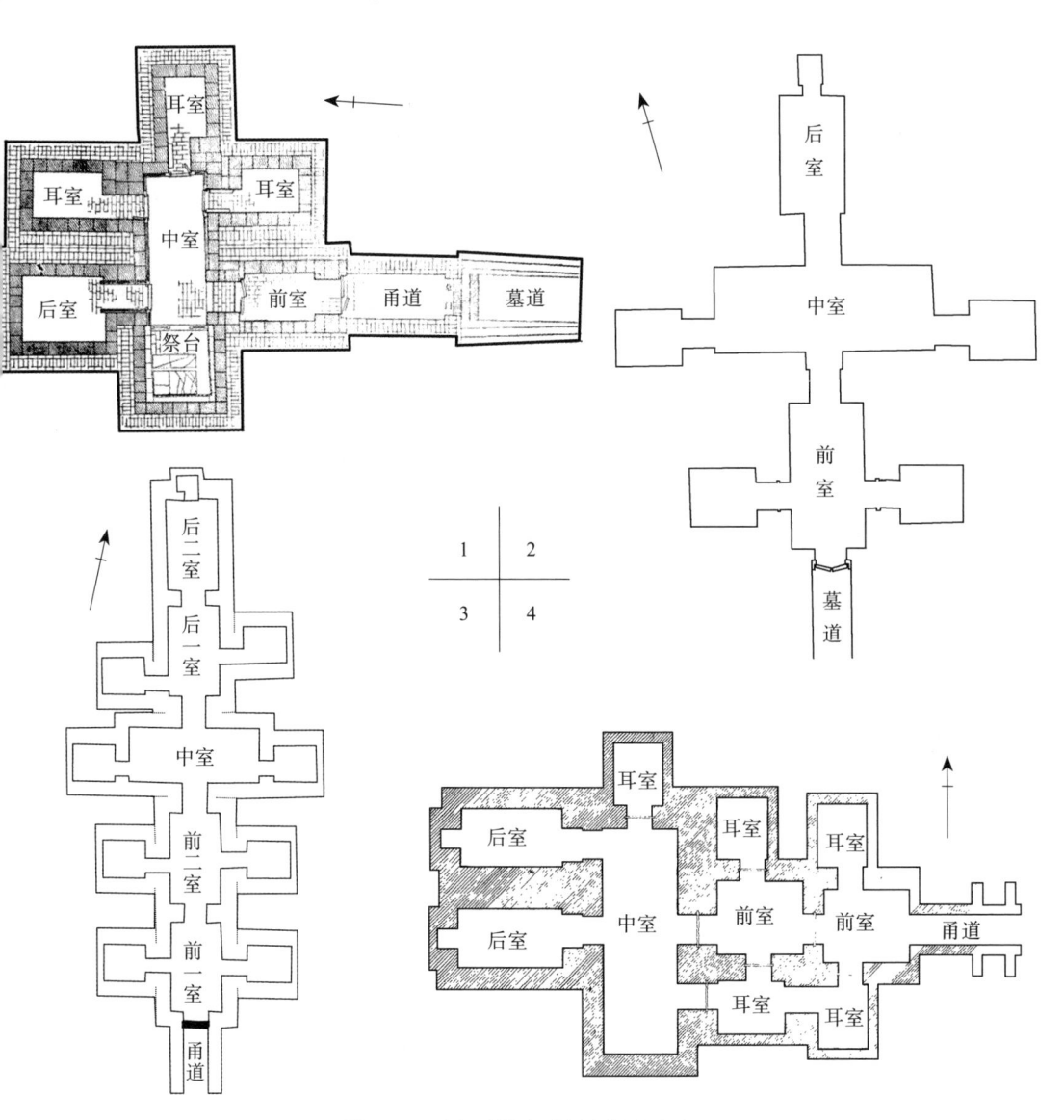

第四章　宅第内外：汉代宅第化的丧葬模式　147

图4.20　东汉晚期大型宅第墓平面图
1. 密县打虎亭1号汉墓（《密县打虎亭汉墓》，9页）　2. 望都1号汉墓（《望都汉墓壁画》，图版二）
3. 望都2号汉墓（《望都二号汉墓》，3页）　4. 安平逯家庄壁画墓（《文物春秋》1989年第1期，71页）

河北望都 1 号汉墓由前中后三室构成全墓的中轴，前室和中室两侧各有侧室，后室的后部设有壁龛，只有中室采横长方形，应是祭祀空间（图 4.20：2）[1]。望都 2 号汉墓是东汉灵帝光和五年（182）时的墓，墓室数目多达 13 个，轴线上的中室也是横长方形，西侧放置一套石案、石榻及彩绘石枕等，是祭祀空间；后二室是棺室；其他的都属于外藏系统（图 4.20：3）[2]。

安平逯家庄壁画墓是东汉灵帝熹平五年（176）的大型砖室墓，有并列二后室，前部是作为祭祀空间的横长方形中室，另有 7 个小室作为外藏系统（图 4.20：4）[3]。

祭祀空间与埋葬空间相互独立是宅第墓的一个突出特征，表明祭祀活动受到特别重视。巫鸿从丧葬礼仪的角度解释了墓室宅第化的成因，认为东汉时期从庙、墓分立到庙、墓共处的转变，表明"庙以降神、墓以栖魂"的思想已转变为魂魄共处墓地，这种新的思想直接导致了艺术形式的变化，墓室普遍以死者生前居宅为原型，饰以表现宴乐起居的图画，造成了墓葬画像艺术在东汉时期的极度繁荣，墓地由凄凉沉寂的死者世界，一变而为熙熙攘攘的社会活动中心[4]。

墓室的宅第化是因为墓葬功能的转变而发生的，可以追溯到春、战之际，而成型于西汉早期的凿山为藏式的崖墓，到东汉时期才普及。虽然墓室结构在以后还经历了多次变化，但藏形和安魂功能再也没有发生变化。宅第化的墓室空间由埋葬空间和祭祀空间两部分构成，分别承担藏形和安魂的功能，二者在空间上保持着相互独立。安魂功能是通过墓祭仪式体现的，为了墓祭的需要，墓葬不再深埋和秘藏，而是在浅坑内建造横向的墓室。在

---

1 北京历史博物馆、河北省文物管理委员会：《望都汉墓壁画》，中国古典艺术出版社，1955 年。
2 河北省文化局文物工作队：《望都二号汉墓》，文物出版社，1959 年。
3 河北省文物研究所：《安平东汉壁画墓发掘简报》，《文物春秋》1989 年第 1 期；河北省文物研究所：《安平东汉壁画墓》，文物出版社，1990 年。
4 前揭《礼仪中的美术——巫鸿中国古代美术史文编》，275—280 页；在他的另一篇文章中详细分析了庙与墓的关系及蕴含的礼仪与观念，前揭《礼仪中的美术——巫鸿中国古代美术史文编》（下册），549—568 页。

南方潮湿地区，甚至直接在地表起建墓室，在墓底铺设排水沟，这种墓葬建筑几乎与人居的房屋接近了。墓室宅第化后，地下的墓室和地面的祭祀性设施（祠堂等）和标记性设施（墓碑等）共同构建了一套新的丧葬空间系统。

三、祭祀空间的配置

1. 墓地的祭祀设施

墓祭是引起汉代丧葬空间形态变化的根本原因，旧有的"藏形于墓、安魂于庙"观念发生了改变，墓地不但可以藏形，也可安魂。东汉张衡《冢赋》将墓地描述为一个崇栋广宇的神明所居之地，"奕奕将将，崇栋广宇。在冬不凉，在夏不暑。祭祀是居，神明是处……幽墓既美，鬼神既宁，降之以福"[1]。生死有别的观念到秦汉时期发生了动摇，墓地不再是一个凄美可怖的地方，而是一个生死相交的地方，子孙在墓地与灵魂交流可以获得祖先的赐福。此外，通过对共同祖先的祭祀还可以团结亲族，起到维护儒家纲常伦理秩序的作用。秦和西汉时期，帝陵和诸侯王墓园建有以寝殿为中心的祭祀性建筑，营造了以墓祭为目的的礼仪空间。东汉陵园设施虽有简化，但墓祭并没有取消，甚至上升为一项具有政治意义的礼仪活动。秦汉帝陵和诸侯王墓以下的墓园也以祭祀为目的设置了祠堂、墓碑、墓表及神道石刻等设施。

祠堂是帝陵以下的常设性墓地祭祀场所。西汉权臣霍光去世后，被赐以黄肠题凑等殊礼，并在墓地建有祠堂，宣帝"发三河卒，起冢祠堂，置园邑

---

[1]［清］严可均辑，许振生审定：《全上古三代秦汉三国六朝文·全后汉文》，商务印书馆，1999年，553页。

三百家,长丞奉守如旧法"[1]。元康四年(前62)去世的昭宣朝权臣张安世去世后,也被宣帝在杜陵以东赐予茔地,建造祠堂,"天子赠印绶,送以轻车介士,谥曰敬侯。赐茔杜东,将作穿复土,起冢祠堂"[2]。张安世的家族墓园已在西安南郊凤栖塬上发现,西距杜陵约6公里,在兆沟围绕的墓园东部发现有祠堂基址[3]。东汉清河王刘庆临终时,上书求建祠堂,与生母宋贵人"母子并食",即共享祠堂,"欲乞骸骨于贵人冢傍下棺而已。朝廷大恩,犹当应有祠室,庶母子并食,魂灵有所依庇,死复何恨?"[4]这些墓地祠堂采用何种材质、何种形制,现在并不清楚,但有一些被中下阶层人士拥有的墓地石祠堂遗留至今,它们与东汉帝陵的石殿具有相同的性质,可能是效仿帝陵石殿而建的。这些石祠堂多采取房屋结构,壁面布满画像,祠主都是具有一定社会地位和经济实力的社会中下层人士。这类石祠在山东地区发现最多,大型石祠有孝堂山石祠[5]、武梁祠[6]、朱鲔石室[7]等。

除此之外还有一类被称作"庙堂""食堂"的小型祠堂,可能是社会地位和经济实力一般者的选择。这类小祠堂空间狭小,不可容人,结构与大祠堂相近。如蒋英炬先生复原的嘉祥宋山4个小祠堂,是单开间平顶,间宽1.2米,高0.69米,进深0.64—0.68米,三壁布满画像[8]。微山县两城镇发现的永和四年(139)小祠堂由三块画像石搭成,宽104厘米,高67厘米,北壁题记为"二弟文山叔山悲哀治此食堂,到六年正月廿五日毕成。自

---

[1]《汉书》卷68《霍光传》,2948页。
[2]《汉书》卷59《张汤传附安世传》,2653页。
[3] 陕西省考古研究院:《西安凤栖塬西汉墓地田野考古发掘收获》,《考古与文物》2009年第5期;刘汉兴:《西安张安世家族墓地刍议》,《北方民族考古》第7辑,2019年。
[4]《后汉书》卷55《章帝八王传》,1803页。
[5] 山东省石刻艺术博物馆、山东省文物考古研究所编,蒋英炬、杨爱国、信立祥、吴文祺著:《孝堂山石祠》,文物出版社,2017年,20—22页。
[6] 蒋英炬、吴文祺:《武氏祠画象石建筑配置考》,《考古学报》1981年第2期。
[7] 山东省石刻艺术博物馆编,蒋英炬、杨爱国、蒋群著:《朱鲔石室》,文物出版社,2015年,50—52页。
[8] 蒋英炬:《汉代的小祠堂——嘉祥宋山汉画像石的建筑复原》,《考古》1983年第8期。

念悲痛，不受天佑少终……何时复会，慎勿相忘，传后世子孙令知之"[1]。东阿芗他君祠堂是桓帝永兴二年（154）兄弟二人为父母所立的祠堂，祠内石柱上题记"堂虽小，经日甚久，取石南山，更逾二年，迄今成已……价钱二万五千……财立小堂，示有子道"[2]。邹城汉安元年（142）的文通祠堂有铭文：

  唯愿有石显阙，以奉四时，供祭魂神，以□世禄，永享其道。愿敕霜护其子孙。今□重□季起与伯张、高、宝等作成石庙堂，以俟魂神往来休息，孝之然也。所以置食堂，虽鄙陋，万世墓表，颂之皆昌，逆之者亡。后子孙免崩落□子。愿毋绝缘，常受吉福，永永无极，万岁无央……起立祠堂，冀二亲魂灵，有所依止。[3]

这些小祠堂是孝子为父母献祭的地方，故称"食堂"，其造价是远不如武梁祠等大型祠堂的，但同样具有"冀二亲魂灵有所依止"的安魂作用。

2019年，在安徽淮北红山发现了2座画像石祠，其中一件保存相当完整。这是一座前室后龛、凸字形结构的祠堂，宽1.62米，进深1.52米。前室部分由盖顶石、左右抱鼓形壁石和基石组成，高0.78米，基石上刻有一只耳杯；后龛由左右侧壁、后壁以及两块基石搭成，高0.5米。在前室和后龛的壁面刻有11幅画像，构成以龛的正壁楼阁人物为中心的祭祀图（图4.21）[4]。

---

[1] 张从军：《两城小祠堂画像》，《走向世界》2002年第6期。
[2] 芗他君石祠堂石柱藏故宫博物院，录文参罗福颐：《芗他君石祠堂题字解释》，《故宫博物院院刊》1960年第2期。另参孙贯文：《芗他君石祠堂考释》，北京大学考古文博学院、北京大学中国考古学研究中心编《考古学研究》第十辑，科学出版社，1992年，503—513页。
[3] 胡新立：《邹城新发现汉安元年文通祠堂题记及图像释读》，《文物》2017年第1期。
[4] 淮北市文物局：《安徽省淮北市发现汉代画像石祠》，《东南文化》2019年第6期。

图 4.21 淮北红山石祠堂复原图
(《东南文化》2019 年第 6 期,24 页)

与祠堂同时出现的还有一些墓地的纪念性石刻,位于封土前的礼仪性通道——神道两侧。神道石刻在西汉时还不普遍,在汉武帝茂陵的陪葬墓中,霍去病因生前的特殊战功,设有形似祁连山的封土,立有石人、石马等纪念性石刻[1]。墓前现存 14 件石刻,有初起马、卧马、卧虎、小卧象、卧牛、卧猪、鱼、龟、蛙、胡人、怪兽食羊、力士抱熊、马踏匈奴人等[2]。

东汉时由于墓祭活动的盛行,神道石刻已经非常流行,北魏郦道元《水经注》留下了很多这样的记载,如《阴沟水》记曹操之父曹嵩的墓地:

冢北有碑,碑北有庙堂……庙北有二石阙双峙……阙北有圭碑……

---

1 《史记》卷 111《卫将军骠骑列传》:"元狩六年而卒。天子悼之,发属国玄甲军,陈自长安至茂陵,为冢象祁连山。"司马贞索引:"冢在茂陵东北,与卫青冢并。西者是青,东者是去病冢。上有竖石,前有石马相对,又有石人也。"2939—2940 页。

2 马子云:《西汉霍去病墓石刻记》,《文物》1964 年第 1 期。

夹碑东西，列对两石马，高八尺五寸，石作粗拙，不匹光武隧道所表象马也。[1]

郦道元说曹嵩墓地的神道石刻不如光武帝神道石刻精致，说明光武帝墓前也曾立有石象、石马。在今洛阳白马寺西北曾见一只石象，艺术水平远远超过霍去病墓前石刻，原来是一对。石象可能帝陵神道才能拥有[2]。《睢水》记东汉灵帝时的太尉乔玄墓，也有高大的石柱、石羊、石虎、石驼、石马：

庙南列两柱，柱东有二石羊，羊北有二石虎，庙前东北有石驼，驼西北有二石马，皆高大，亦不甚雕毁。[3]

这些东汉神道的石兽组合中，除了有祥瑞含义的写实动物形象（如象、虎、羊、马、牛等）外，还有一些想象中的神兽，如天鹿（天禄），非写实，加上了翼或角，以增强其神秘感与威猛感，起镇墓辟邪的作用。

东汉神道除了石兽外，还有标记墓地的石柱。石柱也称华表，是一种标识性石刻。战国和西汉时可能以木柱为之，东汉时才以石柱为之[4]。《后汉书·中山简王》李贤注："墓前开道，建石柱以为标，谓之神道。"[5] 东汉设石柱的原因应与神道石刻的出现一样，与常设性的墓祭有关，因墓祭需要而设立永久性的标识。这类神道石柱也有实物传世，如山东省博物馆藏的汉琅琊相刘君墓石柱、北京石景山出土的汉幽州书佐秦君墓石柱[6]等，都是圆

---

1 前揭《水经注校证》卷23《阴沟水》，553页。
2 前揭《中国古代陵寝制度史》，209—210页。
3 前揭《水经注校证》卷24《睢水》，569—570页。
4 前揭《中国古代陵寝制度史》，145页。
5 《后汉书·礼仪志下》，3149页。
6 北京市文物工作队：《北京西郊发现汉代石阙清理简报》，《文物》1964年第11期。

形柱身，周围刻有瓜棱形直纹，柱顶有方石，石上有刻铭，注明"某某之神道"。这类神道石柱的做法被南朝帝陵继承，但出现了造型的变化（详见第六章）。

2. 墓内的祭祀空间

与地面墓祭同时发生的还有墓内祭祀，发端于战国而滥觞于汉代。东汉时期的墓内祭祀已非常普遍，在宅第墓室里往往以最阔大的前堂作为祭祀空间，并围绕祭祀礼仪进行了一系列区别于其他墓室的陈设。

（1）前堂

宅第化的墓室一般有两个相对独立的空间——埋葬空间和祭祀空间。前堂或中室应是文献记载的便房，是墓内的主要祭祀空间。满城中山靖王刘胜夫妇墓在山崖里开凿出宅第式的墓室，以最宽敞、高大的"中室"作为祭祀空间。刘胜墓（1号墓）由墓道、甬道、左右耳室、中室和回廊围绕的主室构成，其中中室是一个近方形的空间，墓室面积达188平方米（长14.92米，宽12.6米），高6.8米，穹隆顶，室内还建有一座木构瓦顶的房屋，此中室比主室要阔大得多，从出土的帷帐、漆案及供奉食物的容器来看，应属便房性质，是一个墓内祭祀的场所（图4.7：2）。窦绾墓（2号墓）的结构略有不同，主室位于中室的左侧（南部），中室是一个面积170平方米、高达7.9米的圆角长方形结构，空间远较其他所有墓室要高大，从残存的板瓦、柱础推测，原应有一座木构瓦顶房屋，屋内有砖构的小隔间及祭台，在中部置有1组献祭的明器，还发现了"中山祠祀"封泥。祠祀是西汉掌管宗庙祭祀的机构，表明中室是一个祭祀空间。二墓的中室都是发现器物最多的墓室，包括盛储食物的容器、陈设用器和明器，都是与祭祀活动有关的器物。

作为独立祭祀空间的前堂也是中小型墓的普遍设置，一般采取横列长方形的形制，空间宽敞，多有高大的券顶，这是为了适应墓内祭祀活动的需要。1952—1953 年在洛阳烧沟发掘的西汉中期至东汉晚期的 225 座中小型墓中，前后室结构墓的前堂都是祭祀空间，宽敞高大而且独立；如果没有后室，则在横前堂内既置棺木，也设祭祀设施，埋葬空间与祭祀空间是以棺床的位置和器物的摆放方式进行区分的[1]。

四川乐山麻浩 1 号墓是一座东汉晚期的大型崖墓，由一个横列前堂和三个直列后室组成，三个后室各设棺室、耳室和龛。前堂是一个十分宽阔的空间，宽 11.2 米，进深 4.02—6.13 米，壁面上刻有圭首碑和画像。从空间布局看，前堂显然是三个后室共用的祭祀空间，和墓门一样进行了精心的装饰，有"荆轲刺秦王"、"六博"、祥瑞、圭首碑等图案，由于墓室西向，东壁是正壁，刻有 1 尊坐佛和 1 幅"垂钓图"（图 4.22）[2]。闻宥先生将此前堂称作享堂，认为是祭祀空间[3]。

横列前堂是东汉墓内祭祀空间的标准形态。其横长方形的形制与地面祠堂的结构相似，二者的功能也是相似的。如著名的山东东汉武梁祠，经过费蔚梅、蒋英炬、吴文祺等先生的复原，是一座横长方形的房屋形建筑（图 4.23：1）[4]。山东长清孝堂山石祠也是横长方形的房屋形建筑，东西宽 3.8 米，南北进深 2.08 米，壁面满刻画像（图 4.23：2）[5]。金乡县朱鲔石室也可复原为一座双开间悬山顶式的建筑，室内面阔 3.96 米，进深 3.3 米，高 3 米（图 4.23：3）[6]。另外的一些体量较小、不能容人的小祠堂也是类似形制，如蒋英炬复原的山东嘉祥宋山小祠堂（图 4.23：4）等[7]。

---

1 洛阳区考古发掘队：《洛阳烧沟汉墓》，科学出版社，1959 年，68—82 页。
2 乐山市文化局：《四川乐山麻浩一号崖墓》，《考古》1990 年第 2 期。
3 闻宥：《四川汉代画像选集》，群联出版社，1955 年，卷首图丙。
4 蒋英炬、吴文祺：《武氏祠画象石建筑配置考》，《考古学报》1981 年第 2 期。
5 前揭《孝堂山石祠》，20—22 页。
6 前揭《朱鲔石室》，50—52 页。
7 蒋英炬：《汉代的小祠堂——嘉祥宋山汉画像石的建筑复原》，《考古》1983 年第 8 期。

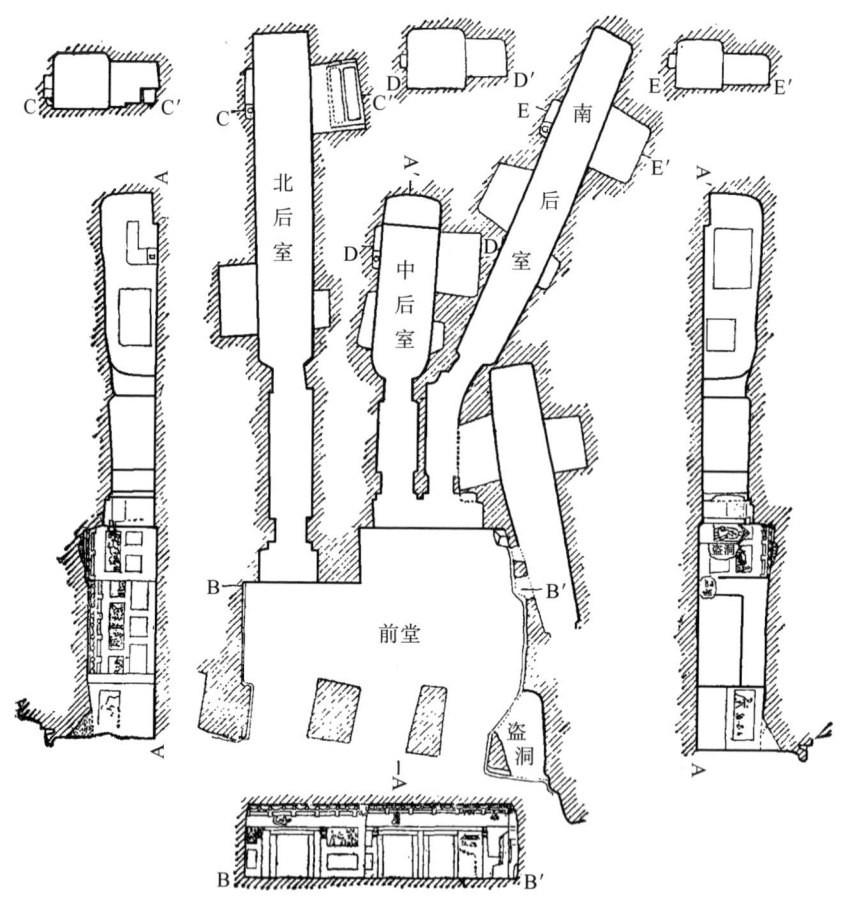

图 4.22　乐山麻浩 1 号墓平剖面图
(《考古》1990 年第 2 期，112 页)

祭祀是生者与死者灵魂沟通的方式，是向祖先致敬，也是为生者祈福，因此前堂在空间设置上与地面祠堂一样，也围绕人与神的"互动"进行设计：在正位（往往是北壁）设置肖像、坐榻、帷帐、几案或其他象征死者存在的物品，面对正位的是一个为丧家准备的行礼空间，往往布满画像，以营造肃穆的礼仪环境，以献祭的食物作为沟通二者的媒介，摆放在正位前面。当祭祀结束，墓葬封闭之后，这个宽敞而华丽的祭祀空间被定格为灵魂的永久归宿。施杰认为作为祭祀空间的前室的出现，重新定义了葬礼参与者在塑

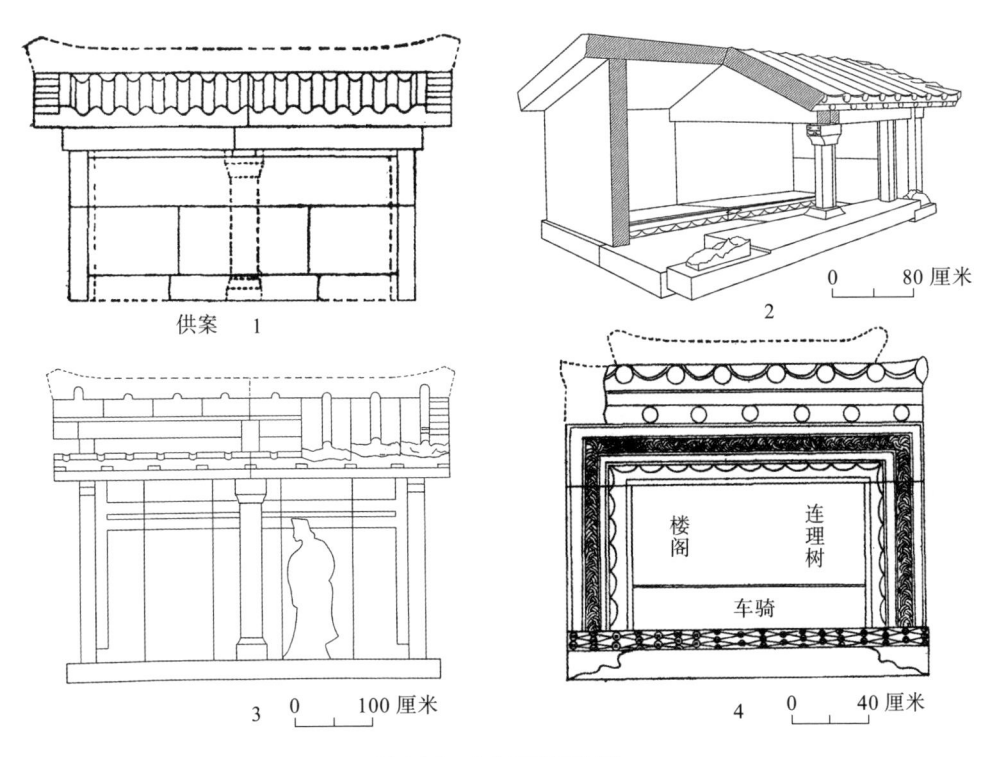

第四章　宅第内外：汉代宅第化的丧葬模式　157

供案　1

2　0　　80厘米

3　0　　100厘米

楼阁　连理树
车骑

4　0　40厘米

图 4.23　东汉墓地石祠堂

1. 武梁祠前石室（《考古学报》1981 年第 2 期，173 页）　2. 孝堂山石祠（《孝堂山石祠》，21 页）
3. 朱鲔石室（《朱鲔石室》，51 页）　4. 宋山 1 号小祠堂（《考古》1983 年第 8 期，743 页）

造墓葬空间中的作用，在墓室封闭之前，生者和死者通过祭祀活动实现了幽明两界的沟通[1]。

（2）帷帐

在人神互动的祭祀空间——前堂内，生者（祭祀者）和死者（灵魂）的空间是通过不同的陈设方式来区分的。巫鸿将象征死者灵魂所在的空间称为"主体位置"，是通过建筑、装置和图像手段来获得的，如以一些家具陈设和其他物品精心布置的无形之"灵座"或"神位"以及有形的死者画像，这是

---

1 前揭《交通幽明——西汉诸侯王墓中的祭祀空间》，见《古代墓葬美术研究》第二辑，湖南美术出版社，2013 年，93 页。

在墓内再现灵魂的方式[1]。"灵座""神位"或画像所在的主体位置是祭祀场景的视觉中心，类似于宗庙或陵庙中以木头做成的神主，起寄托祭祀者心情的作用。在汉代墓室的祭祀空间里，常以帷帐为中心塑造死者灵魂所在的主体位置，帷帐具有居神的功能。

帷帐是古代室内的重要陈设，有幄、帷、幕之分，都有遮挡坐具、卧具的实用功能，还有划分空间主次的功能，帷帐内部是空间的主位，帷帐外部是侍者、宾客所在的次位。帷帐也是祭祀、丧葬礼仪中的重要陈设，是"飨神"的场所。颜师古注《汉书·礼乐志》："紫幄，飨神之幄也。"[2] 传说汉武帝以帷帐迎西王母，并作甲、乙二帐，甲帐居神，乙帐自居[3]，两顶帷帐有明确的主次之分。汉武帝还听信方士之言，为死去的宠妾李夫人招魂，也采取了以两顶帷帐设祭的方式：

> 上思念李夫人不已，方士齐人少翁言能致其神。乃夜张灯烛，设帷帐，陈酒肉，而令上居他帐，遥望见好女如李夫人之貌，还幄坐而步。又不得就视，上愈益相思悲感。[4]

汉武帝与李夫人所在的帷帐虽近在咫尺，却只能遥望而不可及，但通过献祭仪式，如见李夫人之貌。这种方术有些类似于现代某些地区流行的通灵术或

---

[1] 前揭《黄泉下的美术》，64—88页；前揭《礼仪中的美术——巫鸿中国古代美术史文编》（下册），512—517页。

[2]《汉书》卷22《礼乐志》，1062页。

[3] [宋] 李昉编撰，夏剑钦校点：《太平御览》卷700《服用部》，引《汉武故事》："甲帐居神，以白珠为帘箔，玳瑁押之，象牙为蔑"，486页；引《汉武帝内传》："七月七日，宫掖之内张云锦之帷，然九光之灯，候西王母也。王母以紫锦为帷。"河北教育出版社，1994年，489页。

[4]《汉书》卷97上《外戚传·孝武李夫人传》，3952页。《史记》亦有类似记载，不过司马迁所记武帝是为王夫人招魂，招魂方式相似。《史记》卷12《孝武本纪》："齐人少翁以鬼神方见上。上有所幸王夫人，夫人卒，少翁以方盖夜致王夫人及灶鬼之貌云，天子自帷中望见焉。"458页。

降神术[1]。帷帐构成的空间仿佛咫尺天涯的另一个世界,它与现实世界之间存在着一条隐形的鸿沟,但又并非不能沟通,献祭饮食就是一种沟通的方式,这里的帷帐具有界定生死空间、营造祭祀场景的功能。

东汉曾在太祖庙（高庙）举行合祭汉高祖以下诸帝神主的仪式——祫祭,是由皇帝率群臣献祭酒肉并请赐寿的祭礼。《汉旧仪》记载:

> 子孙诸帝以昭穆坐于高庙,诸隳庙神皆合食,设左右坐。高祖南面,幄绣帐,望堂上西北隅。帐中坐长一丈,广六尺,绣绚厚一尺,著之以絮四百斤。曲几,黄金扣器。高后右坐,亦幄帐,却六寸。白银扣器。每牢中分之,左辨上帝,右辨上后。俎余委肉积于前数千斤,名曰堆俎。子为昭,孙为穆。昭西面,曲屏风,穆东面,皆曲几,如高祖。馔陈其右,各配其左,坐如祖妣之法。太常导皇帝入北门。群臣陪者,皆举手班辟抑首伏。大鸿胪、大行令、九傧传曰:"起。"复位。皇帝上堂盥,侍中以巾奉觯酒从。帝进拜谒。赞飨曰:"嗣曾孙皇帝敬再拜。"前上酒。却行,至昭穆之坐次上酒。子为昭,孙为穆,各父子相对也。毕,却西面坐,坐如乘舆坐。赞飨奉高祖赐寿,皇帝起再拜,即席以太牢之左辨赐皇帝,如祠。[2]

在此祭礼中,皇帝列祖列宗的神主都被安置在帷帐之内,依昭穆次序排列,旁边盛陈各种饮食,皇帝在太常的导引下率群臣依次拜谒,并敬献酒肉。礼毕,面向西面而坐,再食用酒肉,接受祖先的赐福。这个祭礼是一个人神互动的场景,生者向死者的灵魂敬献酒肉,死者的灵魂再赐寿与福于生者。

---

[1] 如美国曾风行一时的"通灵术",巫师通过一块刻有字母、数字和简单文字的通灵板（Ouija Board）,让生者与死去的亲人对话。

[2]《后汉书·祭祀志下》注引《汉旧仪》,3195页。

《晋书·左贵嫔》载左芬为元杨皇后献诔,"臣妾哀号,同此断绝。庭宇逾密,幽室增阴。空设帏帐,虚置衣衾。……丰奠日陈,冀魂之临"[1],这具帷帐内是以衣衾代替死者的灵魂,盛陈饮食以待灵魂,帷帐同样具有居神的作用。

以上所举都是现实生活中的祭礼,帷帐起区分生死两界的作用。帷帐的这种功能也被移植到了墓中,尤其当墓室内出现了独立的祭祀空间后,在多室墓的前堂、中室,或在单室墓的棺床前面,下葬或再启墓室合葬时都会举行墓内祭祀。这个祭祀空间是以帷帐来界定的,在帷帐内设置灵座或神位,象征墓主灵魂的存在。

在汉代丧礼中,帷帐也是重要的赗赠之物,曹操墓中石牌所记的"广四尺长五尺"帷帐、洛阳西朱村曹魏墓石牌所记的"长一丈斗帐"等,应就是赗赠之物,考古中也常见帷帐实物和画像,实物大多仅存陶、石帐座或金属构件[2]。这些帷帐遗存也反映了墓内的祭祀活动情况。

马王堆1号汉墓的北边箱器物陈设方式与其他边箱明显有区别,不像西边箱那样将所有器物都捆绑在竹笥、竹篓内,也不像东边箱和南边箱那样拥挤,不是分层码放器物,而是摆放整齐有序,似乎还留有较多的活动余地,应是一个为祭祀活动而设的空间。四壁张挂着丝质的帷幔,底部铺以竹席,西部陈设着漆屏风、漆几、绣枕、薰囊、鞋及梳妆用具,东部是着衣或彩绘的各类侍仆、歌舞俑,还有袍、鞋等衣物,熏炉及杖、扇等燕居安体之器(图4.24)[3]。这个空间应是下葬仪式中举行祭祀的场所,帷幔、屏风所在的空间摆放着鞋子、衣物等"私人"物品,象征着死者灵魂所在的空间;漆几及饮食器组合代表向死者的祭祀。

---

1 《晋书》卷31《后妃传·左贵嫔》,中华书局,1974年,960页。
2 卢兆荫列举了11例战国至南北朝图像中的帐、15例帐构实物,另外还收集了战国中期至南北朝墓葬中的帷帐构件,参卢兆荫:《略论两汉魏晋的帷帐》,《考古》1984年第5期。
3 前揭《长沙马王堆一号汉墓》(上集),35—36页。

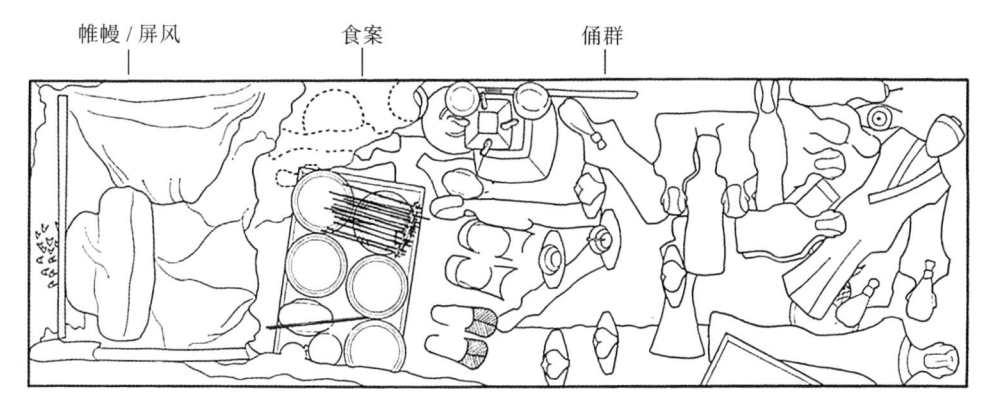

第四章　宅第内外：汉代宅第化的丧葬模式　161

帷幔/屏风　　　　食案　　　　俑群

图 4.24　马王堆 1 号汉墓的祭祀空间（北边箱）
（《长沙马王堆一号汉墓》上集，36 页）

　　马王堆 1 号汉墓还属封闭性较强的竖穴木椁墓，祭祀空间比较狭小，但墓主灵魂的主体位置已通过帷帐和屏风进行了明确的界定。到了宅第化的墓室里，祭祀空间更加独立和扩大，墓主灵魂的主体位置愈加明确化，以帷帐居神的方式十分盛行。刘胜墓的中室内建有一座瓦顶木构房屋，房内设有 2 座帷帐，其中放在中部的帷帐十分精致，根据鎏金银铜质构件上的刻铭文字和序号，可以复原为一座由四根立柱支撑的五脊四阿式顶铜质帷帐。帷帐内设有 1 具漆案及熏炉、错金银小铜人及剑、戈、俎等物。帷帐外围的陈设可以分为 3 组：右侧（北部）陈列着 1 组供奉器物，包括炊具及食器（如鼎、釜、甗）、酒器（锺、罍、壶）、日常陈设器（灯、熏炉、盆、铜等），右侧靠前是 1 组仪仗铜构件，后部（西部）是 1 套铜车马明器"偶车马"。在这座帷帐的左侧（南部）还有一座素面的帷帐，内部也设有 1 具漆案，帷帐外围摆放着铜器、弩机、铜钱等（图 4.25）[1]。

　　刘胜墓的 2 套帷帐，一套较精致的位于前堂的正中，一套较朴素的位于左侧，这种设置可能显示了二者的主次关系。对照方士为武帝和李夫人所设的祭祀空间，前者应是为刘胜的灵魂所设，是祭祀空间的主帐；后者可能是

---

[1] 前揭《满城汉墓发掘报告》（上），25—29 页。

162 中古丧葬模式与礼仪空间

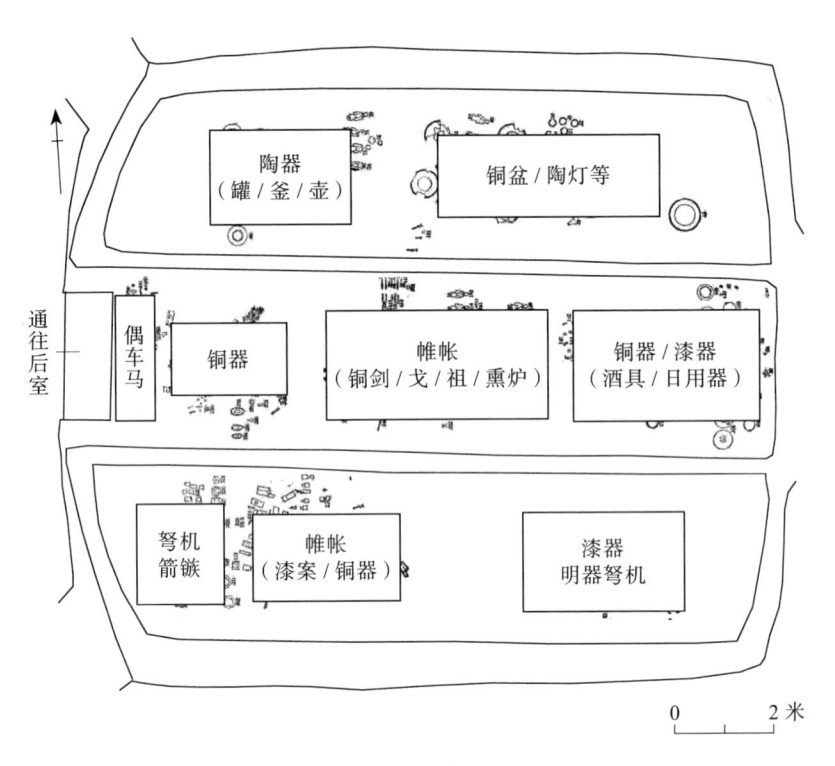

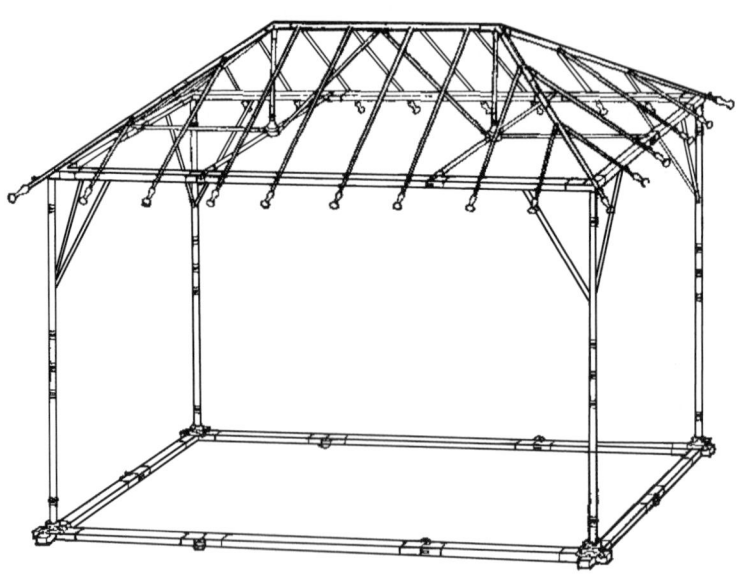

图4.25 满城1号汉墓（中山靖王刘胜墓）的祭祀空间及帷帐
（《满城汉墓发掘报告》上，27、177页）

祭祀者所在的空间，正如武帝所居的"他帐"。二者的主次关系表明这个祭祀空间有着明确的功能划分：主帐是死者的空间，是刘胜灵魂所居；他帐是生者的空间，可能是刘胜之妻窦绾参加葬礼时所居。刘胜卒于武帝元鼎四年（前113），窦绾卒年要比刘胜晚10年，是有可能到墓内祭祀刘胜的[1]。

由于刘胜墓有2座帷帐，而窦绾墓（2号墓）中没有帷帐，巫鸿将此解释为窦绾的灵魂来到刘胜墓中接受配祭[2]，这种解释可能不太确切。窦绾墓的祭祀空间没有发现帷帐，却在木构瓦顶房屋内设有6座砖构，可能是取代帷帐而设的祭祀中心。此处发现的一组器物显然是献祭的器物，如铜饮食器、生活用具及"中山祠祀"封泥等，在其他部位还发现了漆案、博山炉、金饼、铜灯、铜盆等实用物品，可见窦绾墓是有属于自己的祭祀空间的。刘胜墓中的素面帷帐处于次要部位，应是为身份尊显、又与死者关系密切的窦绾所设，属"他帐"。窦绾死于刘胜之后，自然不必另设他帐。

汉及以后的宅第墓中，帷帐几乎是必不可少的陈设，下葬时要举行安放灵座和神主的仪式，这是墓室封闭前的一个仪节。《通典》引晋礼学家贺循所说的下葬礼仪：

> 至墓之位，男子西向，妇人东向。先施幔屋于埏道北，南向。柩车既至，当坐而住。遂下衣几及奠祭。哭毕柩进，即圹中神位。既窆，乃下器圹中。荐棺以席，缘以绀缯。植翣于墙，左右挟棺，如在道仪。[3]

这套礼仪中的"幔屋"应是在墓道首端搭建的一个居神的帷帐，作为暂停棺

---

1 关于窦绾墓的年代，学界还有不同看法，如蒋若是根据五铢钱的不同，认为窦绾墓略早于刘胜墓，参蒋若是：《对满城窦绾墓年代之再审定》，原见于《中国文物报》1991年7月21日第3版，后收入蒋若是：《秦汉钱币研究》，中华书局，1997年，234—235页。
2 前揭《黄泉下的美术》，68页。
3 [唐] 杜佑撰，王文锦等点校：《通典》卷86《礼四十六》，中华书局，1988年，2346页。

柩、陈列死者衣物以供祭祀的空间，随后棺柩入圹，将幔屋内的所有物品转移到墓室，墓室布置停当后，再进行最后一道祭祀。此时的祭祀应在棺前进行，祭祀方式与在墓道一样（"如在道仪"），棺前的帷帐、饮食器具等就是此次祭祀活动的产物。

（3）祭台

前堂和帷帐是墓内祭祀空间的主要设施，而祭祀的方式是献祭饮食。

> 夫祭者，供食鬼也；鬼者，死人之精也。若非死人之精，人未尝见鬼之饮食也。推生事死，推人事鬼，见生人有饮食，死为鬼当能复饮食，感物思亲，故祭祀也。[1]

饮食是沟通生死的媒介，考古遗存是一组以祭台为中心的饮食器组合。刘胜墓在帷帐之外构建了一个献祭饮食的场景，以1组饮食器（如鼎、釜、甗、锺、罍、壶）为中心，辅以1组家居陈设器（灯、熏炉、盆、铜等）和1组仪仗明器（仪仗铜构件、"偶车马"）。这套陈设位于帷帐之外，构成了祭祀空间的外部空间，与帷帐内的灵魂空间不同，是为生者而设的，是祭祀者的活动空间。普通墓葬内不一定有帷帐、漆案等这类精致的设施，但两个空间的划分是普遍存在的，祭台就是祭祀空间的中心陈设。

祭台的设置可能源自战国秦墓。秦墓中普遍以壁龛放置陶容器，个别墓中除了壁龛外，还有以土台放置祭祀物品的现象。如陕西凤翔高庄战国晚期秦墓M2，是一座竖穴墓道土洞墓，在墓室一侧设置壁龛，内置3件陶罐，另在墓门口设有一个生土台，上面放置漆器及牺牲物品，然后用木板封门[2]。显然这个土台是一个祭台，是封门前举行祭祀的遗存。齐东方认为考古报告

---

[1] 前揭《论衡校释》卷24《讥日篇》，992页。
[2] 雍城考古工作队：《凤翔县高庄战国秦墓发掘简报》，《文物》1980年第9期，11页。

中的"祭坛""供台""砖台"等都是祭台,没有设祭台的一些特殊器物,如石板、案几、陶榻等,也应与祭台有同样的功能。从祭台上的器物组合来看,汉代器物组合的宴饮意味很浓[1]。李婷认为两汉之交出现了以案为载体的棺前祭祀组合,新莽时期出现了砖制的祭台,东汉大型墓中出现了以石榻、石案为载体的祭祀空间,各地构建墓内祭祀空间的载体有区别[2]。

墓室中也不一定都有明确的祭台,以案为中心的饮食器具组合是宅第墓中更普遍的现象。黄晓芬将陶案与杯、盘、勺等器物组合构成的空间称为祭祀空间[3],其他学者也有类似看法。魏镇对洛阳汉墓的陶案出土情况进行了统计,发现西汉晚期到东汉末期墓葬中的陶案大多四周起缘、内部涂朱彩绘,有明显模仿真实漆案的迹象[4]。刘尊志整理了东汉墓内的案和祭台的资料,认为东汉时期普遍使用案或祭台,但由于墓葬形制、等级的差异而有位置和形式的不同,单室墓大多在棺前摆放祭祀物品,而前后室或更多墓室的墓葬,一般在前堂居中设祭台或摆放1组祭祀用具,由数量不等的陶案、耳杯、盘、盒、魁等组成[5]。

江苏连云港市海州发现的霍贺墓可能是西汉晚期的墓葬,是一座夫妻合葬的竖穴木椁墓,在墓室内并置男、女二棺,棺内外分别随葬属于男女主人的私人物品,并将衣衾类物品记录在一块木质遣策上。棺室前部头箱内放置一套食具和食物,包括漆案(上置耳杯)、漆食奁、竹笥(盛栗、枣)、釉陶壶。旁边还发现了木架,应是一套帷帐的构件[6]。这些物品不见于遣策,因此不是丧礼中的赗赠之物,应是下葬时墓内祭祀活动的遗存。漆案就相当于一

---

[1] 齐东方:《中国古代丧葬中的晋制》,《考古学报》2015年第3期,355—356页。
[2] 李婷:《墓内祭祀的继承与流变——基于六朝都城地区的墓内祭祀空间的考古学考察》,云南民族大学硕士学位论文,2015年,16—31页。
[3] 前揭《汉墓的考古学研究》,156页。
[4] 魏镇:《洛阳汉墓中的陶案及其礼仪功能》,《中国国家博物馆馆刊》2017年第12期。
[5] 刘尊志:《汉代墓内祭祀设施浅论》,《中原文化研究》2019年第1期。
[6] 南京博物院、连云港市博物馆:《海州西汉霍贺墓清理简报》,《考古》1974年第3期。

个祭台，周围围绕着一具帷帐，界定了死者的灵魂空间。

洛阳市五女冢村发现的新莽时期墓葬 M267，以一道隔墙将墓室分为前后两部分，前部是祭祀空间，后部是埋葬空间。祭祀空间以两层砖砌筑出一个长 1.4 米、宽 1.35 米、高 0.14 米的祭台，祭台上是以陶案为中心的饮食器组合，有陶盒、陶耳杯等，陶盒内置耳杯，陶案上还摆放着 3 排 15 件耳杯，耳杯内盛鱼、鸡等食物。祭台上有一些难以辨识的植物残骸和铜镜、铜钱等，隔墙上原有彩色壁画。显然，这座祭台是一个精心陈设的祭祀场所[1]（图 4.26：1）。

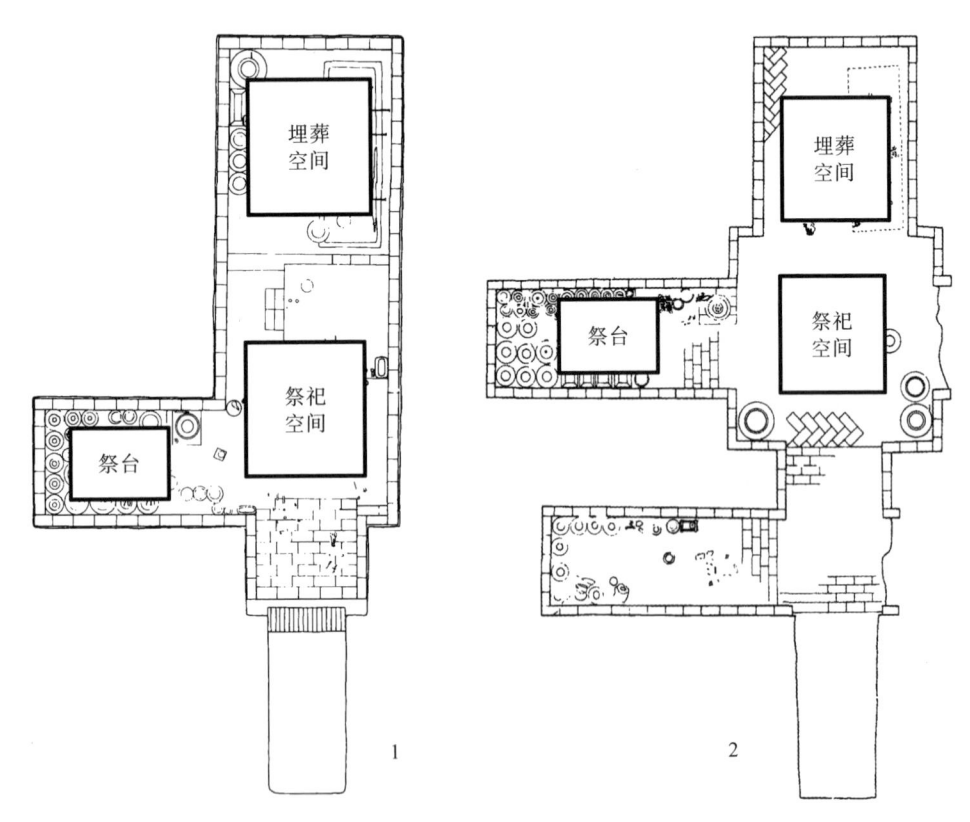

图 4.26 洛阳新莽时期墓的祭祀空间
1. M267（《文物》1996 年第 7 期，43 页） 2. M461（《文物》1995 年第 11 期，5 页）

---

1 洛阳市第二文物工作队：《洛阳五女冢 267 号新莽墓发掘简报》，《文物》1996 年第 7 期。

同地发现的 M461 也是一座新莽墓，主干是前堂和后室，另在甬道和前堂一侧各设有一个耳室，只有前堂最宽敞和高大，穹隆顶，内设一个两层砖砌的祭台，上置陶案、奁、耳杯盒，盒内放置排列整齐的耳杯[1]（图 4.26：2）。

洛阳涧西七里河墓是一座规模不大但保存完整的东汉晚期墓，基本结构是横列式前堂的双室砖墓，在前堂北侧掏出一个土洞作为耳室。前堂是一个高达 5.9 米的宽大空间，在其西侧设有一个砖台，放置一套家居陈设器和一套饮食器，包括 1 件多枝陶灯、围绕陶灯的伎乐百戏俑、1 组陶案和耳杯组合、陶魁等。另在砖台下放置 1 件悬山顶陶房，内置案、桌、盘、杯、壶等器物，应是储藏祭器的房屋（图 4.27）[2]。这座墓在空间配置上功能明确，横列前堂显然是一个墓内祭祀空间，西侧砖台是祭台，为死者灵魂营造出一个家居宴饮的场景，东侧是祭祀者活动的宽阔空间。

上述各墓的祭台上陈列的饮食器大多是陶质明器，有的涂朱，这是明器与祭器的混用。按照先秦儒家的明器理论，明器应"貌而不用"，具其象征性即可，祭器应是具实用功能的人器，但在汉代，明器与祭器对于外形和质地的区分似乎并不明确，恐怕主要是由墓主的财力和地位而定的。刘胜夫妻墓中，无论是死者灵魂所在的帷帐内部空间，还是祭祀者所在的帷帐外部空间，所用器物都是非常珍贵的实用器物，有的是生前生活用品，有的是丧礼中的赠类助丧物品。而对大多数丧家而言，将具有实用价值的器物作为祭器藏入墓中是一种浪费，因此大多用陶器代替，如此祭器与明器的界限就非常模糊了。

东汉墓内祭祀的盛行是墓室走向开放的主要原因。东汉赵宣"葬亲而不闭埏隧，因居其中，行服二十余年"[3]，表明东汉墓葬在下葬后的相当长一段

---

1 洛阳市第二文物工作队：《洛阳五女冢新莽墓发掘简报》，《文物》1995 年第 11 期。
2 洛阳博物馆：《洛阳涧西七里河东汉墓发掘简报》，《考古》1975 年第 2 期。
3 《后汉书》卷 66《陈蕃传》，2159—2160 页。

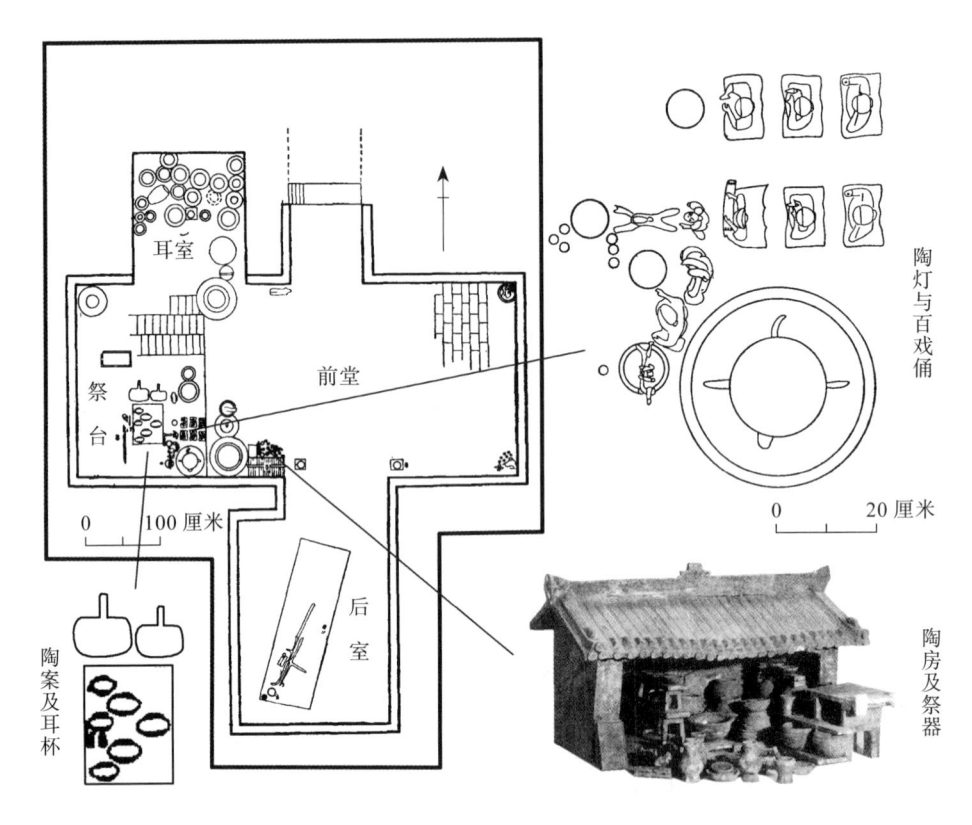

图 4.27　洛阳涧西七里河东汉墓祭祀空间
(《考古》1975 年第 2 期, 116、117 页图版拾)

时间里是可以对外开放的。正是由于墓葬的开放性,墓室有时会有不速之客进入,陕西旬邑百子村汉墓有壁画题记"诸观者皆解履乃得入""诸欲观者皆当解履乃得入观此"[1]。郑岩认为,至少在东汉时期,墓葬不仅是一个纯粹的死人空间,在壁画完成之后和下葬之前,有的墓室还将向公众开放,以供参观[2]。但是,宅第墓的开放或许不仅限于壁画完成之后和下葬之前。东汉抛弃了西汉的异穴合葬方式,多是同穴合葬,为了合葬的需要,墓室重启是必须的,合葬时需再举行墓内祭祀。即使合葬完成后,也不一定就完全封闭墓

---

1 尹申平:《陕西旬邑发现东汉壁画墓》,《考古与文物》2002 年第 3 期。
2 前揭《逝者的面具——汉唐墓葬艺术研究》, 149 页。

室，有可能还会像墓地祭祀一样，多次进入墓室举行祭祀活动。河南荥阳薛村新莽至东汉前期墓中，有一种小台阶和竖井组合的墓道，在竖井墓道的一端或甬道一侧开设一条较窄的小墓道，可能是下葬结束后再次进入墓室祭祀的通道，这类墓葬里都发现了耳杯、盘、熏炉等墓内祭祀遗存[1]。此外，大多数中小型宅第墓的封门墙都较为随意，只是简单地用砖垒砌，显然并非永久性的设计，可能也反映了多次进入墓室祭祀的现象。总之，宅第墓的营造理念早已不具"葬毕即藏"的封闭性，这既是由于墓内祭祀、合葬等习俗的现实需求，也反映了人们对于埋葬、对于死亡的态度发生了变化。

四、陈器之道的转变

随葬之物包括明器和祭器。明器是为来世生活而备的各类物品，既包括貌而不用的狭义明器，也包括一些具有实用功能的物品，来自生前旧物、丧葬自备之物、丧礼中获得的各种赠赠类助丧物品，来源广泛、类别庞杂，涉及生产、生活等各方面的物品。祭器是在祭祀仪式中使用的，一般只包括献祭的食器、食物、祭祀陈设类物品。汉代继承了周代大遣奠中的"陈明器"制度，《后汉书·礼仪志下》列举了大丧礼仪的明器[2]：

① 筲八，盛五谷粮食（黍、稷、麦、粱、稻、麻、菽、小豆）。
② 瓮三，盛酒肉、姜桂类（醯、醢、屑）。
③ 瓶二，盛酒水（醴、酒）。
④ 瓦镫一。

---

1 周立刚、楚小龙：《试论汉代中小型洞室墓的墓道——以河南荥阳薛村汉墓为例》，《中原文物》2011年第5期；周立刚：《模糊生死界限：东汉墓内祭奠活动的考古学观察》，《华夏文明》2019年第4期。

2《后汉书·礼仪志下》，3146页。

⑤彤矢四、彤弓一，指朱漆弓矢。

⑥卮八，牟八，豆八，笾八，方形酒壶八，槃匜一具，盛汤浆、酒水类。

⑦杖、几各一，盖一。

⑧钟十六，镈四，磬十六（均无虡），埙一，箫四，笙一，簧一，柷一，敔一，瑟六，琴一，筝一，筑一，坎侯一，皆乐器。

⑨干、戈各一，竿一，甲一，胄一，皆"役器"。

⑩挽车九乘，刍灵三十六匹。

⑪瓦灶二，瓦釜二，瓦甑一，瓦鼎十二，匏勺一，瓦案九，瓦大杯十六，瓦小杯二十，瓦饭槃，瓦酒樽二，匏勺二。

以上11类被称作明器的器物与《仪礼·既夕礼》中所陈器物一样，应当大多来自宾客的赠赠之物。陈明器的意义在于彰显死者的哀荣，也体现了丧礼的社会属性，汉代丧礼是一种维护儒家伦理秩序、维持社会关系的手段，因此丧礼极尽奢华，所获赠赠物品极多，丧礼中所陈的明器也比周代要多。宾客所赠物品要尽可能多地展示，以多为荣，但不一定都埋入墓中；丧家自备的物品不必多陈列，以节为礼，但要尽数埋入墓中，这也是墓中遣策内容与实物不尽一致的原因。

将遣策与实物进行对照，或许有助于区分墓葬器物哪些是明器、哪些是祭器，以及器物在葬仪中的功用。今所见遣策多属楚汉，常以木、竹材料制作，汉以后又有石（或滑石）为之者。从考古发现来看，遣策内容不尽与实物相符。郑曙斌注意到马王堆汉墓遣策中的饮食器具与墓中实际发现的食物不能完全对应的现象，认为遣策所记的器物既有明器，也有祭器。而1号墓发现的漆案组合（案上有杯、盘，并有食物残骸）能与遣策记载对应，这表明祭器与明器是可以一同随葬的，或者说下葬仪式中祭器被转换成了明器[1]。这种见于遣策的祭器与墓内空间的祭器是不同的，它们是在丧礼中使用过的，并不包括下葬和葬后使用的祭器。广西罗泊湾西汉早期的1号墓出土自名《从器志》《田器志》的木牍，记录了包括衣物、食具、兵器、游戏具、粮食种子、农具等在内的70余种物品的名称和数量[2]，这些都是为死者来世生活而备的明器，应是不包括祭器的。

江苏连云港市海州西汉晚期霍贺墓（出土了铜印章"霍贺之印"）[3]在墓室内并置男、女二棺，二棺内的物品种类有明显区别，棺内、外的物品也有差别。男棺内死者"头戴黑色冠帻，颈项围白色巾，身穿黄地朱绘云纹长袍，质地都似丝绸织品"，左手边置铁剑、铜印，右手边置铁匕首、铁刀，两脚放置铜镜、木梳、木砚盒、遣策、铁书刀（其一铭文"宜官朕二千石"）、丝质钱囊（内藏五铢钱）、竹笥（藏栗、枣、杏等）、小谷物袋（藏黍稷），棺外放鸠杖、木棍等。女棺内则是角簪1对、漆奁盒1套（内有化妆用具和化妆品）、铜镜，棺外有铅丸和葫芦。显然这些是分别属于男女主人的私人物品，都不见于遣策的记载，只有丧仪中的衣衾类物品被记录在1块木质遣策上。此外，该墓的头箱陈列着一套墓内祭奠的物品：漆案（上置耳杯）、漆食奁、竹笥（盛栗、枣）、釉陶壶等，这套饮食器具是在墓内祭祀时使用的，所以也不见于遣策。

马王堆1号汉墓出土了竹、木遣策，竹遣策所记包括副食品、调味品、酒类、动植物、衣物、竹木器、明器等，木遣策做成上圆下长方形，顶部有小孔，以绳子系在竹笥上，记有笥内物品的名称，如"衣笥""缯笥""牛脯笥"等共49枚，在西边箱的6个竹笥内发现保存完整的衣物达60余件，其他笥内放置着食品、模型明器、泥质冥钱、乐器、草席等物[4]。木遣策上所记

---

1 郑曙斌：《论马王堆汉墓遣册记载的祭器》，《湖南省博物馆馆刊》2016年，305—311页。
2 广西壮族自治区博物馆：《广西贵县罗泊湾汉墓》，文物出版社，1988年，79—86页。
3 南京博物院、连云港市博物馆：《海州西汉霍贺墓清理简报》，《考古》1974年第3期。
4 前揭《长沙马王堆一号汉墓》，111—118页。

多为生前旧物和衣衾，竹遣策上所记多为祭奠用品，但应不包括头箱内的祭祀之物。

墓中的祭器可能来自葬前的祭祀，也可能产生于下葬环节的墓内祭祀，由于祭器和部分明器并不存在外形和品质上的区分，因此我们对器物功用的判断只能根据它们的摆放方式及空间位置来进行。

值得注意的是，在汉代宅第墓中，漆器常常是作为一类高品质的祭器来使用的，应来自宾客的赠赠或丧家的自备。我曾通过漆器铭文的书写方式讨论过漆器的用途，认为色漆书写的铭文和针刻铭文分别是漆器的使用信息和制作信息，以色漆书写的"人名＋牢（或上牢、作牢）"格式的铭文漆器是一种祭器，人名是拥有者或敬献者，而"牢"表示漆器的用途是以牲肉献祭[1]。此处不再赘述，仅对西汉作为祭器的漆器略作图文补充。马王堆1号汉墓出土的184件漆器中，大多数以朱砂、红漆或黑漆书写文字，其中12件书写"轪侯家"字样，118件书写"君幸食""君幸酒"字样[2]。3号汉墓出土的292件漆器中，有40件书写"轪侯家""轪"字，220件书写"君幸食""君幸酒"[3]，漆书铭文不但标明了拥有者，也注明了用途（食具、酒具），出土时还发现了食物残骸（图4.2：1—4）。长沙汤家岭西汉墓M1漆耳杯有绿漆书写的"张端君酒杯□□"，同墓出土的多件铜器上都有阴刻或墨书"张端君……"字样[4]；望城风篷岭西汉墓M1漆盘外壁朱书"张妵（姬）榜槃"（图4.2：5）、耳杯外壁朱书"长沙王后家杯"[5]。这些漆书铭文皆注明了使用者（墓主），二墓墓主可能是来自同一张氏家族的女性，二人齐嫁长沙

---

1 李梅田：《"牢"铭漆器考》，《华夏考古》2018年第2期。
2 前揭《长沙马王堆一号汉墓》，77—96页。
3 前揭《长沙马王堆二、三号汉墓》，117—170页。
4 湖南省博物馆：《长沙汤家岭西汉墓清理报告》，《考古》1966年第4期。
5 长沙市文物考古研究所、望城县文物管理局：《湖南望城风篷岭汉墓发掘简报》，《文物》2007年第12期。

望族刘氏，其中风篷岭 M1 墓主可能是长沙王后[1]。长沙西汉后期 M201 的漆杯上有绿漆书写的"贾"字，M401（刘骄墓）漆盘上有金黄色漆书"杨主家盘"，毗邻的长沙王后墓也出有同样铭文的漆盘[2]。1925 年平壤五官掾王盱墓出土的神仙龙虎画像漆盘，盘内绘有东王公、西王母和龙虎像，并有朱漆隶书铭文"永平十二年，蜀郡西工，夹纻，行三丸，治千二百，卢氏作，宜子孙，牢"。另一件同出的漆盘无画像，朱书铭文相同，只是无"牢"字（图 4.2：6—7）[3]。

五、丧葬美术的勃兴

汉代是丧葬美术的首次勃兴时期，这是丧葬空间开放性的表现。首先，由于墓祭的盛行，墓地祠堂成为宣扬孝道和伦理的场所。其次，当汉代宅第式的墓葬渐成主流后，墓室被营造成具有前堂后室、左右仓储结构的灵第，这是一个具有相当开放性的空间，不像旧式的井椁墓被棺椁和器物充满，而是预留了更宽敞的礼仪活动空间。以前堂后室为中轴向两侧配置众多墓室，横向空间大为扩展；以券顶或穹隆顶扩展纵向空间；墓内外以及墓室之间以墓门、甬道、墓道完全联通。这种空间的扩展和开放为墓室画像的出现提供了可能性和必要性，大面积的壁面和墓顶为绘画提供了可能性，墓内祭祀活动也为墓壁的装饰提供了必要性。

汉代丧葬美术主要是画像石和彩绘壁画。画像石主要见于地面石祠和石室墓的墓壁、墓门和梁柱上，彩绘壁画一般见于砖室墓的甬道、墓壁和墓

---

1 何旭红：《湖南望城风篷岭一号汉墓年代及墓主考》，《文物》2007 年第 12 期；黎石生：《湖南望城风篷岭一号汉墓的年代与墓主》，《故宫博物院院刊》2009 年第 1 期。
2 中国科学院考古研究所：《长沙发掘报告》，科学出版社，1957 年，120—121 页。
3 原田淑人、田澤金吾：《樂浪—五官掾王盱の墳墓》，日本刀江書院，1936 年，42—43 页。

顶上。据信立祥的研究，汉代画像石墓主要分布以鲁西南和苏北为中心的地区、以河南南阳为中心的地区、陕北和晋西、四川、河南洛阳等地，其中鲁西南和苏北、南阳盆地是汉画像石的发源地和发现最集中的地区，汉画像石最早出现在西汉中期，而从全国范围来看，绝大部分画像石墓集中于东汉中晚期。画像石墓大多分布于汉代政治文化和经济发达地区，而东汉的厚葬习俗助长了画像石墓的建造[1]。据黄佩贤的研究，汉代壁画墓主要分布在以洛阳为中心的中原地区、以辽阳为中心的东北地区、内蒙古中南部、河西走廊地区、鲁苏皖豫四省交界地区，以中原和东北地区的标本数量最多；从年代看，每个区域的壁画墓都以东汉后期最多，西汉壁画墓仅见于中原、关中地区，而西汉早期壁画墓仅有中原地区的永城芒砀山柿园汉墓[2]。

发现画像的墓葬皆集中于两汉的政治、文化、经济核心地区，墓主当以具有较高身份和较强经济实力的贵族或官吏为主。

1. 画像的原境与主题

（1）宫室绘画

汉代有制作宫室壁画的传统，文献记载的宫室壁画可以让我们一窥当时的绘画主题，这是我们认识墓室画像的社会原境。

甘泉宫是西汉长安城的重要礼仪性建筑，本为匈奴祭天处，汉代建甘泉宫祭祀天地、宴享宾客，今尚有遗存[3]。武帝听信齐人李少翁之言，"又作甘泉宫，中为台室，画天、地、泰一诸神，而置祭具以致天神"[4]。长安城未央宫中的麒麟阁是一处具有国家档案馆性质的建筑，为了纪念匈奴单于和在

---

1 信立祥：《汉代画像石综合研究》，文物出版社，2000年，13—20页。
2 黄佩贤：《汉代墓室壁画研究》，文物出版社，2008年，29—32页。
3 郑洪春、姚生民：《汉甘泉宫遗址调查》，《人文杂志》1980年第1期。
4《史记》卷12《孝武本纪》，458页。

汉匈关系中发挥重要作用的功臣，图绘了单于、霍光、苏武等十一人[1]。东汉洛阳城南宫的云台绘有二十八将的肖像。灵帝时又置鸿督门学，画孔子及七十二弟子像[2]，南宫清凉台及明帝显节陵上也绘有佛像[3]。

上述甘泉宫、麒麟阁、南宫、鸿督学、显节陵等都是两汉的国家礼仪性建筑，所绘图像多为古圣今贤、忠臣义士，作用在于"成教化、助人伦"，也有一些反映当时信仰的内容，如天地鬼神和佛像等。

宫室建筑的绘画难以留下考古遗存，但东汉著名楚辞学家王逸之子王延寿留下了一篇优美的《鲁灵光殿赋》，为我们了解大型宫室绘画的情况提供了珍贵的资料。灵光殿是西汉景帝时鲁恭王在今山东曲阜营建的一座富丽堂皇的宫殿，王延寿详细描绘了其雕刻和画像，雕刻内容有奔虎、虬龙、朱鸟、腾蛇、白鹿、蟠螭、狡兔、猨狖、玄熊等飞禽走兽，胡人、神仙、玉女等神异。壁画内容更为丰富：

> 图画天地，品类群生。杂物奇怪，山神海灵。写载其状，托之丹青。千变万化，事各缪形。随色象类，曲得其情。上纪开辟，遂古之初。五龙比翼，人皇九头。伏羲鳞身，女娲蛇躯。鸿荒朴略，厥状睢盱。焕炳可观，黄帝唐虞。轩冕以庸，衣裳有殊。下及三后，淫妃乱主。忠臣孝子，烈士贞女。贤愚成败，靡不载叙。恶以诫世，善以示后。

《鲁灵光殿赋》借都城赋这种流行文体，宣扬了汉代统治者的天命观，以颂扬王室的长治久安，故结尾有"神灵扶其栋宇，历千载而弥坚。永安宁以

---

1 《汉书》卷54《李广苏建传》，2468—2469页。
2 《后汉书》卷60下《蔡邕传》，1998页。
3 前揭《弘明集·牟子理惑论》，47页。

祉福，长与大汉而久存……神之营之，瑞我汉室，永不朽兮"[1]。这套由雕刻和绘画构成的图像系统是对宏伟建筑的装饰，与长安和洛阳的宫室绘画一样，具有宣传教化的作用。灵光殿的画像包罗万象，有各类山神海灵、古圣先贤、忠臣孝子、贞士列女等题材，集中展示了汉代人对于宇宙万物、人类历史和道德伦理的认识，可谓展示了汉代带有普遍意义的"三观"——宇宙观、历史观和伦理观，这些内容也被丧葬画像所借鉴。

（2）祠堂画像

石祠堂是东汉墓地的祭祀性设施，也引入了宫室画像中有关宇宙观、历史观和伦理观的内容，但不仅限于此，还包括不见于宫室画像而专属丧葬的反映祭祀行为的画像。

山东济南长清区发现的孝堂山石祠，是一座单檐悬山顶房屋建筑，内分东西两间，祠内置一祭案，建于东汉早期明章时期，属于某位二千石官吏的墓地祠堂。在石祠的东、西、北三壁和隔梁石上刻有画像，中央隔梁石上刻牵牛、织女像，东、西壁山墙的上部刻西王母、风伯、伏羲执规、女娲持矩像，这些都位于所有图像的最上部，表达的是仙界。横贯三壁上半部的是庞大的"大王出行图"，下半部的北壁中央是楼阁拜谒图或祠主受祭图，东壁是历史故事、庖厨、百戏、社会生活场景，西壁是人物故事、胡汉战争、献俘、狩猎场景[2]。这套图像与灵光殿所代表的汉代宫室图像有许多共同之处，如山神海灵、古圣先贤、忠臣孝子、贞士列女等反映汉代宇宙观、历史观和伦理观的内容，但也有很多不见于宫室壁画的图像，如庖厨、百戏、祠主受祭等，这些都是专属丧葬的题材。位于北壁中央的祠主受祭图是作为祠堂的视觉中心来安排的，在画面中央二层楼阁之下有三个表现拜谒的场景，每个场景的中心人物都是一位端坐的尊者，身前是数位作顿首、拱手姿势的谒

---

[1] 前揭《六臣注文选》卷11《鲁灵光殿赋》，220—221页。
[2] 前揭《孝堂山石祠》，12—19、29—51、69—70页。

第四章　宅第内外：汉代宅第化的丧葬模式　177

者，排成一列，一直排到楼外，身后是一列躬身相迎者，尊者的形象明显高于所有人，应代表祠主，这幅图像表现的是祠主灵魂在接受亲友和属吏祭祀的场景（图4.28）。

　　位于山东嘉祥的武梁祠是武氏家族的墓地祠堂，建于东汉晚期的桓灵时期。祠内屋顶、山墙、墙壁绘有象征天界、仙界和人间的图像。屋顶主要是各类瑞兽；山墙部分刻有西王母、东王公所代表的仙界；墙壁部分是画像的主体，主要内容是传说中的古帝王（伏羲、女娲、祝融、神农、黄帝、颛顼、帝喾、尧、舜、禹、桀）、孝子列女和忠臣义士故事等；位于下部的是楼阁拜谒、车马出行、庖厨操作场景，楼阁内端坐于榻的尊者以一种夸张的体量，成为这个部分的视觉中心。巫鸿将这套图像的象征意义总结为：屋顶是上天的征兆，山墙是神仙的世界，墙壁是人类的历史[1]。

　　武梁祠的图像系统与孝堂山石祠图像相似，也与灵光殿的图像有很多共同之处，如瑞兽与神仙、古圣先贤、忠臣孝子、贞士列女等，代表了汉代人对于宇宙观、历史观和伦理观的一般认识。武梁祠的建造时间差不多与王延寿写作《鲁灵光殿赋》同时，作为一位认同汉代"三观"的儒生，武梁在自家的墓地祠堂借用当时流行的图像题材也是很自然的事。除了借用带有普遍意义的图像外，武梁祠也有不见于灵光殿的图像，如墙壁下部的楼阁拜谒、车马出行、庖厨操作。这组图像是以二层楼阁内的拜谒场景作为视觉中心的，拜谒图显然应是解读武梁祠图像的关键，但关于楼阁拜谒图的解读一直存在争议，如蒋英炬先生认为这幅图像占据祠堂后壁中心位置，无疑是受祭祀的祠主形象[2]。巫鸿先生认为图像的中心人物不是武梁本人，而是君王，场景描绘了宫廷中的朝见，图像可能源自沛县原庙中高祖的肖像[3]。孙机反对巫

---

[1] 前揭《武梁祠：中国古代画像艺术的思想性》，2006年。
[2] 蒋英炬：《汉代画像"楼阁拜谒图"中的大树方位与诸图像意义》，《艺术史研究》第6辑，2004年。
[3] 前揭《武梁祠：中国古代画像艺术的思想性》，194—227页。

图 4.28 济南孝堂山石祠墓主受祭图（《孝堂山石祠》，36 页）

鸿的解读,坚持认为楼阁中受拜谒者就是祠主本人[1]。孙机先生的解读是比较合理的,祠堂毕竟不是宫殿,武梁也不是统治者,画像需体现一些个人化的内容,更要反映丧葬的含义,楼阁拜谒图正是与武梁个人有关的祭祀类图像,围绕它的车马出行、庖厨操作等是关于武梁来世生活的想象。

位于山东金乡县的朱鲔石室也是东汉晚期桓灵时期建造的,画像相对简略,没有山神海灵、古圣先贤、忠臣孝子、贞士列女等内容,只有人物宴饮图,几乎所有画幅都以帷幔和屏座为中心,座前摆满了各式饮食器具,周围是忙碌的侍者,但坐榻上没有明确的主人形象(图4.29)[2],不像孝堂山石祠、武梁祠那样以高大的形象明确表示祠主的存在。有学者推测这种"空位"是为当时的生者预留的[3],或是主人在世时预作的祠堂,反映了祠主对阳寿的期盼[4],这些推断都是合理的,图像舍弃了与墓主并无直接关系的宣教内容,仅仅保留了与墓主个人生活有关的内容,正是为了强调祠堂的特殊性——属于个人的祭祀空间。

上述孝堂山石祠、武梁祠、朱鲔石室的主人都是具有一定社会地位和较强经济实力者。除此之外的小型祠堂可能为社会地位和经济实力一般者所有,一般由几块石板搭建而成,大小不能容人,以基座石当成祭台来祭祀死者,但其画像配置与画像内容与大型祠堂类似,如嘉祥发现的宋山小祠堂,后壁也有象征祠主受祭的楼阁人物,东西两壁按方位画东王公、西王母等仙界,忠孝节义等历史故事,庖厨和车马出行等模拟生前生活的场景[5]。微山县两城镇发现的小永和四年(139)小祠堂由三块画像石搭成,北壁也是楼阁拜谒图,西壁是西王母、伏羲女娲代表的仙界,东壁画树下射鸟和系马图像[6]。

---

[1] 孙机:《仙凡幽明之间——汉画像石与"大象其生"》,《中国国家博物馆馆刊》2013年第9期。
[2] 前揭《朱鲔石室》,56—76页,图53。
[3] 前揭《墓主画像研究》,450—468页。
[4] 前揭《朱鲔石室》,90页。
[5] 蒋英炬:《汉代的小祠堂——嘉祥宋山汉画像石的建筑复原》,《考古》1983年第8期。
[6] 张从军:《两城小祠堂画像》,《走向世界》2002年第6期。

180

图 4.29 金乡县朱鲔石室北墙画像（《朱鲔石室》, 62—63 页）

上述东汉石祠堂画像大致包括两类主题：

① 反映普遍性认知的宇宙观、历史观、伦理观的图像，这是对宫室图像的借用，带有强烈的宣教色彩。

② 反映墓主（祠主）本人受祭的图像，是非常个人化的内容。除了正面端坐的祠主画像是祭祀场景的中心外，其他庖厨、宴饮、百戏等内容也都与祭祀活动有关。从前述《诗经·楚茨》描述的周礼祭祀过程可知，祭礼包括祭前备食、巫祝献祭、迎尸、飨食、送尸、祭后宴享等内容，因此祠主受祭、庖厨、百戏、宴饮等都是对祭祀场景的描绘。

这两类主题同处一祠，表明祠堂作为一类特殊的礼仪性建筑，既是个人化的丧葬空间，同时也是一个公开展示的场所，既是丧家为安抚亡灵而设，也有向公众展示孝行的意义。

在石祠堂盛行的东汉时期，拜谒祠堂可能是一种风尚，祠堂制作和图像选择时往往会预设观者。郑岩总结祠堂画像的观者是祠主和前来祭祀的人，祠堂是向公众展示赞助人孝行的道具[1]。确实在很多祠堂画像的题记中都提到观者，如桓帝永兴二年（154）东阿芗他君祠堂只是一座小型祠堂，题记中有"唯观者诸君，愿勿贩伤，寿得万年"等语[2]。山东嘉祥宋山永寿三年（157）祠堂题记有"唯诸观者，深加哀怜，寿如金石，子孙万年。牧马牛羊诸僮，皆良家子，来入堂宅，但观耳，无得琢画，令人寿。无为贼祸，乱及子孙。明语贤仁四海士，唯省此书，无忽矣"[3]。这些题记内容显然是对未来观者的警示，在宣示私有财产的同时，并不反对不速之客的观瞻。被附会为孝子郭巨墓祠的孝堂山祠堂，在建成后不久就被当成宣传教化的场所，从东

---

[1] 郑岩：《关于汉代丧葬画像观者问题的思考》，载前揭《逝者的面具——汉唐墓葬艺术研究》，148—158页。

[2] 芗他君石祠堂石柱藏故宫博物院，录文参罗福颐：《芗他君石祠堂题字解释》，《故宫博物院院刊》1960年第2期。另参孙贯文：《芗他君石祠堂考释》，北京大学考古文博学院、北京大学中国考古学研究中心编《考古学研究》第十辑，科学出版社，1992年，503—513页。

[3] 李发林：《山东汉画像石研究》，齐鲁书社，1982年，102页。

汉至明清时期，历代来此祭祀、拜谒、观瞻者络绎不绝，留下了大量类似于"到此一游"的题记。

（3）墓室画像

墓室画像是专属于宅第墓的，最早出现在西汉早期的宅第墓内，洛阳和西安都发现了多例西汉中晚期的壁画墓，但大量流行是在东汉中后期。汉代墓室画像有壁画和画像石两种形式，二者的媒材和作画方式不同，但表现的主题相似，在图像选择上与祠堂既有共同之处，又有一定的特殊性。

洛阳发现的西汉中期卜千秋墓是一座以横前堂、纵后室为主体，另有两个对称耳室的墓葬。在后室脊顶以20块彩绘砖拼砌成一幅长卷式画面，从内向外展开为一幅墓主夫妇灵魂升仙图，前有女娲、羽人、月亮和神禽异兽，后有伏羲和太阳，墓主夫妇、句芒、羽人及动物皆朝左运动，仅伏羲和女娲朝右，整个画面是向左逐渐展开的（图4.3）[1]。

1957年发现的洛阳烧沟61号墓墓室形制非常相似，也在顶脊砖上刻有编号为一到二十二的数字，从内向外排列为12幅图，构成一幅长卷式的天象图，由日月及星座组成；墓室支柱上画青龙、白虎；后墙画二桃杀三士、孔子师项橐、入周问礼图等[2]（图4.4）。

关中地区发现的西汉中晚期壁画墓主要有：西安交大壁画墓[3]、西安曲江池1号壁画墓[4]、咸阳龚家湾1号墓[5]、西安曲江翠竹园壁画墓、西安理工大学壁画墓[6]等。这几座墓都是带长斜坡墓道的砖室墓（龚家湾1号墓是砖石

---

1 洛阳博物馆：《洛阳西汉卜千秋壁画墓发掘简报》，《文物》1977年第6期；王绣、霍宏伟：《洛阳两汉彩画》，文物出版社，2015年，34—59页。

2 河南省文化局文物工作队：《洛阳西汉壁画墓发掘报告》，《考古学报》1964年第2期。

3 陕西省考古研究所、西安交通大学：《西安交通大学西汉壁画墓发掘简报》，《考古与文物》1990年第4期；陕西省考古研究所、西安交通大学：《西安交通大学西汉壁画墓》，西安交通大学出版社，1991年。

4 徐进、张蕴：《西安南郊曲江池汉唐墓葬清理简报》，《考古与文物》1987年第6期。

5 孙润德、贺雅宜：《龚家湾一号墓清理简报》，《考古与文物》1987年第1期。

6 西安市文物保护考古研究院：《西安西汉壁画墓》，文物出版社，2017年。

混筑墓），属开放式的宅第墓，壁画绘于主室墓壁和墓顶上。壁画保存较好的西安交大墓、翠竹园墓、西安理工大学墓基本遵循了相似的图式，都是在墓门口绘守门武士，墓壁绘各种生活娱乐场景，墓顶绘天象。

山东苍山元嘉元年画像石墓是一座与武梁祠和朱鲔石室年代接近的小型墓葬，墓室内发现了12幅石刻画像和1段文字题记。刻在前室支柱上的题记是对图像内容的说明，共15行，328字（图4.5）[1]。

元嘉元年八月廿四日，立椁毕成，以送贵亲，魂灵有知，怜哀子孙，治生兴政，寿皆万年。簿疏椁中，画观后当：朱雀对游㮚（？）仙人，中行白虎后凤凰。中直（？）柱，双结龙，主守中口（？）辟邪㾄。室上㾄，五子舆，使（？）女随后驾鲤鱼。前有白虎青龙车，后即（？）口轮雷公君。从者推车，乎栖冤厨（狐狸宛雏？）。上卫桥，尉车马，前者功曹后主簿，亭长、骑佐胡使弩。下有流水多鱼者，从儿刺舟度诸母。使坐上，小车骈，驱驰相随到都亭，游徼候见谢自便，后有羊车像其口。上即圣鸟乘浮云。其中画，像家亲，玉女执尊杯案盘，局口口口好弱完。堂㾄外，君出游，车马导从骑吏留，都督在前后贼曹。上有虎龙口口来，百鸟共口至钱财。其㾄内，有倡家，笙竽相和偕吹芦，龙雀除㾄鹤啄鱼。堂三柱：中口口龙口非祥；左有玉女与仙人；右柱口口请丞卿，新妇主侍给水浆。堂盖口，好中口口口口色，末有盱其当饮食：就太仓，饮江海，学者高迁宜印绶，治生日进钱万倍。长就幽冥则决绝，闭圹之后不复发。[2]

---

[1] 山东省博物馆、苍山县文化馆：《山东苍山元嘉元年画像石墓》，《考古》1975年第2期。
[2] 方鹏钧、张勋燎：《山东苍山元嘉元年画象石题记的时代和有关问题的讨论》，《考古》1980年第3期。

这段文字与 12 幅图像的内容和所处位置大致能对应起来，图像内容主要是神禽异兽、君车出行、歌舞进馔。与灵光殿和上述几例祠堂画像相比，此墓图像要简略得多，与灵光殿所表达的汉王室天命观这样的重大命题不同，也与孝堂山和武梁祠那样庞大的楼阁拜谒和车马出行图不同，而更加个人化和平民化，主要内容是出行与宴饮，表达对墓主来世生活的憧憬和对生者的祈福，也充斥着对神怪世界的想象，如仙人、玉女、雷公、龙凤、朱雀等。

河北望都县所药村 1 号墓是典型的东汉后期宅第墓，主体由前室、中室和后室组成，中室是一个横长方形结构的墓室，墓顶高高隆起，是所有墓室中最高大宽敞的，在北壁发现石榻、石棋盘及陶楼、涂朱陶器，表明它是一个祭祀空间[1]。前室绘有大面积壁画，以黄色边框将画像分为上下两层，没有发现墓主像，但通过左右对称排列的门吏、属吏指向作为祭祀空间的中室，显然这套壁画是为营造祭祀的场景而设的（图 4.30）。

四川乐山麻浩 1 号墓的前堂是属于三位死者的祭祀空间，在墓门和四壁有 27 幅石刻画像，根据所处位置不同刻有不同的图像[2]。巫鸿和霍巍都从画像与墓室空间的关系对画像内涵作了精彩的解读。巫鸿认为画像中的仿木构建筑和四壁的历史故事、人物画面，隐喻了死者的生活空间，前堂门额上的佛像不是公共场合中的参拜对象，而是死者期望死后升仙的个人愿望的象征[3]。霍巍认为这组画像反映的是死者升仙的过程，可以观察到以中原汉文化为中心的主体文化与巴蜀地方文化之间的互动[4]。霍巍对升仙主题的认识是正确的，这组画像与其他祠堂或墓室画像的主旨并无不同，描绘的是墓主受祭后去往来世世界的场景。墓门门楣上刻有仿木构房屋图像，门扉

---

1 前揭《望都汉墓壁画》，图版二。
2 乐山市文化局：《四川乐山麻浩一号崖墓》，《考古》1990 年第 2 期。
3 前揭《礼仪中的美术——巫鸿中国古代美术史文编》，293—295 页。
4 霍巍：《中心与边缘：汉文化的扩张与变异——以四川乐山麻浩一号崖墓画像石刻为例》，载四川大学中国藏学研究所编《文化传承与历史记忆学术研讨会论文集》，2007 年，89—103 页。

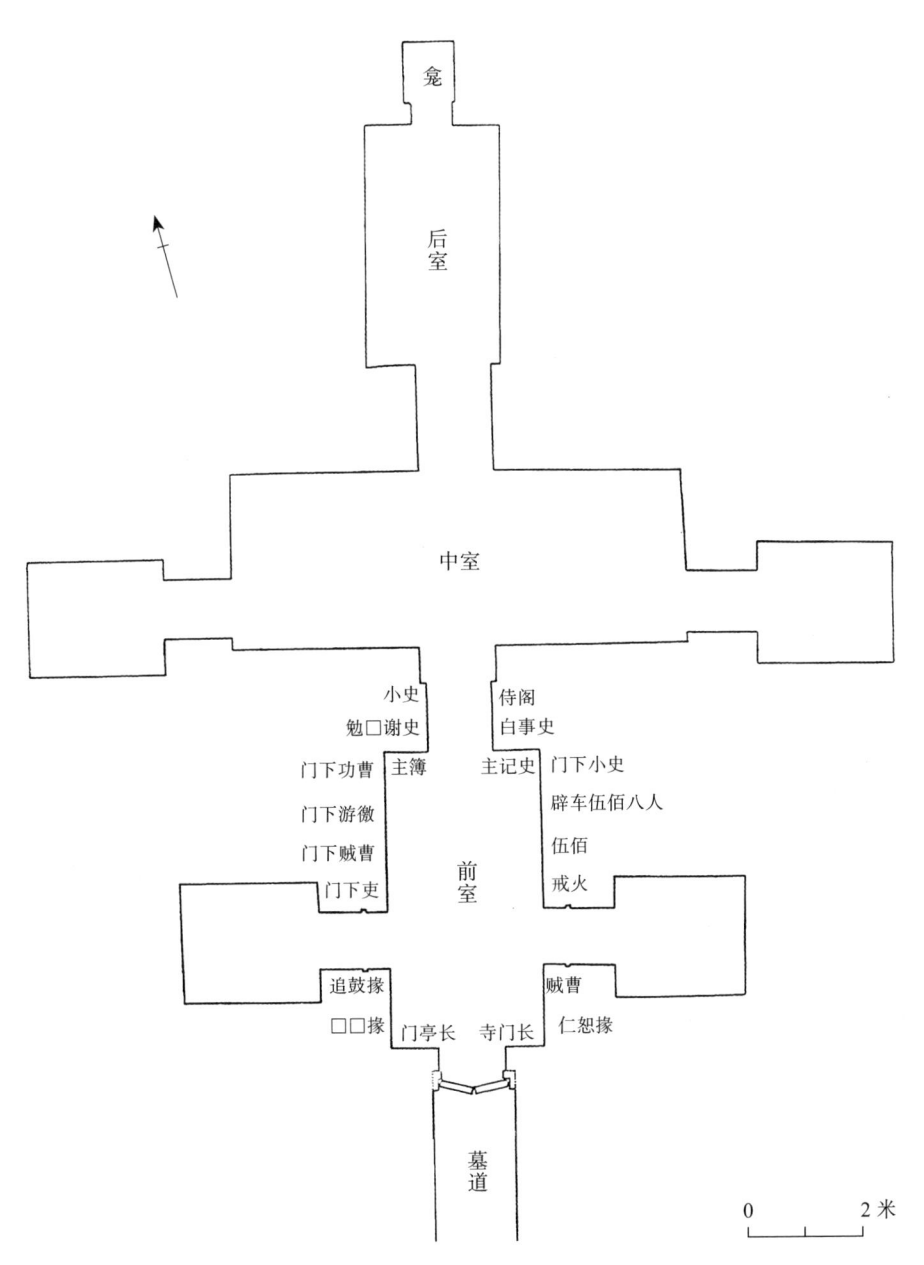

第四章　宅第内外：汉代宅第化的丧葬模式　185

图 4.30　望都县所药村 1 号墓壁画配置
（《望都汉墓壁画》，图版二）

上刻有迎谒、"河梁送别图"、孝子故事等内容，是对宅第之门的模拟，以现实生活中的迎接、送别、拜谒等场景赋予墓门以特殊的象征意义——这是一座生死之门，是两个世界的分界。进入墓门，首先进入视野的是作为视觉中心的正壁图像，在横梁上刻有仿木构建筑构件及瑞兽，在横梁下的壁面上刻有持杖人物、六博、出行等图；两个侧壁的图像相对简略，除了仿木构建筑外，分别刻有出行、"荆轲刺秦王"等历史故事、人物活动场景。值得注意的是，在作为视觉中心的正壁中心位置刻有一尊高肉髻、有项光、着通肩大衣、施无畏印的坐佛，似乎隐含了前堂作为祭祀空间的特殊意义：这是一个生者与死者交流的空间，高高在上的佛陀象征着死者灵魂将要到达的境界，只不过汉代图像中一般是以西王母为代表的仙界，这里被佛陀代表的佛界净土所代替，反映了佛教初传时期民间信仰的庞杂性（图4.31）。

上述以苍山元嘉元年墓、望都汉墓和麻浩1号墓为代表的汉代墓室画像，与地面祠堂画像相比，虽然也有反映汉代宇宙观、历史观、伦理观的内容，但显然更加私人化，主要是祭祀的场景和对来世生活的想象。画像内容的丰富程度与墓室的规模相关，一些比较俭朴的墓室也会有画像，如东汉经学家赵岐遗令薄葬，自己设计了墓室的画像："年九十余，建安六年卒，先自为寿藏，图季札、子产、晏婴、叔向四像居宾位，又自画其像居主位，皆为赞颂。"[1] 以古人为自己的宾客显然不是对生前生活的描绘，而是对来世生活的憧憬。

（4）画像的公共性与私人性

汉代丧葬美术内容十分庞杂，研究者一般根据画像题材分类，如蒋英炬、吴文祺将画像石分为社会生产、社会生活、历史故事、神话传说及鬼神

1《后汉书》卷64《赵岐传》，2124页。

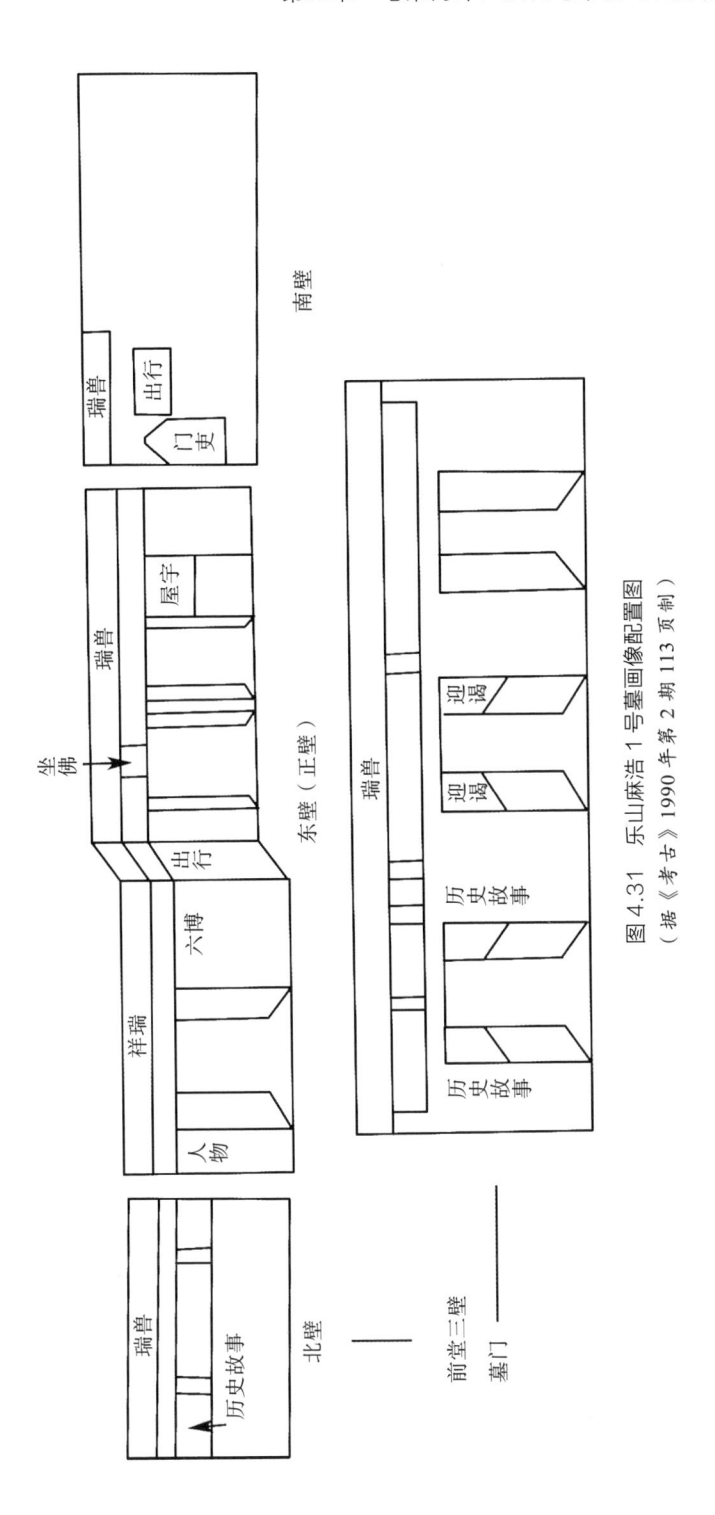

第四章 宅第内外：汉代宅第化的丧葬模式 187

图 4.31 乐山麻浩 1 号墓画像配置图
（据《考古》1990 年第 2 期 113 页页制）

信仰等[1];俞伟超、信立祥将画像石细分为八类题材[2];土居淑子按画像的场景分类,分为具有故事情节的、关于祭祀礼仪的、有关天象与自然现象的、关于仙人与神怪的画像[3];信立祥又将画像石反映的内容分为天上世界、仙人世界、人间世界、鬼魂世界[4];黄晓芬将画像石墓和壁画墓的题材分为天象图、祥瑞图、升天成仙图、生前图、故事图五类[5];黄佩贤将壁画题材分为宇宙天象、御凶与驱邪逐疫、经史人物与故事、生平经历与现世生活四类[6]。

这些按照不同标准所作的分类,使我们一窥汉代墓室画像的概貌,但将画像内容分得过细,会割裂画像之间的联系,模糊画像之间的叙事逻辑。为了更好地观察画像的叙事逻辑与叙事主题,我们可以将墓室画像简化为两类:公共性画像和私人化画像。

公共性画像指反映汉代人宇宙观、历史观和伦理观的内容,包括神仙祥瑞、古圣先贤、忠臣孝子、贞士列女等。这些画像是汉代人对于宇宙万物、历史与社会的一般性认知,是宫室、祠堂和墓室的共同题材,起成教化、助人伦的作用。对于统治者来说是为了宣扬汉王室的天命观和伦理观,对普通官吏和百姓来说是对当时主流观念的认同,也是一种宣扬孝行的手段。正如陕西绥德县辛店呜咽泉汉画像石墓的后室门洞所刻的题记:"览樊姬、观列女、崇礼让、遵大雅、贵组绶、富支子、帷居上、宽和贵、齐殷勤、同恩爱、述神道、熹苗裔"[7],反映了汉代人选择这些图像的意图。汉代的举孝廉制度助长了厚葬之风,这种厚葬已不同于旧时的"秘藏",而是一种公开的

---

[1] 山东省博物馆、山东省文物考古研究所:《山东汉画像石选集》,齐鲁书社,1982年,4—5页。
[2] 俞伟超、信立祥:《汉画像石墓》,《中国大百科全书·考古学》,中国大百科全书出版社,1981年,178—179页。
[3] 土居淑子:《古代中国の画像石》,同朋舍出版,1986年,38页。
[4] 前揭《汉代画像石综合研究》,59—62页。
[5] 前揭《汉墓的考古学研究》,236—237页。
[6] 前揭《汉代墓室壁画研究》,191—226页。
[7] 李贵龙、王建勤主编:《绥德汉代画像石》,陕西人民美术出版社,2001年,154页。

夸耀,"今京师贵戚,郡县豪家,生不极养,死乃崇丧,或至金缕、玉匣、檽梓、梗、楠。多埋珍宝、偶人、车马,造起大冢,广种松柏,庐舍祠堂,务崇华侈"[1]。通过热闹的葬礼、奢华的墓葬、醒目的墓地设施来博取孝悌之名是东汉的社会风尚。这些公共性画像与个人并无多大关系,但由于丧葬礼仪的开放性,在选择画像时预设了观者,因此这些画像与其说是为死者而设,不如说是为生者而设。

私人性画像是私属于墓主人的内容,楼阁拜谒、庖厨宴饮、乐舞百戏等是为了营造墓内祭祀活动的场景而设的,楼阁内的墓主像象征墓主灵魂的存在,是墓室图像的视觉中心,属吏拜谒等内容是对来世的想象与憧憬,车马出行隐喻了死者的灵魂之旅,象征着从生的状态向死的状态的过渡。这些相当私人化的图像是一个真实反映汉代人生死观的图像体系。

这两类画像与墓室建筑、墓内陈设、器物摆放相结合,形成较为固定的配置方式,体现了墓葬的设计意图。在较大型墓葬中,公共性画像和私人性画像常常共处一墓,但中小型墓或只选择公共性画像的一部分,或完全舍弃,只有私人性画像才是必需的选择。

2. 画像的结构与叙事

汉代宅第墓的基本结构是以前堂后室为中轴,在两侧设置数目不等的耳室,但两侧的耳室配置方式不尽相同,构成了对称和不对称两种空间形态。在这两种形态的墓室里,画像的结构也不一样,有静态场景式和动态情节式两种叙事方式。

① 静态场景式画像。配置在中轴对称的墓室空间里,主要见于大型壁画墓和画像石墓。墓室结构是在中轴线上配置前堂后室或前、中、后三室,

---

[1]《后汉书》卷49《王符传》,1636—1637页。

再在左右建造对称的耳室，画像以左右对称的方式配置在侧壁，从前至后层层递进，指向墓室的纵深——墓主所在的中室或后室。

河北望都县所药村1号墓是一座中轴对称的砖室墓，壁画绘在前室的侧壁，以黄色边框将画像分为上下两层。根据文字榜题可知其图像程序是：通过由"寺门卒"和"门亭长"守卫的墓门进入墓室，两列属吏分列左右，其中东壁是持旗、持杖的出行仪仗队，西壁是持笏、拱手的诸曹，所有人物皆躬身向北而立，将观者的视线引入通往中室的券门。券门两侧是坐于榻上、笔墨侍候的"主簿"和"主记史"，继续向前是券门甬道两侧承担传达和迎送任务的"侍阁""白事史""勉□谢史""小史"[1]（图4.6、4.30）。这套图像里没有墓主画像，但两列人物都通过躬身向北的姿态，指向作为祭祀空间的中室，图像并无明确的情节发展，而是模拟了一个静态的府邸拜谒的场景，象征着死者在来世接受拜谒的场景。

山东沂南北寨村画像石墓是一座大型画像石墓，前室和中室都是横长方形结构，以过梁和立柱分隔成二开间、二进深的墓室，这两个墓室比后室更为宽敞、高大，都属祭祀空间。后室是二开间的直长方形结构，是埋葬空间。73幅画像分布在从墓门到前、中、后三室的横额、支柱、隔墙上。根据画像与空间的关系，可以分为3组内容：一是墓门画像，以横额上的河桥攻战图象征生死的分界，在门柱上配置伏羲、女娲、西王母、东王公及羽人、神兽等仙界题材，这组画像象征从生到死的过渡；二是作为祭祀空间的前室和中室画像，其中前室东、西、南壁横额上是3幅祭祀图，是属吏故旧献祭的场面，中室是出行、宴享、乐舞百戏等内容，也是与祭祀有关的内容，这组画像通过祭祀场景表达了人神互动；三是作为埋葬空间的后室画像，描绘了内室生活的场景，如捧奁、衣履、送馈、备马等内容，是对来世生活场景

---

[1] 墓内题字的考释参陈直：《望都汉墓题字通释》，《考古》1962年第12期。

的想象（图4.32）[1]。这套画像比望都县所药村1号墓壁画要复杂得多，由生死过渡、祭祀和来世三个独立的场景组成，通过空间的转换完整表达了生死状态的过渡。

② 动态情节式画像。配置在不对称的墓室空间里，并没有一个固定的视觉中心，而是以连续的情节进行动态叙事，主要见于画像石墓。虽然也是

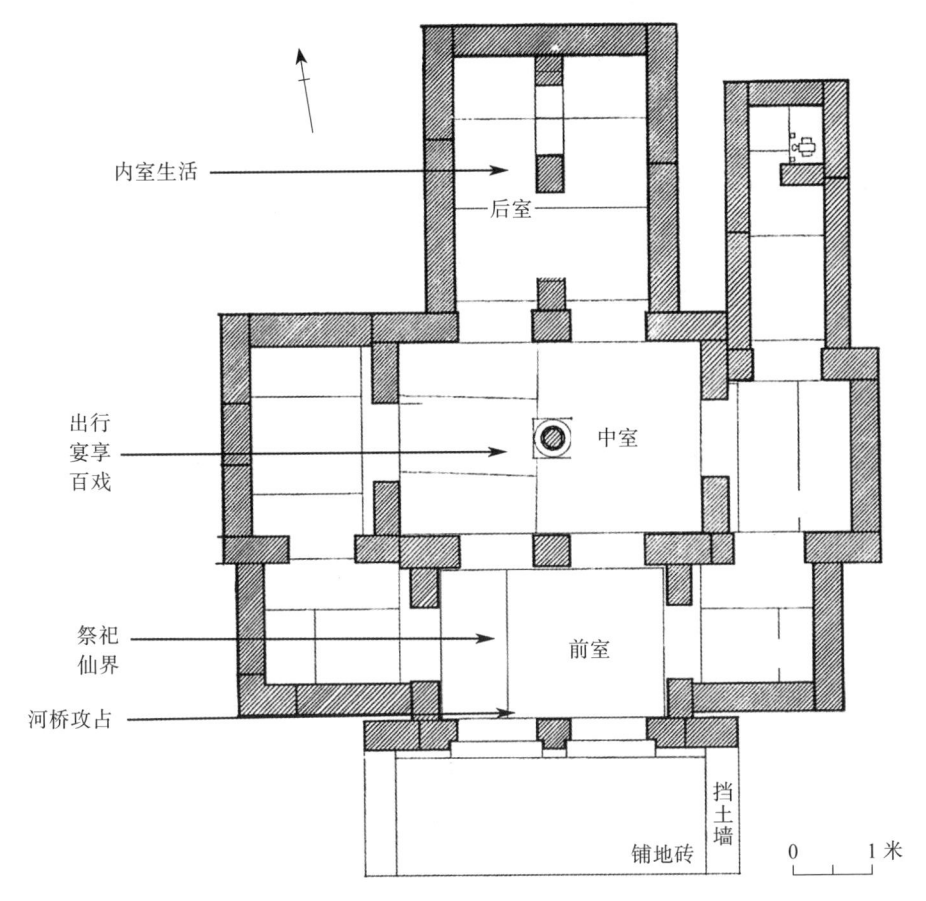

图4.32 沂南北寨村画像石墓的画像配置
（《沂南古画像石墓发掘报告》，3页）

---

1 曾昭燏等编：《沂南古画像石墓发掘报告》，文化部文物管理局，1956年，12—29页。

前堂后室的基本结构，但在前堂的左右配置了一大一小两个耳室，两个耳室分别绘祭祀场景和来世场景，这些场景通过墓壁上运动的车马图按逆时针方向叙事，有明显的时间轴，叙事情节始于左耳室，沿墓壁左行，终于右耳室，象征着从生到死的过渡。

山东苍山东汉元嘉元年画像石墓是一座典型的不对称墓室，有328字的文字题记和12幅画像，是分析动态情节式画像的极好例子。巫鸿根据题记，认为画像的叙事是从放置死者遗体的后室开始的，后室皆为神话内容，前室先以两幅画像象征性描绘了葬礼的过程，再以画像再现死者在另一个世界的生活。通过这三部分的画像将今生和来世连接成一个灵魂转化的完整叙事，其中第一部分（表现死者宇宙环境的后室画像）和第三部分（表现来世生活的画像）都是静态的和非叙事性的，而第二部分的葬礼过程以运动的画面，将二者联系为一个统一体，将整套图像变成了"过渡性叙事"[1]。

巫鸿所说的"过渡性叙事"是对此墓画像的很好归纳，不过他对图像程序的判断主要依据铭文的叙述顺序：后当（后室后壁）——中直柱（后室立柱）——室上央（墓室上部）——卫桥——都亭——堂殃（前堂）——堂三柱（前堂立柱），这段铭文是从后室向前室叙事的，因此巫鸿认为图像程序也是从后往前的。实际上这段文字并不能与实际画像完全对应，画像内容要简略得多，除了前堂后室的上部有表现仙界的神禽瑞兽外，具有实际情节的内容只有位于墓门和两个耳室的3幅画像，这三幅画像可与文字的部分内容对应起来（图4.33）：

a. 墓门门楣：车骑出行——"堂殃外，君出游，车马道从骑吏留，都督在前后贼曹"。

---

[1] 前揭《礼仪中的美术——巫鸿中国美术史文编》，213—224页。

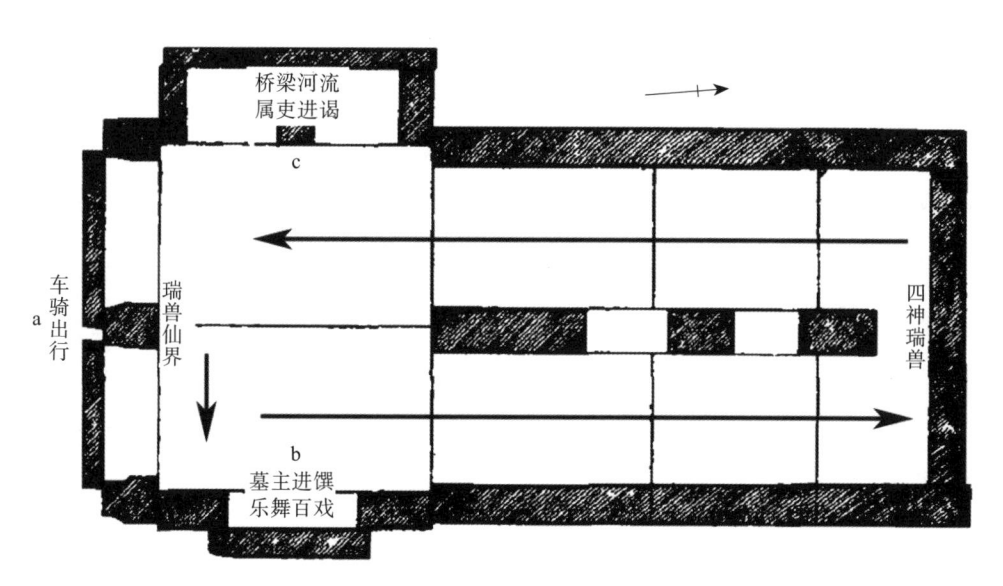

第四章　宅第内外：汉代宅第化的丧葬模式　193

图4.33　苍山元嘉元年画像石墓的场景与叙事
(《考古》1975年第2期，124页)

b. 前室东壁小耳室：墓主进馔及乐舞百戏——"其中画，像冢亲，玉女执樽杯案盘"。

c. 前室西壁大耳室：桥梁、河流和属吏进谒——"上卫桥，尉车马，前者功曹后主簿，亭长、骑佐胡便弩"。

如果仅从实际画像（而不是文字）来看，我们对此墓图像程序的解读可能略有不同。三幅具有实际情节的画像都配置在作为祭祀空间的前堂里，其中东侧小耳室（b）描绘的是一个祭祀场景——墓主进馔、乐舞百戏。西侧大耳室（c）描绘了属吏进谒、桥梁河流。值得注意的是，桥梁和河流在汉画中往往意味着现世与来世的分界，因此，西侧大耳室内的画像象征意义与东侧小耳室应是不同的，可能象征着来世的场景。前堂左右侧的两个场景通过墓门画像——向左运动的车骑行列（a）联系起来，意味着画像的叙事顺序是沿着墓壁逆时针方向进行的，即墓门——前堂东侧大耳室——后室后壁——前堂西侧小耳室。通过这种逆时针的情节转换进行动态叙事，象征着墓主的灵魂接受祭祀之后跨过河桥，顺利到达了来世。

这种图像叙事方式常见于先秦两汉绘画，很多帛画和壁画皆采取了这种方式，一般通过向左行进的人物或车马进行动态叙事。前述长沙战国帛画《人物御龙图》《人物龙凤图》描绘了楚地招魂仪式的实况，截取了墓主灵魂被引导前行的片断，墓主朝向左方行进，前方省略了主持仪式的巫师——徐徐倒行的"巫阳"（图2.2）。马王堆1号、3号墓的帛画中，象征墓主灵魂的侧面像也面朝左方（图4.7：1）。类似的表现也见于汉武帝时期的金雀山9号墓的帛画上部（图4.7：2）[1]。西汉中期卜千秋墓主室脊顶部的壁画从内向外展开为一幅墓主夫妇灵魂升仙图，前有西王母、羽人、女娲、月亮和神禽异兽，后有伏羲和太阳，墓主夫妇、句芒、羽人及动物皆朝左运动，仅西王母、伏羲、女娲朝右，整个画面是向左逐渐展开的，此与帛画所见墓主像一致（图4.7：3）[2]。

1931年发现的大连营城子东汉壁画墓正壁上方有1幅"祝祷升仙图"，表现的是祭拜升仙的场景[3]。画面分为上下两层，下层三个男子面对祭台祭拜，分别作揖、跪拜、顿首。画面上层中心的持剑男子可能是墓主，前有羽人引导、仙使接引，后有持物侍童相随，前后还有龙凤、祥云环绕，表现的也是一个动态的升仙过程（图4.8）。

这种左向展开的情节式画像可能与手卷式绘画形式有关，整个墓室的画像如展开的手卷一样从右向左依次出现。巫鸿将手卷称作"移动的画面"，所表现的场景在观画过程中不断变化，观画者看到的是多幅画面组成的连续图像，所欣赏的不单是图像的内容，同时也是它们展开的过程。他认为独幅的手卷在汉代肯定存在了，如东汉皇后的《列女画卷》、蔡邕画的《小列女

---

[1] 临沂金雀山汉墓发掘组：《山东临沂金雀山九号汉墓发掘简报》，《文物》1977年第11期。
[2] 前揭《洛阳西汉卜千秋壁画墓发掘简报》；前揭《洛阳两汉彩画》，34—59页。
[3] 徐光冀主编：《中国出土壁画全集·东北》，科学出版社，2011年，2页。

图》、武梁祠的《列女图》等，都是逐渐向左展开的方式，这种绘画有组织画面和观看的作用，适合于带有很强文学性和说教性的早期绘画[1]。战国两汉墓室中的这些情节性叙事图像，可能正是在这种绘画方式影响下产生的，强调的是"动态的过渡"——从生到死的转化。

上述两种墓室画像的配置方式，在东汉时期同时存在，但进入魏晋以后，情节式画像趋于淘汰，仅在辽东等边疆地区流行，南北朝时期则完全消失，墓室图像全都变成了中轴对称的场景式。与此同时，作为视觉中心的墓主像也由耳室移到了墓室正壁，产生了另一种形式的图像程序。

六、丧葬中的道教与佛教元素

丧葬行为体现了主流意识形态下关于生命与死亡的态度，中国本土的道教和外来的佛教在生死问题上各不相同，都在不同程度上对汉代的丧葬观念与丧葬行为产生了影响。两汉墓葬中出现了不少具有宗教性质的遗存，它们反映了宗教对传统丧葬礼仪的渗透。

1. 道教元素

道教是中国土生土长的宗教，早期道教杂而多端，吸收、融合了当时社会上很多的哲学流派和民间信仰，特别是在东汉时期，道教吸收了战国以来流行的神仙观念，热衷于追求长生不老以及死后成仙之道。东晋道教思想家葛洪说："按《仙经》云，上士举形升虚，谓之天仙。中士游于名山，谓之地仙。下士先死后蜕，谓之尸解仙。"[2] "尸解"是道教徒成仙的方式之一，这就与传统的魂魄观和来世观发生了联系，因此，早期道教就很自然地参与到

---

[1] 前揭《全球景观中的中国古代艺术》，141—203页。
[2] 王明：《抱朴子内篇校释》，中华书局，1985年，20页。

当时的丧葬活动中来。

刘昭瑞的《考古发现与早期道教研究》[1]和张勋燎、白彬合著的《中国道教考古》[2]对考古发现的道教文物进行了系统的收集、甄别与解读。根据这两部著作，早期道教文物大致包括镇墓文、造像、石刻文、道教法器、印章、简牍帛书等类别，以下就与丧葬关系最为密切、也最常见的镇墓文与符箓、道教图像、摇钱树略作讨论。

（1）镇墓文与符箓

镇墓文是用朱砂书写在随葬陶罐上的文字，主要流行于汉魏时期，是道教仪式参与到丧葬活动的产物。镇墓文也被称为"解除文""解注文""敕鬼文""解谪文"等，目的在于"解除"，"解除"是出于对死亡的恐惧而禳灾、祈福的一种方式，是丧葬仪式的一个环节。《论衡·解除篇》曰：

> 世信祭祀，谓祭祀必有福；又然解除，谓解除必去凶。解除初礼，先设祭祀。比夫祭祀，若生人相宾客矣。先为宾客设膳，食已，驱以刃杖。[3]

从祭祀到解除，相当于"先礼后兵"，表达了人们对于死亡的矛盾心理，既要妥善地祭祀鬼神以求福，又担心鬼神为患，故需解除以避凶。

东汉是镇墓文最流行的时期，在长安和洛阳地区墓中曾有大量出土，一般包括四个内容：一是强调生死异路，如"令死人无适，生人无恙"[4]，即镇墓文的目的是为生人除殃，为死者解适；二是以道教仪式介入丧葬行为，以

---

1 刘昭瑞：《考古发现与早期道教研究》，文物出版社，2007年。
2 张勋燎、白彬：《中国道教考古》，线装书局，2006年。
3 前揭《论衡校释》卷25《解除篇》，1041页。
4 咸阳市文物考古所：《咸阳教育学院东汉墓清理简报》，载《文物考古论集——咸阳市文物考古所成立十周年纪念》，三秦出版社，2000年，233页。

告命、行符、盟誓、用药、代人等手段处理死亡,如"持铅人、人参、雄黄,解注裹草,别羁以代生人之名"[1];三是标明参与仪式的各方身份,包括天帝神师使者和道教神祇、墓主以及丧家等;四是以"如律令"之语结尾,以律令的形式强化镇墓的权威性。

东汉镇墓文中常见"天帝使者""天帝神师""黄神越章"等语,如"天帝使者谨为曹伯鲁之家移殃去咎,远之千里"[2]等。"天帝"之名最早出现在西汉末年,《汉书·李寻传》中记载:"初,成帝时,齐人甘忠可诈造《天官历》《包元太平经》十二卷,以言'汉家逢天地之大终,当更受命于天,天帝使真人赤精子,下教我此道。'"[3]甘忠可的《天官历》《包元太平经》与后来问世的道教经典《太平经》有着继承关系,此"天帝"之名可能就是因道教而产生的。至于"天帝使者""天帝神师"等,应是道教仪式的主持人,在丧葬活动以天帝的名义移殃、去咎,以强调仪式的权威性和有效性。

"黄神越章"不仅仅出现于镇墓文之中,也出现在出土的印章之上,它与道教之间的关系也十分明确。黄神也是天帝的使者,印章是重要的道家法器,因作为权力的象征而被引申出禳灾驱邪的功能,在早期道教仪式中,与符箓、刀、尺、剑等一起使用[4]。东晋葛洪《抱朴子》称道士入山,必携带"入山佩戴符"和"黄神越章"印,前者以二寸木方制作,大约类似于汉晋墓葬中的木椟,上有符箓;后者可能是以木、铜类制作的方形印章,上刻文字,"古之人入山者,皆佩黄神越章之印,其广四寸,其字一百二十,以封泥著所住之四方各百步,则虎狼不敢近其内也"[5]。吴荣曾认为黄神或就是天帝

---

1 负安志、马志军:《长安县南李王村汉墓发掘简报》,《考古与文物》1990年第4期。
2 禚振西:《陕西户县的两座墓》,《考古与文物》1980年第1期。
3 《汉书》卷75《李寻传》,3192页。
4 关于道教用印的考述,参前揭《考古发现与早期道教研究》第五章《早期道教用印研究》,131—173页;前揭《中国道教考古》第1卷,245—257页。
5 前揭《抱朴子内篇校释》卷17,313页。

之孙泰山神，其执掌之一是总管死人簿籍，镇墓文中有"黄神生五岳，主死人录，召魂召魄，主死人籍"[1]。既如此，道士入山所佩"黄神越章"印被应用于丧葬活动中也就顺理成章了。考古中常见黄神向地下官吏发号施令的句子，"黄神越章"铭文常见于木简、解注瓶上。如1955年河南陕县刘家渠东汉墓M2出土的1件"黄神越章"朱书解注瓶，同墓地的M158还出有1件陶瓶，上书"天帝神师"等语[2]；1960年江苏高邮东汉遗址出土的一方木简，上书"乙巳日死者鬼名天光，天帝神师已知汝名，疾去三千里，汝不即去，南山□□令来食汝，急如律令"，同出的还有经火烧过的"天帝使者"封泥[3]；1972年陕西户县朱家堡东汉墓出土朱书瓶，上书近百字[4]，张勋燎、白彬释读为："阳嘉二年八月……天帝使者谨为曹伯鲁之家移央（殃）去咎……生人得九，死人得五，生死异路，相去万里。从今以长，保孙子寿如金石，终无凶。何以为信？神药压镇，封黄神越章之印。如律令。"在葬礼中可能以药物盛瓶内，再以"黄神越章"印封口[5]。

符箓是东汉镇墓文中的一类特殊符号，一般由汉字和图形组合而成，如陕西户县出土的阳嘉二年（133）曹氏镇墓瓶，在镇墓文的正文之后以两个道符结尾，仿佛公文之后的印章，以强调镇墓文的权威性和有效性。其一符能辨认出的文字有日、月、鬼，大概以日月象征阴阳相隔，以鬼表示逝者的灵魂，至于其他符号也许并没有什么特别含义；其二符以图形表示星宿，文字表示天神太一，表达了绑缚恶鬼的绳索在此，具有逐鬼驱邪职守的太一神也在持节以待（图4.34）[6]。

---

1 吴荣曾：《镇墓文中所见到的东汉道巫关系》，《文物》1981年第3期。
2 黄河水库考古工作队：《河南陕县刘家渠汉墓》，《考古学报》1965年第1期。
3 江苏省文物管理委员会：《江苏高邮邵家沟汉代遗址的清理》，《考古》1960年第10期。
4 禚振西：《陕西户县的两座汉墓》，《考古与文物》1980年创刊号。
5 前揭《中国道教考古》第1卷，111页。
6 王育成：《东汉道符释例》，《考古学报》1991年第1期。

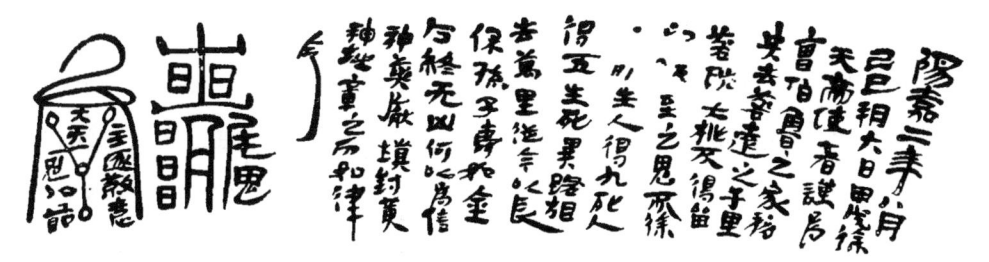

第四章 宅第内外：汉代宅第化的丧葬模式 199

图 4.34 户县曹氏朱书解除文和符箓
(《考古与文物》1980 年创刊号，47 页)

符箓在道教仪式中与"天帝"名号和印章的作用一样，是为了强调仪式的权威性，以表明移殃、去咎的功效。符箓在汉代先是被方士广泛使用，如传说东汉方士费长房曾作符箓，以医疗众病、鞭笞百鬼、驱使社公[1]。由于符箓具有消灾除病、驱除鬼魅的威力，当东汉中晚期道教兴起时，被道士用于吸引信众。太平道创始人张角"自称大贤良师，奉事黄老道，畜养弟子，跪拜首过，符水咒说以疗病，病者颇愈，百姓信向之"[2]。五斗米道创始人张陵"学道鹤鸣山中，造作符书，以惑百姓"[3]。与民间方术关系密切的早期道教，从一开始就积极参与到丧葬活动中来，镇墓文中的符箓就是道士参与葬仪的证据，体现了民间生死有别的生死观。

镇墓文中还经常提到一些特殊的物品，它们也是道教参与葬仪的"道具"，如咸阳出土的镇墓瓶上有"建立大镇，慈、雄黄、□、曾青、丹砂，五石会精"[4]，是以五种矿物质来辟邪禳灾。当然也不限于这五种矿物，在墓葬中也发现了一些矿物质遗存，如朱砂、云母、水晶、硫磺等，还有一些性质不明的药物。它们本是方士炼丹以求长生不死的物质，《抱朴子》称服用

1《后汉书》卷 82 下《方术·费长房传》："又为作一符，曰：'以此主地上鬼神。'……遂能医疗众病，鞭笞百鬼，及驱使社公。或在它坐，独自恚怒，人问其故，曰：'吾责鬼魅之犯法者耳。'……后失其符，为众鬼所杀。"2744—2745 页。

2《后汉书》卷 71《皇甫嵩传》，2299 页。

3《后汉书》卷 75《刘焉传》，2435 页。

4 咸阳市文物考古所：《咸阳教育学院东汉墓清理简报》，载《文物考古论集——咸阳市文物考古所成立十周年纪念》，三秦出版社，2000 年，233 页。

丹砂可以长寿、易容、变化无常。汉晋时期书写镇墓文的陶瓶内常会发现这些矿物、植物和谷物类遗存，这种陶瓶一般较小和粗糙，与献祭食物的祭器是不一样的，因此陶瓶内的物品与祭祀无关，很可能就是道士作法的遗存，起到压镇、代形、充当贡赋的作用[1]。这些物品葬入墓中，又有了镇压地下鬼魅的功用，故称为"镇"。张勋燎认为"镇"是指道教仪式中镇压鬼魅的醮仪，道教斋醮仪式中所获得的捐献钱物被称为"镇钱""镇物""镇信"[2]。

综上所述，镇墓文中的内容带有强烈的道教性质，应当就是道士们造作出来的，他们以"天帝神师""天帝使者"自称，将道教仪式用于丧葬活动，并以符箓、"如律令"等方式强化了仪式的合法性和权威性，目的在于禳灾、除凶，反映了生死异途的死亡观。

（2）道教图像

在构成汉代来世想象的图像系统中，有一些特殊图像与早期道教发生了关联，如西王母像、秘戏图、天门图等，它们本来是庞杂的民间信仰的一部分，当早期道教介入到丧葬活动后，这些图像成为道教图像体系的一部分，成为汉墓画像的内容。

西王母崇拜在道教产生之前就已存在，西王母在先秦时期被描述成一位状如人、虎齿、豹尾的面目狰狞的人形怪兽，只是众多神异之一，执掌天上的星辰。《山海经·西山经》记载："玉山，是西王母所居也。西王母其状如人，豹尾虎齿而善啸，蓬发戴胜，是司天之厉及五残。"[3]至少在汉代以前，西王母还并不是一个慈祥的女神形象，也不负责灵魂升仙之事。但到了汉代，升仙成为了社会的普遍追求，西王母逐渐与追求长生不死的方术发生

---

1 刘卫鹏、程义：《汉晋墓葬中随葬陶瓶内盛物的初步研究》，《江汉考古》2008年第3期；刘卫鹏：《汉代镇墓瓶所见"神药"考》，《宗教学研究》2009年第3期。

2 张勋燎：《东汉墓葬出土的解注器材料和天师道的起源》，《道教文化研究》第九辑，上海古籍出版社，1996年。

3 袁珂校注：《山海经校注》卷2《西山经》，注引郭璞云："主知灾害五刑残杀之气。"巴蜀书社，1993年，60页。

了联系，被描述为掌管不死之药的神仙，形象似乎也没那么可怖了。《淮南子·览冥训》记载"（后）羿请不死之药于西王母，恒娥窃以奔月"[1]；司马相如撰《大人赋》，"吾乃今目睹西王母皬然白首，载胜而穴处兮，亦幸有三足乌为之使。必长生若此而不死兮，虽济万世不足以喜"[2]。西汉时期兴起了求仙的热潮，西王母成为仙界的代表而受到狂热的追捧，以致出现了串联式的礼拜西王母的行为，《汉书·五行志》记载："哀帝建平四年，……京师郡国民聚会里巷阡陌，设张博具，歌舞祠西王母。又传书曰：母告百姓，佩此书者不死。不信我言，视门枢下，当有白发。至秋止。"[3]

在汉代人的观念里，信仰西王母可以不死，即便死后也可借助西王母升仙，而死后升仙的途径是"先死后蜕"，即所谓"尸解仙"[4]。这种升仙观念对汉代丧葬行为的影响是相当大的，一方面要用尽一切手段保护尸体以使不朽，除使用各类葬玉外，炼丹家所用的朱砂、云母、铅等物皆被用来拥尸；另一方面还要在墓室里营造一个想象中的仙境，于是西王母很自然成了墓葬图像的主题。目前所知最早的西王母图像，出现于西汉中后期的洛阳卜千秋墓中，在脊顶描绘的一幅情节式升仙图的起始端，西王母端坐于祥云中，面对墓主夫妇，前有一只玉兔。男女墓主分上下排列，皆为闭目颔首的逝者之相，似乎灵魂正在前往西王母所在的仙境。女墓主手捧青鸟，立在三头凤鸟身上，下有一只白色的九尾狐；男墓主持弓立在龙身上，下方一只蟾蜍。画面中的玉兔、青鸟、九尾狐、蟾蜍等，都是西王母仙界的常见元素，这个片段描绘的是卜千秋夫妇灵魂到达仙境的场景（图4.24）。这时的西王母已与先秦时期面貌狰狞的形象大不相同，变成了头戴巾帻或笼冠、面目慈祥，身

---

[1] 张双棣：《淮南子校释》卷6《览冥训》，北京大学出版社，1997年，710页。
[2]《史记》卷117《司马相如传》，3060页。
[3]《汉书》卷27《五行志》，1476页。
[4] 前揭《抱朴子内篇校释》卷2《论仙》，葛洪引《仙经》："上士举形升虚，谓之天仙；中士游于名山，谓之地仙；下士先死后蜕，谓之尸解仙。" 20页。关于"尸解成仙"已有大量的研究，以姜生的讨论最为充分，参姜生：《汉帝国的遗产：汉鬼考》，科学出版社，2016年，16—23页。

穿汉式袍服的世俗人物形象。

到了东汉时期，早期道教兼采各种民间信仰与巫术，西王母作为一位仙界代表也逐渐成为道教的主神，道教经典《太平经》中出现了西王母的身影，"使人寿若西王母"[1]。也正是由于道教越来越介入到丧葬活动中，墓葬中出现了越来越多的西王母形象。

目前考古所见的西王母形象，常见于东汉墓的墓壁装饰，如壁画、画像石、画像砖上。值得注意的是，西王母的形象在太平道流行的东部地区和五斗米道流行的西部地区出现了差异。在四川地区的西王母图像中，龙、虎是必备的元素，一般配置在西王母的两侧，成为西王母的座椅，因此被称作龙虎座，它应隐含了五斗米道的成仙思想，龙虎在五斗米道的得道成仙过程中扮演着重要的角色。《抱朴子·杂应》记载了成仙者的三种坐骑——龙、虎、鹿。"若能乘蹻者，可以周流天下，不拘山河，凡乘蹻道有三法：一曰龙蹻，二曰虎蹻，三曰鹿卢蹻。"[2] 张光直认为三蹻是道士与鬼神往来的工具，"道士可以它们为脚力，上天入地，与鬼神来往"[3]。姜生认为战国两汉的尸解信仰中，乘蹻升仙是叙事话语之一，以各种方式呈现于汉晋文献和墓葬画像中，并成为道教信仰传统之一[4]。

西王母及所代表的仙界图像，到东汉时期已经全方位进入丧葬系统，不仅用于装饰墓壁，也用作木棺等葬具的装饰。东汉时期在峡江的巫山等地兴起了一批因盐业致富的地方豪族，他们建造了规模较大的石室墓，随葬釉陶等精致器物，并在漆木棺上贴附鎏金青铜棺饰，很多都有镂空或阴刻的西王母、天门等图像。巫山博物馆收藏了大量历次考古发掘所获的这类棺饰（图4.35）[5]。

---

1 王明：《太平经合校》（中），中华书局，1962年，68页。
2 [晋]葛洪著，顾久译注：《抱朴子内篇全译》，贵州人民出版社，1995年，390页。
3 张光直：《濮阳三蹻与中国古代美术上的人兽母题》，《文物》1988年第11期。
4 姜生：《指鹿为龙：汉墓鹿蹻葬仪考》，《社会科学辑刊》2020年第1期。
5 蒋晓春：《有关鎏金棺饰铜牌的几个问题》，《考古》2007年第5期；李梅田：《略谈巫山汉墓的鎏金棺饰——兼及汉代的饰棺之法》，《文物》2014年第9期。

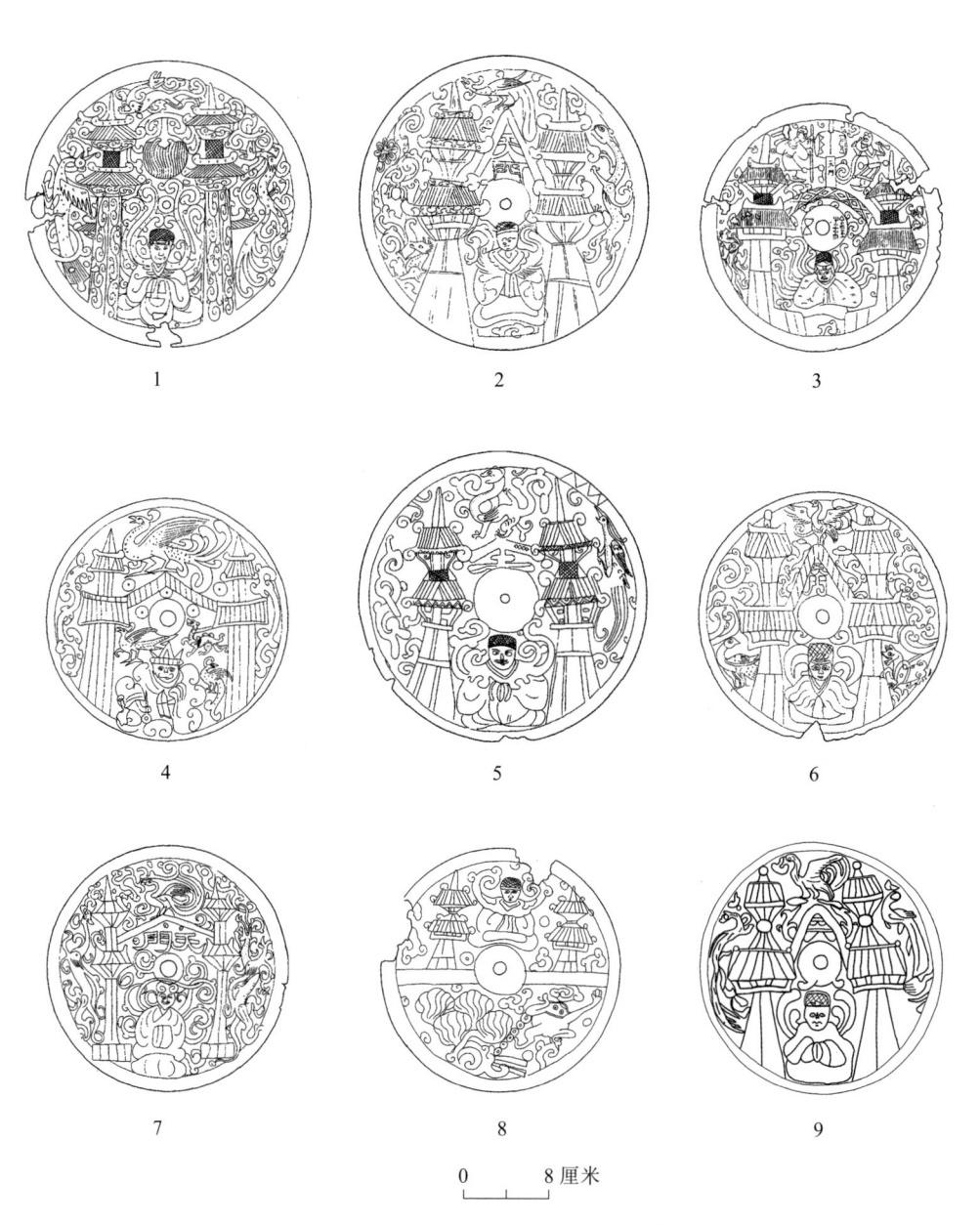

第四章 宅第内外：汉代宅第化的丧葬模式 203

1　　　　　　　　2　　　　　　　　3

4　　　　　　　　5　　　　　　　　6

7　　　　　　　　8　　　　　　　　9

0　　8厘米

图 4.35 巫山县出土西王母形像鎏金棺饰
(《文物》2014 年第 9 期李梅田文，73 页)

一类是镂空的西王母形牌饰，常与人形、龙形、朱雀形、阙形、柿蒂形等组合成图案。巫山县巫福公路出土的西王母像鎏金棺饰，长17.3厘米，宽11.7厘米，厚0.05厘米，西王母像居中，龙、虎形象位列左右，右侧为立于山峦上的羽人形象，表面皆以阴刻线条刻画细部并鎏金，牌饰中央部位有用于穿插泡钉的圆形小孔。另一类是圆形牌饰，以西王母及"天门"为图案主题，中央有小圆孔，可能是贴附于棺木头挡上的棺饰。如龙头山墓群出土的圆形牌饰（WLM4：4），直径22.5厘米，中有圆形小孔，通过泡钉将牌饰固定在棺木上，牌面以西王母和天门为主题，双阙之间的天门之下端坐人物头戴笼冠，身着长袍，双手笼于胸前，肩后生羽翼；双阙左侧为凤鸟、右侧有九尾狐，天门之上有三足乌图案。也有的直接在双阙之间、人物之上隶书"天门"二字，如巫山东井坎工地采集的鎏金棺饰，在西王母形像之上隶书"天门"[1]。这类鎏金棺饰在巫山以外的三峡地区也有发现，如东汉中期的云阳故陵M8出土了鎏金圆形饰片和龙形饰片各1件，不过素面无纹[2]；云阳走马岭墓地、李家坝墓地等地也出土了类似的鎏金棺饰。

木棺是要在丧葬礼仪中公开展示的，一般都要精心装饰，前述战国和西汉前期的漆木棺也多有繁复的图案，但都是一些没有明确主题的神异图案。但到了东汉时期，木棺装饰出现了西王母和天门这类明确的升仙主题，这当与东汉时期道教对丧葬仪式的参与有关，道教助长了丧葬图像的叙事性。

在东汉墓的升仙图像中，除了作为仙界主神的西王母形象外，也出现了前述自称"天帝使者""天帝神师"的形象，实际上是参与丧葬活动的道士

---

1 重庆巫山县文物管理所、中国社会科学院考古研究所三峡工作队：《重庆巫山县东汉鎏金铜牌饰的发现与研究》，《考古》1998年第12期。该文收录了14件巫山鎏金棺饰，圆形居多，其中3件有"天门"榜题；另参重庆市文物局、重庆市移民局编著：《巫山博物馆——巫山出土文物》，图版156，西南交通大学出版社，2012年。

2 中国历史博物馆故陵考古队、云阳县文物管理所：《云阳故陵楚墓发掘报告》，载《重庆库区考古发掘报告集（1998年）》，科学出版社，2003年，389—415页。

形象，他们具有沟通鬼神、助灵魂升仙的法力。四川南溪长顺坡出土的一具东汉晚期石棺上，有一幅特殊的情节式图像，罗二虎解释为升仙与西王母仙境图[1]。画像分为上下两栏，上栏较窄，是一幅象征西王母仙界的以"胜"为中心的仙境，有仙人嬉戏、墓主夫妇仙境相聚的内容；下栏较宽，有明确的叙事性，画面以一座天门分隔为两段，左侧是坐在龙虎座上的西王母和一位站立的仙人，右侧是由一位持节者带领的求仙队伍，包括一只鹿、二主二仆，持节者跪在门前，半启的门内走出一位仙人（图4.36：1）。

仙人持节的形象在汉画中比较常见，如前述卜千秋墓中有羽人持节而立，但此处持节者并非羽人，装束与后方人物无异，罗二虎认为可能是早期的道士形象[2]，这是极有可能的。类似的持节道士形象，也见于四川新津廿二号石棺上，一位佩剑、持节的老者正在门口谒见西王母，身后也跟随着一只鹿（图4.36：2）[3]。节在中国古代是代表朝廷执行使命的象征物，持节者一般是重要官员，但在早期道教中，道士也可持节作法。《后汉书·刘焉传》注引《典略》："太平道师持九节杖，为符祝。"[4] 显然，节也像其他代表权力的印章、符箓和镇墓文中的"如律令"等语句一样，被道士用在巫祝仪式中，以强调法力的权威性。画面中的鹿应就是《抱朴子·杂应》所记的三蹻之一的"鹿蹻"，是道士的坐骑。姜生对烟台毓璜顶山发现的一座东汉末年的所谓"殉鹿墓"进行了分析，认为墓中的鹿骸与人骸构成了乘骑式的平面组合，应是一座"鹿蹻葬"，墓主应是道教信徒，这是乘蹻信仰支配下形成的鹿蹻实物组合葬的最早实例[5]。乘鹿的形象在汉画中并不鲜见，应大多与早期道教的升仙活动有关。因此，南溪长顺坡石棺画像表达的意思可能是：墓

---

1 罗二虎：《四川南溪长顺坡汉墓石棺画像考释》，《四川文物》2003年第6期。
2 罗二虎：《东汉画像中所见的早期民间道教》，《文艺研究》2007年第2期。
3 高文主编：《中国画像石棺全集》，三晋出版社，2011年，202页。
4 《后汉书》卷75《刘焉传》注引《典略》，2436页。
5 姜生：《指鹿为龙：汉墓鹿蹻葬仪考》，《社会科学辑刊》2020年第1期。

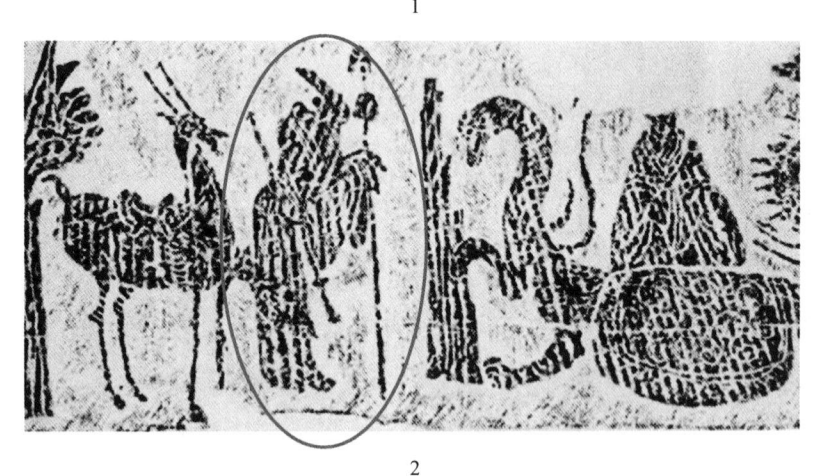

图 4.36 四川汉代画像石棺中的持节仙人（道士）形象
1. 南溪长顺坡 3 号汉墓石棺（《四川文物》2003 年第 6 期，66 页） 2. 新津廿二号石棺（《中国画像石棺全集》，202 页）

主夫妇二人在侍从的陪同下，在乘鹿的"天帝神师"——道士的带领下，前往西王母所在的仙界，这正是道教所追求的尸解成仙。

在四川东汉画像中，还有一类表现男女交合的图像，学界称之为秘戏图，它们也与早期道教有关。秘戏图见于东汉后期的画像石棺、崖墓石刻、画像砖或陶俑，有拥抱、抚摸、亲吻、野外交媾等表现方式，在四川合江、绵阳、彭山、德阳等地汉墓都有发现。荥经石棺的左侧刻有一座房屋，以一座半启之门相隔为左右两部，门口立一女子，门右侧是端坐的西王母像，左

第四章　宅第内外：汉代宅第化的丧葬模式　207

图 4.37　四川发现的东汉秘戏图
1. 荥经石棺（《文物》1987 年第 1 期，95 页）　2. 新都画像砖（四川省博物馆藏）

侧一男一女盘腿而坐，作亲吻状（图 4.37：1）[1]。新都县出土两块画像砖上有野合图，其一是一男一女在大树下性交的场景，男女皆裸体，男子后方一人手推其臀部，树后另立一位显露生殖器的赤身男子，树上挂有衣服，并有猴、鸟等形象（图 4.37：2）。其二大致相同[2]。

1　李晓鸣：《四川荥经东汉石棺画像》，《文物》1987 年第 1 期。
2　高文：《野合图考》，《四川文物》1995 年第 1 期。

这些秘戏图都出自墓葬中，含义与后来的春宫图之类风俗画自然是不一样，我们应从葬仪的角度来理解它。所谓秘戏，即闺中所行房事，《汉书·周仁传》记载："仁为人阴重不泄，常衣弊补衣溺袴，期为不洁清，以是得幸，入卧内。（景帝）于后宫秘戏，仁常在旁，终无所言。"[1] 中国古代最晚到战国秦汉时期已经出现了相当丰富的性爱知识体系，出现了很多有关性爱的书籍，在《汉书·艺文志》中以"房中术"著录。马王堆汉墓出土文献中涉及房中术的有《十问》《合阴阳》《天下至道谈》《养生方》等[2]。在高罗佩（Robert H. van Gulik）[3]、李零[4]、汪晓原[5]、林富士[6] 等的研究中，大多将房中术与早期道教的修炼方式联系起来。很多东汉末年的道士都有房中术的著作，《房中七经》等书已经在道教徒中流传。五斗米道的创立者张陵，一开始就教人行"男女交接之道"以达到"度厄延年"的目的。《后汉书·方术传》中，记载了一些道士因行房中之术而得道长寿，甚至升仙的故事，如"（泠）寿光年可百五六十岁，行容成公御妇人法"[7]。道教徒葛洪在《神仙传·甘始传》中也记载："甘始者，太原人也。善行气，不饮食，又服天门冬。行房中之事……在人间三百余岁，乃入王屋山仙去也。"[8] 五斗米道最著名的《黄书》就是一部以男女合气方式修习黄赤之道的著作，将

---

[1]《汉书》卷46《周仁传》，3203页。

[2] 林富士：《略论早期道教与房中术的关系》，《"中研院"历史语言研究所集刊》，2001年第72卷第2期，233—300页。

[3] 高罗佩（Robert H. van Gulik）著，李零、郭晓惠等译：《中国古代房内考》，上海人民出版社，1990年；高罗佩（Robert H. van Gulik）著，杨群译：《秘戏图考——附论汉代至清代的中国性生活》，广东人民出版社，1992年。

[4] 李零：《中国方术概观·房中术》，人民中国出版社，1993年；李零：《马王堆房中书研究》，《文史》1992年第25卷。

[5] 汪晓原：《〈天地阴阳交欢大乐赋〉发微》，《汉学研究》9-1，1991年；汪晓原：《高罗佩〈秘戏图考〉与〈房中考〉之得失及有关问题》，《中国文化》1995年第11期。

[6] 林富士：《略论早期道教与房中术的关系》，载氏著《中国中古时期的宗教与医疗》，中华书局，2012年，306—370页。

[7]《后汉书》卷82下《方术列传·泠寿光传》，2740页。

[8] ［晋］葛洪撰，钱卫语释：《神仙传》，北京学苑出版社，1998年，273页。

房中术视为消灾、养生、长寿成仙的方法。因此，秘戏图与西王母图像一样，也是先已流行于民间，后被道教吸收和发展的一种修炼成仙的方式。最晚从东汉末年开始，房中术已进入道教体系，并随着五斗米道的创立而广为流行，这是四川地区东汉墓中常见秘戏图的原因。正因为道教徒把房中术看成修炼成仙的途径，当道教介入到丧葬活动后，它们也就很自然地出现在丧葬中了。

除了上述西王母、天门和秘戏图外，东汉墓葬中还有很多图像都与道教有关，如道士炼丹图、驱鬼图等，在此不一一讨论。总体来说，东汉时期道教对丧葬活动的参与是十分深入的，尤其在四川地区盛行，这当与东汉时期张陵祖孙三代在蜀地传播五斗米道的背景有关。

（3）摇钱树

摇钱树也是主要发现于四川地区东汉墓中的一类特殊随葬品，因树枝上挂满了圆形方孔钱，而被称作摇钱树。自20世纪40年代在四川彭山崖墓中被发现以后[1]，很多学者就其起源、性质、内涵等问题进行了深入的探讨，大多认为它与汉代的升仙观念有关，如李淞认为是蜀地百姓追求的"蜀式仙境"[2]，罗二虎认为"其核心是希望墓主死后能通过神树升仙并在仙境享受荣华富贵"[3]。由于摇钱树流行的年代和地区与早期道教传播的年代和地区多有重合，很多学者认为它与早期道教有关，如巫鸿认为摇钱树与五斗米道之间有着某种难以分割的关系[4]。何志国对汉魏摇钱树做过系统研究，认为摇钱树是西南地区吸收官方神仙思想杂糅而成的民间风俗，它不是道教的法器，但表达的西王母等神仙观念与五斗米道有密切的关系，其使用者主要是中下

---

[1] 南京博物院：《四川彭山汉代崖墓》，文物出版社，1991年。
[2] 李淞：《论汉代艺术中的西王母形象》，湖南教育出版社，2000年，210页。
[3] 罗二虎：《中国初期佛像与西南地域文化圈》，《世界文化与佛教》，日本京都永田文昌堂，2000年，162页。
[4] 前揭《礼仪中的美术——巫鸿中国古代美术史文编》，485—508页。

层汉人，他们成为后来道教形成的群众基础[1]。

摇钱树与西王母和一些神仙方术一样，本来只是反映民间信仰的物品，但早期道教产生后，逐渐与道教的升仙思想结合在一起，成为早期道教仪轨的一部分。从时间上来看，目前所知最早的摇钱树是云南昭通曹家老包一座砖室墓中出土的树座，座上刻有"建初九年三月戊子造"铭文，建初九年是东汉章帝末年（84）。这只是明确纪年的摇钱树，不排除有更早的。五斗米道在四川地区的创立时间要晚了四五十年，在顺帝时期（126—144），《后汉书》载张鲁祖孙三代在蜀地传习其道，"（张）鲁字公旗。初，祖父陵，顺帝时客于蜀，学道鹤鸣山中，造作符书，以惑百姓"[2]。从时间上看，摇钱树不可能是道教徒创造出来的，但从地域上看，摇钱树与五斗米道的活动范围大部分是重合的，绝大多数发现在四川等西南地区，在湖北和陕甘宁青也有少量发现。东汉时期张陵创建的五斗米道二十四个教区（即二十四治）中，除了一个在都城雒阳外，其余都在四川境内[3]。虽然五斗米道的活动范围与摇钱树的发现地点不完全相符，但大部分是重合的，少量四川以外的地点也都毗邻四川。因此，从地域来看，摇钱树与东汉五斗米道一定有着密切的关系，是民间信仰进入道教仪轨的又一个表现。

中国古代自先秦就有社树祭祀的传统，是对土地之神的祭祀，这与农耕民族对土地的强烈依赖有关。祭社之处必植树，树木因社的宗教性而演变成了社树，成为被崇拜的对象[4]。摇钱树可能正是这样一种社树，与汉画中常见的带有神鸟、猿猴等动物的树木性质是一样的，而摇钱树上的西王母等直接关乎升仙的图像显示了它在丧葬中的特殊性。摇钱树的图像主题是西王母，一般处于最上部中心的位置，呈端坐的正面形象，是整棵树的视觉中心，应

---

1 何志国：《汉魏摇钱树初步研究》，科学出版社，2007年，173页。
2 《后汉书》卷75《刘焉传》，2435页。
3 卿希泰：《中国道教史》第一卷，四川人民出版社，1988年，174页。
4 赵沛霖：《树木兴象的起源与社树崇拜》，《河北学刊》1984年第3期。

是作为礼拜的偶像出现的。有的以西王母、龙虎座、天门构成图像组合，表现出强烈的墓主渴求长生不老、羽化登仙的思想。这种西王母与龙虎座、天门的图像组合是典型的早期道教形象，在时间、空间上与道教在蜀地的流行相重合，当属道教遗物，应是早期道教参与丧葬活动的证据。

综上所述，汉墓中的镇墓文和符箓是早期道教的创造，表达了生死异路、消灾禳祸的生死观。而西王母像、秘戏图、天门图和摇钱树等本是反映民间习俗与方术的内容，与道教并无关系，但当五斗米道在四川地区创立和传播后，这些祈求长生不老的民间信仰被道教吸收和改造，成为道教的仪轨内容，表达了羽化登仙的思想，这些内容大量出现在东汉四川墓中，表明早期道教对传统丧葬的强力渗透。

2. 佛教元素

佛教大约在两汉之际传入中国，文献中有很多东汉上层社会信佛、造佛像的记载，如明帝于南宫清凉台、开阳城门、显节陵作佛像[1]，献帝时笮融于徐州"大起浮图祠，以铜为人，黄金涂身"[2]。但考古所见的早期佛像实物都出自东汉晚期的中小型墓中，包括崖墓中的石刻佛像、摇钱树上的佛像，铜镜、陶俑和青瓷明器上的佛像等，这些墓葬的等级都不高，大多出自长江流域，尤其以长江上游的蜀地年代较早而且多见。蜀地早期佛像的发现始于20世纪40年代的彭山崖墓、乐山崖墓发掘[3]，之后又在乐山、绵阳、忠县等地发现了更多的佛像。1990年代初，阮荣春、贺云翱等与日本学者合作对

---

[1] 前揭《弘明集·牟子理惑论》，47页。
[2] 《三国志》卷49《吴书·刘繇传》："大起浮图祠，以铜为人，黄金涂身，衣以锦采，垂铜盘九重，下为重楼阁道，可容三千余人。"1185页。
[3] 南京博物院：《四川彭山汉代崖墓》，文物出版社，1991年；闻宥：《四川汉代画像选集》，群联出版社，1955年；乐山市文化局：《四川乐山麻浩一号崖墓》，《考古》1990年第2期；四川省文物考古研究院等：《四川乐山市柿子湾崖墓B区M1调查简报》，《四川文物》2016年第5期。

长江流域及两广十省进行了实地采访，收集到 300 多件与早期佛教有关的文物，将其中部分文物编为《佛教初传南方之路文物图录》，除了早期发现的佛像外，还甄别出大量长江中下游吴晋时期铜器、青瓷器、魂瓶上的佛像以及可能与佛教有关的胡人俑[1]。

这些发现引起了学界对南方早期佛像反映的信仰问题及佛像来源问题的关注。宿白先生认为这些南方早期佛像反映了当时与传统西王母类似的信仰，佛陀是作为列仙而存在的，主要为西域胡人所侍，作为宗教的佛教尚未出现于广大汉族间，直到东晋时期，佛像才从异域神明的列仙上升到尊崇皈依宗教的主尊[2]。阮荣春等追溯了佛教造像传入中国的途径、汉化进程及对中国北方、日本的影响，认为佛教是"举着中国神仙的旗帜步入中国、兴于中国的，也正因为这样，当时民众对佛的认识一如对仙人的看法"，并认为佛教在南方似乎首先兴起于民间的中下层，一些僧胡通过巫祝的方式率先在南方民间传播佛法[3]。

从目前长江流域发现的早期佛教遗存来看，大致可以归纳为如下几个特征：

① 上游蜀地年代偏早，主要集中于东汉末年到蜀汉时期，中下游吴地年代偏晚，主要集中于东吴到西晋时期，总体上比中原北方要早而且更为普遍，或许表明南方早期佛教及佛像的传入途径不同于北方。

② 蜀地多见于摇钱树和墓室石刻中，多佛陀像；吴地多见于佛像镜、魂瓶、陶俑等随葬明器，除了坐佛，也有菩萨，还有胡僧的形象，表明早期佛教在蜀地和吴地参与丧葬仪式的方式可能是不同的。

③ 发现佛教元素的墓葬等级都不高，都是中下层平民的墓葬，高等级皇室成员和官员墓不见，如东吴朱然墓等不见任何佛教元素。中下游吴地出

---

1 南京博物院等编：《佛教初传南方之路文物图录》，文物出版社，1993 年。
2 宿白：《四川钱树和长江中下游部分器物上的佛像——中国南方发现的早期佛像札记》，《文物》2004 年第 10 期。
3 阮荣春：《佛教南传之路》，湖南美术出版社，2000 年，32、34—38 页。

土的大量带有白毫相的胡人陶俑可能是来华传播佛法的胡僧形象，有的陶俑手持各种劳作工具，作杂役形象，表明他们的社会地位是较低的。这或许表明早期佛教在南方主要流行于民间，与北方地区最先流行于社会上层是不同的。

④ 佛像往往与反映其他民间信仰和巫术的内容杂处，如蜀地的佛陀常与西王母、秘戏图、升仙图等杂处，吴地佛像常见于葬礼的场景中，表明早期佛教在南方的传播并不具备严格的宗教含义，只是民间追求长生不老的一种新途径。

⑤ 长江流域早期佛像的风格既有印度秣菟罗佛像的印迹，也有中亚犍陀罗佛像的特征。秣菟罗（Mathura）和犍陀罗（Gandhara）是最早产生佛像的两个地区，大约在公元 1 世纪后期和 2 世纪出现佛像，二地佛像在面相、发式、衣装上差别是很明显的，前者是在印度传统基础上产生的，一般脸型短圆、螺髻，多袒右式服装，后来演变为通肩式，衣纹在胸前呈 U 形；后者在希腊造像基础上产生，一般是西方人面相，深目高鼻、波浪形束发，一般作右褶式通肩佛装，但后来二者的佛装越来越统一，多 U 形通肩式。目前发现的长江流域佛像大多是结跏趺坐、施无畏印或禅定印的坐佛，面容刻画大多不清晰，但根据发式可大致看出蜀地和吴地风格存在一定的差别：蜀地多犍陀罗佛像的波浪形束发，也有秣菟罗的螺髻风格，而吴地佛像多秣菟罗风格。不过从现有材料来看，秣菟罗或犍陀罗佛像的特征在长江流域早期佛像上都不太典型，加上佛像的年代跨度也较大，我们对佛像来源的判断也许还需要作更多的年代学工作。

外来的佛教与中国传统生死观属于不同的信仰体系，二者在对待死亡的态度和处理死亡的方式上应是泾渭分明的，但从长江流域墓中的早期佛教元素看，似乎看不到信仰上的鸿沟，佛像甚至与反映道教信仰的西王母像、秘戏图和反映其他民间信仰的图像共处，表明佛教初传时期并不具备严格的宗教含义，至少在民间如此。佛陀只是帮助实现升仙愿望的神祇之一，正如何志国所说的"佛神模式"，反映了佛教初入中土时，胡人的佛像被汉地民众视为神灵而顶礼膜拜的过程[1]。

从早期佛像都出自墓葬来看，佛教也如早期道教一样参与到了民间的丧葬活动中。前述四川乐山麻浩1号墓的"享堂"内，在作为视觉中心的正壁中心位置刻有一尊坐佛，显然这是以佛陀代替西王母，也许在祭祀者看来，灵魂将要到达的佛陀世界与西王母的仙界是没有什么差别的。长江下游吴晋时期的青瓷魂瓶上，常塑有坐佛，与各类神禽瑞兽共处，应该表现的是祭礼场景，除了坐佛外还有佛塔、墓碑、僧人和丧家形象，并以铭文表明了其丧葬的含义，如上海博物馆收藏的1件魂瓶上，塑有圭形碑、双手合十的胡僧形象和奏乐者，碑上刻有铭文"会稽，出始宁，用此丧葬，宜子孙，作吏高迁"[2]；故宫博物院收藏的1件绍兴出土的魂瓶上，也有碑铭"永安三年，时富且祥，宜公卿，多子孙，寿命长，千亿万岁未见殃"[3]。这些都反映了佛教对丧葬活动的渗透，很可能当时的胡僧已经直接参与到了民间的丧葬和祭祀活动中。

七、小　结

本章是对秦汉丧葬模式的讨论。秦汉时期是典型的厚葬时代，墓地设施和地下墓室极为完备和奢华，与旧式的封闭性井椁墓相比，其主要特征是丧葬空间逐渐走向开放，由此导致了空间形态的一系列变化，反映了儒家思想统治下丧葬行为的变化。讨论包括丧葬空间形态、陈器之道、丧葬美术、丧

---

1 何志国：《论汉晋佛像的"佛神模式"》，《民族艺术》2007年第3期。
2 山田明尔等：《"早期佛教造像南传系统"研究概况及展望》，《东南文化》1991年第3、4期。
3 李辉柄主编：《故宫博物院藏文物珍品大系——晋唐瓷器》，上海科学技术出版社，2002年，2—3页。

葬中的宗教因素等几个方面。

秦汉时期的丧葬空间是一个由墓地空间和地下墓室空间构成的完整体系，从秦始皇陵开始，抛弃了商周墓葬以藏形为主的空间营造理念，开创了藏形、安魂并重的陵寝新模式，通过强化地下的藏形空间、完善地面的安魂空间，构建了一套影响深远的新的丧葬空间形态。

西汉帝陵在承秦的基础上，经过了几次大的变革，逐渐形成了以封土为中心的布局严谨、主次分明的庞大陵区，其中祭祀性建筑是十分重要的设施，按祭祀形式和功能可分为寝殿、便殿、陵庙三种类型。寝殿是设在墓地、专为墓祭而设的建筑；便殿是寝殿的附属建筑；陵庙也是祭祀性建筑，但与供奉"衣冠几杖象生之具"的寝殿不同，是需要供奉神主的，取法于宗庙的祭法，反映了祭祀场所从庙到墓的转变，这个转变导致了新的墓地空间形态的形成。与墓地主次分明的空间形态类似，西汉诸陵的地下空间有正藏、外藏两个系统，正藏是由梓宫、便房、黄肠题凑等构成的内部空间，是墓室的主体，其中梓宫和黄肠题凑是藏形的空间，便房是正藏内的安魂空间，便房的存在反映了墓内祭祀之风。随着墓室空间由竖穴向横穴的演变，便房空间也呈逐渐扩大的趋势，到东汉时期演变为宽敞高大、独立的横列式前堂。外藏是正藏的附属设施，在功能上属于陪葬性质，与正藏相对固定的棺椁配置不同，属于一个可变量性质的地下空间，外藏的数量和类别在不同时代可能是十分悬殊的。

东汉帝陵的丧葬空间形态发生了较大的变革，在祭祀设施、封土形制、墓葬朝向、墓室空间等方面皆大不同于西汉，但最大的变化在于祭祀空间，反映了东汉祭祀行为的变革。东汉祭祀行为的多项变革都是从明帝开始的，他开创的上陵礼开启了皇帝墓祭之风，并扩展到社会中下层，石室祭祀和神道石刻等做法广为流行，并成为以后历代帝陵和高等级墓的复古对象。由于墓内祭祀的流行，东汉的地下墓室已不再是深埋、秘藏的空间，而成为一个相对开放的模拟宅第的空间，这是丧葬模式的一次根本性变革，不但材质和建造方式发生了改变，下葬方式、空间形态、象征意义等皆发生了相应的变化。宅第化的墓室一般有两个相对独立的空间——埋葬空间和祭祀空间，其中祭祀空间一般是横列式前堂，空间较为宽敞，多有高大的券顶，这是为了适应墓内祭祀活动的需要而设的，前堂的形制与地面祠堂相似，二者在功能上有相似之处。祭祀是一种生者与死者灵魂沟通的方式，因此前堂在空间设置上往往围绕人与神的"互动"展开，一般在正位设置象征墓主灵魂存在的肖像、坐榻、帷帐、几案或其他象征死者存在的物品，面对正位的是一个为丧家准备的宽敞祭祀空间，往往布满画像，以营造肃穆的礼仪环境，以献祭物品作为沟通二者的媒介，摆放在正位前面。

对陈器之道的讨论，本章将正史礼仪志的记载与出土的遣策和实物进行了对照，讨论了墓内器物的功能和象征意义，由于祭器和部分明器可能并不存在外形和品质上的差别，因此主要根据器物的陈列方式来判断它们在葬仪中的作用。祭器一般是杯、盘组合，陈列在作为祭祀空间的前堂内，与帷帐、祭台、几案、墓主像等共同构建了墓内祭祀的场景。祭器也常见于遣策的记载，但与墓内发现的祭器实物并不能完全对应，这表明葬仪的不同环节都会有祭器，遣策中的祭器是在丧礼中陈列的，而墓中的祭器实物既可能来自丧礼中的祭祀，也可能产生于下葬环节的墓内祭祀，后者是不见于遣策的。汉代的祭器中有很大一部分是精致的漆器，从漆器铭文可以判断它们的祭祀功能，其中以色漆书写"人名＋牢（或上牢、作牢）"铭文的漆器多是祭器，人名是使用者或敬献者，而"上牢""作牢"表示漆器的用途是牲祭，这种"牢"铭漆器反映了漆器在丧葬礼仪中的使用情况。

在宅第墓的丧葬模式下，地面祭祀性设施的流行以及墓室空间的扩展，为画像的出现提供了可能性和必要性，出现了丧葬美术的首次勃兴。石祠堂是东汉墓地的祭祀性设施，引入了汉代宫室画像中有关宇宙观、历史观和伦理观的内容，同时还包括不见于宫室画像而专属于丧葬的画像，如反映墓主（祠主）本人受祭的内容，祠主受祭、庖厨、百戏、宴饮等都是对祭祀场景的描绘，这两类主题同处一祠，表明祠堂作为一类特殊的礼仪性建筑，既是个人化的丧葬空间，同时也是一个公开展示的场所，既是丧家为安抚亡灵而设，也具有宣扬社会伦理的作用。

墓室画像最早出现在西汉早期的宅第墓内，但大量流行是在东汉中后期，有壁画和画像石两种形式，二者表现的主题相似，在图像选择上与祠堂既有共同之处，又有一定的特殊性。从画像内容看，汉代宅第墓的墓室画像可以分为公共性画像和私人化画像两类，公共性画像指反映汉代人宇宙观、历史观和伦理观的内容，包括神仙祥瑞、古圣先贤、忠臣孝子、贞士列女等，是汉代人对于宇宙万物及社会的一般性认知；私人化画像是私属墓主的内容，如楼阁拜谒、庖厨宴饮、乐舞百戏等，都是为了营造墓内祭祀活动的场景而设，楼阁内的墓主像象征墓主灵魂的存在，是墓室图像的视觉中心，车马出行隐喻了死者的灵魂之旅，象征着从生向死的状态的过渡。在较大型墓葬中，公共性画像和私人化画像常常共处一墓，但中小型墓或只选择公共性画像的一部分，或完全舍弃，只有私人化的画像才是必需的选择。

汉代墓室画像的图式与墓室空间的形态密切相关，由于宅第墓两侧的耳室配置方式存在差异，构成了对称和不对称两种墓室空间形态。在这两种形态的墓室空间里，分别以场景式和情节式的画像进行叙事。以望都县所药村1号墓为代表的中轴对称砖室墓绘有场景式的墓室画像，画像里没有墓主画像，但两壁的人物都通过躬身向北的姿态，指向作为祭祀空间的中室，图像并无明确的时间轴，为死者的灵魂营造了一个静态的来世生活场景。而沂南北寨村画像石墓的画像包括生死过渡、祭祀和来世三个独立的场景，通过从前到后的空间转换表达了生死状态的转变。以苍山东汉元嘉元年画像石墓为代表的不对称墓室绘的是情节式画像，画像并没有一个固定的视觉中心，而是以连续的情节进行动态叙事，前堂两侧的耳室分别绘祭祀场景和来世场景，都以墓主受祭图为中心，这两个场景通过墓壁上向左运动的车马行列关联在一起，有较明显的时间轴，叙事的情节始于左耳室，沿墓壁左行，终于右耳室，象征着从生到死的过渡。这种情节式的叙事方式是先秦以来流行的绘画方式，战国至西汉的帛画和壁画皆采取了这种方式，一般通过向左行进的人物或车马进行动态叙事，这种图式可能与手卷式绘画形式有关，整个墓室的画像如逐渐展开的手卷一样，从右向左展开。场景式和情节式的墓室画像图式在东汉时期同时存在，但进入魏晋以后，情节式画像趋于淘汰，仅在辽东等边疆地区流行。

汉代是早期道教的发展时期和外来佛教的初传时期，它们对当时的生死观、丧葬行为有何影响？本章根据明确的道教和佛教遗存，讨论了它们对传统丧葬礼仪的渗透。早期道教遗存大量出现在四川东汉墓中，其中镇墓文和符箓是早期道教的创造，表达了生死异路、消灾禳祸的生死观；西王母像、秘戏图、天门图和摇钱树等本是反映民间习俗与方术的内容，当五斗米道在四川地区创立和传播后，这些祈求长生不老的民间信仰被道教吸收和改造，成为道教的仪轨内容，表达了羽化登仙的思想。佛教遗存也大量出现在东汉晚期的长江流域墓中，以上游的蜀地年代偏早，中下游的吴地年代偏晚，但都比中原北方要早，表明南方早期佛教及佛像的传入途径可能不同于北方；被公认为具有佛教性质的图像或实物，在蜀地和吴地的表现方式是不同的，表明两地佛教对丧葬的渗透程度和方式可能是不同的；长江流域发现佛教元素的墓葬等级都不高，表明佛教在南方初传时期可能主要流行于民间。无论是早期道教还是佛教的内容，在丧葬空间中往往与表达其他民间信仰和巫术的内容杂处，表明道教和佛教在南方的早期传播并没有严格的宗教含义，只是民间追求长生不老的一种途径，它们已经被深深地融入传统的丧葬观念中。

第五章
微缩宇宙：魏晋变革下的丧葬模式

魏晋是对汉代儒家思想的反叛时代，也是人文觉醒的时代，主流意识形态发生了巨大的变化。儒学的衰落打破了先秦两汉时期的伦理纲常，佛教的初兴和玄学的兴起引起了人们对于生命与死亡的新思考，对待死亡的态度和处理死亡的方式都发生了较大的改变，时人不再把丧礼作为宣扬和强化儒家伦理的手段，而开始回归自然。在埋葬方式上，将墓葬仅仅当成藏尸之所，变得非常简略，以"厚葬"为特征的丧葬模式消失了，而开始了延续数百年的"薄葬"时代。

一、魏晋模式的形成

秦汉时期以宏大的葬礼和奢华的墓葬作为宣扬儒家伦理的手段，墓地不是一个专属死者的地方，而是一个热闹的社会活动中心，因此丧葬空间极具开放性，地面建立了完善的祭祀性、标记性设施，地下空间也逐渐宅第化，成为礼仪活动和宣扬孝行的场所。这种丧葬模式对社会财富的浪费是巨大的，助长了借丧葬博取功名的虚伪之风，甚至达到了"法令不能禁，礼义不能止"的地步，以致东汉光武帝刘秀不得不下诏重申薄葬送终之义[1]。过度的

---

[1]《后汉书》卷1下《光武帝纪》："七年春正月丙申……又诏曰：'世以厚葬为德，薄终为鄙，至于富者奢僭，贫者单财，法令不能禁，礼义不能止，仓卒乃知其咎。其布告天下，令知忠臣、孝子、慈兄、悌弟薄葬送终之义。'" 51页。

奢靡之风使得丧葬成为炫耀攀比的手段，有识之士主张以周礼为范，回归慎终追远的丧葬本义。丧葬的本义，既要达到慎终追远的目的，又要"返真"，即回归自然，这实际上是老庄思想的一种表现。汉武帝时的士人杨王孙遗嘱"吾欲裸葬，以反吾真，必亡易吾意。死则为布囊盛尸，入地七尺，既下从足，引脱其囊，以身亲土"[1]。杨王孙的裸葬是为了回归自然。魏晋时期，随着儒学的衰落和玄学的盛行，不再把丧葬作为维护儒家伦理的手段，丧葬仪式的社会意义大为减弱，规模也大为缩减，由此开启了一个以"薄葬"为特征的时代。

魏晋薄葬是从曹魏开始的，首创薄葬的是曹操父子。曹操先后对自己的寿陵规制提出了具体的要求，包括对地面陵园设施的规定，如"因高为基，不封不树"；也有对墓内随葬品数量和种类的限定，如"敛以时服，无藏金玉珍宝"等[2]。曹操的薄葬政策，在他去世时可能执行得并不彻底，仍依汉礼在墓地建有寝殿等设施。曹丕即位后追加尊号，在墓道口建造石室以藏金玺，"文帝遵奉，无所增加。及受禅，刻金玺，追加尊号，不敢开埏，乃为石室，藏玺埏首，以示陵中无金银诸物也"[3]。

曹丕当政时期，施行了更严格的薄葬制度。先是令有司拆毁了曹操高陵的寝殿，"古不墓祭，皆设于庙。高陵上殿皆毁坏，车马还厩，衣服藏府，以从先帝俭德之志。……自后园邑寝殿遂绝"[4]。紧接着，又对自己的葬制也作出了更明确的规定："因山为体，无为封树，无立寝殿，造园邑，通神道……无施苇炭，无藏金银铜铁，一以瓦器。"[5] 曹丕的薄葬制度包括对地面祭祀性设施和标记性设施的革除，以及随葬物品的俭省，这是十分彻底的葬

---

[1]《汉书》卷67《杨王孙传》，2907页。
[2]《三国志》卷1《魏书·武帝纪》，建安二十三年终令、建安二十五年遗令，51、53页。
[3]《晋书》卷20《礼志中》，632页。
[4]《晋书》卷20《礼志中》，634页。
[5]《三国志》卷2《魏书·文帝纪》，82页。

制改革。值得注意的是，曹丕的改革中，在地面还是保留了藏金玺的石室，此石室应该就是东汉帝陵地面的石殿，是一种简略的墓地祭祀建筑，除石室外的其他地面设施都被废除。曹丕葬制改革的理由主要是出于防盗的考虑，但这可能只是原因之一，还应有经济方面的考虑，经过汉末战争，魏晋时期的经济已经极度凋敝，根本无力厚葬。此外，还有一个更重要的原因，那就是由于儒学的衰落和玄学的兴起，社会主流意识形态发生了变化，人们对于死亡的态度发生了根本性的改变，导致具体的丧葬仪式被大为简化。

晋承魏制，西晋诸帝皆施行薄葬。

> 宣帝豫自于首阳山为土藏，不坟不树，作《顾命终制》，敛以时服，不设明器。文、景皆谨奉成命，无所加焉。景帝崩，丧事制度，又依宣帝故事。武帝泰始四年，文明王皇后崩，将合葬，开崇阳陵，使太尉司马望奉祭，进皇帝密玺绶于便房神坐。魏氏金玺，此又俭矣。[1]

西晋的薄葬在曹魏基础上更进了一步，将砖室墓改为成本更低的土藏（即土洞墓室），又将皇帝金玺改为蜡作的假印章（即假蜜章[2]），改藏在便房。便房不在地面，而是属于地下墓室的祭祀空间，这说明东汉以来的石室祭祀传统完全消失了。取消了地面的一切祭祀性设施，当然也就没有了谒陵制度，及（晋）宣帝，遗诏："'子弟群官皆不得谒陵'，于是景、文遵旨。至武帝，犹再谒崇阳陵，一谒峻平陵，然遂不敢谒高原陵，至惠帝复止也。"[3] 西晋帝陵的这些做法，已经考古工作证实，被认为是西晋帝陵区的首阳山峻阳陵墓地和枕头山墓地，地面都没有发现任何封树和祭祀性设施，一改汉代墓地的

1《宋书》卷15《礼二》，404—405页。
2《晋书》卷20《礼志中》校勘记，认为"密"当作"蜜"，指以蜡作的假蜜章。此也是西晋薄葬的一个表现。646页。
3《晋书》卷20《礼志中》，634页。

奢华为低调。

魏晋薄葬制度始于最高统治者，贵族士人皆以为范，如魏明帝之母姊以曹丕的首阳陵为范，不起祠堂[1]；西晋重臣石苞去世后，被晋武帝赐以殊礼，但遗嘱：

> 敛以时服，不得兼重。又不得饭唅，为愚俗所为。又不得设床帐明器也。定窆之后，复土满坎，一不得起坟种树。[2]

王详也遗令子孙：

> 气绝但洗手足，不须沐浴，勿缠尸，皆浣故衣，随时所服。所赐山玄玉佩、卫氏玉玦、绶笥皆勿以敛。西芒上土自坚贞，勿用甓石，勿起坟陇。穿深二丈，椁取容棺。勿作前堂、布几筵、置书箱镜奁之具，棺前但可施床榻而已。糒脯各一盘，玄酒一杯，为朝夕奠。[3]

王详的墓室可能是非常简化的单室墓，革除了专门的祭祀空间——前堂，仅在棺前的床榻之上设置祭台，这是对汉代前堂后室墓结构的进一步简化。

俞伟超曾将魏晋时期的墓葬遗存归纳为"晋制"，大致内容是：不树不封，不起陵园；不用玉衣；不用金银铜铁随葬；墓室尺寸变小，以长方形单室墓为主，而弧壁单室墓成为晋制的标准形态[4]。这是一种发端于曹魏，

1《三国志》卷5《魏书·后妃传》："（文德郭皇后）及孟武母卒，欲厚葬，起祠堂，太后止之曰：'自丧乱以来，坟墓无不发掘，皆由厚葬也；首阳陵可以为法。' 青龙三年春，后崩于许昌，以终制营陵，三月庚寅，葬首阳陵西。" 166页。

2《晋书》卷33《石苞传》，1003页。

3《晋书》卷33《王详传》，989页。

4 俞伟超根据新发现的魏晋墓葬，进一步完善了"晋制"的论述。俞伟超：《魏晋墓制非日本古坟之源》，载《古史的考古学探索》，文物出版社，2002年，359—369页。

而定型于西晋的埋葬模式,是对汉代丧葬模式的系统性变革,形式上是薄葬,实际上是丧葬模式和墓葬功能的变革,可称其为"魏晋模式",具体表现是:

① 因墓地祭祀制度的衰亡,而致标记性和祭祀性设施消失。墓地不再有高大的封土和树木,也没有了墓碑、神道、寝殿、便殿等设施,即《晋书·礼志》所谓"园邑寝殿遂绝"。这种变革固然有曹丕所言的节俭和防盗的原因,实际上反映了汉代墓地祭祀制度的衰亡。西汉诸陵有完善的墓祭设施,有寝殿、便殿和陵庙等墓地建筑;东汉继承了墓祭制度,明帝开始上陵礼,将墓祭当成一种盛大的政治礼仪,但东汉废除了墓地的陵庙,代之以石殿,墓祭与城市中的庙祭同时施行;曹操时依汉礼所建的寝殿,在曹丕即位后被拆除,但保留了石殿;西晋进一步禁绝了所有地面设施,取消了"谒陵"之制[1],汉明帝以来的上陵礼至西晋被废除。

与汉代墓地是一个热闹的社会活动场所不同,丧葬的"社交属性"到魏晋时期消失殆尽,而变成了一种更私人化的行为,从这点来说,丧葬回归了它的本义。从考古发掘情况来看,京畿地区的魏晋帝陵或重要勋贵墓应是严格执行了这种新的丧葬模式的,如可能属曹魏勋贵的洛阳涧西正始八年(247)墓[2]、安阳西高穴曹操高陵[3]、孟津太和二年(228)曹休墓[4]、洛阳西朱村魏明帝曹睿的高平陵[5]等,都不见封土遗存。曹操高陵有陵园和地面建筑遗迹,但存在明显的"毁陵"迹象,垣墙和相关建筑都只剩基槽和柱础部分,且基槽和柱础表面都比较平整,这表明曹丕在黄初三年(222)拆毁寝

---

[1]《晋书》卷20《礼志中》,宣帝遗诏:"'子弟群官皆不得谒陵',于是景、文遵旨,至武帝,犹再谒崇阳陵,一谒峻平陵,然遂不敢谒高原陵,至惠帝复止也"。634页。

[2] 李宗道等:《洛阳16工区曹魏墓清理》,《考古通讯》1958年第7期;洛阳市文物工作队:《洛阳曹魏正始八年墓发掘报告》,《考古》1989年第4期。

[3] 河南省文物考古研究所、安阳县文化局:《河南安阳市西高穴曹操高陵》,《考古》2010年第8期。

[4] 洛阳市第二文物工作队:《洛阳孟津大汉冢曹魏贵族墓》,《文物》2011年第9期。

[5] 洛阳市文物考古研究院:《河南洛阳市西朱村曹魏墓葬》,《考古》2017年第7期。

殿的事实是存在的[1]。曹丕拆除了曹操墓地的寝殿后，仿东汉石殿制度，在墓道口建造了一座石室[2]，这座石室应是建在斜坡墓道的尾端地面，是保留下来的唯一墓祭设施。西晋诸帝也未发现封土和地面祭祀性设施，看来是严格执行了薄葬制度的。京畿以外的个别地区，如山东、南方地区，还有封土和少量地面建筑设施，但与汉代相比也大为简化。

② 禁绝地面设施后，一些标记性和祭祀性设施转入地下，墓室内出现了新的陈设。曹丕在曹操高陵的墓道口地面还建有石室，到晋武帝时进一步简化，"先施幔屋于埏道北，南向"[3]，这座"幔屋"应是搭建在墓道首端（近墓室）的帷幕式房屋，是下葬时临时停柩和祭祀的场所，下葬后将金玺藏于墓室的便房，彻底废除了曹魏时期建在墓道口地面的石室。另一类转入地下的设施是墓碑。西晋时期是墓志开始出现的时期，但很多墓志还保留了汉碑的圭形形制（如惠帝贾皇后的乳母徐美人墓志等[4]），这表明墓志是由墓碑演变而来的。原立在地面的碑、表等标识性设施被禁止后，一部分人将墓碑藏入墓室，就成为墓志，但墓志与墓碑在功能与文字内容上并没有变化，此后逐渐定型为方形墓志，成为身份的标志之一。

魏晋帝陵以下的墓葬也有地面设施向地下转移的情况，如东汉民间流行的地面祠堂可能也转入了地下，仍保留了地面祠堂的形制，这种转变与墓碑向墓志的转变具有相同的逻辑。如1997年在北京石景山八角村发掘的魏晋墓，是一座前堂后室墓，前堂内置有一座宽136、高115、进深70厘米的石椁（或称石龛），内壁绘墓主像，应是为墓内祭祀而设的（图5.1）[5]。这座石椁的形制与性质与东汉墓地的小祠堂相类，反映了魏晋地面设施向地下转移

---

1 河南省文物考古研究院、安阳市文物考古研究所、曹操高陵管理委员会：《安阳高陵陵园遗址2016—2017年度考古发掘简报》，《华夏考古》2018年第1期。
2 《晋书》卷20《礼志中》，632页。
3 《通典》卷86《礼四十六》，2346页。
4 河南省文化局文物工作队第二队：《洛阳晋墓的发掘》，《考古学报》1957年第1期。
5 石景山区文物管理所：《北京市石景山区八角村魏晋墓》，《文物》2001年第4期。

第五章　微缩宇宙：魏晋变革下的丧葬模式　225

图 5.1　石景山八角村魏晋墓石椁
(《文物》2001 年第 4 期，55 页)

的情况。无论是石祠，还是墓碑，转入地下后都成了后来墓葬的固定设施，如北朝隋唐墓室常见的石椁（或称石堂）、石墓志等都是魏晋传统的延续。值得注意的是，墓碑转为墓志后，标识身份的含义已经变成塑造死者的来世身份，其作用与买地券等丧葬文书相似。

③ 墓室空间的简化与营造理念的变化。魏晋的地下墓室成为唯一的丧葬空间，仅保留了前堂后室的基本结构，甚至直接简化为单室墓。与此同时，以四角攒尖或穹隆顶方式结顶，扩展了墓室的纵向空间，这种方形墓室上承苍穹式墓顶的空间形态，犹如一个天圆地方的微缩宇宙。此外，埋葬空间、祭祀空间分置的汉代做法，变为埋葬空间与祭祀空间合于一室。值得注意的是，西晋帝陵和高等级陪葬墓皆为简单的土洞墓，枕头山墓地、峻阳陵墓地的钻探显示，西晋文帝司马昭崇阳陵、武帝司马炎峻阳陵及其陪葬墓的

墓室皆为长斜坡墓道的土洞墓[1]，这与司马懿倡导的"土藏"是相符的。

④ 随葬物品简化。汉代流行的各类葬玉消失，金银铜铁器物减少；陶俑和模型明器也大为减少，陶俑仅为简单的镇墓兽和武士、侍仆俑组合，随葬品种类减少，质量大为降低。随葬物品的简化，固然与魏晋时期的经济凋敝有关，更重要的原因可能还在于丧礼的社会性减弱，丧葬不再是重要的社交礼仪，通过丧礼获得的赠赗物品大为减少，尤其是一些精美的实用器很少见于随葬，随葬品主要是死者生前旧物和丧家自备的明器和祭器。虽然丧礼简化了，但墓内的祭祀活动依然不可或缺，魏晋墓室普遍发现祭台、床榻、几案以及祭器。

⑤ 墓道成为礼仪活动的重要场所。墓道既是一种工程便利设施（为了建造墓室、下葬的方便），同时也是一个礼仪的空间。西晋礼学家贺循所记的下葬礼仪：

> 至墓之位，男子西向，妇人东向。先施幔屋于埏道北，南向。柩车既至，当坐而住。遂下衣几及奠祭。哭毕柩进，即圹中神位。既窆，乃下器圹中。荐棺以席，缘以绀缯。植翣于墙，左右挟棺，如在道仪。[2]

这是在墓道进行的礼仪活动，送葬队伍在墓道两侧列队，向死者作最后的告别。墓主身份越高，参加葬礼的人越多，就需要越大的墓道空间。考古发现的曹操墓、西晋帝陵都有又长、又宽的斜坡墓道，曹操墓的墓道里还发现了很多柱洞，当时可能建有一些临时性的木质建筑，西晋帝陵临时停柩和祭祀的"幔屋"可能属于这类建筑。墓道很宽，常作台阶式，这与汉墓和北朝墓的长斜坡墓道是不同的。被推测是司马昭墓的洛阳枕头山 M1 的墓道两壁都

---

[1] 中国社会科学院考古研究所洛阳汉魏故城工作队：《西晋帝陵勘察记》，《考古》1984 年第 12 期。
[2] 《通典》卷 86《礼四十六》，2346 页。

作成五级台阶，而墓室只是简单的土洞，显然这种墓室的工程量不会很大，墓道主要不是为了工程便利，而是为下葬时的礼仪活动而设。墓道的加长还与墓室结构有关，当魏晋墓室变成单室后，开始向纵向扩展空间，以穹隆顶方式结顶，墓葬规模越大，墓室的纵高就越高，相对于地面的落差也就越大，这使得斜坡墓道必须加长才能保证墓顶位于地表以下。

⑥ 墓室画像衰退。与东汉墓室画像的繁荣景象不同，魏晋墓室画像极为衰退，核心地区已经罕见墓室画像，直到北魏统一之后才重新恢复。墓室画像的衰退与墓室空间形态及墓葬功能的变化有关，墓室不再模拟宅第，也不再是一个具有社交属性的公共空间，而是被营造成一个更加私人化的丧葬空间，除了参加葬礼的人，不再预设观者，墓室画像的必要性消失了。不过，当中原核心地区的墓室画像衰退时，在边缘地区的辽东、河西等地仍然盛行墓室画像，它们是汉代墓室画像传统的延续，反映了中原传统在边缘地区的保持和发展。

二、墓室空间形态

1. 墓室的单室化

洛阳是曹魏、西晋的京畿地区，也是高等级墓葬最集中的地区，已发掘的曹魏皇室成员或勋贵墓葬主要有洛阳涧西正始八年（247）墓[1]，安阳西高穴曹操高陵（建安二十五年，220）[2]，孟津太和二年（228）曹休墓[3]，洛阳西朱村曹魏墓M1、M2等，其中M1已发掘，发掘者推断为魏明帝郭皇后墓

---

1 李宗道等：《洛阳16工区曹魏墓清理》，《考古通讯》1958年第7期；洛阳市文物工作队：《洛阳曹魏正始八年墓发掘报告》，《考古》1989年第4期。
2 河南省文物考古研究所、安阳县文化局：《河南安阳市西高穴曹操高陵》，《考古》2010年第8期。
3 洛阳市第二文物工作队：《洛阳孟津大汉冢曹魏贵族墓》，《文物》2011年第9期。

（景元四年，263），M2被推断为魏明帝曹睿的高平陵（景初三年，239），二墓属异穴合葬[1]。西晋延祚稍长，洛阳发现的高等级晋墓较多，主要有20世纪50年代初发掘的一批洛阳晋墓（包括元康九年[299]贾皇后乳母徐美人墓）[2]、峻阳陵和枕头山墓地的司马昭崇阳陵、武帝司马炎峻阳陵及其陪葬墓[3]，以及大量分布在洛阳、安阳、孟津、偃师、新安、巩义、焦作、郑州等地的西晋墓。

曹操高陵、曹休墓和洛阳西朱村M1代表了曹魏墓葬的最高等级，相较汉代高等级墓，墓室空间有一个明显的简化过程。曹操墓在前堂、后室的左右都设有侧室，各墓室之间以甬道相通；曹休墓也是前堂后室之制，但只有前堂两侧有侧室，各墓室之间没有甬道相通；西朱村M1只有前堂和后室，省去了耳室，前堂后室之间无甬道（图5.2）。墓室的简化与地面设施的逐渐消失是同步的，标志着中国古代陵寝制度的一次重大变革。

前堂后室是曹魏高等级墓的基本结构，虽然墓内物品大多已被盗扰或移位，但仍有一些迹象表明前堂、后室在空间设置上的差别。曹操墓的前堂发现了画像石残片及圭形文字石牌，正始八年墓的前堂发现了帷帐及陶案、杯、盘的组合，西朱村M1前堂发现了彩绘壁画的残迹等。这些迹象表明前堂是作为祭祀空间来营造的，与作为棺室的后室在营造理念上不同，前堂宽敞高大，满足了墓内祭祀活动的需要。山东东阿发现的曹植迁葬墓（太和六年，234）是一座十分简陋的墓葬，也保留了前堂后室之制，前堂比后室高大，是祭祀空间，但因后室尚未完工（缺后壁），将棺木置于前堂的中部[4]，这是一种较为草率的埋葬，应与曹植本人的经历及迁葬墓的性质有关。

---

1 洛阳市文物考古研究院：《河南洛阳市西朱村曹魏墓葬》，《考古》2017年第7期。
2 河南省文化局文物工作队第二队：《洛阳晋墓的发掘》，《考古学报》1957年第1期。
3 中国社会科学院考古研究所洛阳汉魏故城工作队：《西晋帝陵勘察记》，《考古》1984年第12期。
4 刘玉新：《山东省东阿县曹植墓的发掘》，《华夏考古》1999年第1期。

第五章　微缩宇宙：魏晋变革下的丧葬模式　229

1

2

3

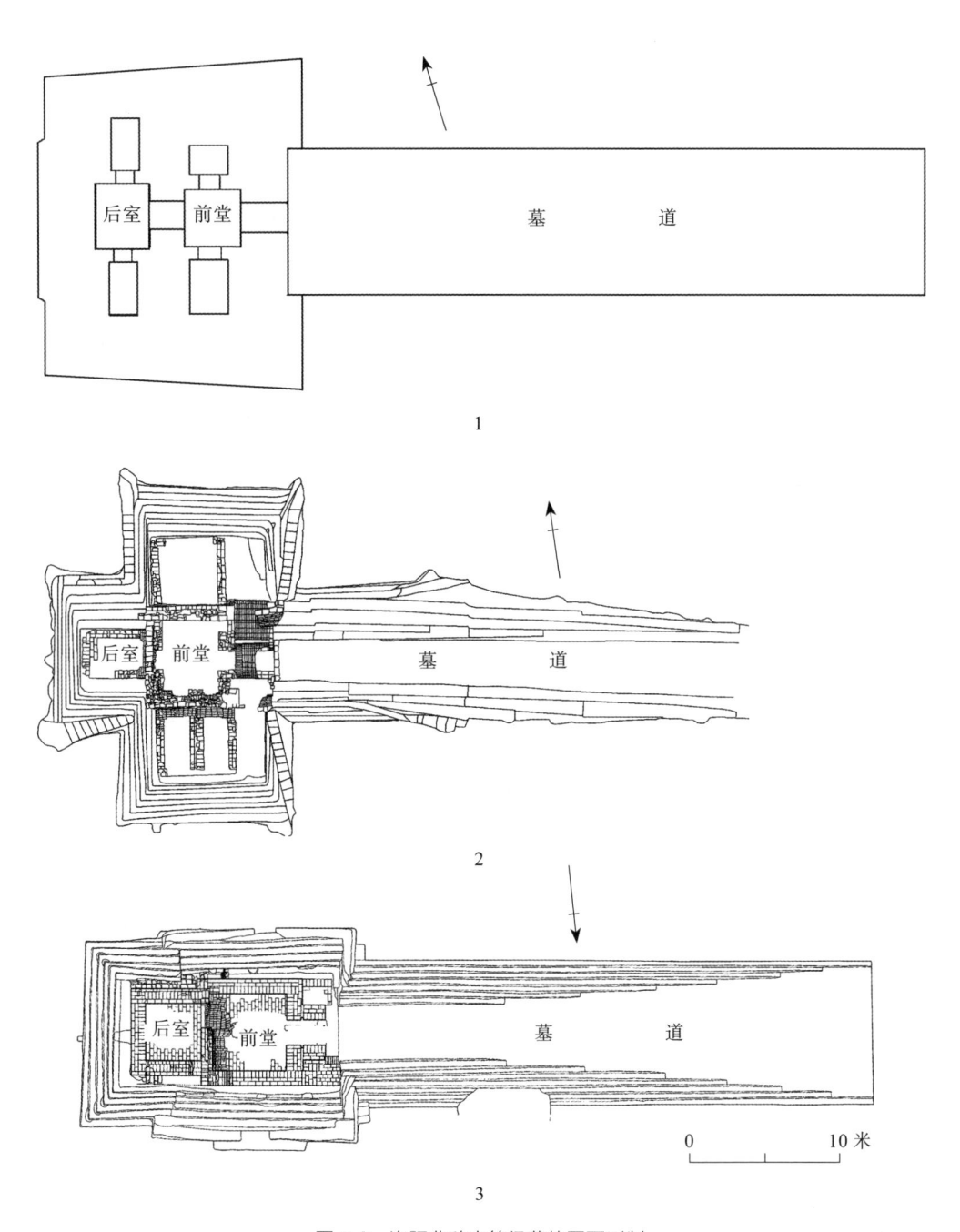

图 5.2　洛阳曹魏高等级墓的平面形制

1. 曹操墓（《考古》2010 年第 8 期，36 页）　2. 曹休墓（《文物》2011 年第 9 期，35 页）　3. 洛阳西朱村 M1（《考古》2017 年第 7 期，73 页）

前堂后室之制到西晋时期进一步简化为单一墓室。西晋文帝司马昭的崇阳陵、武帝司马炎的峻阳陵及其陪葬墓都是单室土洞墓。墓室更为简陋，但继承了曹魏带台阶的长斜坡（图5.3：1），墓道内保留的一些柱洞遗迹表明可能曾建有一些举行下葬礼仪的临时性设施，这种墓道形制是洛阳西晋墓的主要特征之一。单室化后的墓室承担了埋葬与祭祀的双重功能，如枕头山已发掘的陪葬墓M4、M5的漆棺沿着墓室西壁竖放，而在棺前发现了大量制作精良的涂朱陶器[1]，这种涂朱陶器一般是祭器，应是下葬时祭祀空间内的陈设，棺前就是墓内的祭祀空间。

西晋帝陵以下的墓葬，单室砖墓和单室土洞墓两种形制并存，只有少数采取了前堂后室之制，墓室空间的总体变化趋势是：墓室数目减少，由横向平铺向立体化发展，由模拟宅第向微缩宇宙形态发展。弧方形的单室砖墓是洛阳西晋墓的主流形制，一般由墓道、甬道和弧方形墓室构成，只有少数保留了小耳室，墓室上承高大的穹隆顶。为了建造穹隆顶，往往在墓室四隅做出砖砌的角柱，或直接将墓壁做成外弧形，这种结构显然是为了便利穹隆顶的建造。穹隆顶的单室墓比券顶式的多室墓减少了横向上的面积，却大大提升了墓室的纵高。在汉代的多室墓中，只有作为祭祀空间的前堂或中室采取这种结顶方式，西晋抛弃了多室墓制后，将祭祀空间与埋葬空间浓缩于一室，以方形墓室与穹隆顶构成一个上圆下方的空间。洛阳发现的西晋元康九年（299）徐美人墓是一座典型的弧壁单室墓，有长达37米的台阶式墓道，甬道口设有两道石门，在墓室一侧砖砌棺床，棺床前发现有石座，可能是祭祀空间的帷帐座（图5.3：2）[2]。河南新安西晋墓M27是一座弧方形的单室砖室墓，墓室四角砌有角柱，柱上承斗拱，北壁和东壁也有斗拱和立柱，上承穹隆顶（图5.3：3）[3]。

---

1 中国社会科学院考古研究所洛阳汉魏故城工作队：《西晋帝陵勘察记》，《考古》1984年第12期。
2 河南省文化局文物工作队第二队：《洛阳晋墓的发掘》，《考古学报》1957年第1期。
3 洛阳市文物工作队：《河南新安县晋墓发掘简报》，《华夏考古》1998年第1期。

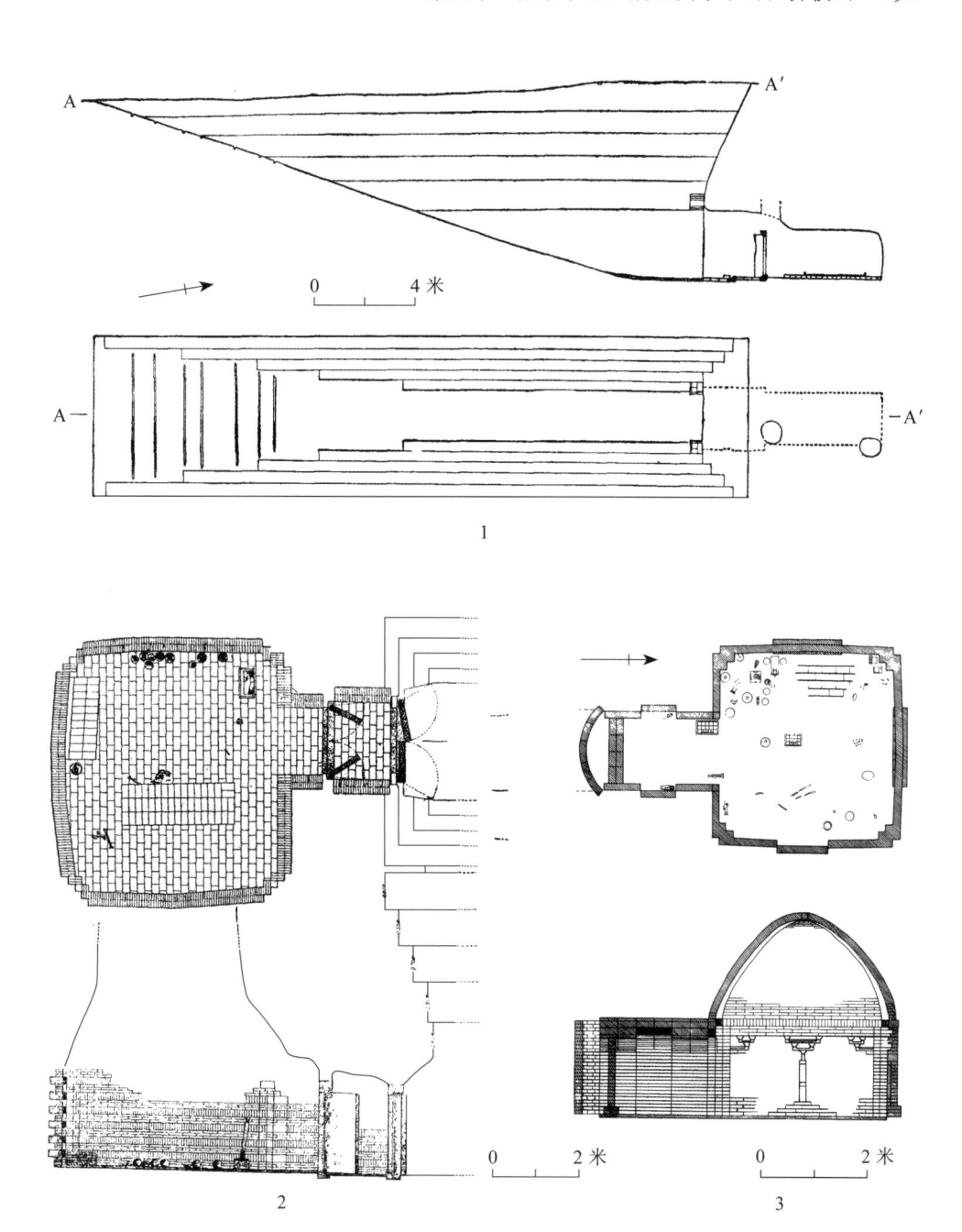

第五章　微缩宇宙：魏晋变革下的丧葬模式　231

图5.3　洛阳西晋墓的形制
1. 枕头山墓地M4（《考古学报》1957年第1期，1103页）　2. 元康九年（299）徐美人墓（《考古学报》1957年第1期，171页）　3. 新安西晋墓M27（《华夏考古》1998年第1期，24页）

毗邻中原的山东地区，是弧方形穹窿顶墓出现较早的地区，这是本地汉末以来发展起来的墓葬形制，魏晋时期仍然十分流行，如山东诸城 M1 是前堂后室式的弧壁穹窿顶墓，前、后室墓壁均略外弧，四隅券进式穹窿顶，前室方形，西部设有一个砖砌祭台，后室长方形，是棺室（图 5.4：1）[1]。此外，本地还保留一些旧时的汉画像石墓的空间形态，2003 年在山东临沂洗砚池王羲之故居扩建工程中发现的两座晋墓皆为砖室墓，保留了传统的并列后室形态[2]，其中 M1 是有两个纵向并列墓室的砖室墓，葬有 3 具漆棺，经骨骼鉴定均为儿童，两个墓室各有石质墓门，在前部用挡土墙围成一个共用的祭祀空间，设有砖砌祭台，放置有青瓷罐等物，应是封墓前的祭祀遗存（图 5.4：2）。值得注意的是，在两个墓室内均发现多件带有朱书"上牢"题记的精致漆器，应是献祭牲肉的祭器。

关于弧形单室墓的起源，王培新认为起源于汉末的辽东地区，随着公孙氏割据政权的扩张，而影响到西北朝鲜的乐浪地区以及山东半岛[3]。现在很难看出这种新的墓葬形制到底最早是在辽东还是山东地区发生的，可以确定的是，西晋时期在山东半岛已成主流形制，并向中原和长江流域扩散，在洛阳地区逐渐取代前堂后室墓，与直壁单室墓一起构成了魏晋模式下的典型墓室形态。但它对南北方的影响程度不同，南方地区仅被西晋时期的少数高等级墓葬采用，东晋以后逐渐消失，而在北方地区逐渐成为主流形制，经北魏继承和发展，成为东魏北齐墓葬的标准形态[4]。

西晋墓室的单室化改变了西汉中期以来墓室模拟宅第的传统，它不仅是墓室空间的简化，更是墓室空间营造理念的变化；墓室也不再被当成死者的阴宅，而是为来世构建一个天圆地方的微缩宇宙，反映了丧葬行为和观念的转变。

---

1 诸城县博物馆：《山东省诸城县西晋墓清理简报》，《考古》1985 年第 12 期。
2 山东省文物考古研究所、临沂市文化局：《山东临沂洗砚池晋墓》，《文物》2005 年第 7 期。
3 王培新：《乐浪文化——以墓葬为中心的考古学研究》，科学出版社，2007 年，114 页。
4 李梅田：《魏晋南北朝墓葬中的弧壁砖室现象研究》，《中国国家博物馆馆刊》2012 年第 7 期。

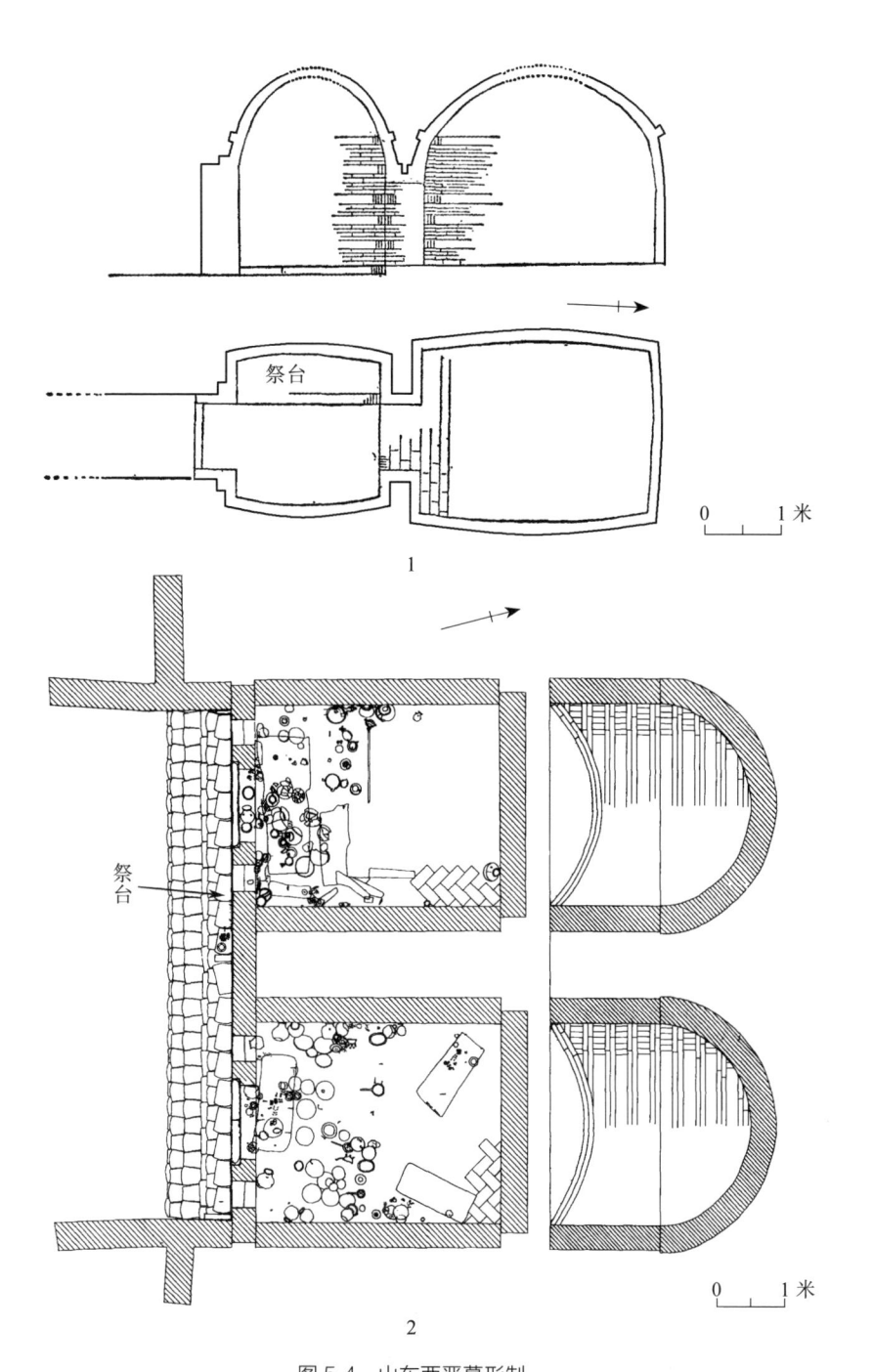

第五章　微缩宇宙：魏晋变革下的丧葬模式　233

图 5.4　山东西晋墓形制
1. 诸城 M1（《考古》1985 年第 12 期，1114 页）　2. 临沂洗砚池 M1（《文物》2005 年第 7 期，5 页）

2. 魏晋模式的传播

以洛阳为中心的京畿地区是魏晋模式产生和定型的地区，新的丧葬模式因政权势力所及而输出到京畿以外地区，逐渐与当地文化传统结合而促成了全国范围内丧葬模式的转型。吴桂兵将魏晋模式称作"洛阳因素"，总结了考古遗存中的洛阳因素对各地的影响及衰亡情况[1]。典型的魏晋模式仅限于中原地区，但受其影响，各地丧葬模式都发生了汉晋转型，产生了魏晋模式的多个变体，形成了山东、辽西、辽东、雁北河套、河西走廊、长江中下游等多个地域子传统。

辽东地区在西晋末年高句丽势力进入之前，先后属公孙氏的割据政权和曹魏政权，与中原地区联系紧密，本地流行的石板墓与山东魏晋墓接近，有的还保留了汉式的回廊结构，但前堂后室砖室墓和弧壁穹隆顶的单室砖墓盛行，尤其在汉乐浪地区，汉末至东晋时期的砖室墓大多采取了弧壁、穹隆顶的形制。据王培新的统计，乐浪地区自20世纪初期发现墓葬以来，共发现砖室墓近2 000座，已发表的汉末以后砖室墓几乎都采取了弧壁、穹隆顶的形制，显然是该地的主流墓葬形制[2]。

河西地区是魏晋十六国时期墓葬较集中的地区，在本地东汉传统基础上持续发展，形成了独特的丧葬模式。河西地区是中原文化的保持和发展之地，中原新模式的传入相对滞后，魏晋时期仍保留很多本地汉代传统和中原汉墓传统，如地面上流行家族茔域，一般以砾石砌成方形垣墙，一面开门，前有神道、墓阙等设施，垣墙内按一定规则排列数座墓葬，有砾石或夯土筑成的封土，茔域内还用砾石垒成祭台，起墓地祭祀作用[3]。这种茔域是汉代墓

---

[1] 吴桂兵：《两晋墓葬文化因素研究》，南京大学出版社，2017年，228—229页。
[2] 前揭《乐浪文化——以墓葬为中心的考古学研究》，12页。
[3] 关于河西墓葬茔域设置及源流的讨论，参徐苹芳：《中国秦汉魏晋南北朝时代的陵园和茔域》，《考古》1981年第6期；孙彦：《河西魏晋十六国壁画墓研究》，文物出版社，2011年。

园制度的延续，标记性和祭祀性设施齐全。

河西墓葬的地下空间较具地方特色，流行前中后三室或前堂后室等中原地区东汉的墓室形态，并在墓门上方砖砌高大的门楼，以镶嵌的造型砖模仿人居建筑的仿木结构，在墓室四壁砖砌屋檐、壁龛，四角砖砌灯台，流行多耳室和壁龛，常以朱书榜题标明模拟的宅第房间，这些都是汉代宅第墓传统的延续。1972年在嘉峪关新城发现的M3是一座西晋墓，由前中后三室组成，前室四壁砌出屋檐，4个耳室分别朱书榜题"臧内""炊内""牛马圈""车庑"，前室至中室过道旁有小龛，有榜题"中合"；后室长方形，是棺室。三室内壁砌有小型壁画砖和画像砖，画像内容根据墓室的功能而有区别，一般前室绘出行图、坞壁、狩猎、庖厨、农事等内容，中室绘绢帛、屠宰、牛棚车，后室绘蚕茧、丝束、绢帛、梳刷等内容。总之，河西魏晋墓模拟宅第的现象十分明显（图5.5：1）[1]。

河西地区也出现了新的魏晋模式墓室形态，如敦煌佛爷庙湾M37是一座方形单室砖墓，还保留了耳室和壁龛，墓顶为叠涩覆斗形顶，顶部正中镶嵌一彩绘莲花砖。墓室沿两个侧壁各设一砖棺床，上置木棺。东壁（正壁）设有一祭台，彩绘帷幔及垂幛，祭台前面的墓室中央摆放着1组陶、漆祭器和铜灯等物，构成一个墓内祭祀场景。两个耳室内放置木俑、庖厨用品。甬道口的墓门上方是高大的门楼，以造型砖和画像砖装饰，彩绘李广射虎、伯牙抚琴、子期听琴等历史故事和各类瑞兽（图5.5：2）[2]。同批发现的M39与此墓相似，M133是前堂后室式，但结顶方式、祭祀空间、画像配置都比较接近。

与东北、河西墓葬自成体系又滞后于中原的情况不同，魏晋模式在南方地区有着不同的发展轨迹。长江中下游地区有着深厚的汉和孙吴丧葬传

---

[1] 嘉峪关市文物清理小组：《嘉峪关汉画像砖墓》，《文物》1972年第12期。
[2] 甘肃省文物考古研究所：《敦煌佛爷庙湾西晋画像砖墓》，文物出版社，1998年，11—22页。

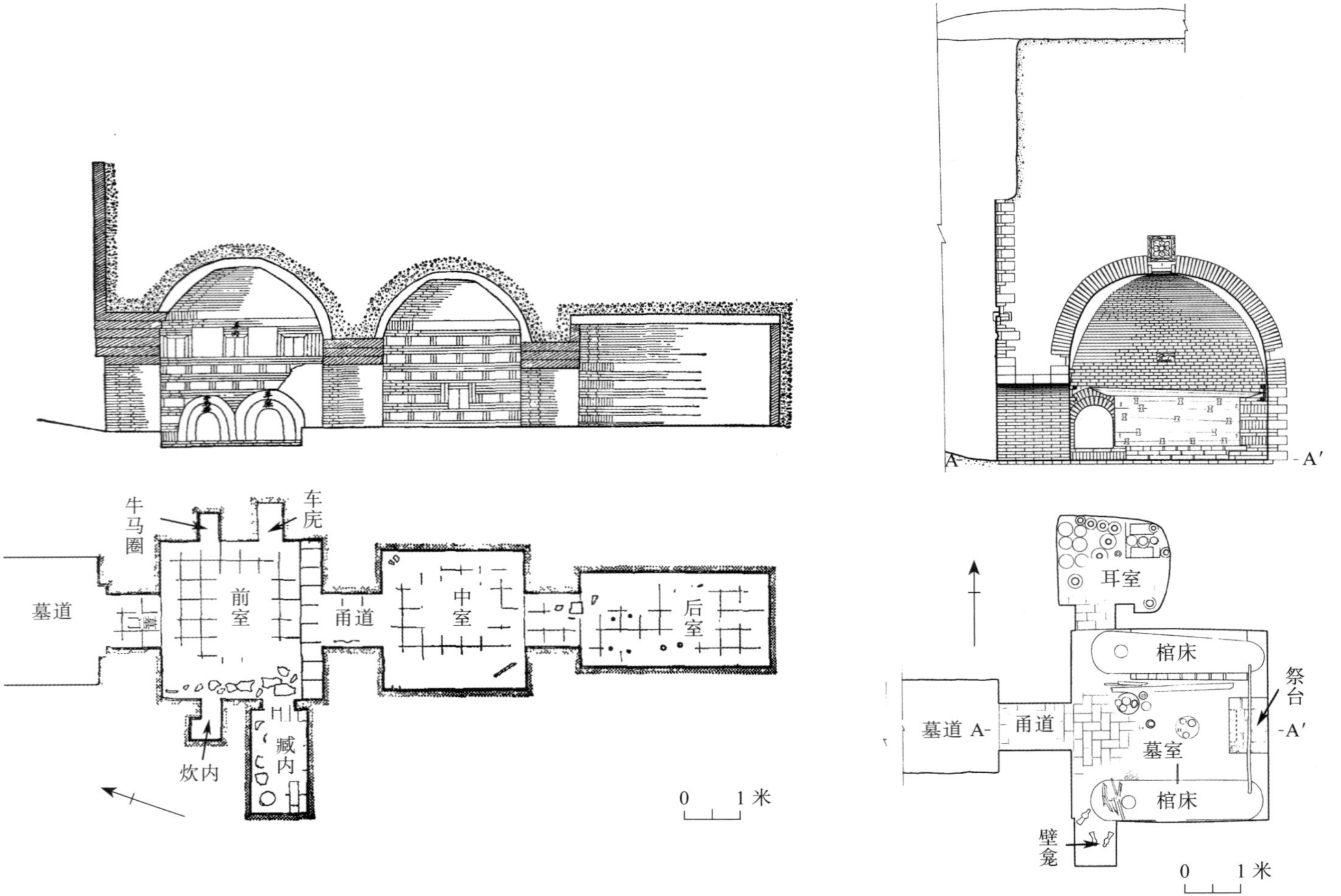

图 5.5 河西魏晋墓形制

1. 嘉峪关新城 M3（《文物》1972 年 12 期，26—27 页） 2. 敦煌佛爷庙湾西晋画像砖墓 M37（《敦煌佛爷庙湾西晋画像砖墓》，13—14 页）

统,当中原地区取消了树、封等地面设施时,这里还保留有一些地面设施。豪族集中的三吴地区(吴、吴兴和会稽三郡)率先在西晋时期接受了来自北方的新式墓制,出现了弧壁的前堂后室墓和单室墓,多采用穹隆式墓顶,这样的墓葬内部空间更宽敞,也更坚固,但建造成本较高,常被地方豪族采用,也反映了他们对中原新的丧葬规范的接受。江苏宜兴周氏家族墓的年代从西晋元康七年(297)延续到建兴四年(316)[1],多为弧壁穹隆顶,其中永宁二年(302)的 M4 有前后二室,弧壁穹隆顶,前室北壁置一石案,后室正中置一砖砌棺床,棺床前也有一座石案,这两座石案都是祭台(图 5.6:1)。类似的弧壁砖室墓在湖南地区也有发现,如常德元康四年(294)墓[2]、长沙永宁二年(302)墓、安乡光熙元年(306)刘弘墓[3]等,都是弧壁单室墓[4],其中刘弘墓的墓室内设有一座帷帐围绕的棺床,根据发现的"宣成公印"、金"镇南将军印"及"刘弘"玉印,可知墓主是见于正史的西晋洛阳人刘弘,与晋武帝有旧交,卒后采取洛阳新式墓制可能与他的经历有关。

进入东晋以后,弧壁穹隆顶的墓室形制在都城建康和建康以外地区出现了不同的发展。建康地区仅有个别等级较高的墓采取了这种形制,如南京象山大墓 M7 是一座典型的弧壁方形的穹隆顶大墓,内高 3.42 米,与墓室长宽尺寸相近,墓室内近墓门口设祭台(图 5.6:2)。此墓属东晋时乔迁江左的琅琊王氏家族的一支——尚书左仆射王彬家族墓之一,墓主可能是东晋早期随司马睿南渡的重臣王廙[5]。但同一墓地年代稍晚的其他墓葬都采取了

---

[1] 华东文物工作队清理小组:《江苏宜兴周墓墩古墓清理简报》,《文物参考资料》1953 年第 8 期;罗宗真:《江苏宜兴晋墓发掘报告》,《考古学报》1957 年第 4 期;南京博物院:《江苏宜兴晋墓的第二次发掘》,《考古》1977 年第 2 期。
[2] 湖南省文物管理委员会:《湖南常德西郊古墓葬群清理小结》,《文物参考资料》1955 年第 5 期。
[3] 安乡县文物管理所:《湖南安乡西晋刘弘墓》,《文物》1993 年第 11 期。
[4] 湖南省博物馆:《长沙两晋南北朝隋墓发掘报告》,《考古学报》1959 年第 3 期。
[5] 南京市博物馆:《南京象山 5 号、6 号、7 号墓清理简报》,《文物》1972 年第 11 期。

238 中古丧葬模式与礼仪空间

1

2

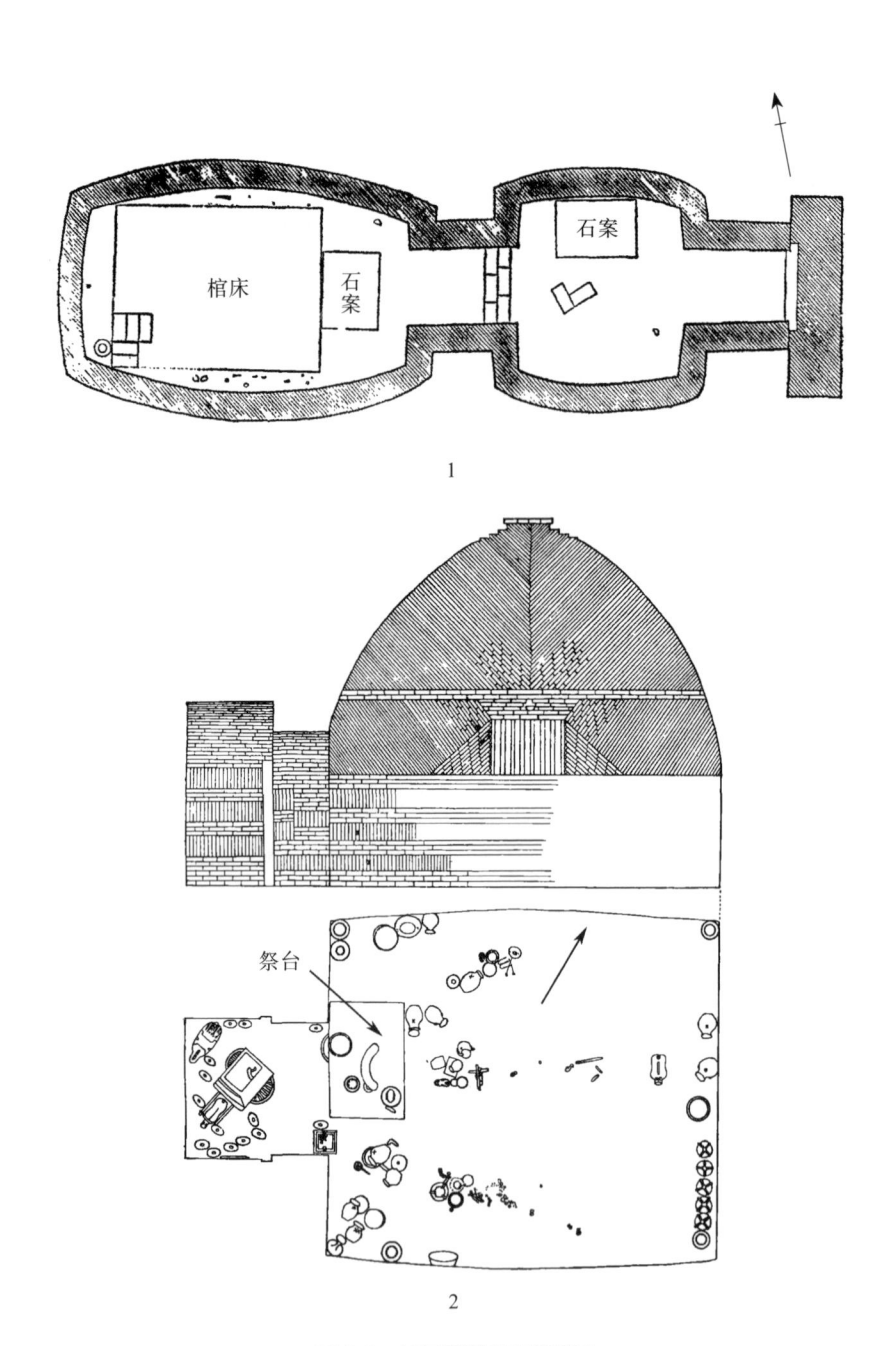

图 5.6 长江下游两晋墓形制
1. 宜兴西晋周氏家族 M4（《考古》1977 年第 2 期，116 页） 2. 南京象山东晋 M7（《文物》1972 年第 11 期，29 页）

南方流行的长方形单室券顶形制,即所谓"凸字形墓"。建康其他东晋墓也大多是"凸字形墓",由于墓顶是券顶,墓室内部纵高不大,是不宜举行大规模的礼仪活动的,也少见排水管、直棂窗、凸字形灯龛等特征,墓内设施表现得相当保守,蒋赞初先生认为这是由于东晋皇族努力维护传统礼制所致[1]。而在南京以外地区,新式的弧壁砖室墓虽然也不占主流,但仍被很多高等级墓采用,反映了东晋时期南方土著豪强对新制的接受比皇族要积极一些,如溧阳果园东晋墓[2]、吴县何山东晋墓[3]、无锡赤墩里东晋墓[4]、马鞍山上湖村东晋墓(M1、M2)[5]、余杭小横山墓地的东晋大型墓[6]等,都采取了这种新式墓制。南方流行的弧壁穹隆顶墓是对"凸字形墓"的改造,墓室是长方形而不是北方流行的方形,由于墓壁外弧,形成了接近椭圆形的平面,墓壁外弧后墓室空间得以抬高,加上穹隆顶形成了较高的纵高,这种空间形态反映了墓内祭祀活动规模的扩大。总体来说,魏晋模式在西晋时期已经传入南方地区,但一直未占主流,只被少数地方土著豪强接受,至东晋在凸字形长方形墓的基础上,改造成穹隆顶的椭圆形墓,在南朝时成为最高等级的墓室形态。与南方正好相反,魏晋模式下的弧壁穹隆顶单室墓在北方得到完整的继承和发展,经过十六国的丧乱后,北魏、东魏、北齐的高等级墓葬普遍采取了这种墓制,天圆地方的空间营造理念彻底取代了汉代的宅第墓模式。

上述几个魏晋模式影响所及的地区主要是中原丧乱后世家大族外迁的地区,除此之外,魏晋模式对五胡占领的北方地区也产生了影响,由于入主中原的十六国统治者大多主动接受中原化的礼仪制度,他们的丧葬模式也或多

---

1 蒋赞初:《南京东晋帝陵考》,《东南文化》1992年第3—4期。
2 南京博物院:《江苏溧阳果园东晋墓》,《考古》1973年第4期。
3 南京博物院:《江苏吴县何山东晋墓》,《考古》1987年第3期。
4 无锡博物馆:《无锡赤墩里东晋墓》,《考古》1985年第11期。
5 安徽省马鞍山市博物馆:《安徽省马鞍山上湖村东晋墓发掘简报》,《考古与文物》2010年第6期。
6 杭州市文物考古研究所、余杭博物馆:《余杭小横山东晋南朝墓》,文物出版社,2013年,327—330页。

或少受到魏晋模式的影响，这点在西安附近十六国墓中表现得最为明显。关中地区最早发现的十六国墓是20世纪50年代发掘的西安草厂坡墓，先是被断定为北朝墓[1]，后来张小舟将其纠正为十六国时期的前后秦[2]，苏哲断为后赵或前秦[3]。后来又在咸阳、西安一带发现了很多十六国墓[4]，使得我们对关中十六国时期的丧葬模式有了越来越清晰的认识。这些十六国墓大多分布于汉长安城周边的一些高地上，常与西汉帝陵毗邻，说明十六国统治者对墓葬选址的理念与汉代接近。2018—2019年，西安市考古研究院在西安南郊发现的焦村十六国大墓位于少陵原上，东距西汉宣武帝杜陵和许皇后墓不远，北距长安城约20公里，地面无封土和任何地面建筑遗迹，应属"不树不封"的葬制，地下是带有长斜坡墓道的土洞结构，墓道内设天井和过洞，尤其重要的发现是焦村M25的过洞和甬道口上方有3座土刻的楼阁，具有象征宅院的意涵。墓室内有彩绘壁画，隐约可见影作木构。此墓没有出土纪年材料，从墓葬形制和结构看，明显继承了洛阳西晋墓的"不树不封"传统和土洞墓结构，但墓葬还保留了多室墓形制，可能又受到了河西魏晋十六国墓的影响。焦村M25的规模大、等级高，应属十六国时期定都长安的某代统治者的墓葬[5]。上述关中十六国墓表现了丧葬方式的多种来源，创造出了一种极具地方特色的新的丧葬模式，以带天井和过洞的长斜坡墓道、土刻或彩绘

---

1 陕西省文物管理委员会：《西安南郊草厂坡村北朝墓的发掘》，《考古》1959年第6期。

2 张小舟：《北方地区魏晋十六国墓葬的分区与分期》，《考古学报》1987年第1期。

3 苏哲断：《西安草厂坡1号墓的结构、仪卫俑组合及年代》，载《宿白先生八秩华诞纪念文集》，文物出版社，2002年，185—200页。

4 西安市文物保护考古所：《西安财政干部培训中心汉、后赵墓发掘简报》，《文博》1997年第6期；西安市文物保护研究所：《西安南郊清理两座十六国墓葬》，《文博》2011年第1期；西安市文物保护考古研究院：《陕西西安洪庆原十六国梁猛墓发掘简报》，《考古与文物》2005年第1期；西安市文物保护考古研究院：《西安凤栖原十六国墓发掘简报》，《文博》2014年第1期；咸阳市文物考古研究所：《咸阳十六国墓》，文物出版社，2006年。

5 少陵原十六国大墓的资料尚未正式发表，散见于网络新闻，如2019年国家文物局公布的《十大考古候选项目——陕西西安南郊焦村发现十六国大墓》。2020年西安市考古院又在附近发掘了一座规模相当、形制相似的大墓，基本可以确定是十六国时期帝王级的大墓，由于资料未公布，此处略述。

建筑物的方式模拟了多进的宅院，又以骑马鼓吹仪仗俑群象征生前的出行卤簿，这些都成为后来西魏、北周和隋唐墓的主要特征。

三、墓内祭祀与空间营造

魏晋模式抛弃了汉代模拟宅第的空间营造方式，省略了象征庭院和左右仓储的空间，仅保留了藏尸空间与安魂空间，将埋葬空间与祭祀空间集于一室，通过棺床、帷帐、祭台及器物摆放进行功能的划分，棺前是下葬时举行墓内祭祀的空间。前述晋初的王详遗令意在节俭，取消了封土，简化了墓室和随葬品，但并没有省略墓内的祭奠，他的墓葬应是一座单室墓，棺木陈于墓室一侧，棺前被辟为由床榻、饮食器构成的祭祀空间，作为"朝夕奠"的场所，至于周年之后的"详祭"可能在家里客堂举行。

值得注意的是，考古发现的大多数单室墓都将棺床置于墓室的西侧，从魏晋到北朝隋唐时期都是如此（太原地区唐墓将棺床置于北侧，是个例外），表明墓内祭祀仪式是相当规范的。棺床置于墓室西侧的做法，应当模仿了祖庙的神主祭祀。周代至汉代在葬后要在祖庙举行祔祭仪式，即将新死者的神主祔于先祖，有与列祖列宗团圆之义，但晋代庙制简省，祔祭改在客堂进行。《通典》引贺循记的晋代葬仪：

> 卒哭祭之明日，以其班祔于祖庙，各以昭穆之次，各有牲牢，所用卒哭。今无庙，其仪：于客堂设亡者祖坐，东向；又为亡者坐于北，少退。平明持馔具设及主人之节，皆如卒哭仪。先向祖座拜，次向祔座拜，讫，西面南上伏哭。[1]

---

[1]《通典》卷87《礼四十七》，2374页。

在客堂祔祭中，先祖的神主设于客堂的西侧，朝向东面，死者的神主设于北面，显然以西为尊。而在墓室里是不设先祖神主的，仍以西为尊，于是将死者的棺椁置于西侧，在棺床前设置祭祀空间。

耿朔认为魏晋延续了东汉的墓内祭祀习俗，但只是对棺前的有限空间稍加布置，略具祭奠之意即可，更多的祭祀活动可能在墓室以外的地方进行，祭奠活动从墓内移至墓外的习俗在一定程度上推动了双室墓消失、单室墓独大局面的形成[1]。但是，从单室墓的空间形态来看，虽没有了汉墓那样专门的祭祀空间——前堂，但墓内的棺前是专设的祭祀空间，采用与客堂祭礼相似的祭祀方式，而且，单室墓以弧壁和穹隆顶方式增大了墓室的空间，可能恰是墓内祭祀活动扩大的结果。

墓内祭祀的遗存已有大量的考古证据，发现于单室墓棺前的祭台、床榻、几案、灯、饮食器等就是一组明确的祭祀遗存，棺床或祭台上方有时还会悬挂帷帐，体现"帷帐飨神"的观念。即使没有这样的祭台，也会有一块专门的区域放置盛放食物的祭器，一些制作精致的容器——如彩绘陶器、涂朱陶器、釉陶器、漆器等，应就是盛贮献祭饮食的器物，尤其带有"牢"字铭的漆器表明墓内存在"牲祭"现象。

魏晋时期的墓内祭祀空间有一个由前堂向棺前转移的过程。年代较早的洛阳正始八年墓还有专门的前堂，前堂发现的铁帐构复原后是一座精致的帷帐，与之同出的铜博山炉、灯碗、玉杯等是祭祀空间的陈设（图5.7：1）[2]。新安县洛新开发区西晋墓（M262）是一座穹隆顶单室墓，墓室后壁以三块石条构建棺床，围绕棺床四周发现了4件帷帐座，帷帐前部的长方形条砖应是一个简单的祭台（原报告认为是脚踏），附近散落着铜熏炉、陶灯、陶器

---

1 耿朔：《从双室到单室：魏晋墓葬形制转变过程中的一个关键问题》，载王煜主编《文物、文献与文化——历史考古青年论集》（第一辑），上海古籍出版社，2017年，36—40页。

2 李宗道等：《洛阳16工区曹魏墓清理》，《考古通讯》1958年第7期；洛阳市文物工作队：《洛阳曹魏正始八年墓发掘报告》，《考古》1989年第4期。

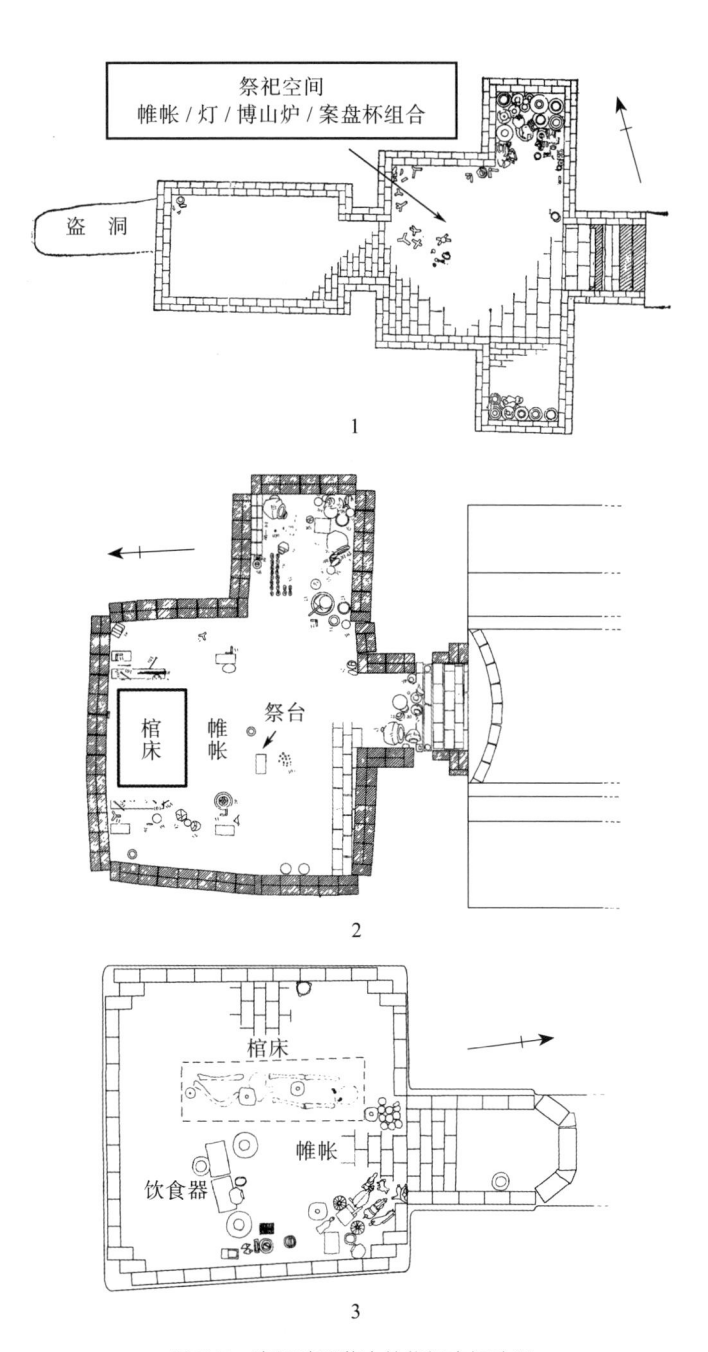

第五章 微缩宇宙：魏晋变革下的丧葬模式 243

图 5.7 洛阳魏晋墓内的祭祀空间陈设
1. 洛阳正始八年墓（《考古》1989 年第 4 期，315 页） 2. 新安西晋墓 M262（《文物》2004 年第 12 期，14 页） 3. 洛阳衡山路西晋墓 BM123（《文物》2009 年第 3 期，20 页）

及漆器等物，这也是一组祭祀遗存（图5.7：2）[1]。洛阳衡山路西发现的西晋墓（BM123）也是一座穹隆顶单室砖墓，棺床偏于一侧，棺床周围发现陶帐座，棺前发现1组陶饮食器，应属祭器（图5.7：3）[2]。

中原以外的墓室里也普遍发现这样的祭祀空间，如山东邹城西晋刘宝墓是一座前堂后室墓，前堂中部发现4件砖质帷帐座，及1组与祭祀相关的器物——陶瓷虎子、熏炉、多子盒、耳杯、铜洗等物[3]。南京板桥镇石闸湖西晋墓是一座前堂后室墓，前堂做成高大的穹隆顶，在四角墙壁设有砖台，各放置1件青瓷碗，又在后半部砖砌祭台，祭台的四角发现陶帷帐座，祭台上放置青瓷容器和铅地券[4]。湖南安乡西晋刘弘墓是一座典型的方形穹隆顶单室砖墓，墓室中央砌棺床，围绕棺床原有一座圆顶帷帐，棺床前发现金印、玉印、青瓷和漆器、灯台、弩机等物[5]。辽宁朝阳袁台子东晋壁画墓是一座带耳室和壁龛的长方形石板墓，墓室前部置有一顶帷帐围绕的漆案，案上放置14件瓷碗、钵、漆盒、勺等食具，在毗邻的右龛内绘有1幅祭祀图，墓主人坐于帷帐下的方榻上，西壁奉食图旁有墨书榜题"二月己……子……殡背万……墓……墓奠"[6]，这是以实物陈设和画像方式共同营造的墓内祭祀空间（图5.8）。

《通典》引晋礼学家贺循所说的下葬礼仪：

> 至墓之位，男子西向，妇人东向。先施幔屋于埏道北，南向。柩车既至，当坐而住。遂下衣几及奠祭。哭毕柩进，即圹中神位。既窆，乃

---

1 洛阳市文物工作队：《河南新安西晋墓（C12M262）发掘简报》，《文物》2004年第12期。
2 洛阳市第二文物工作队：《洛阳新发现的两座西晋墓发掘简报》，《文物》2009年第3期。
3 山东邹城市文物局：《山东邹城西晋刘宝墓》，《文物》2005年第1期。
4 南京市文物保管委员会：《南京板桥镇石闸湖西晋墓清理简报》，《文物》1965年第6期。
5 安乡县文物管理所：《湖南安乡西晋刘弘墓》，《文物》1993年第11期。
6 辽宁省博物馆文物队、朝阳地区博物馆文物队、朝阳县文化馆：《朝阳袁台子东晋壁画墓》，《文物》1984年第6期。

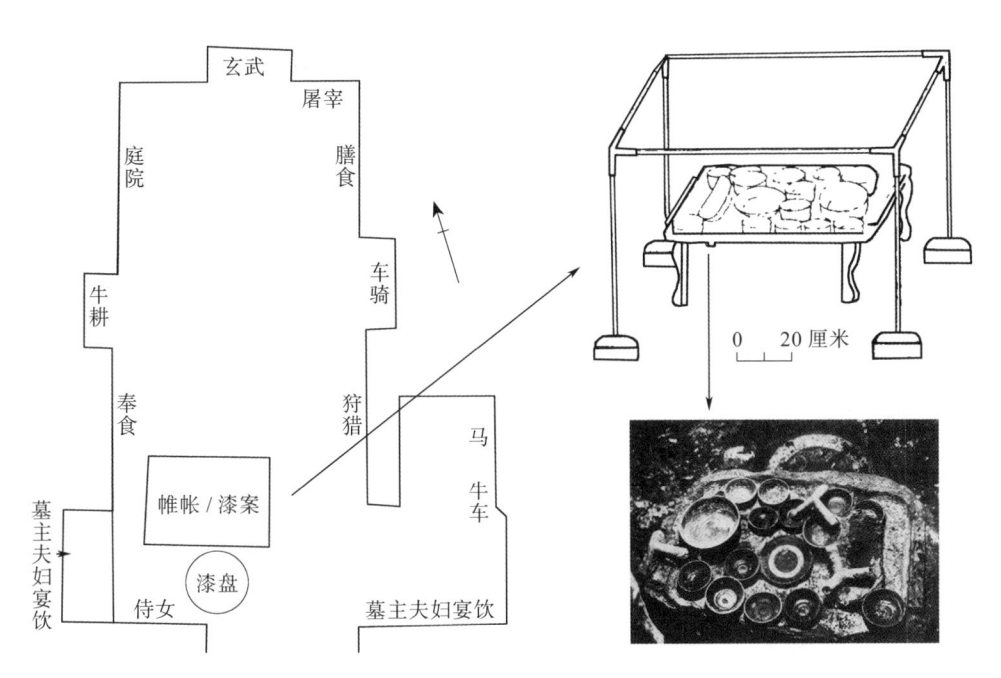

图 5.8　朝阳袁台子东晋壁画墓的祭祀空间
（据《文物》1984 年第 6 期 29、36、39 页制）

下器圹中。荐棺以席，缘以绀缯。植翣于墙，左右挟棺，如在道仪。[1]

这套程序大致是：先在墓道首端搭建"幔屋"，即在墓道搭建一个临时性帷幕式建筑，作为暂停棺柩、陈列死者衣物或印章，以供祭祀的场所。随后棺柩入圹，将幔屋内的所有物品转移到墓室，墓室布置停当后，再进行最后一道祭祀，此时的祭祀应在棺前进行，祭祀程序与在墓道幔屋一样（"如在道仪"），棺前的帷帐、饮食器具、衣物、印章等就是此次祭祀活动的产物。

魏晋时期也如东汉一样，流行同穴合葬，一般各有棺室，而共用前堂，前堂是下葬时的祭祀空间。洛阳元康三年（293）晋大司马裴祗墓是一座三代四人的合葬墓，由前堂、后室和两个侧室组成。据墓志"太夫人柩止西

---

[1]《通典》卷 86《礼四十六》，2346 页。

筒，府君柩止北筒西面，夫人柩止北筒东面，女惠庄柩止北筒东入"，可知后室（主棺室）是裴祗母亲的棺室，前堂北侧室是裴祗夫妇的棺室，北侧室东的侧室是裴祗女儿的棺室[1]。发掘者认为此墓是一次性建造和埋葬的，推测裴祗一家三代四口一次性下葬可能与八王之乱有关，即四口人是同时死、同时葬的。三代四人各有棺室，但共用一个宽阔高大的前堂作为下葬时的祭祀空间（图5.9：1）。也有多人先后埋入的合葬，每次下葬时都在前堂举行祭祀，如辽阳三道壕北窑场西晋墓是一座由4个并置棺室和前后廊组成的石板墓，一共葬有6人，在不同棺室的石壁上刻有各自的入葬时间，最晚的年代是"太康十年"[2]，此墓中的前廊是一个共同的祭祀空间，每次下葬时都会举行墓内祭祀（图5.9：2）。

四、魏晋墓室画像

魏晋时期，墓室画像进入衰退时期，目前中原地区几乎不见魏晋时期的壁画墓，在中原以外地区有一些魏晋壁画墓，基本上是汉代传统的延续和发展。

1991年在洛阳朱村发现的壁画墓可能是东汉晚期至曹魏时期的墓葬，壁画人物形象和构图都与东汉墓接近。在棺床所在的部位绘墓主夫妇宴饮图，墓主手持麈尾端坐于帷帐之下，这是一幅墓主受祭图，图的前方矮榻上置1组饮食器具，构成了一个祭祀场景；在墓室北壁绘逆时针方向运动的车骑出行图[3]，从整体图式看应是东汉流行的情节式叙事。2015年在洛阳西朱村发现的曹魏大墓前堂发现了车马人物的壁画残迹，未知具体内容和图式[4]，估计也与东汉末年的壁画相近。

---

1 黄明兰：《西晋裴祗和北魏元暐两墓拾零》，《文物》1982年第1期。
2 辽阳博物馆：《辽阳市三道壕西晋墓清理简报》，《考古》1990年第4期。
3 洛阳市第二文物工作队：《洛阳市朱村东汉壁画墓发掘简报》，《文物》1992年第12期。
4 洛阳市文物考古研究院：《河南洛阳市西朱村曹魏墓葬》，《考古》2017年第7期。

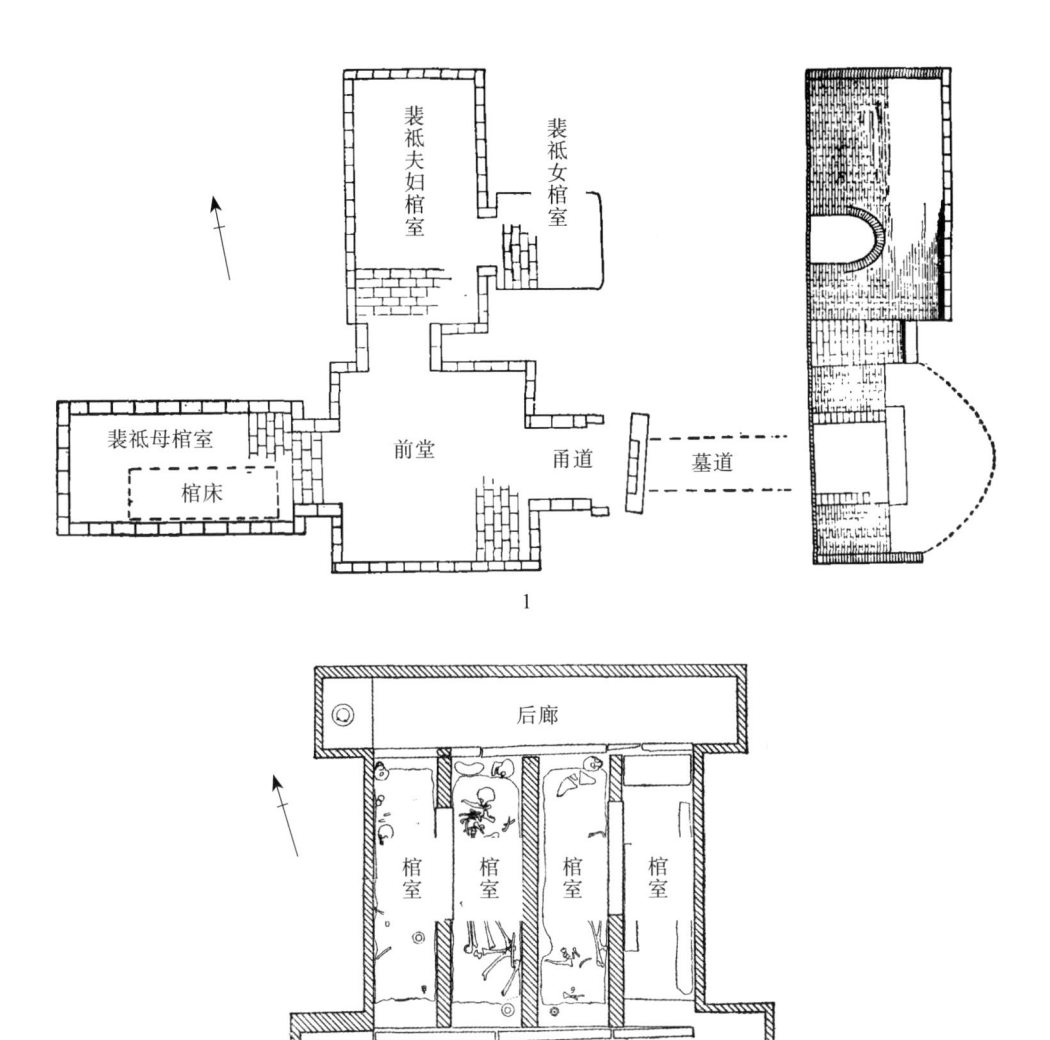

第五章　微缩宇宙：魏晋变革下的丧葬模式　247

图 5.9　魏晋合葬墓的祭祀空间
1. 洛阳元康三年裴祇墓（《文物》1982 年 1 期，71 页）　2. 辽阳三道壕北窑场西晋墓（《考古》1990 年第 4 期，334 页）

中原以外的魏晋壁画墓主要延续了东汉墓室画像的场景式构图，一般以墓室正壁的正面端坐墓主像为中心，在两侧配置对称的侍者、出行场面。前述北京石景山区八角村魏晋墓的石椁性质类似于东汉墓地祠堂，应是魏晋时期地面设施取消后，祠堂转入地下墓室的新现象。在石椁后壁绘墓主像，墓主手持麈尾端坐于帷帐之下，前置一案，左右是奉食的女侍；左壁绘一个曲足案，案上置饮食器，案旁无人；右壁下部绘准备出行的牛车，车上无主人，上部绘牛耕图；顶部绘日月图案[1]。这幅壁画以墓主像为中心构成了一个祭祀的场景，表现了墓主受祭及墓主的来世生活。这是一种静态的场景式构图，值得注意的是场景内首次出现了正面端坐的墓主像，象征着接受祭祀的墓主的灵魂，这种表现方式被后来的北朝墓室画像继承（图 5.1）。

河西、东北是魏晋丧乱之后中原汉传统的保持和发展之地，盛行墓室画像，但墓室画像存在着很强的地域特征，是汉代地域传统在本土的进一步发展，这种情况一直延续到十六国时期。南方地区由于环境的原因，在汉代本就不流行墓室壁画，只在个别地区以模印的画像砖装饰墓壁，画像题材和布局方式与同时期的北方差异极大。

1. 河西地区

河西走廊魏晋十六国的墓室画像主要发现在酒泉、敦煌、武威、高台等地的砖室墓中，墓葬地面并没有像中原一样完全取消标记性和祭祀性设施，而是保留着东汉传统，一般在地面设有家族茔域，以醒目的石圈作为标记，有的还有黄沙土堆成的封土。墓室画像与中原东汉墓的通壁绘画不同，一般在墓门门楼和墓室壁面以画像砖的形式作彩色绘画，流行一砖一画，只有少量是通壁绘画。绘画技法是在砖面以白垩土为底，墨线勾画轮廓，施

---

[1] 石景山区文物管理所：《北京市石景山区八角村魏晋墓》，《文物》2001 年第 4 期。

红、赭、灰等彩色，这种一砖一画是河西魏晋壁画墓的流行作法，郑岩推测可能由于小幅粉本的使用[1]。这种画像砖的画像内容多有雷同，说明是由专门作坊批量制作的，而不是由画师现场制作的，制作成本应低于现场制作的通壁绘画，这可能与河西魏晋墓的墓主社会地位普遍不高有关。直到十六国晚期，个别高等级的墓才出现现场制作的通壁绘画，墓主的社会地位可能较高。

河西魏晋十六国壁画墓主要有嘉峪关新城[2]、敦煌佛爷庙湾的两批墓葬[3]，此外还有一些零星发掘的画像砖墓，如酒泉下河清壁画墓[4]、高台骆驼城画像砖墓[5]等。嘉峪关新城壁画墓一般由墓道、门楼和墓室组成，墓室有前堂后室、前中后三室两种，前室和中室一般方形、覆斗顶，较为高大，是祭祀空间；后室是棺室，呈长方形、券顶。这种墓葬结构与中原地区的东汉墓相似，属典型的宅第墓，而以小型造型砖和彩绘砖结合构成的仿木构门楼、屋檐等，更强化了模拟宅第的意味。画像的内容和配置方式因墓室结构的差异而各不相同。

① 前中后三室墓。门楼以造型砖和画像砖结合，模拟宅第之阙、门，包括象征祥瑞的神禽异兽（青龙白虎、朱雀玄武、麒麟、辟邪、天鹿、仁鹿、受福、玄鸟、凤、飞鱼、带翼神兽）、象征生死交界的双阙（鸡首和牛首人身者守卫阙门）、象征仙界的内容（东王公、西王母、力士、羽人）、历史故事（伯牙抚琴、李广射猎）等，这些内容体现了时人对于生命、宇宙、历史

---

[1] 郑岩：《魏晋南北朝壁画墓研究》（增订版），文物出版社，2016年，131页，脚注1。
[2] 甘肃省文物队、甘肃省博物馆、嘉峪关市文物管理所：《嘉峪关壁画墓发掘报告》，文物出版社，1985年；嘉峪关市文物管理所：《嘉峪关新城十二、十三号画像砖墓发掘简报》，《文物》1982年第8期。
[3] 甘肃省文物考古研究所：《敦煌佛爷庙湾——西晋画像砖墓》，文物出版社，1998年。
[4] 甘肃省文物管理委员会：《酒泉下河清第1号墓和第18号墓发掘简报》，《文物》1959年第10期；张朋川认为1号墓应是魏晋时期的墓葬，参张朋川：《河西出土的汉晋绘画简述》，《文物》1978年第6期。
[5] 张掖地区文物管理办公室、高台县博物馆：《甘肃高台骆驼城画像砖墓调查》，《文物》1997年第12期。

的一般性认识。进入门楼后，墓室的画像则是对于理想来世生活的想象，模拟宅第内外的生活场景：前室象征宅第之外，绘庄园生活内容（农桑、畜牧、坞壁、牛车出行），有的还有兵屯内容；中室象征宅第的前堂，绘墓主宴居生活内容（主仆进食、宴宾待客、庖厨相关）；后室象征宅第的后寝，绘内室生活内容（丝帛、简册、漆奁、女侍）。

② 前后二室墓。门楼画像的布局与三室墓没有显著差别，都是对于生命、宇宙、历史的一般性认识。墓室画像的布局因墓室减少而另有安排，前室囊括了三室墓的前中二室内容，大抵以前室后壁为中心，向左右二壁展开，如后壁绘墓主夫妇宴乐场面，一侧壁绘庄园生活，另一侧壁则绘宴居生活；后室的内容与三室墓无差别，也象征内室。

③ 单室墓。是受中原魏晋模式影响而出现的新式空间形态，采弧壁、穹隆顶方式，墓顶嵌一块莲花纹砖，形成盝顶，如佛爷庙湾 M39、M37。画像内容由于受空间的局限而比多室墓更加简化，如有关庄园生活的内容简化为摄粮、庭院嬉戏，宴居生活的内容简化为墓主进食、休闲纳凉等，象征内室生活的丝帛、简册等不见了。

以上三种结构的墓葬基本同时存在于河西的魏晋十六国墓中，其中差别可能主要是墓主身份地位和经济实力导致的，画像砖可能是来自作坊的商品，完全根据墓室的结构来配置，等级高的墓葬规模就大，画像砖就配置得多，内容比较齐全，反之则内容简略。虽然画像繁简不一，但都有明确的设计意识，在不同墓室和墓室的不同部位安排相应的画像，那么，这套画像系统反映了何种主题和叙事逻辑？研究者从画像的观看方式作了解释。郑岩主张按后室—前室—墓道的次序来观看，因为墓室画像不是为生者绘制的，假定的观者应是墓主本人，而墓主的尸体就放在后室，所以从墓主的角度去看这些画像，起点应在后室。他以嘉峪关新城 5 号墓前室为例，以南北中轴为界将画像分为东、西两个板块进行观察，认为东壁描绘的坞堡、农牧业活动属生产活动、户外场景,西壁的庖厨内容属消费活动、家内生活[1]。孙彦采取了不同的观看方法,主张双室墓以前室后壁的墓主像或活动画面为中心,向周围和其余三壁展开与墓主有关的画像内容,如嘉峪关新城5号墓是以前壁的墓主宴饮图为中心,左侧的庖厨内容表现其物质享受,右侧的坞堡、农牧业等内容表现精神层面的东西[2]。画像的"观看"方式无论从后室开始,还是从前室后壁开始,都是从死者的角度看到的墓主来世生活场景,墓室画像整体上就是为了营造死者的来世生活。但是,墓室不只是死者的来世空间,也是一个生死互动的空间,墓室画像是因墓室的宅第化而出现的,而宅第化的前提是墓内出现了人神互动的祭祀活动,因此墓室画像实际上由两类场景构成:祭祀场景和来世场景。祭祀场景中,一般以正面端坐的墓主像为中心,墓主像是被祭祀的对象,象征死者的灵魂,其他各类生产、生活的内容皆为营造死者的来世生活而设,因此墓室内的所有画像皆围绕祭祀、来世两个主题进行叙事。敦煌佛爷庙湾M133在前堂北侧壁的壁龛就是一个祭祀空间,壁龛内绘的就是祭祀场景,在正壁壁面敷草拌泥,涂垩之后彩绘一顶帷帐,帷帐前置1组陶杯盘组合及陶灯等器物[3],这是以实物和画像构成的祭祀空间。

河西墓室画像内容与中原东汉墓的差异较大,反映汉代人宇宙观、历史观、伦理观的公共性画像(如山神海灵、古圣先贤、忠臣孝子)大为减少了,表明宣传教化功能不如政权核心地区那么受到重视;以个人化的画像为主要内容,但中原东汉墓常见的表现墓主仕宦经历的内容消失,而更多见庄园生活、农牧业生产、家居宴饮方面的内容,这当与河西远离政治中心、墓主多为豪族地主有关,更强调的是家族和个人的价值,而不是虚幻的社会理想。

---

[1] 前揭《魏晋南北朝壁画墓研究》,132—134页。
[2] 孙彦:《河西魏晋十六国壁画墓研究》,文物出版社,2011年,102—107页。
[3] 甘肃省文物考古研究所:《敦煌佛爷庙湾西晋画像砖墓》,文物出版社,1998年,33—34页、图版一二。

河西地区通壁绘画的例子，仅见于1977年发掘的酒泉丁家闸5号墓，该墓被断为后凉至北凉之间[1]，后来郭永利认为应属西凉[2]；韦正通过出土器物与周边墓葬的比较，重新断代为魏晋时期[3]。我认同韦正的断代，从墓葬形制来看，这座墓是受中原魏晋模式影响而形成的前堂后室墓，是一种新的丧葬空间形态；此外，墓室画像中未见佛教因素，也表明墓葬应早于佛教盛行河西的十六国时期。

该墓前堂方形，有高大的覆斗形顶，高达3.36米，前堂前部设有一个方坑式天井，后部形成一个二层台，相当于祭台，台上置漆方盒；后室长方形，比前堂低矮，发现三具骨架（一男二女）。前堂是高大宽敞的祭祀空间，后室是低矮的埋葬空间，前堂、后室皆在草泥上作通壁绘画（图5.10）。

前堂顶部绘莲花藻井，墓向朝东，故西壁是正壁。全墓藻井以下以赭石界栏分层配置画像（图5.11）：

第2层是日月、西王母与东王公、羽人，以庆云、瑞兽环绕，其中西王母在西壁（正壁），东王公在与之相对的东壁（墓门所在），羽人在南壁（左侧壁），这部分构建了想象中的仙界场景。

第3层绘墓主燕乐、出游、庄园生产与生活内容，其中墓主像绘于正壁，坐于轩内的榻上，手持麈尾，轩前绘一曲足方案，上置一樽，樽内置鸭头勺，再往前是一个伎乐百戏场景，这部分是墓主受祭图。其他三壁绘坞壁、牛车及农作、庖厨场景，表现的是墓主受祭后在来世生活的场景。

第4层正壁绘牛车出行，左右侧壁绘坞壁、社树、农事、庭院生活场景，通往后室的过道绘运物车队，与正壁相对的东壁墓门口绘守门犬、牧牛、庖厨。这部分描绘的也是墓主来世生活场景。

---

1 甘肃省博物馆：《酒泉、嘉峪关晋墓的发掘》，《文物》1979年第6期；甘肃省文物考古研究所：《酒泉十六国墓壁画》，文物出版社，1989年，11页。

2 郭永利：《河西十六国壁画墓》，民族出版社，2012年，257页。

3 韦正：《试谈酒泉丁家闸5号壁画墓的时代》，《文物》2011年第4期。

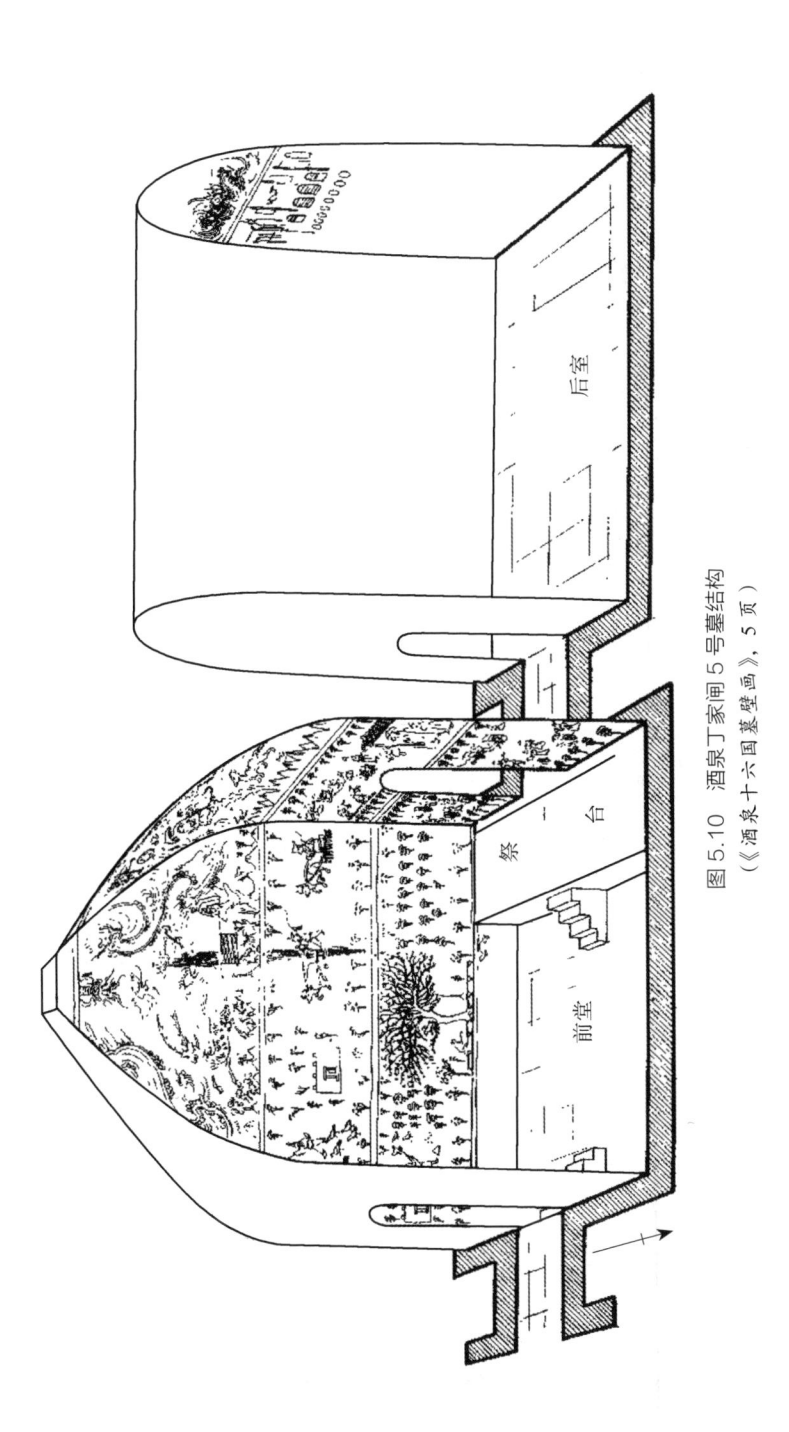

第五章 微缩宇宙：魏晋变革下的丧葬模式 253

图 5.10 酒泉丁家闸 5 号墓结构（《酒泉十六国墓壁画》，5 页）

254　中古丧葬模式与礼仪空间

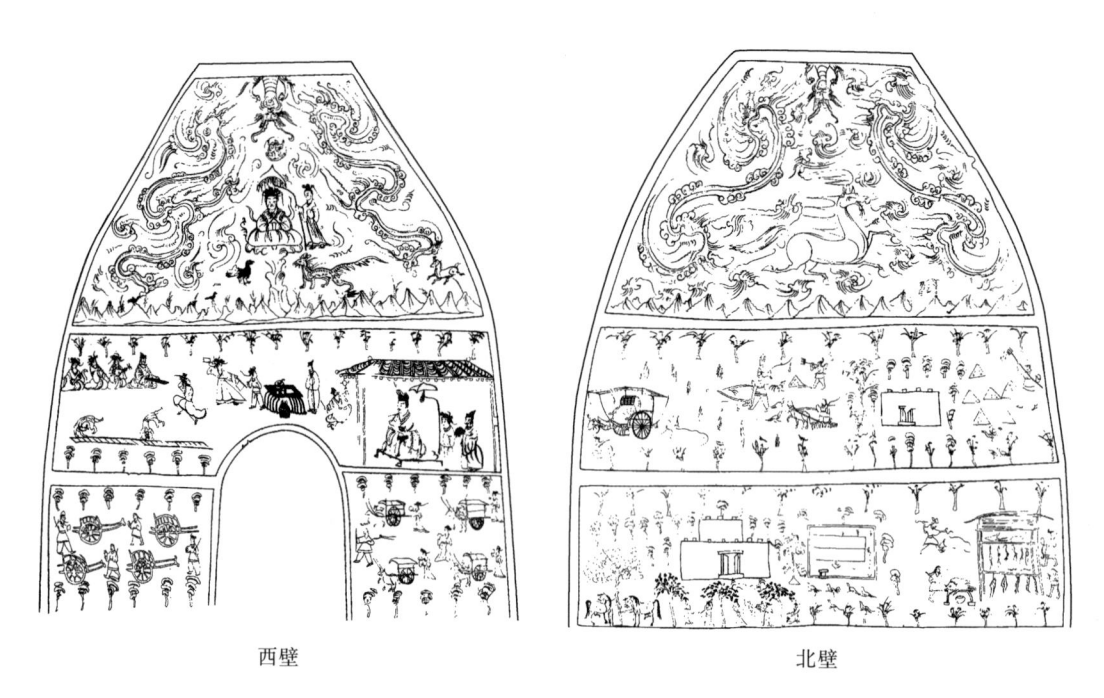

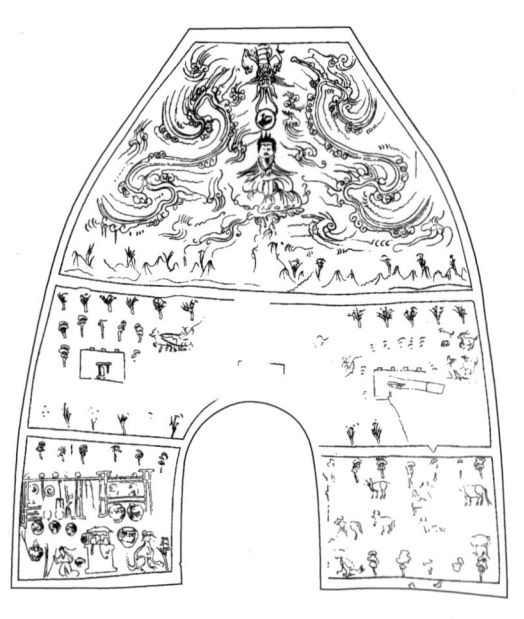

西壁

北壁

东壁

南壁

图 5.11　酒泉丁家闸 5 号墓前堂壁画
(《酒泉十六国墓壁画》，12—15 页)

第5层绘口吐红舌的龟及房屋等，象征地下鬼神世界。

后室仅在后壁绘画，上层绘庆云，下层绘盒奁及方扇、弓箭、拂、束丝、绢帛等物，这是内宅生活场景，由于是死者的私密性空间，与具有公开展示性的前堂不同，因此画像内容较为简略。

2. 东北地区

东北地区与河西一样，也是中原文化的保持和发展之地，魏晋壁画墓主要发现在以辽阳为中心的辽东、以朝阳为中心的辽西。辽东地区集中了大量东汉末期至东晋初期的壁画墓，朝鲜半岛北部也有少量等级较高的相当于东晋时期的壁画墓；辽西地区主要是"三燕"（前、后、北燕），主要集中于三燕都城——龙城（今辽宁朝阳）附近。

辽东壁画墓年代较早的有辽阳旧城东门里壁画墓[1]、辽阳三道壕窑业二场M2[2]、窑业二场"令支令张君"墓、车骑墓[3]、三道壕北园1号墓[4]、南环街壁画墓[5]、棒台子壁画墓[6]等。年代较晚的有辽阳上王家村壁画墓[7]和朝鲜安岳3号墓（佟寿）[8]等。这些壁画墓均为支砌石板墓，以平顶墓居多，较大型者有叠涩藻井顶，一般以石板搭成一个由横前堂和数个纵后室构成的墓室，有的在前堂两侧还附有一大一小两个耳室。这种墓葬形制与山东地区流行的石板墓相同，表明汉末魏晋时期辽东与山东地区的紧密联系，如苍山元

---

1 辽宁省博物馆等：《辽阳旧城东门里东汉壁画墓发掘报告》，《文物》1985年第6期。
2 东北博物馆：《辽阳三道壕两座壁画墓的清理工作简报》，《文物参考资料》1955年第12期。
3 李文信：《辽阳发现的三座壁画古墓》，《文物参考资料》1955年第5期。
4 李文信：《辽阳北园壁画古墓记略》，《国立沈阳博物院筹备委员会汇刊》1947年第1期。
5 辽宁省文物考古研究所：《辽宁辽阳南环街壁画墓》，《北方文物》1998年第3期。
6 李文信：《辽阳发现的三座壁画古墓》，《文物参考资料》1955年第5期；王增新：《辽阳市棒台子二号壁画墓》，《考古》1960年第1期。
7 李庆发：《辽阳上王家村晋代壁画墓清理简报》，《文物》1959年第7期。
8 宿白：《朝鲜安岳所发现的冬寿墓》，《文物参考资料》1952年第1期。朝鲜科学院考古学及民俗学研究所编《遗迹发掘调查报告》三《安岳第3号墓发掘报告》，（朝鲜）科学院出版社，1958年。

嘉元年墓[1]、滕州元康九年（299）墓[2]、苍山庄坞乡晋墓[3]等。不同的是山东石板墓沿用了本地汉画像石传统，流行以石刻画像装饰墓壁，而辽东地区则以彩绘装饰墓壁。石板墓在山东地区已处于汉画像石墓发展的余绪阶段，正逐渐被新式的砖室墓所取代，但在辽东地区仍是墓葬的主流，表明辽东在埋葬方式上的滞后性。

辽东墓葬在壁画上与中原东汉墓的关系密切，以墓主宴享、车骑出行、乐舞百戏等为主要内容，采取了与山东东汉中晚期画像石墓相同的情节式构图，以墓室前部的左侧为起点，在墓壁沿逆时针方向安排车骑出行、楼阁拜谒、墓主画像，墓主像被安排在前堂右侧的耳室，以依次展开的情节进行动态叙事。

1957年发掘的辽阳棒台子2号壁画墓，由一个横列前堂、四个纵列棺室和一个横列后室组成。前堂最为宽敞高大，两侧有一大一小两个耳室，四个棺室内葬有6具骨架，有男有女，有成人有儿童，骨架皆被扰乱，可能属于一个家庭的二次葬[4]。在墓门、左右耳室和后室后壁上都有壁画，墓门两侧各绘门卒一人。右耳室壁画以面向前堂的正壁为中心，绘墓主夫妇坐于帷帐之下的方榻上，二人之间的长几上有一圆案，内置7个耳杯和2副筷子，案两旁各有一盛食的小盘。墓主像左侧绘二侍者，似持乐器，延伸至左侧壁的部位绘属吏2人，有"主簿"和"议曹掾"榜题；墓主像右侧绘3位侍者，各持饮食器具趋步向前。这幅墓主夫妇宴饮图动态表现了供奉饮食的过程，各位侍者明显有面向墓主传递食具的动作，整幅画面好像一个供奉饮食的动作分解图，动感十足，是一幅动态的墓主夫妇受祭图。墓主夫妇图所在的耳室里，还发现1件陶质圆案、漆器及铜构件等实物，应是一组祭器，这些

---

1 山东省博物馆等：《山东苍山元嘉元年画像石墓》，《考古》1975年第2期。
2 滕州市文化局等：《山东滕州市西晋元康九年墓》，《考古》1999年第12期。
3 临沂地区文管会等：《山东苍山县晋墓》，《考古》1989年第8期。
4 王增新：《辽阳市棒台子二号壁画墓》，《考古》1960年第1期。

实物和画像共同营造了祭祀的场景，但耳室内部空间狭小（仅有 1.4 米高），显然是不能容人的，其功能与山东地区东汉墓地的小型祠堂相似，祭祀活动只能在祠堂外进行，此耳室的前面是宽敞、高大的前堂（高 1.9 米，宽 5.96 米），是举行祭祀活动的场所（图 5.12）。

与右耳室相对的左耳室更加狭小，在正壁和右侧壁绘有一组运动中的车骑，由 3 导骑、1 卷棚马车和 1 从骑组成，上绘一轮红日，皆面向左侧，即墓室的纵深方向。在后室的后壁是另一组运动中的马车，由 4 辆马车组成，也向左侧运动，前方是一座三层四阿式楼阁，大门洞开。这两组向同一方向运动的车、骑，构成了一个连贯的画面，与右耳室的墓主夫妇像发生了关联。将三个单元的画像沿逆时针方向展开，可以看到一个连贯的情节式画面：两队车马行列依次进入洞开的楼阁，此楼阁似为生死之界，楼阁的另一侧是绘在右耳室的墓主夫妇宴饮图，象征着死者的来世。这是汉画像石墓常见的车马楼阁表现方式，但学界对这种图像的象征意义还存在争议，主要有两种解释，一种认为表现的是墓主生前经历，一种认为表现了一次送葬活动。

判断车马、楼阁图性质的关键，是确定车马行列的含义。两组车马图中各有一辆较长的卷棚车，与其他车型不同，显然不是乘用车，而是运送重物的车辆。类似的卷棚车在山东汉画像石中很常见，见于山东微山西汉晚期或东汉早期石椁上的葬礼图[1]、沂南东汉墓中室北壁的车马图[2]、临沂吴白庄东汉画像石墓的车马图[3]、福山东留公社东汉画像石墓车马图[4]等。巫鸿认为这种卷棚车是运送遗体的柩车，与带伞盖的导车和四阿顶的軿车一起构成了

---

1 王思礼、赖非、丁冲、万良：《山东微山县汉代画像石调查报告》，《考古》1989 年第 8 期。
2 前揭《沂南古画像石墓发掘报告》，图版 50。
3 管恩洁、霍启明、尹世娟：《山东临沂吴白庄汉画像石墓》，《东南文化》1999 年第 6 期。
4 前揭《山东汉画像石选集》，图 366、585。

258

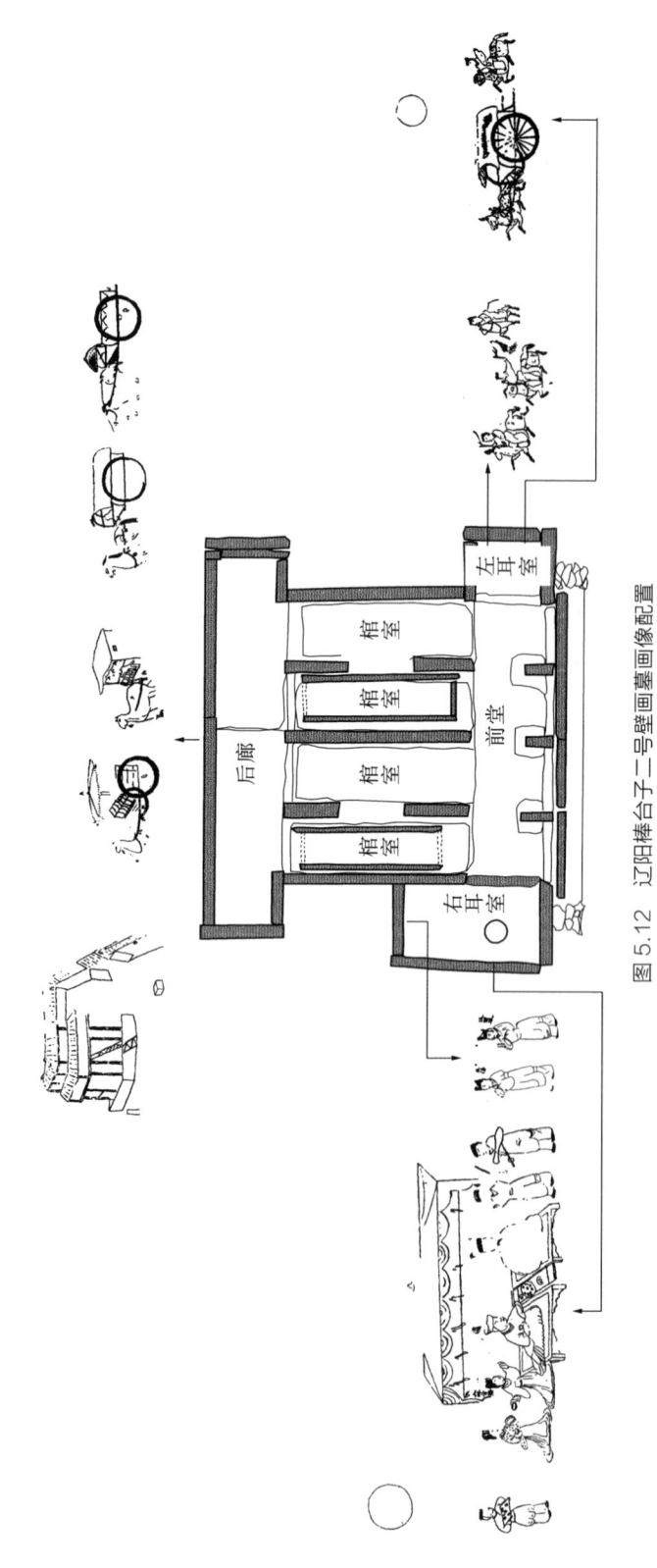

图 5.12　辽阳棒台子二号壁画墓画像配置
（据《考古》1960 年第 1 期 21—22 页绘制）

送葬的车队，车马行列和楼阁图表示将死者的躯体和灵魂从祖庙送至墓地[1]。孙机不同意巫鸿的解释，认为卷棚车不是柩车而是运货的大车，车马行列也不是表示送葬，而"无一不是墓主生前活动的艺术折射"[2]。

此墓画像中的两辆卷棚车分别属于两组车马行列，画像的组合方式或许有助于解释车的功能以及车马行列的意义。在后组画像中，卷棚车前有3位导骑、后有1位后骑；前组画像由4辆车组成，1辆带伞盖的导车、1辆专供妇女乘坐的密闭性较强的軿车、1辆卷棚车、1辆似乎带有伞盖的车。两组画像中的卷棚车显然都处于本组画像的中心，都分别以骑马者和乘车者为前导和后从，如果卷棚车中装运的仅是普通货物，大可不必如此郑重，但如果运送的是墓主遗体，则前导和后从就成为必要。两组车马行列的前导和后从是有差别的，正好代表了不同性别，骑马者护送的应是男墓主遗体，乘车者护送的是女墓主遗体，因此从图像组合看，巫鸿的"柩车送葬"说似乎更具合理性。这是将男女墓主的遗体和灵魂送入墓地的场景，洞开的三层楼阁就是生死的分界，过了楼阁就进入了死者的来世，右耳室是死者灵魂所在的祭祀空间。整幅画像以情节式构图动态表现了从丧礼到祭礼的过程，从左耳室到后室后壁，再到右耳室，完成了从阳间到阴间的转换。实际上画像中的日、月图也隐喻了这种生死转换，左耳室柩车上方有一轮白日，内有黑色的三足乌，右耳室墓主像的后上方画一轮白月，内有黑色的蟾蜍，日、月分别表示阳间和阴间，二者的分界就是洞开的楼阁，右耳室以墓主受祭图和1组祭祀实物，表现了墓主夫妇的灵魂在阴间接受祭祀的场景。

这种以车马行列和楼阁图表现送葬及生死转换的图像程序，与山东地区的汉画像石传统关系密切，但在叙事逻辑上更具连贯性，类似的图式还见于

---

[1] 前揭《礼仪中的美术——巫鸿中国古代美术史文编》，260—265页。
[2] 孙机：《仙凡幽明之间——汉画像石与"大象其生"》，《中国国家博物馆馆刊》2013年第9期。

辽东地区其他墓室画像。在朝鲜平壤附近的黄海南道安岳郡发现的安岳3号墓是一座大型石板墓，建于东晋永和十三年[1]（357），墓主是前燕慕容皝的部下佟寿，亡命高句丽22年。墓葬基本结构是前堂、后室及两个侧室，在后室（棺室）两侧还建有回廊。壁画遍布于墓室大部分壁面，墓主画像绘于西侧室而不是墓室的正壁，但表现的不是宴饮场景，而是属吏进谒；在西侧室的正壁，绘端坐于帷帐之下、手持麈尾、属吏侍侧的男墓主；右壁绘端坐听事的女墓主，西侧室面向前室的门口内外绘武士和帐下督。与之对称的东侧室绘庭院、屋宇内生活的场景，棺室东侧和北侧的回廊绘庞大的出行仪仗（图5.13—图5.16）[2]。

苏哲根据《晋书·舆服志》所记的中朝大驾卤簿，考证这幅仪仗图是按照晋的卤簿制度编队的，由骑马导从40人、步行导从80人组成，并复原了其编组情况[3]。图像由三个画像单元构成：进入墓门后，东侧室的庭院、屋内生活场景构成第一个画像单元；棺室旁边回廊的仪仗行列构成第二个画像单元，向左逆时针运动；西侧室的男女墓主受祭图构成第三个画像单元。三个单元画像与前述棒台子2号壁画墓相似，是动态的情节式构图，东侧室的庭院、屋内生活场景象征生前，通过仪仗队伍向左的运动，表达了由生向死的转换，西侧室的墓主画像象征墓主夫妇的灵魂（图5.17）。

进入5世纪后，辽东地区受到中原地区新式壁画图式的影响，情节式构图被抛弃，而采取了场景式构图。晚于安岳3号墓的朝鲜南浦市德兴里壁画墓，有高句丽"永乐十八年"（408）纪年，墓主人可能也是亡命高句丽的前燕或后燕官吏，根据墨书题记，可知是一位籍贯信都郡，曾任幽州刺史及高句丽"小大兄"等职的官员，是一位佛弟子。前堂以北壁墓主像为中心构

---

[1] 此年东晋穆帝司马聃已改元为升平元年。
[2] 朝鲜科学院考古学及民俗学研究所编：《安岳第3号墓发掘报告——遗迹发掘调查报告之三》，科学院出版社，1958年，1—6页。
[3] 苏哲：《安岳3号墓の出行図に関すゐ一考察》，《博古研究》17号，1999年4月。

第五章 微缩宇宙:魏晋变革下的丧葬模式 261

图 5.13 朝鲜安岳 3 号墓西侧室男女墓主画像
(《安岳第 3 号墓发掘报告》图 XXV)

262 中古丧葬模式与礼仪空间

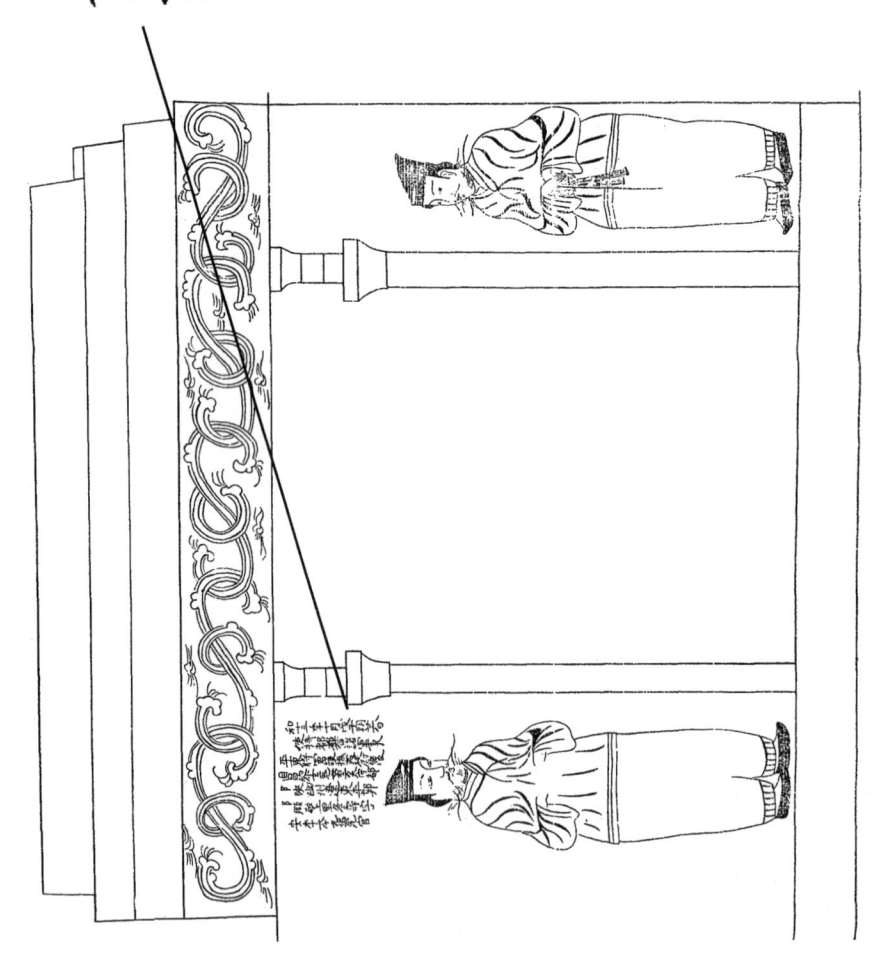

图 5.14 朝鲜安岳 3 号墓西侧室门画像及题记
(《安岳第 3 号墓发掘报告》图 XXVI)

图 5.15 朝鲜安岳 3 号墓东壁、南壁画像
(《安岳第 3 号墓发掘报告》图 XXVII)

264　中古丧葬模式与礼仪空间

图 5.16　朝鲜安岳 3 号墓东侧室画像
(《安岳第 3 号墓发掘报告》图 XXVIII)

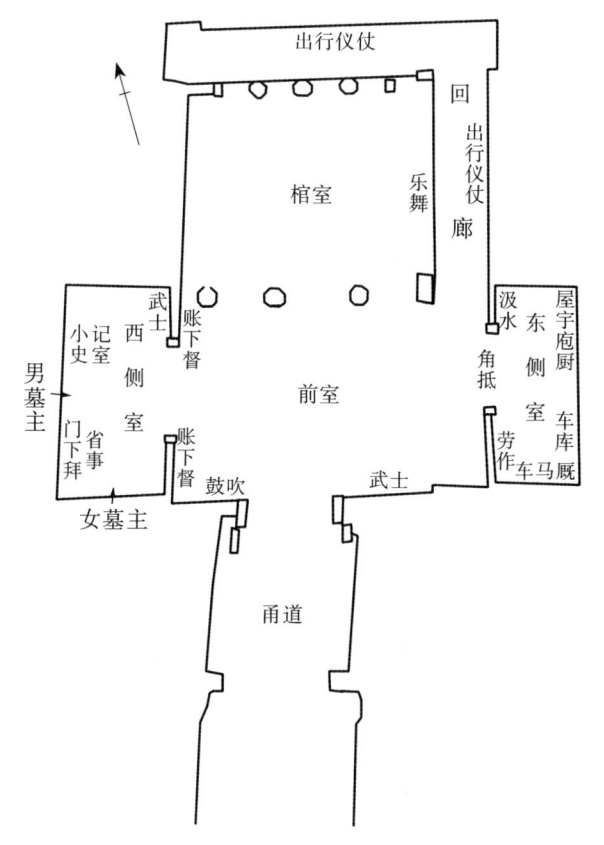

图5.17 朝鲜安岳3号墓画像配置
（据《安岳第3号墓发掘报告》图Ⅳ制）

图，在左右两壁对称安排仪仗出行和属吏拜谒图；后室是一个单独的画像单元，也是以正壁墓主像为中心构图，不同的是左右两壁分别绘礼佛和骑射场景[1]。需要注意的是，此墓壁画虽然采取了对称场景式构图，但在图像程序上与中原东汉壁画墓有一定的差异，前堂左右侧壁及前后室之间甬道两侧的出行图皆朝向墓口方向运动，而不是向墓室纵深递进，这可能是高句丽壁画的特殊性。

---

[1]（韩）全虎兑著，潘博兴译：《德兴里壁画墓》，《地域文化研究》2017年第2期。

辽西在北魏之前为三燕统治地区，三燕壁画墓有朝阳大平房村墓及北庙村M1[1]、北票西官营子太平七年（415）冯素弗及妻属墓[2]、袁台子东晋壁画墓等[3]。皆为石板或石块垒砌的墓葬，墓室多为前宽后窄、前高后低的梯形体，顶部多以数块大石块平铺，少量叠涩顶，皆单室墓，个别设有耳室和壁龛。这种墓室的构筑方式为辽西地区传统，梯形结构的墓室也是鲜卑的传统，与高句丽积石为封的墓葬不同[4]。墓室壁画的基本图式是以后壁的墓主夫妇像为中心向左右两壁展开，左右壁绘庖厨、庭院生活、耕作、射猎等内容，墓顶描绘日月、银河等天上景象，这种对称场景式构图呈现出与中原东汉墓的联系。

辽西墓室画像也有少量与辽东类似的情节式构图，如朝阳袁台子东晋壁画墓。这是一座带有耳室和壁龛的石板墓，虽没有明确的前堂、后室的分隔，但用墓内设施进行了明确的空间功能区分。墓室后部放置木棺，前部是1组祭祀设施，由1顶帷帐和漆案、案前的大圆漆盘等组成，漆案上置14件漆器食具，可知这是墓内祭祀空间。祭祀空间的壁画配置可分为3组（图5.18）：

第1组，在墓室左侧前部的耳室南壁绘夫妇宴饮图，旁有墨书榜题"夫妇君向□芝□像可检取□□主"，耳室的东壁绘牛车及马匹，表现的是墓主生前生活。

第2组，沿着墓室左壁、后壁至右壁绘狩猎、车骑、牛耕、庭院生活、庖厨膳食、屠宰等内容，是墓主生前生活的延续，但从室内转移到了户外。

第3组，在右耳室内绘制另一幅墓主像，端坐于帷帐之下，左手执杯，

---

1 朝阳地区博物馆等：《辽宁朝阳发现北燕、北魏墓》，《考古》1985年第10期。
2 黎瑶渤：《辽宁北票县西官营子北燕冯素弗墓》，《文物》1973年第3期。
3 辽宁省博物馆文物队等：《朝阳袁台子东晋壁画墓》，《文物》1984年第6期。
4 田立坤：《三燕文化墓葬的类型与分期》，载巫鸿主编《汉唐之间文化艺术的互动与交融》，文物出版社，2001年，198—199页。

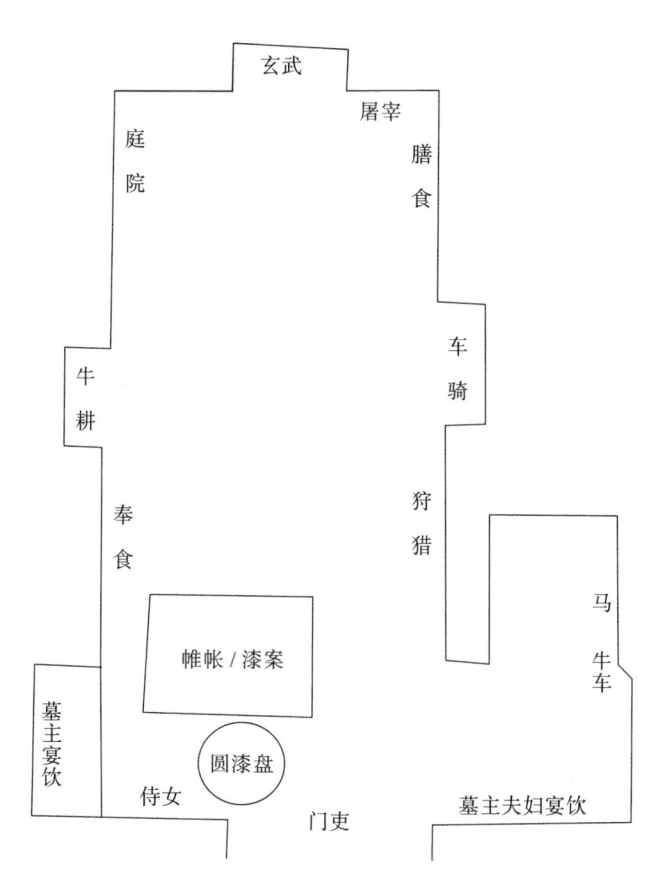

图 5.18 朝阳袁台子东晋壁画墓画像配置
（据《文物》1984 年 6 期 29 页制）

右手持麈尾，墓主形象高大。墓主像的右侧（即墓门右侧壁面）绘四位侍女像，双手合十面向墓主。墓主像的左侧（即墓室右壁的前部）绘七位男侍，手持长柄物、案、瓶、樽、勺、魁、盘等物，皆面向墓主，旁有墨书榜题"二月己……子……殡背万……墓……墓奠"。显然，这组图像表现的是对墓主的祭祀，与画像前的帷帐和漆案一起构成了祭祀场景。

这三组画像层层递进，表现了墓主生前的室内和户外生活，以及死后接受祭祀的场景，并没有一个绝对的视觉中心，而是以逆时针运动的方式描绘了从生到死的转换。

3. 南方地区

从东晋到南朝，南方地区流行带短甬道的长方形凸字形墓，一般以模印画像砖装饰壁面，只有极个别墓葬有彩绘壁画，这应与南方地区卑湿的环境有关，彩绘壁画极易剥落，模印画像砖易于长期保存，而且南方地区有发达的窑业基础，便于画像砖的制作，模印画像砖比画像石的制作更为简单，易于成为特殊的商品而被广泛采用。

1963年发掘的云南昭通后海子霍承嗣墓是一座东晋石砌单室墓（太元十□年，386—394年间）[1]，不同于南方流行的长方形单室形制，而是方形覆斗顶结构，呈中原魏晋模式下的微缩宇宙式空间形态。墓顶以浮雕莲花的方形石块结顶，铺地砖是模印砖，墓室四壁以一层石灰打底，以墨线勾勒轮廓后再上色，形成遍布墓壁的彩绘壁画。画像以后壁的墓主坐像为中心，左右两侧配以侍从和仪仗架，东、西两壁下层绘部曲形象，四壁上部分别绘日月、四神、玉女等形象，各有榜题。根据墓主像旁的题记，可知这是一座招魂葬，题记明确标识画像为墓主，象征接受祭祀的墓主灵魂。这组壁画技法十分拙劣，但有明确的构图意识，应是当地画工对中原北方的壁画图式所作的改造，与墓葬的空间形态一样反映了与中原模式的紧密联系（图5.19）。

霍承嗣墓只是南方东晋墓的特例，其他南方墓葬多在墓壁镶嵌模印画像砖或花纹砖、文字砖，以长江下游和中游最为常见，从东吴、西晋一直延续到南朝时期，大多数模印砖都是单幅成画。这种模印砖与汉代画像砖一样，是预制好后镶嵌在墓壁的，不像彩绘壁画墓那样的一次性构图。画像砖图案大多简略，以几何纹居多，少量花瓣纹、钱纹、鱼纹、动物纹和人形纹，都是一些装饰性图案，有些墓葬虽然遍布画像砖，但图像的配置十分凌乱，并

---

[1] 云南省文物工作队：《云南省昭通后海子东晋壁画墓清理简报》，《文物》1963年第12期；胡振东：《昭通东晋壁画墓墓主考》，《思想战线》1980年第4期。

图 5.19　昭通东晋霍承嗣墓墓主画像及题记
(《文物》1963 年第 12 期，图版壹)

没有明确的叙事性。这种状况直到南朝时期才发生改观，在少数高等级墓葬中出现了将多块画像砖拼镶成画的现象，有了明确的构图意识、叙事主题和叙事逻辑。

五、遣策与随葬之物

魏晋薄葬模式下，由于丧礼的规模缩小，丧葬中所获赠赠之物减少，随葬之物也随之大大减少，而且多是不易保存的漆器、衣物类物品，仅靠出土实物难以确知随葬之物的真实情况，好在很多墓中出土了记录物品种类和数量的遣策，有助于我们了解魏晋模式下的随葬情况。

遣策是丧葬仪式的产物，所记物品包括死者生前旧物、宾客所赠之助丧物品及丧家专为葬礼而备的物品。今所见遣策实物多出自南方楚、汉、魏晋时期，常以木、竹材料制作，汉以后又有石（或滑石）为之者。在吐鲁番和河西的十六国墓葬中也较为常见，吐鲁番阿斯塔那、哈喇和卓一带发现过晋唐时期的遣策数十份[1]，不过唐代以后渐不见，也可能改用其他材质如纸质了。以下略举几例以讨论丧仪中的物品。

① 安阳西高穴曹操高陵：出土刻铭石牌62块，可分圭形、六边形两大类。圭形石牌均长10.8厘米，尖部中间有穿孔，孔内有铜环，铜环连以铜链；六边形石牌大小尺寸相似，总长8.5厘米，平首、斜肩，上部中间有穿孔。7块圭形石牌发现于前室，皆刻有"魏武王"，多为兵器之属，如"魏武王常所用挌虎大戟""魏武王常所用短矛""魏武王常所用大刀""魏□□常所用搏□□（椎）""魏武王常所用长犀盾"等；其他六边形的遣策都是平首斜肩，皆发现于后室（棺室），记有各类衣物、玩好及丧仪用品[2]。

② 洛阳西朱村曹魏大墓M1：可能是魏明帝郭皇后墓（景元四年，263）[3]，出土刻铭石牌226件，均为六边形，形制与大小与曹操墓相似，长8.3厘米，是目前出土遣策数量最多的一批[4]。

③ 安徽南陵麻桥东吴墓[5]：出土了3件木质遣策，其中M3出土2件。其一出自棺内，以大字总括棺内衣物"各□衣物合八种是丹杨宣成男子萧礼有"，并以小字罗列"巾一枚""覆面一枚""袜一量"等11件衣物。另一出自棺外，列有"酒器五十石""□一仓千石""□□五百石""饭案""□具""宛（碗）□"等粮食和器具，所记当为棺外的祭祀物品。另一座墓中仅在棺内出土1件，正反两面书写，可能包括了棺内和棺外物品，主要是各

---

1 国家文物局古文献研究室等编：《吐鲁番出土文书》10册，文物出版社，1981—1991年；柳洪亮：《吐鲁番阿斯塔那古墓群360号墓出土文书》，《考古》1991年第1期；侯灿、吴美琳：《吐鲁番出土砖志集注》附录《吐鲁番晋—唐古墓出土随葬衣物疏》，巴蜀书社，2003年；刘安志：《吐鲁番所出衣物疏研究二题》，武汉大学文科学报编辑部《魏晋南北朝隋唐史资料》第22辑，2005年；田河：《武威旱滩坡十九号前凉墓衣物疏考释》，《社会科学战线》2012年第6期。

2 曹操墓石牌的照片或文字材料零星披露于简报、论文，如河南省文物考古研究所、安阳县文化局：《河南安阳市西高穴曹操高陵》，《考古》2010年第8期；李凭主编：《曹操高陵——中国秦汉史研究会、中国魏晋南北朝史学会会长联席会议》"安阳曹操高陵考古发掘成果简介"，浙江文艺出版社，2010年。

3 洛阳市文物考古研究院：《河南洛阳市西朱村曹魏墓葬》，《考古》2017年第7期。

4 石牌编号共226件。感谢洛阳考古研究院严辉先生提供全部石牌拓片图片。

5 安徽省文物工作队：《安徽南陵县麻桥东吴墓》，《考古》1984年第11期。

类衣物和布匹，如"绛被一枚""绣两当一枚""锦两当一枚""锦十匹""练十匹""各□缯合百匹""手巾二□""枕二枚"等，也有器具如"竟（镜）一枚""银叉六枚""金叉四枚""突无叉三枚""铁刀一枚""木一、椅一具""麻三斤""□□镜一具""贝□五百万"等。此墓遣策所记棺内物品主要是衣衾类，棺外物品是生前旧物和祭祀用品（如 M3 的酒器、碗、饭案及粮食等）。

④ 江西南昌东吴前期高荣墓[1]：棺内出土 1 件木质遣策，记各种衣物 40 余件，另列有"指函""大刀""研（砚）""笔""书刀""官纸""漆碗""金叉"等用品，最后总括"大凡百一十枚皆高荣许"。此墓衣物皆以"故"字开头，表明为死者高荣生前私人旧物。同样的情形常见于汉代遣策，如长沙马王堆 3 号墓遣策"白縠衾二，素里，其一故"，江陵凤凰山汉墓 M8 遣策记有衣物三四十件，有的冠以"新"或"故"字。凡书"故"者可能是死者生前旧物，书"新"者可能是亲朋所赠，即"致襚"之物。

⑤ 江西南昌西晋夫妇合葬墓[2]：墓内有两具木棺，木质遣策置于男棺内，列出了 27 件衣物及"严器""铜镜""刷""面纸""书箱""书砚""笔""墨""刺""棺中笙"等生前玩好与器具，所有物品皆冠以"故"字。衣物已腐烂，衣物之外的物品多发现实物，但置于棺外的青瓷器皿并不见于遣策，可知青瓷是下葬时墓内献祭饮食的容器，不在葬仪中陈列，故不见于遣策。值得注意的是，遣策中有"故棺材一枚"，棺作为预制的葬具也可记于遣策。

⑥ 长沙东晋升平五年（361）周芳命妻潘氏墓[3]：滑石板遣策，所记内容为 40 余件衣物及"铜镜""针囊""剪刀尺""细笙""严具""银叉"等用

---

1 江西省历史博物馆：《江西南昌市东吴高荣墓的发掘》，《考古》1980 年第 3 期。
2 江西省博物馆：《江西南昌晋墓》，《考古》1974 年第 6 期。
3 史树青：《晋周芳命妻潘氏衣物券考释》，《考古》1956 年第 2 期。

具,皆冠以"故"字,也列有"故棺材一口",表明这些皆死者私人物品和丧仪用物。石板背面则是一段买地券式的文字,除记死者生平外,还特别说明"其随身衣物,皆潘生存所服饬,他人不得妄认抵债",以此表明遣策埋入地下的意义在于宣示死者对物品的所有权。

曹操墓中的"常所用"石牌与上述墓中的"故"类遣策性质应是一样的,都是死者生前旧物。上述墓中除了生前旧物外的宾客所赠之助丧物品并不多,但曹操墓和西朱村大墓作为曹魏最高等级的墓,除了生前旧物外,还有大量丧礼中获得的赠赠物品,在实际出土遗物中有些可能正是遣策所记物品,如前室散落的兵器,后室所见的金玉饰件、云母、石圭、石璧、铁镜等。

曹操墓和西朱村大墓的刻铭石牌反映了曹魏时期最高等级的随葬之物,大致可分衣衾、器用、葬仪三类。

① 衣衾类

包括袍、衫、裙、袴、襜襦、臂韝、袜、标、被、褥等织物,涉及的织品有绫、锦、绮、绡、练等质料,袍、披衫、不(襆)、襜襦、裙、袴、韝、袜、被、褥等种类,黄、紫、绛、丹、白等色。这些既是士人日常所服,也可作为馈赠、赏赐品在丧仪中陈列。衣衾是将遗体移至卧床后进行的,在给遗体穿衣和装殓(即设袭)、小敛和大敛阶段要尽数陈列,一些穿在死者身上,另外的则收藏在衣笥里以备下葬,仅在小敛、大敛阶段陈列的襚衣(亲朋所送之衣)就有数十套。由于衣衾是遣策记录最多的物品,故这些遣策又有"衣物疏"或"衣物券"之称。遣策所记的衣物不都穿在死者身上,大部分应陈放在棺旁的竹笥内,如马王堆1号汉墓女尸穿了20层衣物,同时还发现了写有"衣笥"的签牌,若对衣服质料和种类进行分析,或许还可以分辨出分别属于设袭、小敛和大敛阶段的衣物[1]。又如前述南陵县麻桥东吴墓 M3 棺内遣策上记有"各□衣物合八种是丹杨宣成男子萧礼有",并详

---

[1] 范志军:《长沙马王堆女尸所穿裹衣衾探析》,《华夏考古》2007年第3期。

细列出了"巾一枚""覆面一枚""袜一量"等11件衣物[1]。曹操墓石牌所记衣物将近20种,西朱村石牌也记有50余件衣物,其中"白练单衫""白练单裙""白练袜"有可能是设袭时穿的一套衣服,白练常用作敛尸之用;而"绛标文绮四幅被""黄绮被""墨画零状荐筥簟""紫绮大褥"等则是入殡之前的"凭尸"床笫之物。此外,还有一些衣物上的装饰物,如腰带和带钩。西朱村墓有一件石牌书"朱绶文绶囊一八十首朱绶九彩衮带金鲜卑头自副",指一套以红色绶带装饰的九彩腰带(衮带)和金带钩(鲜卑头),装在一个红色绶带装饰的绶囊里。"鲜卑头"是对带钩或带扣的胡语音译。

② 器用类

包括帷帐、屏风、灯盏、香炉等陈设器,书案、刀尺、墨等文房用具,妆具、食具、沐具、戏具、钱财等,其中有生前旧物,也有宾客赠之物,有的并非实物,而以模型随葬。曹操墓中石牌所记帷帐"广四尺长五尺",按汉尺(1尺=23厘米),则仅有1.1米多长,屏风也只有0.8、0.3米,它们可能是明器。曹操墓也发现了真实大小的帷帐实物,后室曾发现大量不可辨识器形的漆木器和4件铁质帐架构件。西朱村墓石牌有"长一丈斗帐",墓中发现了石帐座、铁帐构实物,这些帷帐应是为构建墓内祭祀空间用的。器用中,漆饮食器皿占了很高的比例,如"五尺漆簿机""食单""漆浆台""木表漆里书水椀(碗)""墨漆画盘""漆画酒盘"等,应是用于祭祀的漆木餐桌及食具组合。这类漆木祭器在长江流域汉晋墓葬中常见,鄂城的一座东吴墓(郭家垴M16)中发现21件漆器,包括唾盂、盘、耳杯、案、钵、槅、碗等[2];安徽马鞍山朱然墓(赤乌十二年,249)共发现60多件漆器,包括漆案、凭几、盘、耳杯、果盒、砚、尺、勺等[3]。漆器是汉晋时期高等级墓中

---

1 安徽省文物工作队:《安徽南陵县麻桥东吴墓》,《考古》1984年第11期。
2 南京大学历史系考古专业等:《鄂城六朝墓》,科学出版社,2007年。
3 安徽省文物考古研究所、马鞍山市文化局:《安徽马鞍山东吴朱然墓发掘简报》,《文物》1986年第3期。

常见的祭器。

③ 丧仪类

包括敛奠物、饰棺物等。敛奠物中很多都是供奉的食物，如"黄豆二升"等，常与肉、酱、脯、鱼、姜等一同出现。饰棺物包括"玄三早绯""绒二幅二"等，多为竹木或纺织物，墓中未见实物，但发现了大量制作精美的金属泡钉。

西朱村大墓出土石牌226件，是目前所知内容最全的一批遣策。从质地上，漆木器最多，金银、玉石、珠宝类其次。从类别上，衣物类最多（含盛放衣物的竹木容器），约占40%；其次是饮食和食器，约占25%；祭祀陈设器（帷帐、屏风、灯、炉、案、几等）约占10%；其他器用（文房用具、游戏用具、梳妆用具、沐具、兵器等）约占25%；另有少量明器（陶甑、釜、碓、灯、炉等）和葬仪用器（璧、棺饰等）。其中饮食、食器和祭祀陈设器构成了墓内祭祀的器物组合，加起来占35%，是除衣物外最多的器物（图5.20）。

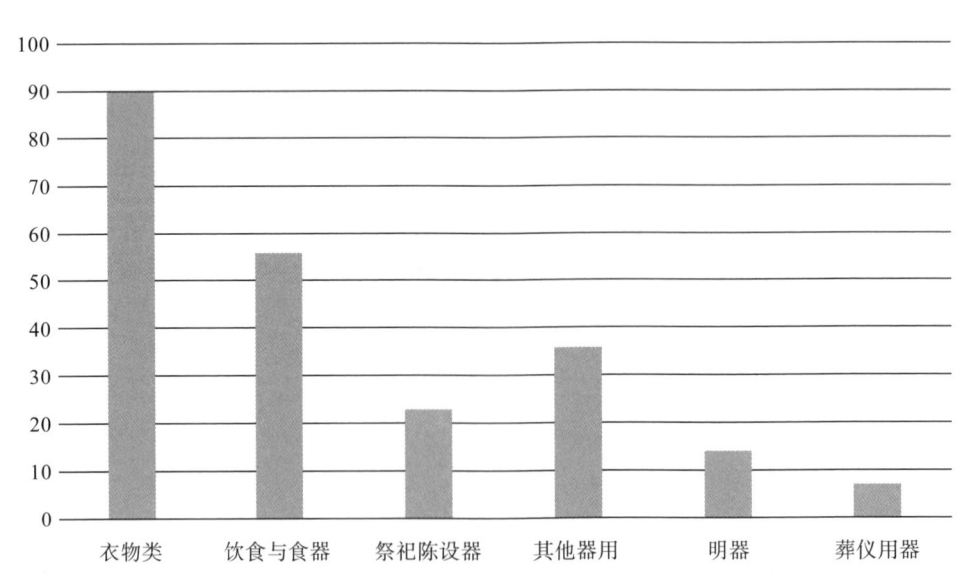

图5.20 洛阳西朱村曹魏大墓石牌物品分类统计
（据洛阳考古院严辉先生提供石牌拓片）

显然，曹操墓和西朱村大墓遣策物品的类别，与前述几例以生前旧物为主的遣策有很大不同，大部分是衣衾和祭祀用品，这些是丧礼中来自宾客的赗赠之物和丧葬自备之物，体现了最高等级的丧葬规模，但与汉代相比，随葬器物已经大为减少了。晋贺循所列的"明器"应反映了魏晋时期的基本器物组合：

其明器：凭几一，酒壶二，漆屏风一，三谷三器，瓦唾壶一，脯一箧，屦一，瓦樽一，屐一，瓦杯盘杓杖一，瓦烛盘一，箸百副，瓦瓮一，瓦灶一，瓦香炉一，釜二，枕一，瓦甑一，手巾赠币玄三纁二，博充幅，长尺，瓦炉一，瓦盥盘一。[1]

这组"明器"是广义上的明器，实际上主要是一组祭器，与西朱村大墓遣策相似，以祭祀陈设器和饮食器为主，不过这里的饮食器都是陶器，说明贺循所记仅是基本的礼制要求，实际埋葬中质量和数量可能要大大超出礼制规定。

贺循所列明器与《后汉书·礼仪志》所记的大丧明器相比，种类、数量和质量都大为减少，说明在丧礼中通过盛陈明器以彰显死者哀荣的做法已经没那么重要了，所获赗赠物品大为减少了，也表明魏晋"薄葬"不仅体现在墓地和墓室设置上，还体现在丧礼的简化上，丧礼不再是热闹的社会交流活动，而成为更私人化的行为，这个时期的丧礼可能是最接近"慎终追远"的丧葬本义的。

六、小　结

魏晋时期出现了以"薄葬"为表、以"返真"为本的魏晋模式。魏晋模式的出现除了经济方面的原因外，社会变迁和主流意识形态的变化也不可忽

1　《通典》卷86《礼四十六》，1198页。

视，由于儒学衰落、佛教初兴和玄学兴起，社会对待死亡的态度和处理死亡的方式都发生了较大的改变。本章在汉晋社会变迁的背景下讨论了魏晋模式的形成与发展，也从丧葬行为的角度讨论了魏晋模式下的墓室空间形态、墓室画像和器物陈设。

魏晋薄葬是从曹魏开始、定型于西晋的丧葬模式，具体表现为地面祭祀性和标记性设施的革除和地下墓室的简化，地面已无封土、寝殿等踪迹，墓室是唯一的丧葬空间，以弧方形、穹隆顶的单室墓为典型形态。这种方形的墓室上承苍穹式墓顶的形态，犹如一个天圆地方的微缩宇宙，墓室空间的营造理念已与汉代大不相同，不再模拟宅第，而是为死者构建一个想象中的来世宇宙。在这样的墓室空间里，墓内祭祀仍是一项不可或缺的礼仪活动，一般将棺床置于墓室的西侧，另一侧作为祭祀空间，普遍发现于棺床前的祭台、床榻、几案、祭器等就是墓内祭祀活动的遗存。魏晋模式下的墓室空间形态经过十六国的丧乱后，在北朝时期得到完整的继承和发展。

典型的魏晋模式仅限于中原地区，但受其影响，中原以外地区也发生了汉晋转型，产生了魏晋模式的多个变体。河西、辽东地区是中原丧葬模式的保持和发展之地，保持着汉代以来的自成体系，到十六国时期出现了向魏晋模式转型的迹象。魏晋模式在西晋时期传入南方地区，但一直未占主流，只被少数地方豪强接受，东晋以后与本地凸字形长方形墓形制结合，出现了穹隆顶的椭圆形墓葬，到南朝时成为最高等级的墓室形态。

魏晋时期作为薄葬的年代，墓室画像也进入衰落时期，中原地区几乎不见魏晋时期的壁画墓，但在中原以外地区有很多发现。河西、东北盛行墓室画像，在内容和构图上存在着很强的地域特征，是汉代地域传统在本土的进一步发展，这种情况一直延续到十六国时期。河西地区流行一砖一画的画像砖，画像内容雷同，可能是从专门的作坊批量制作的，而不是由画师现场制作的，这可能与河西魏晋墓墓主的社会地位普遍不高有关，直到十六国晚期，个别高等级墓才出现通壁绘画，墓主的社会地位可能较高。河西墓室画像与墓室建筑共同营造了死者的来世生活场景，基本以甬道上方的门墙为界，将墓室空间分为户外、宅院外、内宅三部分，分别绘农牧业生产、庄园生活、家居宴饮方面的内容。这种墓室营造方式后来可能对关中地区的北朝、隋唐墓室营造产生了影响。同时，与中原汉墓相比，河西远离政治中心，墓主多为豪族地主，丧葬无须承担"成教化、助人伦"的社会功能，而更强调家族或个人的价值。辽东地区的魏晋墓室壁画继承了东汉的情节式构图，通过车马向左运动表达了由生向死的转换，5世纪后才受到中原地区新式壁画图式的影响，情节式构图被抛弃，出现了对称场景式的构图。南方地区从东吴到东晋一直流行以模印画像砖装饰墓壁，逐渐从简单的装饰纹样发展为具有一定叙事性的模印砖画，画像题材和布局方式与同时期的北方差异极大。

魏晋薄葬模式下，由于丧礼的规模缩小，丧葬中所获赠赙之物减少，随葬之物也随之大大减少，而且多是不易保存的漆器、衣物类物品，仅靠出土实物难以确知随葬之物的真实情况，但根据历史文献的记载和出土的遣策，可以大致看出魏晋模式下的陈器之道。总的来说，魏晋丧葬模式下随葬物品种类、数量和质量远不如汉代，说明在丧礼中通过盛陈明器以彰显死者哀荣的做法已经没那么重要了，所获赠赙物品减少了。从曹操墓和西朱村大墓遣策记载的物品来看，大部分是衣衾和祭祀用品，这些是丧礼中来自宾客的赠赙之物和丧葬自备之物，体现了最高等级的葬礼规模。

魏晋模式在形式上是薄葬，无论是墓室空间，还是丧葬画像或随葬品，都非常简略，实际上反映了魏晋时期的丧葬行为与丧葬观念的变化，丧葬礼仪不再是热闹的社会交流活动，而成为更私人化的行为，可能是最接近"慎终追远"的丧葬本义的。

国家哲学社会科学成果文库
NATIONAL ACHIEVEMENTS LIBRARY
OF PHILOSOPHY AND SOCIAL SCIENCES

中古丧葬模式与礼仪空间

（下）

李梅田 著

上海古籍出版社

下　卷

第六章
复古创新：南北朝地域社会中的丧葬模式

一、地域社会中的丧葬模式

历史学家以中央与地方势力的消长来解释汉至六朝时期政治格局的变动，日本学者谷川道雄认为汉代统治是建立在中央与地方势力的均衡合作上的，但汉末三国时期这种均衡被打破了，导致了地方社会的自立性增强，到六朝时期出现了更加明显的中央集权衰落和地方势力增长，出现了由豪族共同体支撑的地域社会[1]。地域社会可谓汉唐之间社会的主要特征，在丧葬模式上也有十分具体而明确的表现。

秦汉中央集权政治模式下，帝国范围内的生死观念、礼仪制度、丧葬行为具有相当强的趋同性。汉帝国崩亡后，这种状况发生了改变，丧葬模式上出现了以"薄葬"为表、以"返真"的生死观为本的汉晋之变，产生了回归丧葬本义的魏晋模式。但魏晋模式仅限于中原地区，边疆和南方地区主要还是沿袭汉代传统，出现了最初的丧葬模式地域分化。西晋永嘉之乱后，北方地区为大大小小的胡族所占据和更替统治，与此同时南方地区保持着汉传统的持续发展，丧葬模式的地域分化进一步加剧。5世纪前期北方地区统一后，进入长期的南北分裂局面，丧葬模式的地域性主要表现为南北差异，同时北

---

[1]（日）谷川道雄著，郭兴亮、王志邦译：《六朝时代与地域社会——〈六朝地域社会丛书〉总序》，《东南文化》1991年第5期。

孝文帝万年堂
冯太后永固陵

永固堂

思远佛寺

永固堂等遗迹

思远佛寺遗迹

图 6.1　大同方山永固陵陵园
　　　　地面遗迹
　　　　（尚珩先生提供航拍图）

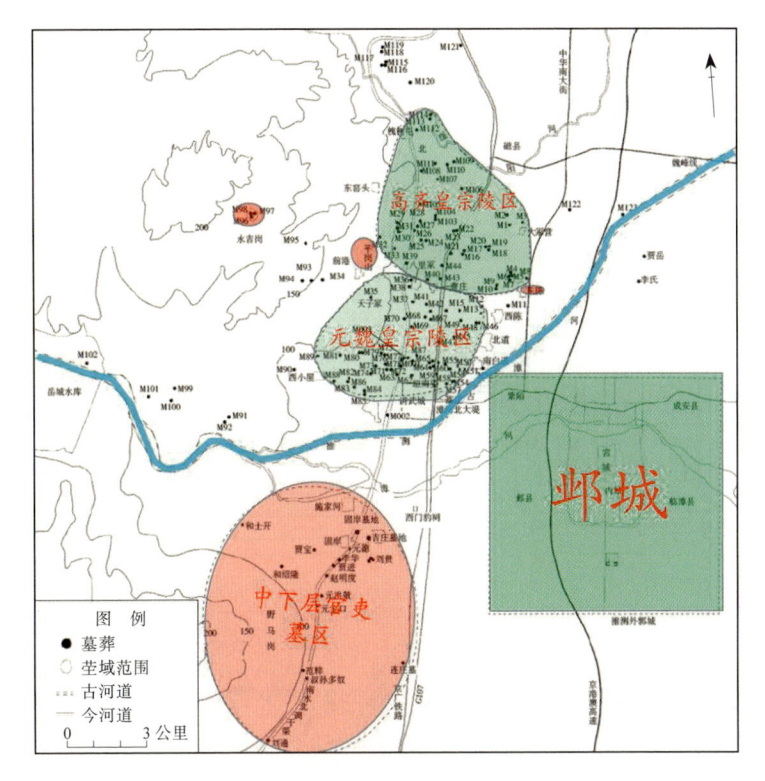

图 6.2 邺城东魏北齐墓葬分区示意图

(《考古》2016 年第 3 期沈丽华文，105 页）

图 6.3 东汉和南朝神道石柱

1. 石景山东汉幽州书佐秦君墓（《文物》1964 年第 11 期，18 页） 2. 山东省博物馆藏东汉琅琊相刘君墓 3. 梁吴平忠侯萧景墓 4. 梁武帝萧顺之建陵

284

图 6.4 北魏解兴石堂结构及壁画
(《北朝艺术研究院藏品图录——青铜器、陶瓷器、墓葬壁画》，8、14—17 页)

图 6.5　大同北魏石椁壁画

1. 智家堡石椁壁画摹本　2. 智家堡石椁正壁壁画（《文物》2001 年第 7 期，45 页）　3. 宋绍祖石椁正壁壁画（《文物》2001 年第 7 期，31 页）

图 6.6 北朝石椁祆教祭祀画像

1.西安北周史君墓(《文物》2005 年第 3 期，22 页)　2.太原隋虞弘墓(《文物》2001 年第 1 期，46 页)

图 6.7　安阳固岸村东魏 M57 棺床出土场景

(《华夏考古》2009 年第 3 期彩版一九)

1

2

3

图 6.8　弗利尔美术馆藏石棺床台座
1. 正立面（F1915.110，长 234 厘米、高 60.3 厘米）
2. 侧立面檐板（F1915.336，长 95.3 厘米、残高 19.7 厘米）
（《金石之躯寓慈悲（著录篇）》，82、83、86 页）

图 6.9　大同沙岭北魏壁画墓东壁和南壁画像
(《文物》2006 年第 10 期，19 页）

图 6.10 大同全家湾北魏墓 M9 正壁壁画及墓门题记
(《文物》2015 年第 12 期,13、18 页)

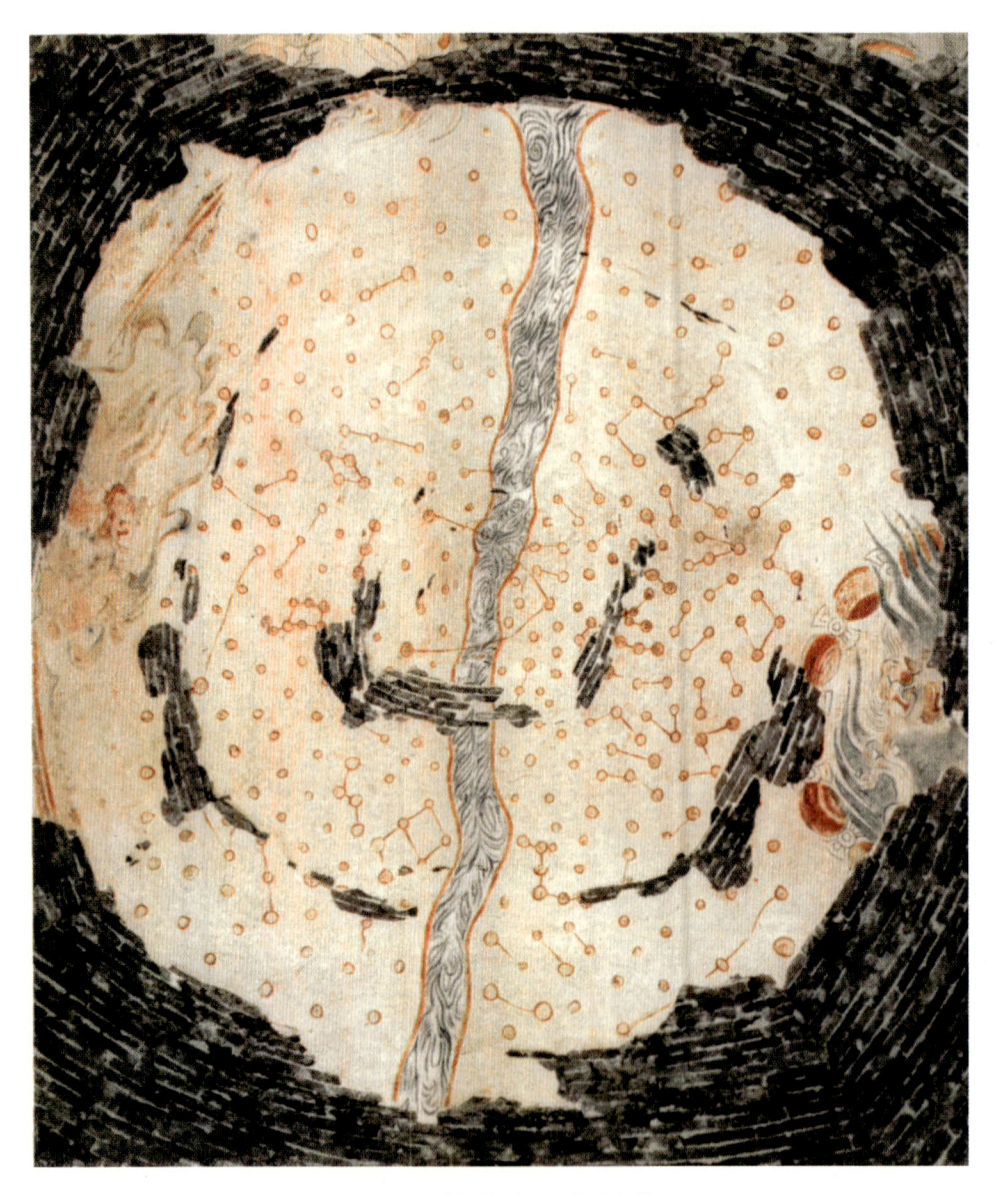

图 6.11 洛阳北魏元乂墓天象图
(《文物》1974 年第 12 期, 图版壹)

图 6.12 磁县湾漳大墓墓道壁画
(《磁县湾漳北朝壁画墓》，6 页，彩版 39、51)

图 6.13 太原北齐徐显秀墓壁画
(《文物》2003 年第 10 期;《中国出土壁画全集·山西》, 84、85、90 页)

图 6.14　山西北齐墓主画像
1. 朔州水泉梁壁画墓（《壁上乾坤——山西北朝墓葬壁画艺术》，154—155 页）　2. 太原徐显秀墓（《中国出土壁画全集·山西》，92 页）　3. 太原南郊热电厂北齐墓（《中国出土壁画全集·山西》，100 页）

图 6.15 朔州水泉梁墓壁画的分层现象
（A 为下层画像，B 为上层画像）
1. 墓门门吏 2. 甬道仪卫 3. 墓室东壁 4. 墓室西壁
(《壁上乾坤——山西北朝墓葬壁画艺术》，146—147、149—153、160—161、164—165 页）

图 6.16 临朐崔芬墓西壁出行图
(《中国出土壁画全集·山东》,58—59 页)

图 6.17 济南市马家庄武平二年墓壁画配置
(《中国出土壁画全集·山东》,63—68 页)

第六章　复古创新：南北朝地域社会中的丧葬模式　297

方地区的东西部、核心地区与边疆地区出现了丧葬模式的多个子传统。关于南北朝墓葬遗存的区域性与阶段性，可参韦正和我此前的研究[1]，此处仅讨论各政权京畿地区高等级墓的丧葬空间形态及其演变。

南北朝时期的墓葬集中在各政权的京畿地区，北方主要在北魏前期的平城、北魏后期的洛阳、东魏北齐的邺城和晋阳、西魏北周的长安和原州，南方主要在六朝都城建康附近。这些京畿地区的墓葬大多属高等级的贵族和官吏，墓主是每个时期礼仪规范的制定者和执行者，他们的丧葬模式体现了主流社会对待死亡的态度和处理死亡的方式。

平城（今山西大同市）是拓跋鲜卑北魏政权的都城，定都平城之前，这里已是汉人与北方游牧民族乌桓、鲜卑等族的杂居之地。鲜卑旧俗并无中原式的丧葬，"死则潜埋，无坟垄处所，至于葬送，皆虚设棺柩，立冢椁，生时车马器用皆烧之以送亡者"[2]。定都平城后，相继从辽西、河西、陕北、关中以及太行山以东各地徙来人口达百万[3]，涉及的民族除汉人外，还有高丽、高车、匈奴、柔然、丁零等族，多元文化汇聚于平城。太武帝平定河西之后，通往西域的丝绸之路得以重新贯通，来自西域和中西亚的文化也源源不断地输入平城。虽然平城文化呈现出很强的杂糅性质，但北魏政权为了入主中原，一直致力于对中原传统礼仪制度的摸索与继承。《魏书·礼志》：

> 太祖南定燕赵，日不暇给，仍世征伐，务恢疆宇。虽马上治之，未遑制作，至于经国轨仪，互举其大，但事多粗略，且兼阙遗。高祖稽

---

[1] 韦正：《六朝墓葬的考古学研究》，北京大学出版社，2011年；李梅田：《魏晋北朝墓葬的考古学研究》，商务印书馆，2009年；李梅田：《葬之以礼——魏晋南北朝丧葬礼俗与文化变迁》，上海古籍出版社，2021年。

[2]《宋书》卷95《索虏传》，2322页。

[3] 宿白：《平城实力的集聚和"云冈模式"的形成和发展》，《中国石窟·云冈石窟》，文物出版社、平凡社，1991年。

古,率由旧则,斟酌前王,择其令典,朝章国范,焕乎复振。[1]

草创之初的平城政权在制定中原化的礼仪制度时,常常不知所本,以至于到了太和十四年(490),在讨论五德配尚问题时还发生了"承秦(前秦)""承晋"之争[2]。平城时期的丧葬模式也体现了这一时期的草创特征,处于鲜卑旧俗、外来文化与中原礼制的杂糅状态,所以,5世纪的平城在当时的南朝人眼中,是一个"胡风国俗,杂相揉乱"[3]之地,实际上是中国历史上少有的草原文化与农耕文化、中原文明与西域文明、佛教文化与传统丧葬礼俗深度交融的城市。

洛阳是汉晋礼仪制度的正朔所在,是魏晋丧葬模式的产生和定型地区。作为孝文帝汉化改革的关键措施,北魏政权于太和十八年(494),二月"诏天下,喻以迁都之意",三月"罢西郊祭天",十月"亲告太庙,奉迁神主",车驾经邺城南行,次月至洛阳。这次迁都是一次毅然舍弃鲜卑旧俗、拥抱中原文明的行动,促进了北魏丧葬的中原化。迁洛后,孝文帝下诏"迁洛之人,自厥兹后,悉可归骸邙岭,不得就茔恒代"[4],北魏洛阳廓城西北的邙山成为新的陵寝所在,逐渐建立了新的陵寝制度。与平城的杂糅相比,洛阳丧葬模式表现出相当强的趋同特征,但洛阳模式并非简单恢复汉制或晋制,而是在继承平城草创的丧葬模式基础上,又兼采汉、晋模式,逐渐建立起一套影响整个中古时期的丧葬模式。

北魏末年拓跋政权分裂后,进入高氏控制的东魏、北齐和宇文氏治下的

---

[1]《魏书》卷108《礼志四》,2733页。
[2]《魏书》卷108《礼志四》,太和十四年(490)八月诏:"丘泽初志,配尚宜定,五德相袭,分叙有常。然异同之论,著于往汉,未详之说,疑在今史。群官百辟,可议其所应,必令合表,以成万代之式。"高闾、崔光等各持"承秦""承晋"之议。2744页。
[3]《南齐书》卷57《魏虏传》,990页。
[4]《魏书》卷20《文成五王·广川王传》,527页。

西魏、北周时期。高氏以邺城为都城，同时设大丞相府于晋阳（今山西太原市），邺城和晋阳是东魏、北齐时期并重的两个中心。东魏北齐制度与文化主要是对北魏洛阳传统的继承，陈寅恪说："洛阳文物人才虽经契胡之残毁，其遗烬再由高氏父子之收摭，更得以恢复炽盛于邺都。"[1] 从邺城、晋阳发现的东魏北齐高等级墓来看，东魏北齐的丧葬也在继承洛阳传统的基础上形成了一种新的规范。宇文氏统治的西魏北周以长安、原州（今宁夏固原市）为中心，宇文氏为了与关东高齐、江南萧梁抗衡，创立了一套以关中地域为本位的政治制度：

> 凡西魏北周之创作有异于山东及江左之旧制，或阴为六镇鲜卑之野俗，或远承魏（西）晋之遗风。若就地域言之，乃关陇区内保存之旧时汉族文化，以适应鲜卑六镇势力之环境，而产生之混合品。[2]

西晋末年至十六国时期，关中大族大量迁往河西，留下的居民"戎狄居半"，尤其前秦苻坚时，

> 四夷宾服，凑集关中，四方种人皆奇貌异色。晋人为之题目，谓胡人为侧鼻，东夷为广面阔额，北狄为匡脚面，南蛮为肿蹄方，方以类名也。[3]

马长寿认为当时的关中胡族包括西域胡、夫余、屠各、鲜卑、巴、蜀等族[4]，这种多族群杂居的现象对十六国至北周时期的关中文化产生了重要的影响。从长安、原州等地发现的西魏、北周高等级墓葬来看，关中丧葬模式已经大

---

1 陈寅恪：《隋唐制度渊源略论稿》卷2，上海古籍出版社，1982年，43页。
2 前揭《隋唐制度渊源略论稿》叙论，2页。
3 前揭《太平御览》卷363《人事部·形体》引车频《秦书》，29页。
4 马长寿：《碑铭所见前秦至隋初关中部族》序言，中华书局，1985年。

不同于本土汉魏，也与东方的东魏、北齐丧葬模式大相径庭，形成了独特的关中丧葬模式，并成为隋唐丧葬模式的主要源头。

南方地区从东吴至南朝时期，一直以长江下游的建康（今江苏南京市）为统治中心，在制度和文化上自成体系，汉以来的传统几无中断。永嘉南渡之初，中原汉晋传统文化随着衣冠士族的南迁而传布于江左，跟随世家大族南迁的还有大规模的北人南迁浪潮。北人南下带来了中原核心地区的传统丧葬模式，但并没有改变南方丧葬传统的发展轨迹。与此同时，由于长期的政治分裂和军事对峙，加剧了南北文化的隔阂，丧葬模式出现了巨大的南北差异。

二、墓地空间与设施

南北朝时期的墓地空间，抛弃了魏晋模式下不树不封的做法，重新出现了标记性和祭祀性设施，但南北方和北方地区的东西部发展并不均衡，产生了多个地域传统。

1. 从平城到洛阳

在北魏平城的御河两岸集中了大量5世纪的墓葬，相当一部分属高等级贵族、官吏或皇室成员墓，墓地的选址和墓位排列有一定的规划性。平城西郊是北魏皇家佛教中心——云冈石窟的所在地，又由于鲜卑的西向祭天传统，西郊没有被规划为墓葬区，墓葬区主要规划在平城的北郊、东郊和南郊，形成了以北为尊的三大墓区：北郊方山是皇室贵族墓葬区，除了冯太后的方山永固陵和孝文帝的"虚宫"外，可能还葬有早期鲜卑统治者拓跋猗㐌的祁皇后；东郊和南郊是墓葬分布最密集的地区，多以家族为单位形成墓区，其中东郊墓区多官吏墓葬，南郊可能是南朝人降入北魏者的墓葬区。曹臣明认为，在东郊和南郊家族墓地的墓位排列上，一直存在从西向东排列墓位的鲜卑传

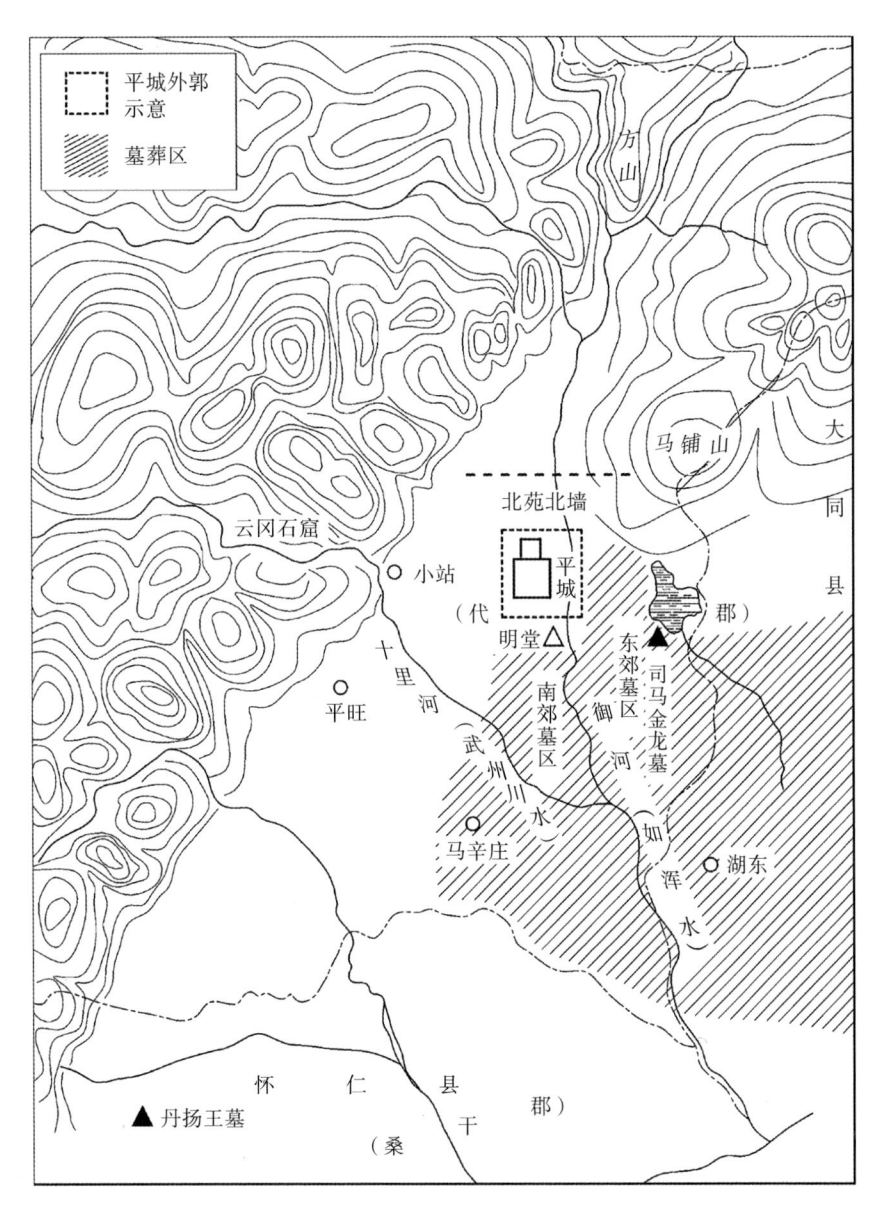

第六章　复古创新：南北朝地域社会中的丧葬模式　301

图 6.18　北魏平城墓区分布示意图
(《文物》2016 年第 5 期曹臣明文，63 页)

统,但由北向南的中原式排位方式逐渐占据主导,这表明平城时期经历了墓区规划的调整(图6.1)[1]。平城墓区和墓位的排列从以西为尊向以北为尊的转变,反映了拓跋政权的中原化进程,鲜卑传统以西为尊,在西郊祭天,初建国时即在牛川祭天,定都平城后未迅速放弃西郊祭天礼,但同时以周礼为范在南郊祭天,直到孝文帝汉化改革高潮之年的太和十八年(494),才罢省西郊祭天杂事[2]。祭天典礼从西郊到南郊的转变反映了拓跋北魏国家的转型。

平城北魏墓葬只有文明皇后冯氏的方山永固陵发现了与汉墓类似的地面设施。方山永固陵位于大同城北25公里的西寺儿梁山(方山)南麓,是平城等级最高的墓葬,墓地发现了完善的标记性和祭祀性设施,有高大的覆斗形封土,现高22.7米,底部边长117、124米。这种封土形制显然沿袭的是秦和西汉的帝陵封土之制,但陵园内的其他设施似乎更多吸收了东汉帝陵的制度,经过这些对汉制的复古,加上一些创新,建成了一座由陵墓、陵庙和佛寺组成的陵园。

方山陵园是一座以陵墓、陵庙和佛寺为主体的庞大陵园,三大设施自北向南分布:北部中心是冯太后永固陵,再往北是规模略小的孝文帝万年堂;南部是陵庙,即以永固堂为中心的一组祭祀性设施;最南缘是思远佛寺(图6.1)。根据考古勘探和试掘结果,永固堂遗址位于冯太后陵庙封土以南400米的方山顶部南缘,是一组以永固堂为中心的祭祀性建筑。

《魏书》之《文明皇后传》《高祖纪》对方山陵园的建造皆有记载,但以《水经注·㶟水》的记录最详:

> 羊水又东注于如浑水,乱流迳方山南,岭上有文明太皇太后陵,陵之东北有高祖陵,二陵之南有永固堂,堂之四隅,雉列榭、阶、栏、

---
[1] 曹臣明:《平城附近鲜卑及北魏墓葬分布规律考》,《文物》2016年第5期。
[2] 石松日奈子著,筱原典生译:《北魏佛教造像史研究》,文物出版社,2012年。

槛，及扉、户、梁、壁、椽、瓦，悉文石也。檐前四柱，采洛阳之八风谷黑石为之，雕镂隐起，以金银间云矩，有若锦焉。堂之内外四侧，结两石趺，张青石屏风，以文石为缘，并隐起忠孝之容，题刻贞顺之名。庙前镌石为碑兽，碑石至佳，左右列柏，四周迷禽暗日。院外西侧，有思远灵图，图之西有斋堂，南门表二石阙，阙下斩山，累结御路，下望灵泉宫池，皎若圆镜矣……[1]

根据《魏书》纪、传及《水经注》的记载，方山陵园工程首先建造的是以思远佛寺为中心的礼制性建筑，包括太和三年（479）建的思远佛寺、文石室、灵泉殿等。二年后（太和五年，481起）开始陵园建设，建造了寿陵、永固石室、石碑、鉴玄殿等[2]。陵园建设持续八年之久，直到冯太后去世前不久才完全竣工[3]。可见，方山陵园是先有佛寺，再建陵园。建成后的陵园以北部的寿陵、南部的永固石室和思远佛寺为主体。永固石室是供奉冯氏神主的陵庙，"起永固石室，将终为清庙焉"[4]，这是一座全石结构的陵庙，以石为基，以洛阳黑石为柱，上有各种雕镂装饰，四隅的榭、阶、栏、槛，及

---

1 前揭《水经注校证》卷12《㶟水》，312页。

2 《魏书》卷7《高祖纪》："（太和三年六月辛未）起文石室、灵泉殿于方山。……（秋八月乙亥）幸方山，起思远佛寺。……（太和五年夏四月己亥）行幸方山。建永固石室于山上，立碑于石室之庭，又铭太皇太后终制于金册，又起鉴玄殿。"146—147、150页。《魏书》卷13《文成文明皇后传》："（承明元年）太后与高祖游于方山，顾瞻川阜，有终焉之志……高祖乃诏有司营建寿陵于方山，又起永固石室，将终为清庙焉。太和五年起作，八年而成，刊石立碑，颂太后功德。……太后立文宣王庙于长安，又立思燕佛图于龙城，皆刊石立碑。"328—329页。思远佛寺考古队将陵园建设工程分为二期：一期始于太和三年，以思远佛寺为主要工程；二期是陵园建设。参大同市博物馆：《大同北魏方山思远佛寺遗址发掘报告》，《文物》2007年第4期。

3 《魏书》卷13《文成文明皇后传》记寿陵、永固石室等工程"太和五年起作，八年而成"，一般理解为太和五年至八年期间完成（张庆捷认为专指永固石室的建设），实际上"八年而成"并非指太和八年竣工，而是历时八年，即冯太后去世前不久的太和十三年（489）前后才完工。张庆捷推测陵园竣工时间为太和十四年，是比较符合"八年而成"的工程周期的。参张庆捷：《北魏永固陵的调查与探讨》，载洛阳市第二文物工作队编《洛阳汉魏陵墓研究论文集》，文物出版社，2009年，129—130页。

4 《魏书》卷13《文成文明皇后传》，329页。

扉、户、梁、壁、椽、瓦，皆以文石建造，堂的内外又有石屏风、石趺、石碑、石兽等。所采用的"洛阳之八风谷黑石""文石"皆是来自中原的名贵石材[1]，其中文石（纹石）是一种有自然纹理的花斑石。在平城遗址和墓葬中多见玄武岩或砂岩的石雕，但文石少见，可见文石仅用作高等级建筑的构件，目前在方山陵园南部的建筑基址内尚存大量石构件，其中可能就有文石、黑石等名贵石材，在东魏北齐的邺城遗址宫殿区也发现了精美的文石残件。

值得注意的是这座全石结构的陵庙——永固堂（永固石室），作为方山陵园的祭祀中心，应是取法于东汉陵园的石殿祭祀传统。虽然石殿祭祀传统在东汉以后一度中断，但在北魏礼制中原化的趋势下，石殿又重新回到了帝陵陵园，是北魏对东汉制度的复古表现之一。

东汉的石殿祭祀传统之所以能被近200年后的北魏继承，是由于石殿的坚固耐久使得北魏人有本可依。北魏在平城营建之初，模拟中原制度进行城市建设，不但模拟邺城、长安、洛阳之制进行城市规划[2]，还建造了中原式的宫室和礼制、陵寝建筑。冯太后当政的太和年间是平城大兴土木的时期，以王遇、蒋少游、李冲等为首的将作大匠们，广营宫室、明堂、寺庙、陵寝，他们的设计大多以汉晋洛阳为本。宦官王遇深得冯太后宠信，是方山永固陵的主要设计建筑者，

> （王）遇性巧，强于部分。北都方山灵泉道俗居宇及文明太后陵庙，洛京东郊马射坛殿，修广文昭太后墓园，太极殿及东西两堂、内外诸门

---

1 王飞峰认为永固陵所用文石来源于后赵时期邺城的"文石屋"及宫殿建材，而邺城文石的来源是当时的谷城县、今山东平阴县西南的东阿镇。此外，河南永城也是文石产地。参王飞峰：《关于永固陵的几个问题》，《中国国家博物馆馆刊》2012年第11期。

2 《魏书》卷23《莫含传附莫题传》："太祖欲广宫室，规度平城四方数十里，将模邺、洛、长安之制，运材数百万根。以题机巧，征令监之。召入，与论兴造之宜。"604页。

第六章　复古创新：南北朝地域社会中的丧葬模式

制度，皆遇监作。[1]

蒋少游和李冲也以魏晋洛阳遗址为设计蓝本：

> 后于平城将营太庙、太极殿，遣（蒋）少游乘传诣洛，量准魏晋基趾。[2]
>
> （李）冲机敏有巧思，北京明堂、圆丘、太庙，及洛都初基，安处郊兆，新起堂寝，皆资于冲。[3]

王遇、蒋少游、李冲等的建造活动从平城延续到洛阳，他们对洛阳前代建筑遗迹当是非常熟悉的。由于魏晋陵寝无地面建筑，他们在洛阳所见的前代陵寝应当是东汉帝陵遗迹。东汉帝陵的石殿到北魏时期是还存在于地面的，孝文帝迁洛后还曾下诏保护前代帝陵，尤其对东汉光武、明、章帝陵进行祭祀。

> （太和二十年五月）初营方泽于河阴。遣使者以太牢祭汉光武及明、章三帝陵，又诏汉、魏、晋诸帝陵，各禁方百步不得樵苏践蹋。[4]

孝文帝之所以能祭祀东汉三陵，是因为东汉帝陵尚存高大的封土和石殿之类易于保存的陵园建筑，其中石殿必是最醒目的建筑，自然就成为王遇建造永固石室的设计来源。冯氏去世后至迁洛前，孝文帝共十一次拜谒永固陵，直

---

[1]《魏书》卷94《王遇传》，2024页。
[2]《魏书》卷91《蒋少游传》，1971页。
[3]《魏书》卷53《李冲传》，1187页。
[4]《魏书》卷7《高祖纪下》，179页。

到迁洛次年才将冯氏神主移至太和庙[1]，这种谒陵也有效仿东汉明帝上陵礼之意。

方山永固陵也在东汉陵园制度的基础上有所创新，最重要的是将佛寺与陵庙共处陵园。佛寺入陵园，也有东汉帝陵建置的影子，汉明帝曾在显节陵上作佛像[2]。当时佛教初传，陵园作佛像未必代表了明帝的佛教信仰，但冯太后将思远佛寺纳入陵园的规划中，无疑反映了冯太后以及北魏皇室的佛教信仰，算得上是方山陵园的一项重要创新。

太和十八年（494）孝文帝迁都洛阳，放弃了在平城方山预营的寿陵，改以洛阳瀍河以西为山陵，自此在瀍河两侧的北邙山区形成了新都的皇陵区。宿白先生总结北邙陵墓的分布规律是：以孝文帝七世祖道武帝子孙墓地为中心，在左右两侧分别安排明元、景穆、献文、太武、文成子孙墓地，墓地内墓位的排列规则是父为祖坟，子墓在左前或右前方，父子左右夹处，兄弟并列成行。九姓帝族、勋旧八姓、降臣等集中于一处墓地，这是代北习俗的沿用，制度当始自盛乐平城之金陵（图6.19）[3]。

考古调查已基本确认北魏孝文帝长陵[4]、宣武帝景陵、孝庄帝静陵[5]的位置，也发现了大批陪葬的勋贵墓葬。从地面遗迹看，北魏在洛阳部分恢复了东汉的陵寝制度，主要表现是：重新确立了圆形封土之制，而不是继续方山永固陵沿用的西汉覆斗形封土；建造了墙垣围绕的陵园，内设祭祀性建筑和神道石刻，孝庄帝静陵前曾发现双手握剑的石人，表明东汉神道石刻制有所恢复[6]；

---

[1] 孝文帝在冯氏去世后，于太和十四年至十八年间（490—494）共11次谒陵，迁洛次年将冯氏神主迁于太和庙。参大同市博物馆：《大同北魏方山思远佛寺遗址发掘报告》，《文物》2007年第4期。

[2] 前揭《弘明集·牟子理惑论》，47页。

[3] 宿白：《北魏洛阳城和北邙陵墓——鲜卑遗迹辑录之三》，《文物》1978年第7期。

[4] 洛阳市第二文物工作队：《北魏孝文帝长陵的调查和钻探》，《文物》2005年第7期。

[5] 黄明兰：《洛阳北魏景陵位置的确定和静陵位置的推测》，《文物》1978年第7期；中国社会科学院考古研究所汉魏工作队、洛阳古墓博物馆：《北魏宣武帝景陵发掘报告》，《考古》1994年第9期。

[6] 黄明兰：《洛阳北魏景陵位置的确定和静陵位置的推测》，《文物》1978年第7期。

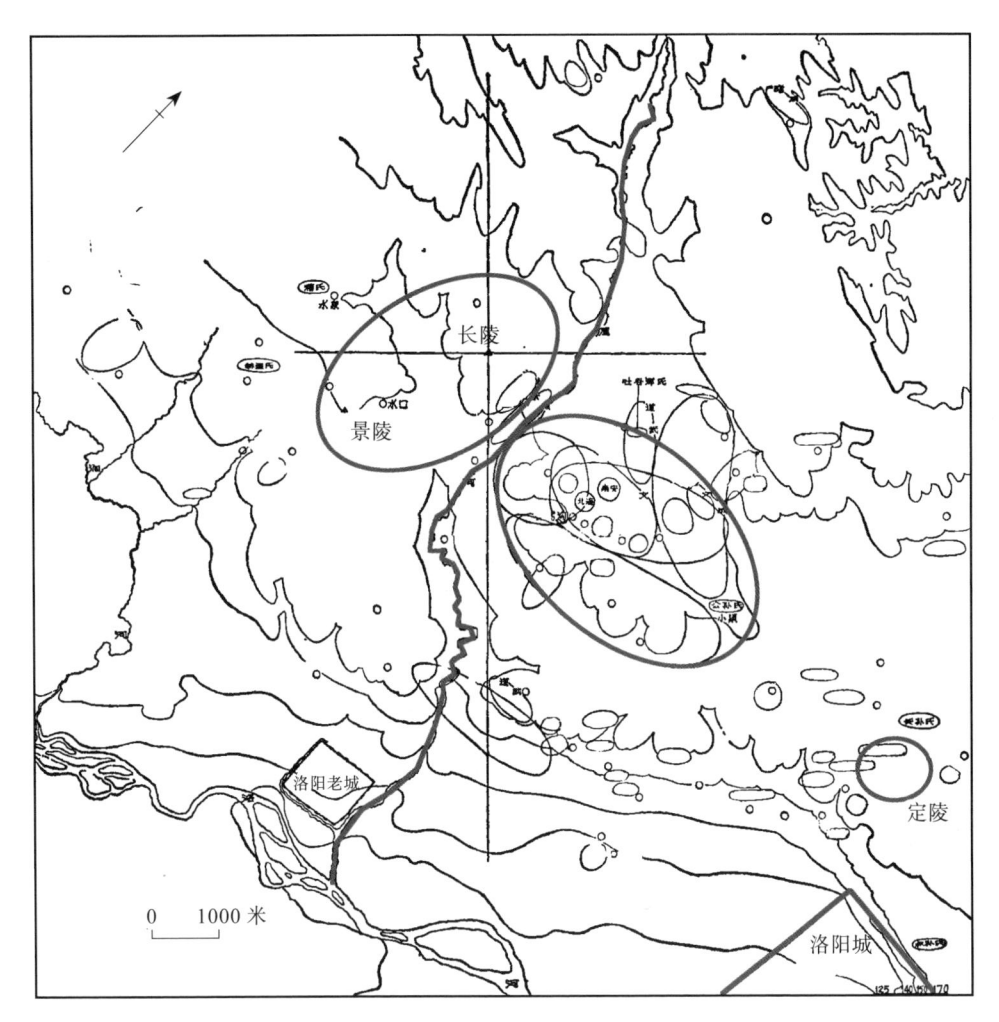

第六章 复古创新：南北朝地域社会中的丧葬模式 307

图 6.19 洛阳北魏皇室陵区示意图
（据《文物》1978 年第 7 期宿白文 47 页制）

恢复了魏晋模式下被禁止的墓表等设置。

洛阳高等级北魏墓的封土皆为圆形，但与东汉不同的是高度和直径的比值较大，即封土的外观略尖。据洛阳市考古院的调查，使用封土的仅限于高等级墓，大致有三个等级：帝陵的封土直径 110—100 米，如长陵封土地面直径 111.5 米、景陵封土直径 105 米；亲王和王妃墓封土次之，直径 60—30

米，如清河王元怿墓现存封土直径 55.7 米、江阳王元乂墓封土现存 34—40 米；一部分亲王墓和勋贵墓的封土直径在 30 米左右[1]。这些有封土的墓葬在北魏墓中的比例并不高，还有很多高级贵族墓和大多数官吏墓都没有使用封土。

长陵奠定了北魏洛阳时期陵寝制度的基础，长陵有一座东西长 443 米、南北宽 390 米的近方形陵园，四周有夯筑的垣墙，正中设陵门，内有异穴合葬的两座陵寝，分别属于孝文帝和文昭皇后。各有圆形封土，在封土前发现建筑基址 3 座，推测与祭祀有关[2]。此布局与东汉帝陵有明显的继承关系，但也有不同，如祭祀性建筑在封土的东南方向而不是东侧。宣武帝景陵的圆形封土直径 105—110 米，残高 24 米，虽然没有发现陵园遗迹，但在封土前发现了一具石刻武士像，应属当时的神道石刻，表明景陵原来也是有陵园建筑的[3]。2012 年在洛阳西工区衡山路发现了疑为节闵帝元恭的墓，规模巨大，但没有发现任何地面遗迹，这可能与元恭在位短促，被高欢毒杀有关[4]。

北魏洛阳的陵园设置总体来说是对东汉陵园制度的恢复，其来源可能是多方面的，有前代留下来的礼仪文本，有冯太后方山永固陵的陵园设置，还就地以东汉陵园遗迹作为范本。太和十九年（495），孝文帝颁布迁洛者死葬洛阳的诏令后不久，下诏保护邙山上的前代陵寝，并祭祀汉陵。

（十九年九月）丁亥，诏曰："诸有旧墓，铭记见存，昭然为时人所知者，三公及位从公者去墓三十步；尚书令仆、九列十五步，黄门、五校十步；各不听垦殖。"[5]

---

1 前揭《邙山陵墓群考古调查与勘测第一阶段考古报告》（上册），91—101 页。
2 洛阳市第二文物工作队：《北魏孝文帝长陵的调查和钻探》，《文物》2005 年第 7 期。
3 中国社会科学院考古研究所、洛阳汉魏城队洛阳古墓博物馆：《北魏宣武帝景陵发掘报告》，《考古》1994 年第 9 期。
4 刘斌：《洛阳北邙山北魏大墓考古记》，《大众考古》2014 年第 5 期。
5 《魏书》卷 7《高祖纪下》，178 页。

（二十年五月）初营方泽于河阴。遣使者以太牢祭汉光武及明、章三帝陵，又诏汉、魏、晋诸帝陵，各禁方百步不得樵苏践蹋。[1]

东汉帝陵尚存高大的封土和部分陵园设施，有些"旧墓"的身份还很明确，由于魏晋墓既无碑表标记，又无封土，因此这些得到祭祀、保护的"旧墓"遗迹应是汉墓而非魏晋墓，它们可能成为北魏墓地空间营造的现实范本。

2. 邺城与长安

北魏定都洛阳 40 年后又陷入分裂，洛阳再次成为废都，上层社会随着皇室分别迁往邺城和长安，两地发展出迥然不同的陵园形态。邺城西部的漳河和滏阳河一带是东魏、北齐墓葬集中分布的区域，已发现 300 余座墓葬。据沈丽华的研究，邺城墓区分为元魏皇陵区、高齐皇陵区和中下层官吏及平民墓区三个区域，元魏皇陵区以孝静帝元善见的西陵为中心，遵循以南、东为尊的原则；高齐皇陵区以北齐神武帝高欢义平陵为中心，墓位按自东南向西北依长幼尊卑为序排列，在高氏皇陵区的外围又分布着勋贵及上层官吏的家族墓地，如尧氏、司马氏、暴氏等；中下层官吏及平民墓区位于邺城外郭城西侧（图 6.2）[2]。

邺城陵园普遍发现了圆形封土，并发现了墓碑和建筑遗存，应继承了洛阳帝陵陵园的规制，而进一步完善。如孝静帝西陵可能有夯筑的陵园垣墙，大致呈方形，边长约 1 140 米，在南墙外有神道遗迹，封土西侧还采集到可能属地面建筑的莲花纹瓦当和筒瓦、板瓦建材[3]。在磁县西南滏阳河南岸的湾漳大墓可能是文宣帝高洋的武宁陵，原有高大封土，在封土南面尚存一尊石

---

[1]《魏书》卷 7《高祖纪下》，179 页。
[2] 沈丽华：《邺城地区东魏北齐墓群布局研究》，《考古》2016 年第 3 期。
[3] 马忠理：《磁县北朝墓群——东魏北齐陵墓兆域考》，《文物》1994 年第 11 期。

刻人像[1]；磁县南大冢营村西北墓葬（M1）可能是高欢的义平陵，地面尚存圆形封土；义平陵西北俗称"二冢"的M2可能是高澄的峻成陵，也有大型封土[2]。

长安是北魏分裂后西部的政治中心，咸阳市陈马村至底张镇一带是北周帝陵和贵族的墓葬区，已发掘大量皇室成员和高级勋贵墓葬。另在宁夏固原发现了一批北周高等级墓葬，如柱国大将军李贤夫妇墓[3]、柱国大将军田弘夫妇墓[4]、大将军大都督宇文猛墓[5]等固原三墓有圆形封土，皆夯筑而成，其中田弘夫妇墓的封土直径复原为30.8米，残高4米左右。著名北周文学家庾信曾亲撰《周柱国大将军纥于弘神道碑》及墓志，纥于弘即田弘，生前立有赫赫战功，建德四年（575）去世后，被赐厚葬于原州高平，神道碑云"属国玄甲，轻车介士，一依霍骠骑之礼，卫将军之葬""山如北邙，树似东平，松门石起，碑字生金"[6]，说明封土之外也曾有墓碑、神道石刻等地面建筑。与固原不同，长安发现的帝陵和勋贵墓都没有封土，也没有发现其他标记性和祭祀性设施，这当与北周倡导的薄葬有关，如武帝曾遗诏"墓而不坟"，明帝遗诏"因地势为坟，勿封勿树"，谯王宇文俭墓志"不树不封"等，这些北周皇室成员是真正废除了地面的标记性和祭祀性设施的，而固原三墓非皇室成员，又远离帝陵区，反而继承了汉传统中的标记性和祭祀性设施。

---

1 中国社会科学院考古研究所、河北省文物研究所邺城考古工作队：《河北磁县湾漳北朝墓》，《考古》1990年第7期。

2 沈丽华：《邺城地区东魏北齐墓群布局研究》，《考古》2016年第3期。

3 宁夏回族自治区博物馆、宁夏固原博物馆：《宁夏固原北周李贤夫妇墓发掘简报》，《文物》1985年第11期。

4 原州联合考古队：《北周田弘墓》，文物出版社，2009年，38—42页。

5 宁夏回族自治区博物馆等：《原州古墓集成》，文物出版社，1999年；中日联合原州考古队：《北周田弘墓——原州联合考古队发掘调查报告》，日本勉诚出版社，2000年。

6 ［北周］庾信撰，［清］倪璠注，许逸民校点：《庾子山集》第三册卷一四，中华书局，1980年，843、846页。

3. 建康地区

建康及周围集中了东吴、东晋和南朝的高等级墓，流行聚族而葬，往往依据当时盛行的风水理论选择背倚山峰、两山环抱、面向开阔之地作为家族墓地，依长幼尊卑之序排列墓位，逐渐在建康周围的山峰之间形成了一个个的陵区。根据文献记载和考古工作，可知东吴的孙权大帝和太子孙登二陵位于钟山之阳；东晋又有鸡笼山陵区和钟山陵区；刘宋有丹徒、钟山、岩山、幕府山等陵区；齐梁统治者发迹于丹阳，因此南齐陵区位于丹阳市胡桥、建山一带，其中已经发掘的3座大型拼镶砖画可能是南齐帝陵；梁代陵区集中于丹阳市东边，另外南京尧化门、甘家巷、麒麟门地区是萧梁宗室王后陵区[1]。六朝陵园制度不像北朝那样经过了魏晋十六国的中断，基本保持了东汉制度的延续，但规模难以与东汉陵园同日而语，仅保留了一些基本的陵园设施，考古遗迹稀少，主要是封土和神道石刻，有的发现了一些建筑材料，表明可能存在地面祭祀性建筑。

孙吴有立陵寝、置园邑的记载，"（太子孙登）初葬句容，置园邑，奉守如法，后三年改葬蒋陵"[2]"（孙）皓即阼，其年追谥父和曰文皇帝，改葬明陵，置园邑二百家，令、丞奉守"[3]。南京江宁上坊镇大墓可能属孙吴晚期某位宗室之王及二位王妃[4]，或为孙亮时的权臣孙峻墓[5]，或是孙坚的高陵[6]，发现有封土、人面纹瓦当及砖瓦等建材，表明曾有地面建筑的存在[7]。安徽当涂孙

---

1 王志高：《六朝建康城发掘与研究》，江苏人民出版社，2015年，209—211页。
2 《三国志》卷59《吴志》，注引《吴书》，1366页。
3 《三国志》卷59《吴志》，1371页。
4 王志高、马涛、龚巨平：《南京上坊孙吴大墓墓主身份的蠡测——兼论孙吴时期的宗室墓》，《东南文化》2009年第3期。
5 贺云翱：《南京江宁上坊孙吴大墓墓主试考》，《东南文化》2009年第1期。
6 王宁邦：《孙坚高陵考——南京江宁上坊孙吴大墓墓主考》，《南京晓庄学院学报》2016年第4期。
7 南京市博物馆、南京市江宁区博物馆：《南京江宁上坊孙吴墓发掘简报》，《文物》2008年第12期。

吴"天子坟"的墓主可能是与吴景帝孙休有关的重臣或宗室，也不排除是孙休与朱夫人合葬墓的可能[1]，地面有东汉式的圆形封土，推测原范围长约60米、宽约50米，封土周围可能存在墓园、地面建筑遗迹[2]。看来东吴的陵园制度与曹魏不同，并没有罢省园邑，而是继承了汉代传统。

东晋皇室偏居江左时，是继承了西晋的"不树不封"制度的，不过由于建康地形不同于故都洛阳，没有高大的人工封土，但依山而造的山陵也起到了封土的作用。从文献记载看，东晋部分恢复了东汉、东吴的上陵祭祀习俗，《晋书·礼志》中有东晋谒陵的记载，不过谒陵之礼断断续续，似乎并未形成定制。"逮于江左，元帝崩后，诸公始有谒陵辞告之事"，成帝、穆帝时也有小规模谒陵，直到晋安帝时尚书左仆射桓谦上书，以非晋之旧典而正式禁止谒陵，"百僚拜陵，起于中兴，非晋旧典，积习生常，遂为近法。寻武皇帝诏，乃不使人主诸王拜陵，岂唯百僚！谓宜遵奉"，但到义熙初年，"又复江左之旧"[3]。可见，东晋的谒陵墓祭之礼一直在"江左之旧"与"晋旧典"之间游移不定。迄今没有发现明确的地面建筑遗迹，王志高认为东晋帝陵可能存在一些木构的"标"和"凶门柏历"[4]，即使有与墓祭有关的标记性或祭祀性设施，恐怕也是比较简略的，这些反映了晋室南迁后的丧葬模式已不同于洛阳，本地传统可能比较强势。

进入南朝后，丧葬模式已大不同于东晋。与北朝一样，南朝恢复了汉代的陵园制度，出现了垣墙、封土、神道石刻及祭祀性建筑。但受到地形的限制，无法建造像中原地区那样规整的方形墙垣，大多只以竹木屏篱作为陵园

---

1 安徽省文物考古研究所等：《安徽当涂发现高等级东吴宗室墓葬"天子坟"》，《中国文物报》2017年3月10日第8版。
2 虞金永：《安徽马鞍山"天子坟"孙吴墓的发掘及初步认识——以墓葬形制结构为重点》，南京师范大学硕士学位论文，2017年，16页。
3《晋书》卷20《礼志中》，634页。
4 王志高：《关于东晋帝陵的两个问题》，《东南文化》2001年第1期。

的边界，以阻挡人马的进入，这是对东汉陵园"行马"的继承[1]。考古也发现了明确的以垣墙作为边界的陵园遗迹，2013年南京考古工作者对栖霞区狮子冲地区墓葬进行了全面勘探和部分发掘，发现了一圈夯筑或石垒的长约680米的方形墙垣，南北长约180米、东西宽约160米，并发现了神道、麒麟石刻的基址和疑似墓阙的遗迹[2]。狮子冲墓以前被认为是陈文帝的永宁陵，正式发掘后被认为是梁昭明太子萧统及生母丁贵嫔的墓葬[3]。从其他南朝帝陵和皇室成员的墓葬来看，南朝应已普遍恢复了东汉的圆形封土之制，如丹阳胡桥吴家村大墓封土高达8米，南京西善桥油坊村大墓封土高达10米[4]，其他大墓也大多发现封土。

现存南朝陵园遗迹主要是神道石刻，已发现30余处，位于南京、江宁、句容、丹阳等地，分属于宋、齐、梁、陈帝陵。神道石刻的出现是对东汉制度的恢复，与墓祭有关，一般在陵前由远至近排列1对石柱、1对石碑、1对石兽。石碑采汉碑形制，分碑首、碑身、龟趺三部分，碑身阳面和阴面皆刻文字，碑侧刻神兽图案，以龟趺负碑。石兽有双角、单角之分，关于石兽的称谓向来争议较大，或称独角者为天禄，两角者为辟邪；或称有角者为麒麟，无角者为辟邪[5]。

耿朔从历史文献和出土实物的证据，认为这些南朝石刻是刘宋时期经由襄阳传入的魏晋洛阳传统[6]。这是一个非常重要的看法。他引用的一条文献

---

1 王志高：《六朝建康城发掘与研究》，江苏人民出版社，2015年，212页。
2 马涛、祁海宁：《南京市栖霞区狮子冲南朝陵园考古工作简报》，载南京市博物馆总馆、南京市考古研究所编著《南朝真迹——南京新出南朝砖印壁画墓与砖文精选》，江苏凤凰美术出版社，2016年，86—95页。
3 许志强、张学锋：《南京狮子冲南朝大墓墓主身份的探讨》，《东南文化》2015年第4期。
4 罗宗真：《南京西善桥油坊村大墓的发掘》，《考古》1963年第6期。
5 朱希祖：《天禄辟邪考》，原载中央古物保管委员会编《六朝陵墓调查报告》(1935)，后经王志高点校，收入《南京稀见文献丛刊》之同名报告，南京出版社，2010年，103—142页；林树中：《南朝陵墓石刻研究》，《新美术》1981年第1期。
6 耿朔：《"于襄阳致之"：中古陵墓石刻传播路线之一瞥》，《美术研究》2019年第1期。

是《南齐书·豫章文献王嶷传》所记的宋文帝长宁陵神道石刻，该传记载萧嶷新修宅第前有刘宋文帝的长宁陵神道，是其兄齐武帝萧赜造访时必经之道，多有不便，于是萧嶷将前代的石墓表、石阙、麒麟等迁走了，"乃徙其表、阙、骐驎于东岗上。骐驎及阙，形势甚巧，宋孝武于襄阳致之，后诸帝王陵皆模范而莫及也"[1]。此处认为神道上的石阙和麒麟是宋武帝刘骏即位前出镇襄阳时，从襄阳所获，并成为后来帝陵的规制。这应该不是虚言。南朝时期襄阳作为南北交接地区的重要军事据点，受到建康统治者的特别重视，历朝以皇子镇守，襄阳与建康之间的政治和文化联系是十分紧密的，从襄阳获得神道石刻的做法是完全可能的，也间接表明南朝的神道石刻属中原传统。

神道石刻是东汉因墓祭而兴起的标记性和纪念性设施，前文第四章叙及，东汉神道的石兽、石柱组合已经流行于一些高等级墓，与墓地祠堂一起构建了墓地祭祀的礼仪空间，这是东汉墓地的主要特征。唐人封演也认为："秦、汉以来，帝王陵前有石麒麟、石辟邪、石象、石马之属；人臣墓前有石羊、石虎、石人、石柱之属，皆所以表饰坟垄，如生前之仪卫耳。"[2] 东汉时期的襄阳、南阳一带作为帝乡，有很多豪强地主，建造了极为奢华的墓葬，墓前可能仿照中原制度设有神道及石兽、石柱，南阳宗资墓发现的石狮即是一例[3]。耿朔列举了洛阳等地发现的魏晋石柱，认为襄阳石刻的组合来自洛阳的魏晋传统，这当然也不无可能，不过魏晋时期基本省略了墓地地面设施，虽然个别墓地还有一些石刻，但已不是主流做法，所以，南朝神道石刻的做法更有可能来自襄阳本地的东汉传统。

---

1 《南齐书》卷 22《豫章文献王传》，462 页。

2 [唐]封演撰，赵贞信校注：《封氏闻见记校注》卷 6《羊虎》，中华书局，2005 年，58 页。

3 沈从文先生在 1965 年残稿中，称其为"天禄辟邪"，认为原属三国孙吴时期的墓前物，但时代可能可以上推，后来影响到六朝南方陵墓前的辟邪形象。从沈文收录的河南洛阳、陕西西安、山东武梁祠、四川高颐阙前被称作"狮子"或"辟邪"的石兽看，这些都应属东汉之物。参《沈从文全集》卷 28《物质文化史》之"狮子在中国艺术上的应用及其发展"，北岳文艺出版社，2002 年，234—237 页。

南朝帝陵神道的三组石刻中，石柱的形制最为特殊，由柱头、柱身、柱础构成，柱头有圆盖和浮雕动物；柱身作直棱纹，上部镶嵌一块长方形匾额，上刻墓主姓氏及官封，左右两侧石柱文字一正一反；柱础为方形，刻神兽、蟠龙等图案。这种造型也是源自东汉的传统。虽然周代已有墓前立柱的做法，如《周礼·秋官》："若有死于道路者，则令埋而置楬焉，书其日月焉，悬其衣服任器于有地之官，以待其人。"郑玄注："楬欲令其识取之，今时楬櫫是也。"[1]但此"楬"只是一种起标记作用的木柱，与后来的石柱在造型和用途上是不同的，后来的石柱柱顶有方石，石上有刻铭，注明某某之神道，是与石碑、石兽作为固定组合的神道设施，我们不能把《周礼》中的楬当成石柱的雏形。

从文献和实物来看，神道石柱最先出现在东汉时期，前述《水经注》中提到的东汉太尉桥玄墓、弘农太守张伯雅墓的墓前石刻组合中都有石柱。东汉赵岐遗令："可立一员石于吾墓前，刻之曰'汉有逸人，姓赵名嘉，有志无时，命也奈何！'"[2]这个员石可能就是石柱，起标记墓地的作用。曾有多例东汉石柱的实物传世，如北京石景山出土的东汉幽州书佐秦君墓石柱[3]、山东省博物馆藏的东汉琅琊相刘君墓石柱等，都是圆形柱身，周围刻有瓜棱形直纹，柱顶有方石，石上有刻铭，注明某某之神道。南朝石柱基本保持了这种造型，只是在柱顶加上了石兽。保存较好的如梁吴平忠侯萧景墓，上部石板上有正、反书铭文"梁故侍中中抚将军开府仪同三司吴平忠侯萧公之神道"，梁武帝萧顺之建陵石柱上也有铭文"太祖文皇帝之神道"（图6.3）。

以石柱作为神道的标识，是南朝陵墓神道石刻的重要特征，虽然梁武帝时禁止了石人、石碑和石兽，但石柱还是作为"记名位"的标识性设施被保

---

1 [清]孙诒让撰，王文锦、陈玉霞点校：《周礼正义》卷70《秋官·蜡氏》，中华书局，1987年，2901页。
2 《后汉书》卷64《赵岐传》，2124页。
3 北京市文物工作队：《北京西郊发现汉代石阙清理简报》，《文物》1964年第11期。

留了下来。"(梁天监六年)申明葬制,凡墓不得造石人兽碑,唯听作石柱,记名位而已。"[1]

南朝神道石柱是对东汉传统的继承,当无疑问,但这种造型却与中国传统的圆木柱相差较大,带有浓厚的西方文化特征。熟谙西方美术的滕固先生最先提出其与西方石柱的关系,认为隐陷的直刻棱纹柱身属于希腊柱式,见于公元前3世纪的埃及多利亚柱、公元前6世纪末的波斯百柱宫,而带有圆盖和辟邪的柱头又与公元前3世纪的印度阿育王柱相似,可能是随着佛教传入南方而出现在建康的,南朝石柱"上承汉制,又或参以波斯和印度的风尚"[2]。宿白先生也认为石柱上的狮子式柱头与印度阿育王石柱极为类似[3]。不过,后来的很多研究者常举汉代秦君石柱和刘君石柱、西晋韩寿墓表的例子,否定石柱与西方文化的关系[4]。近年越来越多学者开始正视石柱的外来可能性,如杨晓春认为西方石柱在东汉中期开始影响中国,最典型的是凹棱纹的做法,至于柱头装饰可能受到印度狮子柱头的影响[5]。以石柱作为纪念性建筑,在希腊、埃及、波斯、印度等地有着长期的历史,是作为高等级石结构建筑的一部分而存在的,目前在伊朗等地还保留着高大的古波斯时期石柱。石柱在中国传统的木构建筑中显得比较突兀,而且体量、刻纹方式和整体构造与汉代的碑、表等墓前设施有着明显差异,它来自西方的可能性是极大的。由于汉代以来中西文化交流的发展,这种带有西方文化因子的纪念性石柱,被融入丧葬空间中,与中国传统的墓碑、墓表等共同构建墓地的标记性设施,这是很自然的现象。当然,这种西方风格的石柱是如何传入中国的,

---

[1]《隋书》卷8《礼仪志三》,153页。
[2] 滕固:《六朝陵墓石迹述略》,原载中央古物保管委员会编《六朝陵墓调查报告》(1935),后经王志高点校,收入《南京稀见文献丛刊》之同名报告,南京出版社,2010年,153—171页。
[3] 宿白:《考古发现与中西文化交流》,文物出版社,2012年,69—70页。
[4] 杨泓、孙机:《寻常的精致》,辽宁教育出版社,1996年,153、155页。
[5] 杨晓春:《南朝陵墓神道石刻渊源研究》,《考古》2006年第8期。

还有待更进一步的讨论。

综上所述，南北朝在墓地空间的营造上有明显的回归东汉传统的趋势，出现了一些标记性和祭祀性设施，但在各地发展极不平衡，各类设施呈现出明显的地域特征，地面设施最完善的是北魏冯太后方山永固陵，是一处效仿东汉石殿制度，又加入了北魏皇室佛教信仰的综合性礼仪空间。在偏晚阶段的洛阳、邺城和建康都出现了东汉样式的圆形封土，与之一同出现的还有神道、寝殿类设施，南朝形成了固定的神道石刻组合。

三、墓室空间

在长达半个多世纪的十六国纷乱中，入主中原的北方少数民族政权在礼仪制度上都有中原化的趋势，在丧葬模式上是对汉、晋传统的整合和发展。当拓跋鲜卑在4世纪后期建都平城时，也兼采中原的汉、晋模式，一方面在墓地设施上远祖东汉（如前述方山永固陵），另一方面在地下的墓室空间营造上继承魏晋模式下的微缩宇宙形态，单室、穹隆顶的砖室墓逐渐成为主流，同时吸收了来自关中十六国墓中的仪仗卤簿俑群。从总体上看，北魏平城墓葬是对汉、晋模式的复古与创新，这一进程持续到迁洛之后的北魏后期。北魏分裂后，洛阳模式在邺城地区得到传承和强化，但关中地区在宇文氏的关中本位思想和本地丧葬传统的影响下，形成了独特的长安模式，这样在北朝后期形成了丧葬模式的东西两个子传统。南朝的丧葬模式也与北方一样出现了向汉传统的回归，但由于地理环境和传统影响，与北朝的差异十分明显，在南朝范围内不如北方那样有明显的地域性。

1. 平城

平城等级较高的北魏墓葬普遍采用了砖室结构，有前后二室和单室两种形态，前者等级最高，墓主为帝、后或重臣，如冯太后方山永固陵[1]、丹扬王墓[2]、司马金龙墓[3]、大同湖东1号墓[4]等；后者在平城地区最常见，由长斜坡墓道、甬道和墓室组成，多采四角攒尖顶，有的设有耳室或砖棺床，墓主既有鲜卑贵族，也有汉人官吏，如元淑墓[5]、封和突墓[6]、宋绍祖墓[7]、梁拔胡墓[8]、破多罗太夫人墓[9]、尉迟定州墓[10]、智家堡壁画墓[11]、云波里路壁画墓[12]、文瀛路壁画墓[13]等。

以方山永固陵和司马金龙墓为代表的高等级墓采取了东汉的前堂后室结构。方山永固陵于太和五年（481）开始营建，八年而成，太和十四年（490）下葬，由墓道、甬道和前后室组成，墓道内以石墙护壁，以厚达2.1米的砖墙封门，甬道前后各有一道大型石券门，石工精细。墓室总长17.6米。前堂呈梯形，券顶，后室近方形，四壁外弧，为四角攒尖式墓顶，墓顶中央嵌有一块莲花图案的盖顶石。墓室地面以50厘米见方的大方砖铺地。根据墓内遗存残迹，可知后室是棺室，前堂应是祭祀空间，但与东汉同类型墓不同的是，此墓最宽敞高大的空间不在前堂，而是作为棺室的后室。后室南北长6.4米，东西宽6.83米，高7.3米，高度是前室的两倍，通过外弧、加宽的墓壁，上承苍穹式的墓顶，显然，在空间营造理念上更强调后室的地位（图6.20）。

---

1 大同市博物馆、山西省文物工作委员会：《大同方山北魏永固陵》，《文物》1978年第7期。
2 怀仁县文物管理所：《山西怀仁北魏丹扬王墓及花纹砖》，《文物》2010年第5期。
3 山西省大同市博物馆、山西省文物工作委员会：《山西大同石家寨北魏司马金龙墓》，《文物》1972年第3期。
4 山西省大同市考古研究所：《大同湖东北魏一号墓》，《文物》2004年第12期。
5 大同市博物馆：《大同东郊北魏元淑墓》，《文物》1989年第8期。
6 大同市博物馆：《大同市小站村花圪塔台北魏墓清理简报》，《文物》1983年第8期。
7 山西省考古研究所、大同市考古研究所：《大同市北魏宋绍祖墓发掘简报》，《文物》2001年第7期。
8 张庆捷：《大同南郊北魏墓考古新发现》，《2009中国重要考古发现》，文物出版社，2010年。
9 大同市考古研究所：《山西大同沙岭北魏壁画墓发掘简报》，《文物》2006年第10期。
10 大同市考古研究所：《山西大同阳高北魏尉迟定州墓发掘简报》，《文物》2011年第12期。
11 大同市博物馆、大同市考古所：《大同智家堡北魏墓石椁壁画》，《文物》2001年第7期。
12 大同市考古研究所：《山西大同云波里路北魏壁画墓发掘简报》，《文物》2011年第12期。
13 大同市考古研究所：《山西大同文瀛路北魏壁画墓发掘简报》，《文物》2011年第12期。

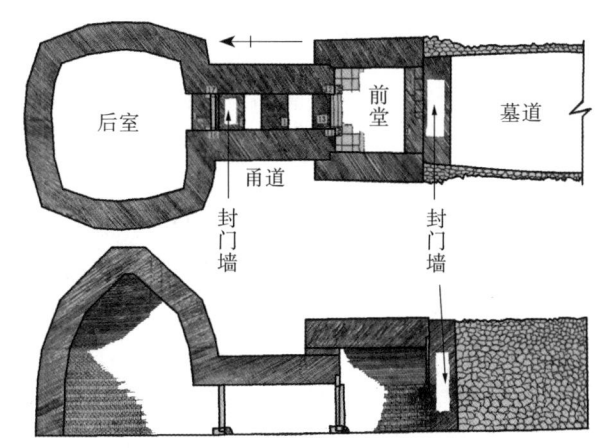

第六章　复古创新：南北朝地域社会中的丧葬模式　319

图 6.20　大同方山永固陵墓室结构
(《文物》1978 年第 7 期，29—30 页）

值得注意的是，方山永固陵的后室墓顶镶嵌莲花纹盖顶石的做法，似乎是不见于中原地区的，而是河西魏晋十六国墓的做法，如敦煌佛爷庙湾 M37、M39 的墓顶为叠涩覆斗形，顶部正中镶嵌一块彩绘莲花砖作为藻井[1]。酒泉丁家闸 5 号墓的前室也作覆斗形藻井，顶砖上以莲花装饰[2]。这种现象可能反映了河西魏晋时期佛教盛行的背景。北魏太武帝平定凉州后，很多河西士人、僧人和工匠被迁往平城，河西特有的一些丧葬元素可能也因此传入平城。

司马金龙墓是一座高等级的夫妻合葬墓，妻子姬辰葬于延兴四年（474），时隔 10 年后的太和八年（484），司马金龙合葬。司马金龙之父司马楚之为东晋皇族，属降魏南人，受拓跋氏重用，卒后陪葬金陵。金龙袭爵，历任云中镇将、朔州刺史、吏部尚书，初纳陇西王源贺女，后娶沮渠氏。这也是一座由墓道、甬道和前堂、后室组成的墓葬，前堂一侧还附有一个耳

1　甘肃省文物考古研究所：《敦煌佛爷庙湾西晋画像砖墓》，文物出版社，1998 年，11—22 页。
2　甘肃省博物馆：《酒泉、嘉峪关晋墓的发掘》，《文物》1979 年第 6 期；甘肃省文物考古研究所：《酒泉十六国墓壁画》，文物出版社，1989 年，11 页。

室，后室面积和高度略大于前堂，皆为四角攒尖顶。从墓室残存的器物和石雕可知墓室是有明确功能分区的，前堂及耳室主要是陶俑群，从陶质和釉色看似为两批葬入，可能是夫妇二人相隔10年入葬所致。后室右侧置有一座雕刻精致的石棺床，棺床前至甬道处发现的木栏杆、伞盖、石柱础、石灯座、漆画屏风、漆食具等，表明这里是一个精心布置的由帷帐、屏风组成的祭祀空间，是两次下葬时举行墓内祭祀的地方（图6.21）[1]。

方山永固陵和司马金龙墓采取的都是东汉式的前堂后室结构，不同的是，似乎不把前堂作为祭祀空间，而是将祭祀空间从前堂移到了后室的棺前。后室既是埋葬空间，也是祭祀空间，棺床置于一侧。前堂仅是陈列明器和俑群的空间，反映了前堂地位的下降，这表明北魏在墓室空间营造理念上

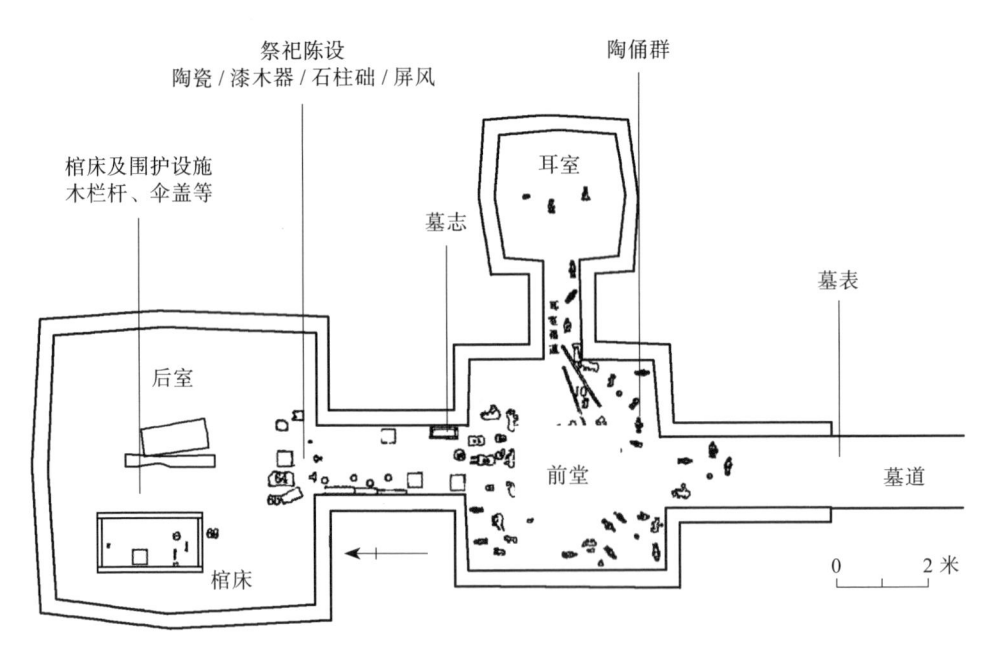

图6.21 大同司马金龙墓结构及陈设
（《文物》1972年第3期，21页）

---

1 山西省大同市博物馆等：《山西大同石家寨北魏司马金龙墓》，《文物》1972年第3期。

的变化，虽远祖东汉传统，但又有魏晋模式的影响，将后室营造为一个微缩宇宙式的空间形态。此外，墓中出土的随葬俑群是不见于东汉、魏晋墓的，其源头可能是关中十六国墓。十六国时期的关中与代北地区交流密切，有些关中制度可能也成为北魏前期礼制之源。与司马金龙墓相距不远的湖东1号墓同样是前堂后室结构，但墓内空间划分上保留了较多的东汉传统，后室正中放置一具漆画木棺椁，在前堂中央发现了2件盛放献祭食物的漆盘，显然还是将前堂作为祭祀空间[1]。

如果说方山永固陵、司马金龙墓、湖东1号墓等大型墓还处于东汉模式向魏晋模式的过渡，那么其他等级稍低的墓葬几乎都采取了典型的魏晋模式，墓室空间的特征是单室化和立体化，在弧方形的墓壁上，上承苍穹式的墓顶，构成了一个天圆地方的微缩宇宙。葬于太延元年（435）的沙岭壁画墓（破多罗太夫人墓）是一座单室砖墓，弧方形墓室上承四角攒尖墓顶，将埋葬空间和祭祀空间融于一个墓室。墓内发现铁帐构、漆耳杯等物，表明棺前是一个帷帐式的祭祀空间。还发现了彩绘漆画残片，描绘墓主夫妇端坐像及庖厨、打场等内容。这些漆画残片可能是类似于司马金龙墓漆画屏风之类的设施，属祭祀空间的设施（图6.22：1）[2]。此外，墓室四壁及甬道、墓顶遍布壁画，以正壁（东壁）墓主夫妇像为中心，在左右两壁配置车马出行、宴饮百戏及粮仓、毡帐、杀羊等生活场景，从图像配置来看，采取的是对称的场景式构图，出行仪仗的运动方向皆朝向墓外，这是对东汉墓室场景式壁画图式的复古。

阳高县发现的太安三年（457）尉迟定州墓，也是一座弧方形、穹隆顶的单室砖墓，在墓室右侧置有一座带前廊的三开间悬山顶仿木构石椁，椁内置一具石棺床。在石椁封门石上刻有97字铭文，内容与买地券相似。在墓

---

1 山西省大同市考古研究所：《大同湖东北魏一号墓》，《文物》2004年第12期。
2 大同市考古研究所：《山西大同沙岭北魏壁画墓发掘简报》，《文物》2006年第10期。

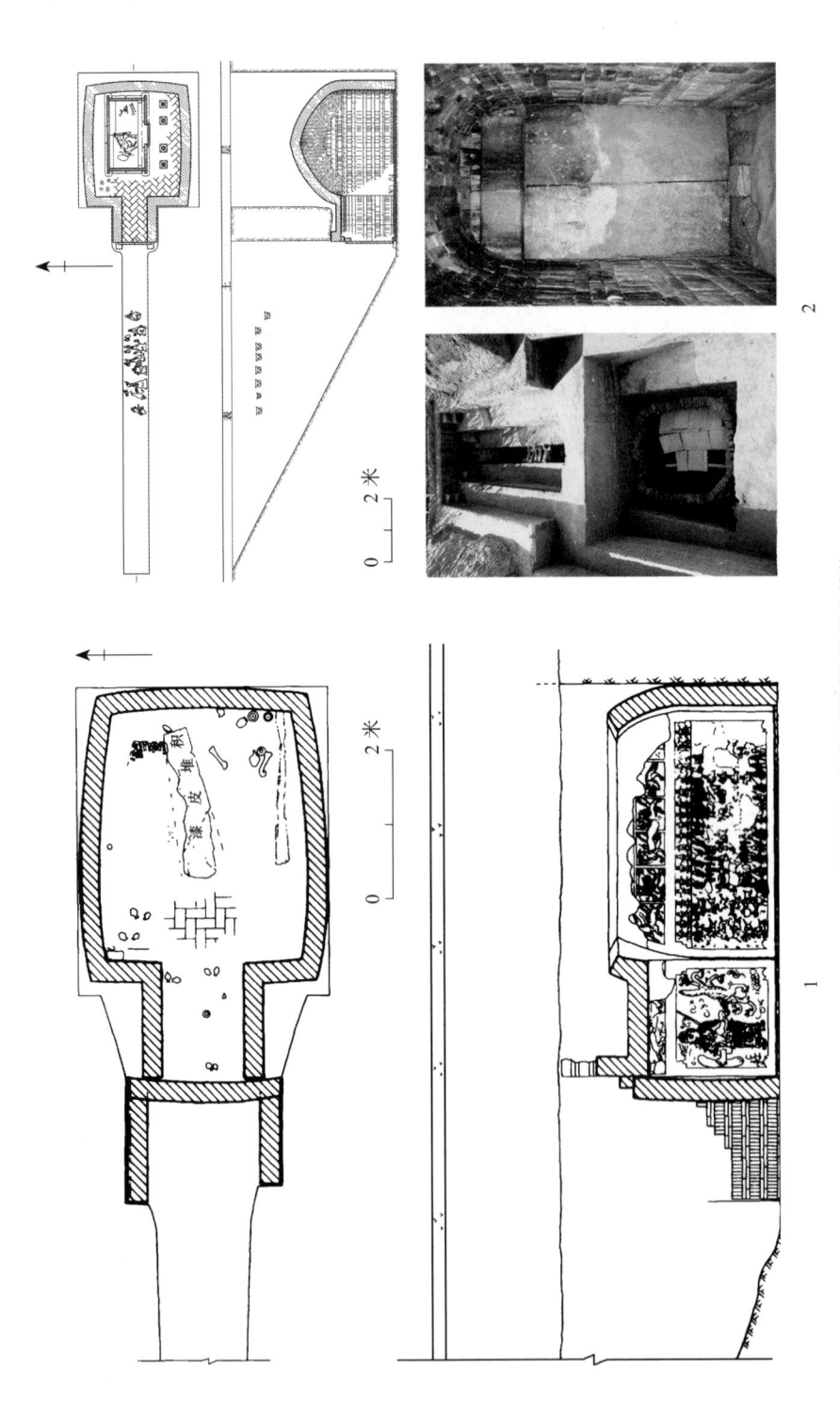

322　中古丧葬模式与礼仪空间

图 6.22　北魏平城时期的墓室结构
1. 大同沙岭壁画墓（破多罗太夫人墓）(《文物》2006 年第 10 期，7 页) 2. 阳高县尉迟定州墓 (《文物》2011 年第 12 期，5 页)

道内发现排列整齐的动物头骨，显然是牲祭遗存[1]。石椁顺置于墓室内，前廊部分应是祭祀空间（图6.22：2）。

葬于太和元年（477）的幽州刺史宋绍祖夫妇合葬墓也是一座以石椁为葬具的单室砖墓，但仿木构石椁横置于墓室正中央，石棺床上发现2个石灰枕。石椁前置有1个石供桌，是祭祀场所，石椁左右围绕着以牛车为中心、面向墓外的庞大出行俑群，以墓门口的镇墓兽和镇墓武士为先导，跟随着以六辆牛车为中心的出行仪仗，队伍边缘又有井、灶、磨、碓及动物等家居生活陶质模型明器[2]。此墓的整体空间形态是魏晋模式，但大型石椁和以俑群和壁画营造来世生活场景，则是平城地区新出现的现象（图6.23）。

上述北魏平城时期两种形态的墓室空间都是对中原汉、晋传统的恢复，但出现了两个十分突出的新现象：

① 流行石棺床、房形石椁。这些石质葬具的流行当与平城发达的石雕工艺有关，北魏诸帝的东征西伐促进了平城实力的积聚，其中必有大量优良的石工，如素有石雕基础的定州等地移民。这些优良的石工不但建造了云冈石窟、永固堂等大型石质建筑，可能也同时兼作石质葬具。房形石椁源自东汉的地面祠堂，北魏将其移植于墓室，功能发生了转变，既是祭祀空间，也是埋葬空间。

② 流行仪仗卤簿俑群和出行类壁画。俑群是西汉诸侯王墓的传统，壁画在东汉墓流行，但俑群和壁画在魏晋时期的中原地区几近消失。西安十六国大型墓中的仪仗卤簿俑群可能是平城俑群制度的直接源头。道武帝拓跋珪定都平城第二年，"制三驾卤簿"，分别规定了大驾、法驾和小驾的卤簿组成和使用场合，后来经过多次修改和完善，渐成定制。壁画中的出行题材在辽东

---

1 大同市考古研究所：《山西大同阳高北魏尉迟定州墓发掘简报》，《文物》2011年第12期；殷宪、刘俊喜：《北魏尉迟定州墓石椁封门石铭文》，《文物》2011年第12期。
2 山西省考古研究所、大同市考古研究所：《大同市北魏宋绍祖墓发掘简报》，《文物》2001年第7期。

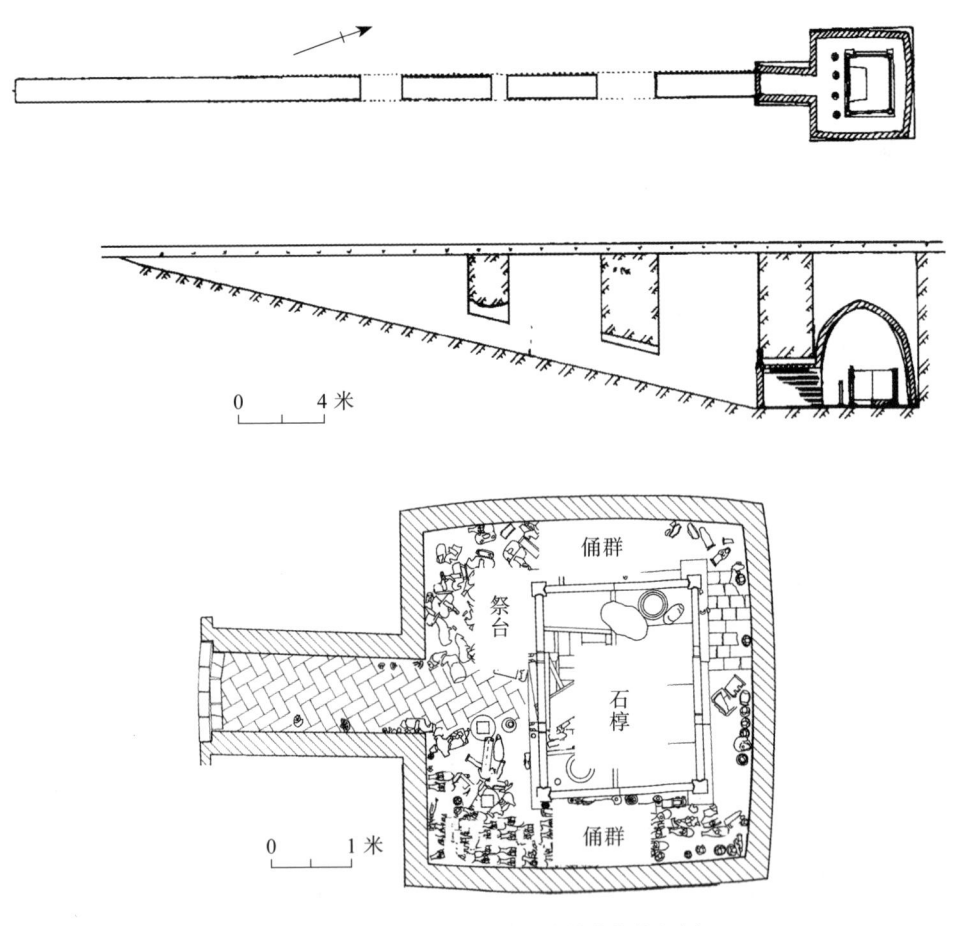

图 6.23　大同北魏宋绍祖夫妇合葬墓的墓室空间
(《文物》2001 年第 7 期, 20、22 页)

魏晋墓和关中十六国墓中是存在的,它们应是平城出行类壁画题材的来源。出行仪仗是中原传统礼制,经过北方各族的改造,加入了新的反映游牧习俗的内容,到北魏时期形成了新的卤簿制度。平城北魏墓葬的俑群和墓室图像中的仪仗出行,正是鲜卑政权在草创之初创立礼仪新制的一个具体反映。

2. 洛阳

北魏洛阳邙山是迁洛后的帝陵、元姓皇室和世家大族的墓地,经过考古发掘的身份较明确、墓室结构较清晰的高等级墓主要有：正始三年（506）平北将军燕州刺史寇猛墓[1]、永平四年（511）阳平王元匢墓[2]、永平四年（511）豫州刺史司马悦墓[3]、延昌四年（515）宣武帝景陵[4]、熙平元年（516）洛州刺史元睿墓[5]、正光五年（524）燕州治中从事史侯掌墓（M22）[6]、正光六年（525）清河王元怪墓[7]、孝昌二年（526）江阳王元乂墓[8]、孝昌二年（526）镇远将军射声校尉赠乐陵太守染华墓等2座（M7、M2）[9]、建义元年（528）常山文恭王元邵墓[10]、孝昌三年（527）南平王元嘩墓[11]、太昌元年（532）安东将军王温墓[12]等。

洛阳北魏墓的墓室空间延续了平城时期的形制，皆为单室墓，有砖室和土洞两种结构，有些在墓道内建有1—2组天井和过洞，墓壁多外弧，多以四角攒尖方式建造穹隆式墓顶，流行石门、石棺床和画像石棺，个别墓葬有壁画。

宣武帝景陵在高大的圆形封土之下设有长斜坡墓道和砖砌的单墓室，墓道水平长40.6米，大部分为土壁，后部以砖砌壁，砖壁厚达2米，高达6.8米。墓道后接2道封门砖墙和2段砖砌甬道，甬道皆券顶、地面铺石。后甬道的后端是一道石门。墓室采取了弧方形结构，上承高大的穹隆顶，墓室面

---

[1] 侯鸿钧：《洛阳西车站发现北魏墓一座》，《文物参考资料》1957年第2期。

[2] 310国道孟津考古队：《洛阳孟津邙山西晋北魏墓发掘报告》，《华夏考古》1993年第1期。

[3] 孟县人民文化馆：《孟县出土北魏司马悦墓志》，《文物》1981年第12期；孟县人民文化馆：《河南省孟县出土北魏司马悦墓志》，《考古》1983年第3期。

[4] 中国社会科学院考古研究所等：《北魏宣武帝景陵发掘报告》，《考古》1994年第9期。

[5] 中国社会科学院考古研究所：《河南偃师县杏园村的四座北魏墓》，《考古》1991年第9期。

[6] 洛阳市文物工作队：《洛阳孟津晋墓、北魏墓发掘简报》，《文物》1991年第8期。

[7] 徐婵菲：《洛阳北魏元怪墓壁画》，《文物》2002年第2期；韦娜等：《洛阳古墓博物馆》，中州古籍出版社，1995年。

[8] 洛阳博物馆：《河南洛阳北魏元乂墓调查》，《文物》1974年第12期。

[9] 偃师商城博物馆：《河南偃师两座北魏墓发掘简报》，《考古》1993年第5期。

[10] 洛阳博物馆：《洛阳北魏元邵墓》，《考古》1973年第4期。

[11] 黄明兰：《西晋裴祗和北魏元嘩两墓拾零》，《文物》1982年第1期。

[12] 洛阳市文物工作队：《洛阳孟津北陈村北魏壁画墓》，《文物》1995年第8期。

积 46 平方米，纵高 9.36 米，形成一个上圆下方的微缩宇宙空间。在墓室的右侧设有一座长 3.86、宽 2.2、高 0.16 米的石棺床，原本应罩有 1 座帷帐，现仅存 4 个石质帐座。虽墓葬已被盗扰，残存器物已移位，但推测出土的青瓷盘口壶、鸡首壶、钵、唾盂、釉陶器等饮食器具和石灯等物应是 1 组祭器，是下葬时在棺前举行墓内祭祀的遗存。这是典型的魏晋模式下将祭祀空间与埋葬空间合一的做法（图 6.24：1）[1]。

2012 年在洛阳西工区衡山路发现的一座疑似北魏帝陵，规模巨大，墓室形制与宣武帝景陵类似，也是单室砖墓，由前后甬道和墓室组成，墓道全长 39.7 米，墓室近方形，长 10.8 米，宽 10.6 米，推测为四角攒尖顶。发掘者认为此墓属被高欢于普泰二年（532）毒杀的节闵帝元恭[2]。

偃师杏园村发现的洛州刺史元睿夫妻合葬墓是一座等级较低的元氏贵族墓，规模比景陵小得多，但同样采取了上圆下方的微缩宇宙式空间形态，也是祭祀空间与埋葬空间合一的单室砖墓。在墓室右侧并列二棺，棺前放置一合墓志、作为祭器的陶灯和陶饮食器，以及 1 组以牛车为中心的仪仗俑和庭院生活模型俑（图 6.24：2）[3]。

被胡太后毒杀的江阳王元乂死后被赐以殊礼，葬于孝昌二年（526）。这是一座与景陵规模差不多的高等级墓葬，弧方形墓室上承穹隆顶，墓室东西各有 1 个小耳室，墓室面积接近 50 平方米，内高 9.5 米，墓室内出土了大量陶俑。四壁及墓顶都发现了壁画，墓壁上部残存四神图像，墓顶保存了一幅相当完整的星象图，由 300 多颗星星和短线条构成复杂的星座[4]。穹隆式的墓顶上绘天象，强化了墓室象征微缩宇宙的意义。

---

1 中国社会科学院考古研究所、洛阳汉魏城队洛阳古墓博物馆：《北魏宣武帝景陵发掘报告》，《考古》1994 年第 9 期。
2 刘斌：《洛阳北邙山北魏大墓考古记》，《大众考古》2014 年第 5 期。
3 中国社会科学院考古研究所：《河南偃师县杏园村的四座北魏墓》，《考古》1991 年第 9 期。
4 洛阳博物馆：《河南洛阳北魏元乂墓调查》，《文物》1974 年第 12 期。

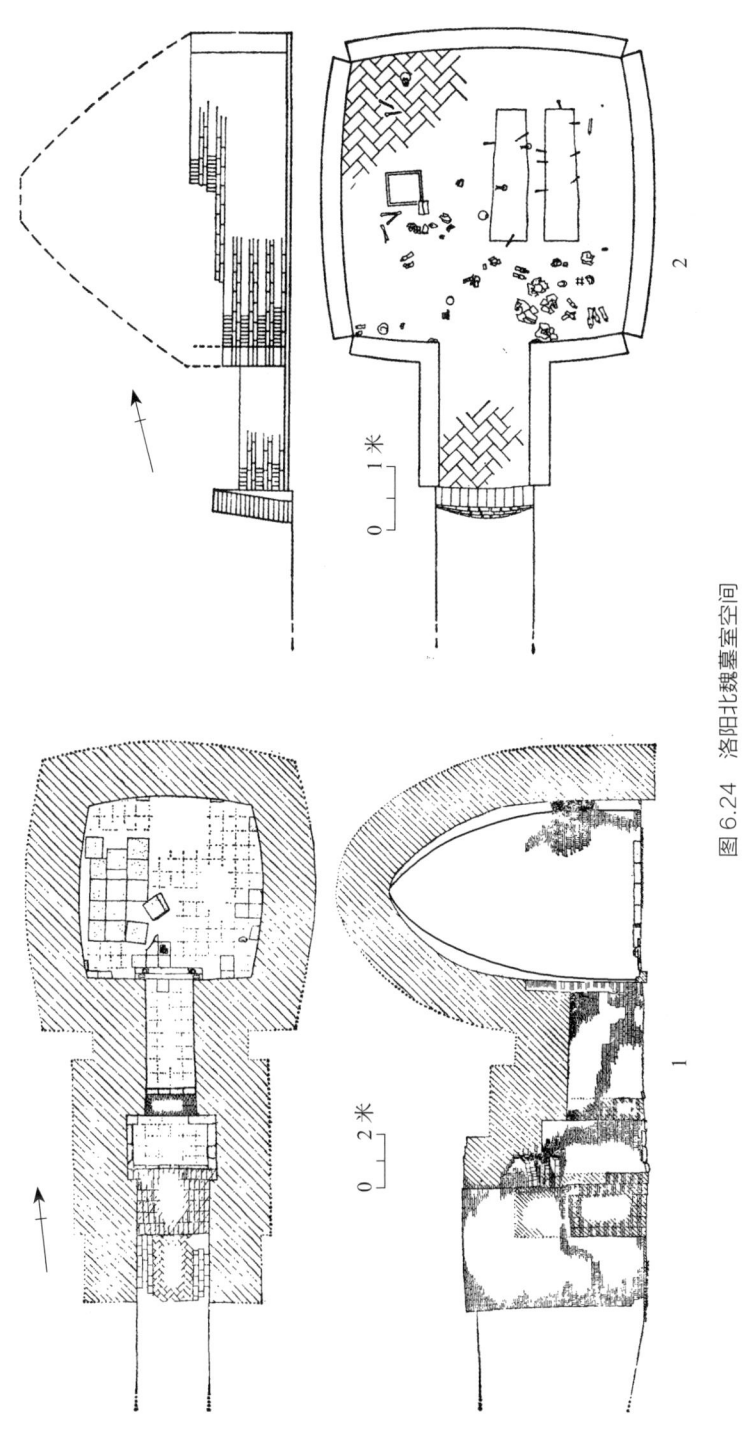

第六章　复古创新：南北朝地域社会中的丧葬模式　327

图 6.24　洛阳北魏墓室空间
1. 宣武帝景陵（《考古》1994 年第 9 期，805 页）　2. 洛州刺史元睿夫妇合葬墓（《考古》1991 年第 9 期，819 页）

同属元氏贵族的文恭王元邵是孝文帝之孙、清河王元怿之子，死于武泰元年（528）的河阴之变，他的墓葬采取了较为简陋的土洞墓结构，在生土里凿出方形墓室，以四角攒尖顶结顶。在墓室一侧作土质棺床，出土陶俑115件[1]。同样采取土洞墓室的元氏贵族还有孝昌三年（527）南平王元玮，墓室空间形态相似，但在墓室一侧置一具素面石棺，在墓道内设有1组天井和过洞，墓壁曾绘有壁画，墓室空间营造要比元邵墓讲究得多[2]。

上述发现于洛阳的元氏贵族墓有砖室、土洞之别，但在空间营造上呈现出相当强的一致性，主要有如下特征：

① 空间形态延续了平城的单室化趋势，但统一性更强，表明洛阳礼制逐渐规范和定型。无论是砖室墓还是土洞墓，皆在外弧的四壁上承苍穹式的墓顶，有的还在墓顶绘天象，墓壁上部绘四神，墓壁绘来世生活场景，整个墓室如一个天圆地方的微缩宇宙。

② 继承了平城的石质葬具传统，多见石棺，少见房形石椁和画像石棺床。很多流失国外的画像石棺都是20世纪初期从洛阳盗掘出土的，画像题材主要是对汉传统的复古，抛弃了平城葬具和壁画中反映北方游牧民族生活的内容。

③ 继承了魏晋模式下的长斜坡墓道传统。墓道加长与墓室空间的升高相关，为了升高墓室空间，需深掘墓坑，从坑底砖砌墓室。墓道首端与墓室地面平齐，墓坑越深，墓道首端与地面的落差也就越大，因此需要建造更长的墓道。有的还在墓道内设置天井和过洞，这种做法最早见于东汉时期的洛阳烧沟汉墓，既有建墓出土方便的实用功能，也有模拟宅院的象征意义。

④ 方形墓志的流行和规范化。魏晋模式下的中原地区开始出现墓志，其作用主要在于志墓，与墓碑的作用是一样的，成为身份的标志物，是中原魏

---

1 洛阳博物馆：《洛阳北魏元邵墓》，《考古》1973年第4期。
2 黄明兰：《西晋裴祗和北魏元玮两墓拾零》，《文物》1982年第1期。

晋模式的主要特征之一。拓跋鲜卑开始汉化的平城时期也出现了一些墓志，但制作极不规范，大多为砖志，仅起简单的志墓作用。迁都洛阳后，元氏皇族和高级官吏都使用墓志，逐渐规范和定型为石质的方形墓志，并加上了覆斗形志盖。这种形制的墓志在北魏产生后一直流行至宋代，赵超认为它像放大了的占卜工具——式盘，又像缩小了的穹窿顶墓室，体现了"象天地"的思想意识，"它的志盖，从形状与纹饰上来看，其设计思想正是用它象征天穹，与式的天盘、穹窿顶墓室的顶部意义相同"[1]。墓志文字内容不仅用于标记身份，也是对死者一生的评价，成为塑造身份的重要手段。刘连香统计北魏墓志532方，从太延二年（436）至永熙三年（534）的百年间，迁洛后的40年占了所统计墓志的96%[2]。迁洛后最早的墓志是外戚冯熙、冯诞父子的墓志，冯熙是文明冯太后之兄，卒于平城，冯诞与孝文帝十分亲近，卒于随孝文帝南伐途中，二人皆被诏令葬于洛阳邙山。刘连香认为此举是孝文帝为了打击反对迁洛的代北旧臣而采取的措施之一，限定了以后迁洛者墓地[3]。冯熙和冯诞的墓志可能都是孝文帝亲撰的，冯熙"柩至洛七里涧，高祖服衰往迎，叩灵悲恸而拜焉。葬日，送临墓所，亲作志铭"[4]，冯诞"帝又亲为作碑文及挽歌，词皆穷美尽哀，事过其厚"[5]。墓志塑造身份的作用在北魏洛阳时期形成定制，东西魏、北齐周时期进一步得到强化。

3. 邺城与晋阳

6世纪30年代，北魏分裂为东西二部后，较完整继承了洛阳制度的是东魏北齐，邺城与晋阳集中了大量皇室和勋贵的墓葬，在丧葬模式上除了洛

---

[1] 赵超：《式、穹窿顶墓室与覆斗形墓志——兼谈古代墓葬中"象天地"的思想》，《文物》1999年第5期。

[2] 刘连香：《民族史视野下的北魏墓志研究》，文物出版社，2017年，9页。

[3] 前揭《民族史视野下的北魏墓志研究》，85—97页。

[4] 《魏书》卷83《冯熙传》，1820页。

[5] 《魏书》卷83《冯熙传附冯诞传》，1821页。

阳制度的延续外，由于当时中西文化交流的发展而出现了大量的西方文化因素，产生了独具特色的邺城模式。

邺城发现的东魏北齐墓主要有：磁县武定五年（547）南阳郡君姚赵氏墓[1]、武定八年（550）茹茹公主闾氏墓[2]、太宁二年（562）比丘尼垣墓等2座[3]、天统二年（566）骠骑大将军赵州刺史尧峻墓[4]、武平七年（576）左丞相文昭王高润墓[5]、安阳天统四年（568）东徐州刺史和绍隆墓[6]、武平七年（576）车骑将军豫州刺史李云墓[7]、磁县天保四年（553）元良墓[8]、武平六年（575）骠骑大将军凉州刺史范粹墓[9]、武平七年（576）文宣帝高洋妃颜玉光墓等[10]，以及推测为北齐文宣帝高洋武宁陵的湾漳大墓等[11]。

湾漳大墓可能是卒于天保十年（559）、次年下葬的文宣帝高洋武宁陵，地下部分由墓道、甬道和墓室三部分组成，墓道全长37米，以土坯垒成，上涂白灰并绘壁画。甬道和墓室皆为砖砌，以青石铺地。甬道为券顶结构，内有三道封门墙和一道石门，墓门上方砖砌高大门墙，门墙和石门上皆有彩绘。墓室是典型的弧方形穹隆顶结构，墓室面积近56平方米，复原室内高度为12.6米。室内西侧置须弥座石棺床，立面彩绘忍冬等图案，棺床上

---

[1] 磁县文化馆：《河北磁县东陈村东魏墓》，《考古》1977年第6期。
[2] 磁县文化馆：《河北磁县东魏茹茹公主墓发掘简报》，《文物》1984年第4期。
[3] 河北省文物管理委员会：《河北磁县讲武城古墓清理简报》，《考古》1959年第1期。
[4] 磁县文化馆：《河北磁县东陈村北齐尧峻墓》，《文物》1984年第4期。
[5] 磁县文化局：《河北磁县北齐高润墓》，《考古》1979年第3期。
[6] 河南省文物研究所：《安阳北齐和绍隆夫妇合葬墓清理简报》，《中原文物》1987年第1期。
[7] 周到：《河南濮阳北齐李云墓出土的瓷器和墓志》，《考古》1964年第9期。
[8] 磁县文物保管所：《河北磁县北齐元良墓》，《考古》1997年第3期。
[9] 河南省博物馆：《河南安阳北齐范粹墓发掘简报》，《文物》1972年第1期。
[10] 安阳县文教局：《河南安阳县清理一座北齐墓》，《考古》1973年第2期。
[11] 推断湾漳大墓的墓主身份主要从墓葬规模（地面遗迹、墓内结构与尺寸、墓内设施）、随葬品数量和种类、壁画内容、墓葬的年代等方面。参中国社会科学院考古研究所邺城考古队：《河北磁县湾漳北朝墓》，《考古》1990年第7期；马忠理：《磁县北朝墓群——东魏北齐陵墓兆域考》，《文物》1994年第11期；徐光冀：《河北磁县湾漳北朝大型壁画墓的发掘与研究》，《文物》1996年第9期；中国社会科学院考古研究所、河北省文物研究所：《磁县湾漳北朝壁画墓》，科学出版社，2003年，192页。

第六章　复古创新：南北朝地域社会中的丧葬模式　331

置松木质的一棺一椁，墓室四壁曾有彩绘，但因烟熏及水渍而不知其详（图6.25：1）。茹茹公主墓属卒于武定八年（550）的柔然贵族闾氏，死时年仅13岁，是一座十分奢华的贵族墓葬，墓室结构和壁画内容与湾漳大墓类似，仅规模略小，棺椁葬具皆已被焚毁（图6.25：2）。

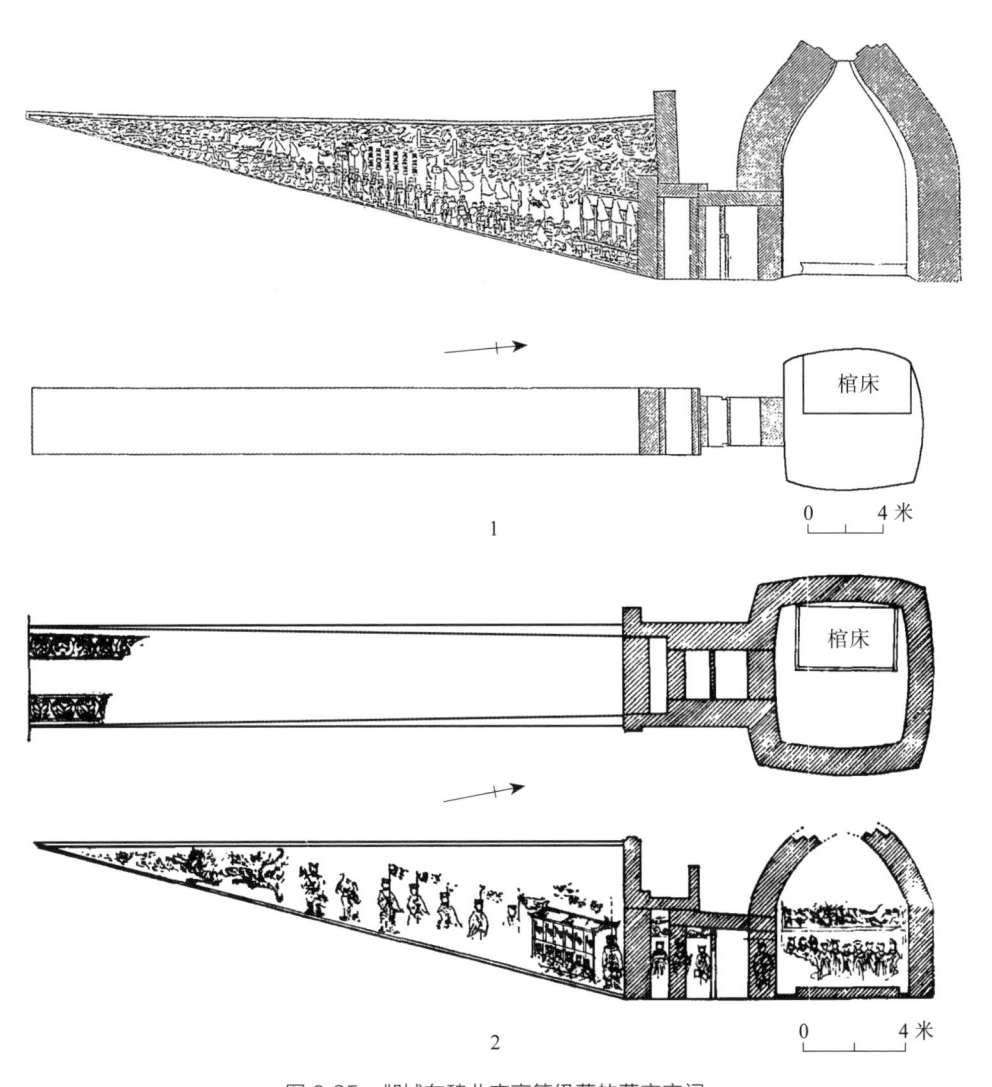

图6.25　邺城东魏北齐高等级墓的墓室空间
1. 湾漳大墓（《磁县湾漳北朝壁画墓》，6页）　2. 茹茹公主墓（《文物》1984年第4期，2页）

晋阳附近也是北齐高等级墓葬的集中地区，身份较为明确的主要有：天保四年（553）骠骑大将军贺拔昌墓[1]、天保七年（556）白水县开国男□子辉墓[2]、天保十年（559）张肃俗墓[3]、皇建元年（560）安州刺史太仆少卿贺娄悦墓[4]、河清三年（564）泾州刺史狄湛墓[5]、天统元年（565）长安侯张海翼墓[6]、天统三年（567）泾州刺史库狄业墓[7]、武平元年（570）右丞相东安王娄叡墓[8]、武平二年（571）武安王徐显秀墓[9]、太原南郊热电厂发现的北齐壁画墓[10]等。太原以外发现的北齐墓有寿阳河清元年（562）定州刺史顺阳王库狄迴洛墓[11]、祁县天统三年（567）骠骑大将军青州刺史韩裔墓[12]、忻州九原岗壁画墓[13]、朔州水泉梁墓[14]等。这些北齐墓与都城邺城墓有很强的相似性，但壁画保存更佳，太原徐显秀墓、水泉梁墓、忻州九原岗墓的壁画代表了北齐绘画的最高水平。

寿阳县发现的库狄迴洛墓由长斜坡墓道、砖砌券顶甬道、石门和弧方形墓室组成，墓室中部置一座房形木椁，椁内置木棺一具，棺内发现并列的人骨架三具。椁前遗留有4件石柱础，可能曾是一个由帷帐构成的祭祀空间。椁前有1组陶瓷祭器，椁内外摆放着陶俑群。甬道口发现的3合青石墓志，表明此墓是河清元年（562）迁葬的夫妇合葬墓，墓主是北齐定州

---

1 王立斌等：《北齐砖室墓葬》，《文物世界》2002年第2期。
2 王玉山：《太原市南郊清理北齐墓葬一座》，《文物》1963年第6期。
3 山西省博物馆：《太原圹坡北齐张肃墓文物图录》，中国古典艺术出版社，1958年。
4 常一民：《太原市神堂沟北齐贺娄悦墓整理简报》，《文物季刊》1992年第3期。
5 太原市文物考古研究所：《太原北齐狄湛墓》，《文物》2003年第3期。
6 李爱国：《太原北齐张海翼墓》，《文物》2003年第10期。
7 太原市文物考古研究所：《太原北齐库狄业墓》，《文物》2003年第3期。
8 山西省考古研究所：《太原市北齐娄叡墓发掘简报》，《文物》1983年第10期。
9 山西省考古研究所等：《太原北齐徐显秀墓发掘简报》，《文物》2003年第10期。
10 山西省考古研究所等：《太原市南郊北齐壁画墓》，《文物》1990年第12期。
11 王克林：《北齐库狄迴洛墓》，《考古学报》1979年第3期。
12 陶正刚：《山西祁县白圭北齐韩裔墓》，《文物》1975年第4期。
13 白曙璋、张庆捷：《山西忻州九原岗北朝壁画墓的发掘》，《大众考古》2016年第5期。
14 山西省考古研究所等：《山西朔州水泉梁北齐壁画墓发掘简报》，《文物》2010年第12期。

刺史、太尉公、顺阳王厍狄迴洛及其妻斛律氏、尉氏。据墓志，厍狄迴洛先是窆于晋阳大法寺，以太牢之礼祭之，后与早逝的二妻合葬于朔州城南（图6.26：1）[1]。

太原市迎泽区发掘的武平二年（571）北齐太尉、武安王徐显秀墓是晋阳地区的一座高等级墓葬。斜坡墓道内设有2组天井和过洞，甬道和墓室砖砌，石门门楣、门槛上以浮雕和彩绘方式装饰莲花、摩尼宝珠、忍冬等图案。墓室为弧方形穹隆顶结构，在西侧砖砌棺床，另一侧摆放着以镇墓兽和武士为中心的陶俑群及1组陶瓷器，墓志放置在棺床近墓门处。在墓道、甬道和墓室四壁皆有彩绘壁画，壁画内容和布局方式与邺城墓相似，皆是以正壁的墓主像为中心构成的仪仗出行、宴饮场景（图6.26：2）[2]。

邺城和晋阳发现的东魏北齐墓总体来说是洛阳模式的延续，继承了洛阳北魏的单室砖墓和单室土洞墓形制，但更加规范，普遍采用了微缩宇宙式的墓室空间形态。与洛阳北魏墓不同的是，洛阳砖室墓与土洞墓的等级差别并不明显，而邺城砖室墓的等级明显高于土洞墓。天圆地方的单室墓成为墓葬的主流，等级越高，墓室纵高越高，流行在甬道口上方砌高大门墙，大型墓设多道封门墙、石门、石棺床，流行分层布局的壁画，表明墓室空间的营造理念发生了较大变化。除墓室面积、墓葬结构、壁画因素外，墓志的边长和铁环数量也成为区别墓主身份的一个标志。

在核心地区邺城、晋阳以外，北朝墓葬较集中的地区是山东中西部，即青、齐、兖、徐等州，包括北魏、东魏、北齐墓。墓室空间形态具有鲜明的地方特色，北魏时期以圆形（或椭圆形）石室墓为主，主要见于临淄崔氏家族墓的21座墓[3]，迄今未发现崔氏家族以外的圆形墓葬。东魏北齐时期仍然

---

[1] 王克林：《北齐厍狄迴洛墓》，《考古学报》1979年第3期。
[2] 山西省考古研究所等：《太原北齐徐显秀墓发掘简报》，《文物》2003年第10期。
[3] 山东省文物考古研究所：《临淄北朝崔氏墓地》，《考古学报》1984年第2期；淄博市博物馆等：《临淄北朝崔氏墓地第二次清理简报》，《考古》1985年第3期。

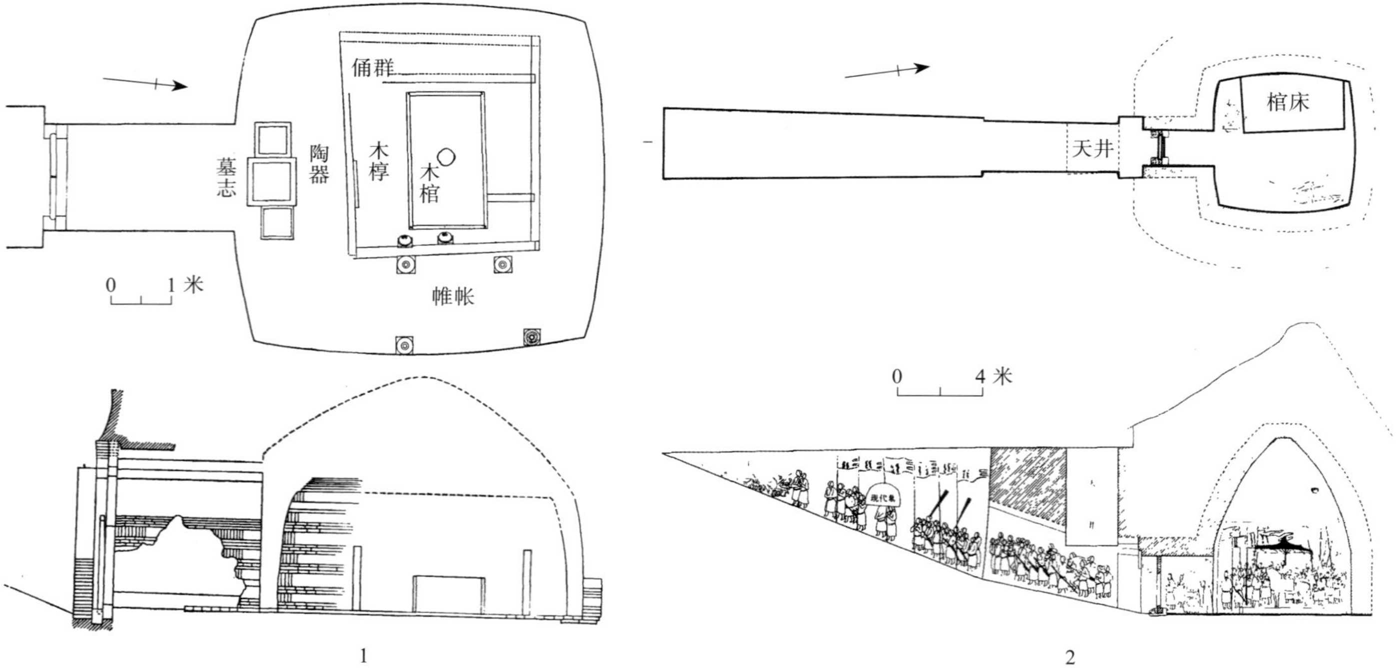

334　中古丧葬模式与礼仪空间

图 6.26　晋阳及周边地区北齐墓的墓室空间
1. 寿阳县库狄迴洛墓（《考古学报》1979 年第 3 期，378 页）2. 太原迎泽区徐显秀墓（《文物》2003 年第 10 期，6 页）

以石室墓为主，但墓室变成方形，如临朐发现的天保二年（551）行台府都军长史崔芬墓[1]等。石室墓的流行可能与本地东汉以来发达的石工传统有关。这个地区没有发现等级太高的墓，墓室的空间设置、随葬品的组合、壁画的布局方式等基本可以看作邺城模式的对外辐射，但有鲜明的地方特色，这点在壁画配置上表现得最为明显。

4. 长安与原州

长安和原州是西魏、北周政权的两个政治文化中心，集中了大量高等级墓葬，其中长安发现的北周墓主要有：保定四年（564）骠骑大将军拓跋虎夫妇墓、保定五年（565）上将军王士良夫妇墓、建德三年（574）骠骑将军叱罗协墓、建德五年（576）仪同大将军王德衡墓、建德七年（578）谯忠孝王宇文俭墓、宣政元年（578）武帝宇文邕孝陵、骠骑大将军若干云墓、大都督独孤藏墓、大成元年（579）上柱国尉迟运墓、大象二年（580）上柱国韦宽夫妇墓等[2]。原州发现的北周墓有天和四年（569）柱国大将军李贤夫妇墓[3]、建德四年（575）柱国大将军田弘夫妇墓[4]、保定五年（565）大将军大都督宇文猛墓等[5]。

北周武帝宇文邕的孝陵历史上多次被盗，但结构基本保存完整，是一座由5组天井和过洞、壁龛、甬道、木门、土洞式单墓室、后壁龛组成的大型墓。壁龛内放置各类陶俑及模型明器、铜带具、玉配饰、铜镜等物。墓室东

---

[1] 山东省文物考古研究所：《山东临朐北齐崔芬壁画墓》，《文物》2002年第4期。
[2] 负安志编著：《北周珍贵文物——北周、初唐、盛唐、中晚唐考古发掘报告系列之一》，陕西人民美术出版社，1992年。
[3] 宁夏回族自治区博物馆、宁夏固原博物馆：《宁夏固原北周李贤夫妇墓发掘简报》，《文物》1985年第11期。
[4] 原州联合考古队：《北周田弘墓》，文物出版社，2009年，38—42页。
[5] 宁夏回族自治区博物馆等：《原州古墓集成》，文物出版社，1999年；中日联合原州考古队：《北周田弘墓——原州联合考古队发掘调查报告》，日本勉诚出版社，2000年。

西两侧各置一具木棺，棺内发现石灰枕、玉、珍珠、金花瓣等物，其中东侧棺内发现1件微型坐佛。据墓志，这是武帝宇文邕与阿史那皇后的合葬墓，武帝葬于宣政元年（578），皇后合葬于开皇二年（582）（图6.27：1）[1]。

葬于建德五年（576）的仪同大将军王德衡夫妇墓也是一座单室土洞墓，全长39.66米，斜坡墓道内设3组天井和过洞，在墓道底端设有1对以铁锁紧闭的石门。墓室为横长方形土洞式，穹隆式墓顶，面积约12平方米，内高3.3米。墓室西侧是埋葬空间，发现木棺残迹及人骨，另一侧摆放着墓志、陶俑、随葬物品。由于墓葬未被盗扰，墓室空间配置关系较为清晰，墓门两侧放置1对镇墓兽，面朝墓外；紧随着是1对武士俑，相对而立；靠近木棺处放置1合墓志和1件精致的青瓷盘口壶。盘口壶是所有随葬器皿里最大的器物，高达35.5厘米。类似盘口壶也见于独孤达磨墓、若干云墓等北周墓，可能是祭祀空间里非常重要的献祭容器，名"粮罂"，是下葬时盛装五谷粮食的器物。棺前还发现数件瓷碗，也是放置食物的容器。墓室的另一侧是1组以牛车为中心的陶俑群及模型明器（图6.27：2）[2]。

北周柱国大将军李贤夫妇墓发现于宁夏固原南郊乡，葬于天和四年（569），是一座由3组天井和过洞、甬道和穹隆顶组成的土洞式单墓室。墓室西侧置有二具木棺，墓道、天井、过洞、甬道和墓室等处绘有武士、伎乐等壁画。此墓严重被盗，在甬道和墓室内残存镇墓兽及大量陶俑、模型明器，并发现鎏金银壶、玻璃碗等来自西方的珍贵文物（图6.27：3）[3]。

卒于宣政元年（578）的骠骑大将军若干云墓是一座前堂后室式的土洞墓，斜坡墓道内设3组天井和过洞，前堂方形穹隆顶，边长仅2米多，但内

---

1 陕西省考古研究所、咸阳市考古研究所：《北周武帝孝陵发掘简报》，《考古与文物》1997年第2期。
2 贠安志：《中国北周珍贵文物——北周墓葬发掘报告》，陕西人民美术出版社，1993年，36—59页。
3 宁夏回族自治区博物馆、宁夏固原博物馆：《宁夏固原北周李贤夫妇墓发掘简报》，《文物》1985年第11期。

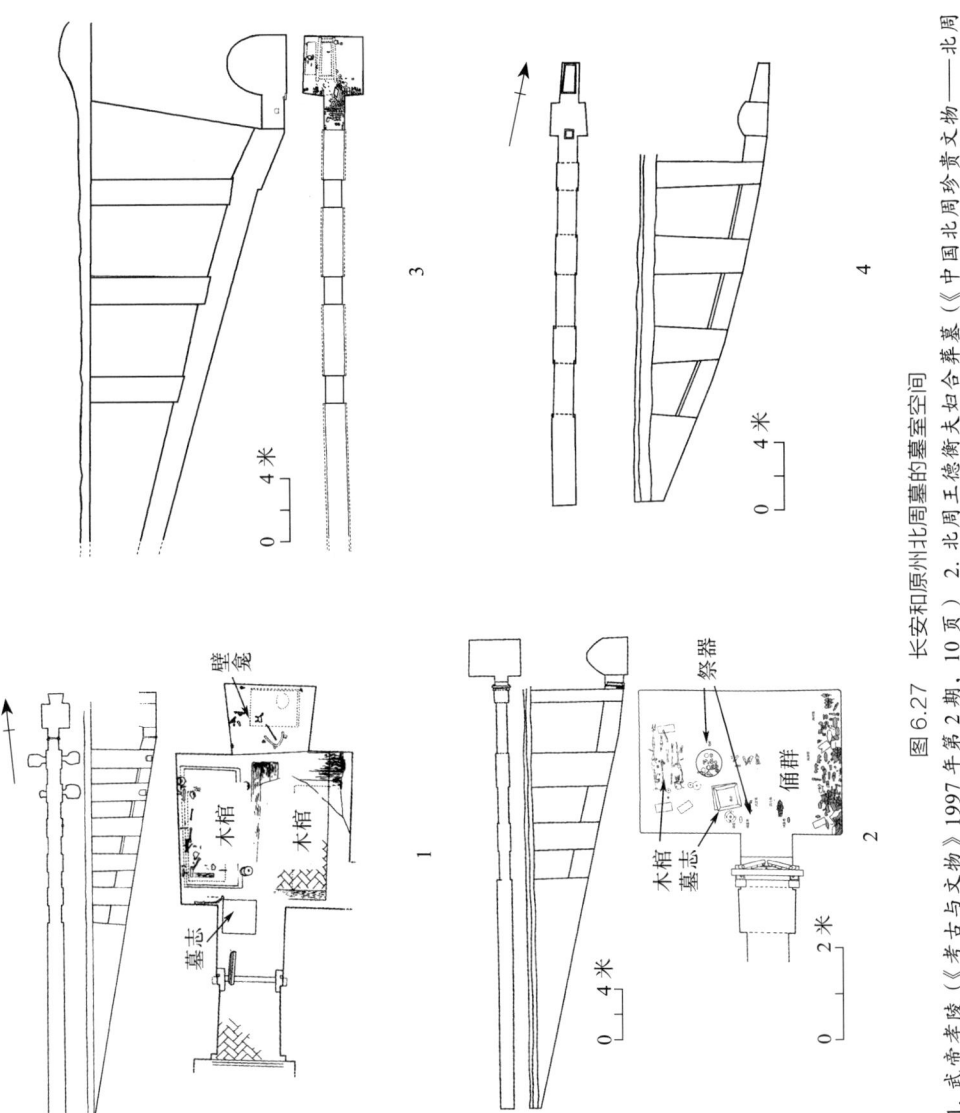

第六章　复古创新：南北朝地域社会中的丧葬模式　337

图 6.27　长安和原州北周墓的墓室空间

1. 武帝孝陵（《考古与文物》1997 年第 2 期，10 页）2. 北周王德衡夫妇合葬墓（《中国北周珍贵文物——北周墓葬发掘报告》，37 页）3. 李贤夫妇合葬墓（《文物》1985 年第 11 期，2 页）4. 若干云墓（《中国北周珍贵文物——北周墓葬发掘报告》，61 页）

高达 4.1 米，四壁土壁上涂有一层白石灰，未见壁画。在前堂正中以五块砖砌出一个凸字形祭台，旁边散落着 2 件陶瓶。后室为竖长方形土洞，呈梯形结构，顺置木棺一具。墓内陈设和物品基本保持原状，可知前堂是祭祀空间，以砖砌祭台为中心，前有 1 对镇墓兽和 1 对镇墓武士俑，最前方靠近墓门处是 1 合墓志。祭台左右两侧是俑群和庭院生活模型明器。后室是棺室，棺内置有 1 条完整的玉蹀躞带及铜镜、首饰等物，在棺前放着 1 件青瓷唾壶和 12 件陶瓶，应也是祭祀用器（图 6.27：4）。

关中地区在北魏分裂后是北方西部的统治中心，在各项政治和礼仪制度上皆带有明显的关中本位主义色彩，在丧葬模式上的表现就是固守本地十六国以来的传统，较少受到关东地区丧葬形式的影响，与邺城、晋阳差异极大。首先是基本革除了墓地的祭祀性和标记性设施，尤其在京畿地区的皇室成员墓葬中体现得最明显；其次是以带天井和过洞的土洞墓为基本结构，这种结构不仅是一种俭省，也体现了一种独特的墓葬营造理念，不再追求天圆地方的空间形态，而以多重天井和过洞、彩绘楼阁的方式模拟重重宅院，可以称为宅院化的空间形态。

关中墓室的宅院化并不是对汉代宅第墓的复古，应是从河西和本地十六国传统中发展起来的。魏晋十六国时期的河西地区流行在墓门上方砖砌高大门楼，以镶嵌的造型砖和彩绘模拟现实生活中的仿木构门楼。关中地区从十六国开始，在一些大墓的过洞和甬道上方土刻仿木构门楼，如西安南郊少陵原上的焦村 M25，是一座长斜坡墓道的土洞墓，墓道内设多组天井和过洞，在过洞和甬道口上方共有 3 座精致的土刻楼阁[1]。关中北魏墓也继承了这种结构，如华阴县熙平二年（517）杨舒墓的墓门上方也有仿木构的砖砌门楼[2]，

---

[1] 资料见于网络新闻，如 2019 年国家文物局公布的《十大考古候选项目——陕西西安南郊焦村发现十六国大墓》。

[2] 崔汉林等：《陕西华阴北魏杨舒墓发掘简报》，《文博》1985 年第 2 期。

彭阳新集北魏墓 M1、M2 在墓门上方土刻楼阁[1]。到北周时期，依然以天井、过洞和楼阁方式构建宅院化的地下空间，不过开始以彩绘楼阁取代土刻的门楼，二层或三层的彩绘楼阁与多重天井和过洞一起，营造了宅院内外的场景，这种彩绘木构建筑即所谓"影作木构"，成为后来关中隋唐墓的重要特征。

5. 建康与襄阳

南朝墓室空间基本是东晋以来的继续发展，而与北朝墓葬空间形态渐行渐远，以凸字形墓为主，保持了长方形、券顶的基本形态，前有短甬道，一般没有墓道。只有建康等地的最高等级墓葬采取了弧壁、椭圆形、穹隆顶的形态。南方墓葬在建造方式上与北方大不相同，北方墓葬在地下深处起建，通过穹隆顶抬高墓室空间，等级越高，墓室越深，墓道首端与地面的落差越大，因此墓道也就越长。南方地区卑湿，一般是丘陵缓坡上挖浅坑，再砖砌墓室，甚至直接平地起建，普遍从墓底建有通往墓外山下的排水沟，墓底与当时的地面基本是持平的，这样的墓葬自然就不需要建造斜坡墓道了。墓前也会有具有礼仪性质的道路，但它不是墓道，而是完全暴露在地面的神道。

建康地区发现的高等级墓分别属于齐、梁、陈的皇帝或宗室，基本是椭圆形平面、穹隆顶，在甬道内设 1—2 道石门，墓外设多道挡土墙，墓室总长在 9 米以上（表 6.7：1—7）。以丹阳胡桥鹤仙坳大墓为例，地表尚存 1 对石刻天禄与辟邪，可能是南齐景帝萧道生夫妇合葬墓（修安陵）。墓葬用砖砌在石圹内，甬道内有两进石门，墓室呈弧边长方形、穹隆顶结构，长 9.4 米，宽 4.9 米，墓室内有 9 层铺地砖。墓室四周砌有 23 道挡土墙，墓底沿墓壁四周及墓室中部砌有排水沟，前后筑有窨井口，排水沟直达墓前的水坑，总长达

---

[1] 宁夏固原博物馆：《彭阳新集北魏墓》，《文物》1988 年第 9 期。

190米。全墓由画像砖和花纹砖拼砌而成，东西两壁用画像砖拼镶成竹林七贤及狮子、武士、羽人戏龙虎等图案，砖侧阴刻文字编号，这种装饰方式与南郊西善桥大墓（推测为陈宣帝显宁陵）一致[1]。与此墓邻近的吴家村大墓和建山金家村大墓的结构相似，也是由画像砖和花纹砖砌筑的长方形砖室墓，主要画像内容是竹林七贤与荣启期，二墓可能都是萧齐帝陵（图6.28）[2]。

弧壁穹隆顶或券顶墓作为南朝墓的高等级形态，在建康以外地区也有发现，只是规模要小，墓主可能是本地豪强，如邗江酒甸墓，常州戚家村墓、褚家塘墓、田舍村墓，余杭闲林埠庙山墓，余杭小横山墓地的大型墓等（表6.7：8—12）。平面多为弧壁凸字形长方形或椭圆形，有的甬道内设石门或木门，总长6米多，这些墓葬也有拼砌画像砖，但不见竹林七贤题材。

远离建康的南朝边缘地区也发现了一些高等级墓，但基本不见弧长方形或椭圆形墓，而是南朝更通行的长方形凸字形墓。襄阳是南朝重要的边陲城市，也集中了一批高等级墓，流行以画像砖装饰墓壁，墓主可能是南朝驻守襄阳的宗室或本地豪族，如邓县学庄南朝墓及襄阳、谷城一带发现的大型画像砖墓（表6.7：13—18），墓室总长在6—10米之间，墓室内沿墓壁设有砖柱，有的还在墓室后壁以造型砖砌出佛塔造型，如邓县学庄墓后壁砖砌双塔，襄阳柿庄M15在后壁砖砌佛塔外围还有背光造型。有的规模非常大，如邓县学庄墓长近10米，襄阳贾家冲M1和清水沟M1都长近9米。这些襄阳高等级墓虽然规模大，但与建康帝陵还是判然有别，墓室平面都是长方形，没有弧壁现象，而以增设砖柱的方式提高承重；画像砖中少见拼砌画像砖，不见竹林七贤题材。襄阳地处南北朝交接地区，墓室建造方式上也有北方做法，将墓室深埋地下，前面往往有较长的斜坡墓道，不见排水沟。

---

1 南京博物院：《江苏丹阳胡桥南朝大墓及砖刻壁画》，《文物》1974年第2期。
2 南京博物院：《江苏丹阳县胡桥、建山两座南朝墓葬》，《文物》1980年第2期。

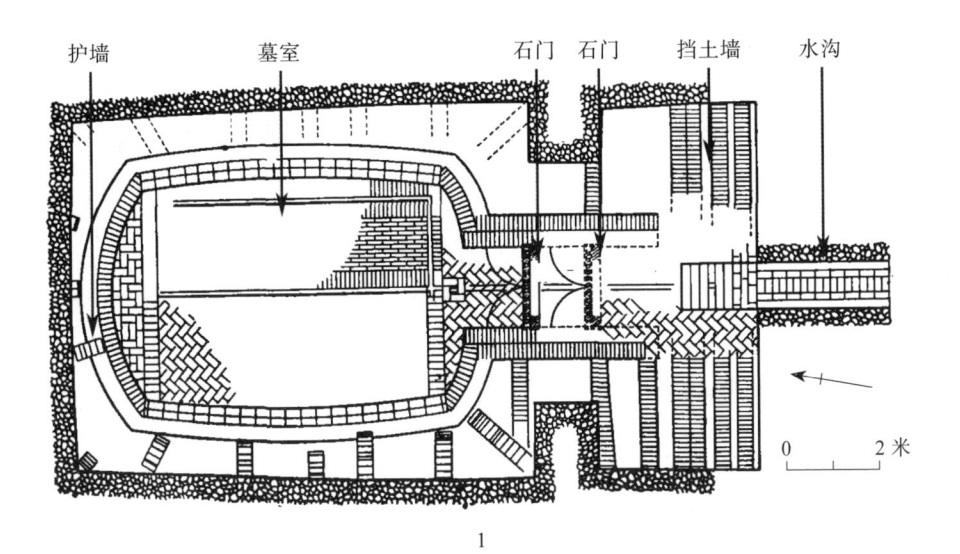

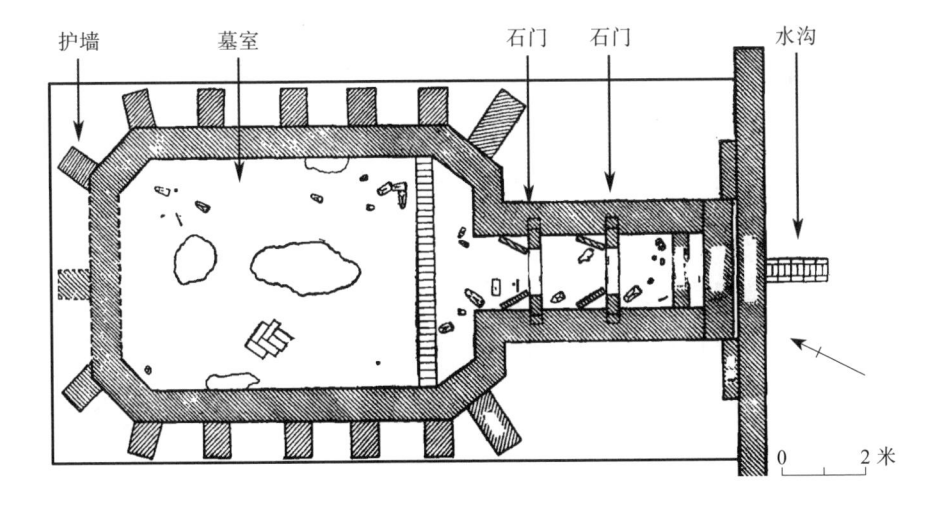

第六章 复古创新：南北朝地域社会中的丧葬模式 341

图 6.28 丹阳南朝大墓的墓室空间
1. 胡桥鹤仙坳大墓（《文物》1974 年第 2 期，45 页） 2. 吴家村大墓（《文物》1980 年第 2 期，2 页）

四、丧葬图像的场景与主题

南北朝的丧葬图像包括石葬具、壁画、画像砖等类别，在图像内容与配置上也存在复古与创新。受墓室空间形态的影响，北朝与南朝的墓室画像在形式上存在巨大差异，以平城、洛阳、邺城、晋阳、长安、原州为中心的北朝墓室流行壁画，以图像营造了微缩宇宙式的墓室空间，东部的东魏北齐与西部的西魏北周壁画存在地域差异；以建康和襄阳为中心的南朝墓流行模印砖画，在画像内容和配置方式上也存在地域差异。

1. 北朝石葬具画像

房形石椁、石棺床、石棺是北朝高等级葬具，经常发现在北朝几个政治中心的墓中。北魏平城多见房形石椁和石棺床，少见石棺；迁洛后多用石棺，有的有浮雕或线刻画像，也还有个别房形石椁；北魏分裂后的北齐、北周多见房形石椁和石棺床，常见于来华粟特后裔墓中。这些石质葬具的使用是对中原传统的复古，但在图像内容上存在着时代、地域和种族的不同，反映了埋葬模式的差异。

石质葬具是预制的高档葬具，其中一部分雕凿精细，有精美的浮雕或线刻画像，甚至贴金和彩绘。这种葬具制作成本较高，使用者一般是较高等级的贵族或官吏。但从考古发现来看，画像石葬具似乎并不是高等级墓葬的必需品，如北朝各代帝王往往不使用石葬具，有的仅使用素面或装饰简单的石棺床，如北魏冯太后永固陵以精美石雕饰墓门，但没有使用石质葬具[1]；宣武帝景陵仅用15块方形石块拼砌棺床，没有任何装饰[2]；北齐高洋武宁陵（湾

---

[1] 大同市博物馆、山西省文物工作委员会：《大同方山北魏永固陵》，《文物》1978年第7期。
[2] 中国社会科学院考古研究所洛阳汉魏城队、洛阳古墓博物馆：《北魏宣武帝景陵发掘报告》，《考古》1994年第9期。

漳大墓）使用须弥座石棺床，在须弥座的立面彩绘忍冬纹，但没有使用造价更高的画像石棺和石椁，而是采用普通的木质棺椁[1]；北周武帝孝陵也没有石葬具[2]。等级稍低的宗室成员如元谧使用了画像石棺，但清河王元怿墓[3]、南平王元暐[4]都只使用了素面石棺。可能北朝时期石质葬具，尤其是奢华的画像石葬具并不具备塑造身份的意义。

虽然北朝石葬具发现了不少，但当时更通用的葬具应该主要还是木质棺椁，这是身份一般、财力普通者的葬具，一般埋葬方式是在土质、砖质或石质棺床上放置木质棺椁。《洛阳伽蓝记》记洛阳大市之北的奉终里专卖丧葬用品，其中有柏木棺、桑木棺，时人以柏木棺为贵[5]。较完整的木葬具在考古中也偶有发现，大同太和元年（477）贾宝墓在墓室中部置一前廊后室式的房形木椁，前廊横梁上有彩绘，椁内北部榻上直接陈尸[6]；大同司马金龙墓的画像石棺床上放置有一具柏木棺[7]；大同二电厂北魏墓发现了较完整的木棺床[8]；北齐库狄迴洛墓也发现了较完整的房形木椁[9]。这些木质葬具易朽而难以留下完整遗物，但根据墓中发现的棺钉、漆皮、石灰或棺木残片，仍可看出木质葬具的普遍使用。

---

1 中国社会科学院考古研究所、河北省文物研究所邺城考古工作队：《河北磁县湾漳北朝墓》,《考古》1990 年第 7 期。

2 陕西省考古研究所、咸阳市考古研究所：《北周武帝孝陵发掘简报》,《考古与文物》1997 年第 2 期。

3 徐婵菲：《洛阳北魏元怿墓壁画》,《文物》2002 年第 2 期；韦娜等：《洛阳古墓博物馆》, 中州古籍出版社, 1995 年。

4 黄明兰：《西晋裴祇和北魏元暐两墓拾零》,《文物》1982 年第 1 期。

5 范祥雍校注：《洛阳伽蓝记》卷 3《城南·菩提寺》："洛阳大市北奉终里, 里内之人, 多卖送死人之具及诸棺椁,（崔）涵谓曰：'作柏木棺, 勿以桑木为欀。'人问其故, 涵曰：'吾在地下, 见人发鬼兵, 有一鬼诉称是柏棺, 应免。主兵吏曰：尔虽柏棺, 桑木为欀。'遂不免。京师闻此, 柏木踊贵。人疑卖棺者货涵发此等之言也。"上海古籍出版社, 1978 年, 175 页。

6 大同市考古研究所：《山西大同北魏贾宝墓发掘简报》,《文物》2021 年第 6 期。

7 山西省大同市博物馆、山西省文物工作委员会：《山西大同石家寨北魏司马金龙墓》,《文物》1972 年第 3 期。

8 大同市考古研究所：《山西大同二电厂北魏墓群发掘简报》,《文物》2019 年第 8 期。

9 王克林：《北齐库狄迴洛墓》,《考古学报》1979 年第 3 期。

画像石葬具上的浮雕、线刻画像内容丰富，是讨论北朝墓葬美术及社会变迁的珍贵资料，广受研究者关注[1]。以往的研究多将注意力集中于画像内容，而将各类葬具混为一谈，忽略了葬具的使用场景与功能，我们有必要分别讨论房形石椁、石棺床、石棺三类葬具画像在墓室空间中的使用情况。

（1）房形石椁的功能与画像配置

房形石椁模拟房屋形制，有的有廊柱、出檐、屋顶、斗拱等结构，有的在石板上彩绘梁柱、斗拱等结构。一般置于墓室正中，占据墓室大部分空间，椁前一般陈设着一套祭祀物品，椁内陈列棺床和棺。这种房形石椁有"石制坟墓""石祠"等称呼，表明它们除了作为墓室，还承担了地面祠堂的功能。北周史君石椁南壁门楣上刻有汉文、粟特文双语铭文，汉文有"为父造石堂一区"等语，粟特文有"此石制坟墓（即神之居所）……"等语[2]。北魏解兴石堂（太安四年，458）也有"造石堂一区之神柩（祠），故祭之"等语[3]。

这类石椁或石堂与东汉地面的石祠形状相似，东汉石祠也有"石庙堂""祠堂""食堂"等称呼，如山东微山县两城镇永和四年（139）小祠堂题记"二弟文山、叔山悲哀治此食堂……慎勿相忘，传后世子孙令知之"[4]；邹城汉安元年文通祠堂也有"作成石庙堂……所以置食堂……起立祠堂，冀

---

1 较全面的北朝葬具画像研究有，贺西林：《北朝画像石葬具的发现与研究》，载巫鸿主编《汉唐之间的视觉文化与物质文化》，文物出版社，2003年，341—376页；林聖智：《北朝時代における葬具の圖像と機能－石棺床圍屏の墓主肖像と孝子傳圖を例として－》，（日本）《美術史》第154册，2003年；林圣智：《图像与装饰——北朝墓葬的生死表象》下编，台大出版中心，2019年，159—308页；郑岩：《北朝葬具孝子图的形式与意义》，《美术学报》2012年第6期；孙武军：《北朝隋唐入华粟特人死亡观研究——以葬具图像的解读为主》，《考古与文物》2012年第2期；邹清泉：《北魏画像石榻考辨》，《考古与文物》2014年第5期；贺西林：《胡风与汉尚——北周入华中亚人画像石葬具的视觉传统与文化记忆》，《美术大观》2020年第11期。

2 西安市文物保护考古研究院：《北周史君墓》，文物出版社，2014年，45—49页。

3 张庆捷：《北魏石堂石棺床与附属壁画文字——以新发现解兴石堂为例探讨葬俗文化的变迁》，北京大学中国考古学研究中心编《两个世界的徘徊——中古时期丧葬观念风俗与礼仪制度学术研讨会论文集》，科学出版社，2016年，234—247页。

4 张从军：《两城小祠堂画像》，《走向世界》2002年第6期。

二亲魂灵，有所依止"等语。所谓"食堂""石庙堂""祠堂"都是孝子为安抚父母亡灵而作的墓地祭祀性设施。从北朝房形石椁的铭文内容看，其祭祀安魂功能也是十分明显的，与东汉石祠堂并无不同，只是由地面转入了地下。

  这类房形石椁从北魏前期开始出现，在北朝隋唐时期一直存在，有学者认为平城时期以石椁为葬具与太平真君四年在嘎仙洞的石室祭祖有关，可能源自鲜卑固有的石室祭祀传统[1]。至于房形石椁的设计渊源，巫鸿认为源自四川流行的汉代房形石棺，也受到西汉崖墓石室、汉代墓地小祠堂、北朝木构"棺亭"的影响[2]。四川发现的个别石棺将棺盖做成模拟房屋屋顶的形状，如1941年在四川芦山县发现的东汉建安年间的王晖石棺[3]，有学者称其为"房形石棺"[4]，但它与北朝房形石椁是有很大不同的，它只是一个狭小的藏尸空间，而房形石椁较为宽敞，不仅可以藏尸，还是祭祀安魂的设施，因此其源头不应是汉代的石棺。郑岩认为北朝还能在地面见到的东汉祠堂——如郦道元《水经注》对一些汉代祠堂的记载，可能会对北朝人设计这种葬具产生影响[5]。这个解释是合理的，从外形看，这些房形石椁与东汉中晚期的墓地祠堂更加接近，从功能看，墓地祠堂是祭祀安魂之所，二者的共性是显然的。经过魏晋丧葬的变革，地面祭祀性设施消失了，有些设施转入地下，地面祠堂可能也因此转入地下而成为祠堂形的房形石椁。

  以汉传统中的祠堂作为葬具，是平城墓葬的复古表现之一，这种做法

---

1 大村西崖：《支那美术史雕塑篇》，佛书刊行会图像部，1917年，183页；石松日奈子著，筱原典生译：《北魏佛教造像史研究》，文物出版社，2012年，6页。

2 前揭《礼仪中的美术——巫鸿中国古代美术史文编》，667—669页。

3 任乃强：《芦山新出土汉石图考》，《康导月刊》第四卷6、7期，1942年；另见罗二虎：《汉代画像石棺》，巴蜀书社，2002年，65—68页。

4 前揭《汉代画像石棺》，224页。

5 郑岩：《青州北齐画像石与入华粟特人美术——虞弘墓等考古新发现的启示》，载巫鸿主编《汉唐之间文化艺术的互动与交融》，文物出版社，2001年，82—83页。

对迁洛后的北魏、北齐、北周乃至隋唐都产生了深远的影响。目前发现的这类房形椁大多是石质的，但很可能房形木椁的使用更普遍，在大同北魏墓中确实也发现了房形木椁的遗存，虽大部分已朽烂，仍可看出整体形状与石椁相似，一般内置木棺或棺床，其作用应与房形石椁是一样的。大同御河东岸太和元年贾宝墓内的房形木椁有梁、廊、柱、瓦垅等结构，房内置一具木榻式棺床，前廊置一组祭祀陈设，包括盛有羊肩胛骨的大漆盘和小漆盘、漆碗、漆耳杯，以及石灯、墓志等物，显然前廊部位是一个墓内设祭空间[1]。山西寿阳发现的北齐河清元年（562）定州刺史顺阳王库狄迴洛墓正中置有一具房形木椁，椁内置一具木棺，内有三具迁葬的人骨[2]。库狄迴洛墓志中有"赗物一千段，祭以太牢"等语[3]，椁内棺前、椁外墓门处应是墓内设祭的场所。

目前发现纪年最早的房形石椁是北魏尉迟定州石椁（太安三年，457），有刻铭但没有画像。石椁置于弧方形、穹隆顶的砖室墓内，由56块素面石板搭建而成，占据墓室大部分空间，椁内有一素面石棺床，墓道内发现排列整齐的动物头骨，是墓内祭祀的遗存[4]。

表6.1中列出了几座主要的北朝房形石椁画像情况，一般采取对称场景式的构图，即以正壁墓主宴饮图为中心，在左右两边或两个侧壁分别配置牛车、鞍马出行以及反映来世生活的场景，在椁门两侧配置守御类的武士或护法神。

以画像保存较完整的解兴石堂为例（图6.4）[5]。

---

1 大同市考古研究所：《山西大同北魏贾宝墓发掘简报》，《文物》2021年第6期。
2 王克林：《北齐库狄迴洛墓》，《考古学报》1979年第3期。
3 王天麻：《北齐库狄回洛夫妇墓志点注》，《文物季刊》1993年第1期。
4 大同市考古研究所：《山西大同阳高北魏尉迟定州墓发掘简报》，《文物》2011年第12期；殷宪、刘俊喜：《北魏尉迟定州墓石椁封门石铭文》，《文物》2011年第12期。
5 大同北朝艺术研究院编著：《北朝艺术研究院藏品图录——青铜器、陶瓷器、墓葬壁画》，文物出版社，2016年，8、14—17页。

第六章 复古创新：南北朝地域社会中的丧葬模式　347

表6.1　北朝房形石椁画像配置与内容

序号	名称	文字题记	画像配置与内容	资料出处
1	解兴石堂（太安四年，458）	墨书：维大（代）太安四年，岁次戊戌，四月甲戌朔六日己卯。解兴，雁门人也。夫妻王（亡），造石堂（室）一区之神柩（祠），故祭之。	在彩绘的木构堂宇内构图，前壁大门两侧绘持兵武士，以飞禽异兽、放牧、庖厨为背景；左、右壁各绘1幅奏乐图，乐者面向后壁；后壁绘夫妇宴饮图，两侧绘牛车、鞍马。	张庆捷（2016）[1]
2	毛祖德妻张智朗石椁（和平元年，460）	刻铭：惟大代和平元年，岁在庚子七月辛酉朔，乙酉日。故使持节、散骑常侍、镇远将军、汝南庄公、荥阳郡阳武县安平乡禅里里毛祖德妻太原郡榆次县张智朗，年六十八，遘疾终没。夫刊石立铭，书记名德，垂之不朽。欲使爵位荣于当年，美声播于来叶。若后高岸为谷，深谷为陵，千载之下，知有姓字焉。	椁门两侧刻莲花铺首，彩绘护法神；椁内壁彩绘宴饮、奏乐、出行、牛车鞍马图等。	持志、刘俊喜（2014）[2]；张庆捷（2017）[3]
3	邢合姜石椁（皇兴三年，469）	石志刻铭：大代皇兴三年岁在己酉丁卯朔，辛酉。幽州燕郡安次县人韩受洛拔妻邢合姜定州涧河郡移到长安冯翊郡万年县人，邢合姜年六十六亡。	正壁绘二佛并坐，和以香炉为中心的供养人行列；左右壁各2尊坐佛，下有供养人行列；前壁绘7尊坐佛；顶部6组飞天像；石门刻莲花纹门簪，门侧绘赤足护法神。	张志忠（2017）[4]

---

1 张庆捷：《北魏石堂棺床与附属壁画文字——以新发现解兴石堂为例探讨葬俗文化的变迁》，北京大学中国考古学研究中心编《两个世界的徘徊——中古时期丧葬观念风俗与礼仪制度学术研讨会论文集》，科学出版社，2016年，234—247页。

2 持志、刘俊喜：《北魏毛德祖妻张智朗石椁铭刻》，《中国书法》2014年第7期。

3 张庆捷：《献给另一个世界的画作——北魏平城墓葬壁画》，载上海博物馆编《壁上观——细读山西古代壁画》，北京大学出版社，2017年，84页。

4 感谢张志忠先生提供该石椁所有高清图片，墓葬情况介绍另参张志忠：《大同北魏墓葬佛教图像浅议》，载 Shing Muller, Thomas O. Hollmann, and Sonja Filip. *Early Medieval North China: Archaeological and Textual Evidence*（《从考古与文献看中古早期的中国北方》），Otto Harrassowitz GmbH & Co. KG, Wiesbaden 2019, pp. 57–80.

续　表

序号	名称	文字题记	画像配置与内容	资料出处
4	宋绍祖墓石椁（太和元年，477）	砖志刻铭：大代太和元年岁次丁巳，幽州刺史敦煌公、敦煌郡宋绍祖之柩。	正壁残存彩绘奏乐图，左右侧壁残存彩绘舞蹈图。门楣刻莲花门簪，铺首上刻护法神、力士。	山西省考古研究所等（2001）[1]
5	智家堡壁画墓石椁（太和年间）		正壁绘夫妇宴饮坐像，左右侧壁绘手持莲蕾侍者、羽人，前壁绘牛车、鞍马，顶部绘忍冬纹。	王银田、刘俊喜（2001）[2]
6	波士顿美术馆藏宁懋石室（孝昌三年，527）	门楣刻铭：孝子宁万寿、孝子弟宁双寿造。画像榜题：丁兰事木母、舜从东家井中出去时、董永看父助时、董晏母供王寄母语时。	门道左右侧外壁刻持剑武士，以山峦树木为衬，并有榜题；山墙外侧分上下二层，分别刻丁兰事木母、帝舜故事、董永故事、董晏故事；后墙外壁分层刻房屋、水井、山峦、圆形幄帐、庖厨；室内左侧山墙刻牛车出行与幄帐、庖厨，右侧山墙刻铠马出行与幄帐、庖厨；室内后墙刻"宁懋夫妇像"。	郭建邦（1980，1987）[3]；黄明兰（1987）[4]
7	国博藏房形石椁		前壁门两侧浮雕守门胡人武士，椁之四角浮雕侍者；椁门两侧刻汉装侍女图及主人观舞图，椁内左壁刻男主人鞍马出行图，右壁刻女主人牛车出行图，后壁背面以男女主人宴饮图为中心，刻乐舞、祆教仪式场景。	吕章申（2014）[5]；葛承雍（2016）[6]；孙博（2017）[7]

---

[1] 山西省考古研究所、大同市考古研究所：《大同市北魏宋绍祖墓发掘简报》，《文物》2001年第7期。

[2] 王银田、刘俊喜：《大同智家堡北魏墓石椁壁画》，《文物》2001年第7期。

[3] 郭建邦：《北魏宁懋石室和墓志》，《中原文物》1980年第2期；郭建邦：《北魏宁懋石室线刻画》，人民美术出版社，1987年。

[4] 黄明兰：《洛阳北魏世俗石刻线刻画》，人民美术出版社，1987年。

[5] 吕章申主编：《中国国家博物馆百年收藏集萃》，安徽美术出版社，2014年。

[6] 葛承雍：《北朝粟特人大会中祆教色彩的新图像——中国国家博物馆藏北朝石堂解析》，《文物》2016年第1期。

[7] 孙博：《国博石堂的年代、匠作传统和归属》，载巫鸿、朱青生、郑岩主编《古代墓葬美术研究》第四辑，湖南美术出版社，2017年，135—152页。

第六章　复古创新：南北朝地域社会中的丧葬模式　　349

续　表

序号	名称	文字题记	画像配置与内容	资料出处
8	史君墓石椁（大象二年，580）	椁门刻铭：（汉文）君……史国人也。本居西域……迁居长安……祖阿史盘陀，为本国萨宝……父阿奴伽……五年，诏授凉州萨保……大象元年……薨于家，年八十六。妻康氏……合葬永年县界……长子毗沙，次维摩，次富卤多，并有孝行，乃为父造石堂一区，刊碑墓道，永播……	外壁门口浮雕守护神及狮子、童子，门侧刻祆教穆护及火坛；北壁刻商队、家居宴饮、骑马出行、葡萄园宴饮等；西壁以男女主人家居场景为中心，左右两侧是神祇说法、商队出行与狩猎；东壁刻墓主夫妇升天、神像、穆护祭祀、桥上人物等。内壁彩绘屏风式壁画，残存葡萄、枝叶纹。	西安市文物保护考古所（2005）[1]、（2014）[2]
9	虞弘墓石椁（开皇十二—十八年，592—598）	墓志：公讳弘，字莫潘，鱼国尉纥驎城人也。……父君陀，茹茹国莫贺去汾，达官，使魏□□□朔州刺史……年十三，任莫贺弗，衔命波斯、吐谷浑。转莫缘，仍使齐国……[3]	内壁皆浮雕加彩绘，以后壁正中的夫妇宴饮及乐舞图为中心，两侧壁刻猎狮、舞蹈、骑马驻足饮食、树下歇息饮食图等，主要人物皆有头光；椁座外部雕绘祆教祭祀、乐舞场景；外壁绘侍者，皆无头光。	山西省考古研究所等（2005）[4]

①门口：在前壁外侧以朱色绘有一座仿木构的屋宇，有角柱、斗拱、横梁结构。朱色椁门上绘有兽面衔环铺首，门楣上墨书题记："维大（代）太安四年，岁次，戊戌四月甲戌朔六日己卯。解兴，雁门人也。夫妻王（亡），造石堂一区之神祠，故祭之。"椁门两侧绘披甲持兵的武士，左侧的武士手持钩镰枪刺向龙形怪兽，以庭院生活场景为背景，武士前上方绘有一个人面兽身像、飞鸟，下部绘庖厨劳作，后部绘屋宇及牧归。椁门右侧的武士一手

1　西安市文物保护考古所：《西安北周凉州萨保史君墓发掘简报》，《文物》2005 年第 3 期。
2　西安市文物保护考古研究院：《北周史君墓》，文物出版社，2014 年。
3　录文参张庆捷：《〈虞弘墓志〉中的几个问题》，《文物》2001 年第 1 期。
4　山西省考古研究所等：《太原隋代虞弘墓清理简报》，《文物》2001 年第 1 期；山西省考古研究所等：《太原隋虞弘墓》，文物出版社，2005 年。

持剑，一手执盾，面向前下方的人面兽身怪物，以山林放牧为背景，武士前上方绘有一个人面鸟身像，前部绘女子在山林中饮食，后部绘野外放牧图。

② 室内：椁室内的三壁同样以朱色绘出仿木构的屋宇。正壁画面中心是帷帐之下的墓主夫妇像，二人正面端坐于矮榻上，各执酒杯与羽扇，脱下的靴子分别置于帷帐旁边。左右各有一位跽坐者，右侧坐者怀抱乐器，左侧坐者作拍手状，可能表现的是伎乐。墓主像后置6扇屏风，屏风后有6位侍者。前铺1组饮食供奉的食具：在长毡上摆放着1组漆木耳杯、盘食具，毡前地上置1件长颈黑陶壶，毡的两侧各置1个曲足圆案，上置1件圆樽，旁边各有一位侍者从中取食。帷帐左右两侧分别是为男女墓主准备的鞍马和牛车，无骑者和乘者，以山林为背景。两个侧壁对称绘制2组伎乐，皆面向正壁的墓主演奏。左壁一男一女乐者坐于矮榻上演奏箜篌和横琴，旁立一位侍者，榻前长毡上置圆形漆榻和耳杯；右壁两位男乐者在弹琵琶和吹箫，前面也摆放着圆形漆榻和耳杯等食具。

与解兴石堂壁画配置方式类似的还有智家堡石椁，只是椁门画像绘在内壁，也是以墓主正面端坐宴饮像为中心，侧壁各配置四位男子和四位女子，各手持莲蕾，面向墓主人方向，头上绘有飞行的羽人，有较浓厚的佛教意味。在前壁椁门两侧分别绘牛车、鞍马。张智朗石椁画像残损严重，配置方式可能大致相似，正壁也是以墓主端坐像为中心，在侧壁配置伎乐、牛车、鞍马。这几座墓虽然仍是以传统的墓主端坐形象为视觉中心，但石椁的佛教意味十分浓厚，在椁门处绘有莲花、忍冬、赤足护法神像。宋绍祖石椁是个例外，正壁不见墓主人端坐像，残存二男子奏乐形象（图6.5），侧壁绘有舞蹈形象。郑岩认为二位奏乐者所持乐器为琴和阮咸，这种画法可能受到南朝高士画像的影响[1]。

---

[1] 前揭《逝者的面具——汉唐墓葬艺术研究》，341页。

第六章　复古创新：南北朝地域社会中的丧葬模式

从表6.1所列北朝房形石椁，可知画像的配置方式和内容有明显的阶段性变化。

其一，北魏平城时期画像中佛教元素较多。

年代最早的解兴石堂（太安四年，458）建造于文成帝颁布复佛诏（兴安元年，452）之后，但当时云冈石窟尚未开凿，佛教对丧葬的渗透还有限，因此画像中不见佛教元素，画像采用了中原传统构图，以墓主宴饮图为中心构建祭祀和来世场景。和平元年（460）张智朗石椁画像的主题仍是宴饮、牛车鞍马，但在次要部位的椁门出现了佛教元素，刻有莲花铺首，并以彩绘的护法神代替了传统的守门武士。邢合姜葬于皇兴三年（469），复佛已有10余年，正当云冈石窟第一期工程——昙曜五窟竣工不久，其石椁壁画完全模仿了佛殿，以正壁的二佛并坐像代替了墓主夫妇像，以佛教供养人代替了男女侍者，以左右两壁的坐佛和供养人行列代替了车马出行等内容，以佛教护法神代替了守门武士。这种画像是以礼佛的方式祭祀亡灵，寄托了往生净土的愿望。晚于邢合姜石椁的宋绍祖石椁、智家堡石椁建造于太和年间的云冈造像鼎盛时期，虽然没有出现佛教尊像，但在次要部位配置了大量佛教元素，如护法神、力士、忍冬、莲花等。这些平城时期石椁中的佛教元素与平城的佛教信仰、开窟造像之风有关，尤其是云冈石窟的开凿可能加剧了佛教对传统丧葬的渗透，佛教仪式可能参与到丧葬活动中，某些石工也可能同时兼作佛教造像与葬具。

其二，北魏迁洛后石椁画像进一步向汉传统回归，佛教元素减少。

北魏洛阳时期的房形石椁实物目前仅见藏于美国波士顿美术馆的宁懋石室。1931年初石室出自洛阳旧城外翟泉镇的一座被盗墓葬，出土不久就落入不法商人之手，在石室被运出洛阳之前的短暂间隙，当地文化人士郭玉堂先生遽奔火车站，对石刻画像作了拓片，幸得全套拓本一份。事后郭玉堂先生对出土石室的墓葬进行了访查，对石室进行了著录，在其1941年印行的

《洛阳出土石刻时地记》详记了出土和流失始末，将石室称作"石制阴宅"，指出石室与北魏孝昌三年（527）的"魏故横野将军甄官主簿宁君（懋）及妻郑氏墓志"同出[1]。石室于1937年被美国安娜·米歇尔·理查德基金会和玛莎·锡尔比基金会购得（Anna Mitchell Richards Fund and the Martha Silsbee Fund）。富田幸次郎（Kojiro Tomita）于1942年最早撰文介绍了石室的结构和画像内容，认为石室是宁想（由于字迹残损不清，他释"宁懋"为"宁想"）墓地的祭祀性建筑，与汉代被称作"祠堂""享堂""食堂"等的墓地祠堂性质一样[2]。1956年，赵万里编撰《汉魏南北朝墓志集释》，收入墓志和石室画像，称石室为"宁想墓窟""石椁"，发表了全部画像拓片[3]。1960年，中国社会科学院考古研究所资料室将石室全貌照片刊登在《文物》《考古》上，始称"宁懋石室"[4]。此后研究者大多沿用了"宁懋石室"的称呼。1980年，郭建邦详细介绍了石室的形制和画像内容，根据郭玉堂的拓本和石室照片进行比对，将石室内外壁的画像分9幅进行了介绍，还对宁懋墓志作了录文和考释[5]。1987年，他又出版单行本介绍了石室和墓

---

1 郭玉堂访记、王广庆校录：《洛阳出土石刻时地记》，洛阳商务印书馆，1941年。此书是我在宿白先生书房所见油印品，署"洛阳商务印书馆"。据查，抗战时期商务印书馆在开封设有分馆，但无洛阳分馆，此"洛阳商务印书馆"或是当时混乱情况下的署名错讹，也未可知。此书后来由郭氏后人重印，参郭培育、郭培智主编：《洛阳出土石刻时地记》，大象出版社，2004年。是书记载："（1931年阴历二月二十日）洛阳故城北半坡出土，无冢。同时出土石制阴宅，宅门上刻二武士，边刻'孝子弟万寿，孝子弟宁双寿造'。壁上刻有'丁兰事木母、舜从东家井中出去时，董永看父助时，董晏母供王寄母语何图'等孝子故事图像。门口刻有'铠马和包（庖）厨图'。全系线刻，实属北魏佳作。室顶似今人房式，屋脊、瓦垄、瓦当具在。初出价六百元。某客人又以七千元市得，售之国外得二万元。"33—34页。

2 Kojiro Tomita. "A Chinese Sacrificial Stone House of the Sixth Century A.D.". *Bulletin of the Museum of Fine Arts*, Vol. 40, No. 242 (Dec., 1942), pp. 98–110.

3 赵万里：《汉魏晋南北朝墓志集释》卷6，科学出版社，1956年。后收入台湾出版的《石刻史料新编》第三辑，"宁想暨妻郑氏墓志并墓窟画像"，新文丰出版公司，1982年，146、592—603页，图版二六二。

4 考古研究所资料室：《揭露美帝国主义一贯掠夺我国文物的无耻罪行》，同时发表于《文物》1960年第4期、《考古》1960年第4期。

5 郭建邦：《北魏宁懋石室和墓志》，《中原文物》1980年第2期。

第六章 复古创新：南北朝地域社会中的丧葬模式 353

志情况，在墓志释读上有所修正[1]。

值得注意的是，郭建邦对石室后壁画像的介绍与富田幸次郎正好相反，他将刻有"宁懋夫妇画像"的一面作为室内画像，另一面刻有两幅庖厨图而中间空白的画像作为后壁的外面，而富田将"宁懋夫妇画像"作为后壁的外壁画像。这块后壁的正反面非常关键，事关图像程序的解读，实际上以后的很多研究分歧都与此有关。郭建邦是根据拓片和照片作的复原，当时可能并未看到石室原物，而富田幸次郎是根据藏在美国的石室原物作的介绍。从原物来看，后壁刻有"宁懋夫妇像"的一面下部是没有图像的，与左右山墙的内壁下部一样（巫鸿推测是石室内放置棺床的原因[2]），而另一面从上到下都有画像，因此，刻有"宁懋夫妇像"的一面应是外壁，富田幸次郎的介绍是可信的。据此，可将宁懋石室的画像配置展开示意如下（图6.29）。

	左山墙	左门侧		右门侧	右山墙	后壁
石室外壁	丁兰事木母 舜从东家井中出去时	武士像	孝子弟宁双寿造	孝子弟宁万寿	武士像	董永看父助时 董晏母 供王寄母语时	"宁懋夫妇像"

	左山墙		后壁		右山墙	
石室内壁	幄帐奉食	牛车	庖厨图	庖厨图	铠马	幄帐奉食

图6.29 宁懋石室画像配置示意图
（据《中原文物》1980年第2期34—48页制）

---

[1] 郭建邦：《北魏宁懋石室线刻画》，人民美术出版社，1987年。
[2] 巫鸿：《"华化"与"复古"——房形椁的启示》，载（美）巫鸿著，郑岩、王睿编：《礼仪中的美术——巫鸿中国古代美术史文编》，生活·读书·新知三联书店，2005年，663—665页。

宁懋石室是洛阳石葬具中的特殊现象，继承了平城房形石椁的传统，又有新的创造。宁懋石室的内、外两壁都刻有画像，但图式有明显不同。

内壁画像图式与平城有着千丝万缕的联系，基本延续了平城房形石椁图式，同样是以正壁和椁门为中轴线，对称配置图像。在椁门两侧刻铠甲武士像。在椁室正壁的两侧各有一幅庖厨图，而中央是空白的，按巫鸿的解释，空白处原本应是一幅宁懋夫妇画像或是作为宁懋夫妇魂神的"位"（图6.18）。

图 6.30　宁懋石室后壁内面画像
(*Bulletin of the Museum of Fine Arts*, Vol. 40, No. 242, 1942, p. 107)

左右侧壁分别是牛车、鞍马出行场景，配以幄帐奉食图。这种图式的相似性表明其叙事逻辑和主题是一致的，象征着墓主的灵魂在接受祭祀后去往来世生活的场景。内壁图像中的房屋、水井、山峦、圆形幄帐、庖厨、出行等也能在平城画像中见到，尤其是门道两侧的执剑、持盾武士像，身着铠甲、神态威猛、面目可怖，表现手法与平城画像中的所谓"护法神"像相似，而与洛阳壁画和石棺画像中头戴小冠、身着长袍和裲裆、手拄长剑、面目慈善、颇为人格化的门吏像大不相同。此外，武士像旁刻有"孝子弟宁万

第六章　复古创新：南北朝地域社会中的丧葬模式　355

寿""孝子弟宁双寿造"的题记，这种注明"赞助人"的做法也是平城常见的现象，常见于佛教造像碑的发愿文题记。

外壁画像完全是另一番景象，后壁是3组所谓"宁懋夫妇像"，左、右侧山墙上刻丁兰、舜、董永、董晏等孝子故事（图6.31）。孝子故事是不见于平城墓室画像的，是洛阳的新兴题材，常见于石棺的左右两帮，是附属于墓主夫妇升仙图而存在的，一般位于左右两帮的升仙图两侧或下部，所占画幅要小于升仙图，如美国明尼阿波利斯美术馆藏正光五年（524）元谧石棺[1]、洛阳永安元年（528）曹连石棺[2]等所见。

图6.31　宁懋石室外壁左右山墙孝子故事图
（*Bulletin of the Museum of Fine Arts*, Vol. 40, No. 242, 1942, pp. 100-101）

---

1 黄明兰：《洛阳北魏世俗石刻线刻画》，人民美术出版社，1987年；郑岩：《魏晋南北朝壁画墓研究》，文物出版社，2001年，139页。
2 洛阳市文物考古研究院：《洛阳北魏曹连石棺墓》，科学出版社，2019年，图24。

宁懋石室最引人注目的是后壁外面所谓"宁懋夫妇图"，一般认为这三组人物表现了宁懋夫妇一生的不同阶段，如郭建邦解读为宁懋青年、中年、老年时的形象，旁侧的女子是宁懋之妻[1]，巫鸿也认同这三组画像展现了宁懋生平的大致轮廓，认为画像体现了南北朝士人从入世转向出世的心态[2]。不过，林圣智从画像所处位置和表现方式，认为表现的并非墓主，而是奉养宁懋夫妇的人物，采用的是北魏时期表现奉养人物的模式[3]。邹清泉也否认这三组人物是宁懋或宁懋夫妇，并认为后壁石板并非石室原物[4]。我同意林圣智和邹清泉对宁懋夫妇像的否认，从未有过以多幅画像来表现人物生平的先例，以后似乎也没有。画像由线刻的梁柱分为3组，左右两组是各由一位雍容华贵的男子和一位侍女组成的"主仆图"，中间的一组由于人物有重叠，很容易看成是主仆二人，但实际上是由一主二仆组成的，手持莲花向右行进的侧面像是主人，旁边是一位回首张望的侍女和一位面向主人、背对观者的侍女。研究者大多忽略了这个细节，将背对观者的侍女与手持莲花的主人看成了一人，实际上从衣着和身材来看，背对观者的显然是一位女子，遮挡了大腹便便的主人的大部分身躯。这幅画像实际上由2组一主一仆、1组一主二仆共7人组成（图6.32）。

类似的主仆二人像或主仆三人像在唐代殿堂式石椁、墓室壁画中很常见，都是缓步行进中的状态，反映了上层贵族悠闲自在的内宅生活。这三组画像之间并没有叙事的逻辑，仅是再现了内宅生活场景的片段，与常见的墓主受祭图是不同的，不是作为祭祀的对象来表现的，故不采取具有"交互"功能的正面端坐形象。人物皆褒衣博带、雍容华贵，俨然当时洛阳上层社会

---

1 前揭《北魏宁懋石室和墓志》，38—39页。
2（美）巫鸿著，李清泉、郑岩等译：《中国古代艺术与建筑中的"纪念碑性"》，上海人民出版社，2009年，265页。
3 前揭《北魏宁懋石室的图像与功能》，43页。
4 前揭《图像重组与主题再造——"宁懋"石室再研究》，97—113页。

图 6.32　宁懋石室后壁外面"宁懋夫妇图"
(*Bulletin of the Museum of Fine Arts*, Vol. 40, No. 242, 1942, pp. 103)

人士生活状态的写照。但以宁懋去世时的甄官主簿身份，应是与这幅画像反映的社会阶层相去甚远的，这幅画像很可能只是对当时流行题材的一种借用，但"主仆图"开创了一种先例，此后经过北齐、北周的传递，到隋唐时期成为丧葬艺术的流行表现方式。

为什么在不再流行房形石椁的洛阳会出现这样一具继承平城传统又颇多创新的房形石椁呢？这与宁懋本人的匠作经历有密切关系。

根据宁懋墓志，其祖上曾居于恒代，任部曹参事郎，"太和十三年，转补山陵军将……高祖孝文迁都中京，定鼎伊洛，营构台殿，以康永杞。复简使右，营成将军，主宫房。既就，除横野将军甄官主簿……"宁懋是一位迁洛前就从事工程营造的官员，参加过帝陵的建设，迁洛后继续从事宫殿建设，入职于专司砖瓦造作的甄官署。从他的任职经历看，可能曾是当时著名将作大匠王遇、蒋少游、李冲等的下属，他们在迁洛前后承担了皇室宫殿、造像、寺庙、陵园的大部分建设任务。这样的任职经历使得宁懋必定对平城、洛阳的匠作范式十分熟悉，也有优先得到新式粉本的便利。宁懋去世的景明二年（501）距迁洛仅有六七年，他或他的子嗣对平城房形石椁的做法应该记忆犹新，同时又因参与了洛阳皇室的建造活动，尤其是晚年作为皇室少府下属的甄官署官员，直接执掌皇室陵墓工程，是有机会获得洛阳元氏贵族的石棺、墓志、石窟等的画像粉本的。种种条件使得宁懋石室出现了洛阳的最新丧葬艺术表现。宿白先生认为宁懋石室的线刻人物形象表现了来自南朝的"张得其肉"新式画风，与宁懋本人拥有获得新式粉本的便利有关[1]。正因如此，宁懋石室在继承平城房形石椁传统的基础上，融入了大量尚属新事物的一些元素。

综上所述，宁懋石室可以说是北魏迁洛前后丧葬艺术变迁、文化转型、匠作体制综合影响下的产物，沿用了平城时期的房形石椁传统，并注入了更多中原化的艺术元素，尤其重要的是，开创了一个丧葬艺术的先例——以"主仆图"来表现内宅生活。宁懋石室虽然是目前所知北魏后期唯一一具房形石椁，但在北朝隋唐时期的丧葬礼俗和艺术中起到了承前启后的作用。

其三，北朝后期石椁画像胡风盛行。

史君、虞弘墓采取了中国式的埋葬方式，但石椁画像则采取了西方式（粟特或波斯）的内容与风格，尤其是画像中的祆教祭祀场景反映了这些外来移民后裔根深蒂固的宗教信仰（图6.6）。中国国家博物馆所藏石椁呈现出一种文化杂糅的现象，采用了中原传统的墓主夫妇宴饮、鞍马牛车出行基本图式，也有祆教仪式的场景。

（2）石棺床的使用场景与画像

棺床是墓中放置棺木的平台，来源于生前世界的床榻和丧礼中的灵床。东汉至北朝墓室画像中常见的"墓主夫妇宴饮图"中，墓主夫妇一般坐于长

---

[1] 宿白：《张彦远和〈历代名画记〉》，文物出版社，2008年，48—49页。

方形床榻上。床榻的形制从东汉到北朝有所变化,东汉多是没有围挡的平台,北朝则在床榻左右及背后出现了围挡,构成类似于沙发的坐具。这类床榻式墓室中,墓主坐像一般画在墓室的正壁,上面还罩着一顶装饰华丽的帷帐,帷帐内外是供奉饮食、乐舞的侍者,构成一幅生动的家居生活场景。在丧礼中,先要陈尸于床,进行沐浴、饭唅、小敛等一系列复杂仪节,遗体盛装入棺即大敛后,再陈棺柩于床,接受后续的悼念与祭奠。其中陈尸和棺柩的床即"灵床",一些薄葬提倡者常有省略棺柩而直接置尸于床的做法,以示节俭,如东汉凉州学者张奂遗令素服薄葬,"措尸灵床,幅巾而已"[1],西晋名士皇甫谧以"幅巾故衣,以蘧蒢裹尸,麻约二头,置尸灵床上……举床就坑,去床下尸"[2],杨王孙、石苞也有不设床帐、明器的遗嘱[3]。

无论生前世界的床榻,还是丧礼中的灵床,外形上并没有什么不同,它们可能也是可以移植到墓室中成为棺床的,与帷帐一起构成死者的来世用具。虽然许多薄葬提倡者遗令不设棺椁、床帐,但正常埋葬应是有这些设施的,只不过有的简略,有的奢华而已。

考古发现的大多数棺床只是简单的砖台或土台,有的仅以几块稍高出地面的砖承托棺木,较讲究的棺床用雕凿整齐的石板搭建而成。棺床一般设在多室墓的后室或单室墓的一侧(一般是西侧),棺床上悬挂帷帐,前面是一个宽敞的祭祀活动区。《西京杂记》载广川王刘去疾盗掘的古墓中,就有奢华的床、帐设施:

(哀王冢)石床方四尺,床上有石几,左右各三石人立侍,皆武冠带剑……复入一户,亦石扉钥得石床,方七尺。石屏风、铜帐构一具,

---

[1] 《后汉书》卷65《张奂传》,195页。
[2] 《晋书》卷51《皇甫谧传》,1418页。
[3] 《汉书》卷67《杨王孙传》,2907页;《晋书》卷33《石苞传》,1003页。

或在床上，或在地下，似是帐糜朽，而铜构堕落。床上石枕一枚，尘埃胐胐，甚高，似是衣服。床左右石妇人各二十，悉皆立侍。或有执巾栉镜镊之象，或有执盘奉食之形。[1]

从描述来看，广川王发掘的古冢应该不是战国墓，倒是与西汉宅第墓的设施接近，床、帐的布置方式与画像所见、考古实物相似。考古遗存中，散落于棺床前的帐座、帐构等就是这类床帐，和几案、盛放饮食的器物一起构成了墓内的祭祀空间。安阳固岸村东魏 M57（墓志砖铭"武定六年二月廿五日谢氏冯僧晖铭记"）较好地保存了石棺床的使用场景，在石棺床前的地面上摆放着 1 组 7 件陶瓷器，完整地呈现了面向棺床的祭祀场景（图6.7）[2]。

棺床中最奢华的是画像石棺床，以浮雕、线刻、贴金、彩绘为饰，与画像的房形石椁和石棺一样是最高档的葬具。目前所见北朝画像石棺床大多失去了考古的原境，但仅有的几座考古出土的画像石棺床还是为我们提供了一些石棺床的使用信息。

表 6.2 所列 26 件石棺床中，凡经过考古发掘、出土原境清楚的，都是直接将遗体安放在棺床上的，并不使用棺木，如北魏尉迟定州墓、大同南郊 M112、安阳固岸村东魏 M57、北周安伽墓、史君墓、康业墓等，发掘报告均明确表示未见棺木痕迹。宋绍祖墓的两具人骨架位于椁顶板上，也未见棺木痕迹[3]。太原虞弘墓也未见木质棺痕，墓主夫妇遗体有可能是直接放置在椁座盖板上的，椁座的盖板可能充当了石棺床的作用[4]。类似不用棺木的"裸

---

1 [晋]葛洪撰，周天游校注：《西京杂记》卷6，三秦出版社，2006年，259—260页。
2 河南省文物局编著：《安阳北朝墓葬》，科学出版社，2015年，8—9页；前揭《图像与装饰——北朝墓葬的生死表象》，212页，图4-62。
3 大同市考古研究所　刘俊喜主编：《大同雁北师院北魏墓群》，文物出版社，2008年，176页。
4 山西省考古研究所等：《太原隋代虞弘墓清理简报》，《文物》2001年第1期；山西省考古研究所等：《太原隋虞弘墓》，文物出版社，2005年。

葬"现象也见于一些使用普通砖、土棺床的墓葬中，尤其在大同北魏墓中常见，如大同迎宾大道北魏墓群的 M2、M3、M26、M78 等，都是尸体直接放在砖棺床上，大同南郊墓群"但凡遗迹现象清楚的，大多使用的是尸体直接陈放在棺床上，而不用木棺的葬俗"[1]。2002 年在大同南郊二电厂发现的 21 座砖室墓中，8 座有砖砌砖床，人骨均直接置于砖床之上，不见棺具[2]。2017 年在大同御河东岸发现的太和元年（477）贾宝墓，在方形木椁内置的凹形木榻上直接陈尸，未见棺木痕迹[3]。太原隋代高车裔斛律彻的墓使用了砖棺床，上残存凌乱的人骨架，也未见棺木痕迹[4]。固原发现的粟特后裔史氏家族墓地中，使用石棺床的史诃耽墓也未见棺木，而其他家族成员使用砖、土棺床，床上都发现了棺木痕迹[5]。以上种种现象十分不寻常，如果曾使用棺木，即使棺木已朽，一般在考古发掘中也会发现棺钉、漆皮、木痕等遗存，完全不见棺木痕迹的现象，表明原本就没有使用木棺，是一种直接陈尸于棺床的葬法。

历史文献中也有不用棺柩而置尸于石床的例子，《西京杂记》载广川王所掘魏襄王冢"有石床、石屏风，宛然周正。不见棺柩明器踪迹"[6]，魏王子且渠冢中，"无棺柩，但有石床，广六尺，长一丈，石屏风……床上两尸，一男一女，皆年三十许，俱东首，裸卧无衣衾"[7]。如前所述，广川王所掘的古冢非战国墓，而似为西汉宅第式崖墓，不过目前考古发现的西汉墓葬中并没有发现直接置尸于床的实例。虽然中国一直有使用石质葬具的传统，但

---

1 前揭《大同雁北师院北魏墓群》，176—177 页。
2 大同市考古研究所：《山西大同二电厂北魏墓群发掘简报》，《文物》2019 年第 8 期。
3 大同市考古研究所：《山西大同北魏贾宝墓发掘简报》，《文物》2021 年第 6 期。
4 山西省考古研究所编著：《太原沙沟隋代斛律彻墓》，科学出版社，2017 年，10、100 页。
5 宁夏回族自治区固原博物馆 罗丰编著：《固原南郊隋唐墓》，文物出版社，1996 年，58 页。
6 前揭《西京杂记》卷 6："魏襄王冢，皆以文石为椁，高八尺许，广狭容四十人。以手扪椁，滑液如新。中有石床、石屏风，宛然周正。不见棺柩明器踪迹，但床上有玉唾壶一枚，铜剑二枚。金玉杂具，皆如新物，王取服之。" 258 页。
7 前揭《西京杂记》卷 6："魏王子且渠冢，甚浅狭，无棺柩，但有石床，广六尺，长一丈，石屏风，床下悉是云母。床上两尸，一男一女，皆年三十许，俱东首，裸卧无衣衾，肌肤颜色如生人。" 260—261 页。

不用棺木的情况实属罕见。西汉杨王孙裸葬、西晋皇甫谧不用棺柩，都是出于薄葬的考虑，属于埋葬中的特例。值得注意的是上述各例直接置尸于棺床的墓主的身份。安伽、史君、康业都是身份明确的粟特人后裔，曾任粟特人首领——萨保；尉迟定州可能是鲜卑人，墓志中有鲜卑语人名、地名和官职，墓主的里籍是步胡豆和，官职是莫堤，复姓尉迟，名定州[1]，此墓葬法中的胡族特征也是很明显的，"石棺床上放置人骨一具，未发现棺木痕迹。人骨为成年女性……头骨上佩戴铜下颚托"[2]。下颚托（下颌托）是为了防止下颌脱落的特殊遗体处理方式，最早出现在北魏平城地区，在大同南郊北魏墓群就发现了10余例，一般认为它是一种外来葬俗，很可能与粟特人或祆教信仰有关[3]。大同M112属大同南郊北魏墓群，据对墓群人骨稳定同位素的分析，这群人曾大量摄取肉食，似乎仍以畜牧业为主，受中原农耕文明的影响甚小[4]，此墓墓主有可能是鲜卑人。虞弘是柔然裔胡族，曾任"莫贺弗"，可能与尉迟定州的官职"莫堤"一样是鲜卑语，曾出使波斯、吐谷浑等国。安阳固岸村M57墓主名叫"谢氏冯僧晖"，也不像汉人名字。而宋绍祖虽是汉人，但籍贯敦煌，有可能是北魏太武帝拓跋焘平定凉州后迁至平城的敦煌大族宋繇之后[5]。贾宝的墓志也显示墓主是"姑臧县民"，很可能也是拓跋焘平定凉州后迁至平城的河西移民[6]。鉴于这些使用石棺床而不用棺木的墓主身份的特殊性，我们不妨推测置尸于石床的做法是非汉传统的葬俗，很可能

---

1 殷宪、刘俊喜：《北魏尉迟定州墓石椁封门石铭文》，《文物》2011年第12期。
2 大同市考古研究所：《山西大同阳高北魏尉迟定州墓发掘简报》，《文物》2011年第12期。
3 关于下颌托的讨论参冯恩学：《下颌托——一个被忽视的祆教文化遗物》，《考古》2011年第2期；吴小平：《论我国境内出土的下颌托》，《考古》2013年第8期；付承章：《对下颌托源头及相关问题的探讨》，《内蒙古民族大学学报（社会科学版）》2016年第6期。
4 张国文、胡耀武、裴德明、宋国定、王昌燧：《大同南郊北魏墓群人骨的稳定同位素分析》，《南方文物》2010年第1期。
5 张庆捷、刘俊喜：《北魏宋绍祖墓两处铭记析》，《文物》2001年第7期。
6 大同市考古研究所：《山西大同北魏贾宝墓发掘简报》，《文物》2021年第6期。

与入华粟特人及祆教不让尸体污染土地的信仰有关[1]。虽然石棺床是中原的传统，但棺床上有无棺柩，反映了不同的遗体处理方式和对待死亡的态度，这是有关生死观的本质差异，直接置尸于床的习俗应反映了外来生死观的影响。

石棺床的使用持续于整个北朝时期，但从北魏到北朝后期有着形制的变化。王雁卿将北魏平城时期的石棺床分为凹字形和长方形两种形制，前者以宋绍祖墓的石棺床为代表，后者的形制是床前部立板呈倒山字形或四足状，这种形制的石棺床数量居多[2]。迁都洛阳后，石棺床上出现了围屏，有的还在正面立有双阙。目前所知的北朝画像石棺床以国内外博物馆的藏品为主，年代并不明确，只有少数是经正式考古发掘出土的。根据考古出土品提供的年代信息，可知床榻式的石棺床年代较早，主要流行于北魏平城时期；围屏式的石棺床年代较晚，基本在北魏迁洛以后，其中带双阙的围屏式石棺床年代更晚，主要流行于北齐、北周至隋代。根据棺床形制和画像内容，可将北朝画像石棺床分类列表如下，每一类再按年代早晚排序，将北朝石棺床分为三类：床榻式（表6.2：1—7）、围屏式（表6.2：8—18）、双阙围屏式（表6.2：19—26）。

床榻式石棺床主要发现于北魏平城时期的墓葬中，除了有明确出土地点的几例外（表6.2：1—6），在大同市北朝石刻艺术博物馆里还藏有多件。这是一种装饰比较简洁的石棺床，仅在床的立面和床腿上线刻或浅浮雕画像，画像多是一些不具叙事性的装饰性图案，如在床的前立面以连续方式装饰水波纹、莲花纹、忍冬纹、铺首纹、伎乐等，在腿部刻画动物、力士等形象。值得注意的是，这些装饰图案基本都是平城佛教空间里常见的元素，表明平

---

[1] 关于此问题的讨论，张小贵有较客观的评述。参张小贵：《中古华化祆教考述》，文物出版社，2010年，185—189页。

[2] 王雁卿：《山西大同出土的北魏石棺床》，《文物世界》2008年第2期。

表 6.2　北朝画像石棺床形制与画像

形制	序号	名　称	画像布局与内容	资料出处
床榻式	1	尉迟定州墓石棺床（太安三年，457）	连续水波纹。	大同市考古研究所（2011）[1]
	2	司马金龙墓石棺床（延兴四年，474；太和八年，484）	足部浮雕兽面及金刚力士，床侧面雕刻13个伎乐及舞者、龙虎、凤凰、金翅鸟、人头鸟等。	山西省大同市博物馆等（1972）[2]
	3	宋绍祖墓石棺床（太和元年，477）	雕刻忍冬纹、水波纹、铺首衔环、花卉和动物。	山西省考古研究所等（2001）[3]；大同市考古研究所（2008）[4]
	4	大同南郊 M112（北魏前期）	忍冬纹、水波纹、净瓶、铺首衔环。	山西省考古研究所等（1992）[5]
	5	智家堡砂场石棺床（北魏前期）	足部浮雕兽面及2持莲蕾人物、2虎、金刚力士、忍冬纹、水波纹。	王银田、曹臣民（2004）[6]
	6	京大高速公路北魏墓石棺床（北魏前期）	前立面呈倒山形；上层刻二方连续忍冬纹带，下层刻水波纹带；腿部刻铺首、忍冬纹。	大同市博物馆（2016）[7]
	7	史君墓石棺床（大象二年，580）	前立面浮雕以联珠纹围绕的矩形、椭圆形和菱形。	西安市文物保护考古研究院（2014）[8]

1　大同市考古研究所：《山西大同阳高北魏尉迟定州墓发掘简报》，《文物》2011年第12期。
2　山西省大同市博物馆、山西省文物工作委员会：《山西大同石家寨北魏司马金龙墓》，《文物》1972年第3期。
3　山西省考古研究所、大同市考古研究所：《大同市北魏宋绍祖墓发掘简报》，《文物》2001年第7期。
4　前揭《大同雁北师院北魏墓群》，92—102页。
5　山西省考古研究所、大同市博物馆：《大同南郊北魏墓群发掘简报》，《文物》1992年第8期。
6　王银田、曹臣民：《北魏石雕三品》，《文物》2004年第6期。
7　大同市博物馆编：《平城文物精粹》，江苏凤凰美术出版社，2016年。
8　西安市文物保护考古研究院：《北周史君墓》，文物出版社，2014年，167—168页。

第六章　复古创新：南北朝地域社会中的丧葬模式　365

续　表

形制	序号	名　称	画像布局与内容	资料出处
围屏式	8	洛阳A组围屏（北魏后期）	正面以墓主像为中心，左右配置奏乐、鞍马、牛车、奉食、人物相对图；右侧由外向内为诣阙、树下濯足、吹笙引凤图；左侧由外向内为登床、执幡、人物行进图。	王子云（1957）、黄明兰（1987）[1]、林圣智（2017）[2]
	9	深圳博物馆藏石棺床（北魏后期）	内侧以正面的男女墓主像为中心，两侧刻孝子故事、牛车、鞍马、出行图像。	黑田彰（2016）[3]
	10	天理参考馆石棺床（北魏后期）	以墓主夫妇像为中心，刻孝子故事及牛车、鞍马。	邹清泉（2014）[4]
	11	纳尔逊博物馆藏石围屏（北魏后期）	残存4块石板，内刻孝子图像12幅；背面刻25尊畏兽。	徐津（2019）[5]
	12	沁阳西向石棺床（北魏后期）	前侧在16方格内分二区依次刻神禽瑞兽及墓主飞升场景；前腿以熏炉为中心，左右刻抱剑武士像；左右及后部围屏各刻4幅共16幅画像，以男女墓主为中心，左右配以男女侍者及鞍马、牛车。	邓宏里、蔡全法（1983）[6]
	13	芝加哥艺术博物馆藏石棺床（北魏后期）	残存男女墓主及侍者。	徐津（2017）[7]

1　王子云：《中国古代石刻画选集》，中国古典艺术出版社，1957年，5—6页；黄明兰：《洛阳北魏世俗石刻线画集》，人民美术出版社，1987年，87—98页。

2　林圣智将王子云、黄明兰著录的画像复原为一组围屏，称"A组围屏"，以与日、美藏围屏相区分，参前揭《图像与装饰——北朝墓葬的生死表象》，160—176页。

3　黑田彰：《关于深圳博物馆展陈北魏石床的孝子传图》，《永远的北朝·深圳博物馆北朝石刻艺术展》，文物出版社，2016年。

4　邹清泉：《汉魏南北朝孝子画像的发现与研究》，《美术学报》2014年第1期。

5　徐津：《美国纳尔逊博物馆藏北魏孝子石棺床围屏图像释读》，《中国国家博物馆馆刊》2019年第10期。

6　邓宏里、蔡全法：《沁阳县西向发现北朝墓及画像石棺床》，《中原文物》1983年第1期。

7　徐津：《石材的意味——芝加哥艺术博物馆藏北魏石棺床围屏研究》，载巫鸿、朱青生、郑岩主编《古代墓葬美术研究》第四辑，湖南美术出版社，2017年，155—157页。

续　表

形制	序号	名　称	画像布局与内容	资料出处
围屏式	14	青州傅家石棺床（北齐）	商旅驮运图、商谈图、车御图、出行图、饮食图、主仆交谈图、象戏图、送葬图[1]。	夏名采（1985、2001）[2]
	15	康业墓石棺床（天和六年，571）	围屏正面刻男女墓主会见、出行、宴饮；围屏左侧刻男女墓主会见宾客；围屏右侧刻骑马出行、会见；榻板刻联珠纹、四神、畏兽、动物等图案。	西安市文物保护考古所（2008）[3]
	16	安伽墓石棺床（大象元年，579）	围屏正面刻墓主夫妇家居宴饮、宾主相会、商旅及乐舞、狩猎；左右两侧刻车马出行、狩猎、野宴等；榻板刻动物头像33幅，有贴金长方形和椭圆形边框；床腿正中刻狮子像，其余部分刻兽首人身力士。	陕西省考古研究所（2003）[4]
	17	天水石马坪石棺床（北朝）	围屏正面以墓主夫妇家居宴饮图为中心，左右配以出行、水榭建筑图；左侧面刻胡人酿酒、狩猎、水榭场景，右侧面刻楼阁和山林人物、明月玉兔；床板刻贴金忍冬纹；床腿刻伎乐、神兽。	天水市博物馆（1992）[5]

---

1 由于原石板散落，图像配置方式不清。郑岩根据画像石板尺寸及内容复原为一座三面围挡的葬具，认为不太像石棺床的围屏，但也不能排除这种可能，参郑岩：《青州傅家北齐画像石与入华祆教美术》，载前揭《魏晋南北朝壁画墓研究》，236—246页；沈睿文根据北朝丧葬图像配置原则进行了复原，参沈睿文：《青州傅家画像石的图像组合问题》，《欧亚学刊》2015年第2期。

2 夏名采：《益都北齐石室墓线刻画像》，《文物》1985年第10期；夏名采：《青州傅家北齐线刻画像补遗》，《文物》2001年第5期。

3 西安市文物保护考古所：《西安北周康业墓发掘简报》，《文物》2008年第6期。

4 陕西省考古研究所编：《西安北周安伽墓》，文物出版社，2003年，20—59页。

5 天水市博物馆：《天水市发现隋唐屏风石棺床墓》，《考古》1992年第1期。此墓被发掘者推断为隋唐时期，此后研究者大多认为是北朝晚期至隋代之物，参荣新江：《北朝隋唐粟特人聚落的内部形态》，《中古中国与外来文明》，生活·读书·新知三联书店，2001年，114页；郑岩：《青州北齐画像石与入华粟特人美术——虞弘墓等考古新发现的启示》，载巫鸿主编《汉唐之间文化艺术的互动与交融》，文物出版社，2001年，73页。

第六章　复古创新：南北朝地域社会中的丧葬模式　367

续　表

形制	序号	名　称	画像布局与内容	资料出处
围屏式	18	北周翟曹明石棺床（大成元年，579）	围屏已佚；出自陕西靖边县的1座土洞墓，有石椁葬具，因被盗，仅出土了石门、石狮、兽形石座和墓志，罗丰、荣新江推测复原为1具兽形石座的围屏式棺床；墓门上浮雕头戴日月冠的胡人守门武士、兽面、公鸡等图像。	罗丰、荣新江（2016）[1]
双阙围屏式	19	纽约展出画像石棺床（北魏后期）	内侧以正面的男女墓主像为中心，左右刻孝子故事和牛车、鞍马图像。	邹清泉（2014）[2]
双阙围屏式	20	首都博物馆藏石棺床（北魏后期）	内侧以正面的男女墓主像为中心，左右刻孝子故事和牛车、鞍马出行图。	滕磊（2009）[3]
双阙围屏式	21	大阪藏北魏石棺床（北魏后期）	双阙无图像，围屏以墓主夫妇为中心，配以孝子图。	林圣智（2017）[4]
双阙围屏式	22	安阳固岸村东魏M57石棺床（武定六年，548）	正面线刻墓主夫妇像，两侧为孝子故事（郭巨、丁兰、韩伯瑜），东西两壁为鞍马、牛车出行及男女侍者。	河南省文物考古研究所（2009）[5]；林圣智（2017）[6]
双阙围屏式	23	翟门生石棺床（武定元年，543）	内侧以墓主夫妇坐像为中心，两侧刻孝子故事（郭巨、董永等）及牛车、鞍马图像；外侧刻竹林七贤图像。	赵超（2016）[7]

---

[1] 罗丰、荣新江：《北周西国胡人翟曹明墓志及墓葬遗物》，载荣新江、罗丰主编《粟特人在中国：考古发现与出土文献的新印证》，科学出版社，2016年，269—299页。
[2] 邹清泉：《北魏画像石榻考辨》，《考古与文物》2014年第5期。
[3] 滕磊：《一件海外回流石棺床之我见》，《故宫博物院院刊》2009年第4期。
[4] 前揭《图像与装饰——北朝墓葬的生死表象》，248—249页。
[5] 河南省文物考古研究所：《河南安阳固岸墓地考古发掘收获》，21页，彩版二〇。
[6] 前揭《图像与装饰——北朝墓葬的生死表象》，211—215页。
[7] 赵超：《介绍胡客翟门生墓志铭及石屏风》，载荣新江、罗丰主编《粟特人在中国：考古发现与出土文献的新印证》，科学出版社，2016年，673—684页。

续 表

形制	序号	名 称	画像布局与内容	资料出处
双阙围屏式	24	波士顿美术馆藏石棺床（北朝）	双阙上刻仪仗出行图，棺床正立面刻畏兽，床腿刻狮子及兽首。	林圣智（2017）[1]
	25	日本滋贺县Miho石棺床（北齐）	双阙上刻仪仗出行图；围屏正面刻驮运、婚宴、墓主宴饮、祆教仪式；左侧刻狩猎、骑士、露营；右侧刻骑像、牛车出行、娜娜女神、乐舞。	Juliano & Lerner（1997）；乐仲迪（2003）[2]
	26	弗利尔美术馆藏石棺床（北齐）	仅存三面台座；前立面正中刻香炉及4身供养菩萨，两侧上部各分4格刻伎乐人物，下部壸门内各雕2身供养菩萨及1根多棱柱，最外侧各雕1天王像，足踏2狮子，另在上缘刻带状联珠纹及宝装覆莲；两个侧立面相同，均上刻联珠纹及宝装覆莲，下分9格刻伎乐人物。	常青（2016）[3]

城佛教匠作对丧葬的影响是很深的。也有一些在床的立面分格，刻有孝子故事或神禽瑞兽，如北朝石刻艺术博物馆所藏的10余件[4]，这些藏品因无明确出土地点，暂不纳入讨论。平城的床榻式石棺床以司马金龙墓所出最为精致，在床的正立面以连续忍冬纹分成13区，内刻伎乐、舞者、龙虎、凤凰、金翅鸟、人头鸟等，另在足部浮雕4个金刚力士。伎乐、力士等内容与冯太后永固陵的石刻造型相似，十分精致（图6.33）。

---

[1] 前揭《图像与装饰——北朝墓葬的生死表象》，243页。
[2] Annette Juliano, Judith Lerner. "Cultural Crossroad: Central Asian and Chinese Entertainers on the Miho Funerary Couch". *Orientations*. October, 1997, p. 72;（美）乐仲迪著，苏银梅译：《日本美穗博物院藏中国十一围屏双塔柱门石榻》，《宁夏社会科学》2003年第1期。
[3] 前揭《金石之躯寓慈悲——美国佛利尔美术馆藏中国佛教雕塑（著录篇）》，82—86页。
[4] 大同北朝艺术研究院编：《北朝艺术研究院藏品图录·石雕卷》，文物出版社，2016年，图14—30。

图 6.33 大同北魏司马金龙墓石棺床
(《平城文物精粹》, 62、63 页)

床榻式石棺床是一种形制简单的葬具，在墓室内搭配着其他设施使用，如司马金龙墓的棺床前散落着石柱础、木栏杆、伞盖、石灯座、漆画木屏风、漆食具等，其中漆屏风高 80 厘米，从其高度看，可能曾是安装在棺床上的。这种石棺床一般紧靠墓壁陈放，往往在墓壁上绘制壁画，起到装饰棺床的作用，将棺床所在的空间营造出一个模拟室内生活场景的埋葬空间。如宋绍祖墓将画像石棺床置于房形石椁内，在棺床紧邻的北壁上彩绘墓主夫妇宴饮图。类似的情况也见于北周凉州萨保史君墓内，也将床榻式的石棺床置于一座房形石椁内，石椁内壁的画像与棺床一起营造了埋葬空间。

围屏式石棺床主要流行于北魏定都洛阳时期至北朝后期，在床榻式石棺床的三面加上了屏风式的围挡，有的还在正面立有双阙。这两种床榻就是文献中所记的"石床"与"石屏风"，石床是床榻式石棺床，加上石屏风就是围屏式石棺床，围屏式石棺床来源于现实生活中的室内陈设——床榻与屏风。屏风是室内生活的重要陈设，有遮挡坐榻的左右和后部的作用，也有划分空间主次的作用，屏风围绕的空间是主位，屏风以外的空间是宾客所在的空间，共同构成一个宾主交流的公开活动空间。正因其公开性，屏风上一般都有精美的画像装饰。《西京杂记》引羊胜《屏风赋》："屏风鞈匝，蔽我君王。重葩累绣，沓璧连璋。饰以文锦，映以流黄。画以古列，颙颙昂昂。藩后宜之，寿考无疆。"[1]《邺中记》记载后赵石虎的宫中有金银钮屈膝屏风，上以白缣覆盖，绘义士、仙人、禽兽之像，并有赞词[2]。《历代名画记》所记魏晋南北朝很多画家都画过屏风，东吴曹不兴、西晋张墨、东晋荀勖和顾恺之等皆曾绘屏风画，宗炳之孙宗测曾在行障（可

---

[1] 前揭《西京杂记》卷 4，190 页。
[2][晋] 陆翙撰《邺中记》："正殿上安御床，施蜀锦、流苏、帐，四角设金龙头，衔五色流苏，又安金钮屈戌成屏风床。"《丛书集成初编》，上海商务印书馆影印，1937 年，3 页。

移动的画屏）上画阮籍遇孙登故事，北齐杨子华也曾绘《宫苑人物》屏风，萧放本也曾在屏风上绘名贤烈士。表6.2中所列20例围屏式石棺床（表6.2：7—26），皆由多块石板拼合而成，每块石板上各有2幅以上的画面，画面之间以界框分隔，宛如一具"饰以文锦"的室内屏风，为墓主营造了一个模拟现实生活的来世世界。

围屏式石棺床的画像除了床的正立面和床腿的装饰性图案外，三面围屏都成为绘画的空间，出现了较复杂的叙事性图像，大致是以背屏上的墓主像为中心，左右配置鞍马、牛车、奉食、乐舞等内容。这种图像配置方式实际上是对北魏平城墓室壁画图式的继承，平城时期的石棺床没有围屏，于是画像绘在墓壁或石椁的后壁上；迁洛后石棺床出现了围屏，因此将同样的题材配置在围屏上，而由于围屏遮挡了墓壁，墓壁上也就不见这种墓主宴饮图了。北魏后期的围屏画像除了墓主宴饮图外，还多见孝子故事、升仙场景等内容，这是定都洛阳时期的常见画像题材，也是这个时期画像石棺的主要题材。北朝后期的北齐、北周时期也有围屏式石棺床，画像内容发生了转变，多见胡人活动的场景，它们的主人可能是来华域外人士的后裔，出现了很多异域的生活场景或宗教信仰的内容。

在围屏式石棺床的正面附加双阙主要是北朝后期的做法，个别双阙围屏式石棺床的年代可能早到北魏洛阳时期。双阙是模拟墓园建置的做法，阙上刻有仪仗出行画像。围屏上的画像既有中原传统的孝子故事、鞍马出行等内容，也有反映胡人生活场景或宗教信仰的外来画像，也有佛教内容。

以上三种形制的石棺床有结构上的简单与复杂，但都与墓壁画像、陈设、器物组成了一个有机的整体，彼此互为补充，共同营造了墓室礼仪空间，这是我们考察石棺床画像的前提。

上述两类带有围屏的石棺床上，围屏的画像是按照一定的叙事逻辑进行配置的，大致有四类画像配置方式：

第一类是以正面的墓主夫妇端坐像为中心，配以牛车、鞍马图，将孝子故事穿插其间，床腿和前立面刻各类神禽瑞兽。这类石棺床主要流行于北魏洛阳时期，个别可以晚到东魏时期，如洛阳 A 组围屏、纽约石棺床、深圳博物馆石棺床、首都博物馆石棺床、大阪石棺床、天理参考馆石棺床、安阳固岸村东魏 M57 石棺床、纳尔逊博物馆藏石围屏、翟门生石棺床等。

据赵超介绍，东魏胡客翟门生石棺床是私人收藏家从国外购入的，除了石棺床外，还有石阙和一套石墓门，推测应出自同一座墓。他根据石门上的墓志铭，推测墓主翟门生是一位外国人士，可能是来自西域的丁零、粟特等民族的商旅首领[1]。围屏画像除了内壁的墓主夫妇像和牛车鞍马、孝子故事外，外壁还刻有竹林七贤，这是一种比较奇怪的构图，未见先例。画中人物皆穿中原式的褒衣，墓主端坐于屋宇之下，背有屏风，屏风上有花草装饰；两扇石门上的画像以六边形组成龟甲纹，在每个六边形内刻有龙、朱雀、神兽、执盾武士、畏兽等形象。值得注意的是，两扇门的下部对称位置所刻的持盾武士像为坐姿，面貌特征似乎是胡人，这与其他的守门武士像不同，也与围屏上的人物造型风格截然不同，这具棺床的真伪、年代等可能还需要进一步斟酌（图 6.34）。

安阳固岸村东魏 M57 谢氏冯僧晖墓出土的双阙围屏式石棺床，叙事性图像位于 12 块围屏上，以正面的男女墓主像为中心，左右配以郭巨、郭相、丁兰等孝子故事，左右围挡刻的树下人物似乎与北齐青州一带墓室屏风画相似。床的前立面分 12 方格刻各种神禽异兽，床腿上刻畏兽等形象[2]（图 6.35）。

---

[1] 赵超：《介绍胡客翟门生墓门志铭及石屏风》，载荣新江、罗丰主编《粟特人在中国：考古发现与出土文献的新印证》，科学出版社，2016 年，673—684 页。

[2] 冯雨：《床榻之辨——东魏谢氏冯僧晖墓双阙围屏石床研究》，《装饰》2018 年第 11 期。

第六章　复古创新：南北朝地域社会中的丧葬模式　373

图 6.34　私人藏东魏胡客翟门生石棺床画像
（《粟特人在中国：考古发现与出土文献的新印证》下，赵超文，681—682 页）

这类围屏画像的配置方式是以背屏中央的墓主宴饮图为中心展开的，采左右对称的方式配置牛车、鞍马出行，以孝子故事穿插其间。考虑到埋葬空间的丧葬特质，这类画像的叙事逻辑可能是：墓主的灵魂接受祭祀后去往来世的情景。

第二类的图式大致同于第一类，只是没有孝子故事，如沁阳西向石棺床。沁阳西向出土的围屏式石棺床横置于单室墓的正壁前，棺床前也摆放有一套献祭饮食的青瓷容器。石棺床的围屏由4块石板围成，由线条分隔成16幅画，每石4个画面，展开如图6.36。画面是以中央的男女墓主坐像为中心展开的（报告认为是维摩诘与文殊菩萨，并无道理），墓主夫妇坐于榻上，各有男女侍者执伞盖（第8、9幅）。左右两侧是侍者供奉和备车、备马的场景，其中男墓主一侧以男侍为主（第10—16幅），有备好的鞍马（第15幅），女墓主一侧都是女侍（第1—7幅），有牛车及驭者（第5幅）。画幅的安排基本对称，表现的应是对墓主夫妇的祭祀及来世生活场景。棺床的前立面分16个方格刻各种神禽瑞兽，左右半部的内容基本对称雷同。值得注意的是其中2幅人像（第6、11幅）分别为男女形象，手持莲花或仙草，衣带飘舞，作向侧面前行状，似乎表现的是男女墓主飞升的场景。石棺床的前部腿上刻有3幅单独的画面，以中央的熏炉为中心，左右刻抱剑武士像（图6.36）。

第三类是粟特式画像的围屏石棺床，很多带有双阙，年代晚于前两类，主要属北齐、北周时期，如史君墓石棺床、安伽墓石棺床、Miho石棺床、安阳石棺床、青州傅家石棺床、天水石马坪石棺床、波士顿美术馆藏石棺床等。一般以围屏正面的墓主夫妇宴饮图为中心，左右配以商旅、狩猎、出行、会客等，多有祆教祭祀仪式内容，内容和风格上都有明显的胡风。这类石棺床的正立面和床腿上也有神禽瑞兽、忍冬、伎乐等图像，因此也不是纯粹的粟特画像，而是中西文化融合的图像。出自陕西靖边县一座土洞墓中的北周大成元年（579）翟曹明石棺床，围屏已佚，罗丰、荣新江推测复原为一具带

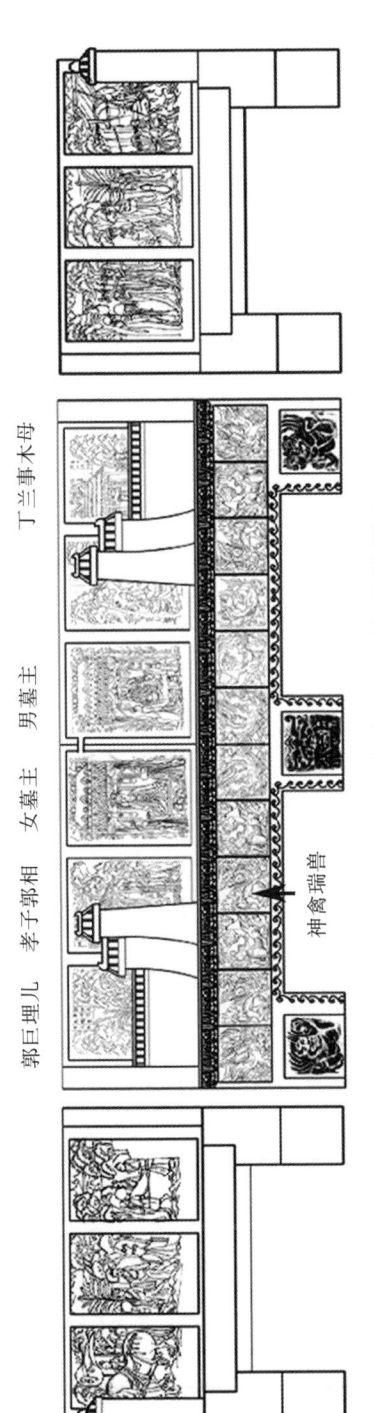

第六章 复古创新：南北朝地域社会中的丧葬模式 375

图 6.35 安阳固岸村东魏 M57 石棺床画像配置
(《装饰》2018 年第 11 期冯雨文，5 页)

图 6.36 沁阳西向石棺床画像配置
(据《中原文物》1983 年第 1 期 5—7 页绘制)

有兽形石座的围屏式棺床。该墓墓门上浮雕头戴日月冠的胡人守门武士、兽面、公鸡等图像，也许围屏上的画像也应与其他粟特人棺床上的画像差不多[1]。值得注意的是，并非所有粟特人的石棺床画像都有粟特风格或祆教场景，康业墓就是个例外，墓主虽是粟特后裔，但人物造型和服饰已经明显中国化（图 6.37）。

最近在安阳新发现的隋开皇十年（590）麹庆墓中出土了一具围屏式石棺床，上有雕刻、彩绘和贴金，围屏图案共分十二单元，刻有墓主日常生活场景和宗教题材，床座刻有瑞兽、神像、圣火坛等。值得注意的是，棺床雕刻内容十分庞杂，既有祆教的圣火坛，又有一些内容可能与景教、摩尼教和佛教有关，还有传统的瑞兽题材。此外在石棺床前还立有 1 件石屏风，线刻有"节士苏太子"的故事及长篇题记[2]。这些居住在中原的西域人士，到了隋代，其葬俗表现出的本民族信仰已不如北朝那样纯粹，而呈现出一种文化的混杂现象。

第四类是以佛教图像为主题的石棺床，如弗利尔美术馆藏的石棺床构件。共 3 件，编号相邻，应是同批入藏的，由弗利尔于 1915 年购得，据传出自北响堂石窟第 4 窟（即中洞），常青对这三件石刻有详细著录[3]。其中一件（F1915.110）应是石棺床的前立面，长 234 厘米，高 60.3 厘米，上部平面有 4 个长方形卯孔，可能是立双阙和嵌床面的，正中刻香炉及 4 身供养菩萨，两侧上部分 8 格刻伎乐人物，下部壸门内各雕两身供养菩萨及一根多棱柱，最外侧各雕一天王像，足踏二狮子，另在上缘刻带状联珠纹及宝装

---

1 罗丰、荣新江：《北周西国胡人翟曹明墓志及墓葬遗物》，载荣新江、罗丰主编《粟特人在中国：考古发现与出土文献的新印证》，科学出版社，2016 年，269—299 页。

2 安阳考古研究所：《安阳新发现隋代汉白玉石棺床墓，墓主麹庆为高昌王室后人》，《文博中国网》2021 年 1 月 4 日新闻。

3 常青：《金石之躯寓慈悲——美国弗利尔美术馆藏中国佛教雕塑（著录篇）》，文物出版社，2016 年，82—86 页。

第六章　复古创新：南北朝地域社会中的丧葬模式　　377

图 6.37　北周康业墓围屏石棺床画像摹本
(《文物》2008 年第 6 期，27 页)

覆莲。另外两件形制、大小和画像相似，皆呈倒梯形，上部各有2个长方形卯孔，应是嵌围屏的，其一长96.4厘米，残高19.3厘米，下部的壶门已佚（F1915.109），另一件（F1915.336）尺寸接近，下部壶门也佚。这两件所刻画像相似，上部刻带状联珠纹及宝装覆莲，下分9个方格，每个方格内刻圆形联珠纹，内刻游戏坐伎乐人物。这三件石构件的莲瓣纹、联珠纹、伎乐人物表现手法完全一样，而且石质相同，根据尺寸和榫卯结构可能属同一具石棺床，可复原为一具长234厘米、宽近100厘米、高60厘米，带双阙和围屏的石棺床（图6.8、6.38、6.39），形制类似于安阳固岸村东魏M57石棺床。

这件石棺床的特殊之处是画像皆为佛教图像，以正立面的香炉为中心配以多身供养菩萨、天王和伎乐。如果这具石棺床确实出自北响堂石窟第4窟（即中洞），很容易让我们想到北齐高欢"潜葬鼓山"的传说，但并不是高欢遗体所藏之处，可能是为高欢所设的安魂之处，反映了北齐时期佛教与传统丧葬的融合（详见第五节）。

上述石棺床的画像内容体现了北朝后期丧葬文化的多元性，既有中原传统，也有外来文化和宗教的融入，但中原传统仍是主流；画像的配置方式也是汉代以来墓葬美术传统的延续，具有明确的叙事主题和逻辑。我们对画像象征意义的解读应立足于中国传统的葬仪，并考虑到墓室空间设计的整体性，石棺床是墓室空间的主体，与其他陈设、器物和画像彼此呼应，共同呈现了墓内的葬仪情况，反映了古人处理死亡的方式和对待死亡的态度。

（3）石棺画像

石棺在东汉中晚期流行于四川地区，但所占葬具的比例很小，而画像石棺更是只在极少数经济实力较强的豪族墓中使用。据罗二虎的研究，四川汉代石棺有整石凿成和拼合而成两种形制，少数将棺盖做成屋顶形，常以升仙

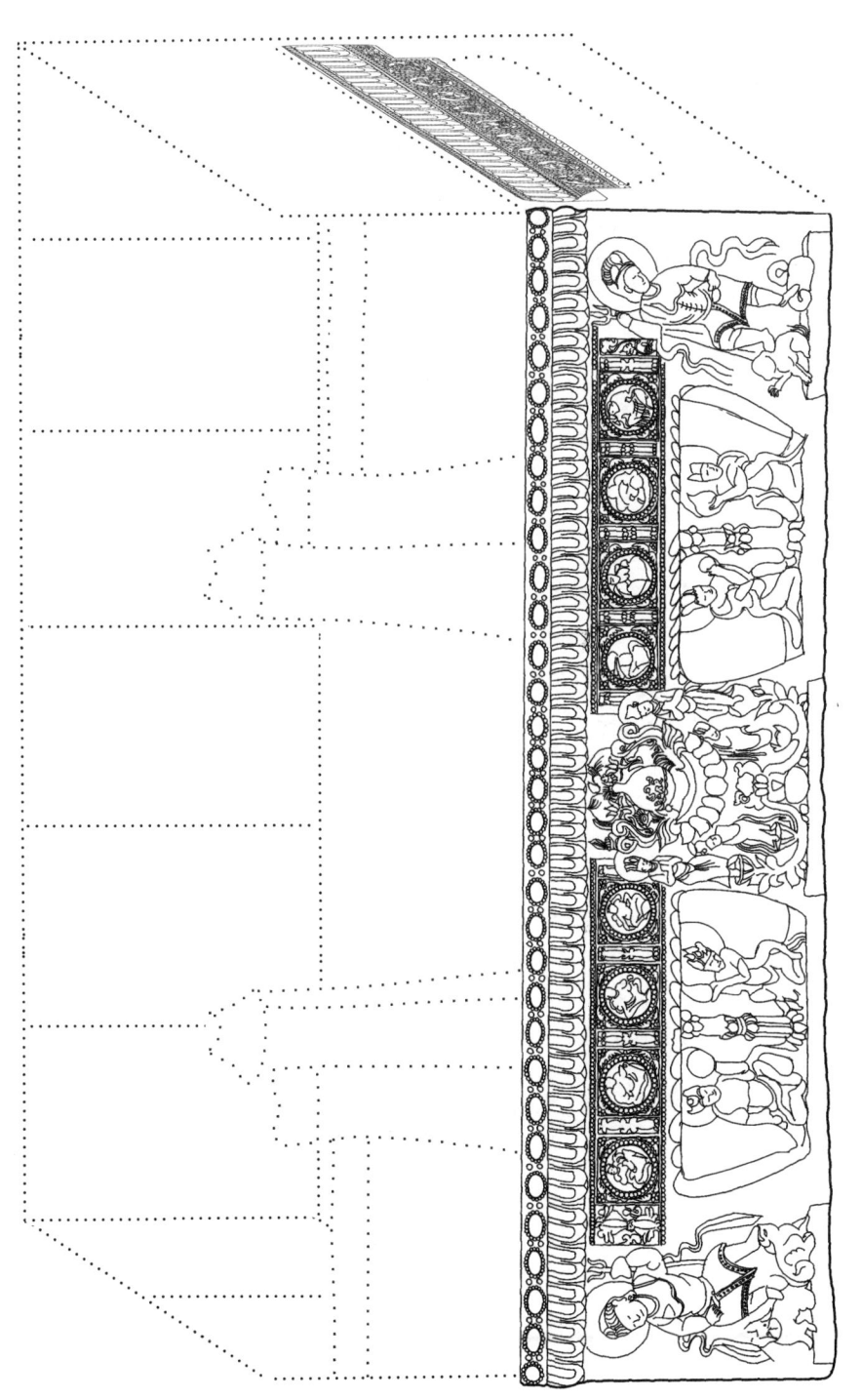

第六章 复古创新：南北朝地域社会中的丧葬模式 379

图 6.38 弗利尔美术馆藏石棺床想象复原图

380 中古丧葬模式与礼仪空间

F1915.110

F1915.336

F1915.109

图 6.39 弗利尔石棺床台座线图
（拓跋卓言绘图）

内容、车马出行、历史故事、驱鬼镇墓等画像为装饰[1]。值得注意的是，当东汉四川地区流行画像石棺时，中原地区是比较罕见的，直到北魏后期，石棺才成为洛阳少数高等级墓葬的奢华葬具。据黄明兰统计，解放前洛阳出土的石棺有10多具，如章武王元融石棺（永平二年，509）、贞景王元谧（正光五年，524）、东莞太守秦洪石棺（孝昌二年，526）、宁懋石室（孝昌三年，527）、林虑哀王元文石棺（太昌元年，532）、秦洛二州刺史王悦石棺（永熙二年，533）等[2]，此后考古发掘中又出土了一些画像石棺，但比房形石椁和石棺床的数量还是要少得多，当时的高等级墓应主要以画像木棺为葬具。

表6.3列出了6例有画像的北朝石棺，其中山西榆社孙龙石棺是唯一一具年代明确的北魏画像石棺，仅存前挡和两块帮板，在前挡刻有铭文：

大魏神龟□□，太原中都孙□六世孙孙方兴父龙，太和之中颖（？）川太守，熙平之□□为绥远将□、□郡太守，□□年六十在□官即造石□一区、漆棺一口。□在乡县□梁兴弟保兴少奉朝请，提之椁首，以示后世，记之云尔。[3]

是孙方兴、孙方保兄弟为父孙龙所造的石棺。根据铭文中的"石□一区""提之椁首"，可知此石棺当时被称作石椁（椁）。另据铭文"石□一区、漆棺一口"，说明椁内可能还有一具漆棺，采取的是类似于先秦套棺的埋葬方式，所谓椁，实为外棺，漆棺为内棺。可惜此墓完全被毁，不知有无漆棺。不过从石棺的尺寸来看（前挡高90厘米、宽66厘米，帮板长220厘

---

1 罗二虎：《汉代画像石棺》，巴蜀书社，2002年，168—220页。
2 黄明兰：《北魏孝子棺线刻画》，人民美术出版社，1985年，10页。
3 林圣智释文与原报告有所差异，此处从林氏录文，参前揭《图像与装饰——北朝墓葬的生死表象》，67—69页。

表6.3 北朝石棺画像

序号	名 称	画像配置与内容	资料出处
1	榆社孙龙石棺（神龟年间，518—519）	前挡刻墓主宴饮及伎乐、杂技；左棺板刻出行图（题记"方弟保"）、死后升仙、夫妇宴饮；右棺板刻狩猎图。	王太明、贾文亮（1993）[1]；王太明（2000）[2]；高文（2011）[3]
2	洛阳瀍河公社升仙石棺	前挡刻按剑门吏、朱雀及摩尼宝珠；后挡疑刻孝子图；左右挡分别刻方士引导的墓主夫妇升仙图，左挡是男墓主升仙，以乘龙伎乐相随，右挡是女墓主升仙，以乘凤侍女相随，棺底前后刻青龙白虎及畏兽，左右两侧分12格刻神兽仙禽。	洛阳博物馆（1980）[4]
3	美国明尼阿波利斯美术馆藏元谧石棺（正光五年，524）	前挡：尖拱龛形门，两侧各一门吏，上部有一宝珠和二怪兽；左右两帮中央有铺首衔环，两侧为小窗，窗内人向外观看；左帮在窗口和铺首间刻朱雀，右帮对应处刻白虎；两帮前部和底部刻孝子故事（丁兰、韩伯余、郭巨、闵子骞、孝子原谷、舜、老莱子、董永、尹伯奇等），后部刻仙人骑鸟，以山峦树木流云填白。	黄明兰（1987）、郑岩（2002）[5]
4	洛阳洛南新区曹连石棺（永安元年，528）	前挡：刻成石门状，门扉刻铺首衔环，门额以兽头为中心，两侧刻朱雀，门侧刻2位对称的按剑门吏；右帮：以女墓主乘白虎翔云为中心，前有羽人和2位引导方士，后有2位骑凤鸟的方士，下有孝子韩余（韩伯余）、郭巨故事；左帮：以男墓主乘龙翔云为中心，前有羽人，后有4位骑龙方士，下有孝子原谷、蔡顺故事；后挡：龟蛇相绕的玄武之间刻1胡人像；棺底：分21格刻仙禽神兽和火焰状祭坛；棺盖：火焰状祭坛和忍冬纹。	洛阳市文物考古研究院（2019）[6]

---

[1] 王太明、贾文亮：《山西榆社县发现北魏画像石棺》，《考古》1993年第8期。
[2] 王太明：《榆社县发现一批石棺》，《山西省考古学会论文集》2000年，119—122页。
[3] 前揭《中国画像石棺全集》，461—463页。
[4] 洛阳博物馆：《洛阳北魏画像石棺》，《考古》1980年第3期。
[5] 黄明兰：《洛阳北魏世俗石刻线刻画》，人民美术出版社，1987年。黄明兰著录的年代为孝昌五年（529），但据藏于美国明尼阿波利斯美术馆的墓志，应为正光五年（524），参前揭《魏晋南北朝壁画墓研究》，139页。
[6] 洛阳市文物考古研究院：《洛阳北魏曹连石棺墓》，科学出版社，2019年。

第六章　复古创新：南北朝地域社会中的丧葬模式　383

续　表

序号	名　称	画像配置与内容	资料出处
5	美国康萨斯城纳尔逊美术馆藏孝子石棺	仅存左右帮，左帮刻孝子董永、子蔡顺、尉；右帮刻子舜、子郭巨、孝孙原谷。	宫大中（1984）[1]；黄明兰（1985、1987）[2]
6	北周李诞石棺（保定四年，564）	前挡板刻尖拱门，门两侧刻立于莲台上的半裸守护神，门下刻火坛，门周边以朱雀、忍冬、莲花为饰；后挡板刻1玄武及持刀的半裸天神；左右帮板分别刻1条龙和1只虎，皆以连续忍冬纹为边饰；盖板上刻手持月、日的伏羲女娲像。	程林泉（2006）[3]

米、宽80厘米），内置一具漆木棺是有可能的。石棺前挡是画像的主题所在，刻墓主孙龙夫妇宴饮图，左帮所刻的出行图旁有题记"方弟保"，可能是为了强调孝子在造此石棺中的作用，象征对亡父的服侍（图6.40）。

洛阳出土的北魏石棺一般在前挡刻宅门和守门武士，左右帮以墓主夫妇乘龙凤升仙为主题，附以孝子故事，后挡刻仙人，棺底刻仙禽神兽。以永安元年（528）的曹连石棺为例，棺盖素面，四缘刻忍冬纹装饰带，棺底分21格刻仙禽神兽和火焰状祭坛，这些

图6.40　榆社孙龙石棺前挡画像
（《中国画像石棺全集》，461页）

---

[1] 宫大中：《邙洛北魏孝子画像石棺考释》，《中原文物》1984年第2期。
[2] 前揭《北魏孝子棺线刻画》，11—17页；前揭《洛阳北魏世俗石刻线刻画》。
[3] 程林泉：《西安北周李诞墓的考古发现与研究》，《西部考古》第1辑，三秦出版社，2006年，391—400页。

神兽与北魏冯邕妻元氏墓志[1]所见应属同类性质，可能具压胜之意。棺身四周刻满画像，展开是一套以前挡的守门武士为中心配置的墓主夫妇升仙图。前挡刻成石门状，门扉上刻铺首衔环，门额以兽首为中心，两侧刻朱雀，门侧刻二位对称的执剑守门武士；右帮以女墓主乘白虎升仙为中心，前有羽人和引导方士，后有骑凤鸟的方士，下有孝子韩余（韩伯余）、郭巨故事；左帮以男墓主乘龙升仙为中心，前有羽人，后有骑龙方士，下有孝孙原谷、孝子蔡顺故事；后挡刻龟蛇相绕的玄武，中有一胡人老者形象。画中的男女墓主升仙场景占了大部分画幅，四幅孝子图只占了下部很小的空间，因此这幅画的主题是升仙，而不是为了宣扬孝悌，孝子故事只是作为升仙场景的背景出现的（图 6.41）。

　　瀍河公社升仙石棺、元谧石棺与此类似，也以升仙为主题。这点与平城画像以"墓主宴饮"为中心的来世场景在设计理念上是不同的，是北魏进一步汉化后对平城题材的改造。

　　关中的李诞石棺比较特殊，没有沿用孝子故事和宴饮乐舞等世俗内容，而是在前挡刻尖拱门，门两侧刻立于莲台上的半裸守护神，门下刻火坛，门周边以朱雀、忍冬、莲花为饰；后挡刻一玄武及持刀的半裸天神；左右帮板分别刻一条龙和一只虎，皆以连续忍冬纹为边饰（图 6.42）；盖板上刻手持月、日的伏羲女娲像。

　　在北魏洛阳的丧葬类画像中，不同载体上的画像可能存在粉本互通的现象，除了上述棺底画像与冯邕妻元氏墓志纹饰相似外，执剑的守门武士微侧向墓门，身着裲裆，手拄长剑，这种形象几乎与升仙石棺前挡的武士像、元怪墓壁画中的守门武士像完全一样。不同的是曹连石椁武士脚踏莲花台座，这是平城壁画中护法神的表现方式（图 6.43）。

---

[1] 施安昌：《北魏冯邕妻元氏墓志纹饰考》，《故宫博物院院刊》1997 年第 2 期。

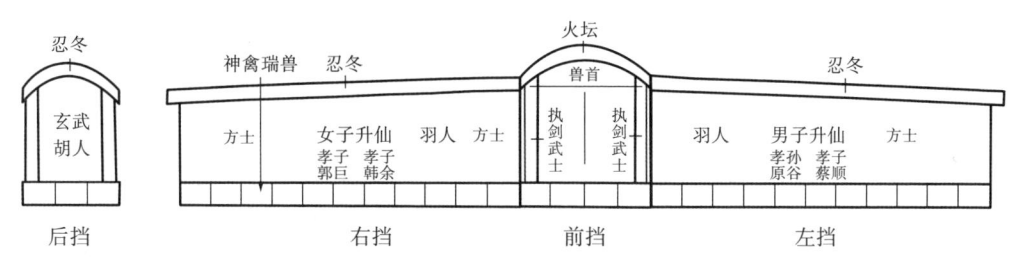

第六章 复古创新：南北朝地域社会中的丧葬模式 385

图 6.41 北魏曹连石棺画像配置

(据《洛阳北魏曹连石棺墓》图 32—33 制)

图 6.42 北周李诞石棺画像

(《西部考古》第 1 辑，393—395 页)

386 中古丧葬模式与礼仪空间

1

2

3

图 6.43 北魏洛阳石棺和壁画中的守门武士像
1. 曹连石棺(《洛阳北魏曹连石棺墓》,图 24) 2. 升仙石棺(《考古》1980 年第 3 期,231 页)
3. 元怿墓壁画(《文物》2002 年第 2 期,彩版)

2. 北朝墓室壁画

北朝墓室壁画见于各政权的核心地区——平城、洛阳、邺城、晋阳、青齐及长安，因地域传统和文化水平的不同而有繁盛程度的差别，以平城、邺城、晋阳为盛，青齐和原州次之。

（1）北魏壁画

北魏平城时期除少数等级较高的墓葬采用前后双室墓外，一般由长斜坡墓道、砖砌短甬道、方形单墓室组成，墓顶多为穹隆顶，个别墓道内有天井和过洞。在这种墓室空间里，墓门、甬道两壁和顶部、墓室四壁和顶部都是绘画的空间，墓顶大多残毁，壁画情况不明（表6.4）。

平城墓室壁画大致表现了四类场景：

① 以墓主正面端坐像为中心的祭祀场景；

② 以宴享宾客和庭院生活为内容的家居场景；

③ 以出行、狩猎、驮运为内容的户外场景；

④ 以武士或护法神像为主的守御场景。

这四类场景依据一定的叙事逻辑，塑造了墓室空间的特殊属性——死者灵魂的来世空间，叙事逻辑是墓主的灵魂在接受祭祀后，开启他们的来世之旅。墓室被营造成一个生命状态转化的空间，以正面端坐的墓主像为中心，象征着死者的灵魂接受生者的祭祀；祭祀仪式后，完成了从生到死的转化，空间的上部（墓室四壁、甬道的上部和墓顶）以神禽异兽和天象营造出一个不同于生前世界的来世宇宙，空间的下部描绘的则是来世的世俗生活。与墓主受祭图相邻的空车、空马意味着来世之旅的起点，而侧壁的家居场景、户外场景是对来世生活的描绘；前壁墓门的内外侧都是武士或护法神像，象征生死的分界。

这种壁画布局方式继承了东汉中原墓室壁画的传统，是以正壁墓主像为中心的对称场景式构图，但没有了汉墓常见的属吏拜谒和仕宦经历内容，而

表 6.4　平城墓室壁画内容与布局

墓　葬	墓门、甬道	墓室正壁	墓室侧壁	墓室前壁
大同沙岭壁画墓（435）[1]	甬道两壁为披甲持刀武士、人面龙身兽，甬道顶部为伏羲女娲像与摩尼宝珠、飞龙	（东壁）以夫妇正面端坐像为中心，左右有侍者和牛车、鞍马；四壁上部是分格的异兽和61位男女侍者。	右壁（北壁）为车马出行场景，前有导骑、鼓吹、杂耍，后有甲骑具装骑兵及男女侍者；左壁（南壁）为庭院生活，以墓主宴饮为中心，前有宾客和伎乐，后有车辆、粮仓、毡帐和杀牲。	墓门两侧绘举盾的守门武士。
大同全家湾M9（梁拔胡墓，461）[2]	墓门门楣上残存凤鸟；甬道彩绘2个怪兽、猛虎和朱书、墨书题记	以墓主宴饮为中心，两侧配置杂技乐舞、鞍马迎谒。	残毁严重，可识东壁为狩猎图，西壁为庭院生活场景（牛耕、舂米、炊煮、汲水等）。	残。
大同云波里壁画墓[3]	龙、凤、女侍	夫妇宴饮坐像。	狩猎。	赤足护法神。
大同文瀛路壁画墓[4]	（甬道东壁）赤足护法神	（券顶）残存星象与屋宇。		
大同迎宾大道M16[5]	（甬道）手持兵器的铠甲武士立于圆形莲台上		家居、宴饮、狩猎。	
怀仁丹扬王墓[6]	（甬道）多臂赤足护法神像			

1　大同市考古研究所：《山西大同沙岭北魏壁画墓发掘简报》，《文物》2006年第10期。
2　山西省考古研究所、大同市考古研究所：《山西大同南郊全家湾北魏墓(M7、M9)发掘简报》，《文物》2015年第12期。
3　大同市考古研究所：《山西大同云波里路北魏壁画墓发掘简报》，《文物》2011年第12期。
4　大同市考古研究所：《山西大同文瀛路北魏壁画墓发掘简报》，《文物》2011年第12期。
5　大同市考古研究所：《山西大同迎宾大道北魏墓群》，《文物》2006年第10期。
6　求实：《怀仁县发现北魏丹阳王墓》，《北朝研究》1999年第1辑，163—192页。

多鞍马出行、户外狩猎场景，则反映了北魏拓跋氏的游牧生活方式。此外，平城壁画中还出现了大量佛教元素，不过在空间位置上都位于较次要的部位，如沙岭壁画墓甬道顶部的伏羲女娲之间出现了火焰状的摩尼宝珠像，有些墓葬的墓门处绘赤足护法神像等。在其他一些次要部位绘佛教性质的装饰纹样，如莲花、忍冬等。这表明平城佛教对传统丧葬发生了渗透，但还没有改变传统丧葬的主旨。

平城墓葬不仅以壁画表现来世，还以陶俑和各类模型明器进行同样的叙事。一般在墓门口放置陶镇墓兽和镇墓武士俑，在棺床前放置1组饮食器皿、灯和侍仆俑，有的还有帷帐、陶案等。在其他空间放置反映出行的牛车、鞍马、骑马武士俑，反映家居生活的仓灶类模型、杂技俑及家禽家畜等模型，反映户外生活的毡帐、驮运模型等。这些俑群实物与壁画的叙事逻辑是相似的，都是为了营造墓主受祭和来世生活的场景，只不过有的墓以俑群为主，有的墓以壁画为主，只有少数墓兼用俑群和壁画。如宋绍祖墓石椁内壁残存一幅宴饮图，主要以俑群表现祭祀和来世生活场景，在墓门口置镇墓兽与镇墓武士，石椁前方和左右是1组庞大的陶俑群，以仓、井、灶模型和驮运俑构成家居场景，以甲骑具装、武士、男女侍俑构成鞍马牛车出行的户外场景；雁北师院M2不见壁画，在墓门口置镇墓兽与镇墓武士，墓室内以仓、井、灶、磨、驮运、男女侍、伎乐舞蹈、杂技俑构成前庭后院的家居场景，以牛车、毡房模型表现户外场景。而智家堡壁画墓、仝家湾M9梁拔胡墓、沙岭壁画墓等都以壁画为主要表现方式，陶俑少见。

在平城墓室壁画中，作为图像系统视觉中心的墓主受祭图有夫妇并坐像和单人像两种形式，相应的，其他部位的画像内容也分别表现了二人和一人的来世生活场景，画像有明确的设计意识，合葬和单人葬在图像的选择上是有明确区分的。画面较完整的沙岭壁画墓和仝家湾M9的画像能很好地说明合葬和单人葬在图像设计上的差异。

沙岭壁画墓是一座夫妻合葬墓，墓内出土漆皮上有墨书文字"主客尚书、领太子少保、平西大将军□，破多罗太夫人□，殡于第宅，迄于仲秋八月，将祔葬□□□□于殡宫"[1]，可知破多罗太夫人于太延元年（435）祔葬于其丈夫之墓。漆皮因残损严重，未知原属何物，但可看出夫妇正面端坐宴饮像、庖厨、侍者、车舆等内容，内容和风格应与墓壁绘画类似，都是为合葬而作，表现了墓主夫妇受祭和来世生活的场景。墓室的正壁绘墓主夫妇正面端坐像，前面摆着一套食案、食具，前后有数名侍饮的仆人，前方下部的牛车和鞍马都无乘者和坐者，显然是分别为墓主夫妇二人而备的。右壁（北壁）绘有一个盛大的男墓主车马出行场景，以一辆高大的马车为中心，车上端坐着一位男性，前有导骑、鼓吹、杂耍，后有骑兵和侍者行列，浩浩荡荡向外行进。而墓室的左壁（南壁）展现的是家居生活场景，以一道曲折的步障将画面分为两部分，分别表现前庭和后院生活：右半部画面的中心是一座庑殿顶的房屋，屋内帷幔之下是一位端坐的墓主像，姿态与正壁的正面端坐像不同，是面向右侧侧身而坐，从人物体形看，可能表现的是男墓主；房屋前面是3排面向墓主跽坐、饮食的宾客，旁有男女伎乐表演。左半部即步障左侧描绘的是女墓主主导的后院场景，以4座毡帐和1辆红色卷棚车为中心，最大的毡帐内有一位侧身端坐的女子，应是女墓主，旁侧有侍仆供食和伎乐表演。卷棚车和毡帐周围还绘有粮仓、满载货物的小车、杀羊、汲水、烤肉等庭院生活场景。此墓的正壁、左右侧壁都出现了墓主夫妇画像，但只有正壁是正面端坐姿势，结合像前的食案食具、无乘坐者的牛车和鞍马来看，表现的应是祭祀场景，正壁的夫妇坐像象征着破多罗太夫人夫妇的灵魂（图6.9、6.44）。

仝家湾M9也是一座夫妇合葬墓，但壁画内容只表现了与男墓主梁拔胡有关的内容，是单人葬的壁画图式。正壁（北壁）屋宇帷幔之下是正面端坐

---

[1] 赵瑞民、刘俊喜：《大同沙岭北魏壁画墓出土漆皮文字考》，《文物》2006年第10期。

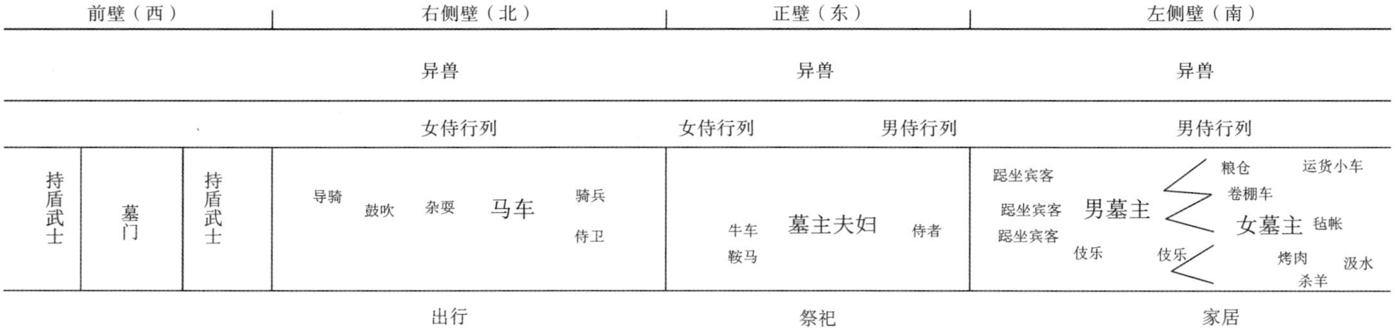

第六章　复古创新：南北朝地域社会中的丧葬模式　391

图6.44　大同沙岭北魏壁画墓壁画图像配置
（据《文物》2006年第10期15—23页绘制）

的男墓主像，坐在带围屏的床榻上，前置一曲足案，案上及旁边地上置1组饮食器具，周边立有男女侍者，这是男墓主受祭的场景。墓主像的左侧是1组伎乐舞蹈和杂耍画像，右侧是鞍马迎谒图，鞍马上没有乘者，所有人皆躬身面向墓主，这是对来世生活的表现。此墓有两具木棺，人骨残骸也分属两个个体。据墓门处的朱书题记"大代和平二年，岁在辛□三月丁巳朔，十五日辛未□□，散骑常侍选部□□、安乐子梁拔胡之墓"，可知墓主梁拔胡葬于和平二年（461）。这段题记写在甬道处的彩画神兽旁，颜色与壁画一致，应是壁画完成时书写的。题记的左侧上方还有墨书的"和平二年"四个小字，字体明显叠压在早期的朱书题记之上，表明是壁画完成后添加的，可能是同年其妻合葬时书写的（图6.10）。

北魏迁洛后的墓葬壁画不多见，目前仅在清河王元怿墓[1]、江阳王元乂墓[2]和安东将军王温墓[3]发现了壁画的残迹。孝昌元年（525）的清河王元怿墓在甬道两壁各绘两名守门武士，武士造型与前述曹连石棺的前挡武士像如出一辙，可能采用了同样的粉本，甬道顶部似有动物和云气纹。太昌元年（532）安东将军王温墓的东壁壁画保存较好，绘轿形帷屋、帷帐屏风及墓主夫妇坐像，是一幅家居生活场景，这是对平城壁画的继承。最引人注目的是孝昌二年（526）江阳王元乂墓残存的天象图，在穹隆式墓顶上绘制由银河及300余颗星星组成的天象（图6.11），强化了天圆地方的墓室模拟宇宙的色彩，这种墓室空间形态也与当时的明堂相似，反映了北魏汉化后对天命观的重视。曾蓝莹认为元乂墓的天象图还与他本人的经历有关，元乂生前曾任"明堂大将"，参与洛阳明堂的建设，而且这幅天象图较西汉以来的天象图更忠实于实际星图，她认为与元乂的经历及死因（政变失败后被赐死）有

---

1 徐婵菲：《洛阳北魏元怿墓壁画》，《文物》2002年第2期；韦娜等：《洛阳古墓博物馆》，中州古籍出版社，1995年。

2 洛阳博物馆：《河南洛阳北魏元乂墓调查》，《文物》1974年第12期。

3 洛阳市文物工作队：《洛阳孟津北陈村北魏壁画墓》，《文物》1995年第8期。

关，是以元义死前的月晕五星天象为蓝本制作的，有"辅君""兵起""贵人死""有赦"等多重象征意义[1]。

（2）北齐壁画

北齐墓室空间进一步规范化，呈非常一致的天圆地方式形态，邺城、晋阳等地的皇室成员和勋贵墓的墓顶高高隆起，与地面平齐，相应的，墓道变长，长长的斜坡墓道和增高的墓室提供了更大的绘画空间，得以营造出一个地下的微缩宇宙（表6.5）。

表6.5　邺城、晋阳北齐墓室壁画布局与内容

墓　葬	墓　道	甬道与墓门	墓　室	墓顶
磁县元祐墓（天平四年，537）[2]	有天井和过洞，过洞上方画建筑物。	壁画残。	正壁绘仿木构屋宇，屋宇内绘墓主受祭图，背后绘7扇屏风；侧壁残存青龙、白虎及官吏。	
磁县茹茹公主墓（550）[3]	上层是方相氏、羽人、凤鸟，下层是由青龙白虎引导的仪仗行列；地面绘花草纹带。	墓门门墙以朱雀为中心，左右绘镇墓神；甬道两侧绘守门侍卫。	正壁以墓主受祭图为中心（居中者冠，两侧为侍女），侧壁残存男女侍者；墓壁上层残存玄武、白虎等神兽。	
磁县湾漳大墓（560）[4]	上层是莲花流云和神兽；下层是青龙、白虎引导的仪仗出行行列，从首端的廊庑建筑向外运动；地面是地毯式的莲花、忍冬纹带。	墓门上方门墙以朱雀为中心绘神禽瑞兽、莲花、忍冬；甬道两壁绘守门侍卫，已残。	分四栏布局，正壁最下栏应是墓主受祭图，仅残存帷幔及人物；上部三栏绘神禽异兽，最上栏每壁分9格绘十二辰及其他动物。	天象图，由银河、星宿构成。

---

1 曾蓝莹：《视觉复制与政治说服：北魏元义墓天象图解析》，巫鸿主编《汉唐之间的视觉文化与物质文化》，文物出版社，2003年，374—424页。

2 中国社会科学院考古研究所河北工作队：《河北磁县北朝墓群发现东魏皇族元祐墓》，《考古》2007年第11期。

3 磁县文化馆：《河北磁县东魏茹茹公主墓发掘简报》，《文物》1984年第4期。

4 中国社会科学院考古研究所、河北省文物研究所编著：《磁县湾漳北朝壁画墓》，科学出版社，2003年，145—189页。

续　表

墓　葬	墓　道	甬道与墓门	墓　室	墓顶
磁县尧峻墓（566）[1]		门墙以朱雀为中心，左右绘羽人、莲花。		
磁县高孝绪墓（天统三年，567）[2]	绘仪仗行列，两壁各存13人。	门墙绘莲花、忍冬、云气纹；石门中心刻神兽，下部刻青龙、白虎、玄武；甬道两侧绘守门侍卫、莲花柱。	残存人物像，推测与湾漳大墓和茹茹公主墓相似。	
太原娄叡墓（武平元年，570）[3]	墓道两壁分三层绘仪仗出行与回归、鼓吹仪仗、驼队。	挂剑门吏、神兽、摩尼宝珠、青龙白虎。	正壁疑为墓主夫妇受祭图；侧壁似为备车、备马图。	天象、四神十二时、雷公等。
朔州水泉梁墓[4]		甬道两壁原绘鞍马出行图，后改绘为2组仪卫，即门口挂剑门吏各1人及两壁仪卫各2人。	正壁在仿木构屋宇内绘墓主夫妇受祭图，背有屏风，两侧是伎乐与侍者，前有献祭食品；侧壁似有改绘现象，原绘有与甬道两壁相连的鞍马图（与娄叡墓似），后改绘为东壁的备马图、西壁的备车图。	（日月、银河）、四神、十二时。
忻州九原岗墓[5]	分四层，自上而下绘神禽异兽、狩猎、备马图、仪仗与回归。	门墙绘仿木构门楼；门额彩绘朱雀；石门浮雕莲花；甬道两壁绘神兽。	残存牛车鞍马等。	残存天象图。

---

[1] 磁县文化馆：《河北磁县东陈村北齐尧峻墓》，《文物》1984年第4期。
[2] 张晓峥、张小沧：《河北磁县北齐皇族高孝绪墓发掘》，中国文物信息网，2010年4月12日。
[3] 山西省考古研究所：《太原市北齐娄叡墓发掘简报》，《文物》1983年第10期。
[4] 山西省考古研究所等：《山西朔州水泉梁北齐壁画墓发掘简报》，《文物》2010年第12期；山西博物院、山西省考古研究所编：《壁上乾坤——山西北朝墓葬壁画艺术》，山西人民出版社，2019年，144—178页；山西博物院、山西省考古研究所：《山西朔州水泉梁北齐壁画墓发掘报告》，科学出版社，2019年，448—117页。
[5] 山西省考古研究所等：《山西忻州市九原岗北朝壁画墓》，《考古》2015年第7期；山西博物院、山西省考古研究所编：《壁上乾坤——山西北朝墓葬壁画艺术》，山西人民出版社，2019年，62—142页。

第六章　复古创新：南北朝地域社会中的丧葬模式　395

续　表

墓　葬	墓　道	甬道与墓门	墓　室	墓顶
太原徐显秀墓（571）[1]	墓道两侧绘以神兽引导的仪仗出行行列；过洞、天井两壁绘鞍马人物；过洞上部绘仿木构门楼。	甬道上方绘神兽，两壁绘仪卫，墓门两侧绘门吏；石门额刻神兽神鸟，门扇浮雕青龙白虎，后改绘为神鸟。	正壁绘墓主夫妇受祭图，背有屏风，两侧是伎乐与侍者，前有献祭食品；西壁是备马图，东壁是备车图，南壁（前壁）门侧绘鼓吹图。	天象图。
磁县高润墓（576）[2]			正壁绘墓主受祭图（以正面端坐墓主像为中心，左右各有侍者6人，手执华盖羽葆等物）；推测东壁为备车图（残存羽葆、华盖、车篷、侍者等），西壁残。	残。
安阳高洋妃颜玉光墓（576）[3]		墓门两侧为男女侍。	正壁残存披甲武士、鹰鸟形象；妇女怀抱婴儿、骑马武士。	
太原南郊热电厂北齐墓[4]			正壁绘3位女子端坐正面像（受祭图），背有屏风，左右为树下男女侍者；侧壁可能是备车图，仅残存属吏、牛车。	天象、乘龙虎仙人、羽人。

上表所列邺城、晋阳的墓室壁画一般以正壁的墓主夫妇受祭图为中心，墓主夫妇正面端坐于帷帐下，以伎乐和侍者围绕，前陈丰盛的献祭饮食；墓室侧壁一般是备车、备马图，备好的车马由群侍簇拥，车无乘者、马无骑者，是为受祭后的墓主夫妇灵魂之旅而备的；墓道是庞大的仪仗出行行列，象征墓主夫妇的来世威仪；在墓室和墓道的上部和穹隆顶上以大量的神禽异兽和天

---

[1] 山西省考古研究所等：《太原北齐徐显秀墓发掘简报》，《文物》2003年第10期。
[2] 磁县文化馆：《河北磁县北齐高润墓》，《考古》1979年第3期；汤池：《北齐高润墓壁画简介》，《考古》1979年第3期。
[3] 安阳县文教局：《河南安阳县清理一座北齐墓》，《考古》1973年第2期。
[4] 太原热电厂北齐墓等。山西省考古研究所等：《太原南郊北齐壁画墓》，《文物》1990年第12期。

象象征灵魂永驻的天上场景。这套图像系统与洛阳差别较大，而与平城北魏墓室画像具有相似的逻辑，将墓室塑造为一个生命状态转化的空间，不同的是由于墓道加长，出现了庞大的仪仗出行行列，更加强化了来世的威仪生活。

邺城、晋阳墓室在图像的选择和安排上也有一些个体差异，与年代和墓主等级有关。年代最早的元祜墓（天平四年，537）墓道有天井和过洞，墓道没有长卷式的出行图，而是在过洞的上方和墓室彩绘仿木构屋宇，正壁的墓主受祭图也被安排在彩绘屋宇内，背后绘7扇屏风。这种墓室结构和壁画配置与关中十六国至北周墓比较相似，或表明了二地丧葬文化的联系。此墓侧壁壁画残损，残存青龙、白虎像，有可能曾绘备马出行图，这种配置比较特殊。

文宣帝高洋的武宁陵（湾漳大墓）和柔然贵族茹茹公主墓，代表了邺城墓葬的最高等级，湾漳大墓在高达12米多的穹隆顶墓室内，以正壁的墓主受祭图为中心，以出行仪仗为主要内容营造了来世生活场景。无论空间规模还是壁画精致程度都彰显了帝王之尊，在墓道两壁绘有由青龙和白虎引导的庞大出行仪仗行列，地面有莲花和忍冬构成的地毯式地画，仪仗行列起自墓道首端的廊庑式建筑，朝外行进，象征着墓主从宫殿出行的情景，以再现威仪的方式营造了来世出行的场景。壁画中另一个重要内容是由神禽异兽和天象营造的来世想象，在墓道的前端有青龙白虎，从墓道到墓门上方、甬道和墓室四壁的上部都绘有大量神禽异兽，尤其在墓室四壁上部，分36格绘十二辰及动物形象，它们与墓顶上象征苍穹的银河及星宿一起营造了一个微缩的来世宇宙（图6.9）。

尧峻墓仅在门墙部位保存下来部分壁画残迹，与湾漳大墓、茹茹公主墓门墙的大朱雀图相似，推测其他部位的画像配置可能也接近。2009年在南水北调中线工程中发掘的磁县北朝墓群M39中，发现了"大齐故修城王墓志铭"墓志盖，墓主应是卒于天统三年（567）的北齐皇族修城王高孝绪，从残存的壁画来看，也应与湾漳大墓和茹茹公主墓壁画配置方式接近。高润墓年代稍晚（隆化元年，576），仅存墓室壁画，正壁是正面端坐的墓主像，左右各有侍者6人，手执华盖羽旌等物，推测画像配置方式也大同小异（图6.45）。

图6.45　磁县北齐高润墓正壁画像
（《考古》1979年第3期，汤池文，图版柒）

　　上述各墓的墓主皆是北齐皇室成员或勋贵，除茹茹公主、高洋、高孝绪、高润等皇室成员外，尧峻在元魏和高齐时期屡立战功，深得朝廷宠信，临终前武成帝高湛"自幸其第，亲相慰抚"（墓志）。娄叡是高湛母之兄子和重臣。这些北齐社会的"精英"阶层有可能采用了相似的宫廷画作粉本。唐代张彦远《历代名画记》记北齐宫廷画家有高孝珩、萧放、杨子华、田僧亮、刘杀鬼、曹仲达诸人，除曹仲达善佛画外，其余皆有为宫室画壁的经历。其中，与高孝绪同辈的高孝珩是神武帝高欢之孙、文襄帝高澄次子，"尝于厅事壁上画《苍鹰》，睹者疑其真，鸠雀不敢近。又画《朝士图》，当时绝妙"。杨子华以鞍马人物取胜，又"善写龙兽，能致风云""世祖（即高湛）重之，使居禁中，天下号为画圣，非有诏不得与外画""自像人以来，曲尽其妙，简易标美，多不可减，少不可逾，其唯子华乎"[1]。刘杀鬼与杨子

---

1 [唐]张彦远著，俞剑华注释：《历代名画记》卷8，上海人民美术出版社，1964年，157页。

华同时,俱为世祖所重,曾为邺城宫室和佛寺作画。

晋阳发现的北齐墓室壁画保存状态更佳,可能与作画程序有关,砖壁上大多有较厚的白灰层,中间没有地仗层,白灰与砖壁吸附紧密,壁画不易脱落。晋阳画像的基本配置与邺城相似,也是以正壁的墓主受祭图为中心,以侧壁的牛车、鞍马出行和墓道的仪仗构建来世场景,但在细节上存在一些差别,这可能是由于粉本的差异所致。唯一有明确纪年的是武平二年(571)武安王徐显秀墓,壁画配置方式与邺城皇室成员墓所见类似,正壁的墓主夫妇受祭图保存相当完整,似乎比邺城地区有更完整的表现(图 6.13)。朔州水泉梁墓正壁的墓主夫妇正面端坐于彩绘的屋宇之下,背有屏风,左右两侧绘伎乐和侍者,前置盛储饮食的高足杯和平底盘,二人手持饮食器,构建了一幅完整的饮食献祭场景。较为特殊的是太原南郊热电厂北齐墓,正壁绘三位女子的正面端坐屏风像,左右为树下男女侍者,此屏风画与山东地区的北齐壁画有密切关系,同时又是唐代墓室屏风画的源头(6.14)。

值得注意的是,水泉梁墓壁画的画幅大小、绘画风格和水平很不一致,甬道和墓室侧壁的人物群像比例大小悬殊。发掘者认为这是画师对远近透视关系的探索与尝试,以个体较大的门吏等人物像作为近景,而以个体较小的骑马仪仗作为远景[1]。南北朝时期确实出现了远小近大的透视画法,南朝宗炳在《画山水序》中提出了山水画的心得,"诚由去之稍阔,则其见弥小。……竖划三寸,当千仞之高,横墨数尺,体百里之迥"[2],但当时的壁画中并没有发现透视关系明显的例子,即使绘画水平很高的太原徐显秀墓中也没有出现这样的远近景画法,甚至唐代的人物群像中,也很少见到远小近大的画法。因此,水泉梁墓壁画中的人物大小不一致的情况,恐怕还不能以透视画法来解释,更有可能是二次绘制而成的。

---

[1] 山西博物院、山西省考古研究所:《山西朔州水泉梁北齐壁画墓发掘报告》,科学出版社,2019年,60、154页。

[2] 前揭《历代名画记》卷6,130页。

根据人物群像的画幅、风格，明显可以看出两套图像：位于底层的画幅较小，在甬道两壁、墓室侧壁绘制相连贯的鞍马出行图，出行图的结构与娄叡墓的墓道壁画相似，一侧是出行，另一侧是回归，这部分的绘画水平较为稚嫩，上色似乎尚未完成。位于上层的画幅较大，由甬道口的挂剑门吏和仪卫、墓室侧壁的备马、备车图构成，此与徐显秀墓的画像结构相似，绘画水平要明显优于下层。这两套图像存在着明显的叠压现象，下层的小幅画像是先绘制的，上层的大幅画像是后绘制的。首次绘画时可能采取了与娄叡墓同样的粉本，除了甬道和墓室基本与娄叡墓相似外，墓顶所绘四神十二时及天象也相似；改绘时采取了与徐显秀墓相似的粉本，以完整的夫妇受祭图及备车、备马图作为墓室画像的内容（图6.15）。

那么是什么原因导致了水泉梁墓壁画的改绘呢？最大的可能是合葬，但情况与前述大同北魏沙岭壁画墓和仝家湾M9（梁拔胡夫妇合葬墓）都不同。沙岭壁画墓是为夫妻合葬而设计的，壁画表现的是夫妇受祭、夫妇出行；梁拔胡墓的壁画只为男墓主而作，其妻合葬时对壁画未作改动。但是，水泉梁墓因合葬而两次绘画，壁画的内容、风格和水平相差较大，说明两次下葬的间隔时间较长，第一次绘制时，采取了与娄叡墓相似的图式，在墓道和墓壁绘连续的鞍马出行图；第二次改用与徐显秀墓相似的图式，墓道和甬道门吏、仪卫、鼓吹图覆盖了原来的鞍马出行，墓室两个侧壁则用备马、备车图覆盖了原来的鞍马出行与回归（图6.46）。类似的壁画改绘情况并不鲜见，如唐代的金乡县主墓，夫妻下葬间隔了34年，壁画内容也存在明显的重层现象（详见后述）。

北齐另一个墓室壁画集中的地区是青州地区，由于墓室结构和地缘关系，壁画内容和配置方式与核心地区的邺城和晋阳有较大差别（表6.6）。青齐地区流行石室墓，墓室的规模不大，纵高也不高，墓道都很短，不见邺城那样的大场面出行仪仗，绘画空间位于甬道和墓室，一般以屏风方式构图。迄今只发现3座保存较好的北齐壁画墓。

400　中古丧葬模式与礼仪空间

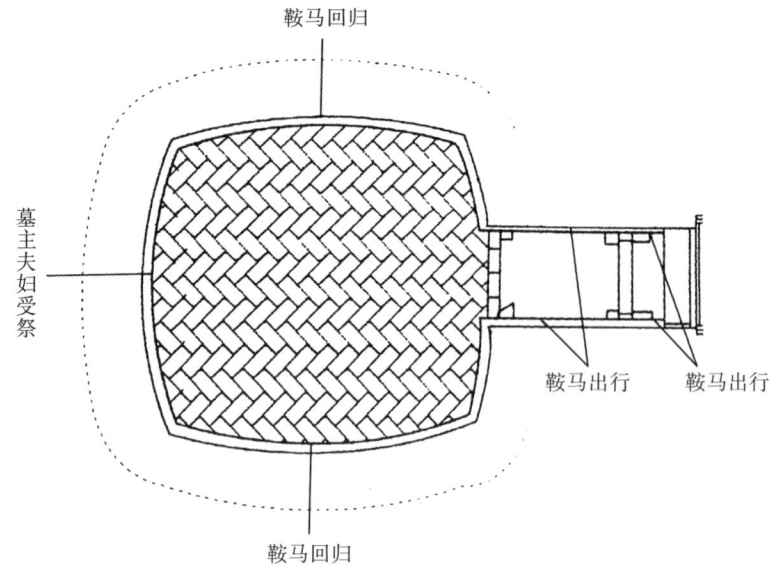

鞍马回归

墓主夫妇受祭

鞍马出行　鞍马出行

鞍马回归

1. 首次绘画内容

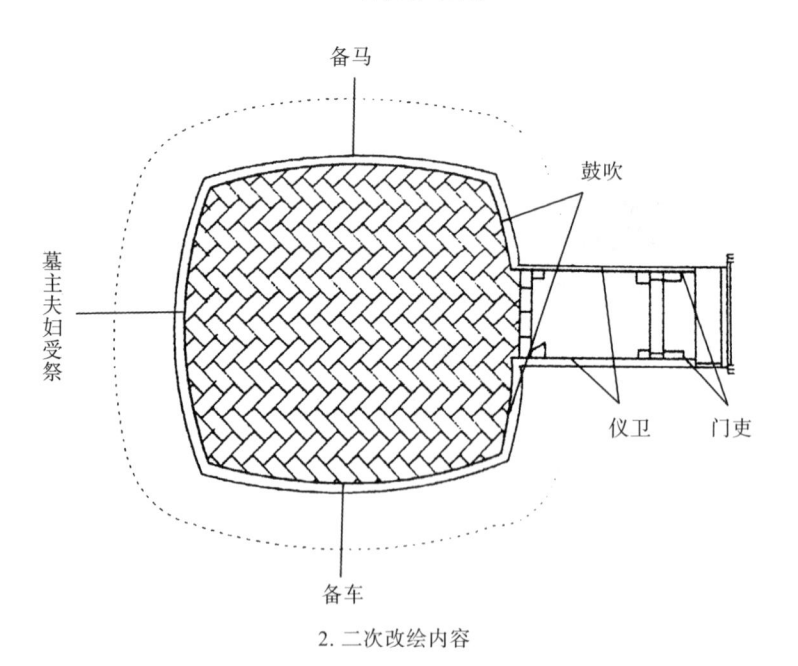

备马

鼓吹

墓主夫妇受祭

仪卫　门吏

备车

2. 二次改绘内容

图 6.46　朔州水泉梁墓壁画的二次绘制内容
（据《壁上乾坤——山西北朝墓葬壁画艺术》145 页制）

第六章　复古创新：南北朝地域社会中的丧葬模式　401

表6.6　青州地区北齐墓室壁画

墓葬	墓室四壁	墓门与甬道	顶部
临朐崔芬墓（天保二年，551）[1]	西壁（右壁）壁龛上方绘墓主夫妇出行群像。四壁下层17扇屏风，其中8扇绘树下人物，有侍女侍侧，以假山树木为背景；4扇仅绘树木和假山；2扇绘备骑、系马图；1扇绘二舞伎；2扇留白。	甬道两壁原刻挂剑武士，后改绘为持盾武士。	四神二十八宿（女神御青龙、女神御白虎、男神与玄武、朱雀）。
济南东八里洼壁画墓[2]	东、西、北壁各残存2侍女形象。北壁与东壁拐角处绘8扇屏风，中间四扇屏风各绘1袒胸跣足之树下宴乐人物，旁立侍童。	门墙绘神兽。	
济南市马家庄□道贵墓（武平二年，571）[3]	正壁（北壁）9格屏风，墓主端坐，两侧各1侍者；东壁绘备马图、西壁备车图；前壁（南壁）墓门两侧绘挂剑门吏。		天象（北斗南斗、日月）。

临朐县发现的天保二年（551）南讨大行台都军长史崔芬墓的壁画保存最完整，但可能是一组未完工的壁画（图6.47）。基本结构是以正壁（北壁）为中心向左右展开，左右两侧绘17扇屏风，其中位于东壁的备马出行图和西壁的鞍马回归图大致处于对称位置，以备马待行和系马于树表现墓主的出行与回归。按照邺城地区的壁画结构，这组画像应表现的是墓主受祭图，但此处未见墓主画像，从南壁墓门左侧两扇留白的屏风来看，此墓壁画尚未完工，这可能是正壁不见墓主端坐像的原因。左右两侧的另外15扇屏风中，有8扇绘树下人物、1扇绘舞伎，其他6扇或仅绘树木假山，或留白。8扇屏风中的树下人物皆坐于方形茵席上，袒胸露背，姿态各异，皆有侍女侍侧，与南朝墓室壁画所见的竹林七贤图相似，发掘者认定为"竹林七贤与荣启期"。虽然

---

[1] 山东省文物考古研究所等：《山东临朐北齐崔芬壁画墓》，《文物》2002年第4期。
[2] 山东省文物考古研究所：《济南市东八里洼北朝壁画墓》，《文物》1989年第4期。
[3] 济南市博物馆：《济南市马家庄北齐墓》，《文物》1985年第10期。

402　中古丧葬模式与礼仪空间

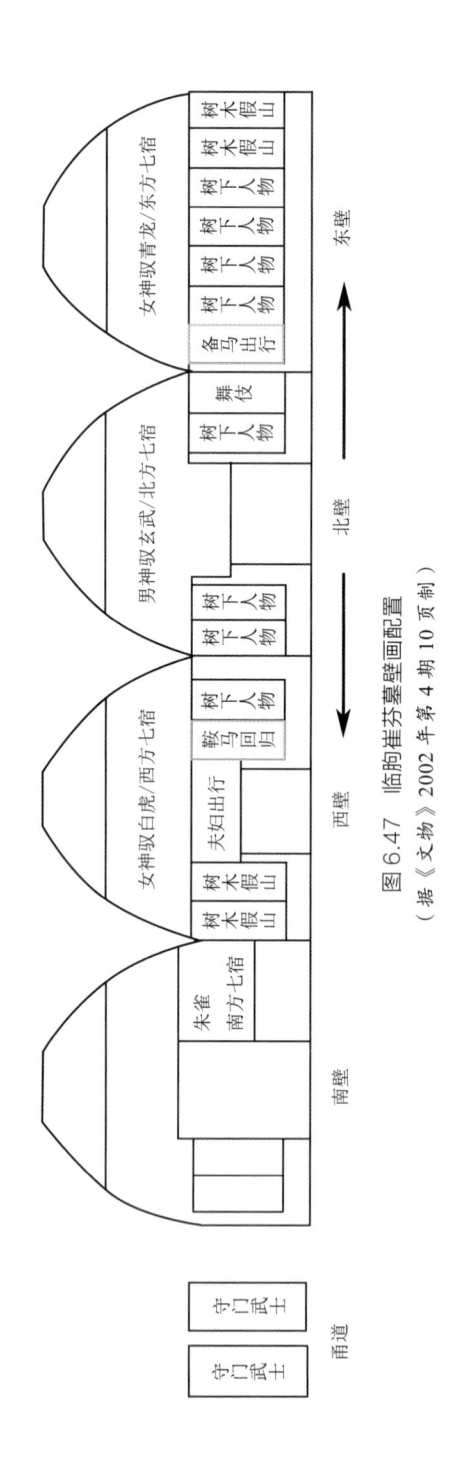

图 6.47　临朐崔芬墓壁画配置
（据《文物》2002 年第 4 期 10 页制）

树下人物放浪不羁的姿态与竹林七贤画像十分相似,但未必确指竹林七贤与荣启期,估计留白的 2 扇屏风和仅画了树木假山的屏风原本也是有类似人物像的,因此,郑岩称之为高士图而不称为竹林七贤与荣启期图是谨慎的,他认为这组高士图比较完整地接受了南朝竹林七贤与荣启期壁画的内容与形式[1]。

此墓右壁(西壁)的壁龛上部绘有 1 组人物群像,由 16 人组成,其中 4 位形体高大者应分别代表男墓主及男近侍、女墓主及女近侍,被其他 12 位男女侍者簇拥着向左行进(图 6.16)。郑岩注意到这幅群像与邺城地区的正襟危坐墓主像不同,是一种动态的群像,这种半侧面行进的雍容华贵人物的仪态,与文献所记的"左右扶托""入则扶持""迟形缓步"的仪貌一致。他认为这种图式与《洛神赋图》、龙门石窟中的《帝后礼佛图》等表现手法一致,反映了宗教题材与丧葬题材的共用情况[2]。这幅图是与一般位于正壁的正面端坐像是不同的,不是为了表现受祭的灵魂,而是对来世生活的描绘,只不过这里以不同于邺城和晋阳的仪仗出行来表现来世。

这组壁画带有较浓厚的南方风尚,也有来自洛阳的传统,而与具有浓厚北方民族风格的邺城地区北齐画像格格不入,这表明当时的青州地区尚未接受来自邺城的最新风尚。也可能与崔芬本人曾在南征的军中任职经历有关(墓志记"武定八年……复征南讨大行台都军长史")。

崔芬墓的另一个特殊之处是墓顶的四神二十八星宿画像,是对中原地区同类题材的创新。四神有御者,东侧是女神御青龙,西侧是女神御白虎,北侧是男神御玄武,仅南侧的朱雀没有御者。朱雀的造型与邺城墓门门墙上的大朱雀相似。甬道两壁原来刻有挂剑武士,是着小冠的武士形象,这与洛阳北魏石棺上的守门武士形象相似,但后来又在石刻武士像上加上彩绘,改成了更威猛的持盾铠甲武士像,这里第二次彩绘的武士应与墓室其他壁画的彩

---

1 前揭《逝者的面具——汉唐墓葬艺术研究》,342 页。
2 前揭《逝者的面具——汉唐墓葬艺术研究》,344—347 页。

绘是同时完成的。原来的石刻武士可能是对前代北魏墓室建材的再利用，利用前代石室墓的情况在山东地区是有先例的。

济南东八里洼壁画墓的画像内容不完整，在北壁绘有带足的8扇屏风，中间4扇各绘一个袒胸跣足的宴乐人物，旁立侍童，东、西壁残存侍女形象。屏风上部还绘出了帷幔，虽然没有出现墓主像，但从东西两壁不见屏风而是侍女像来看，也是以北壁为构图中心的，屏风是整个墓室空间的背景。

济南市马家庄发现的武平二年（571）祝阿令□道贵墓，比崔芬墓晚了20年，也采取屏风式构图，但壁画内容已经相差较大，而与邺城地区更加接近。正壁（北壁）9格屏风，墓主端坐，两侧各一侍者。东壁绘备马图、西壁绘备车图；前壁（南壁）墓门两侧绘挂剑门吏。正壁的墓主像头戴巾子，着大领广袖便服，低眉颔首，作逝者之相，应是墓主受祭图（图6.17）。这正是当时邺城和晋阳地区高等级墓葬流行的图式，墓主像与高润墓、太原南郊北齐墓的表现尤其接近。虽然墓葬的规模和壁画简略得多，但显然是受到了核心地区壁画图式的影响。

除了上述3座北齐壁画墓外，临淄崔氏墓地的武平四年（573）崔博墓也发现了壁画残迹，在墓门两侧彩绘武士像[1]，但未知具体样式。至于青州傅家发现的武平四年（573）线刻画像残石[2]采取的是洛阳北魏时期流行的线刻技术，郑岩认为可能与迁邺后洛阳工匠的流徙有关，他通过对比西安、太原、安阳等地发现的粟特葬具，认为这些残石应属于一具石椁或石棺，画像内容借用了大量粟特美术的绘画样本，墓主可能生前是与粟特人有密切联系的汉人或鲜卑人[3]。这也表明青州地区虽然短时期内出现了南朝化的倾向，但北齐时期逐渐加强了与中原核心地区的联系。

---

[1] 山东省文物考古研究所：《临淄北朝崔氏墓地》，《考古学报》1984年第2期。
[2] 夏名采：《益都北齐石室墓线刻画像》，《文物》1985年第10期。
[3] 前揭《逝者的面具——汉唐墓葬艺术研究》，266—306页。

（3）北周壁画

如前所述，宇文氏治下的西魏北周丧葬模式迥异于同时期的邺城与建康，在墓室空间营造上抛弃了洛阳形成的微缩宇宙模式，不再追求天圆地方的形态，而以多重天井和过洞模拟重重宅院。墓室只是一个简单的土洞，无法构建砖室墓那样的高大穹隆顶，墓室空间相对逼仄。这种墓室结构与汉代宅第墓的营造理念有很大不同，应是一种源自河西、在十六国时期的关中地区发展起来的墓室结构。这样独特的墓室结构造成了壁画配置的独特性，受天井和过洞结构的影响，无法在墓道绘制长卷式的出行图，而是绘单幅的武士像，象征多重宅院的守御者；在天井、过洞和甬道上方门墙彩绘楼阁，象征多重庭院；在墓室内绘单幅的侍从、伎乐图，不见邺城地区流行的墓主受祭图和备车、备马图；墓顶低矮，一般不见壁画。

目前在咸阳、固原等地发现的多座西魏北周勋贵墓中都发现了壁画残迹，如大统十年（544）太师开府参军事侯义墓[1]、保定四年（564）骠骑大将军田弘墓、保定五年（565）大将军宇文猛墓、天和四年（569）大将军大都督李贤墓、建德四年（575）骠骑大将军叱罗协墓、建德五年（576）仪同大将军王德衡墓、宣政元年（578）骠骑大将军若干云墓、宣政元年（578）大都督独孤藏墓、大成元年（579）上柱国尉迟运墓等[2]。除了西魏侯义墓外，基本是北周"九命"以上的勋贵。但这些墓葬大多仅保留下来作为画幅分隔的红色宽带纹，个别保存下来武士、侍女像。以固原大都督李贤墓的壁画保存得最完整，此外骠骑大将军田弘墓也保存下来一部分壁画。

李贤夫妇合葬墓是一座由墓道、3组天井和过洞、甬道和穹隆顶组成的土洞式单室墓，在墓道、天井、过洞、甬道和墓室等处都有壁画。在三个过洞的上方门墙上以黑红二色绘仿木构门楼，最前部的第一过洞上方是二层庑

---

1 咸阳市文管会、咸阳博物馆：《咸阳市胡家沟西魏侯义墓清理简报》，《文物》1987年第12期。
2 负安志：《中国北周珍贵文物——北周墓葬发掘报告》，陕西人民美术出版社，1993年。

殿顶式门楼，有鸱尾、屋脊、瓦垅、立柱、斗拱、勾栏结构，第二、三过洞上方绘的是单层门楼。在墓道的两壁绘 20 幅对称的单幅武士图，皆正面形象，先在白灰面上以黑色勾画轮廓，再用红色在脸部和衣褶处晕染。最前部的 2 幅是手拄仪刀的门吏，后面过洞和天井两侧的武士象征守卫，或着裲裆明光铠，或穿裤褶，双手持刀。墓室四壁以红色边框分隔，绘多幅单体侍者像，保存完整的几幅为侍女和伎乐像，皆呈正面姿态[1]（图 6.48）。

  李贤墓壁画代表了关中地区北周壁画的基本图式，其主要特征是：在以多重天井和过洞模拟的重重宅院内，以彩绘的门楼和夹道而立的卫士象征层层递进的宅院，过洞和彩绘的门楼起到分隔宅院内外的作用；墓室以侍女和伎乐象征内宅生活；所有人物皆为单体的正面像，不见人物群像，也没有以墓主为中心的受祭图和表现来世生活的出行、户外狩猎、神仙世界等内容。这些特征与同时期的北齐壁画形成巨大反差，没有明确的叙事主题和逻辑，仅以静态的方式描绘了宅院内外的场景。此外，壁画的绘画水平也明显逊色于北齐，不见复杂的人物群像和动感十足的鞍马人物，只有较为僵化的正面人像，人物表情呆滞、动作僵硬、技法相对稚拙。造成这种明显的东西差异的原因，首先是丧葬空间营造的理念不同，北周将墓室营造为一个静态的死者来世生活的空间，并不强调生者与死者的互动，而北齐则将墓室营造为一个动态的生死互动的空间，通过生者对死者的祭祀完成了从生到死的转化。其次是关中与关东地区在经济、文化艺术水平等方面的悬殊。北齐所在的中原华北地区本身农桑条件优越，又较完整地继承了洛阳的文化和工艺传统，聚集了大量工艺巧匠和文人、画家，因此无论壁画还是陶俑制作皆显示出高超的技艺，而关中地区自西晋永嘉之乱以后，居民华戎交错、农桑也不发达，汉文化水平和工艺自然不可与关东同日而语。作为俘虏进入关中的南

---

[1] 宁夏回族自治区博物馆等：《宁夏固原北周李贤夫妇墓发掘简报》，《文物》1985 年第 11 期。

第六章 复古创新：南北朝地域社会中的丧葬模式 407

图 6.48 固原北周李贤墓壁画配置
（据《文物》1985 年第 11 期 2 页制）

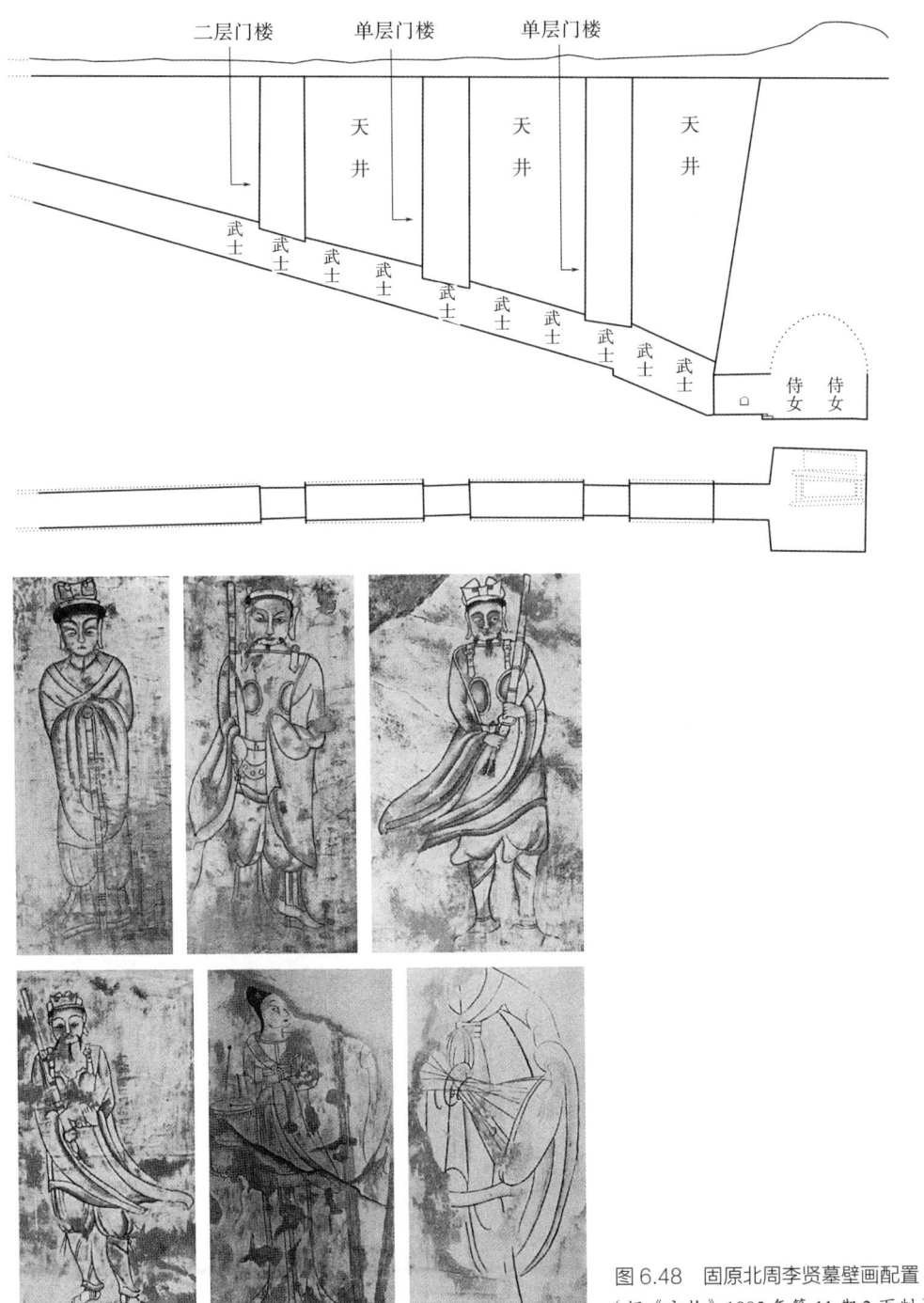

方文人如颜之推等，怀有浓重的弃周就齐、内齐外周的观念，也正是关中文化存在巨大差距的反映。以画家而论，北齐有杨子华、高孝珩、萧放、田僧亮、刘杀鬼、曹仲达等著名画家，皆善鞍马人物，而北周著名画家仅冯提伽一人，张彦远评价："提伽之迹，未甚精密，山川草树，宛然塞北。车马为得意，人物非所长。"[1] 因此，北周墓室壁画反映的不仅是"关中本位"思想下的丧葬观念，而且是文化和工艺水平的差距。

比李贤墓早了6年的骠骑大将军田弘墓，虽然壁画保存状况欠佳，但画风不同于李贤墓和其他北周壁画。主室北壁通往后室的门口绘有文武门吏各二人，其他壁面坍塌；后室西壁保存下5个持刀武士，人物的前后左右有重叠部分，这是一种群像的画法[2]，在其他北周墓壁画中不见。此外，北壁门吏的画法是在白灰面上勾勒轮廓，再上红色，面部采用了晕染手法（发掘报告彩版一三），这也是其他北周墓不见的现象。田弘墓与李贤墓都处在固原南郊，苏哲认为这种画风的不同与两墓的工匠集团不同有关，田弘墓人物的面部晕染手法与敦煌西魏288窟，北周296窟、461窟的人物画相似，说明原州与敦煌画工之间有某种交流[3]。其实，田弘墓以人物重叠的手法表现仪卫群像在北齐墓中更为常见，文官和武吏的脸型皆为椭圆形，人物的体态和服饰、脸颊上的晕染现象等都与北齐人物十分相似。田弘墓壁画的特殊性可能与他本人的经历有关，据著名文学家庾信亲撰的神道碑[4]、墓志及《周书》本传，田弘一生南征北战，在蜀地、荆襄及关陇等地都立有战功，尤其曾封雁门郡公，食邑三千七百户，去世前一年在隋公杨忠率领的伐齐军中任大将军，会师晋阳。田弘的这些经历使得他有可能舍弃关中画工，而采取北齐新式画作粉本。

---

1 前揭《历代名画记》卷8，161页。
2 原州联合考古队：《北周田弘墓》，文物出版社，2009年，125—128页。
3 前揭《北周田弘墓》，197页。
4 [北周]庾信撰，[清]倪璠注，许逸民校点：《庾子山集》第三册卷一四，中华书局，1980年，843、846页。

综上所述，北朝墓室壁画存在两个地域子传统——北齐图式和北周图式：北齐图式以位于正壁的墓主受祭图为中心，在左右两壁对称配置准备出行、庭院生活等象征来世的内容，这种图式将墓室营造为生死互动的空间，通过生者对死者的祭祀完成了从生到死的转化；北周图式中没有墓主受祭图，而是以影作门楼和夹道而立的卫士象征宅院森严，墓室以侍女和伎乐象征内宅生活，这种图式是将墓室营造为单纯的死者来世生活的空间，并不强调生者与死者的互动。这两种壁画图式的主要区别在于墓主像的有无，墓主的存在与否反映了塑造墓室空间的理念差别。此外，北齐和北周图式的墓道壁画也存在差异，北齐墓道绘庞大的仪仗出行群像，是一个极富动感的出行与回归场景，而北周墓道没有连续的出行群像，仅有肃立的仪卫像，并不强调出行或回归的动感，而是象征了宅第前的门禁威严。

3. 南朝画像砖

画像砖是渊源于秦汉的墓砖装饰手法，以模印方式作出图案，再入窑烧造。汉代以后，当中原北方地区开始以彩绘壁画或石刻装饰墓壁，南方地区则主要流行画像砖，这可能与南方地势卑湿而画像砖能长期保存有关，现在发现的画像砖是各种墓壁装饰中保存状态最佳的。南方六朝墓葬中的画像砖大多一砖一画，内容与北方壁画和画像石内容相似，有家居宴饮、出行狩猎、神禽瑞兽、历史故事等内容，也有吉祥文字，但受到画幅的限制而简略得多。这种一砖一画的画像砖流行于整个六朝时期的墓中，往往一个地区画像砖的内容和风格几乎相同，可能是本地作坊批量制作的。除了一砖一画的画像砖，从东晋开始出现了以多块画像砖拼合成一幅画像的做法，较早的一例是南京迈皋桥发现的东晋永和四年（348）墓，是用三块砖的端面拼合而成的老虎图案，四周有"虎啸山丘"铭文[1]。南朝时期出现了由多块砖拼合而

---

[1] 南京市文物保管委员会：《南京六朝墓清理简报》，《考古》1959年第5期。

成的复杂图像，为了方便工匠砌筑，往往在砖的侧面刻有文字或序号。这种拼合式的画像砖在制作程序上要复杂得多，需将画作粉本合理分配到每一块砖上，对于粉本的选择与设计、模具设计与制作、砖的烧制与拼装等提出了更高的要求[1]，恐怕不是一般的作坊和普通的工匠能完成的，应该是专门设计，由多人分工协作完成的。正因如此，目前所见的拼合画像砖都出自南朝时期的高等级墓，其中最复杂的图像如竹林七贤等，都出自帝王级的大型砖室墓。

（1）画像砖的内容与呈现方式

多砖拼砌的画像砖有过多种称呼，如"拼镶砖画""砖拼壁画""砖印壁画""拼砌砖画"等，为了方便讨论它与一砖一画的画像砖在呈现方式上的差别，此处称作"拼合画像"，而将一砖一画者称作"单体画像"。将南朝发现这两种画像砖的墓葬列表如下，可以看出拼合画像砖和单体画像砖在使用上有显著的等级和地区差别（表6.7）。

表6.7 南朝画像砖配置与内容

序号	墓葬	墓主身份与年代	墓葬结构	画像配置方式与内容 拼合画像	画像配置方式与内容 单体画像	资料出处
1	丹阳胡桥鹤仙坳墓	齐景帝萧道生修安陵	椭圆形，设挡土墙，长15米。	甬道两壁（狮子）；墓室两壁（推测为青龙、白虎、竹林七贤与荣启期、出行仪仗）。		南京博物院（1974）[2]
2	丹阳建山金家村墓	齐明帝萧鸾兴安陵	椭圆形，长13.6米。	甬道顶部（日、月），其他同吴家村墓。		南京博物院（1980）[3]

---

1 南京市博物馆总馆、南京市考古研究所编著：《南朝真迹——南京新出南朝砖印壁画墓与砖文精选》，江苏凤凰美术出版社，2016年，14页。

2 南京博物院：《江苏丹阳胡桥南朝大墓及砖刻壁画》，《文物》1974年第2期。

3 南京博物院：《江苏丹阳县胡桥、建山两座南朝墓葬》，《文物》1980年第2期。

第六章　复古创新：南北朝地域社会中的丧葬模式　411

续　表

序号	墓葬	墓主身份与年代	墓葬结构	画像配置方式与内容		资料出处
				拼合画像	单体画像	
3	丹阳胡桥吴家村墓	齐和帝萧宝融恭安陵	椭圆形，长13.5米。	甬道两壁（挂刀武士、狮子）；墓室两壁（青龙、白虎、仙人、竹林七贤与荣启期、出行仪仗）。		南京博物院（1980）[1]
4	南京栖霞区狮子冲墓	梁昭明太子萧统及母丁贵嫔	近椭圆形，设2重石门；M1长14.2米，M2长15.2米。	未完全揭露；M1：羽人与白虎、竹林七贤；M2：羽人与白虎、仙人持幡等。		南京市考古研究所（2015）[2]；许志强、王志高（2006、2015）[3]、张学锋（2015）[4]
5	南京西善桥宫山墓	陈废帝陈伯宗	椭圆形，设1道石门，长8.95米。	墓室两壁：竹林七贤与荣启期。		南京博物院（1960）[5]、罗宗真等（2004）[6]
6	南京西善桥罐子山墓	陈宣帝陈顼	椭圆形，设2重石门，长10米。	甬道：西壁残存狮子图案。		罗宗真（1963）[7]
7	南京雨花台铁心桥墓M1	南朝中晚期帝王或宗室	长方形，设石门，长约9米。	散落的拼砌画像砖（竹林七贤、龙、虎、天人）。		南京市博物馆（2015）[8]

1　南京博物院：《江苏丹阳县胡桥、建山两座南朝墓葬》，《文物》1980年第2期。
2　南京市考古研究所：《南京栖霞狮子冲南朝大墓发掘简报》，《东南文化》2015年第4期。
3　王志高：《梁昭明太子陵墓考》，《东南文化》2006年第4期；《再论南京栖霞狮子冲南朝陵墓石兽的墓主人身份及相关问题》，载《六朝建康城发掘与研究》，江苏人民出版社，2015年，285—295页。
4　许志强、张学锋：《南京狮子冲南朝大墓墓主身份的探讨》，《东南文化》2015年第4期。
5　南京博物院、南京市文物保管委员会：《南京西善桥南朝墓及其砖刻壁画》，《文物》1960年第8、9期合刊。
6　罗宗真、王志高：《六朝文物》，南京出版社，2004年，79页。
7　罗宗真：《南京西善桥油坊村南朝大墓的发掘》，《考古》1963年第6期。
8　南京市博物馆：《南京市雨花台区铁心桥小村南朝墓发掘简报》，《东南文化》2015年第2期。

续　表

序号	墓葬	墓主身份与年代	墓葬结构	画像配置方式与内容 拼合画像	画像配置方式与内容 单体画像	资料出处
8	邗江酒甸墓	南朝梁	弧长方形，M1长6.46米，M2长6.2米。	莲花、"千秋万岁"、怪兽。	男女供养人、莲花、小佛像。	扬州博物馆（1984）[1]
9	常州戚家村墓	南朝末	椭圆形，设1道石门，长6米。	龙、虎、凤凰、狮、飞天、"千秋万岁"、神兽等。	武士、男女侍、天禄、辟邪等。	常州市博物馆（1979）[2]
10	常州褚家塘墓、田舍村墓	南朝梁陈时期	褚家塘墓为长方形，长6.75米；田舍村墓为椭圆形，设2道木门，长6.6米。	褚家塘墓：莲花、卷草、花叶）；田舍村墓：骑马出行、马车出行、麒麟、狮子、仙女与鹿、飞天、凤凰。	莲花、侍女。	常州市博物馆等（1994）[3]
11	余杭闲林埠庙山墓	南朝晚期豪族	弧长方形，长7.6米。	墓室两壁分层布局朱雀、挂刀武士、文士、僧人；后壁：朱雀。		杭州市文物考古所（1992）[4]
12	余杭小横山墓地	东晋晚期至南朝豪族	大型墓长达6米以上，近椭圆形。	M1墓室两壁：羽人戏龙、羽人戏虎；M8甬道口：守门武士；M9：守门武士、狮子、"千秋万岁"；M10：守门武士等。	挂刀武士、侍女、力士、太阳、四神、"千秋万岁"、凤鸟、狮子、飞天、宝珠、莲花化生、宝瓶莲花。	杭州市文物考古研究所等（2013）[5]

1　扬州博物馆：《江苏邗江发现两座南朝画像砖墓》，《考古》1984年第3期。
2　常州市博物馆：《常州南郊戚家村画像砖墓》，《文物》1979年第3期。
3　常州市博物馆、武进县博物馆：《江苏常州南郊画像、花纹砖》，《考古》1994年第12期。
4　杭州市文物考古所：《浙江省余杭南朝画像砖墓清理简报》，《东南文化》1992年第3期。
5　杭州市文物考古研究所、余杭博物馆：《余杭小横山东晋南朝墓》，文物出版社，2013年，357—359页。

续　表

序号	墓葬	墓主身份与年代	墓葬结构	画像配置方式与内容 拼合画像	画像配置方式与内容 单体画像	资料出处
13	邓县学庄南朝墓	南朝齐梁时期	长方形，内设砖柱，长9.8米，高3.2米。	砖柱下部拼砌挂刀武士像。	东西两壁12个方柱上：孝子故事、四神、凤凰、"千秋万岁"、牛车出行、乐舞、高士；另有彩绘（挂刀武士及神兽）。	河南省文化局文物工作队（1958）[1]
14	襄阳贾家冲M1	南朝梁	长方形，内设砖柱，长8.59米。		龙、虎、狮、"千秋万岁"、香炉、净瓶、飞天、羽人、佛像、供养人、孝子故事、出行。	襄樊市文物管理处（1986）[2]
15	谷城龙湾M1	南朝齐梁	长方形，长6.54米。		二龙戏珠、供养人、香炉、飞天、武士、莲花等。	谷城县博物馆（2013）[3]
16	襄阳清水沟M1	南朝	长方形，内设砖柱，长8.47米。		全墓画像砖：莲花、忍冬、虎、狮、"千秋万岁"、香炉、飞天、供养人、孝子故事、王子乔、仙人、出行、骑士出征。	襄阳市文物考古研究所（2017）[4]

1　河南省文化局文物工作队：《河南邓县彩色画像砖墓》，文物出版社，1958年。
2　襄樊市文物管理处：《襄阳贾家冲画像砖墓》，《江汉考古》1986年第1期。
3　谷城县博物馆：《湖北谷城六朝画像砖墓发掘简报》，《文物》2013年第7期。
4　襄阳市文物考古研究所：《湖北襄阳麒麟清水沟南朝画像砖墓发掘简报》，《文物》2017年第11期。

续　表

序号	墓葬	墓主身份与年代	墓葬结构	画像配置方式与内容 拼合画像	画像配置方式与内容 单体画像	资料出处
17	襄阳柿庄M15	南朝	长方形，内设砖柱，长6.48米。		全墓画像砖："千秋万岁"、四神、孝子故事、莲花、忍冬、净瓶、香炉、龙、虎、飞天、供养人、鼓乐。	襄阳市文物考古研究所（2019）[1]
18	谷城肖家营墓	南朝	M40：长方形，长7.92米；2010 M1：长方形，长7.3米。		大部分用画像砖：莲花、龙、凤鸟、净瓶、羽人。	襄樊市考古队等（2006）[2]
19	襄阳羊祜山M24	南朝	长方形，长5.2米。		棺床前嵌朱雀砖，床面平铺莲花砖；另有造型砖塔。	
20	襄阳樊城吴家坡M56	南朝	长方形，长3.74米。		全墓画像砖：虎、莲花、供养人、男侍。	襄阳市博物馆等（2016）[3]
21	襄阳樊城杜甫巷墓	南朝	M82：长方形，长2.8米；M88：长方形，长2.8米。		全墓画像砖，仅端面模印画像：飞天、香炉、侍女、忍冬。	
22	谷城三岔路M2	南朝	长方形，长3米。		少量羽人与青龙、单龙图案。	

[1] 襄阳市文物考古研究所：《湖北襄阳柿庄南朝画像砖墓发掘简报》，《文物》2019年第8期。
[2] 襄樊市考古队、谷城县博物馆：《湖北谷城县肖家营墓地》，《考古》2006年第11期。
[3] 襄阳市博物馆、襄阳市文物考古研究所、谷城县博物馆编：《天国之享——襄阳南朝画像砖艺术》，科学出版社，2016年。

续 表

序号	墓葬	墓主身份与年代	墓葬结构	画像配置方式与内容 拼合画像	画像配置方式与内容 单体画像	资料出处
23	闽侯南屿官山墓	南朝齐梁时期	长方形，长5.8米。	宝瓶插花、莲花、香炉。	墓室两壁：青龙白虎、香花供养、诵经僧人、飞仙、瑞兽、莲花、忍冬、卷草。	福建省博物馆（1980）[1]

首先，在建康地区的南朝帝陵或宗室墓中，普遍使用拼合画像（表6.7：1—7）；在建康以外的长江下游豪强墓中，既有拼合画像，也有单体画像（表6.7：8—12）；而在远离都城的襄阳、福建闽侯等地，除了极个别墓外，基本都是单体画像（表6.7：13—23）。显然，拼合画像砖是一种极具等级标识和地域特色的装饰方式。

耿朔对南朝拼合画像砖的材料、技术与艺术做过复原和精彩的讨论[2]。左骏等对南京鹤仙坳墓的用砖类型、品质、砖作技艺、印模、砌筑程序等做过详细考察，认为拼合画像砖作为一种制作难度要高得多的装饰手法，对技术和管理协作的要求是相当高的[3]，这应是建康地区大型拼合画像砖墓存在的主要原因，可能只有帝王、宗室或豪强才能具备相应的条件。在远离都城的襄阳地区，虽然有的墓葬规模很大，甚至堪比帝陵，如邓县学庄墓、襄阳贾家冲M1、襄阳清水沟M1，规模接近陈代帝陵，除了邓县学庄墓在东西两壁的12个砖柱有拼合的挂刀武士像外，其余都采用单体画像砖。襄阳等地墓

---

[1] 福建省博物馆：《福建闽侯南屿南朝墓》，《考古》1980年第1期。
[2] 耿朔：《层累的图像——拼砌砖画与南朝艺术》，人民美术出版社，2020年。
[3] 左骏、张长东：《模印拼砌砖画与南朝帝陵墓室空间营造——以丹阳鹤仙坳大墓为中心》，《故宫博物院院刊》2019年第7期。

葬虽然大部分墓砖都是画像砖，有的甚至全墓都用画像砖（如襄阳清水沟M1、襄阳柿庄M15），但基本是单体画像，从画像内容和风格的统一性看，可能是批量制作的，在砌筑上极为随意，这当与襄阳地处边陲有关，在粉本的获取、工匠和组织管理上都难以与都城地区相提并论。

其次，拼合画像与单体画像的题材选择和配置方式也有等级差别。

丹阳、南京发现的7座帝陵级大墓形制结构相似，都是带短甬道的凸字形墓，墓壁外弧以承受更高的墓顶，构成椭圆形、穹隆顶的内部空间，这种墓室空间形态是适应墓内礼仪活动的需要而产生的，也为大幅画像提供了可能性和必要性，因此往往以拼合的大幅画像装饰墓壁。这种墓室结构与北方地区带长斜坡墓道的天圆地方式墓室空间不同，墓室的两个侧壁成为最大的装饰空间，画像的主题和配置逻辑较为清晰。其中，宫山大墓（推测为陈废帝陈伯宗墓）保存有较完整的竹林七贤与荣启期画像，狮子冲M1（推测为梁昭明太子萧统墓）西壁保存有完整的竹林七贤及"羽人戏虎"画像，东壁原本也应有竹林七贤画像。其他几座墓也大多出土了竹林七贤、龙、虎、狮等图像的残件。左骏等参考几座保存较好的拼合画像砖墓，对鹤仙坳画像砖墓作了较完整的图像配置复原，大致是依据这样的逻辑：在甬道口至第一重石门之间的甬道两壁，是头朝外的狮子图，券顶上对置日月图（"大日""大月"）；两重石门之间的两壁是侧面朝外的守门武士像（"左直阁""右直阁"）；墓室东西两壁的上部，前有羽人、龙、虎、天人，后有竹林七贤图，下部是1组帝王出行仪仗，有"家脩""散迅""笠载""具张"等铭文，符合"武骑卫前后，鼓吹萧笳声"（《宋书·乐志》）的帝王卤簿[1]。其他帝陵级的墓葬拼合画像也基本遵循了相似的图像排列模式，从前至后，甬道两壁先是狮子图案（有的甬道顶部还有日月），再是挂刀武士（承担守御功能）；进

---

[1] 左骏、张长东：《模印拼砌砖画与南朝帝陵墓室空间营造——以丹阳鹤仙坳大墓为中心》，《故宫博物院院刊》2019年第7期。

第六章　复古创新：南北朝地域社会中的丧葬模式　417

入墓室，两壁上下分层，上层的前部是羽人引导的青龙、白虎及飞翔的天人图像，后部是竹林七贤和荣启期画像，下层从前至后为骑马武士、伞盖侍从、骑马鼓吹，这组图像象征死者的灵魂在羽人的引导下飞升的过程，以被神化了的竹林七贤与荣启期象征对来世生活的期望，下层的侍从鼓吹内容是一套反映墓主来世威仪的图像（图 6.49）。

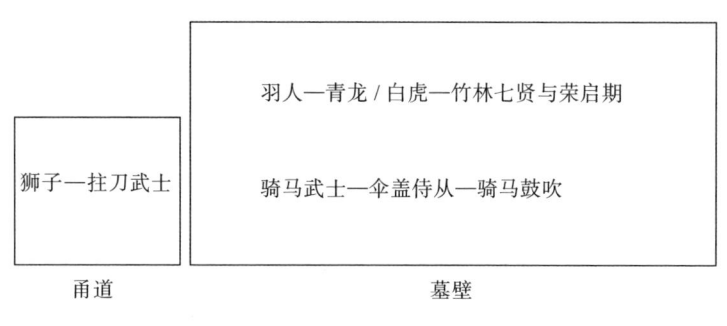

图 6.49　建康附近南朝帝陵拼合画像砖的配置

建康周边的常州、邗江、余杭等地高等级墓兼用拼合画像和单体画像，拼合画像中没有竹林七贤与荣启期这类帝陵特有的题材，只有个别墓葬（如余杭小横山 M1）在墓壁采用了羽人与青龙、白虎的组合。大部分墓葬的拼合画像题材主要是三类：一是承担守御功能的狮子和守门武士；二是象征神仙世界的神禽瑞兽（麒麟、"千秋万岁"、四神）和飞仙等；三是象征来世生活的骑马出行、马车出行。单体画像的题材基本除了上述三类，间杂着较多反映佛教信仰的图像，如男女供养人、小佛像（如邗江酒甸墓），以及莲花化生、宝瓶、摩尼宝珠、飞天、力士等（如余杭小横山南朝墓）。

地处南北朝交接地区的襄阳是南朝政权的边陲，但在政治军事上与都城建康有着紧密联系，也集中了一批规模较大的南朝画像砖墓，与长江下游不同的是，不见墓壁外弧的现象，不是穹隆顶而是券顶，因此墓室内部纵高并不高。墓室像中原一样砌筑于较深的地下，因此墓前建有较长的斜坡墓道，如襄阳柿庄 M15 的墓室只有 6.48 米长，但前有长达 9.5 米的斜坡墓道。流行在墓壁砌筑多个砖柱，既起加固墓壁的作用，也是重要的装饰，有的还在后壁砌出佛塔的造型，如邓县学庄墓砌筑了双塔，襄阳柿庄M15砌出更复杂的带有背光造型的佛塔。襄阳画像砖墓的长度多在7—10米之间，堪比建康的某些帝陵，甚至超过常州、余杭等长江下游的豪强墓葬。画像砖的使用十分普遍，有的甚至全墓都用画像砖砌筑，但除了邓县学庄墓有用两块砖拼砌的武士像外，其他都是单体画像砖。这种画像砖墓在画像设计、制作和砌筑上对工匠技艺、组织能力的要求是不如拼合画像砖的。虽然大量使用画像砖，但砌筑较为随意，常见倒置、横置现象，这表明襄阳在匠作技术与管理上明显逊色于建康地区，墓主可能是本地世家大族或因军功起家的豪强。

（2）竹林七贤与荣启期画像

从上述南朝画像砖的内容与呈现方式看，与同时期的北方墓室画像差别较大，没有形成以墓主受祭图为中心的"祭祀—来世图像体系"，既没有表现灵魂存在的墓主画像（而是以灵座等陈设代替墓主画像），也没有以场面宏大的家居生活和出行内容表现来世。这是由于南北方墓葬形制和装饰方式的差异造成的，南朝墓葬因浅埋而一般没有斜坡墓道，也没有北方那样高大的穹窿顶，这样减少了大部分的作画空间；此外，模印砖受画幅的影响很难进行大场面的叙事，即便是帝陵内的拼合式画像，由于画稿设计和拼砌施工的难度，也无法像一次性成稿的彩绘壁画那样便于表现细节，往往采用构图相对简略而且固定的题材，如挂刀武士、竹林七贤与荣启期像等。实际上这些构图简单的内容在施工中也常有拼错的现象，如金家村墓和吴家村墓中，七贤人物形象及榜题姓名都有错乱或重复、缺少等情况。至于更普遍使用的单体画像更缺乏明确的主题和叙事逻辑，这点在襄阳地区表现最为明显，襄阳墓大部分都用画像砖，有的甚至全墓都用画像砖，但在图像安排上并无一定之规，常将不同性质的图像砌在一起，砌筑较为混乱，有的墓甚至有图像

第六章　复古创新：南北朝地域社会中的丧葬模式　419

横置、倒置的现象，画像砖的主要作用是装饰而不是叙事。

虽然南朝画像砖没有以墓主受祭图为中心的"祭祀—来世图像体系"，但还是表达了与生死观有关的主题，如以神禽瑞兽、出行等内容表现来世，以佛教元素反映佛教信仰等。而在帝陵里，竹林七贤与荣启期像画幅最大，占据墓室的东西壁面，显然是欲表达的重要主题。南京西善桥宫山大墓可能是陈废帝陈伯宗的陵墓，相比之前的齐梁帝陵规模略小，但在墓室两壁保存下来最完整的竹林七贤与荣启期像。画幅各长 2.4 米、高 0.8 米，左壁（北壁）自外而内是向秀、刘灵、阮咸、荣启期，右壁（南壁）从外而内是嵇康、阮籍、山涛、王戎（图 6.50），每人旁边各有榜题标明他们的身份，各人之间以树木分隔，成各自独立的画面。嵇康赤足坐于褥上弹琴，阮籍箕坐

图 6.50　南京西善桥宫山大墓竹林七贤与荣启期拼合砖画
（《中国美术全集·绘画编·第 1 卷》，144、145 页）

于褥上饮酒啸歌，山涛赤足坐于褥上饮酒，王戎手持如意凭几饮酒，向秀倚树沉思，刘灵赤足曲膝饮酒，阮咸赤足盘膝弹奏，荣启期盘膝鼓琴。

狮子冲M1可能是梁昭明太子萧统的墓，西壁保留了竹林七贤中的四人画像。画幅长2.46米、高0.72米，与宫山大墓画幅接近，构图也类似，从外到内依次是阮咸、阮籍、山涛、嵇康，其中阮咸旁边没有榜题，嵇康旁边的榜题是"阮步兵"（阮籍），显然是错砌（图6.51）。

阮咸　　　　　阮籍　　　　　山涛　　　　　嵇康

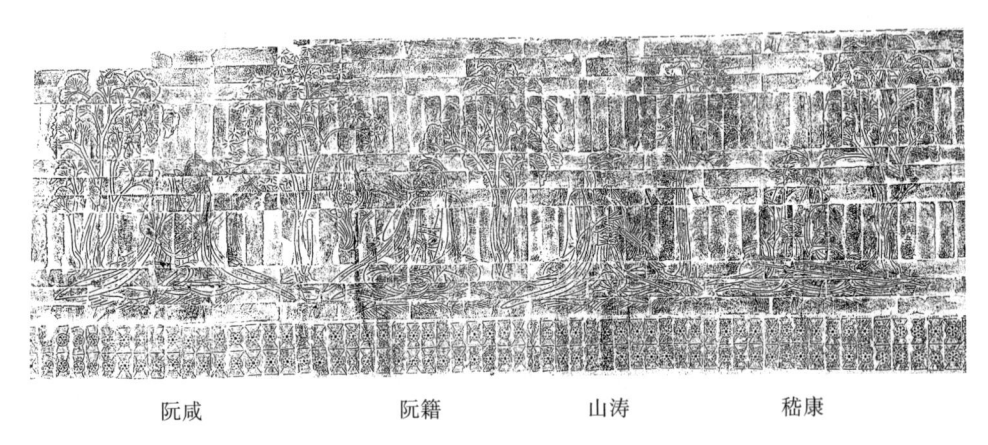

图6.51　南京狮子冲M1西壁竹林七贤拼合砖画
（《南朝真迹——南京新出南朝砖印壁画墓与砖文精选》，95—96页插页）

竹林七贤是魏晋之交的几位著名文人，在曹氏与司马氏的政权交替中隐居山阳，常作"竹林之游"。他们在当时的主流意识形态——玄学的影响下，在思想上崇尚老庄，主张"越名教而任自然"，对传统的儒家伦理纲常提出了质疑；在生活中不拘礼节，常常放浪形骸、纵酒酣歌。七贤的精神风貌与生活方式对社会风尚的影响是十分深远的，不但为当时的精英士人阶层所追慕和效仿，也成为统治者激赏的对象。当历史人物成为偶像后，常有被神格化的过程，就像传说中的三皇五帝，他们的事迹在汉晋时期逐渐被"叠累"而放大、神化。竹林七贤在东晋南朝时期也经历了从偶像化向神格化的转变，偶像化的七贤最早见于东晋画家的笔下，是当时宫室壁画、室内屏风上的重要题材，而到南北朝时期，进一步被提高到与神仙同等的地位。赵超认为竹林七贤"秉承老庄，宣扬玄学，加上世人的渲染，道教的流行，使得他们已经有所神化，成为具有道教意义的宗教偶像"[1]。郑岩注意到南齐东昏侯为宠妃潘玉儿所建宫殿的壁画中，将神仙与七贤相提并论，认为七贤的含义应与神仙相关，而七贤旁边的美女画像可能是道家口中的"玉女""仙女"[2]。关于竹林七贤的神格化，最有说服力的是南朝帝陵的拼合式画像中，将七贤图与羽人、青龙、白虎、天人等置于同一平面，位于墓壁的最上部，与下部表现凡人生活的内容（如出行卤簿）严格划清了界限。墓壁上部从来都是属于仙界的，显然七贤在南朝时已具有了与神仙同等的地位，已超出了一般历史人物的地位，成为时人追求的来世期望，或者说对七贤的礼赞有助于死后成仙，这正是将七贤与具有引导升仙作用的羽人和青龙、白虎并列的原因。

至于南朝帝陵中将荣启期与七贤并列的原因，除了对称构图的需要外，更主要是因为荣启期与七贤一样具有类似的"高士"风貌，也经历了一个历史人物从偶像化到神格化的过程。荣启期是春秋时的古人，最早见于《列子·天瑞篇》，本只是一位达观、长寿的逸士，但在魏晋追慕高士的时风之下被重新挖掘出来，尤其西晋皇甫谧将其列入《高士传》后，其地位在六朝时得到了强化。六朝文人陆云、孙楚、陶渊明、嵇康、葛洪等皆有礼赞荣启期的作品，赞其遁世、达观、长寿之特性。郑岩从嵇康的《琴赋》关于荣启期的描述，认为赋中的荣启期与四皓之一的绮里季是求仙的媒介或同路人[3]。

---

[1] 赵超：《从南京出土的南朝竹林七贤壁画谈开去》，《中国典籍与文化》2003年第3期，4—10页。
[2]《南史》卷5《齐本纪下》（废帝东昏侯）"又别为潘妃起神仙、永寿、玉寿三殿，皆币饰以金璧。其玉寿中作飞仙帐，四面绣绮，窗间尽画神仙。又作七贤，皆以美女待侧"，153页。郑岩：《魏晋南北朝壁画研究》（增订版），文物出版社，2016年，203—205页。
[3] 前揭《魏晋南北朝壁画研究》（增订版），202页。

目前所见七贤画像仅见于南朝的帝陵墓室，因此一般认为它的使用具有等级的含义。其实此类题材为帝王陵墓所独有，未必是因为图像本身具有等级含义，可能只是由于这类复杂的图像只有帝王陵墓才具备制作的条件。七贤作为一个完整的画像组合是需要较大画幅的，而在南方画像砖中只有拼合式画像砖才具有这样的条件。单体画像砖中也不乏高士像，但只能在单砖上模印，人数较少，如邓县画像砖中的"南山四皓"、襄阳画像砖中的王子乔及其他神格化的高士形象，无法做出竹林七贤这样的复杂组合。不过，彩绘画像是不受这样的限制的，在墓壁上一次性构图，可以画出类似于荣启期与七贤的组合，如临朐北齐崔芬墓、济南东八里洼北齐墓的屏风式"树下高士图"等，构图极似七贤图，应当是南方七贤信仰在北方的另类表达。

（3）襄阳画像砖的配置

襄阳地区除了邓县学庄墓有由两块砖拼合的武士像外，其他都是单体画像砖。单体画像的题材与长江下游地区有所不同，除了与长江下游单体画像相似的四类内容外，还常见孝子故事（以"郭巨埋儿"为主）和高士、仙人形象。此外，佛教图像异常突出，有莲花、忍冬、净瓶、香炉、飞天、供养人、化生等，与墓室后壁砖砌的佛塔一起构成佛教意味甚浓的场景。

邓县学庄墓是襄阳地区规模最大的画像砖墓，墓室和甬道两壁砌有24个方柱，每柱皆有彩色画像砖，最下二层是拼合画像砖，是持兵器的武士像，其上每隔三层横砖再立两块竖砖，竖砖之间镶嵌一块画像砖。每个砖柱上的画像砖有三层（甬道）和五层（墓室），除最下二层为一幅拼镶画外，其他皆一砖一画，故每个砖柱上应有2幅（甬道）和4幅（墓室）砖画。值得注意的是，封门砖砌筑较为随意，是用一堆乱砖砌筑的，其中混杂有10余种画像砖。取掉封门砖后在券门两侧和上方发现了精美的彩绘门吏和神兽、飞天形象。这种现象表明券门的彩色壁画和墓室的画像砖是一个整体的设计，是为营造葬礼的场景而设的，预设的观者是参加葬礼的人，他们看到的是从券门到墓室的全部画像。但是当下葬仪式完成后，多余的画像砖被用于封门。为了完整解释墓室的图像含义，可以对墓葬的图像配置做一个简单的复原。

根据报告，除了两壁每个砖柱下部的两组拼合武士像外，清理时原处保存在东壁砖柱上的一砖一画有10幅，从墓门到墓室依次是双狮（有"师"字榜题）、乘马（原报告"战马"[1]）和麒麟、四人组鼓吹（原报告"奏乐"）和四人组武士、乘马（原报告"运粮"）、牛车和五人组鼓吹（原报告"乐队"）、随从（原报告"送物"）和"郭巨埋儿"；西壁画像只有3幅保存在原处，即双狮、牛车、"老莱子"；在墓室后壁下层也有拼合武士像，上层是单幅玄武像。此外，散佚后采集的画像砖还有舞蹈画像砖、"南山四皓"、步辇（原报告"抬轿"）、博山炉与供养天人（原报告"飞仙"）、净瓶与供养天人（原报告"飞仙"）、伎乐飞天、青龙、白虎、飞马、凤凰（有"凤皇"榜题）、双龙等。参考邻近的襄阳贾家冲画像砖墓及其他同时期墓葬的图像配置规律，可将这些采集的画像砖大致归入相应部位（图6.52）。

墓葬图像从前到后的配置方式是：甬道内最前部砖柱的上部安排双狮、双龙，与券门上的彩绘武士像共同起到守御的作用；墓室下层（1—4层）是反映来世生活的内容，包括最下二层的拼合武士像，三、四层的鞍马、牛车、鼓吹、随从、乐舞场景；墓室上层（4—5层）是表现神仙世界的内容，包括四神、佛教题材（伎乐飞天、供养天人）和神格化的历史人物（"南山四皓""郭巨埋儿"和"老莱子"）等。从墓门进入墓室，首先看到的是下层排列整齐、威风凛凛的门吏和武士，稍往上是一支规模庞大的仪仗队，以披挂整齐的牛车为中心，前有乘马为前导，随之是行进中的鼓吹和乐舞表演，后有武装侍卫和持物侍从；目光上移到墓室上层和券顶，则是一个超越世俗

---

[1] 原报告对图像的定名不甚准确，本文参考杨泓等的研究及后来襄阳发现的同类画像砖墓重新定名。

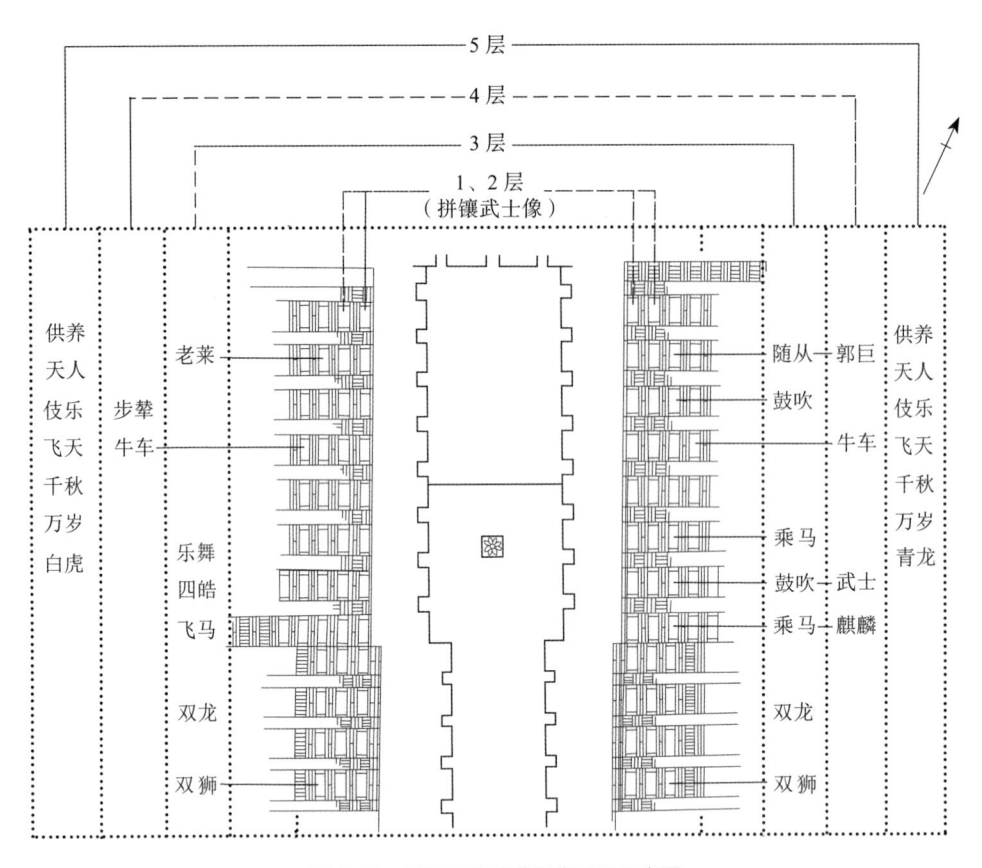

图 6.52　邓县画像砖墓图像配置示意图
（据《河南邓县彩色画像砖墓》2 页制）

的精神世界，以"南山四皓""千秋万岁"为中心，辅以供养天人、伎乐飞天和各类瑞兽，构成一幅想象中的仙界图景。

邓县学庄墓中有 4 幅特殊的乐舞图值得我们注意：封门内的六人组歌舞和五人组歌舞、墓室东壁第二柱的四人组乐队、墓室东壁第六柱的五人组乐队。杨泓等将后两幅"乐队画像砖"释为鼓吹[1]，甚为准确，但对前两幅歌舞

---

[1] 柳涵（杨泓）：《邓县画像砖墓的时代和研究》，《考古》1959 年第 5 期。研究者对此二幅画像中乐器的释读略有不同，如柳涵释五人组乐队中的最后一人所持乐器为竖笛，而岳起等释为笳，参岳起、刘卫鹏：《关中地区十六国墓的初步认定——兼谈咸阳平陵十六国墓出土的鼓吹俑》，《文物》2004 年第 8 期。

图像并未做更多的释读，只是将其视为普通的乐舞场景。事实上，这两幅被称作"乐舞图"和"舞蹈图"的画像深具地域文化内涵，很可能呈现的是荆襄民间"西曲歌"和来自粟特地区的"文康舞"场景，反映了南朝时期襄阳地区独特的商业文化和胡人移民文化背景（图6.53）[1]。

襄阳一带的南朝画像砖墓在画像工艺、风格和主题非常一致，图像题材十分庞杂，除了西曲、鼓吹、出行等内容外，还有大量佛教、道教、儒家思想及民间信仰等精神方面的内容。南朝襄阳是一个信仰多元化的社会，此与其地处边缘、南北文化交汇的地域环境有关。东晋时期在襄阳名将朱序、名儒习凿齿等人的扶持下，高僧释道安来到襄阳，在襄阳注释《般若道行》诸经，并大起浮屠，建造檀溪寺，立五层佛塔，广造大像，襄阳佛教从此

图6.53 邓县学庄南朝画像砖
1. 西曲倚歌图　2. 文康舞图　3. 鼓吹图　4. 凤凰图
（《河南邓县彩色画像砖墓》，图一四、二六、三〇、三九）

---

1 李梅田：《西曲歌与文康舞：邓县南朝画像砖墓乐舞图新释》，《故宫博物院院刊》2016年第4期。

大盛[1]；南朝多位帝王宗室曾驻守襄阳，他们在襄阳开展了大量的佛教推广活动，襄阳成为六朝重要的佛教中心。南朝时期襄阳聚集了大量南方士族，又是北方移民的重要输入地，来自建康和中原、关中的大族是襄阳社会的中坚力量。此外，本地荆蛮土著在南朝的羁縻政策下逐渐王化，融入襄阳社会，为南朝襄阳注入了独特的蛮夷文化因子。与建康文化相比，襄阳少文辞达雅之士，多粗鄙勇猛之蛮族，少经典辞赋作品，而多民间口头文学。西曲是襄阳民间文学的代表，以贾人思妇为主要内容描绘了南朝襄阳的民间社会生态；鼓吹是士族社会地位的象征，也是襄阳戍边将士的追求，以征士思归为内容的曲辞表达了襄阳军士的悲怆、豪迈与荣耀情怀。襄阳画像中的西曲、鼓吹内容分别表现了襄阳文化的民间性和军事性，构成了南朝襄阳地域文化的重要内容。襄阳在东晋释道安、南朝精英士族的推动下成为重要佛教中心，佛教题材是襄阳画像砖墓的主要内容，但传统的升仙内容、民间信仰、早期道教和外来的假扮胡人傩戏题材与之共存，反映了南朝襄阳作为文化交汇之地的多元化信仰。

五、若即若离的佛教与丧葬

外来的佛教与中国传统生死观属于不同的信仰体系，但在佛教传入之初，佛教因素就开始出现在墓葬中。汉末三国时期的长江流域墓葬中已经出

---

1 [梁] 释慧皎撰，汤用彤校注：《高僧传》卷5《释道安传》："既达襄阳，复宣佛法……安穷览经典，钩深致远，其所注《般若道行》《密迹》《安般》诸经……四方学士，竞往师之。时征西将军桓朗子镇江陵，要安暂往，朱序西镇，复请还襄阳，深相结纳……安以白马寺狭，乃更立寺，名曰檀溪，即清河张殷宅也。大富长者，并加赞助，建塔五层，起房四百。凉州刺史杨弘忠送铜万斤，拟为承露盘……于是众共抽舍，助成佛像，光相丈六，神好明著，每夕放光，彻照堂殿像。后又自行至万山，举邑皆往瞻礼，迁以还寺……苻坚遣使送外国金箔倚像，高七尺，又金坐像、结珠弥勒像、金缕绣像、织成像，各一张。每讲会法聚，辄罗列尊像，布置幢幡，珠佩迭晖，烟华乱发。使夫升阶履阈者，莫不肃焉尽敬矣。"中华书局，1992年，179—180页。

现了佛陀形象或具有佛教性质的图像，反映了初传中国的佛教对本土丧葬的渗透。但无论具有明确佛陀特征的尊像，还是仅具佛教性质的图像或陶塑，都与反映传统神仙信仰的内容杂糅在一起，并且往往处于从属地位，表明佛教对中国传统丧葬的渗透还非常有限。佛教类图像大量进入墓葬是东晋以后的事，南北方墓葬中都发现了比汉晋时期更浓厚的佛教因素，佛教图像在墓葬中的呈现方式也出现了明显的变化：佛教尊像（佛陀和菩萨像）少见了，而佛教性质的图像大量涌现，如飞天、天空伎乐、佛塔、护法狮子、摩尼宝珠、化生童子、忍冬、莲花等。这些越来越常见的佛教图像自然反映了佛教信仰普及之后对传统丧葬的渗透，但与当时盛行的造像、立寺之风相比，佛教与传统丧葬之间的界限仍然泾渭分明，尤其是北方盛行的墓室壁画中，很少见到如佛寺中那样直接表达佛教信仰的图像。

俞伟超认为南北朝至隋唐时期，佛道信仰是充满于人世间的，但在墓内壁画中却见不到直接表现佛道信仰的内容，这只能解释为当时崇佛活动主要是在寺观中进行的，而不在世俗的葬俗中反映出来[1]。巫鸿认为佛教传入中国后并没有取代传统的墓葬美术，而是出现了佛教艺术与墓葬美术平行发展的"双轨"局面[2]，这是墓葬美术与佛教美术之间的一种"反互动"——为了保持墓葬美术的独立性而有意识地拒绝异类宗教艺术的同化[3]。林圣智也认为随着南北朝时期佛徒对佛教的了解逐渐深入，佛教图像被排除在墓葬之外，墓葬图像与佛教美术在南北朝时期分属两种不同的范畴[4]。

外来佛教与本土丧葬之所以在长时期里保持"双轨"发展，主要原因在于它们对待死亡的态度和处理死亡的方式上存在着巨大的鸿沟，观念和仪

---

1 俞伟超：《中国古墓壁画内容变化的阶段性——〈河北古代墓葬壁画精粹展〉座谈会上的发言提纲》，《文物》1996年第9期。
2 前揭《全球景观中的中国古代艺术》，125页。
3 前揭《全球景观中的中国古代艺术》，117页。
4 前揭《图像与装饰——北朝墓葬的生死表象》，111—112页。

式上都难以兼容。但从不断呈现的考古新发现来看，佛教与传统丧葬也并非总是平行发展，它们在维持"双轨"趋势的同时，也以一种若即若离的姿态发生着互动，这种互动有观念上的、仪式上的，也关乎工匠制作。在南北朝不同地区和不同时期，佛教对丧葬的渗透方式和程度各有不同，时而几近融合，时而渐行渐远。

1. 佛教图像在墓室空间中的意义

研究者常以"佛教因素"指称墓葬所见各类具有佛教性质的图像，通过佛教因素的多寡来衡量佛教影响丧葬的强弱程度。韦正对20座南朝墓葬画像砖中的佛教因素作了甄别，认为佛教因素在不同墓中有强弱之别，部分墓葬中佛教因素成为主导，这是传统丧礼让步的结果[1]；杨莹沁考察了汉末魏晋南北朝墓葬中的佛教图像，认为神仙信仰逐渐弱化、佛教信仰日益增强[2]；王倩比较了北魏到北齐墓葬中佛教因素的占比和强弱变化，认为平城时期是佛教因素积极纳入墓葬图像的时期，而迁洛以后佛教因素在墓葬图像体系中逐渐淡化，这与北魏的汉化政策及礼仪制度的逐渐完善有关[3]；赵春兰、韦正比较了南北朝墓葬中佛教因素的差异，认为佛教因素出现于墓葬中是佛教与中国文化双方融通的结果，南北社会的差异决定了对佛教的接受状况和佛教因素在墓葬中的表现[4]。

墓室图像是现实社会的折射，佛教图像出现在墓室中自然是反映了现实社会中的佛教信仰情况，但这些图像反映了何种墓室空间营造的理念？是否改变了传统丧葬礼仪的升仙主旨？要回答这些问题，我们还需要对图像的配

---

1 韦正：《试谈南朝墓葬中的佛教因素》，《东南文化》2010年第3期。
2 杨莹沁：《汉末魏晋南北朝时期墓葬中神仙与佛教混合图像分析》，《石窟寺研究》第三辑，科学出版社，2012年，37—90页。
3 王倩：《北朝墓葬图像中的佛教因素初探》，《西部考古》第14辑，科学出版社，2017年，178—195页。
4 赵春兰、韦正：《试论南北朝墓葬中的佛教因素——兼及高句丽墓葬》，《四川文物》2019年第2期。

置方式与含义作进一步的分析。实际上所谓"佛教因素"是一个十分笼统的概念，模糊了不同类别的图像在信仰表达上的差别，是无法衡量佛教信仰对丧葬的影响的。不同类别或安排在不同位置的佛教图像，在图像意义上可能是存在巨大差异的，有些是作为礼拜的对象，如佛陀、菩萨形象；有些仅具有营造佛教场景的含义，如飞天、童子化生、护法神等；有些则是已经程式化的装饰性图案，如莲花、忍冬等，因此不能将它们混同考量，而应就它们在墓葬中的实际功用作具体的分析。

林圣智意识到了不同佛教因素在功能上的差异，将它们分为图像与装饰两类，以"图像与装饰的对话"为题讨论了平城、洛阳时期各类图像与佛教信仰的关系，将墓葬中佛教因素的使用归纳为三种情形：佛教图像与神仙思想的结合、将佛教护法神或供养天人作为墓葬的守护神、将佛教图像当成佛教图像使用，而后二者表现出不同程度的佛教信仰[1]。这种分析途径是可取的，它建立了墓葬设计、图像选择与佛教信仰之间的联系，有助于我们重塑佛教信仰背景下的丧葬行为与丧葬观念。我们讨论墓葬中佛教因素的目的是理解佛教信仰与中国传统生死观和丧葬行为的互动关系，因此需将佛教因素置于丧葬行为的场景——丧葬空间中，考察佛教图像与墓葬空间的关系。

巫鸿认为目前美术史的解释方式已由传统的图像志、图像学和形式分析向空间分析转变（"空间转向"），强调图像、雕塑、器物和建筑等的空间共存关系[2]。具体到墓葬美术而言，他也强调了"空间性"的重要性，主张要发现墓葬设计、装饰和陈设中隐含的逻辑和理念，阐释这些人造物和图像所折射出的社会关系、历史和记忆、宇宙观、宗教观等更深层次的问题[3]。李清泉在分析高句丽墓葬壁画和五代宋辽金墓葬美术时，非常重视图像配置

---

[1] 前揭《图像与装饰——北朝墓葬的生死表象》，111—156页。
[2] 巫鸿：《"空间的美术史"》，上海人民出版社，2018年，9—11页。
[3] 巫鸿：《东亚墓葬艺术反思：一个有关方法论的提案》，载前揭《时空中的美术——巫鸿中国美术史文编二集》，162页。

与墓葬空间结构的关系,希望从总体上把握佛教对墓葬内涵及其视觉意象的重塑[1]。施杰从墓室空间营造的视角将邓县学庄南朝画像砖墓的后壁砖柱解释为佛塔,认为它与棺木一同构成了进入墓室的观者的视觉中心,这样的空间设计反映了佛教信仰与祖先崇拜的相互影响[2]。吴桂兵讨论了北朝墓葬与石窟空间结构、纹饰和图像题材方面的相似性,认为墓室空间出现了佛教窟龛的表现形式,但墓葬与窟龛之间的差距仍然很大[3]。墓葬美术的空间分析途径已将"佛教与丧葬"这一重要话题从表象推进到了本质层面。墓室空间作为一个有机的整体,其建筑结构、墓内器物、葬具及图像之间有着隐含的逻辑联系,皆为丧葬礼仪活动而设,服务于一定的丧葬空间营造理念,我们可以借这些视觉形象的图像逻辑考察墓室空间的营造意图:升仙还是成佛?

2. 平城墓葬中的佛教意涵

在南北朝丧葬遗存中,北魏平城墓葬可谓最具特殊性,一方面佛教已经全方位渗透到了墓室空间和墓地空间,有极为明确的佛教表现;另一方面平城的立寺、造像之风盛行,导致各类不同性质的建筑中都出现了佛教元素,生活空间(如宫殿)、丧葬空间(如陵园与墓室)与宗教空间(如石窟与寺院)之间出现了互动,这种互动关系是我们了解佛教与丧葬关系的极佳范例。

目前发现佛教图像的北魏平城墓葬等级一般较高,属皇室成员或中高级

---

[1] 李清泉:《墓葬中的佛像——长川1号壁画墓释读》,载前揭《汉唐之间的视觉文化与物质文化》,471—501页;《佛教改变了什么——来自五代宋辽金墓葬美术的观察》,载巫鸿、朱青生、郑岩主编《古代墓葬美术研究》第四辑,湖南美术出版社,2017年,242—420页。

[2] Jie Shi. "To Die with the Buddha: The Brick Pagoda and its Role in the Xuezhuang Tomb in Early Medieval China". *T'oung Pao*, Vol. 100, 4/5 (2014), pp. 363-403.

[3] 吴桂兵:《洞房石室与珉床雕户——关于北朝墓葬与佛教窟龛关联的思考》,《古代墓葬美术研究》第三辑,湖南美术出版社,2015年,95—118页。

第六章　复古创新：南北朝地域社会中的丧葬模式　431

官吏墓葬，包括丹扬王墓[1]、沙岭壁画墓[2]、云波里路壁画墓[3]、湖东1号墓[4]、文瀛路壁画墓[5]、方山永固陵[6]、司马金龙夫妇墓[7]、迎宾大道16号墓[8]等，除了少数几座墓葬年代略早外，大多属太和时期（477—499）。这些墓葬的形制主要是单室砖墓和前堂后室砖墓两种，此外还有墓室内置房形石椁的墓葬，如宋绍祖墓[9]、智家堡石椁墓[10]、张智朗石堂[11]、公安局石椁墓、富乔发电厂石椁墓[12]等。不妨以最多见的单室墓为例，讨论墓室空间与礼仪活动、图像配置的关系，可以从两个不同的视角来观察图像的空间含义：观者（参加丧葬礼仪的人）和死者灵魂的视角（图6.54）。

观者的视角（图6.54，左）：参加丧礼的人从墓门进入，正壁图像（A）构成了墓室空间的视觉中心，其中墓主像象征死者的灵魂，其作用相当于祠庙内的神主，往往以十分突出的方式表现出来，如置于一群侍仆的中央、以明显不合比例的高大形体宣示墓主的特殊地位等。位于左右侧壁的图像（B）是正壁图像在时间上和空间上的延伸，象征来世的生活，常常模拟墓主生前生活的场景，如备车、备马、乐舞百戏等。墓门和甬道是对生前宅第之门的

---

[1] 怀仁县文物管理所：《山西怀仁北魏丹扬王墓及花纹砖》，《文物》2010年第5期。
[2] 大同市考古研究所：《山西大同沙岭北魏壁画墓发掘简报》，《文物》2006年第10期。
[3] 大同市考古研究所：《山西大同云波里路北魏壁画墓发掘简报》，《文物》2011年第12期。
[4] 山西省大同市考古研究所：《大同湖东北魏一号墓》，《文物》2004年第12期。
[5] 大同市考古研究所：《山西大同文瀛路北魏壁画墓发掘简报》，《文物》2011年第12期。
[6] 大同市博物馆、山西省文物工作委员会：《大同方山北魏永固陵》，《文物》1978年第7期。
[7] 山西省大同市博物馆、山西文物工作委员会：《山西大同石家寨北魏司马金龙墓》，《文物》1972年第3期。
[8] 大同市考古研究所：《山西大同迎宾大道北魏墓群》，《文物》2006年第10期。
[9] 山西省考古研究所、大同市考古研究所：《大同市北魏宋绍祖墓发掘简报》，《文物》2001年第7期。
[10] 王银田、刘俊喜：《大同智家堡北魏墓石椁壁画》，《文物》2001年第7期。
[11] 张庆捷：《献给另一个世界的画作——北魏平城墓葬壁画》，载前揭《壁上观——细读山西古代壁画》，84页。
[12] 公安局石椁墓和富乔发电厂石椁墓的壁画情况，参张志忠：《大同北魏墓葬佛教图像浅议》，载 Shing Muller, Thomas O. Hollmann, and Sonja Filip. *Early Medieval North China: Archaeological and Textual Evidence*（《从考古与文献看中古早期的中国北方》）. Otto Harrassowitz GmbH & Co. KG, Wiesbaden 2019, pp. 57–80.

432　中古丧葬模式与礼仪空间

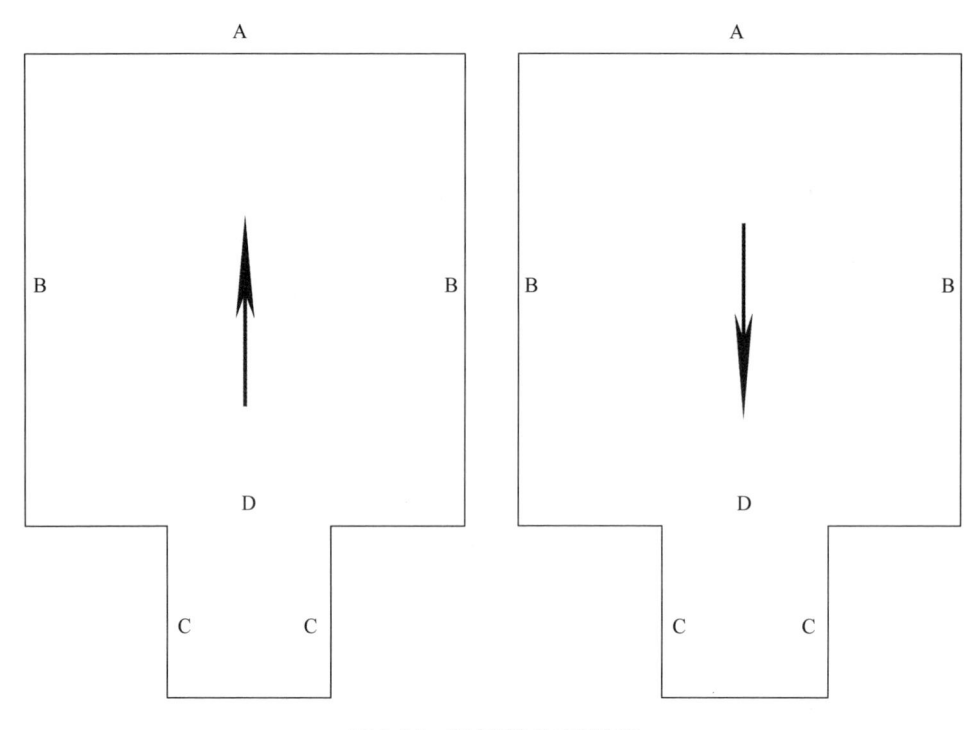

图 6.54　墓室图像的空间意涵

模拟，也是现实世界与死后世界的分界，此处的图像（C）往往与守御有关，观者踏入此门，就进入了一个由死者灵魂主导的世界。下葬时要在这个空间里举行祭祀活动，一般在棺前布置帷帐和摆放饮食器物的祭台，作为视觉中心的正壁图像和棺床上的死者是被祭祀的对象，丧家通过献祭食物与之互动，墓室被设计为生者（观者）与死者的互动空间。

灵魂的视角（图 6.54，右）：当安葬和祭祀礼仪结束，观者退出墓室，墓葬封闭之后，墓室空间的含义发生了转变，由观者和死者灵魂的互动空间变为灵魂独享的空间，墓室被定格为灵魂的永久归宿，墓室的图像程序也发生了逆转，位于正壁的墓主成了新的"观者"，它的视觉中心是前壁墓门及墓门上方的图像 C，侧壁的 B 类图像象征着死者灵魂将要开启的来世之旅。墓室在被封闭的那一刻已经完成了由生向死的过渡。

从观者的视角和灵魂的视角观察北魏平城的墓室空间,有助于我们理解墓室的空间设计与图像选择。根据图像在墓室空间的位置,可将平城墓室图像分为4类:A类是正壁图像,B类是侧壁图像,C类是墓门、甬道和前壁图像,D类是附属性装饰图案。房形石椁可以视同单室砖墓,其图像配置可分别对应上述4类(表6.8)。

表6.8 平城北魏墓葬佛教类图像

墓葬名称	结构	正壁（A）	侧壁（B）	墓门、甬道和前壁（C）	附属性装饰（D）
沙岭壁画墓（435）	单室	夫妇宴饮坐像	车马出行、宴饮百戏、粮仓、毡帐、杀羊	动物形象、守门武士、伏羲女娲像与摩尼宝珠	
云波里路壁画墓	单室	夫妇宴饮坐像	狩猎、赤足护法神	龙、凤、女侍	莲花、忍冬
文瀛路壁画墓	单室		墓顶为星象与屋宇、东壁为赤足护法神		莲花、忍冬
迎宾大道16号墓	单室		家居、宴饮、狩猎	甬道:手持兵器的武士立于圆形莲台上	
丹扬王墓	前堂后室			三头六臂护法神像	忍冬、莲花、瑞兽、双龙、双凤
湖东1号墓	前堂后室				忍冬
方山永固陵（481—484）	前堂后室			石门:浮雕持莲蕾童子	
司马金龙墓（474和484）	前堂后室				忍冬
张智朗石堂（460）	房形石椁	宴饮坐像	奏乐、出行、牛车鞍马	前壁门侧:绘护法神像	

434　中古丧葬模式与礼仪空间

续　表

墓葬名称	结构	正壁（A）	侧壁（B）	墓门、甬道和前壁（C）	附属性装饰（D）
张智朗石椁（460）				门楣刻5朵莲花纹门簪，门框两侧刻2枚莲花纹铺首	
智家堡石椁墓	房形石椁	夫妇宴饮坐像	手持莲蕾供养人、羽人、牛车鞍马		莲花、忍冬
富乔发电厂石椁墓（邢合姜墓，469）	房形石椁	二佛并坐，以香炉为中心的供养人行列	东、西二壁：各2尊坐佛，下有供养人行列；南壁：7尊坐佛；顶部6组飞天像	石门刻莲花纹门簪，门侧绘赤足护法神	莲花、忍冬
宋绍祖墓（477）	房形石椁	2男子奏乐	舞蹈等	门楣刻莲花纹门簪、铺首上刻护法神、力士	

（注：表中带下横线的为佛教性质图像）

　　从上表可以看到，平城北魏墓葬的 A 类图像多是墓主坐像，沿用了汉魏以来的墓主像传统；B 类图像中出现了护法神、持莲蕾供养人等佛教图像，但混用汉魏时期的牛车鞍马出行、家居宴饮、百戏、狩猎等内容；C 类虽然还有中原传统题材如伏羲女娲、龙凤等，但佛教元素大为普及，而且地位突出，多座墓葬均以赤足护法神像取代了传统的守门武士；D 类莲花、忍冬等装饰性图案散见于各处，是作为附属纹样出现的。石棺床是平城墓葬十分流行的葬具，除了沿用传统的人首鸟身像、龙虎、凤凰等题材外，普遍出现了莲花、忍冬、化生童子、力士等内容，都是以连续方式装饰于棺床的侧面和腿部的，并无突出表现的主题，也属于 D 类装饰性图案。

　　以上 A—D 类图像在视觉上的地位是逐渐降低的，但佛教元素却逐渐被强化：作为观者视觉中心的 A 类图像基本不见佛教元素，沿用了汉魏以来的墓主像；而在视觉次要部位的侧壁、墓门、甬道等处（B、C）出现了越来越多的佛教元素，越是次要位置，佛教类图像越被强化，这表明佛教没有改变墓室空间主旨，但已经深深影响到次要图像的选择。初入中原的拓跋氏在各项礼制草创时期选择了中原式的丧葬礼制，以墓主及其生活场面营造以升仙为主旨的墓室空间，而次要图像是工匠相对自由地选择的结果，平城地区的作坊运作机制可能是佛教图像大量进入墓葬次要位置的重要原因。林圣智提出"区域作坊"概念，认为同一区域内的作坊团体不但制作佛教造像，也制作墓室图像，因为作坊的运作机制，佛教图像与墓葬图像之间产生了关联[1]。

以平城地区有明确纪年的年代最早的沙岭壁画墓为例，这座在大同御河以东发现的墓葬属于卒于太延元年（435）的破多罗太夫人，墓室四壁及甬道、墓顶壁画保留较为完整，以正壁（东壁）庑殿顶屋宇下端坐的墓主夫妇像为视觉中心，在左右两壁分栏配置神兽和庞大的车马出行、宴饮百戏及粮仓、毡帐、杀羊等世俗生活场面。从图像配置来看，沙岭壁画墓采取的是汉晋图像传统，在内容和构图上都与魏晋东北地区和高句丽壁画有着紧密的联系，如与朝鲜安岳佟寿墓、德兴里壁画墓等非常相似[2]。佛教图像仅见于甬道顶部，在伏羲女娲像的头部中间绘有火焰围绕的摩尼宝珠像[3]，摩尼宝珠的样式与云冈石窟所见接近。伏羲女娲与摩尼宝珠像的组合方式是对汉晋传统的改变，但它处于相对次要的甬道顶部，可能只是工匠对石窟粉本的偶尔借鉴，并不影响墓室空间的主旨。如果从墓葬的主体——死者的视角来看，沙岭壁画墓的前壁和墓门成为墓室封闭后死者的视觉中心，前壁上方残留的动物形象、墓门两侧的守门武士像、甬道顶部的伏羲女娲像等都是传统的题

---

1 前揭《图像与装饰——北朝墓葬的生死表象》，114—140页。
2 徐润庆：《从沙岭壁画墓看北魏平城时期的丧葬美术》，载巫鸿、郑岩主编《古代墓葬美术研究》第一辑，文物出版社，2011年，171—172页。
3 大同市考古研究所：《山西大同沙岭北魏壁画墓发掘简报》，《文物》2006年第10期，4—24页。

材，并没有突出的佛教意味。但其他一些墓葬的相同部位却采用典型的佛教题材，如迎宾大道16号墓的守门武士立于莲台上，丹扬王墓、张智朗石堂、宋绍祖墓的守门武士变成了佛教的护法神，借佛教护法神来保护死者的来世世界，表达了较为强烈的佛教意味。

虽然平城地区活跃的佛教活动已经影响到了墓室空间的营造，但墓室空间的主旨依然固守中原丧葬传统，升仙仍是空间营造的主要意图，佛教与丧葬之间的界限依然泾渭分明。与佛教初传的汉末三国时期不同，佛教信仰在北魏时期已经普及于社会各阶层，译经、建寺、造像之风可谓繁盛，但北魏墓葬抛弃了汉晋墓葬将佛陀作为礼拜对象的做法，多以佛教的一些象征物隐喻佛的存在，似乎现实生活中繁盛的佛教活动遭到传统丧葬的抗拒，二者维持着若即若离的关系，作为外来宗教的佛教和基于魂魄观和升仙思想的传统丧葬在对待死亡的态度、处理死亡的方式上有着不可逾越的鸿沟。

3. 佛殿式的墓室：邢合姜石椁

大同富乔发电厂石椁墓是目前发现的唯一一座北魏佛殿式墓葬，据传与皇兴三年（469）墓志同出（图6.55），墓主是幽州燕郡安次县韩受洛拔的妻子，名邢合姜。石椁由地栿、四壁、梁和顶板组成，为长方形屋宇形，悬山顶，面阔2.42米、进深1.79米、高1.67米。北部安放石棺床，雕刻有忍冬纹和水波纹图案。石椁的正壁（北壁）、两个侧壁（东西壁）、椁门上方一共绘有14尊坐佛（原有15尊，其一缺），正壁和侧壁坐佛下方绘以香炉为中心的供养人行列（图6.56）[1]。

---

[1] 感谢张志忠先生提供该石椁所有高清图片，墓葬情况介绍另参张志忠：《大同北魏墓葬佛教图像浅议》，载 Shing Muller, Thomas O. Hollmann, and Sonja Filip. *Early Medieval North China: Archaeological and Textual Evidence*（《从考古与文献看中古早期的中国北方》）. Otto Harrassowitz GmbH & Co. KG, Wiesbaden 2019, pp. 57–80. 大同市考古研究所：《山西大同全家湾北魏邢合姜石椁调查简报》，《文物》2022年第1期。

第六章 复古创新：南北朝地域社会中的丧葬模式　437

图6.55　大同皇兴三年邢合姜墓志
（大同北朝艺术博物馆藏）

　　正壁部位由并列三龛组成，中央大龛内彩绘二佛并坐，分别着偏袒右肩和通肩袈裟，施说法印。左侧龛已佚，右侧龛内绘一尊禅定坐佛，着通肩袈裟，分别由菩萨和婆薮仙协侍，背光左上方有飞行的虚空夜叉。三龛下层共用一列供养人，以香炉为中心，左右两侧分别绘5名女性（可能缺失1名）和6名男性供养人，人像前皆有长方形题记框，香炉两侧是作为供养人前导的托钵胡僧。胡僧的身份应是民间邑社组织的佛教首领"邑师""邑僧"。

　　东西侧壁的图像配置相同，各绘2个并列大龛，根据下层香炉的位置，应以外侧龛内坐佛为主像。西壁主像身着偏袒右肩袈裟，左手作说法印，右手亲抚罗睺罗头顶，两侧有供养菩萨；内侧龛内坐佛着通肩袈裟，施说法印，左侧有供养菩萨。东壁外侧龛内的主像施禅定印，内侧龛内坐佛施说法印，左侧有供养菩萨。坐佛下层是以香炉为中心的供养人行列，西壁香炉内

438　中古丧葬模式与礼仪空间

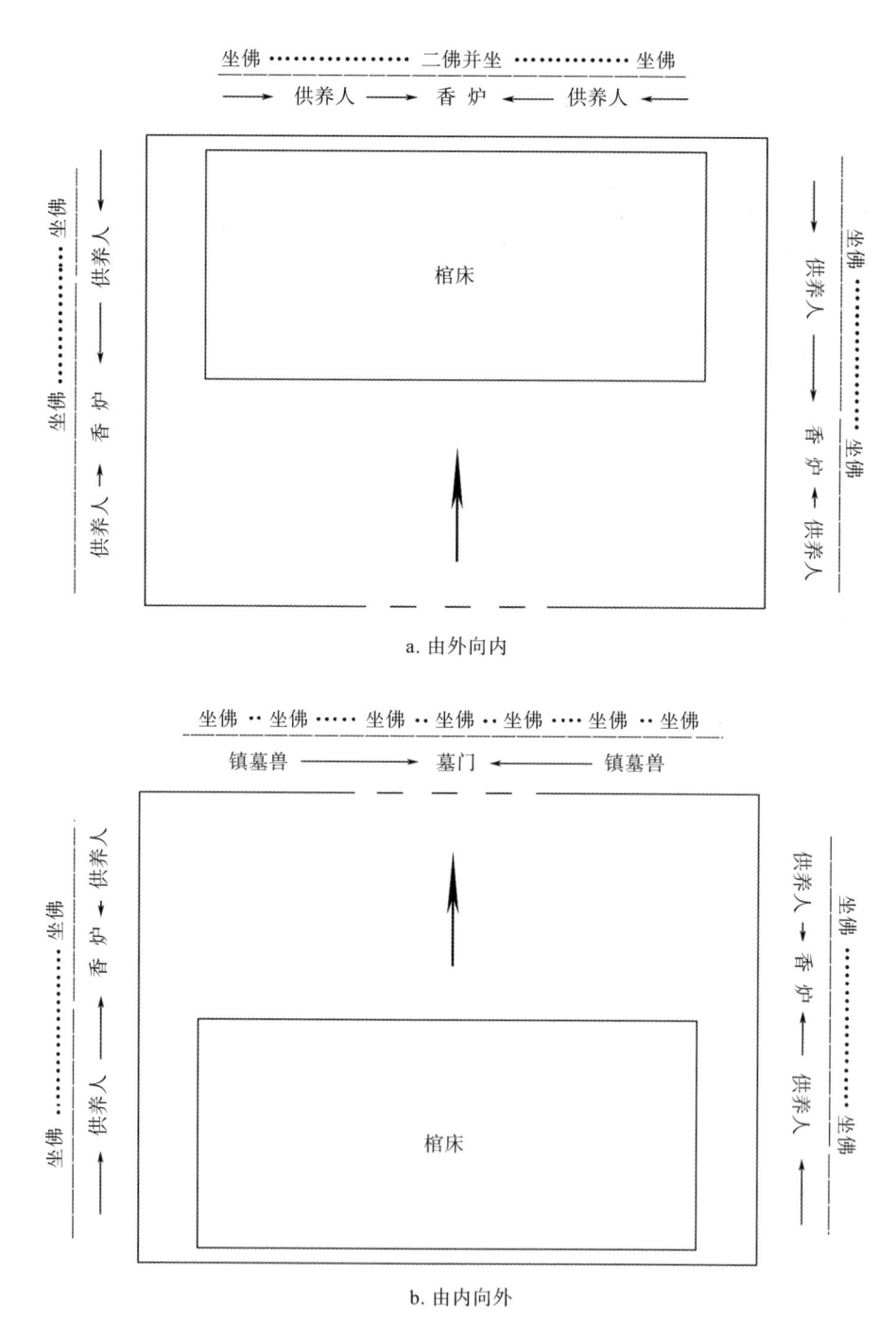

```
        坐佛 ………… 二佛并坐 ………… 坐佛
        ─→ 供养人 ─→ 香 炉 ←─ 供养人 ←─

    ┌──────────────────────────────────────┐
  坐│ ┌──────────────────────────────┐ 供  │坐
  佛│ │                              │ 养  │佛
  : │ │                              │ 人  │:
  : │ │                              │ ─→ │:
  供│ │            棺 床              │ 香  │供
  养│ │                              │ 炉  │养
  人│ │                              │ ←─ │人
  ─→│ └──────────────────────────────┘ 坐  │←─
    │                  ↑                  │
    └──────────────────────────────────────┘

                  a. 由外向内

        坐佛··坐佛····坐佛·坐佛·坐佛····坐佛··坐佛
        镇墓兽 ─→ 墓 门 ←─ 镇墓兽

    ┌──────────────────────────────────────┐
  坐│ 供        坐                        供│坐
  佛│ 养 ←─ 香  佛                   坐    养│佛
  : │ 人    炉  :                    佛 ─→ 人│:
  : │ ─→       供                   : 香     │:
  : │           养                  : 炉 ←─  │
  供│           人                  供       │供
  养│                               养       │养
  人│                               人       │人
  ─→│         ↑                             │←─
    │ ┌──────────────────────────────┐     │
    │ │            棺 床              │     │
    │ └──────────────────────────────┘     │
    └──────────────────────────────────────┘

                  b. 由内向外
```

图 6.56　大同皇兴三年邢合姜石椁画像配置

外两侧分别是 8 名汉装男性供养人和 2 名汉装女性供养人，东壁香炉左右内外分别是 6 名汉装女性供养人和 2 名汉装男性供养人，供养人皆由 1 名胡僧引导。

这是一座完全以佛像装饰的墓葬，可称为佛殿式的墓葬。从进入墓室的观者角度看，正壁前的石棺床和正壁上的四尊坐佛（其一已佚）构成了椁室的视觉中心，表达了与传统墓主像完全不同的含义：死者的灵魂不再是世俗的人物，而是脱离了六道轮回的佛；棺内的死者变成了佛弟子；佛像下层以香炉为中心的供养场景正如以祭台为中心的祭祀场景，成为死者转化成佛的媒介。左、右（东、西）侧壁的图像是正壁图像的延伸，共同构建了佛殿式的场景，参加丧礼的人将对死者的祭祀当成了礼佛，是祖先崇拜向佛教偶像崇拜的转化。

从死者的视角看到的是另一番景象：椁室的前（南）壁上层是横列的七佛坐像，下层的墓门两侧是两只昂首挺胸、相向而立的护法神兽，两侧壁坐佛下层的供养人皆以偏于外侧的香炉为中心，意味着外侧大龛内的坐佛为主像，将死者的视线由内向外引向前壁的七佛。椁室顶部是由 8 块石板构成的 6 组飞天，其所处位置和象征意义与汉魏传统的墓顶天象图类似。位于前壁的七佛是死者的视角中心，意味着当墓室封闭后，死者的灵魂独享墓室空间时，空间的主旨变成了七佛代表的净土世界。

这座佛殿式的墓葬虽属考古发现的孤例，但在空间设计和图像选择上体现了云冈石窟对墓室营造的影响。正壁中央大龛内作为过去佛的释迦、多宝并坐像处于最突出的地位。二佛并坐是云冈石窟的常见题材，据统计有 385 个二佛并坐龛，几乎每个洞窟中都有，一般认为与《法华经》的盛行、冯太后与孝文帝共同执政有关[1]，但此墓建造于皇兴三年（469），孝文帝尚未登

---

1 王恒：《二佛并坐及其佛教意义》，《文物世界》2002 年第 1 期。

基，因此此处的二佛与"二圣"无关，可能只是工匠对熟悉题材的选择。工匠们将熟悉的二佛题材"活用"到墓室里，取代了传统的夫妇并坐像。

前壁的七佛题材反映了当时流行的净土信仰，题材也应来自云冈石窟造像。七佛所在位置与云冈太和年间开凿的第10窟非常相似，都是作为前壁的视觉中心来安排的。云冈第10窟是一个前堂后室式的窟[1]，主尊是位于后室北壁的弥勒坐佛（头部已佚），左右两壁各有一菩萨，南壁（前壁）窟门上方横列一排七佛坐像。净土是佛徒追求的脱离了生老病死诸般苦恼的天堂，是相对于娑婆世界的秽土而言的，十六国北朝时期十分流行弥勒净土信仰，包括弥勒上生信仰（弥勒在兜率天宫）和弥勒下生信仰（弥勒在娑婆世界）。在弥勒下生之后、释迦出现之前有过去六佛，与释迦一同组成七佛，七佛题材是弥勒下生信仰的主要表现方式。七佛题材曾见于最早产生佛像的中亚犍陀罗地区，在中国境内的克孜尔石窟壁画（4—6世纪）、河西炳灵寺第169窟（西秦建弘元年，420）、北凉石塔（426—436年间）、麦积山第127窟（西魏初）、庆阳南北石窟寺（6世纪初）、云冈石窟、龙门石窟中均有发现[2]，以北凉石塔和云冈石窟最为常见。

北凉14件石塔大多刻有过去七佛和弥勒菩萨[3]。云冈石窟中期开始出现大量的七佛题材，在第10、11、13、35、38、36-2窟等均见有七佛造像，除了第36-2窟以七佛为主尊外，多出现在龛额内，最早纪年的是第11窟东

---

1 云冈第二期的第9、10双窟可能是太和八年至十三年（484—489）宦官钳耳庆营造的崇福寺，参宿白：《"大金西京武州山重修大石窟寺碑"校注——新发现的大同云岗石窟寺历史材料的初步整理》，《北京大学学报》1956年第1期。

2 关于七佛造像的研究，参魏文斌、唐晓军：《关于十六国北朝七佛造像诸问题》，《北朝研究》1993年第3期；殷光明：《北凉石塔上的易经八卦与七佛—弥勒造像》，《敦煌研究》1997年第1期；董华锋、宁宇：《南、北石窟寺七佛造像空间布局之渊源》，《敦煌学辑刊》2010年第1辑；孙晓峰：《麦积山第127窟七佛图像研究》，《敦煌学辑刊》2012年第4辑；王雁卿：《云冈石窟七佛造像题材浅析》，云冈石窟研究院编《2005年云冈国际学术研讨会论文集》，文物出版社，2006年，256—269页。

3 殷光明：《北凉石塔造像研究》，载《法藏文库·中国佛教学术论典·佛学硕、博士学位论文》第九辑，佛光山文教基金会，2003年，417—511页；张宝玺：《北凉石塔艺术》，上海辞书出版社，2006年。

壁上层太和七年（483）龛，可以看作云冈较早的七佛样式[1]。其中第13、10窟的七佛皆位于前壁窟门上方，占据显要位置，不同的是第13窟窟门上方是立像，第10窟窟门上方是坐像；第38窟的七佛位于东壁下层尖拱龛的龛楣[2]，也有学者将东壁两大龛左右的六坐佛和下龛释迦佛当作七佛[3]。

邢合姜石椁作为次要图像的供养人行列也明显受到云冈石窟造像的影响，石椁正壁和左右侧壁佛像下都有带榜题的供养人行列，皆以香炉为中心，以邑僧引导，男女供养人分列左右。这种图式贯穿于云冈石窟的始终，从昙曜五窟开始就出现了以香炉为中心，由僧人引导的男女供养人行列[4]。供养人图像在云冈已经形成较为固定的程式，工匠在制作石椁时直接借用这种图式是很有可能的。

那么，石窟图像何以能够进入丧葬系统？佛教的净土观与传统生死观有无"合作"的基础？东晋佛陀跋陀罗（觉贤）译《佛说观佛三昧海经》：

> （毗婆尸佛）若有众生闻我名者，礼拜我者，除却五百亿劫生死之罪，汝今见我，消除诸障，得无量亿旋陀罗尼，于未来世当得作佛……（拘留尸佛）见此佛者，常生净国，不处胞胎，临命终时，诸佛世尊必来迎接……见七佛已见于弥勒，见弥勒已贤劫菩萨，一一次第，逮及楼至各放光明……[5]

礼拜七佛可以临终时往生弥勒净土，这是一种不同于升仙的死亡观，但同样

---

[1] 王雁卿：《云冈石窟七佛造像题材浅析》，载云冈石窟研究院编《2005年云冈国际学术研讨会论文集》，文物出版社，2006年，256—269页。

[2] 李治国、丁明夷：《第38窟的形制与雕刻艺术》，载云冈石窟文物保管所编《中国石窟·云冈石窟》第二卷，文物出版社，2016年，图版210页，图2。

[3] 汪悦进：《佛教石窟的时空观及图像附会——云冈第38窟北魏雕刻布局构思浅议》，载巫鸿主编《汉唐之间的宗教艺术与考古》，文物出版社，2000年，286—287页。

[4] 李雪芹：《云冈石窟供养人图像形式分析》，《山西大同大学学报（社会科学版）》2017年第1期。

[5] 《中华大藏经》第22册《佛说观佛三昧海经》卷10《念七佛品》，562页。

是对死亡的关切、对来世的憧憬。在墓室空间里，汉魏传统常以引魂升天表达成仙的途径，以西王母世界表达美好的仙境，佛教徒则以礼佛、造像方式表达对七佛净土世界的追求。汪悦进以云冈第38窟为例，认为各壁的佛像排列方式具有特别的时空内涵：东壁的七佛、释迦、弥勒菩萨象征着过去、现在、未来的共存，着眼于现世；西壁为象征未来的弥勒佛独占，表现的是来世，而北壁的释迦、多宝二佛具有生界与死界交汇的内涵，左右两侧的涅槃、罗睺罗因缘像等分别代表了死亡与新生，北壁下层的骑象与骑马代表了出生和入死，石窟空间像一个时空体（chronotope）一样表现了亡灵腾升净土的完整过程，石窟的设计者附会佛教图像以安抚吴家亡子[1]。邢合姜石椁四壁的图像安排似乎也体现了生与死的时空转换：从代表过去的二佛并坐向左右两壁延伸，西壁主像旁的罗睺罗代表了重生，而前壁的七佛代表了未来的净土世界。

云冈第38窟窟门上方有云冈石窟最长的造像铭《吴氏忠伟为亡息冠军将军华□侯吴天恩造像》，有"愿亡儿……腾神净土……愿□亡儿，常谒□□"等语[2]，寄托了希望亡灵往生净土的愿望，所谓"腾神"指灵魂飞升之意，是升仙的习惯表达方式，只不过在这里飞升的目的地不是仙界而是净土，"常谒"的对象也不是西王母而是代表未来的弥勒。年代接近的第35窟主尊是交脚弥勒，楣拱内凿七佛，门口东侧龛内铭记"惟□代延昌四年（515）正月十四日。恒雍正□尉，都统华堂旧宫二常主匠，为亡弟安凤翰造弥勒并七佛立侍菩萨，比丘道□□化□"，也明确表达了希望亡灵往生弥勒净土的愿望[3]。类似的造像铭记十分常见，表明平城百姓的生死观已深受净土

---

[1] 汪悦进：《佛教石窟的时空观及图像附会——云冈第38窟北魏雕刻布局构思浅议》，载巫鸿主编《汉唐之间的宗教艺术与考古》，文物出版社，2000年，286—312页。

[2] 水野清一、長廣敏雄：《雲岡石窟：西曆五世紀における中國北部佛教窟院の考古學的調查報告》第十五卷本文，京都大學人文科學研究所雲岡刊行會，1955年，85页。

[3] 前揭《雲岡石窟：西曆五世紀における中國北部佛教窟院の考古學的調查報告》，83页。

信仰的影响，以造像为死者往生净土、为生者祈福的做法十分普遍，正如汤用彤先生所述北朝民间崇佛之功利性：

> 北朝法雨之普及，人民崇福之热烈，可于造像一事见之。……其宗旨自在求福田利益：或愿证菩提，希能成佛；或冀生安乐土，崇拜佛陀；或求生兜率，得见慈氏（弥勒）。或于事先预求饶益；或于事后还报前愿。或愿生者富贵；或愿出征平安；或愿病患除灾。[1]

4. 仙佛同墓：长川 1 号墓

以佛像装饰墓壁的墓葬还有与邢合姜石椁墓年代接近的吉林集安长川 1 号墓——5 世纪末或 6 世纪初的高句丽壁画墓[2]，有学者对此墓的断代或早或晚，但基本不出北魏时期[3]。这是一座前堂后室结构的石室墓，前室正壁（东壁）下是通往后室的甬道门，门两侧画恭立的门吏，左（南）壁画歌舞、进馔、屋宇等内容，右（北）壁是以大树为中心的伎乐百戏、山林逐猎等户外活动内容，前（西）壁绘守门武士。作为棺室的后室顶部绘日月及北斗七星，四壁绘横竖成行的正视莲花。从墓室图像的配置看，前室作为祭祀空间，配置着反映世俗生活的传统题材[4]；后室是埋葬空间，以通壁的莲花图案营造了一个佛教意味甚浓的场景（图 6.57）。

---

[1] 汤用彤：《汉魏两晋南北朝佛教史》，商务印书馆，2015 年，414 页。
[2] 吉林省文物工作队、集安县文物保管所：《集安长川一号壁画墓》，《东北考古与历史》第一辑，文物出版社，1982 年，154—173 页。
[3] 温玉成：《集安长川高句丽一号墓的佛教壁画》，《敦煌研究》2001 年第 1 期；李殿福认为墓葬年代在 4 世纪中叶至 5 世纪中叶，参李殿福：《集安高句丽墓葬研究》，《考古学报》1980 年第 2 期；魏存成认为在 5 世纪末至 6 世纪中叶，参魏存成：《高句丽考古》，吉林大学出版社，1994 年。
[4] 李清泉认为前室壁画不同于一般的世俗生活题材，南壁的歌舞、宴饮场景反映的是面向室内的送葬场景，象征对墓主永久的祭奠与供奉，而北壁以大树为中心的画面是表现封官拜侯的场面，狩猎图的意义在于为死者提供丰美的食物。参李清泉：《墓葬中的佛像——长川 1 号壁画墓释读》，载前揭《汉唐之间的视觉文化与物质文化》，476—481 页。

444　中古丧葬模式与礼仪空间

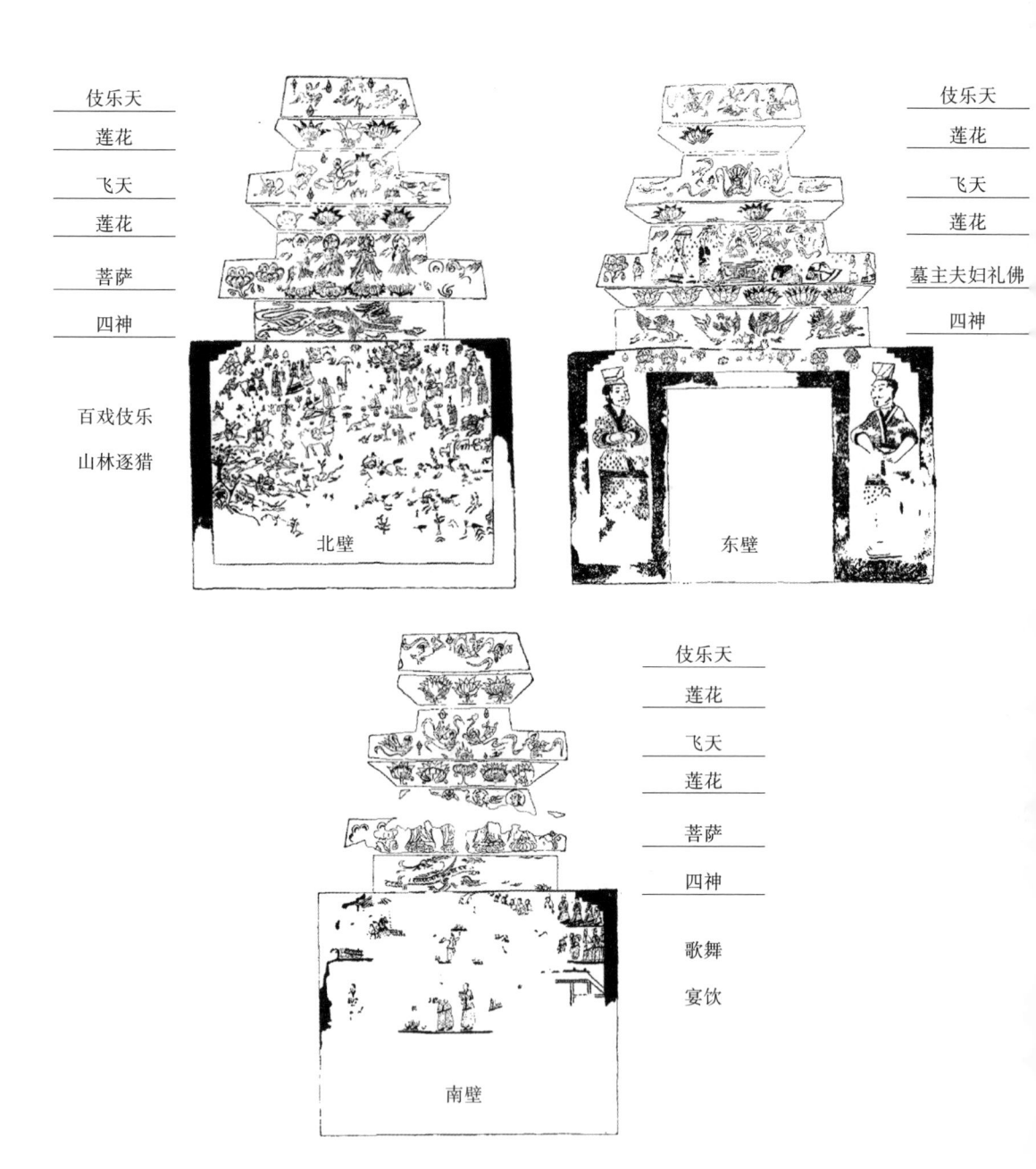

图 6.57　长川 1 号高句丽壁画墓前室壁画配置
(《吉林集安高句丽墓葬报告集》, 69、72、73 页)

长川 1 号墓最引人注目的是前室藻井以一佛八菩萨为主题的场景（图 6.58）。正壁上方中心是坐于须弥座上的坐佛，左右绘夫妇礼佛图，延伸到左右侧壁的部位是立于莲台上的八大菩萨，在佛和菩萨的下方绘制青龙、白虎、朱雀、麒麟等图像，上方分层依次绘有飞天、莲花、伎乐天。显然，藻井图像的中心内容是一佛八菩萨的组合，但图像组合形式不同于寺庙和石窟将世俗人物放在供养位置的做法，而是将礼佛男女（墓主夫妇）安排在坐佛的两侧。李清泉根据长川 1 号墓的前后室图像配置的差异，认为"如果说前室旨在制造一个微型宇宙，为灵魂提供一个活动的空间，后室仅绘莲花与天象，则似乎有意要造成一个宁静、恒定的空间。它表示死者的灵魂经八大菩萨的导引与佛的度化之后，跨越了生死的界限，进入到了一个宁静永恒的净土世界"[1]。温玉成认为长川 1 号墓体现了苍天在上（日、月、北斗等星宿）、佛及天人居中、墓主在下拜佛的思想[2]。

长川 1 号墓虽然藻井部位全被佛、菩萨和礼佛场景占据，但从观者的角度来看，需要仰视的藻井图像处于次要地位，它与后室墓顶的日月星辰图像一样是为了营造一个超越世俗的"天堂"，不同的是前室的天堂是佛和菩萨主宰的净土世界，而后室的天堂沿用了传统的仙界图式，成佛与升仙理想融于一墓。

值得注意的是前室藻井礼佛图的表现方式：左侧是二个面向坐佛的跪拜者，后立二位侍者；右侧是二位持伞盖的立者，后立二位侍者。温玉成认为左侧跪拜者和右侧持伞盖者都是墓主夫妇，后立者是墓主子女。李清泉同意这种解释，认为这种做法是为了强调佛与世俗人物之间的关系，两侧表现的都是墓主夫妇，既是礼拜者，也是佛的仆从，表现出他们对佛的虔诚。这种判断是有见地的，两对墓主夫妇同处一个画面，从衣着看表现的是同一对夫

---

1 李清泉：《墓葬中的佛像——长川 1 号壁画墓释读》，载前揭《汉唐之间的视觉文化与物质文化》，485 页。
2 温玉成：《集安长川高句丽一号墓的佛教壁画》，《敦煌研究》2001 年第 1 期。

446　中古丧葬模式与礼仪空间

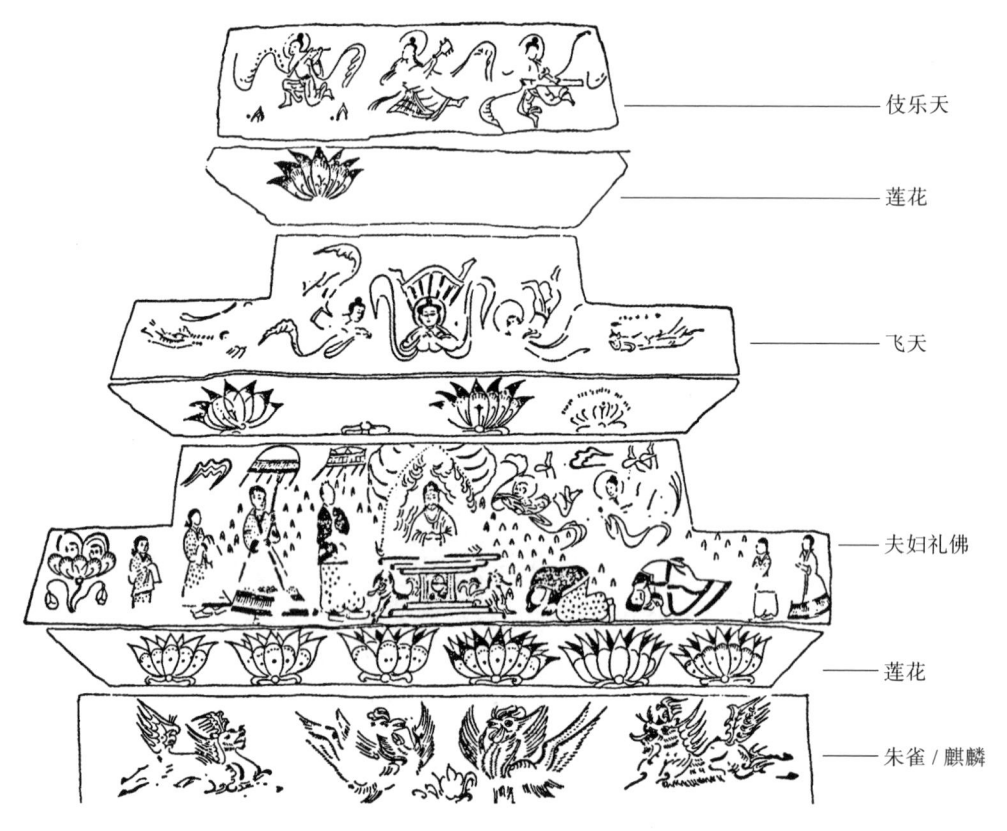

图 6.58　长川 1 号高句丽壁画墓前室藻井礼佛图
(《吉林集安高句丽墓葬报告集》, 69 页)

妇，从顿首拜佛的左侧夫妇，到举伞盖侍立的右侧夫妇，表现的正是墓主夫妇通过礼佛而得以侍佛的动态过程，反映了墓主夫妇对往生佛国成为佛弟子的愿望。该墓在图像选择上和表现方式上可谓仙、佛同墓，反映了4、5世纪北方地区佛教与传统丧葬的互相渗透。

5. 墓寺一体：方山陵园

思远佛寺是冯太后方山永固陵陵园内的一处重要建筑，位于永固堂西侧，北距冯氏陵冢约400米[1]。宿白先生指出，"墓地和佛寺接合起来，是冯氏墓园的布局特点"。冯氏系北燕冯弘孙女，北燕提倡佛教，5世纪后半，冯氏及其兄佞佛，广建佛寺，方山墓地既为冯氏所自择，墓园兴建又当冯氏听政时期，因此估计富有佛教色彩的墓园布局很有可能出自冯氏本意[2]。

经1981年的考古发掘，可知思远佛寺是一座以方塔为中心的长方形寺院，塔心周围有环绕的回廊，塔的北部有佛殿和僧房建筑遗迹。这种以塔为中心的寺院是东晋南北朝时期佛寺的主要布局方式，塔北一般有佛殿，佛殿两侧又有"法堂""禅室"等建筑[3]，《水经注》所记佛寺西侧的斋堂应是法堂或禅室一类的附属建筑。

思远佛寺和永固堂都是方山陵园的礼制性建筑，但性质不同，一为奉佛的佛寺，一为供奉神主的陵庙，二者在建造风格和装饰上有明显区别。永固堂是一座以石结构为主的宗庙建筑，榭、阶、栏、槛、扉、户、梁、壁、橼、瓦等皆以"文石"为之，四柱则"采洛阳之八风谷黑石为之"，又有石跌、石屏风，上刻忠孝类图像。而思远佛寺可能与冯氏在龙城所建的思燕佛图一样，是多层楼阁式建筑，在塔的周围回廊和佛殿内发现了佛教彩塑、莲

---

1 大同市博物馆：《大同北魏方山思远佛寺遗址发掘报告》，《文物》2007年第4期。
2 宿白：《盛乐、平城一带的拓跋鲜卑—北魏遗迹——鲜卑遗迹辑录之二》，《文物》1977年第11期。
3 宿白：《东汉魏晋南北朝佛寺布局初探》，参宿白《魏晋南北朝唐宋考古文稿辑丛》，文物出版社，2011年，236—238页。

瓣纹柱础、化生童子瓦当等遗物[1]，两座佛寺都属北魏皇家寺院。

冯氏去世后，孝文帝在陵墓规制上"有从有违"，一方面遵从太后遗旨，在玄宫大小、棺椁、明器上皆从俭约，理由是"梓宫之里，玄堂之内，圣灵所凭，是以一一奉遵，仰昭俭德"，但另一方面"其余外事，有所不从"，如将山陵由三十步增广为六十步，以彰孝德[2]。所谓"外事"主要指玄堂之外的地面设施，孝文帝对外事的增益其实也很有限，整个陵园的设计多半体现了冯氏的意志。

冯氏对方山陵园的规划意图是由宦官王遇实施的。王遇出身于关中冯翊羌中强族，又名钳耳庆时，先后受到文成帝、冯太后和迁洛后的宣武帝宠信，所谓"枢机左右，历奉三帝"[3]"遇性巧，强于部分。北都方山灵泉道俗居宇及文明太后陵庙，洛京东郊马射坛殿，修广文昭太后墓园，太极殿及东西两堂、内外诸门制度，皆遇监作"[4]。平城的许多大型皇家建设都由他主持完成，除了方山永固陵外，他可能更擅长于寺院土木建筑的设计施工，如思远寺、平城东郭外寺庙建筑群、家乡修建的晖福寺等都是他的建筑成果[5]，云冈第9、10双窟可能是王遇在太和八年至十三年（484—489）营造的崇福

---

1 思燕佛图是位于辽宁朝阳市现存隋至辽代北塔的前身，已发掘了北塔下层的北魏塔基，参辽宁省文物考古研究所、朝阳市北塔博物馆《朝阳北塔——考古发掘与维修工程报告》，文物出版社，2007年。

2《魏书》卷13《文成文明皇后传》：(太和十四年诏)"尊旨从俭，不申罔极之痛；称情允礼，仰损俭训之德。进退思惟，倍用崩感。又山陵之节，亦有成命：内则方丈，外裁掩坎，脱于孝子之心有所不尽者，室中可二丈，坟不得过三十余步。今山陵万世所仰，复广为六十步。辜负遗旨，益以痛绝。其幽房大小，棺椁质约，不设明器。至于素帐、缦茵、瓷瓦之物，亦皆不置。此则遵先志，从册令，俱奉遗事。而有从有违，未达者或以致怪。梓宫之里，玄堂之内，圣灵所凭，是以一一奉遵，仰昭俭德。其余外事，有所不从，以尽痛慕之情。其宣示远近，著告群司，上明俭诲之善，下彰违命之失。"中华书局，1974年，330页。

3 王遇卒于正始元年（504），墓志出土于洛阳首阳山镇北邙山，参齐运通、杨建锋编：《洛阳新获墓志（2015）》，中华书局，2017年，10页；王银田：《〈王遇墓志〉再考》，载王银田等著《北魏平城考古研究——公元五世纪中国都城的演变》，科学出版社，2017年，304—309页；周伟洲：《北魏〈王遇墓志〉补考》，《西北民族论丛》2018年第2期，86—96页。

4《魏书》卷94《王遇传》，2024页。

5 辛长青：《羌族建筑家王遇考略》，《文史哲》1993年第3期。

寺[1]。王遇是一位兼作皇室宫殿、造像、寺庙、陵园的工匠首领，他在平城的建造活动集中体现了当时宗教空间、丧葬空间和生活空间之间的彼此渗透。

6. 以窟为墓：瘗窟

北朝时期由于佛教信仰的普及、佛教与丧葬的深度融合，流行以石窟为埋葬之所的"瘗窟"，窟中有模拟普通墓葬的石棺床。最早见于文献记载的瘗窟是西魏文帝的废后乙弗氏，她于大统六年（540）自杀后，凿麦积崖为龛而葬，称为寂陵[2]，即麦积山第43窟。类似的瘗窟到隋唐时期更加流行，而且越来越与传统葬俗趋同[3]。刘淑芬认为将这种石室埋葬称作瘗窟并不确切，因为"瘗"有隐而埋之的意思，而以石窟或石室藏尸属于佛教徒的露尸葬习俗，遗体并未埋入土中，而且这些瘗窟多是不设门户的开放式空间，文献碑刻中将这种空间称作龛、石室、石龛等[4]。由于瘗窟不具传统墓葬那样的封闭性，说明并不会真正葬入棺柩或遗体，考古发现的瘗窟内确实很难见到棺柩或遗体的遗存。从一些碑刻将瘗窟称作"龛"或"灵龛"来看，这些瘗窟很可能只是一种纪念性的安魂之所，相当于宗庙或祠堂，窟内的棺床上放置的可能是神主或其他纪念物。刘未曾调查龙门石窟净土堂北崖的唐代张氏瘗窟。这是一个平面方形的窟，窟口外侧各雕一执剑门吏和二狮子，窟内后部有一个宽1.09米、高0.44米的石床，立面雕有简单的壸门。窟额上的文

---

1 宿白：《"大金西京武州山重修大石窟寺碑"校注——新发现的大同云岗石窟寺历史材料的初步整理》，《北京大学学报》1956年第1期。

2 《北史》卷13《后妃列传·文帝文皇后乙弗氏》："（文帝）乃遣中常侍曹宠赍手敕令后自尽。后奉敕，……召僧设供，令侍婢数十人出家，手为落发。事毕，乃入室，引被自覆而崩，年三十一。凿麦积崖为龛而葬。神柩将入，有二丛云先入龛中，顷之一灭一出，后号寂陵……废帝时，合葬于永陵。"507页。

3 张乃翥讨论了龙门石窟发现的30余座唐代瘗窟，认为龙门瘗窟反映了佛教信仰意识与新型世俗观念相融会的丧葬风俗，参张乃翥：《龙门石窟唐代瘗窟的新发现及其文化意义的探讨》，《考古》1991年第2期。倪润安讨论了莫高窟北区石窟中的25个隋唐瘗窟，认为与北朝瘗窟相比世俗化加强了，很多传统的葬法出现在石窟中，如多人合葬、模仿墓葬的执剑门吏、石棺床流行、成组的世俗随葬品等，参倪润安：《敦煌隋唐瘗窟形制的演变及相关问题》，《敦煌研究》2006年第5期。

4 刘淑芬：《中古的佛教与社会》，上海古籍出版社，2008年，247—248、254页。

字题记中有"故赠使持节相州刺史萧元礼夫人张氏，少归佛□，……载此灵龛，庶使幽容，长垂不朽"等语[1]，可知此为一处"灵龛"，可能只是藏神主或死者纪念物的祭祀空间。

前述弗利尔美术馆所藏的北齐石棺床是一类葬具，但其特殊之处是，画像皆为佛教图像，以正立面的香炉为中心配以多身供养菩萨、天王和伎乐。如果这具石棺床确实出自北响堂石窟第4窟（即中洞），很容易让我们想到北齐高欢"潜葬鼓山"的传说，但并不是高欢遗体所藏之处，可能是为高欢所设的安魂之处。北响堂三大石窟——大佛洞、释迦洞、刻经洞，传说为北齐文宣帝高洋所凿，北响堂常乐寺内的金碑《磁州武安县鼓山常乐寺重修三世佛殿记》详记了高洋开窟的过程：

> 文宣尝自邺都诣晋阳，往来山下，故起离宫，以备巡幸。于此山腹见数百圣僧行道，遂开三石室，刻诸尊像，因建此寺，初名石窟寺，后主天统间改智力，宋嘉祐中复更为常乐寺……[2]

此碑应当依据了唐道宣《续高僧传》的说法，但道宣还说石窟寺内大佛像背后有高洋的陵藏，"仁寿下敕，令置塔于慈州之石窟寺。寺即齐文宣之所立也。大窟像背文宣陵藏，中诸雕刻骇动人鬼"[3]。北宋司马光认为齐献武王高欢卒后，也潜葬于石窟旁边，"虚葬齐献武王于漳水之西；潜凿成安鼓山石窟佛寺之旁为穴，纳其柩而塞之"[4]。北响堂石窟的开凿与北齐皇室有关，当

---

[1] 刘未：《龙门唐萧元礼妻张氏瘗窟考察札记》，《中国国家博物馆馆刊》2012年第5期。

[2] 邯郸市文物保管所、峰峰矿区文物保管所：《河北邯郸鼓山常乐寺遗址清理简报》，《文物》1982年第10期。

[3] [唐]道宣撰，郭绍林点校：《续高僧传》（下）卷28《感通篇·隋京师大兴善寺释明芬传》，郭绍林的断句为"大窟像背文宣陵，藏中诸雕刻骇动人鬼"，略有不通，似应为"大窟像背，文宣陵藏，中诸雕刻骇动人鬼"。中华书局，2014年，1094页。

[4]《资治通鉴》卷160《梁纪十六》，4957页。

属无疑，但按道宣和司马光的说法，北响堂石窟内除了佛教造像外，还有高洋的"陵藏"和高欢的"潜葬"。那么这种"陵藏"和"潜葬"到底是否属实？

根据考古发现、碑志资料和正史记载，基本可以确认高欢、高洋、高澄三帝均葬在邺城西北的皇陵区内，其中高洋的武宁陵可能是已发掘的湾漳大墓，即今磁县西南滏阳河南岸湾漳村的M106，在墓室西侧的须弥座石棺床上置有一棺一椁，人骨无存[1]；高欢的义平陵可能是磁县南大冢营村西北的M1，地面尚有圆形封土；高澄的峻成陵可能是义平陵西北俗称"二冢"的M2，也有大型封土[2]。北齐三帝实际埋葬于皇陵区，那么北响堂石窟内的"陵藏"和"潜葬"如果确实存在的话，那就只能是虚葬了。在大佛洞的中心方柱顶部确实发现了一个长3.87米、宽1.35米、高1.77米的长方形洞穴，或许就是高欢"潜葬鼓山"之处[3]，但这种潜葬不是真的埋葬，只是一种纪念性的埋葬，类似于宗庙或衣冠冢的埋葬，又或与北魏孝文帝在方山陵园的"虚宫"类似。日本学者常盘大定认为北响堂三大窟是高洋为高欢、高澄及自己造的灵庙[4]。刘东光进一步解释这三窟的中央方柱应是属于三帝的转轮王灵塔，根本目的在于表现自己的转轮王身份，是高洋实行转轮王治世的一项重要举措，认为三窟中的大佛洞是高洋为自己所营，中央的释迦洞为高欢所属，刻经洞属高橙所有[5]。

北响堂石窟是在北齐皇室的主持下开凿的，高欢或高洋陵藏的传说也可能确有其事，但它与高欢或高洋的陵墓又是什么关系呢？如前所述，北齐三帝另有实际的葬地，北响堂石窟内的"陵藏"也不是真正的墓葬。那么，陵

---

1 中国社会科学院考古研究所、河北省文物研究所邺城考古工作队：《河北磁县湾漳北朝墓》，《考古》1990年第7期。
2 沈丽华：《邺城地区东魏北齐墓群布局研究》，《考古》2016年第3期。
3 柴俊林：《试论响堂石窟的初创年代》，《考古》1996年第6期。
4 常盤大定：《支那佛教史跡踏查記・南北響堂山》，東京龍吟社，1938年，494—495页。
5 刘东光：《试论北响堂石窟的凿建年代及性质》，《世界宗教研究》1997年第4期。

藏到底是什么性质？这就涉及弗利尔石棺床的性质和用途了。据美国学者何恩之（Angela F. Howard）的考证，弗利尔的石棺床出自北响堂石窟第4窟（即中洞）[1]，常青的著录中采用了这种说法。曾布川宽也认为它出自北响堂石窟，其上身赤裸的菩萨像与八角形柱的风格与北响堂中洞、北洞雕刻有共同之处，因此把它与北齐高欢陵藏的传说联系起来，认为棺床的性质是灵座[2]。张林堂、孙迪也认为它有可能出自北响堂大佛洞中心柱上方的北齐帝王陵藏，换言之即为北齐帝王的御用棺床[3]。

我们认为北响堂石窟内的陵藏并非真实的墓葬，未藏棺柩和遗体，而是以祭祀为目的的纪念性设施，性质类似于陵庙；而弗利尔石棺床是设在陵藏内的祭台[4]。

7. 佛教与丧葬的"边界"与"合作"

鲜卑旧俗"死则潜埋，无坟垄处所，至于葬送，皆虚设棺柩，立冢椁，生时车马器用皆烧之以送亡者"[5]，烧物之俗至文成帝去世仍在沿用[6]。定都平城后虽致力于建立中原式的礼制，但整个平城时期实际上鲜卑旧俗与中原礼制互相杂糅。定都之初的祀天之礼即一度西郊与南郊并行，西郊祭礼是鲜卑固有传统，初建国时即在牛川祭天，都平城后未迅速放弃西郊礼，但同时主张以周礼为范，在南郊祭天，直到孝文帝汉化改革高潮之年的太和十八

---

1 Angela F. Howard. "Highlights of Chinese Buddhist sculpture in the Freer Collection". *Orientations* (Hong Kong), vol. 24 (5), pp. 93-101, 1993.

2 曾布川宽、冈田健编《世界美术大全集·东洋编》第3卷《三国南北朝》，东京小学社，1998年，图27、28，页378。

3 张林堂、孙迪编著：《响堂山石窟——流失海外石刻造像研究》，外文出版社，2004年，95页。

4 李梅田、黄晓赢：《弗利尔美术馆石棺床与响堂山石窟皇帝陵藏》，《美术研究》2021年第1期。

5《宋书》卷95《索虏传》，2322页。

6《魏书》卷13《文明皇后传》："高宗崩，故事：国有大丧，三日之后，御服器物一以烧焚，百官及中宫皆号泣而临之。后悲叫自投火中，左右救之，良久乃苏。"328页。

年（494），才罢省西郊郊天杂事[1]，从西郊到南郊的转变反映了拓跋北魏国家的转型[2]。舆服制度也经过了漫长的定型过程，太和年间"正定前谬，更造衣冠，尚不能周洽"，直到迁洛后完备的舆服制度才逐渐成形[3]。正因各项制度草创，多元文化乘虚而入，平城文化来源十分庞杂。在丧葬礼俗方面努力远祖汉晋制度，但在上层社会信佛、云冈石窟开凿、造像立寺之风劲盛的背景下，佛教不可避免地渗透到丧葬空间里，不但墓室空间设计和图像选择上借鉴了大量造像、立寺的做法，甚至出现了佛殿化的墓室以及陵墓、佛寺与陵庙结合的墓园，佛教对平城丧葬空间的渗透可谓深刻。但是在考古发现的数千座平城北魏墓葬中[4]，含有佛教类图像的墓葬比例其实是很低的，大多数"佛教因素"只是装饰墓室的次要部位，即便这样的墓葬也不过 10 余座。这与当时都城内外大规模的建寺、造像活动形成鲜明反差，因此，我们不宜高估佛教对平城墓室营造的影响，佛教与丧葬之间是存在巨大的鸿沟的，佛教并未取代汉晋传统丧葬的升仙主旨，佛教与丧葬虽有"合作"，但边界更加明显。

佛教对于生命本质的认识与中国传统生死观截然不同，传统生死观是基于魂魄二元论的，人死之后形神分离，形为魄，神为魂。魂魄分离后各有所归，"魂气归于天，形魄归于地"[5]。但佛教认为形神浑然一体，不可分离，生命通过轮回转世而进入新的境界，主张戒欲行善以至灵魂超脱轮回而成佛，"又以为人死精神不灭，随复受形，生时所行善恶皆有报应。故所贵行善修

---

[1] 石松日奈子著，筱原典生译：《北魏佛教造像史研究》，文物出版社，2012 年，15—19 页。

[2] 康乐：《从西郊到南郊——国家祭典与北魏政治》，稻乡出版社，1995 年。

[3] 《隋书》卷 11《礼仪志》："自晋左迁，中原礼仪多缺。后魏天兴六年（403），诏有司始制冠冕，各依品秩，以示等差，然未能皆得旧制。至太和中（477—499），方考故实，正定前谬，更造衣冠，尚不能周洽。及至熙平二年（517），太傅、清河王怿、黄门侍郎韦廷祥等，奏定五时朝服，准汉故事，五郊衣帻，各如方色焉。及后齐因之。河清中（562—565），改易旧物，著令定制云。" 238 页。

[4] 曹臣明：《平城附近鲜卑及北魏墓葬分布规律考》，《文物》2016 年第 5 期。

[5] 前揭《礼记集解》卷 26《郊特牲》，714 页。

道，以炼精神而不已，以至无生而得为佛也"[1]。佛教与中土生死观的分歧在东晋南北朝时期达到高潮，集中表现于因果报应和形神之争中，梁武帝时期僧佑编撰的《弘明集》收录东汉至梁朝文论185篇，即是针对佛教与本土思想的分歧而阐发的佛教义理，其中梁朝萧琛针对范缜《神灭论》而作《难神灭论》，主张形神一体，"神即形也，形即神也。是以形存则神存，形谢则神灭也"[2]。神灭与神不灭的分歧必然导致本土丧葬与佛教在处理死亡的方式上大相径庭，传统丧葬特别注重对遗体的妥善安抚，一贯以事死如生的方式在墓室内为死者营造一个美好的仙界；而佛教采用荼毗火葬，佛徒对永恒生命的追求不是仙界，而是西方净土，净土信仰在东晋时经释道安、慧远的传播，已渐入人心，慧远在庐山结社，"于精舍无量寿像前，建斋立誓，共期西方"[3]。

佛教与本土丧葬在生死观上的分歧是佛教美术与墓葬美术维持"双轨"局面的根本原因，东晋南北朝时期的佛教已不是初传时期依附于传统本土信仰的状态，有了完善的经典、宗教仪轨和图像体系，与传统丧葬仪式有了严格的分野，因此墓葬中虽然出现了一些佛教因素，但很少直接表现如石窟寺和寺庙中的礼佛场景，佛教与传统丧葬的关系似乎渐行渐远，这表明传统丧葬对外来宗教的抵抗。南北朝时期佛教信仰普及必会对传统丧葬进行渗透，但这种渗透力是有限的，传统丧葬在顽强地维护着自己的边界。

但是，佛教与传统丧葬之间并非没有"合作"的基础，佛教入华之初译事未兴、教义不明，只能依附于传统信仰而发展，信佛者相信佛能飞行，"飞行虚空，身有白光"[4]，在汉魏人心目中仙、佛无异，也视佛为变化不死之

---

[1] [晋]袁宏撰，张烈点校：《后汉纪》卷10《孝明皇帝纪下》，中华书局，2002年，187页。
[2] [梁]僧佑编撰，刘立夫、胡勇译注：《弘明集·难神灭论》，中华书局，2011年，203页。
[3] 前揭《高僧传》卷6《慧远传》，214页。
[4] 前揭《弘明集·牟子理惑论》："昔孝明皇帝梦见神人，身有日光，飞在殿前，欣然悦之。明日，博问群臣，'此为何神'？有通人傅毅曰：'臣闻天竺有得道者，号曰佛，飞行虚空，身有日光，殆将其神也。'"47页。

神，"神灵不死乃时人之共同信仰，奉佛为神明，为斋戒祭祀，固由此根本之信仰而来也"[1]，故汉明帝于自己的显节陵上画佛像[2]，只是一种对于升仙的祈愿罢了。及至曹魏以后几部净土信仰的经典相继问世[3]，其所描绘的西方净土世界的美妙与汉代以来追求的西王母仙界不谋而合，因此汉代以后墓葬升仙图像中出现一些佛教特有的元素也就顺理成章了。

东晋南北朝时期，传统丧葬礼仪与佛教的临终仪轨也发生了一些直接的关联，尤可注意者是东晋南朝开始流行于荆楚地区的盂兰盆会，是每年孟秋望日（七月十五日）举行的超度亡灵的斋会，仪节源自西晋竺法护译《佛说盂兰盆经》目连救母的故事，目连欲报父母哺乳之恩，

> 以道眼观视世间，见其亡母生饿鬼中，不见饮食，皮骨连。……佛告目连，十方众僧于七月十五日僧自恣时，当为七世父母及现在父母厄难中者，具饭百味、五果、汲灌盆器、香油……目连母，即于是日得脱一劫饿鬼之苦。[4]

目连救度亡母之事与本土传统的孝悌观念十分契合，成为僧侣在忠孝观念根深蒂固的汉地民间招徕信众的宣传工具，后渐与本土中元节融合而形成了中土风格[5]。最早记载民间盂兰盆会的是南朝梁宗懔所著《荆楚岁时记》，荆楚地区"七月十五日，僧尼道俗悉营盆供诸寺"，以幡花、歌鼓、果实等奉献寺院[6]。这种超度亡灵的佛教仪轨与传统的以饮食祭奠亡祖的仪式得到了融

---

[1] 前揭《汉魏两晋南北朝佛教史》，81页。
[2] 前揭《弘明集·牟子理惑论》，47页。
[3] 即曹魏《佛说无量寿经》、姚秦《佛说阿弥陀经》、刘宋《佛说观无量寿经》、北魏《往生净土论》。
[4] 《中华大藏经》第19册《佛说盂兰盆经》，283页。
[5] 张弓：《中古盂兰盆节的民族化衍变》，《历史研究》1991年第1期。
[6] [梁]宗懔撰，宋金龙校注《荆楚岁时记》："按《盂兰盆经》云：有七叶功德，并幡花、歌鼓、果食送之，盖由此也。"山西人民出版社，1987年，57页。

合，仪式的部分内容可能也进入到墓室空间中，在襄阳南朝墓葬画像砖上除了传统的升仙、孝悌图像外，还常见幡花、歌鼓等图像与坐佛、飞天等佛教题材共存[1]，或是荆楚民间盂兰盆会超度亡灵仪式的表现。

南北朝时期佛教与丧葬的紧密联系还体现在一些信佛者的临终方式上，北魏冯亮笃好佛理，晚年常居佛寺，临终遗令"敛以衣帽，左手持板，右手执《孝经》一卷，置尸盘石上，去人数里外。积十余日，乃焚于山。以灰烬处，起佛塔经藏"[2]，冯亮既采取了佛教的荼毗火葬，又不忘以七星板、《孝经》等传统方式下葬，反映了佛教临终仪轨向传统葬仪的渗透。

六、小　结

从5世纪前期开始的长达一个半世纪里，中国进入了由豪族共同体支撑的地域社会时期，丧葬模式呈现出明显的地域性，既有南北朝的差异，北方地区的东西部、中心地区与边疆地区之间也存在巨大差异。本章从地域传统的形成、墓地与墓室的空间形态、丧葬图像、佛教与丧葬的关系等几个方面，讨论了南北朝时期的丧葬模式。

1. 地域传统的形成

南北朝各政权的京畿地区是高等级墓葬的集中分布区，体现了不同社会背景下主流社会对待死亡的态度和处理死亡的方式，最能代表南北朝丧葬模式的形成与变迁。5世纪的平城是一个草原文化与农耕文化、中原文明与西域文明、佛教文化与传统丧葬深度交融的城市，丧葬模式呈现出"胡风国俗，杂相揉乱"的草创时期特征，但其基本发展脉络乃是对中原汉晋传统的

1　襄樊市文物管理处：《襄阳贾家冲画像砖墓》，《江汉考古》1986年第1期。
2　《魏书》卷90《冯亮传》，1931页。

恢复。洛阳是魏晋丧葬模式的产生和定型地区，与平城的杂糅相比，洛阳丧葬表现出相当强的趋同特征，但并非简单地恢复汉制或晋制，而是在继承平城草创的丧葬模式基础上，兼采汉、晋模式。邺城和晋阳的高等级墓葬代表了北朝后期的东部丧葬模式，在继承洛阳模式的基础上，又形成了一种新的埋葬规范。北朝后期的西部丧葬模式迥异于东部，除了因为宇文氏治下的西魏、北周政权采取的关中本位政策外，关中人口结构的改变也是一个不可忽视的因素，从西晋末到十六国时期，关中居民"戎狄居半"，这种多族群杂居的现象必然导致处理死亡的方式和对待死亡的态度已不同于本土汉魏传统，也与东部的东魏北齐模式大相径庭。南方地区从东吴至南朝，丧葬模式自成体系，虽然东晋南迁带来了中原地区的一些埋葬规范，但并没有改变南方丧葬传统的发展轨迹。总体来看，南北朝各地的丧葬模式差异巨大，但都有向汉传统回归的趋势，是对汉代丧葬模式的复古与创新。

2. 空间形态

墓地空间形态上，北魏平城时期的方山永固陵呈现出明显的对汉代传统的复古与创新，覆斗形的封土沿袭了西汉封土之制，但陵园内的其他设施多采东汉陵园制度，也有很多创新，整个陵园由陵墓、陵庙和佛寺组成，其中永固石室是供奉冯氏神主的陵庙，应是取法于东汉陵园的石殿祭祀制度，有效仿东汉明帝的上陵礼之意。将佛寺融入陵园的做法固然有北魏皇室信奉佛教的因素，可能也有效仿东汉明帝建置的意图。此外，平城墓区和墓位的排列方式，发生了从以西为尊向以北为尊的转变，也反映了拓跋政权向中原丧葬模式的转型。

北魏迁都洛阳后，在邙山形成了庞大的皇陵区，墓位的排列方式还保留有代北习俗，但在墓地空间恢复了东汉的部分陵寝制度，如重新确立了圆形封土之制，建造了墙垣围绕的陵园，内设祭祀性建筑和神道石刻，恢复了魏晋模式下被禁止的墓表等设置。北魏对东汉陵园制度的恢复除了延续平城方山永固陵的制度外，邙山上的东汉陵园遗迹可能也成为空间营造的现实范本。

东魏北齐邺城陵园的地面布局不清，但普遍发现了圆形封土，并发现了墓碑和建筑遗存，应是洛阳帝陵陵园建置的延续和进一步完善。长安附近的北周皇室成员的墓园空间与中原地区不同，没有恢复汉代传统，而是采取了不树不封、不设寝殿的做法，这是关中本地西晋、十六国传统的延续，只有固原发现的几座高等级墓采取了东汉式的圆形封土。

南方的陵园制度不像北方那样经过了魏晋十六国的中断，基本保持东汉、东吴制度的延续，但规模缩减了，仅保留了一些基本的陵园设施，主要是封土和神道石刻，可能存在地面祭祀性建筑。东晋皇室偏居江左时，是继承了西晋不树不封制度的，迄今没有发现明确的地面建筑遗迹。进入南朝后，与北朝一样恢复了汉代的陵园制度，出现垣墙、封土、神道石刻及祭祀性建筑，但受到南方地形的限制，无法建造像平原地区那样规整的方形墙垣，大多只以竹木屏篱作为陵园的边界，以阻挡人马的进入，这是对东汉陵园"行马"的继承。神道石刻是南朝陵园内的主要纪念性建筑，在恢复东汉制度的基础上，形成了石碑、石兽和石柱的固定组合，其中石柱的造型带有很浓厚的西方文化特征。

在地下墓室空间形态上，北魏平城时期也恢复了中原宅第墓的部分传统，但在墓内陈设上出现了一些新的现象，如流行石棺床与房形石椁，石棺床上大多无木棺，而是直接陈放遗体，可能与胡族的葬俗有关。房形石椁源自东汉的地面祠堂，北魏将其移植于墓室，功能发生了转变，既是祭祀空间，也是埋葬空间。此外，仪仗卤簿俑群和出行类壁画也是平城丧葬的新现象，仪仗卤簿俑群应是对关中十六国传统的吸收，出行类壁画应是来自东汉魏晋传统，总之，平城丧葬模式呈现出制度草创时期的杂糅特征。

北魏洛阳的元氏贵族墓在墓室营造上呈现出相当强的一致性，延续了平城的单室化趋势，但统一性更强，表明洛阳礼制逐渐规范和定型，无论砖室墓还是土洞墓皆在外弧的四壁上承苍穹式的墓顶，有的还在墓顶绘天象，墓壁上部绘四神，墓壁绘来世生活场景，整个墓室如一个天圆地方的微缩宇宙。此外，洛阳还继承了平城的石质葬具传统，但画像抛弃了平城葬具和壁画中的游牧等北方民族生活内容，主要是对汉传统的复古；继承了魏晋模式下的长斜坡墓道传统；方形墓志规范化，成为塑造身份的重要手段，其带盖方形的形制也反映了天圆地方的宇宙观。

邺城和晋阳地区的东魏北齐墓是洛阳模式的延续，普遍采用微缩宇宙式的墓室空间形态，但统一性和等级特征更明显。关中地区固守本地十六国以来的传统，以带天井和过洞的土洞墓为基本结构，这种结构体现了墓葬营造理念上的本质不同，抛弃了洛阳形成的微缩宇宙模式，不再追求天圆地方的形态，而以多重天井和过洞、彩绘楼阁等方式模拟重重宅院，可以称为宅院化的空间形态。关中地区墓室宅院化的倾向并不是对汉代宅第墓的复古，应是从河西和本地十六国传统中发展起来的。

南朝墓室空间基本是东晋以来的继续发展，而与北朝墓葬空间形态渐行渐远，以凸字形墓为主，保持了长方形、券顶的基本形态，前有短甬道，一般没有墓道，只有建康等地的最高等级墓葬采取了弧壁、椭圆形、穹隆顶的形态。

3. 石葬具画像

石葬具画像是北朝丧葬画像中的特殊现象，画像布局与内容与同时期的壁画有很多共同之处。其中房形石椁一般采取对称场景式的构图，以正壁墓主宴饮图为中心，在左右两边或两个侧壁分别配置牛车、鞍马出行以及反映来世生活的场景，在椁门两侧配置守御类的武士或护法神。北魏平城时期的石椁画像中，佛教元素十分突出，这与平城的佛教信仰、开窟造像之风有关，佛教仪轨可能参与到丧葬活动中，某些石工也可能同时兼作佛教造像与葬具。北魏迁洛后，石椁画像进一步向汉传统回归，佛教元素减少，以表现升仙的场景为主。只有宁懋石室是个例外，明显继承了平城房形石椁的传统，图像配置上也有家居和户外活动场景。北朝后期石椁画像中胡风盛行，这与大量中西亚人士在北齐时期聚居中原有关。

画像石棺床可以分为床榻式、围屏式两种形制，其中床榻式石棺床主要流行于平城时期，围屏式石棺床流行于北魏迁洛以后至北朝后期，除了床的正立面和床腿外，增加了围屏画像，由于画幅增大，出现了较复杂的叙事性图像，大致有四种图式：其一是以正面的墓主夫妇端坐像为中心，配以牛车、鞍马图，大多将孝子故事穿插其间，床腿和前立面刻各类神禽瑞兽；其二大致同于其一，只是没有孝子故事；其三是以胡人活动或祆教祭祀场景为主的画像，主要出自北齐、北周的祆教首领墓中；其四是以佛教图像为主题的石棺床，如弗利尔美术馆藏的石棺床构件，可能是出自佛教石窟内的石棺床，反映与佛教结合的瘗葬习俗。

画像石棺主要流行于北魏洛阳时期，以升仙为主题，一般在前挡刻宅门和守门武士，左右帮以墓主夫妇乘龙凤升仙为主题，附以孝子故事，后挡刻仙人，棺底刻仙禽神兽。洛阳石棺上的升仙主题与平城以墓主受祭图为中心的画像不同，是北魏进一步汉化后对平城题材的改造。值得注意的是，北魏洛阳的丧葬类画像中，石棺和壁画等画像可能存在粉本互通的现象。

4. 墓室壁画

北朝墓室壁画因地域传统和文化水平的不同而有繁盛程度的差别，以平城、邺城、晋阳为盛，青齐和原州次之。

平城壁画一般由四类场景构成——祭祀场景、家居场景、户外场景、守御场景，其叙事逻辑是将墓室营造成一个生命状态转化的空间，以正面端坐的墓主像为视觉中心，象征着死者的灵魂在接受生者的祭祀；祭祀仪式后，完成了从生到死的转化；与墓主受祭图相邻的空车、空马意味着来世之旅的起点，而侧壁的家居场景、户外场景是对来世生活的描绘；前壁墓门的内外侧以武士或护法神像象征生死的分界。平城墓葬不仅以壁画表现来世，还以陶俑和各类模型明器进行同样的叙事，有的墓以俑群为主，有的墓以壁画为主。平城墓室壁画中，墓主受祭图有夫妇并坐像和单人像两种形式，其他部位的画像也相应地分别表现了二人或一人的来世生活场景，显然夫妇合葬和单人葬在图像的选择上是有明确区分的，表现了明确的设计意识。

邺城、晋阳的北齐墓室壁画一般以正壁的墓主夫妇受祭图为中心，墓主夫妇正面端坐于帷帐下，以伎乐和侍者围绕，前置丰盛的献祭饮食；墓室侧壁一般是备车、备马图，备好的车马由群侍簇拥，但车、马上无乘者和骑者，是为受祭后的墓主夫妇灵魂之旅而备的；墓道是庞大的仪仗出行行列，象征墓主夫妇的来世威仪；在墓室和墓道的上部和穹隆顶上以大量的神禽异兽和天象象征灵魂永驻的天上场景。这套图像与平城北魏墓室画像具有相似的叙事逻辑，将墓室塑造为一个生命状态转化的空间，不同的是由于墓道加长，出现了庞大的仪仗出行行列，更加强化了来世的威仪生活。晋阳画像基本配置方式与邺城相似，朔州水泉梁墓壁画的画幅大小、绘画风格和水平很不一致，甬道和墓室侧壁的人物群像比例大小悬殊，很可能是由于合葬的需要而二次绘制而成的。

青州地区的壁画与核心地区的邺城和晋阳有较大差别，受墓室结构的影响，不见邺城那样的大场面出行仪仗，绘画空间位于甬道和墓室，流行以屏风方式构图。

北周壁画受到天井和过洞结构的影响，一般在墓道和甬道两壁绘单幅的武士像，象征多重宅院的守御者；在天井、过洞和甬道上方的门墙彩绘楼阁，象征多重庭院；在墓室内也不见邺城地区流行的墓主受祭图和备车、备马图，而是绘单幅的侍从、伎乐图，壁画人物皆为单体的正面像，不见人物群像，也没有以墓主为中心的受祭图和表现来世生活的出行、户外狩猎、神仙世界等内容，与同时期的北齐壁画形成巨大反差，没有明确的叙事主题和逻辑，仅以静态的方式描绘了守卫森严的宅院。

显然，北朝后期的墓室壁画实际上存在两个子传统——北齐图式和北周图式，两种图式的主要区别在于墓主像的有无，墓主的存在与否反映了塑造墓室空间的理念差别。

南朝墓室除了一砖一画的模印画像砖外，出现了复杂的拼合画像，拼合画像砖是一种极具等级标识和地域特色的装饰方式。首先，建康地区的南朝帝陵或宗室墓中普遍使用拼合画像，建康以外的长江下游豪强墓中既有拼合画像，也有单体画像，而在远离都城的襄阳等地，除了极个别外，基本都是单体画像。其次，拼合画像与单体画像的题材选择和配置方式有等级差别，丹阳、南京发现的7座帝陵级大墓，拼合画像基本遵循了相似的图像排列模式，表现死者的灵魂在羽人引导下飞升的过程，以被神格化了的竹林七贤与荣启期象征对来世生活的期望，以侍从鼓吹画像表现墓主的来世威仪。襄阳虽然大量使用画像砖，但砌筑较为随意，常见倒置、横置现象，这表明襄阳在匠作技术与管理上明显逊色于建康地区，墓主可能是本地世家大族或因军功起家的豪强。南朝的丧葬画像并没有形成以墓主受祭图为中心的"祭祀—来世图像体系"，既没有表现灵魂存在的墓主画像，也没有以场面宏大的家居生活和出行内容表现来世。

5. 佛教对传统丧葬的影响

南北方墓葬中都发现了比长江流域汉晋时期更多的佛教元素，这反映了南北朝佛教信仰普及之后对传统丧葬的渗透。但与当时盛行的造像、立寺之风相比，佛教与传统丧葬还谈不上"融合"，二者之间的界限仍然泾渭分明。

平城北魏墓中，佛教题材最为常见，表明平城地区的佛教活动已经影响到了墓室空间的营造，但佛教题材大多处于墓室空间的次要位置，墓室空间的主旨依然固守中原丧葬传统，升仙仍是空间营造的主要意图，佛教与丧葬之间的界限依然泾渭分明，作为外来宗教的佛教和基于魂魄观和升仙思想的传统丧葬在对待死亡的态度、处理死亡的方式上有着不可逾越的鸿沟。只有大同发现的皇兴三年（469）邢合姜石椁墓是个例外，这是一座完全以佛像装饰的佛殿式墓葬，在空间设计和图像选择上集中体现了平城石窟寺对墓室营造的影响。与邢合姜石椁墓年代接近的吉林集安长川1号高句丽壁画墓，虽然前室藻井部位全被佛、菩萨和礼佛场景占据，但从整个墓室的图像配置看，是将成佛与升仙的理想融于一墓，反映了4、5世纪北方地区佛教与传统丧葬的互相渗透。弗利尔美术馆所藏北齐石棺床画像皆为佛教图像，它可能出自北响堂石窟第4窟（即中洞），很可能与北齐高欢"潜葬鼓山"的传说有关，但这个石窟并不是高欢遗体所藏之处，只是为高欢所设的安魂之处，是以祭祀为目的的纪念性设施，性质类似于陵庙，而弗利尔石棺床是设在陵藏内的祭台。

虽然北朝时期的丧葬中出现了大量的佛教元素，但佛教与丧葬之间仍存在巨大的鸿沟，佛教并未取代汉晋传统丧葬的升仙主旨，佛教与丧葬虽有"合作"，但边界似乎更加明显，很少直接表现如石窟寺和寺庙中的礼佛场景，这表明传统丧葬对外来宗教的抵抗。

464

图 7.1 隋炀帝和萧后同茔异穴合葬墓
(《考古》2014 年第 7 期, 72—75 页)

图 7.2 武惠妃（贞顺皇后）石椁
(《回归之路——新中国成立七十周年流失文物回归成果展》，166—168 页)

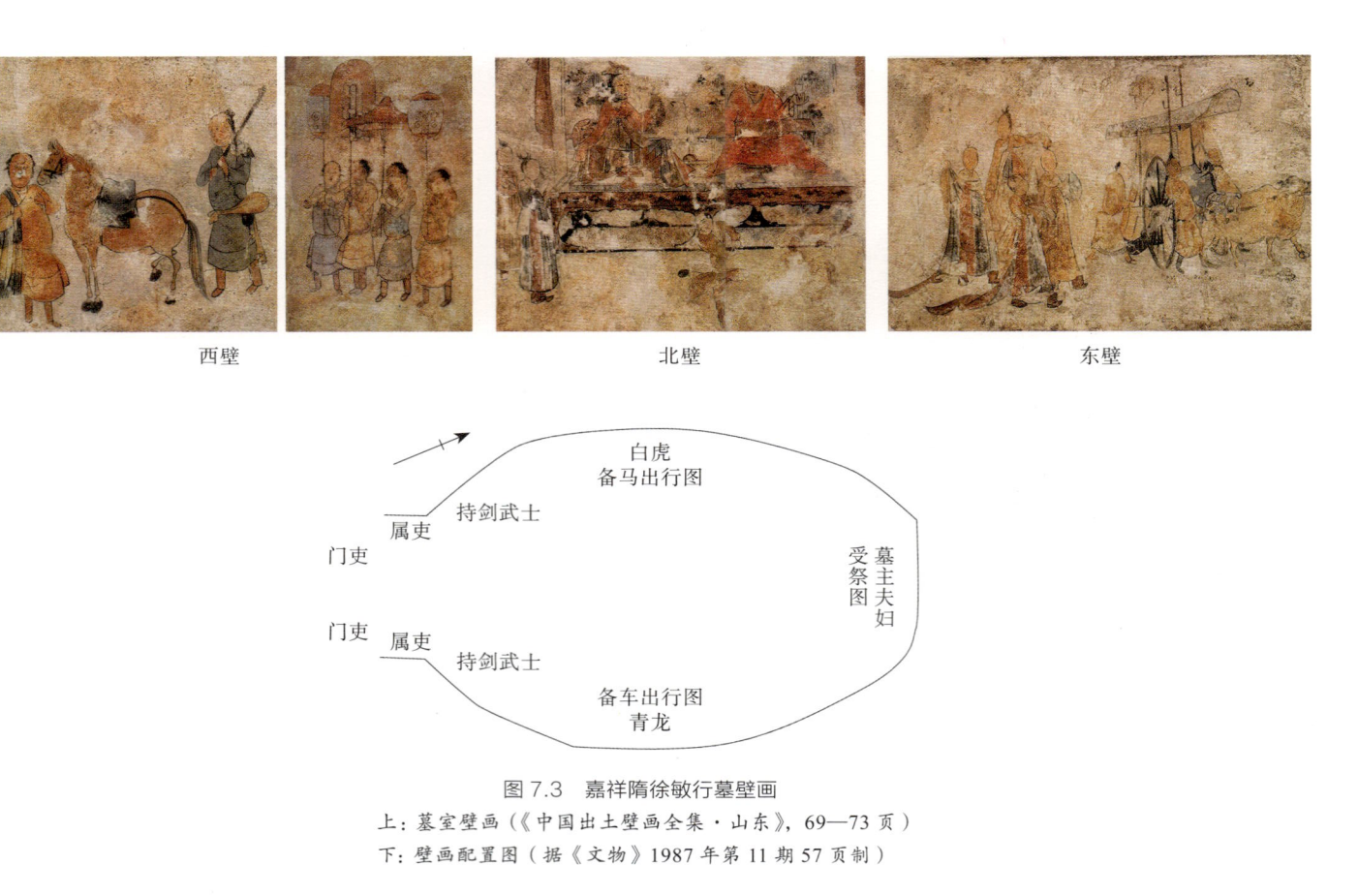

图 7.3　嘉祥隋徐敏行墓壁画
上：墓室壁画（《中国出土壁画全集·山东》，69—73 页）
下：壁画配置图（据《文物》1987 年第 11 期 57 页制）

图7.4 作为墓主像背景的屏风（画中屏）
1. 济南市马家庄北齐墓 2. 嘉祥隋代徐敏行墓 3. 太原金胜村北齐壁画墓
（《中国出土壁画全集·山东》68、72、100页）

468

图 7.5 靖边县杨会石椁内壁彩绘人物
（赵世诚、王炙天、张文保供图）
（可见题记：2.封（？）素；3.□女；4.恩力；5.春花；6.阿兰；8.金花；9.□女）

图7.6 唐燕妃墓屏风画
（据《昭陵唐墓壁画》79—184页制）

图 7.7　唐韩休墓西壁与东壁壁画
(《文物》2019 年第 1 期，28、24 页)

图 7.8　太原唐赫连山墓墓室空间
(《文物》2019 年第 5 期, 6 页)

472

图 7.9 太原唐赫连山墓墓室壁画透视
(据《文物》2019 年第 5 期 6—12 页复制)

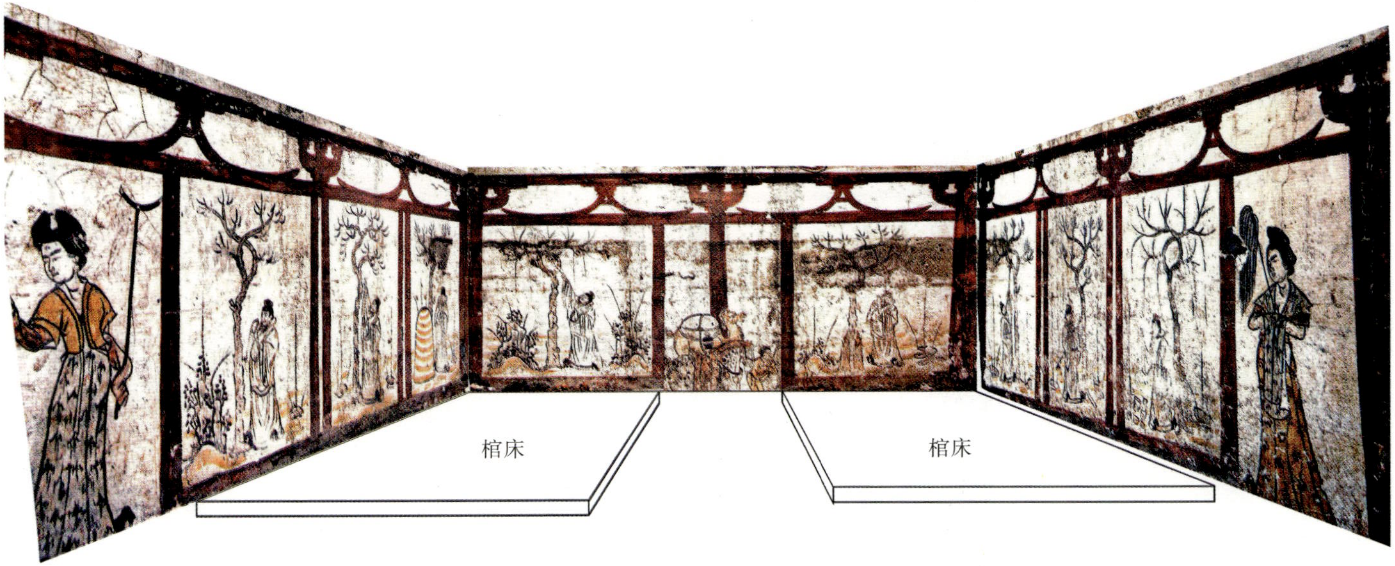

图 7.10 太原金胜村化工焦化厂唐墓壁画透视
（据《中国出土壁画全集·山西》103—108 页制）

图 7.11 吐鲁番哈拉和卓墓地出土屏风画
1. M217 2.M216（《中国出土壁画全集》（第 9 卷），214—216 页）
3. M50（《吐鲁番阿斯塔那–哈拉和卓墓地》图版四六）

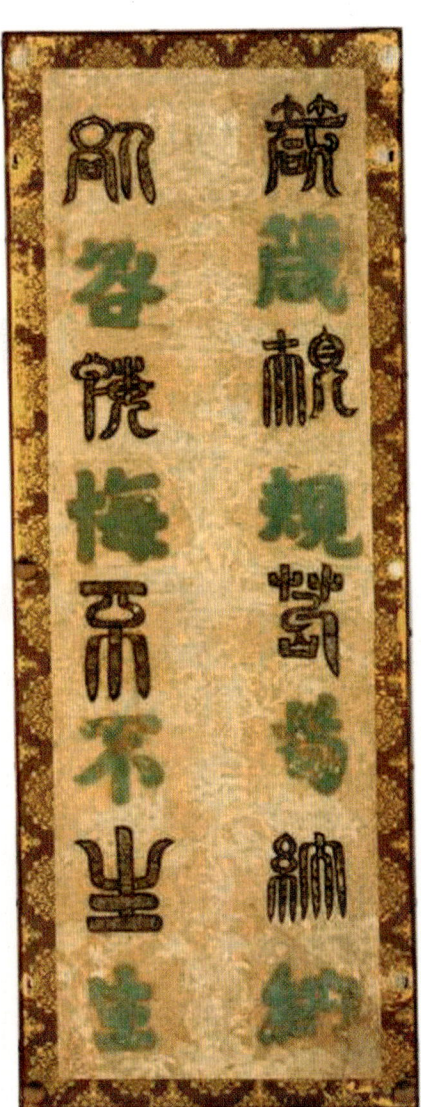

图 7.12 日本奈良正仓院藏鸟毛文字纸屏风
（正仓院官网）

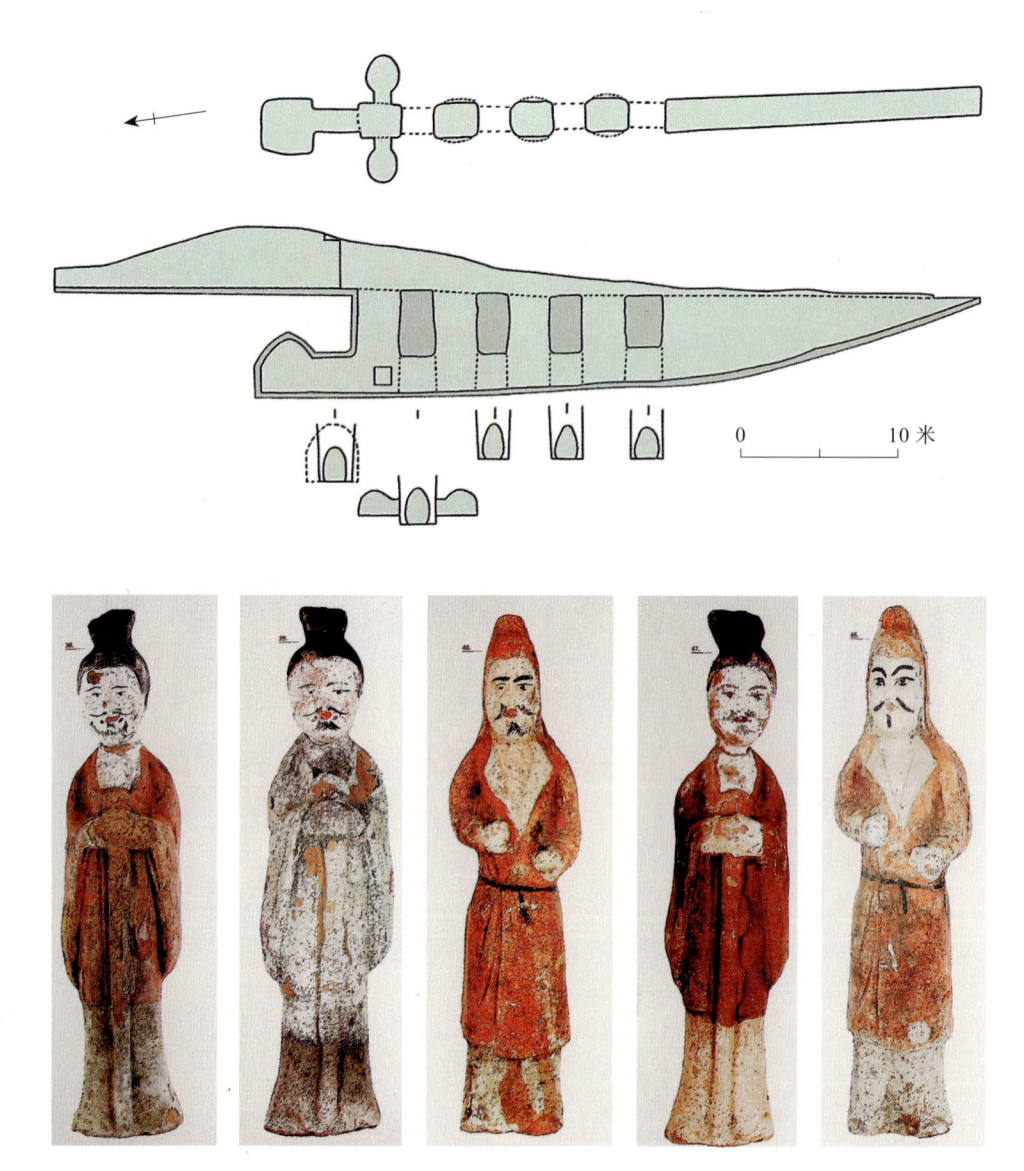

图 7.13 蒙古国乌兰克热姆墓平剖面图及陶俑
(Cultural Monuments of Ancient Nomads Ⅶ》, pp. 23, 72-74, 80, 95)

图 7.14 蒙古国乌兰克热姆墓壁画
(Cultural Monuments of Ancient Nomads Ⅶ, pp. 26–35, 41, 45, 54–56)
1. 墓道西壁；2. 墓道东壁；3. 墓道北壁；4. 第二天井北壁；5—7. 墓室内壁

第七章
秩序重建：隋唐一统下的丧葬模式

6世纪末，中国结束了三个多世纪的分裂与纷乱，重归大一统，新的隋唐王朝建立了一种不同于秦汉一统的新秩序和新制度。新秩序和新制度是对前朝的继承与创新，以地域社会为主要特征的魏晋南北朝是孕育新秩序与新制度的土壤。陈寅恪先生论隋唐制度有三个来源：北魏北齐、梁陈、西魏北周。其所谓北魏、北齐之源，指"凡江左承袭汉、魏、西晋之礼乐政刑典章文物，自东晋至南齐其间所发展变迁，而为北魏孝文帝及其子孙摹仿采用，传至北齐成一大结集者是也"[1]，即中原汉魏制度经过在江左的变迁发展后，以新的面目重新出现在中原北方，此源中还包括永嘉之乱后保留在河西的文化因子，北魏取凉州后输入于魏，融入孝文、宣武两朝的典章制度中；所谓梁陈之源，指南朝后期的典章制度被杨隋吸收而传入李唐者；所谓西魏北周之源，指关陇地区的汉魏晋传统加上十六国时期的鲜卑旧俗，以及西魏北周依托周制的创作等的混合品，此源不如前二源重要。陈先生是就典章制度而言，实际上丧葬礼仪制度也不外乎这几个来源。历史学家对隋唐统一后的丧葬礼制作过大量讨论，吴丽娱以《开元礼》和《大唐元陵仪注》讨论了唐代丧葬礼制的内容与原则，认为二者都包含了很多古礼中的儒学传统和孝道原则，安史之乱后颜真卿操作的以皇帝丧礼为主的《大唐元陵仪注》将古礼含

---

[1] 前揭《隋唐制度渊源略论稿·叙论》，1—2页。

义直接融汇于现实之运用，使之更易于理解和操作[1]。《开元礼》主要记唐初官员和贵族的丧葬礼仪，《大唐元陵仪注》主要记皇帝的丧葬礼仪，这两部礼制文献是我们解释唐代丧葬礼制的基础。考古学家对唐代帝陵做了大量考古调查，并发掘了大批社会上层人士的墓葬，这些墓葬的主人是新的丧葬制度的制订者和执行者，较好地体现了唐代在丧葬方面的新秩序。

一、陵园空间的承旧与创新

南北朝时期的帝陵陵园制度是在复古汉代的基础上产生的，形成了北齐、北周和南朝三个明显不同的地域模式，随着政权的重新统一，陵园制度的地域差异逐渐淡化，在京畿地区逐渐形成了兼采北齐和北周模式的隋唐新模式，陵园的空间设施逐渐扩大和完善，等级制度逐渐严格和规范。

1. 空间布局的演变

隋文帝杨坚与独孤皇后的合葬墓——太陵（清朝改称为"泰陵"），位于陕西咸阳城西杨陵区的三畤原上，尚存陵园遗迹和文帝祠遗址。太陵陵园有一个南北向的长方形城垣，南北长628.9米，东西宽592.7米，四面各开一门，门外各置1对门阙，尚存梯形门阙基址，陵园外以围沟环绕。陵园中部有人工垒筑的覆斗形封土，顶部南北宽33米、东西长42米，底部南北长153米、东西宽155米。封土南侧有两条墓道，各设7天井、7过洞。两条墓道的结构证明文献记载的帝后同坟而异穴的合葬方式是可信的，《隋书·文帝纪》载，仁寿二年（602）独孤皇后去世后，先葬于太陵，二年后杨坚去世，"合葬于太陵，同坟而异穴"[2]。文帝与独孤皇后不仅共用了陵园，

---

[1] 前揭《终极之典——中古丧葬制度研究》，55—70页。

[2]《隋书》卷2《文帝纪》，53页。

还共用了封土。隋文帝祠位于陵园东南方向，宋立石碑称之为"隋文帝庙"。1953年调查时，尚见石碑、城墙、阙楼及其他建筑遗存，出土瓦当上发现有菩萨像，石碑形制与乾陵无字碑相似，可能是隋至唐初所立，碑阳有宋人刻辞[1]。这座墓祠经陕西考古工作者调查，发现了南北长384米、东西宽354米的长方形夯土墙垣，是一座独立的陵园地面建筑[2]。

隋文帝的太陵作为统一后的第一座帝陵，陵园制度远祖汉制的迹象非常明显：一是覆斗形封土，二是陵庙设施，三是帝后合葬方式。

① 覆斗形封土是西汉帝陵的封土之制。西汉诸陵除了文帝霸陵"因山为陵"外，其余皆为人工垒筑的覆斗形封土，这是一种体现厚葬的封土形制。隋文帝临终前虽有"务从俭约"的遗诏，但显然并没有继承关中北周帝陵更为俭约的"不树不封"之制，而采取了西汉的覆斗形封土之制。

② 陵园旁边的文帝庙遗址内曾发现菩萨像瓦当，有可能是佛寺性质的陵庙。陵庙曾是西汉陵园内的重要墓祭设施，东汉时简化为石殿。佛教入华后，在部分帝陵出现了新的祭祀性设施——佛寺性质的陵庙，东汉明帝显节陵前曾置"祇垣"、画佛像，北魏冯太后的永固陵陵园除了陵庙性质的永固石室外，还建立了单独的思远佛寺，这也是目前发现最明确的陵园佛寺遗迹。南朝梁武帝也曾为其父文皇帝在陵园建造皇基寺[3]。刘毅认为，隋文帝陵的祠庙遗迹可能与大业元年（605）炀帝在太陵建寺的记载有关[4]。唐代也继承了陵园立寺的制度，高宗总章年间（668—670）曾在赵州（今河北隆尧）的大唐祖陵建造光业寺，是为七、八世祖祖陵——建昌陵、延光陵所建的陵寺，玄宗开元年间整修扩建。开元十三年（725）的刻碑《大唐帝陵光

---

1 罗西章：《隋文帝陵、祠勘查记》，《考古与文物》1985年第6期。
2 张建林：《隋文帝泰陵》，《中国考古学年鉴（2011）》，文物出版社，2012年，481页。
3 《资治通鉴》卷157《梁纪十三》："（大同二年，536）上为文帝作皇基寺以追福，命有司求良材。曲阿弘氏自湘州买巨材东下，南津校尉孟少卿欲求媚于上，诬弘氏为劫而杀之，没其材以为寺。"4870页。
4 刘毅：《关于古代"陵寺"的几个问题》，《南开学报》2018年第2期。

业寺大佛堂之碑》现存河北隆尧，碑额有"皇帝供养""为皇帝皇后师僧父母……"等字样，碑文记"寺有阿育王素像一铺，景皇帝玉石真容一铺，铭勒如在。故总章敕云'为像为陵，置寺焉'"[1]。此陵寺为七、八世祖而立，不但供奉有阿育王像，还供奉有李渊之祖李虎（景皇帝）的真容像，可见这座陵寺不是一般的佛寺，而是融入了佛教信仰的陵园祭祀性建筑。

③ 西汉帝、后各有陵园和封土，东西排列，但诸侯王墓多采用"同坟异穴"的合葬方式，即共用封土而各有墓穴，如徐州东洞山楚王墓在同一封土下有3座横穴式崖洞，土山东汉彭城王及夫人墓也位于同一封土之下[2]。这种合葬方式被隋代继承，不仅隋文帝和独孤皇后如此合葬，后来的炀帝和萧后也是如此。

隋文帝太陵在封土、陵庙和合葬方式上之所以远祖汉代之制，除了礼制的传承之外，关中渭河两岸的西汉帝陵地面遗迹可能是帝陵设计的现实依据。隋朝建立后，也像北魏迁洛后对待东汉陵墓一样，对关中西汉陵墓进行了修缮守护，炀帝于大业二年（606）下诏：

> 前代帝王，因时创业，君民建国，礼尊南面。而历运推移，年世永久，丘垄残毁，樵牧相趋，茔兆湮芜，封树莫辨。兴言沦灭，有怆于怀。自古已来帝王陵墓，可给随近十户，蠲其杂役，以供守视。[3]

关中所见的前代帝王陵墓主要是西汉帝陵遗迹，它们在得到修缮守护的同时，也成为当时帝陵规划建造的现实范本。

大业十四年（618）隋炀帝杨广死于宇文化及之乱，萧皇后以床簀为棺

---

1 张明等主编：《河北隆尧石刻》"大唐帝陵光业寺大佛堂之碑"，科学出版社，2018年，51—55页。
2 刘尊志：《徐州汉代夫妻合葬墓初论》，《南方文物》2009年第4期；刘照建：《徐州东洞山汉墓相关问题研究》，《中国国家博物馆馆刊》2019年第3期。
3 《隋书》卷3《炀帝纪上》，66—67页。

草草葬之，后来江都太守陈陵将其改葬于江都宫西的吴公台下，次年唐朝平定江南后予以改葬。贞观二十二年（648）萧皇后卒，被送至江都与炀帝合葬。2012年在扬州市邗江区西湖镇司徒村曹庄发现了隋炀帝墓（M1）及萧皇后墓（M2），二墓东西毗邻，方向一致，M1发现"隋故炀帝墓志"[1]。M1、M2位于同一个人工垒筑的土墩之下，共用封土，属同坟异穴合葬。封土东西长49米、南北宽48米，上部已被破坏，可能与隋文帝太陵一样是覆斗形封土。经考古勘探，没有发现陵园垣墙、神道、围沟等迹象，也没有发现陪葬墓。张学锋认为文献记载的隋炀帝葬地吴公台、雷塘及今所在的曹庄实为同一地，从墓室大小、封土的形状和规模而言，隋炀帝的等级规制与唐前期"号墓为陵"的太子、公主墓一致[2]。隋炀帝虽然葬于江南，却没有采取南方的丧葬模式，而是按照新建立的京畿地区模式安葬，这也是新秩序的一个表现。

隋代抛弃了北周不树不封的传统，除了帝陵恢复陵园设施外，其他高等级墓葬也恢复了墓园制度。2020年，陕西省考古研究院在西咸新区的底张街道韩家村发掘了一座完整的隋代家族墓园——王韶家族墓园。墓园由长方形围沟组成兆域，南北长147.7米，东西宽138.5米，南部中间可能是墓园入口。围沟内排列着坐北朝南的墓葬7座，包括北周原州刺史王楷（王韶祖父）的长子王显，王楷长孙王仕通、王韶、王韶嫡长孙王弘等7人。以并州长史魏国公王韶墓（M1）规模最大，地面有封土，现存方形底部，南北长19.48米、宽15.56米，推测为覆斗形封土。其他几座墓至少包括开皇九年（589）和开皇十五年（595）两次下葬的家族成员[3]。

唐代共21帝在位，有20座帝陵（高宗与武则天合葬于乾陵），其中18

---

[1] 南京博物院等：《江苏扬州市曹庄隋炀帝墓》，《考古》2014年第7期。
[2] 张学锋：《扬州曹庄隋炀帝墓研究六题》，《唐史论丛》2015年第2期。
[3] 李明、赵占锐：《陕西咸阳发现隋代王韶家族墓园》，中国考古网，2020年7月3日。

陵位于长安城北的渭河北岸，分布在陕西省乾县、礼泉、咸阳、泾阳、三原、富平、蒲城七县。"关中十八陵"即高祖李渊献陵、太宗李世民昭陵、高宗李治和武则天乾陵、中宗李显定陵、睿宗李旦桥陵、玄宗李隆基泰陵、肃宗李亨建陵、代宗李豫元陵、德宗李适崇陵、顺宗李诵丰陵、宪宗李纯景陵、穆宗李恒光陵、敬宗李湛庄陵、文宗李昂章陵、武宗李炎端陵、宣宗李忱贞陵、懿宗李漼简陵、僖宗李儇靖陵。除此之外，陪葬乾陵的懿德太子李重润、永泰公主李仙蕙的地位和经历特殊，死后以帝礼埋葬，属"号墓为陵"，在封土、神道石刻等设置上等同于帝陵。唐代除了关中十八陵外，还设有其他三个陵区：设在河北隆尧县的唐代祖陵（李熙和李天赐追改的陵墓）、葬在河南偃师的昭宗李晔和陵、葬在山东菏泽的哀帝李柷温陵。沈睿文认为这几个陵区的设置是经过精心安排的，反映了唐朝不同时期的统治方略，其中关中十八陵和在河北设立的祖陵表现了固守关陇地区的统治者试图在关中与山东（今河北、山东）之间寻求一种政策上的平衡[1]。关中十八陵的埋葬时间延续250余年，在陵园设施、封土形制、神道石刻组合等诸多方面都在不断发生变化，反映了唐代陵寝制度产生、定型和发展的过程，这个过程与唐代政治文化的变迁是同步的。

唐代陵园的基本形态是以封土为中心，四周围绕方形的夯土垣墙，垣墙四面中间开门。这种陵园形态延续自隋文帝太陵，但设施更加齐全，增加了很多纪念性建筑，一般在陵园门外设门阙和石狮，在南门外设长长的神道，两侧排列石柱、石兽、石人等石刻群，个别陵园设有南北两条神道，但以南侧神道为主要的礼仪通道。其他陵园设施还包括寝殿、便殿、下宫等与墓地祭祀有关的建筑。此外，唐代还恢复了汉代以皇室成员和官员陪葬的制度，在陵园外围设置有数量不等的陪葬墓群。这种陵园空间形态是逐渐形成的，

---

[1] 沈睿文：《唐陵的布局——空间与秩序》，北京大学出版社，2009年，14页。

张建林认为唐代陵园的布局经过了四个阶段的变化：第一阶段是初唐时期的献陵和昭陵，尚未形成定制，二陵的陵园布局相差较大，还处于借鉴汉魏制度下的探索阶段；第二阶段是盛唐时期的乾陵、定陵、桥陵，标志着唐代陵园制度的定型，尤其是乾陵，在很多方面都有创设；第三阶段是泰陵至光陵的七陵，从玄宗泰陵开始，陵园出现了衰微的迹象，如不再追求方形布局，石刻变小、下宫规模缩减、陪葬墓减少等；第四阶段是庄陵至靖陵的六陵，帝陵制度衰微，陵园规模缩小，陪葬制度消失等[1]。

唐初的献、昭二陵是唐代帝陵制度的开创之作，有取法于汉魏、南北朝和隋代陵园布局的特征，但未形成定制。高祖李渊于贞观九年（635）遗诏，要求兼采汉魏薄葬之制：

> 朕每览汉文遗诏，殷勤叹焉。以为当今之世，咸嘉生而恶死，厚葬以破业，重服以伤生，吾甚不取。……又魏文终制，亦有可取。……其园陵制度，务从俭约，斟酌汉魏，以为规矩。[2]

张建林认为李渊"斟酌汉魏"等说法并没有施行，实际考古发现表明献陵直接以隋文帝的太陵为范本，继承了同茔异穴、殿堂式陵园大门、独立门阙的形制等特征。陪葬制度源自汉陵，四门石虎及神道石犀、石柱则综合吸收南、北朝陵墓石刻的作法，可以说献陵近仿隋文，远追汉魏，综合了前朝诸多因素，为初唐陵寝制度奠定了基础[3]。

李渊遗诏的中心思想是俭约，故以历史上以薄葬闻名的汉文帝、魏文帝终制为本。实际上，汉文、魏文制度虽然都是薄葬，但差异很大。汉文帝

---

1 张建林：《唐代帝陵陵园形制的发展与演变》，《考古与文物》2013年第5期。
2 [宋] 宋敏求编：《唐大诏令集》卷11《神尧遗诏》，中华书局，2008年，66—67页。
3 张建林：《"斟酌汉魏"还是"唐承隋制"——唐高祖献陵与隋文帝泰陵的比较》，《考古与文物》2021年第1期。

的霸陵在西汉帝陵中独树一帜,是"因山为陵,不复起坟",也就是以自然之山为陵,不另起封土,在山中挖凿墓室,这种做法从工程量来说比人工垒筑的覆斗形封土要小得多,因此一直被作为帝王薄葬的典范。魏文帝曹丕革除了陵园地面的一切标记性和祭祀性设施,无封土、寝殿、神道之设,地下墓室也极为俭约,无金银珠玉等贵重物品。李渊主张的"斟酌汉魏"有兼采汉、魏之制的意思,从陵园地面设施来说是主张因山为陵的。但李渊死后,唐太宗李世民出于孝道和礼制的考虑,并未遵从李渊"因山为陵"的遗诏,而是主张以汉高祖刘邦的长陵为范,"务在崇厚",最终经过多番权衡,听从了房玄龄等人的建议,采取东汉光武帝原陵的封土之制,以六丈的高度垒筑封土。从唐代的尺度来看,六丈的高度是要高于原陵的六丈的,现在实际高度达到18米,沈睿文认为这是太宗在山陵规模、工程时限和礼制上进行平衡的结果[1]。根据巩启明和陕西省考古院对献陵的几次调查[2],献陵的封土是人工垒筑的覆斗形封土,底边长140米、宽110米,顶部长30米、宽12米。显然,这也不是东汉帝陵的圆形封土,而是西汉帝陵的覆斗形封土。覆斗形封土是西汉帝陵的封土形制,东汉迁都洛阳后改用圆形封土,此后的南北朝帝陵皆沿用。隋代统一后抛弃了北周不树不封的传统,没有采用圆形封土,而是复用西汉的覆斗形封土之制,此后被唐高祖的献陵以及很多高等级皇族所沿袭。覆斗形封土自西汉灭亡后间隔了近600年,重新出现在关中地区,说明尚存地表的西汉帝陵成为了新的帝陵规范的直接渊源。类似的情况也见于洛阳地区,当东汉灭亡300年之后、北魏在洛阳建立陵寝制度之时,东汉陵园的圆形封土等地面设施成为北魏帝陵的渊源。因此,从汉唐时期的帝王封土制度来看,覆斗形封土和圆形封土与其说是时代风格,不如说是地域传统,二者分别代表了关中和中原地区的最高等级封土形制。

---

1 前揭《唐陵的布局——空间与秩序》,48页。
2 巩启明:《唐献陵踏查记》,《文博》1999年第1期。

献陵的覆斗形封土四周筑有方形墙垣，东西长448米、南北宽451米，四角设有阙楼，四面各辟一门，南门（朱雀门）外为神道，长575米，两侧布置石刻群，有东西成对的华表、犀牛、石人。陵园内建有献殿、寝殿，陵园外的西南建有下宫。陪葬墓位于陵园外的北部和东北部，据《唐会要》原有25座陪葬墓，主要是皇族成员及子孙墓；已调查确认93座陪葬墓，各有以围沟为界的单独墓园；已发掘清理6座，可以明确墓主身份的有淮南大长公主、虢王李凤、房龄大长公主、嗣虢王李邕墓等[1]。陪葬者还是以皇室成员为主，这是南北朝聚族而葬传统的延续。

献陵作为唐代关中地区的第一座帝陵，表现出陵寝制度草创时期的一些特征，主要是对西汉制度的复古，如覆斗形封土、寝殿建筑、方形墙垣和陪葬墓区等，这是对同处于渭河两岸的西汉帝陵陵园的模仿。但也有一些特征来自东汉帝陵，主要是神道石刻制度。东汉明帝开创了上陵礼之后，为了盛大的墓祭活动需要而出现了神道石刻之类设施，北魏郦道元《水经注》记载光武帝的原陵前曾有石马、石象，唐人也是能见到这些神道石刻的，代、德宗时人封演在《封氏闻见记》说：

> 秦、汉以来，帝王陵前有石麒麟、石辟邪、石象、石马之属；人臣墓前有石羊、石虎、石人、石柱之属，皆所以表饰坟垄，如生前之仪卫耳……国朝因山为陵，太宗葬九嵏山，门前亦立石马。陵后司马门内，又有蕃酋曾侍轩禁者一十四人石象，皆刻其官名。[2]

封演所见帝陵石刻未必是汉代的，很可能只是唐初的石刻组合，在唐人看来

---

1 张建林：《唐代帝陵陵园形制的发展与演变》，《考古与文物》2013年第5期；陕西省考古研究院：《唐高祖献陵陵园遗址考古勘探与发掘简报》，《考古与文物》2013年第5期。

2 前揭《封氏闻见记校注》卷6《羊虎》，58页。

这些神道石刻是取法于秦汉的。实际上，东汉刚刚兴起的神道石刻制度在魏晋薄葬之风下被革除了，到南北朝时期重新恢复，南朝帝陵神道上出现了完整的石柱、石兽、石碑组合。北朝帝陵前虽然没有发现完整的神道石刻群，但从宣武帝景陵、湾漳大墓等看，陵前列置石人也是北朝帝陵的通行做法。隋代帝陵前没有发现明确的神道石刻，但三原县发现的开皇二年（582）隋上柱国李和墓前发现了2只石羊，很可能是神道上的石刻。该墓不同于关中北周墓不树不封的传统，地面有圆形封土，而且地下墓室出土了浮雕的石门和线刻升仙图像的石棺，陶俑群也一改北周墓的粗劣作风，出现了北齐风格的陶俑[1]，说明北齐的丧葬模式在北周末至隋初已经传入关中地区，这种来自东方的丧葬规范可能成为唐初丧葬模式的重要来源之一。因此，当唐太宗为高祖李渊营建献陵时，名义上是"斟酌汉魏"，实际上是对两汉、南北朝和隋代制度的混同继承。献陵的神道石刻组合已不同于东汉和南北朝，形成了一套新的组合——华表、犀牛、石人等。考古工作者在四门外清理出6件石虎，在神道西侧清理出1件石犀牛，东侧清理出1件石柱（华表）[2]。四门外的石虎是起守御作用的，神道两侧的犀牛、华表之属是起仪卫作用的，只有后者才是对东汉、南北朝石刻制度的继承。

如果说覆斗形封土和神道石刻还是对前朝的继承与改造，那么下宫算得上是献陵的开创性设计了。下宫是相对陵园内地势高亢处的寝殿建筑而言的，因位于山下平地，故称下宫，是供奉墓主灵魂饮食起居的场所，从性质上相当于西汉的陵庙。西汉陵庙位于陵园内，唐代将其移至远离陵园的山下平地，不仅供奉神主，也是巡陵、守陵人员的居所，实际上是将汉代的陵庙与陵邑功能结合在一起的建筑群，建筑规模比西汉的陵庙要大得多，这可能与唐代的谒陵礼愈发受到重视有关。贞元十四年（798），右谏议大夫

---

1 陕西省文物管理委员会：《陕西省三原县双盛村隋李和墓清理简报》，《文物》1966年第1期。
2 陕西省考古研究院：《唐高祖献陵陵园遗址考古勘探与发掘简报》，《考古与文物》2013年第5期。

崔损充任八陵史,"献、昭、乾、定、泰五陵,各造屋三百七十八间,桥陵一百四十间,元陵三十间,惟建陵不复创造,但修葺而已"[1]。下宫作为常设性的祭祀、服侍的场所,常驻人口众多,为了生活的方便,一般建在山陵南部的山下平地,这种设置从献陵开始一直延续于以后各代。

太宗与长孙皇后合葬的昭陵在献陵基础上又有改变。太宗生前自选九嵕山为其陵地,贞观十一年(637)《九嵕山卜陵诏》:

> 预为此制,务从俭约。于九嵕之山,足容一棺而已。积以岁月,渐以备之。……汉氏使将相陪陵,又给以东园秘器,笃全终之义。恩意深厚,古人之志,岂异我哉。自今已后,功臣密戚及德业尤著,如有薨亡,宜赐茔地一所。[2]

贞观二十三年(649)又颁遗诏:

> 其服纪轻重,宜依汉制,以日易月,园陵制度,务从俭约。昔者霸陵不掘,则朕意焉。[3]

长孙皇后先逝,于贞观九年(635)葬入昭陵,张建林推测长孙皇后在入葬昭陵之前曾权厝他处,九嵕山南坡的一座凿成墓葬形制的石室可能是徐惠妃墓或长孙皇后权厝之处[4]。太宗自选陵地建造的陵园,在很大程度上遵循了其本人取法汉制的意愿,相对于献陵的主要改变,一是封土形制,抛弃了隋代

---

[1] [宋] 王溥《唐会要》卷20《陵议》,中华书局,1955年,400页。
[2] 前揭《唐大诏令集》卷76《陵寝·九嵕山卜陵诏》,431页。
[3] 前揭《唐大诏令集》卷76《遗诏·太宗遗诏》,67页。
[4] 张建林:《昭陵石室初探》,载《乾陵文化研究》(二),三秦出版社,2006年,38—41页;前揭《唐陵的布局——空间与秩序》,49—50页。

以来的覆斗形封土之制，采取了因山为陵的做法，以礼泉县东北的九嵕山为陵山，海拔1 224米，是唐陵中海拔最高的，这是对西汉文帝霸陵的效仿（霸陵是西汉诸陵中唯一的因山为陵者）；二是建立了大臣陪葬制度，献陵的陪葬墓还是继承了南北朝的家族墓园传统，陪葬者以皇族及其子孙为主，但昭陵将陪葬者的范围扩展到"功臣密戚及德业尤著"，这就使得陪葬墓区大为扩大了。两《唐书》记陪葬昭陵者74人，《唐会要》记为165人，20世纪70年代考古调查发现昭陵的陪葬墓有167座之多（现确认有193座），众多陪葬墓在九嵕山南侧和东侧的开阔平原形成了一个庞大的陪葬墓区。陪葬者的身份主要是功臣、密戚，人数远比皇族为多，而且埋葬规格也很高，有些甚至超出宗室成员。除了几位嫡出公主（如新城公主、长乐公主、城阳公主）的埋葬规格较高外，其他宗室墓的规格都不如大臣墓，以魏徵、李靖、李勣（徐懋功）等勋臣墓的规模最为宏大特殊[1]，这表明太宗对一起建立大唐基业的功臣是极为重视的。不过，昭陵开创的大臣陪葬制度并没有贯彻于整个唐代，到睿宗桥陵时，陪葬者又恢复到只有宗室成员，大臣不再陪葬于帝陵。

昭陵在陵园的设置上也有变化，没有墙垣，不设东西门，仅在南北设司马门，在北门从外至内设有三出阙、列戟廊，另设有纪功性石刻——"六骏"和"十四国蕃君长"。六骏是太宗生前所乘的六匹战马，原来应是上彩的，沈睿文认为六骏颜色代表着五方色，有隐喻大唐帝国疆域的含义[2]。十四国蕃君长像是被征服的少数民族首领形象。昭陵六骏、十四国蕃君长像都具有纪功的性质，是为了纪念和宣耀太宗生前的武功及对周边少数民族的征服，这点不同于神道的一般性仪卫性石刻，它是王朝开创者的陵前特有设施，此后就基本不见了。此外，昭陵的南北司马门外设有守御性质的石狮

---

1 昭陵文物管理所：《昭陵陪葬墓调查记》，《文物》1977年第10期。
2 前揭《唐陵的布局——空间与秩序》，240—241页。

等石刻，但似乎没有在神道两侧设仪卫性石刻，这表明昭陵并没有完整继承汉、南北朝以来的神道仪卫石刻制度，甚至也抛弃了献陵神道设华表、犀牛、石人的做法。神道仪卫性石刻一般与大规模的谒陵仪式有关，始于汉明帝在原陵的上陵礼，南北朝也有皇帝率文武大臣和皇族谒陵的仪式，昭陵可能并没有恢复大规模的上陵礼，这可能与太宗"务从俭约"的遗诏有关。

唐初的献、昭二陵陵园形态差距明显，未形成定制，尚处于对前代制度的摸索、整合中，直到高宗、武则天合葬乾陵时，唐陵寝制度才基本定型。高宗卒于弘道元年（683）十二月，葬于次年九月，乾陵应是高宗去世后才开始营造的，沈睿文认为高宗入葬后、武则天合葬之前（神龙元年冬，705），武则天曾对乾陵地面设施加以改造[1]，总之目前所见的乾陵陵园设施应主要体现的是武则天的意志，而最后定型于武则天去世后。武则天合葬乾陵时，给事中严善思曾上表反对，主张依汉礼异穴合葬，即在乾陵旁另起一单独的陵园，其理由是：一是乾陵坚固，以巨石和铸铁加固，如果强行打开，有损神明；二是不宜以卑动尊；三是与政权永固相联系，西汉无（同穴）合葬，延续400年，魏晋以后始（同穴）合葬，延祚不长，认为汉代制度有利于政权，主张"依汉朝之故事，改魏晋之颓纲"[2]。但最终武则天与高宗还是同穴合葬于乾陵，显然效仿的是太宗和长孙皇后合葬制度。乾陵位于乾县梁山的南麓山腰，因山为陵，四周设内外两重城垣，内城四面中央设门，门前立1对石狮，南边朱雀门内有献殿遗址。乾陵除了延续昭陵的因山为陵、寝

---

1 前揭《唐陵的布局——空间与秩序》，212页。
2 《通典》卷86《礼四十六》："神龙元年十二月，将合葬则天皇后于乾陵，给事中严善思上表曰：'臣谨按《天元房录葬法》云：尊者先葬，卑者不合于后入。臣伏闻则天大圣皇帝欲开乾陵合葬，然以则天皇后卑于天皇大帝，若欲开陵合葬，即是以卑动尊，事既违经，恐非安稳。臣又闻乾陵玄宫，其门以石闭塞，其石缝铸铁以固其中。今若开陵，其门必须镌凿。然以神明之道，体尚幽玄，今乃动众加功，诚恐多所惊黩。又若别开门道，以入玄宫，即往者葬时神位先定，今便改作，为害益深。伏以汉时诸陵，皇后多不合葬。魏晋以降，始有合者。然以西汉积年，尚余四百；魏晋以后，祚皆不长。伏望依汉朝之故事，改魏晋之颓纲。"2349—2350页。

殿、下宫等建置外，一个主要创新是建立了完善的神道石刻制度，在南门朱雀门外的神道两侧，从南至北依次设有石柱、翼马、鸵鸟、仗马及牵马人、石人、石碑、蕃酋像，其中仗马及牵马人各5对、石人各10对、蕃酋像61件，其他各1对[1]。乾陵的内外城设计及神道仪卫性石刻有模拟都城的意味，内城位于整个陵园的北部居中，象征长安城的宫城，外城象征百官衙署所在的皇城，而仪卫性的神道象征长安城的中轴大街——朱雀大街，这是延续了秦汉帝陵的"若都邑"理念。

唐睿宗李旦的桥陵位于蒲城县西北的丰山，陵园设置基本沿袭了乾陵，也是因山为陵。围绕陵山修筑城垣，城之四角设角阙，四面开城门，门外设门阙和石狮，南北门外均有神道。北门神道两侧列置仗马3对，南门神道两侧从远至近依次是华表1对、翼兽1对、鸵鸟1对、仗马5对、石人10对，石刻形制与乾陵相似，但体量普遍较大，而且更加写实。在陵园西南建有下宫建筑群，经勘探，下宫是由内外两重围墙构成的南北向长方形，主体建筑均位于内城内。陵园的东南部山下是陪葬墓群，据《唐会要》记载有9座陪葬墓，主要是皇室成员墓，实际勘探至少有12座。陪葬墓中包括"号墓为陵"的让皇帝李宪夫妇合葬墓，即惠陵，有墙垣、围沟、覆斗形封土等设施[2]。陪葬墓数量的减少和对大臣陪葬的排斥，表明太宗建立的大臣陪葬制度实际上衰亡了，帝陵陵区实际上又成为皇帝的家族墓地。

唐玄宗李隆基的泰陵是关中十八陵中最东端的一座，位于蒲城县东北的金粟山，因山为陵，陵园为以神道为中轴的对称性格局，但形状不规则，环山筑有一道夯土垣墙，四角设有角阙，四墙各设一门，门外皆有双阙和石狮。下宫位于陵山西南，是1组由垣墙环绕的长方形建筑群。神道石刻原来应有50组，地面现存41组。"乾陵式"的神道石刻至泰陵时更加规范，讲

---

1 陕西省文物管理委员会：《唐乾陵勘查记》，《文物》1960年第4期。
2 陕西省考古研究院：《唐睿宗桥陵陵园遗址考古勘探、发掘简报》，《考古与文物》2011年第1期。

求左右对称,如石马分雌雄、石人分文武[1],但石刻形体明显小于之前的乾陵、桥陵。

泰陵以后陵园规模缩小、下宫规模缩小、陪葬墓减少乃至消失,但神道石刻的大小、组合逐渐固定,尤其是德宗的崇陵以后基本稳定下来,沈睿文认为这可能与德宗时颜真卿修撰《大唐元陵仪注》、宪宗时制定《崇丰二陵集礼》有关,反映了王朝礼制及设计理念的变化[2]。

2. 等级秩序的形成

作为一个延祚近300年的统一王朝,唐朝在丧葬模式上体现出很强的规范性和等级性,沈睿文称之为"秩序"。主要表现有三:一是帝陵的选址和空间分布,二是陪葬墓的空间规划,三是埋葬的等级制度。关于关中帝陵的选址和空间分布,沈睿文已有充分讨论,此处摘撮其要。他认为唐代帝陵的排列有着明确的选址意识和秩序,是南北朝以来族葬制和排葬形式与传统的昭穆制相结合的产物,唐初主要在北魏鲜卑族葬制度的影响下设计陵区秩序,源于对北魏北邙陵墓排列方式的摹写;到玄宗时代转而选用关中西汉陵区的制度,实际上是对周礼昭穆制度的崇奉,以此构建帝国统治秩序的合法性[3]。关于唐陵陪葬墓的空间规划,沈睿文以昭陵和桥陵的陪葬墓为例,认为陪葬墓区有严格的规划,通过墓主身份被巧妙地赋予了长安城宫城与皇城衙署的符号意义[4]。

除了帝陵和陪葬墓的空间分布外,陪葬墓的等级也是帝陵空间秩序的一个重要体现。每个帝陵陪葬墓的年代相对集中,大致体现了共时状态下的等

---

[1] 陕西省考古研究院、蒲城县文物局:《唐玄宗泰陵陵园遗址考古勘探、发掘简报》,《考古与文物》2011年第3期。
[2] 前揭《唐陵的布局——空间与秩序》,204—205页。
[3] 前揭《唐陵的布局——空间与秩序》,85—98页。
[4] 前揭《唐陵的布局——空间与秩序》,294页。

级秩序。以陪葬墓较多、身份较为明确的昭陵和乾陵为例，陪葬墓的等级秩序是全方位体现在地面设施和地下陈设中的，此处仅以昭、乾二陵陪葬墓的封土形制与规模、石刻组合为例来观察唐代陪葬墓的等级秩序。

昭陵是唐陵中陪葬墓数量最多的，这是因为昭陵首次改变了南北朝以来的聚族而葬制度，除了皇族成员外，更以大量文武大臣陪葬，其中很多都是太宗朝的名臣，如魏徵、尉迟敬德、李靖、李勣等（参沈睿文列表[1]）。除了少数嫡出的皇子公主外，大臣陪葬墓的规格更高，表明太宗对开国功臣的重视，陪葬帝陵是一种殊荣。这些陪葬墓的等级主要通过封土的形制和大小来体现。太宗嫡出的新城公主、长乐公主、城阳公主是皇族中等级最高的，采取了覆斗形封土，并在封土四周筑墙垣，四面开门，门外立阙，南门外设神道石刻。新城公主是太宗第 21 女、高宗之同母妹，先后嫁给长孙诠、韦正矩，死后以皇后礼陪葬昭陵，地面有覆斗形封土和方形陵园，地面尚存石人、石碑、石虎、石羊、石柱等神道石刻[2]。其他嫡出和庶出皇子女都采取低一等的圆形封土，如赵王福、清河公主、兰陵公主等。文武大臣陪葬墓绝大多数采用圆形封土，只有李靖墓、李勣墓的封土特殊，采取相连的山形，李靖墓中间是圆形封土，两旁又列置燕然山、碛石山形状，以二山代替双阙，"有诏许坟茔制度依汉卫、霍故事，筑阙象突厥内铁山、吐谷浑内积石二山，以旌殊绩"[3]。李勣墓则以阴山、铁山、乌德犍山三山形状的封土作品字形排列，以表彰其平定北狄突厥、东夷高句丽之功，这是效仿西汉武帝表彰卫青、霍去病战功的做法。昭陵陪葬墓的封土大小按官品高低依次缩减，唐初规定一品官的封土高一丈八尺，二品以下每低一品减低二尺，开元二十九年（741）又下令整体减低封土高度，在原有基础上各减二尺。

---

1 前揭《唐陵的布局——空间与秩序》，270—273 页。
2 陕西省考古研究所等：《唐新城长公主墓发掘报告》，科学出版社，2004 年，3—29 页。
3 [唐] 吴兢撰，谢保成集校：《贞观政要集校》卷 2《任贤》，中华书局，2003 年，71 页。

乾陵的陪葬墓大为减少，《唐会要》记有16座，其中皇族9座，即章怀太子贤、懿德太子重润、泽王上金、许王素节、邠王守礼、义阳公主、新都公主、永泰公主、安兴公主；文武大臣7座，即特进王及善、中书令薛元超、特进刘审礼、礼部尚书左仆射豆卢钦望、右仆射刘仁轨、左卫将军李谨行、左武将军高侃[1]。陪葬墓的数量远远少于昭陵，实际调查勘探的也只有17座，其中陪葬的文武大臣占了不到一半，这表明昭陵的大臣陪葬制度仅是王朝开创时期的特例。陪葬乾陵的几位文武大臣之所以在众多官员中得享陪葬殊荣，除了位高权重外，可能还因与中宗故交，去世时间又与高宗、武则天去世和营陵时间相近有关[2]。

乾陵陪葬墓中，只有中宗复位后神龙二年（706）下葬的懿德太子、永泰公主、章怀太子墓采取了覆斗形封土，封土高达18米，其他陪葬墓都是低一等的圆形封土。懿德太子李重润墓和永泰公主李仙蕙墓的封土是双层覆斗形，规格高于单层封土的章怀太子墓。懿德太子李重润是高宗和武则天之皇太孙、中宗第4子，永泰公主是中宗之女，二人因得罪武则天而被杖杀，神龙初年被追赠，以帝礼改葬，属于"号墓为陵"的葬制[3]。章怀太子李贤是高宗、武则天之子，皇太子李弘薨后继立为太子，也被武后所逼而自杀，但其埋葬"不称陵"，是以雍王身份埋葬的，后来被追赠为章怀太子。这三位高宗、武则天的皇子皇孙虽然都陪葬乾陵，都有以覆斗形封土为中心的单独墓园，但存在"号墓为陵"和"不称陵"的区别。可见，乾陵陪葬墓的等级是相当严格的，形成了一套严格的埋葬规范，中宗复位后对懿德、永泰、章怀三人的追改而葬，可以看成唐代丧葬等级秩序完善的标志。

乾陵陪葬墓的等级秩序还体现在神道石刻组合上，以有无石柱（华表）

---

1 前揭《唐会要》卷21《陪陵名位·乾陵陪葬名氏》，414页。
2 李阿能：《乾陵陪葬宰相浅析》，《乾陵文化研究》2015年刊。
3 《新唐书》卷81《三宗诸子·懿德太子重润》，3593页；《新唐书》卷83《诸帝公主·永泰公主》，3654页。

作为重要标志,"号墓为陵"的懿德太子墓和永泰公主墓神道上设有石柱、石人各1对,但"不称陵"的章怀太子墓只有石羊1对,没有石柱,显然作为标记性设施的石柱是最重要的标识身份的符号,这种身份符号在以后的帝陵陪葬墓中也得到体现。位于富平县宫里乡的节愍太子李重俊(中宗之子)墓是中宗定陵的陪葬墓,葬于睿宗景云元年(710),地面有长方形的陵园,中央是覆斗形封土,南墙设有门阙,阙外立有石狮、石人各1对,没有石柱。惠庄太子李㧑墓和让皇帝李宪墓都是睿宗桥陵的陪葬墓,但身份不一样,石刻组合也是有差别的。惠庄太子墓前没有发现石柱和其他神道石刻,只在门阙外发现了守御性的石狮;让皇帝李宪墓称惠陵,除了石狮,神道上还有石柱和翼马[1]。

唐代陵园空间的等级体现了统一帝国时期丧葬模式的规范性,这种规范是在对汉、南北朝丧葬模式整合、创新的基础上形成的,以标记性的封土、石柱等设施和祭祀性的寝殿、下宫等设施构建了秩序感极强的丧葬系统。

3. 陵园内的礼仪活动

陵园的空间形态不仅具有象征都城的隐喻意义,也是具有实际礼仪功能的。帝陵陵园是国家礼仪活动的空间,空间内的祭祀性和标记性设施都为皇帝的葬礼和祭礼而设,因此,我们对陵园空间的认识还是有必要回到礼仪活动上来,《开元礼》和《大唐元陵仪注》有助于我们理解唐代陵园设施与丧葬礼仪的关系。

唐初的《开元礼》主要是对大臣丧葬典礼的规定,不见皇帝葬礼的记载,其中所记三品以上官员的葬礼中,到达墓地后的主要礼仪活动见于《通典》卷一三九《开元礼纂·凶礼》的记载,兹录其程序及相关陈设如下:

---

1 陕西省考古研究所:《唐节愍太子墓发掘简报》,《考古与文物》2004年第4期;陕西省考古研究所等:《唐节愍太子墓发掘报告》,科学出版社,2004年,9—14页。

茔次：前一日之夕，掌事者先于墓门内道西，张帷幕、设灵座如初；

到墓：……灵车至帷门外，回车南向，祝以腰舆诣灵车后，少顷，入诣灵座前，少顷，以舆降出，遂设酒脯之奠如初。柩车至圹前，回南向，丈夫妇人之位如遣奠之仪；

陈明器：掌事者陈明器于圹东南，西向北上；

下柩哭序：进楯车于柩车之后，张帷，下柩于楯。丈夫柩东，妇人柩西，以次进凭柩哭，尽哀，各退复位……相者引主人以下哭于羡道东，西面北上。妻及女子子以下妇人皆障以行帷，哭于羡道西，东面北上；

入墓：施席于圹户内之西。……遂下柩于圹户内席上，北首，覆以夷衾；

墓中置器序：……遂以下帐张于柩东，南向。米、酒、脯陈于下帐东北，食盘设于下帐前，苞牲置于四隅，醯醢陈于食盘之南，藉以版，明器设于圹内之左右；

掩圹：掌事者以玄纁授主人，主人授祝，祝奉以入，奠于灵座，主人拜稽颡。施铭旌志石于圹门之内，置设讫，掩户，设关钥，遂复土三。[1]

在这套礼仪程序中，先用灵车和柩车运送灵座和棺木到墓地，灵座和棺木分别代表死者的魂与魄；然后将灵座和棺柩送至事先搭好的帷帐内，帷帐设在神道以西，丧葬队伍到达墓地后，面向灵座、棺柩举行祭祀仪式，将明器悉数展示；墓道首端（近墓室处）又设帷帐，将柩车送入墓道的帷帐内，送葬者在墓道两侧列队祭祀（如遣奠），目送棺柩入圹，相当于最后的告别；

---

[1]《通典》卷139《开元礼纂类·凶礼六》，3542—3544页。

棺柩送入玄宫（墓室），安放到位于墓室西侧的棺床上，在墓室的东面设帷帐以放置灵座，灵座前放置祭器与饮食。这样墓室就围绕着西侧的棺床和东侧的帷帐被分为东西两个功能区——西部的埋葬空间和东部的祭祀空间。墓室内一切安顿妥当后，主人在掌事者的带领下，到灵座前举行最后的墓内祭祀；主人和丧家退出，掌事者安放墓志等铭旌之物，关闭墓门，封闭墓室。值得注意的是，有些地区不是按东西方向划分埋葬空间和祭祀空间的，而是将棺床横向置于墓室北侧，即南北分区，这主要是太原地区的特色。太原地区在墓室北部置棺床的做法，应是延续了北朝以来河东地区的地域传统，大同发现的北魏墓常将棺床置于北侧，而在南侧设祭，最典型的是前述房形石椁或木椁的墓内，一般在横置的房形椁内北部设棺床，而在前廊部位设祭，埋葬空间与祭祀空间是按南北区分的。

这套礼仪程序发生在陵园内的地面、墓道、墓室三个场所，送葬者有三次面向神座和棺柩的哭送、祭奠礼，象征向逝者的魂与魄告别。这套礼仪与晋贺循所记的葬仪大致相同，是对魏晋以来传统的继承，虽然根据墓主的等级而有的隆重，有的简略，但基本程序是相同的。除了墓室外，墓道也是重要的礼仪场所。墓道是棺柩入圹前设帷帐、列队哭送的地方，如果死者的身份较高，送葬的亲属故旧众多，自然就需要更宽敞的空间，这就是常以墓道长度标识等级的原因。

德宗朝由颜真卿修撰的《大唐元陵仪注》详细记载了皇帝葬礼的情况，基本程序与开元礼的三品以上葬礼相同，而场面更宏大，是对前代礼制的吸收与改造，也是基于已有实践经验的总结。其所记皇帝葬礼以吉、凶二部鼓吹送葬，即吉驾、凶驾。吉驾是以神座为中心的仪仗，神座象征死者的灵魂，故吉驾又称神驾。吉驾启动，如生前出行一样"鼓吹振作，警跸如常"；凶驾是运送遗体的辒辌车及配套的仪仗，一路上挽歌振作、内外哭从，以赴山陵。吉、凶二驾到达陵门后，安置在事先搭好的吉帷宫、凶帷宫内，位于陵门内的东西两侧,这是临时安置神座和梓宫的地方[1]。皇亲和官员要在凶帷宫前举行奉辞仪式,列队哭送。送葬者依血缘远近和官品高下从近至远列队,公主、王妃等面向东面,其他皇亲和官员面向西面。有司将梓宫转移至羡道内的帷帐中,举行赠宝册、谥册、哀册仪式,皇亲百官再次移步羡道,依礼就位哭送。将梓宫送入玄宫,置于棺床,将宝册、谥册、哀册等置于神座,由将作监、少府监陈列明器和其他墓内陈设。最后锁闭玄宫,皇亲百官自羡道退出,改换衣服,将辒辌车、龙楯等葬具焚烧,"凶仪卤簿,解严退散",葬礼结束。这套皇帝葬礼也像三品以上官员葬仪一样,有三个礼仪场所:一是吉、凶帷帐,位于陵门内神道的东西两侧,是安置神座与梓宫的场所,神座与梓宫分别象征死者的魂与魄;二是墓道,墓道的北端也有临时安放神座和梓宫的帷帐,送葬者目送梓宫和谥、哀册等放入玄宫的棺床和神座,待完成陈器等环节后再退出;三是墓室(玄宫),举行最后的墓内安葬和祭奠。皇帝葬礼是一场盛大的礼仪活动,皇亲国戚和文武百官参与者众多,因此陵园空间巨大。陵园神道两侧的吉、凶帷帐和墓道内的帷帐都是临时性设施,但神道本身是庞大的送葬队伍进入陵园的一条礼仪通道,不仅为葬礼而设,而且为以后的墓祭而设,是一个永久性的设施,因此往往以石刻群来构建永久性的象征性仪卫。

二、地下的墓室空间

隋唐墓葬的地下墓室空间与地面陵园一样,也有较强的秩序感,主要表现在墓室形制结构、墓内陈设与随葬品组合上,在大多数墓葬被盗、器物不存的情况下,形制结构和墓内陈设就成为体现等级秩序的主要遗存。

---

[1] 吴丽娱参考金子修一等绘制了《唐代皇帝葬仪示意图》,前揭《终极之典——中古丧葬制度研究》,85页。

1. 隋代的埋葬方式

（1）炀帝墓与关中隋墓

江苏扬州市发现的隋炀帝和萧后同茔异穴合葬墓，是考古发掘的唯一隋代帝陵（扬州曹庄 M1、M2），其中炀帝墓（M1）由斜坡墓道、甬道、墓室和 2 个耳室组成。墓室近方形，边长 3.9 米左右，顶部不存。萧后墓（M2）结构类似，唯墓壁外弧，后部有砖砌棺床，墓室边长近 6 米（图 7.1）[1]。这两座墓都没有采取南方地区的长方形凸字形结构，而是采取了中原北方地区的形制。炀帝墓建于贞观元年（627），规模相当于关中的唐初高等级墓，但墓道内没有天井结构，出土的一套金玉蹀躞带和耳室内的陶俑群彰显了其特殊的身份。萧皇后晚逝 21 年，贞观二十二年（648）卒后，送至江都与炀帝合葬，共用一座覆斗形封土，采取了当时关中流行的弧方形墓室形制，墓道为砖、土相间结构，似模拟关中北周以来在墓道设天井的结构。这两座隋墓反映了隋唐一统后中心地区丧葬模式向南方的辐射。

关中地区作为隋的政治中心，高等级墓葬最为集中，墓室空间形态在继承本地北周墓的基础上出现了变革。刘呆运将关中隋墓分为砖室墓、土洞墓和竖穴土坑墓三类。砖室墓很少，但埋葬等级很高，规模最大的是潼关税村墓，可能是废太子杨勇的墓葬。土洞墓是关中隋墓的主流，基本是关中北周墓的延续，有双室和单室之分，墓道有多组天井和过洞，墓室形状不规则。竖穴土坑墓的等级一般较低，但大业四年（608）的贵族李静训墓是个例外，这是一座有斜坡墓道的竖穴土坑墓，使用了高级葬具石棺椁[2]。

潼关税村墓是目前发现规模最大的隋墓，比葬于扬州的炀帝及萧后墓还要大，以石棺为葬具、壁画中绘列戟图等显示了墓主的特殊身份。发掘者

---

1 南京博物院等：《江苏扬州市曹庄隋炀帝墓》，《考古》2014 年第 7 期。
2 刘呆运：《关中地区隋代墓葬形制研究》，《考古与文物》2012 年第 4 期。

推测墓主为隋文帝长子、废太子、死后被追封为房陵王的杨勇，卒于仁寿四年（604）[1]。墓葬位于弘农杨氏故地，附近还有隋楚国公杨素墓。税村墓是一座由6个天井、7个过洞、4个壁龛组成的长斜坡墓道单室砖墓，全长63.8米，墓室四壁皆外弧，平面呈圆形，上承双层穹窿顶，墓室空间宽敞高大，四壁边长在4.5—4.9米之间，顶部最高8.4米（图7.15）。

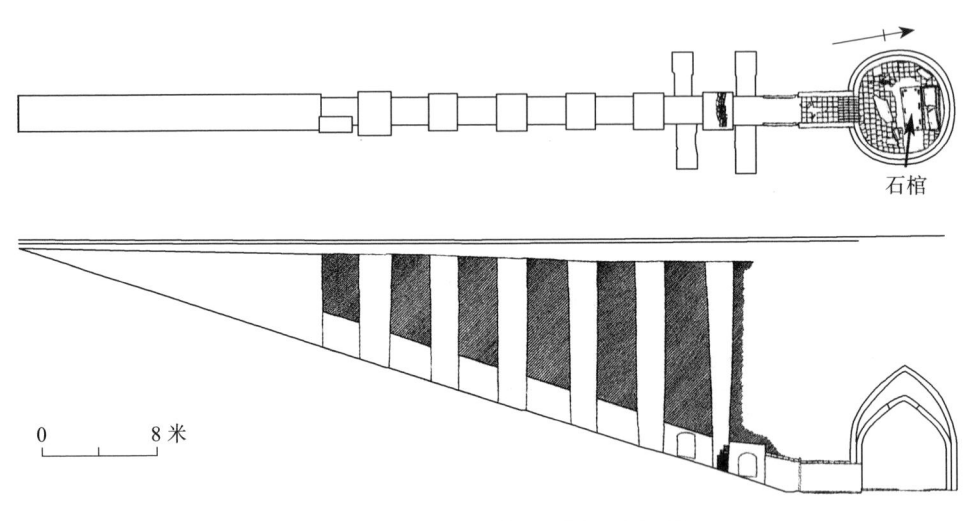

图7.15　潼关税村墓（杨勇墓）平剖面图
（《文物》2008年第5期，5页）

这种通过墓壁外弧抬高纵向空间的做法是隋统一后引入的磁县、太原一带北齐墓的做法，比关中北周土洞墓的内部空间要宽敞高大得多，但在墓道内设天井、过洞的做法又是关中北周墓的传统。同样来自北齐的因素还有陶俑群，是以镇墓兽、镇墓武士、伎乐、男女侍仆、仓储模型等为基本组合的俑群，组合和造型上都是对北齐俑群的吸收。此外，墓道壁画出现了大场面的仪仗出行群像，墓顶出现了全景式的天象图，基本采取了北齐墓葬壁画的图式，而天井两壁所绘的仪刀武士像又是延续北周壁画的传统，是正面的单

---

1 陕西省考古研究院：《陕西潼关税村隋代壁画墓发掘简报》，《文物》2008年第5期；陕西省考古研究院：《陕西潼关税村隋代壁画墓线刻石棺》，《考古与文物》2008年第3期。

体立像。墓室后部置有一具匣式石棺，上有减地线刻画像。总体来说，此墓体现了隋统一后东、西部丧葬模式的混同现象，但来自北齐的因素似乎占了主流。

位于陕西三原县双盛村的开皇二年（582）李和墓是隋初的高等级墓葬，墓主曾任北周荆州总管等职，是北周至隋朝的重要将军。墓葬采用关中北周最常见的斜坡墓道带天井的单室土洞形制，出现了精致的石门和以升仙为主题的石棺，随葬陶俑不同于关中北周墓，而是北齐的俑群组合，地面出现了圆形封土和神道石刻（2只石羊）[1]。显然，李和墓抛弃了北周不树不封、崇尚俭约的传统，出现了很多来自北齐的因素。与李和墓类似的还有开皇二十年（600）独孤罗墓[2]、大业六年（610）姬威墓[3]等，这些墓葬一般在墓室西侧置石棺床，上置木棺，只有少数用石棺。

咸阳底张发掘的王韶家族墓中，以王韶墓最大（M1），地面有覆斗形封土，地下是7天井的土洞墓，在墓室一侧开有1个小侧室。其他几座家族成员墓中，最早的可能是隋初下葬的北周冠军侯王楷墓（M7），位于兆域正中，是墓道带3天井的前后室土洞墓。其他墓是属于开皇九年（589）和开皇十五年（595）两次下葬的家族成员，其中两座是卒于北周而迁葬的。M3、M2、M6都是带2天井的前后室土洞墓，M4是单室土洞墓[4]。

（2）李静训墓的特殊性

1957年在西安玉详门外发掘的大业四年（608）李静训墓，是一座保存完好的隋代贵族墓，墓室不同于当时流行的方形或弧方形、券顶或穹隆顶的模拟宅第形制，而是一座长方形的竖穴土坑墓，前有长斜坡墓道。墓壁建造得非常规整，深2.9米，底部长5.5米、宽4.7米。在墓室中央竖向放置一

---

1 陕西省文物管理委员会：《陕西省三原县双盛村隋李和墓清理简报》，《文物》1966年第1期。
2 陕西省文物保护研究院：《隋独孤罗墓的发现和研究》，《考古与文物》2017年第2期。
3 陕西省文物管理委员会：《西安郭家滩隋姬威墓清理简报》，《文物》1959年第8期。
4 李明、赵占锐：《陕西咸阳发现隋代王韶家族墓园》，中国考古网，2020年7月3日。

具石椁，石椁的放置方式不同于一般宅第墓将石椁置于一侧的做法，而是置于中央。石椁内还有一具石棺，棺盖上放置着陶俑及井、灶、房屋模型，棺前放置着镇墓武士和镇墓兽各1对，棺的四周还有陶俑群及家禽家畜模型、青瓷壶。棺内除了包裹遗体的丝麻织物外，还有大量金银首饰、梳妆物、金银和玻璃饮食器等，这些应是死者生前所用的珍贵物品和葬仪用品，是在大殓时放入的（图7.16）[1]。

此墓埋葬方式十分特殊，很多学者都注意到了埋葬方式与墓主特殊身世的关系。李静训字小孩，出身望族，在周、隋之际家族显赫，曾祖是骠骑大将军李贤，父亲李敏是周宣帝皇后杨丽华的独女之夫，任左光禄大夫，外祖母杨丽华是隋文帝杨坚长女，入隋后被封乐平公主。李静训自幼深受杨丽华宠爱，9岁时随炀帝和外祖母出巡时，夭折于汾源宫（今山西宁武县）[2]。之后归葬京城，给予厚葬。她的墓志透露了此次埋葬的一些重要信息（墓志拓片参发掘报告[3]）：李静训自幼为外祖母杨丽华所养，深受宫中佛教气氛浸染，"于是摄心八解，归依六度。戒珠共明珰并曜，意花与香佩俱芬"。"八解"与"六度"指佛教的修炼方式与境界，"戒珠"指戒律如珠般洁净，"意花"是佛教供养的吉花。唯一的外孙女卒于离宫，杨丽华必是十分悲痛的，"礼送还京，赗赙有加"，并葬于自己修行的尼寺——长安县休祥里的万善尼寺内。万善尼寺是周宣帝时所建，是长安城内一处重要的皇家尼寺，据唐韦述《两京新记》，尼寺入隋后成为安置前朝后宫女子的场所，"开皇二年，度周氏皇后嫔御已下千余人为尼，以处之也"[4]。将李静训安葬于万善尼寺，应是

---

1 中国社会科学院考古研究所：《唐长安城郊隋唐墓》，文物出版社，1980年，3—28页。
2 墓志称李静训卒于汾源宫，汾源宫应即汾阳宫。李静训应是大业四年（608）随炀帝及杨丽华出巡汾阳宫的。参周繁文：《隋代李静训墓研究——兼论唐以前房形石葬具的使用背景》，《华夏考古》2012年第1期。
3 中国社会科学院考古研究所：《唐长安城郊隋唐墓》，文物出版社，1980年，27页。
4 [唐]韦述撰：《两京新记》卷3《东南隅万善尼寺》，《丛书集成初编》影印本，中华书局，1985年，15页。

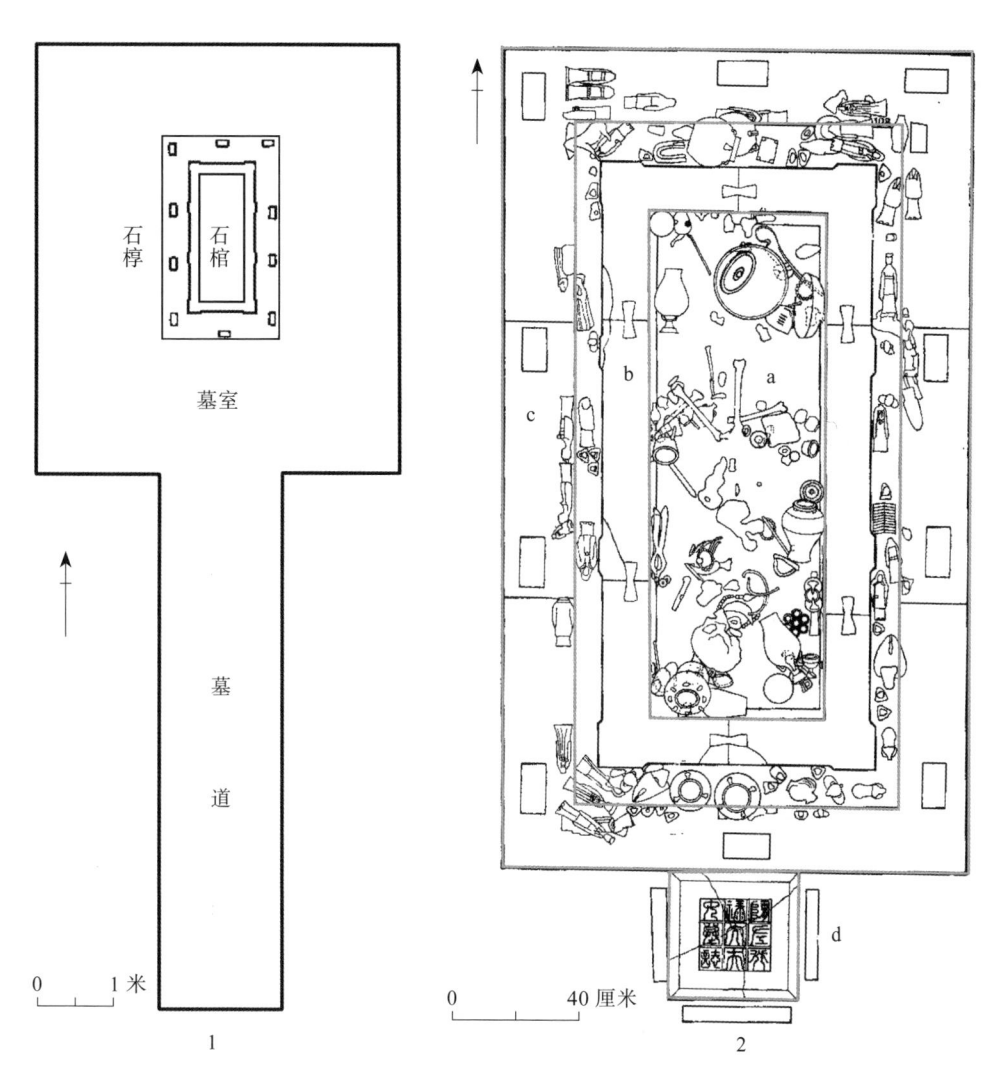

图 7.16　隋李静训墓平面及空间配置
1. 墓室平面图　2. 石椁内外器物分布图
(《唐长安城郊隋唐墓》，3、5 页)

杨丽华的意图，一来符合宫中佛教氛围，二来逝者年幼，安置在她常光顾的尼寺内也有难舍骨肉之意。墓志记载"于坟上构造重阁，遥追宝塔，欲髣髴于花童；永藏金地，庶留连于法子""魂归祇阁"，也就是说在墓上建造了一座宏伟的楼阁式佛塔。考古发掘时，在墓上发现了一座长 50 米、宽 22 米的大型夯土台基，可能就是佛塔的基址。这种在竖穴墓内置石棺椁、地面立佛塔的方式，可能模拟了佛舍利的瘗埋方式。隋代改变了直接将舍利石函埋入塔基夯土的做法，而在石函周围砌筑模拟墓室的砖墙，石函也开始模拟墓志形制，刻有墓志款的"塔下铭"，石函内的铜净瓶和七宝也有模拟随葬品之意，也就是说舍利瘗埋方式已与传统丧葬出现混同现象。李静训年仅9岁，自然谈不上什么佛教信仰，这种佛教式的埋葬自然体现的是杨丽华的意图。周繁文认为这座墓是李静训这位贵族女童复杂的社会关系在其宅兆之所的一种折射[1]。林伟正认为李静训墓是一座塔葬墓，有违礼制，正是这些有违体现了皇室对早夭的李小孩的情感表达[2]。

除了采取佛教舍利的瘗埋方式外，李静训也反映了葬仪上的特殊性。从棺椁及随葬品的摆放情况可以复原当时的下葬程序：a.先将石棺摆放在墓室中央，再用石板围绕，搭建房屋形的椁室；b.围绕石棺摆放象征来世生活的俑群和明器，在棺前献祭食物（只有瓷壶是祭器）；c.封闭椁室，在椁盖板上放置陶俑及井、灶、房屋模型，并在盖板上刻有"开者即死"四字（棺盖上也刻有一行同样的字）；d.椁室封闭后，在椁前接近墓道口处放置墓志，最后用土填实整个墓室。这套下葬程序与先秦至西汉时期的竖穴木椁墓相同，下葬过程是一个逐步封闭墓室的过程，属葬毕即藏的封闭性墓室（图7.16：2）。值得注意的是，墓室正中的房屋形石椁是一座面阔三间的九脊歇山顶大殿，正面刻有大门及直棂窗。北魏以来流行在墓室中放置房屋形石椁，石椁一般横置，即椁门朝向墓道，但此墓的石椁竖置，椁门不是朝向墓道，而是朝向东面。又在石椁的南立面刻有另一座大门，朝向墓道方向。石椁置于墓室中央，椁前没有任何祭祀性陈设或器物，祭祀空间和埋

---

[1] 周繁文：《隋代李静训墓研究——兼论唐以前房形石葬具的使用背景》，《华夏考古》2012年第1期。
[2] 林伟正：《何啻夭寿：李静训墓的情感表达》，第六届古代墓葬美术研究国际学术会议论文，2019年8月。

葬空间都集中在石椁之内,椁内棺前是祭祀空间。这种葬毕即藏的埋葬方式,在当时实属特殊。这是由于逝者年幼,没有子嗣,墓室内不会有盛大的葬礼和祭礼,无需开放式的墓室,也无需长长的墓道,下葬完毕封闭墓室即可。

李静训墓除上述特殊性之外,也有与李和墓、潼关税村墓等类似的时代风格,出土的陶俑组合和瓷器等与磁县、安阳一带北齐墓所见如出一辙,应是来自北齐的随葬组合。有些陶俑的制作较为粗劣,工艺水平与北周墓陶俑接近,应是关中制作的,但镇墓兽和镇墓武士已显示出较高的制作技艺,表明关中地区陶俑工艺到隋代已有了大幅提高。墓中还出土了很多来自西方的金银首饰、金银和玻璃容器,其中最精致的是金项链和金手镯,采用了复杂的焊珠和镶嵌工艺制作,当来自波斯地区。此外还出土了波斯萨珊银币及金高足杯等物,这些都是通过丝绸之路输入的西方珍稀物品,表明当时关中地区与西方的交往是比较密切的。

上述几座隋墓还没有形成统一的埋葬规范,基本上是北周墓的自然延续,但个别高级贵族墓采取了弧壁穹隆顶的砖室墓形制,有的出现了石制棺椁,有的墓室里还出现了大场面的仪仗出行壁画,地面上出现了封土和石刻,有的还出现了以围沟环绕的墓园。这些现象应都是来自东方北齐的新因素,虽然还处于萌芽状态,但入唐后它们成为唐墓新规范、新秩序的基础。

2. 唐墓的等级秩序

唐代帝陵的地宫都没有发掘,宿白先生根据五代前蜀和南唐帝陵、辽庆陵、法门寺舍利塔宫等都是前、中、后三室,以及唐代宫殿的三殿制度等情况,推测唐代帝陵地宫是前、中、后三室。帝王以下的皇族和官员墓已经发掘了不少,宿白先生根据墓室的数目、形制结构和葬具等划分为四个等级:

第一等级是双室弧方形砖室墓,是高宗、玄宗时期个别"号墓为陵"的皇子孙和享受特殊宠遇的一二品官员的墓;第二等级是单室弧方形或方形墓,是从初唐到晚唐流行的一至五品的品官墓,其中弧方形者逐渐扩展到品级较高的官员;第三等级是单室方形土洞墓,流行于初唐到盛唐时期的五品以下品官墓;第四等级是单室长方形土洞墓,是庶人墓制。这四个等级的墓葬形制与唐代一般仪制的四级标准较为相似,即"三品以上""五品以上""九品以上"和"流外及庶人"[1]。这套严格的等级秩序是在整合北周、北齐丧葬模式的基础上,经过隋和初唐的过渡逐渐形成的。

（1）双室砖墓

四个等级中的第一等级是前后室结构的砖室墓,数量极少,目前发现的只有10余座,墓主除燕妃、懿德太子、永泰公主、章怀太子、节愍太子等重要皇室成员外,其他墓主都是三品以上的勋贵或有特殊功绩的官员,有的是立有重要战功的高级军事将领,如尉迟敬德、苏定方、郑仁泰、李谨行等,有的是在中宗、睿宗时期的宫斗中死于非命而后来追改而葬的李唐宗室或异性外戚[2]。总之,使用这种前后室砖墓的墓主都是以殊礼埋葬的。殊礼的表现除了地面模仿帝陵的陵园设施而降低规格外,地下部分主要体现在墓道内的天井和过洞数量、是否使用石质葬具、志墓方式等方面。一般来说,墓道越长,天井和过洞就越多,这是因为墓道是举行葬礼的重要场所之一,送葬者要在墓道内列队礼送棺柩入圹。石葬具是北朝以来高等级墓葬的重要标志,虽然唐制有不得用石葬具的规定,"大唐制,诸葬不得以石为棺椁及石室。其棺椁皆不得雕镂彩画、施户牖栏槛,棺内又不得有金宝珠玉"[3],但实际上一些享用殊礼者都采用了石椁。

---

[1] 宿白:《西安地区唐墓的形制》,《文物》1995年第12期。
[2] 齐东方:《略论西安地区发现的唐代双室砖墓》,《考古》1990年第9期。
[3]《通典》卷85《礼四十五·凶礼七·棺椁制》,2299页。

懿德太子李重润墓地下部分全长100.8米，由墓道、6个过洞、7个天井、8个小龛、前后甬道、前后墓室等8个部分组成（图7.17：1）[1]。墓道、天井、过洞和壁龛都是夯土构筑的，从壁画和壁龛内的仪仗俑群来看，这部分结构有模拟生前宫室的特征，从前至后有如层层递进的深宫。前后墓室皆为砖砌，前室边长4.5米左右，高6.3米，后室边长超过5米，高7.1米，墓壁外弧是为了承受高大的穹隆式墓顶，因此墓室的内部空间既宽敞且高大。墓顶上还悬挂有一个铁钩，应是悬挂帷帐用的。这种在中轴线上安排前后墓室的做法与西汉诸侯王墓相似，模拟了生前的宅第，前后墓室分别象征前堂和后室，前堂是祭祀空间，后室是埋葬空间。以两段长长的甬道连接前室和墓道、前室和后室，前甬道长达20米，后甬道长达8.45米。这种结构与徐州狮子山西汉楚王墓相似，只是减少了其他附属性的仓储墓室。后室西部放置一具大型仿木构庑殿式石椁，石椁内尚存男女骨架各一具，其中男骨架的年龄鉴定结果与懿德太子去世时的19岁基本相符。墓内出土玉质哀册片11件，有阴刻填金的欧体册文，此与懿德太子卒后以哀册志墓是相符的。大足元年（701）懿德太子因得罪武则天而被杖杀，中宗复位后改葬，聘国子监裴粹亡女为冥婚，与之合葬。之所以将石椁置于后室西侧，是因为椁前空间是一个下葬时的设奠场所，前述《开元礼》记载的三品以上官员葬礼中，棺的东面是要设帷帐、灵座、祭器与饮食的，帷帐之外陈设各类明器。这一切安顿妥当后，主人在掌事者的带领下，面向灵座举行祭祀，安放墓志（哀册）、铭旌之物，最后关闭墓门，封闭墓室。关中唐墓都以墓室西侧的棺椁或棺床所在部位作为埋葬空间，墓室东侧作为祭祀空间，这种空间设置方式与墓内的葬仪是基本相符的。

与懿德太子同年去世的永泰公主李仙蕙，于神龙二年（706）与驸马都

---

[1] 陕西省博物馆、乾县文教局唐墓发掘组：《唐懿德太子墓发掘简报》，《文物》1972年第7期。

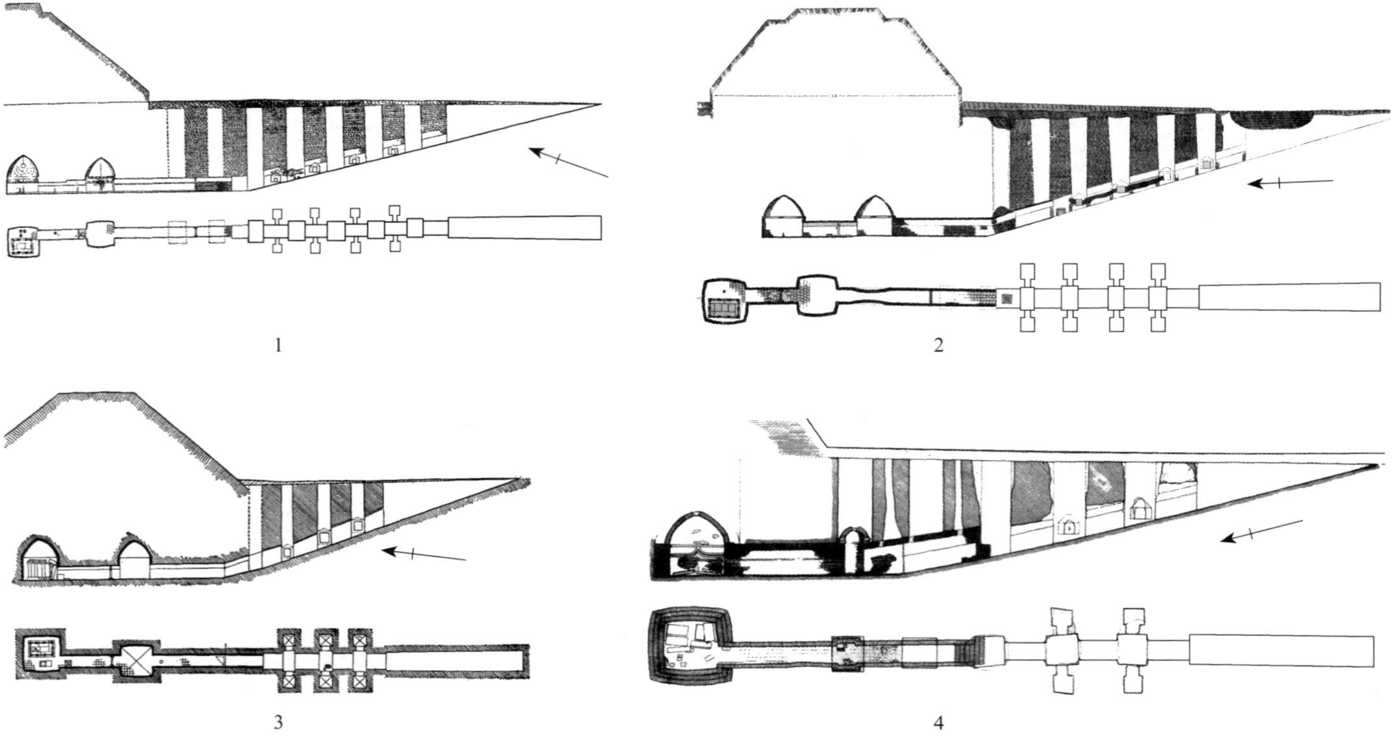

508　中古丧葬模式与礼仪空间

图 7.17　唐代皇室成员的双室砖墓

1. 懿德太子李重润墓(《文物》1972 年第 7 期,26 页) 2. 永泰公主李仙蕙墓(《文物》1964 年第 1 期,8 页) 3. 章怀太子李贤墓(《文物》1972 年第 7 期,13 页) 4. 节愍太子李重俊墓(《考古与文物》2004 年第 4 期,15 页)

尉武延基合葬，陪葬乾陵，除了墓道部分设5个过洞、4个天井外，其他都与懿德太子墓接近。虽然也是"号墓为陵"，但未见哀册而使用了石墓志（图7.17：2）[1]。

章怀太子李贤以雍王身份埋葬，"不称陵"，所以埋葬等级略低，墓道内设4个天井、4个过洞（图7.17：3），其他结构与上述二墓接近，出土了2合石墓志——雍王墓志和章怀太子墓志。李贤死于流放地巴州，被武则天追封为雍王，神龙二年（706）迁葬回京，陪葬乾陵，景云二年（711）与妃清河房氏合葬[2]。

年代略晚的景云元年（710）节愍太子李重俊墓（中宗之子）是中宗定陵的陪葬墓，也是一座双室砖墓，埋葬等级比懿德、永泰、章怀三墓要低，由3个天井、3个过洞、前后甬道和前后墓室组成，后室西侧有一座石棺床，有石椁和石棺（图7.17：4）[3]。

这四座唐代最高等级的前后室砖墓，有继承西汉丧葬模式的迹象，地下部分以长甬道连接前堂后室的做法与西汉诸侯王墓相似，覆斗形封土和墓园形制也是西汉帝陵和诸侯王陵的做法，但神道石刻、弧方形的墓室、穹隆式墓顶、墓志形制和壁画等则是对东汉以后历代埋葬方式的整合。

（2）单室砖墓

第二、三等级的单室墓是唐墓的主流形制，等级较高的是砖室墓，等级较低的是土洞墓，其中弧方形的砖室墓是魏晋、北魏和北齐模式的延续，因上承穹隆顶而内部空间较高，等级较高，从隋和唐初一直延续到晚唐，是最典型的唐墓空间形态；方形土洞墓是关中北朝墓制的延续，相对工程量较

---

[1] 陕西省文物管理委员会：《唐永泰公主墓发掘简报》，《文物》1964年第1期。
[2] 陕西省博物馆、乾县文教局唐墓发掘组：《唐章怀太子墓发掘简报》，《文物》1972年第7期。
[3] 陕西省考古研究所：《唐节愍太子墓发掘简报》，《考古与文物》2004年第4期；陕西省考古研究所等：《唐节愍太子墓发掘报告》，科学出版社，2004年，15—27页。

小，等级较低。

三原县陵前乡的贞观五年（631）淮安靖王李寿（李神通）墓应是献陵的陪葬墓。两《唐书》李寿本传及李寿墓志皆未言陪葬献陵之事，《唐会要》记载的献陵25座陪葬墓中也没有李寿墓，这可能是因为高祖献陵还未建立明确的陪葬制度，只有少量的皇亲陪葬。太宗时大兴陪葬，不但自己的昭陵以大量皇室和大臣陪葬，而且对前朝重要成员也给与了陪葬献陵的待遇。太宗贞观十一年（637）颁诏，"（二月）营九嵕山为陵，赐功臣、密戚陪茔地及秘器……（十月）赐先朝谋臣武将及亲戚亡者茔陪献陵"[1]，沈睿文说这是对功臣密戚陪葬制度的补充和完善[2]。李寿是高祖的从父弟，又立有不少战功，算是先朝重要皇亲和重臣了，是有可能在太宗正式颁诏之前就已陪葬献陵的。据《旧唐书·李寿传》，太宗对李寿的丧事是非常重视的，"薨，太宗为之废朝，赠司空，谥曰靖。十四年，诏与河间王孝恭、赠陕州大行台右仆射郧节公殷开山、赠民部尚书渝襄公刘政会，配飨高祖庙庭"[3]。以李寿配飨高祖之庙，也可间接说明他是陪葬献陵的。

李寿墓的地面残存有圆形封土和神道石刻，有石人、石羊、石虎、石柱各1对，这是太宗时期陪葬墓的地面设施组合，其中石柱作为一种特殊的身份标识，彰显了李寿的特殊地位。同样体现李寿身份的还有地下墓室，地下部分由斜坡墓道、5个天井、5个过洞、2个壁龛、甬道和单室砖墓组成，墓室呈方形。西部放置一具面阔三间的歇山顶石椁，椁内置木棺。石椁内外壁雕刻画像，外壁刻象征宅第的大门及门吏，上部是朱雀、玄武、乘龙乘凤的仙人，内壁则是反映内室生活的景象，主要是侍者与乐舞场景。从墓道到墓室都有壁画，前部的墓道、天井和过洞绘象征出行、深宅大院的场

---

1 《新唐书》卷2《太宗纪》，37页。
2 前揭《唐陵的布局——空间与秩序》，248页。
3 《旧唐书》卷60《宗室列传·淮安王神通》，2341页。

景，以 7 杆列戟反映其仪卫等级；后部的墓室部分主要是反映内室生活的场景，有乐舞表演、贵妇出游等内容[1]。李寿墓体现了太宗时期高等级墓的埋葬规范，如封土、神道石刻、石椁、壁画中的列戟制度等，但还带有很多初唐墓特有的旧式因素，如方形的墓室形制、墓道上下分层的壁画布局方式等（图 7.18：1）。

礼泉县九嵕山东南麓的阿史那忠墓是太宗昭陵的陪葬墓之一，是上柱国阿史那忠和妻子定襄县主的合葬墓。定襄县主卒于永徽四年（653），阿史那忠于上元二年（675）卒于洛阳，同年迁回昭陵与县主合葬。地面有残存的封土堆和石碑"大唐故右骁卫大将军薛国贞公阿史那府君之碑"，地下是由带 5 个天井和过洞的墓道、甬道和墓室构成的单室砖墓，全长 55 米，墓室边长 3.7 米，墓顶距地面 12.7 米。在墓室西侧置一座砖砌棺床，无石椁。在墓道、过洞和天井处绘壁画，墓道内绘青龙、白虎、马和骆驼引导的牛车出行行列，过洞和天井两壁绘男女侍者，第一过洞的顶部绘楼阁，第一天井的两壁绘列戟架，两壁共列戟 12 杆（图 7.18：2）[2]。值得注意的是，在西壁列戟架损毁处的下层还有一架 6 杆的列戟架，说明壁画存在改绘的现象，这应与合葬有关。根据墓志，定襄县主先葬于昭陵，那么墓葬形制（以及地面上的封土等设施）应体现的是定襄县主的身份等级，县主是正二品，第一天井西壁下层的 6 杆列戟架是符合县主身份的。时隔 22 年后，从一品的阿史那忠死后，打开墓室合葬，重新绘制了壁画，将原来的壁画覆盖了，但阿史那忠的从一品与县主的正二品在列戟数上是一样的，因此新绘的壁画仍绘制了一架 6 杆、两壁共 12 杆的列戟架。合葬时有可能还加入了新的陶俑群和其他随葬物品。因此，此墓的墓室建筑与墓室陈设、画像和器物的年代是有差异的，这种情况在唐代的合葬墓里并不少见。

---

1 陕西省博物馆、陕西省文管会：《唐李寿墓发掘简报》，《文物》1974 年第 9 期。
2 陕西省文物管理委员会、礼泉县昭陵文管所：《唐阿史那忠墓发掘简报》，《考古》1977 年第 2 期。

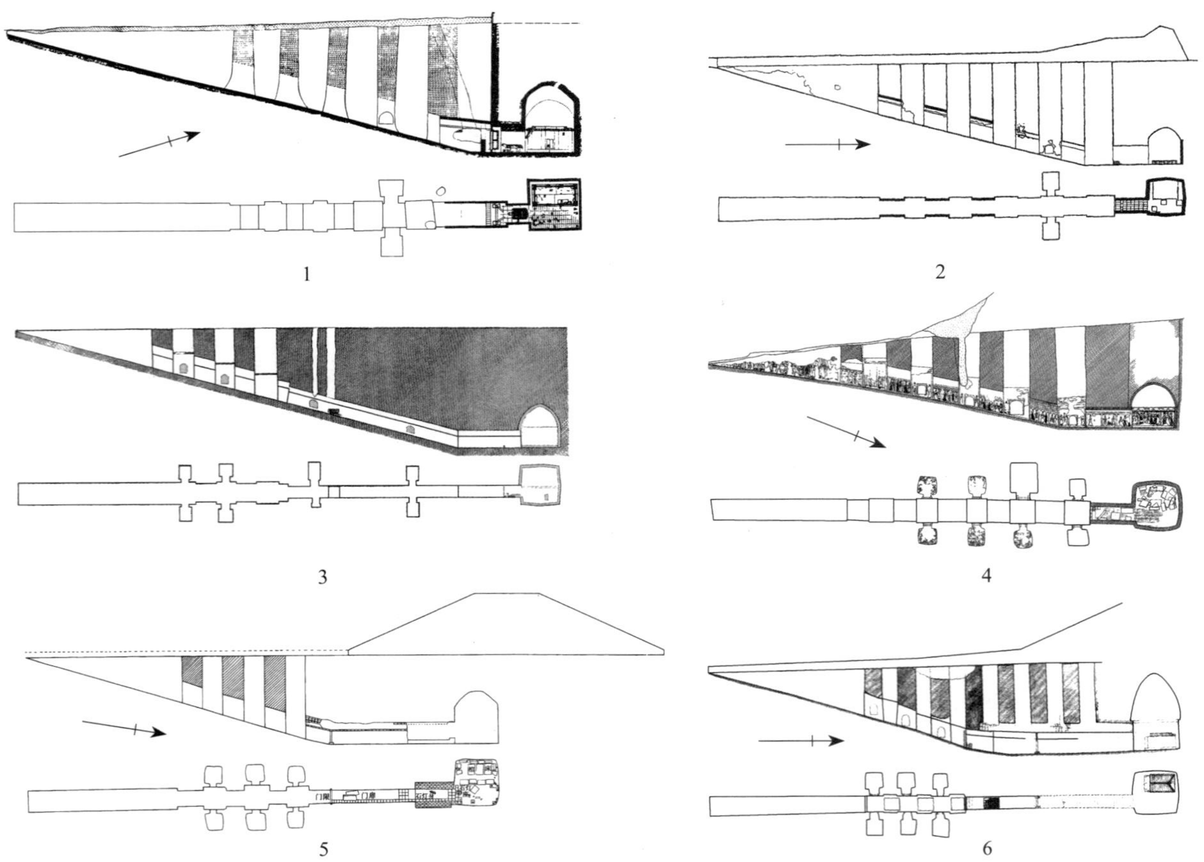

512　中古丧葬模式与礼仪空间

图 7.18　唐代单室砖墓

1. 淮安靖王李寿墓（《文物》1974 年第 9 期，79 页）2. 上柱国阿史那忠、定襄县主合葬墓（《考古》1977 年第 2 期，132 页）3. 虢王李凤与王妃刘氏合葬墓（《考古》1977 年第 5 期，314 页）4. 新城长公主墓（《唐新城长公主墓发掘报告》，12 页）5. 惠庄太子李㧑墓（《唐惠庄太子李㧑墓发掘报告》，10 页）6. 让皇帝李宪夫妇合葬墓（《唐李宪墓发掘报告》，图 4）

富平县发现的虢王李凤与王妃刘氏的合葬墓是高祖献陵的陪葬墓，李凤是高祖李渊的第 15 子，墓中出土了 5 块册书刻石和 2 合墓志。李凤于上元元年（674）十二月卒于洛阳，刘氏次年五月卒于长安宅第，据二人墓志，在上元二年（675）十二月合葬于献陵之侧。二人同时入葬，应是按照李凤的身份来埋葬的。地面残存覆斗形封土，地下部分是带墓道、甬道的单室砖墓，全长 63 米多，墓道内设有 3 个天井、4 个过洞和 8 个壁龛，甬道内设 2 道石门，墓室是弧方形穹隆顶，边长 4 米多，高 5.35 米。墓室西侧设石棺床（图 7.18：3）[1]。

龙朔三年（663）的新城长公主墓位于礼泉县九嵕山昭陵陵区，地面有覆斗形封土和方形陵园，尚存石人、石碑、石虎、石羊、石柱等神道石刻。地下部分由墓道、5 个过洞、5 个天井、8 个壁龛、甬道和弧方形墓室组成，墓室西侧置石棺床，上置木棺（图 7.18：4）[2]。新城公主是太宗之第 21 女、高宗之同母妹，先后嫁给长孙诠、韦正矩，死后以皇后礼陪葬昭陵，覆斗形封土和石柱应是最能体现其埋葬殊礼的。

惠庄太子李㧑墓位于蒲城县桥陵乡。李㧑初名李成义，为避玄宗之母的名讳而改名，同时其兄李成器也改名李宪。李㧑于开元十二年（724）去世后，赠惠庄太子，陪葬桥陵。地面有覆斗形封土和长方形陵园，在南面墙垣开有城门，门外立有 1 对石狮。地下部分由 3 个天井、3 个过洞、2 个壁龛、甬道和单墓室组成，墓室为边长 4.4—4.7 米的弧方形，高 6 米，西部置一具石棺床（图 7.18：5）[3]。

位于蒲城县三合乡的让皇帝李宪夫妇合葬墓也是睿宗桥陵的陪葬墓，该墓葬于开元二十九年（741），谥曰让皇帝，号曰惠陵。恭皇后先逝而后葬，

---

1 富平县文化馆等：《唐李凤墓发掘简报》，《考古》1977 年第 5 期。
2 陕西省考古研究所等：《唐新城长公主墓发掘报告》，科学出版社，2004 年，3—29 页。
3 陕西省考古研究所：《唐惠庄太子李㧑墓发掘报告》，科学出版社，2004 年，5—15 页。

天宝元年（742）迁祔于惠陵，即重新打开墓室进行合葬。从出土的哀谥册来看，应是同穴合葬，但石椁宽度仅 1.6 米，难容二棺，而且椁内仅发现一具木棺的痕迹，骨架都已散乱，到底是如何合葬的，并不清楚。虽然也是"号墓为陵"，但没有采取此前"号墓为陵"者的双室砖墓形制，而是采用了单室砖墓，这是由于双室砖墓此时已趋于消失而单室砖墓已成主流。地面上有覆斗形封土、内外两重墙垣、寝殿、神道石刻等设施。地下结构由墓道、甬道和墓室构成，墓道内设有 3 个天井、3 个过洞，过洞两侧各设两个壁龛。墓道总长 18.9 米，最深处在地表以下 5.8 米。甬道内设有 1 座封门砖、1 座木门和 1 座石门。墓室呈弧方形平面，边长约 5.7 米，穹隆顶高达 10 米。在高大宽敞的墓室西侧置有一具三开间的庑殿顶式石椁（图 7.18：6；图 7.19）[1]。由于墓葬被盗，随葬品的摆放情况不清，但从石椁置于一侧的情况，结合《开元礼》中的记载，椁前（即墓室东侧）应是帷帐、神座和祭器组成的墓内祭祀空间，帷帐之外应是各类明器，过洞两侧的壁龛内应是摆放俑群的地方，俑群与墓道壁画一起象征着生前的出行仪卫。最能体现李宪身份等级的是覆斗形封土、两重墙垣、神道石刻、精致的石门、石椁以及玉质哀谥册等，石椁和哀册是唐代追赠太子及准皇帝封号者独享的，等级稍低的皇亲不能用哀谥册，只能用石墓志，只能用石棺床而不能用石椁。以上地面和地下设施都是符合李宪身份的，恭皇后是后葬入的，又位卑一些，对墓室结构和陈设应是没有改动的。

（3）单室土洞墓

单室土洞墓是关中十六国北周墓的主流形制，从帝陵到普通官员都采用，初唐和盛唐时期与单室砖墓同时流行，等级要低一些，盛唐以后单室砖墓成为唐墓的主流，土洞墓逐渐减少。

---

1 陕西省考古研究所：《唐李宪墓发掘报告》，科学出版社，2005 年，10—18 页。

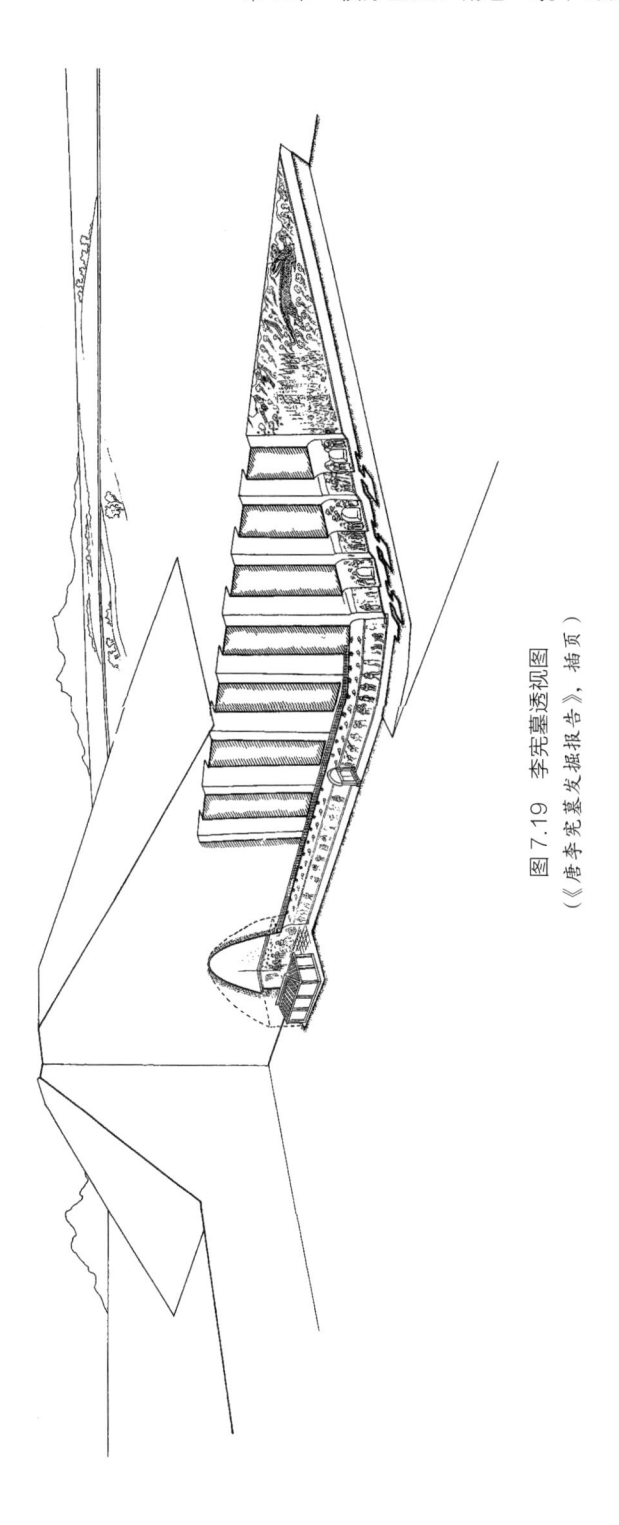

第七章 秩序重建：隋唐一统下的丧葬模式 515

图 7.19 李宪墓透视图
（《唐李宪墓发掘报告》，插页）

位于西安东郊灞桥吕家堡的金乡县主墓，是正二品的县主与从五品的夫君——朝散大夫于隐的合葬墓，也是同穴合葬，但与上述让皇帝李宪和恭皇后的合葬有所不同，后者是尊者李宪先葬，墓地设施和墓室形制都是按照李宪的身份来设计的；而前者的金乡县主墓是位卑者于隐先葬，葬于武则天天授元年（690），金乡县主为尊者，后葬于开元十二年（724），其间间隔了34年。由于他们的品级和下葬年代存在较大差距，使得墓葬形制与随葬品、壁画出现了一些不匹配的现象。地下部分是带长斜坡墓道和甬道的单室土洞墓，墓道内设有3个天井、3个过洞、2个壁龛。墓室为方形穹隆顶式土洞，底部边长3.5米左右。墓道、甬道和墓室绘有壁画。这种形制在盛唐时期属第三等级，即五品以下，符合朝散大夫于隐的身份，墓葬建造于武则天天授元年（690），应是按照于隐的身份来建造的。34年后金乡县主下葬时，并没有改变墓葬的结构，但增加了石椁、改绘了壁画，并在地面设置了神道石刻，这些增加的内容应是按照金乡县主的身份来设计的，随葬的陶俑群也符合县主的身份，其中精致的彩绘陶俑是专为皇家烧造的东园秘器。似乎金乡县主合葬时，把先前为于隐随葬的陶俑撤掉了，换上了一套新的等级更高的俑群（图7.20）[1]。

金乡县主墓的合葬方式也造成了壁画改绘的现象，从残存在墓道、天井和过洞的壁画来看，内容、构图和风格很不一致，有些地方有明显的叠压现象。壁画改绘的现象也见于唐代以前的墓葬中，凡合葬墓都有可能出现壁画改绘的情况。一般来说，如果合葬的年代间隔较大，或者合葬者的身份相差悬殊，壁画改绘的可能性就更大。当然，合葬导致的埋葬方式差别不仅在于壁画，还可能改变随葬器物、葬具、陈设等，也就是说墓室内的不同遗存其年代可能是存在较大差别的，这是我们看待墓葬遗存需要特别注意的。

---

[1] 西安市文物保护研究所：《唐金乡县主墓》，文物出版社，2002年，97—103页。

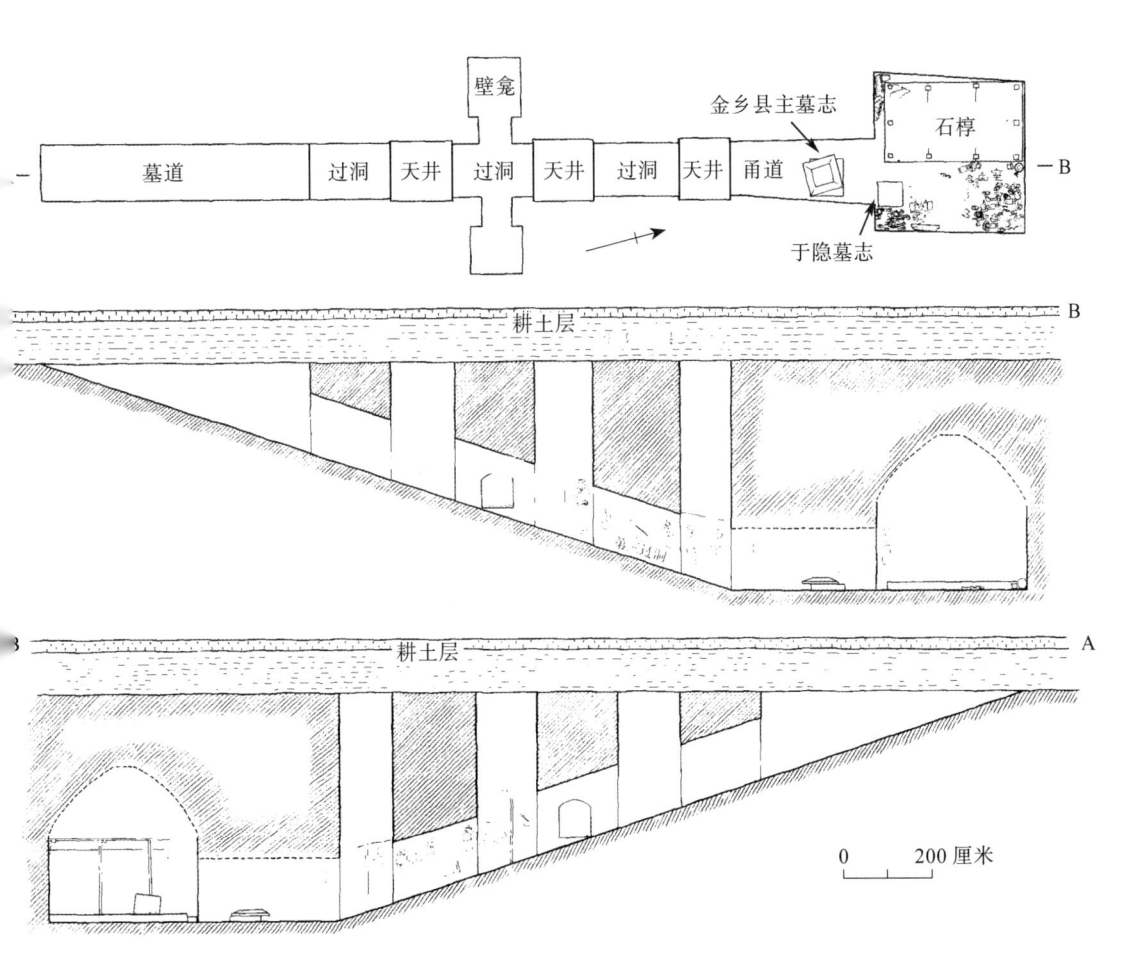

第七章　秩序重建：隋唐一统下的丧葬模式　517

图 7.20　唐代单室土洞墓（金乡县主夫妇合葬墓）
（《唐金乡县主墓》，8 页）

三、画像的配置与内容

1. 石葬具画像

前已讨论石葬具在北朝时期的流变情况，自北魏平城时期开始出现，到东西魏、北齐周时期，东、西部石葬具出现了分野，东部的东魏北齐流行房形石椁，西部的西魏北周出现了较多画像石棺，显然北魏形成的石葬具传统在北朝的东西部有了不同的发展。进入隋唐后，石棺和房形石椁都得到了继承，从考古发现情况看，隋代主要是石棺，唐代主要是房形石椁。房形石椁流行于初唐和盛唐时期，被一部分皇族和重要勋臣使用，具有严格的等级意义，形制逐渐定型为模拟殿堂的结构，一般竖置于墓室西侧，与之相对的墓室东侧是1组以灵座为中心的祭祀设施。

（1）隋代石棺

隋代皇族和显贵多使用画像石棺为葬具，有明显继承北魏洛阳时期石棺的迹象，皆为线刻画像，以墓主升仙为主题，但在粉本流传过程中出现了一些变异。

① 开皇二年（582）李和石棺（图7.21）[1]

李和石棺的线刻画像以升仙为主题。前挡刻有一座拱形宅门，门额上是两只飞舞的朱雀，门扉上刻有铺首，门两侧刻有守门武士，身着铠甲，脚踏怪兽；武士像的外侧（即左右两帮的前侧端面）又各刻2个上下排列的武士像，武士形象与大同北魏壁画中的守门武士类似，而与洛阳石棺不同。后挡的中间刻一个巨大的玄武，上部刻神禽。前挡和后挡的画像实际上隐喻着石棺的含义是阴宅，朱雀和玄武分别代表了阳与阴，朱雀与宅门的组合隐喻前挡是阴阳之间的分隔，进入此门即踏入死者的来世世界。左右两帮的画像表

---

[1] 陕西省文物管理委员会：《陕西省三原县双盛村隋李和墓清理简报》，《文物》1966年第1期。

第七章　秩序重建：隋唐一统下的丧葬模式　519

前挡 ——

　　朱雀
武士｜守门武士｜守门武士｜武士
蹲兽　　　　　　　　蹲兽
联珠瑞兽

左帮 ——
持剑武士　女墓主骑虎升仙　瑞兽

右帮 ——
持剑武士　男墓主乘龙升仙　瑞兽

棺盖 ——

联珠瑞兽
联珠瑞兽｜伏羲｜联珠瑞兽｜女娲｜联珠瑞兽
男墓主　女墓主
香炉
联珠瑞兽

后挡 ——

玄武

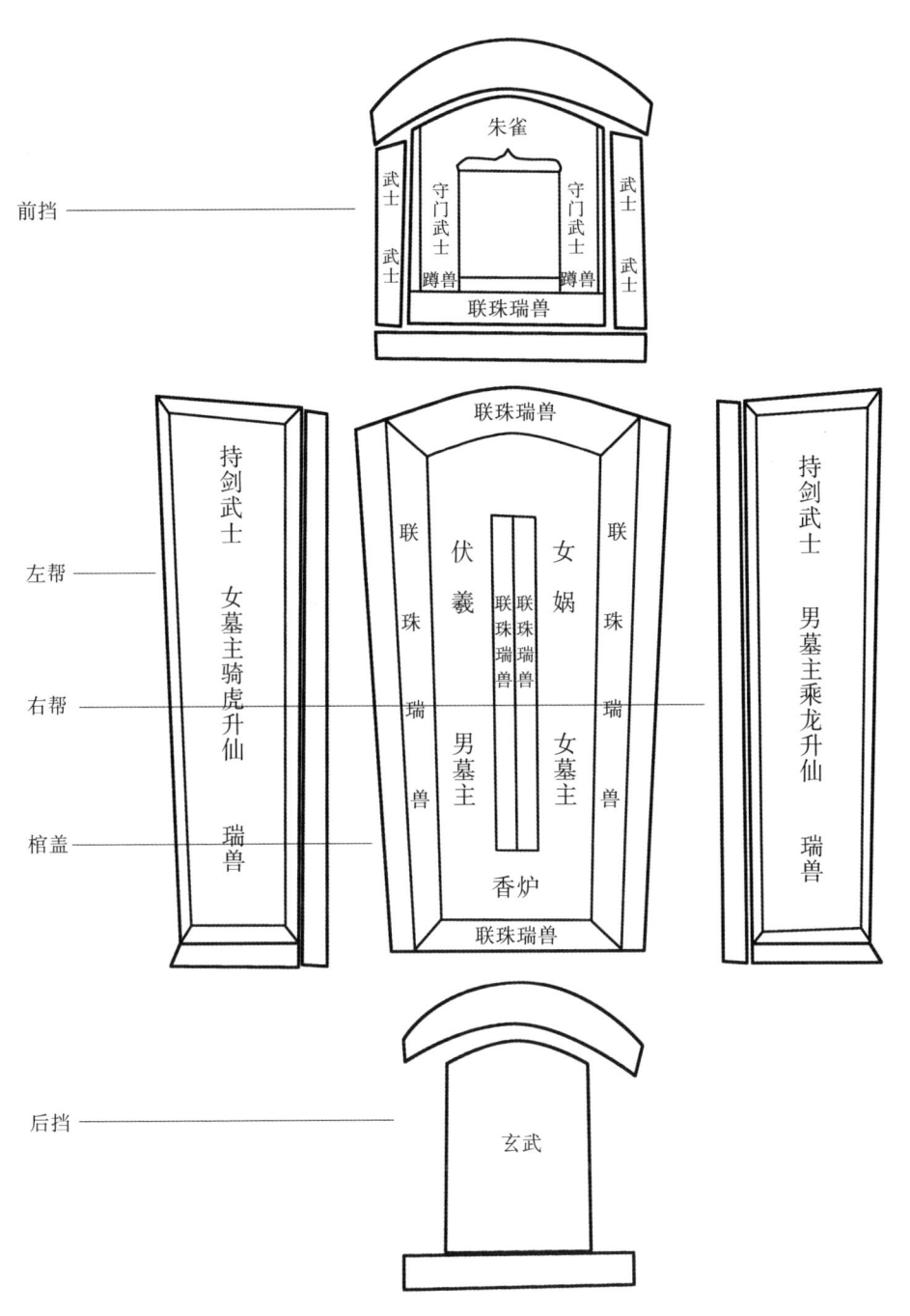

图 7.21　隋李和石棺画像配置图
（据《文物》1966 年第 1 期 37—39 页制）

达了从生到死的过渡——墓主灵魂升仙的过程。两帮画像结构相同,画面中心分别刻有骑青龙和白虎的男女墓主像,象征乘龙、骑虎升仙的过程,墓主像前有四位手拄长剑的武士立像,后有飞翔中的扈从仙人和瑞兽,空白处布满了流云(图7.22)。

这种墓主升仙图在北魏洛阳石棺中非常常见,但值得注意的是,北魏的墓主升仙图前方一般刻的是作为引导者的仙人或方士,而此石棺上却以世俗的武士像代替,而且作正面立像,这是以前所不见的。武士像的造型和服饰特征倒是与北朝以来神道上的石人形象相似,也与关中北周墓道的单体武士像相似,这是升仙图粉本流传过程中的变异。棺盖上表现的是墓主升仙后的天上世界,中间以两列联珠瑞兽纹分成左右两部,分别刻伏羲、女娲,将墓主夫妇像置于其下,应表现的是墓主灵魂在天的场景。

这具石棺的画像逻辑是:死者的灵魂通过武士守御的宅门,完成了从人间向仙界的过渡,左右两帮寓意升仙的过程,棺盖表现成仙后的场景。

除了升仙图的变异外,这具隋代石棺还抛弃了北魏石棺上的孝子故事、宴饮乐舞、牛车出行等世俗生活内容,而与关中本地的北周石棺更为接近,如保定四年(564)李诞石棺画像[1]。李诞石棺的前挡也刻尖拱宅门,门两侧刻有立于莲台上的半裸守护神,门下刻火坛,后挡刻玄武及半裸天神,左右两帮刻龙、虎,盖板刻手持月、日的伏羲女娲像,基本图式和主题是一致的,不同的是李诞石棺边缘部分皆以忍冬纹为饰,李和石棺边缘纹饰主要是联珠瑞兽图案,在前挡的下部和棺盖的四周刻有四方连续的联珠纹构成的圆圈,每个圆圈内都刻有神禽瑞兽。这种联珠瑞兽图案与吐鲁番发现的唐代织锦图案非常相似,虽然很多瑞兽形象很难识别,但可以看出其中的猪头纹和颈有绶带的鸟纹与波斯纹样的相似性,这具石棺的画像带有浓厚的波斯萨珊风格。

---

1 程林泉:《西安北周李诞墓的考古发现与研究》,《西部考古》第1辑,三秦出版社,2006年,391—400页。

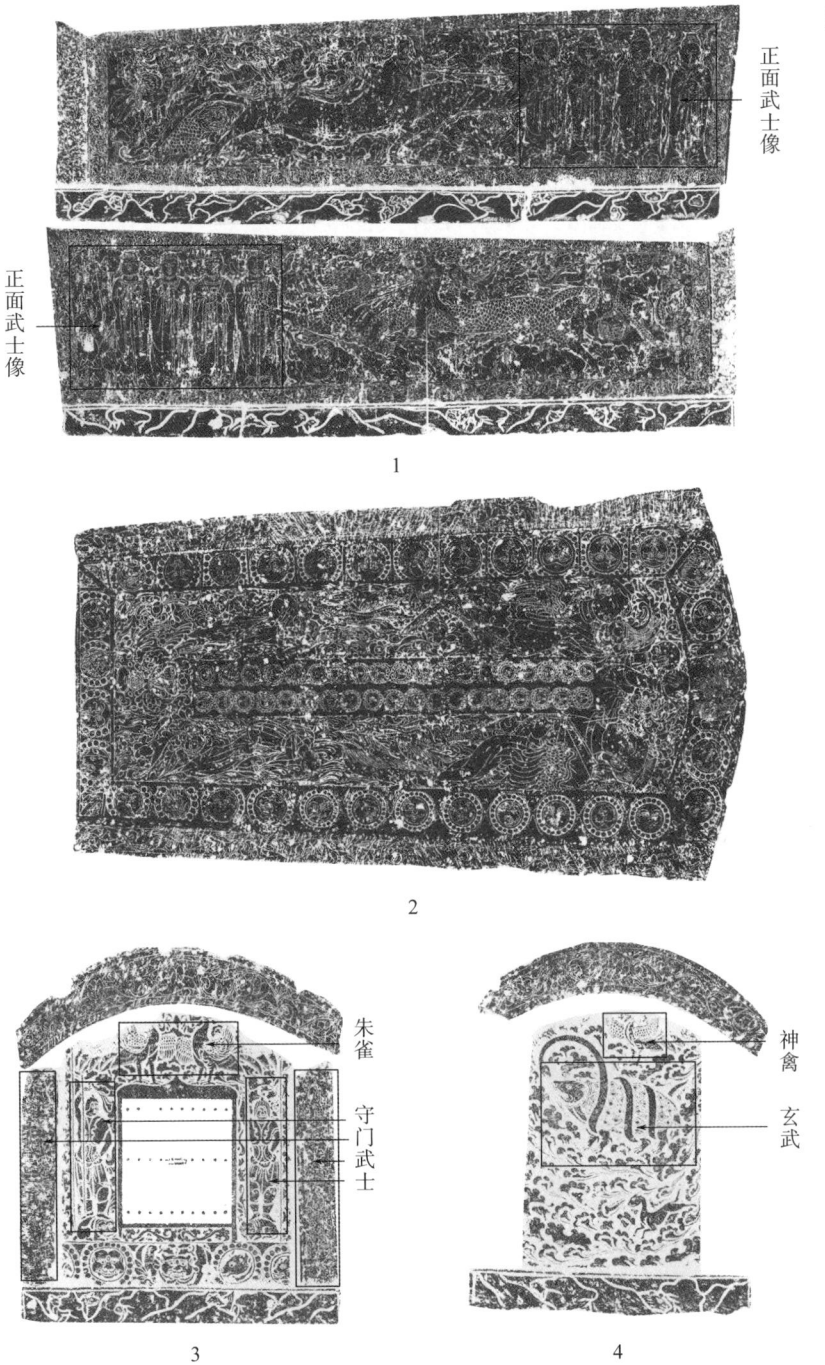

图 7.22 隋李和石棺线刻画像
1. 左、右帮 2. 棺盖 3. 前挡 4. 后挡
(《文物》1966 年第 1 期，37—39 页）

李和墓的墓葬结构是关中北周传统与北齐因素的结合，该墓采取了多天井式的墓室结构，但抛弃了北周墓不树不封的传统，很多方面都接受了来自北齐的新风，如圆形封土、神道石刻、随葬俑群组合等，石棺画像内容继承了中原的升仙主题，但图式上又继承了北周传统。至于左右两帮升仙图前方的正面武士立像是个特例，可能模仿了当时神道上起仪卫作用的石人形象，这实际上与升仙主题是不太协调的，可能是石棺粉本流传过程中的变异。

② 潼关税村隋墓石棺[1]

潼关税村墓（隋文帝长子杨勇）的石棺画像也以墓主夫妇升仙为主题，但图像元素与中原地区的石棺画像更加接近。前挡刻宅门，门扉紧闭，门前立有一只大朱雀，门两侧各立1个挎刀门吏，身着裲裆铠，头戴平巾帻，脸部微转，面向宅门肃立，武士像下刻1对蹲狮及覆莲花座，莲座上置摩尼宝珠，门楣中央刻畏兽，上部刻日月，是圆日与新月的组合；后挡刻玄武与力士。左帮刻男墓主升仙图，居中为占据画面主体的男墓主乘辂车，座驾为四龙系驾的辂车，前有乘龙、持节的仙人为导引，旁有扈从的仙人及瑞兽，后有鼓吹仙人，仙人皆为男子形象；右帮构图相同，只是居中为女墓主乘辂车，由四只翼虎系驾，导引和扈从仙人皆为女子形象。棺盖与李和石棺棺盖一样刻联珠瑞兽纹，但没有伏羲女娲形象。在联珠纹构成的84个六边形龟甲纹内刻宝瓶、摩尼珠、鹦鹉、石榴及各类神禽瑞兽。底板也以联珠纹为分格，每格内刻神禽瑞兽（图7.23）。

发掘者认为税村石棺继承了北周石棺的结构和图像系统，但增加了新的内容[2]。税村石棺与李和石棺画像都以墓主升仙为主题，也有大量来自西方的联珠瑞兽图案作为边饰，但图式与洛阳发现的北魏石棺更为接近，尤其与永

---

[1] 陕西省考古研究院：《陕西潼关税村隋代壁画墓发掘简报》，《文物》2008年第5期；陕西省考古研究院：《陕西潼关税村隋代壁画墓线刻石棺》，《考古与文物》2008年第3期。

[2] 陕西省考古研究院：《陕西潼关税村隋代壁画墓线刻石棺》，《考古与文物》2008年第3期。

安元年（528）的曹连石棺接近[1]，分别以前挡的朱雀、后挡的玄武象征阳与阴，前挡宅门都以造型相似的挂剑门吏作为守御者，门额上刻畏兽，不同的是税村石棺门额顶部出现了带有近东特征的新月与圆日组合像。左右两帮的男女墓主升仙图都前有先导，后有扈从，不同的是曹连石棺升仙图之下有洛阳流行的孝子故事图，前导和扈从者也多作世俗人物形象，而税村石棺完全抛弃了世俗人物和题材，前导和扈从都作仙人形象。李明认为两帮的辂车形象与莫高窟西魏249窟、隋代305窟中的凤车与龙车相似，也与《洛神赋图》中的洛神车驾如出一辙，尤其是辂车旁边的鲸、鲵形象与《洛神赋图》中一模一样。他认为这种程式化的图像最迟在北魏形成，一直延续到初唐，税村石棺粉本直接承自北魏，整个图像的内涵是升仙，无一处表现现实世界[2]。李明对税村石棺图像粉本来源的判断是正确的，但他将墓主夫妇升仙图当成"仙人车驾出行图"却有待商榷，实际上墓主夫妇升仙是北朝以来石棺画像从未间断的主题，它不是出行，而是表达飞升的过程。当然，税村石棺与洛阳北魏石棺在表现同样的升仙主题时是存在差异的，北魏石棺中还有很多世俗的题材和人物，表达的是人间向仙界过渡的意涵，而税村石棺似乎着重表达成仙后的境界，基本没有了世俗的场景，这点与前述李和石棺一致，反映了中原的石棺粉本在关中地区的异化。

③ 李静训殿堂式石棺[3]

大业四年（608）的李静训墓埋葬方式特殊，墓室中央置一具素面的石椁，椁内置一具画像石棺，呈面阔三间的九脊歇山顶大殿形制，内外皆有图像装饰，长1.92米，宽0.89米，高1.22米，竖置于石椁内，面朝东方，以南侧面朝向墓道口（图7.24）。

---

1 洛阳市文物考古研究院：《洛阳北魏曹连石棺墓》，科学出版社，2019年。
2 李明：《潼关税村隋代壁画墓石棺图像试读》，《考古与文物》2008年第3期。
3 中国社会科学院考古研究所：《唐长安城郊隋唐墓》，文物出版社，1980年，3—28页。

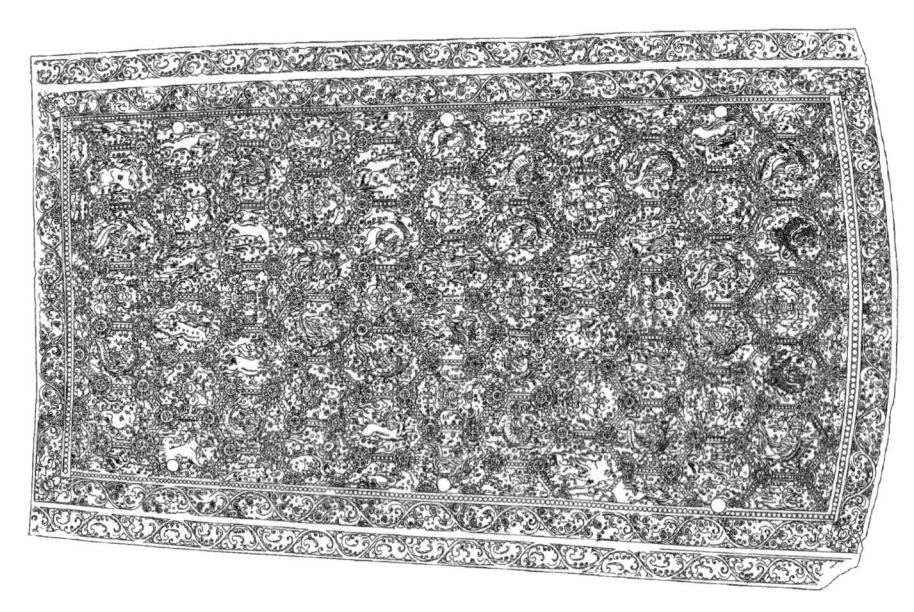

联珠瑞兽纹

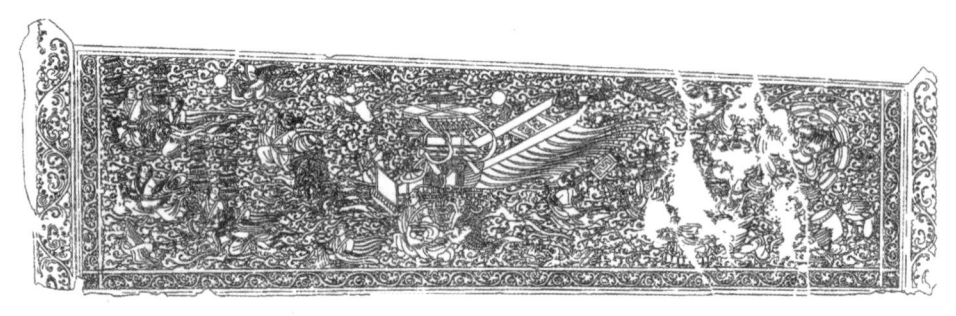

男墓主升仙图

女墓主升仙图

第七章　秩序重建：隋唐一统下的丧葬模式　525

门吏、朱雀

玄武

图 7.23　潼关税村隋墓石棺画像摹本
(《考古与文物》2008 年第 3 期，35、41、43、44 页)

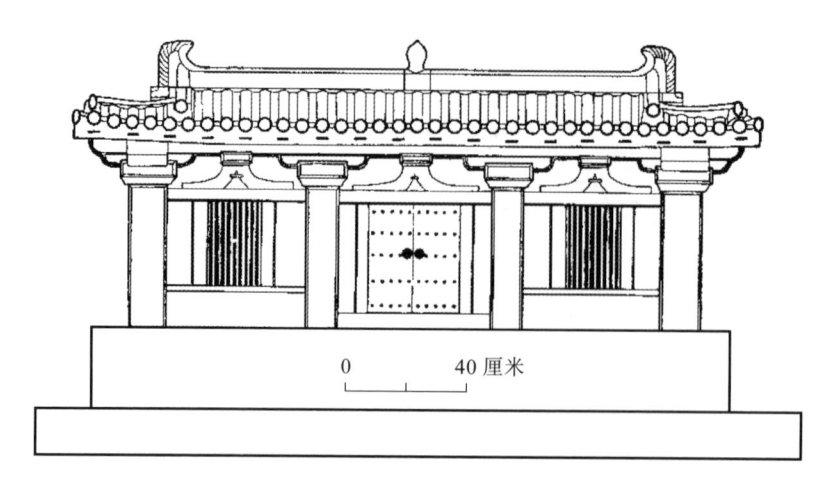

图 7.24　隋李静训墓石棺
（《唐长安城郊隋唐墓》，9 页、图版一）

这具石棺实际上就是北朝墓中常见的房形石椁，由于李静训的特殊身份而做得更加讲究，真实地模拟了木构大殿的结构，在正立面刻出大门，两侧是直棂窗，门扉上刻有门钉和铺首，在门框柱和屋柱之间刻有相对而立的侍女，门框、门额、门槛、直棂窗上都刻有卷草纹、莲花、宝瓶等图案，这些图案可能就是当时木构大殿上的装饰图案。另外，在这座大殿的南端（即朝向墓道一侧）也刻有一门，门侧刻有男侍二人，这是不符合现实生活中的大殿实际情况的。这一图像的出现，是由于大殿侧置，大殿正门朝向东边，侧面朝向墓道，而墓道是举行葬礼的地方，因此为了在葬礼中的展示效果，特意在侧面刻上了大门及男侍，这也表明这具石棺是专为李静训特殊的"葬毕即藏"的埋葬方式而定制的。石棺的内壁绘有彩画，主要画像内容是象征内室生活的侍女、房屋、花卉，以花草树木为背景，不见北朝房形石椁常见的墓主受祭图和表现来世的牛车出行图等场景。

李静训的殿堂式石棺源自北朝的房形石椁，又成为唐代殿堂式石椁的前身，其模拟大殿的形制和内外壁的画像在初唐和盛唐时期进一步定型，成为埋葬的殊礼表现之一。

（2）唐代殿堂式石椁

入唐后，画像石棺的使用似乎不受重视，而是恢复了房形石椁的传统，一般做成仿木构的庑殿顶殿堂形制，做出了宅门、梁柱、屋脊、瓦垄、斗拱、窗棂等结构，在内外壁雕刻或彩绘画像，与墓道、甬道等处彩绘的楼阁、仪仗、列戟等一起模拟了死者生前的宫殿或宅第。唐代礼制对石椁的使用是有明确限制的，"大唐制，诸葬不得以石为棺椁及石室。其棺椁皆不得雕镂彩画、施户牖栏槛，棺内又不得有金宝珠玉"[1]。但唐代对石棺椁的禁令对一些身份特殊、享有死后殊礼的人并不适用，目前已发现了数十具初唐和盛唐时期雕镂彩绘的殿堂式石椁[2]，现将资料发表较全面的唐代殿堂式石椁列表如下（表7.1）。

殿堂式石椁的使用者身份都较为特殊，除了享有"追改"殊礼的懿德太子李重润、永泰公主李仙蕙、章怀太子李贤外，其他获此殊礼者也各有原因。如淮安靖王李寿是唐高祖李渊的从父弟，去世后得到唐太宗的许多殊礼，得以陪葬献陵；检校右武侯将军郑仁泰曾参加晋阳起兵、玄武门政变，

---

[1]《通典》卷85《礼四十五·凶礼七·棺椁制》，2299页。
[2] 李杰统计了29例带有线刻画像的唐代石椁，参李杰：《中国美术考古学的风格谱系研究——以中古时期平面图像为中心》，科学出版社，2018年，69—74页。

表 7.1　唐代殿堂式石椁画像配置与内容

墓主	年代	形制与尺寸	画像配置与内容	资料出处
淮安靖王李寿	贞观五年（631）	面阔三间、进深一间、歇山顶。长 3.55、宽 1.85、高 2.2 米。	外壁：以宅门为中心的守御类图像，门前立相对的朱雀，左右两侧刻有持戟武士、持笏文吏，上方刻玄武，两侧分别是乘龙、乘凤的仙人。内壁：刻伎乐、男女侍从、星象。椁底阴刻十二生肖。	陕西省博物馆等（1974）[1]
检校右武侯将军郑仁泰	麟德元年（664）	长 3.2、宽 1.7 米、高 1.65—1.9 米。	8 根立柱各刻男侍 1 人。椁座刻瑞兽纹。	陕西省博物馆等（1972）[2]
左鹰扬大将军凉国公契苾明	万岁通天元年（696）	庑殿顶。长 2.8、宽 0.99—1.18、高 2.59 米。	9 根立柱各刻 1 侍女像。	解峰等（1998）[3]
懿德太子李重润	神龙二年（706）	面阔三间、进深二间、庑殿顶。长 3.75、宽 3、高 1.87 米。	图像简略，仅在正壁的外壁中央刻宅门，门外刻头戴凤冠的宫女 2 人。	陕西省博物馆等（1974）[4]
永泰公主李仙蕙	神龙二年（706）	面阔三间、进深二间、庑殿顶。长 3.9、宽 2.8、高 1.4 米。	外壁：以正壁的宅门为中心，门前立 2 女侍，左右壁共 3 幅画像，各刻 2 侍女。内壁：共 10 幅，刻持物供奉的女侍像。椁底雕刻壸门及瑞兽图像。石柱上阴刻花鸟纹。	陕西省文管会等（1964）[5]
章怀太子李贤	神龙二年（706）	面阔三间、进深二间、庑殿顶。长 4、宽 3、高 2 米。	图像简略，仅在正壁的外壁刻宅门，门外刻男女侍者各 1 人，门楣刻莲花和朱雀；两侧间刻出直棂窗，窗上下刻飞马、飞狮。立柱刻花草纹。	陕西省博物馆等（1972）[6]

1　陕西省博物馆、陕西省文管会：《唐李寿墓发掘简报》，《文物》1974 年第 9 期。
2　陕西省博物馆等：《唐郑仁泰墓发掘简报》，《文物》1972 年第 7 期。
3　解峰、马先登：《唐契苾明墓发掘记》，《文博》1998 年第 5 期。
4　陕西省博物馆、乾县文教局唐墓发掘组：《唐懿德太子墓发掘简报》，《文物》1972 年第 7 期。
5　陕西省文物管理委员会：《唐永泰公主墓发掘简报》，《文物》1964 年第 1 期。
6　陕西省博物馆、乾县文教局唐墓发掘组：《唐章怀太子墓发掘简报》，《文物》1972 年第 7 期。

续 表

墓主	年代	形制与尺寸	画像配置与内容	资料出处
卫尉卿、淮阳王韦洞	神龙二年（706）	面阔三间、进深二间，庑殿顶。	正壁外壁刻宅门、直棂窗、男侍，内壁刻女侍，皆为持物供奉形象。	陕西省文管会（1959）[1]
驸马都尉薛儆	开元八年（720）	面阔三间、进深二间，庑殿顶。长3.44、宽2.08、高1.98米。	正壁的外壁中央刻宅门，两侧间刻直棂窗。外壁其他壁面和内壁皆为持物供奉的侍女像。10根立柱刻花鸟瑞兽。底板刻12个壸门，内刻花鸟瑞兽图案。	山西省考古研究所（2000）[2]
左羽林飞骑杨会（靖边县）	开元二十四年（736）	可能是面阔三间、进深二间，斜山顶。长2.5、宽1.72、高1.74米。	外壁：立柱、界框与底座部位刻花草瑞兽；宅门等处彩绘门吏与侍者。 内壁：彩绘持物仕女图，每壁各3人，旁有题记"阿兰""春花""思力"等。（此石椁未发表详细形制图及画像内容。）	郭延龄（1995）[3]
武惠妃（贞顺皇后）	开元二十五年（737）	面阔三间、进深二间，庑殿顶。长3.99、宽2.58、高2.45米。	外壁：四壁皆有画像，正壁中央刻紧闭的宅门，两个次间刻直棂窗，上下刻瑞兽、花草、童子；其他壁面皆为花草瑞兽。 内壁：四壁共10幅，每幅各刻主仆2人，以贵妇和持物侍女为主要组合，侍女作男装或女装。10根立柱刻花鸟图。底座刻28个壸门，内刻瑞兽。	程旭等（2012）[4]
左骁卫大将军知内侍事虢国公杨思勖	开元二十八年（740）	面阔三间，进深一间，庑殿顶。长3.52、宽2.28、高1.94米。	正壁的外壁刻宅门和直棂窗，窗旁刻蹲狮、花鸟，立柱上刻瑞兽，其他壁面无纹。 内壁的正壁刻男侍像，其他壁面无纹。	中国社科院考古所（1980）[5]

---

1 陕西省文物管理委员会：《长安县南里王村唐韦洞墓发掘记》，《文物》1959年第8期。
2 山西省考古研究所：《唐代薛儆墓发掘报告》，科学出版社，2000年，9—12、24—54页。
3 郭延龄：《靖边出土唐杨会石棺和墓志》，《考古与文物》1995年第4期。
4 程旭、师小群：《唐贞顺皇后敬陵石椁》，《文物》2012年第5期；国家文物局编：《回归之路——新中国成立七十周年流失文物回归成果展》，文物出版社，2019年，166—171页。
5 中国社会科学院考古研究所：《唐长安城郊隋唐墓》，文物出版社，1980年，67—74页。

续　表

墓主	年代	形制与尺寸	画像配置与内容	资料出处
让皇帝李宪	天宝元年（742）	面阔三间、进深二间，庑殿顶。长3.96、宽2.35、高2.25米。	外壁：正壁中央明间刻宅门及宫人，两个侧间刻直棂窗，右侧壁刻2幅持物侍女像。内壁：共10幅，正壁中央刻主仆2人，两侧刻男装侍女，西壁（内壁）刻3幅持物侍女，左右侧壁各刻4幅持物供奉的侍女像。10根立柱刻花草、神禽、瑞兽。底座刻16个壸门，每个壸门内刻1个瑞兽。	陕西省考古研究所（2005）[1]
伊川昌营唐代石椁	开元年间	面阔三间、进深二间，庑殿顶。长3.14、宽1.66、高1.62米。	只有东壁和南壁的壁板、石柱和底板的外壁有画像。正壁（东壁）宅门上部为五人组伎乐，左右两侧为门吏，左侧间为主仆二人，侍仆女子男装，右侧间贵妇弈棋；南壁刻一主二仆。立柱上刻花草。底板刻12个壸门，每个壸门内刻瑞兽。	洛阳市文物考古研究院（2016）[2]
志丹银川太守武令璋	天宝十三载（754）	面阔三间、进深二间，庑殿顶。长2.7、宽1.85、残高1.63米。	外壁：正壁的中央刻直棂窗，侧间各刻2个侍者，其他三壁壁面无画像。内壁：3个壁面均刻伎乐、舞蹈图。10根立柱刻持物侍女、花鸟纹。底座刻花草。	王勇刚（2010）[3]

是太宗朝的重臣，立有赫赫战功，陪葬昭陵；左鹰扬大将军契苾明是高车首领契苾何力的长子，附唐后一门显贵，死于姑臧任上，归葬咸阳的先茔；韦泂是中宗韦后之弟，去世后被追赠为卫尉卿、淮阳王；玄宗的惠妃武氏死后赠贞顺皇后，葬于敬陵；左骁卫大将军知内侍事杨思勖是位残忍好杀的宦官，"屡总兵权"（墓志），参与了玄宗朝的多次平乱，死后赠虢国公；睿宗

1　陕西省考古研究所：《唐李宪墓发掘报告》，科学出版社，2005年，10—18页。
2　洛阳市文物考古研究院：《洛阳伊川昌营唐代石椁墓发掘简报》，《文物》2016年第6期。
3　王勇刚等：《新发现的唐武令璋石椁和墓志》，《考古与文物》2010年第2期。

长子李宪死后追赠为让皇帝，陪葬睿宗桥陵，号墓为惠陵。驸马都尉薛儆的地位远低于上述诸人，但出自唐代河东望族、武则天的甥家，又是睿宗的女婿，死后葬于山西万荣县的家族茔地。与薛儆类似的还有银川太守武令璋，石椁和墓志发现于陕西靖边县，本人官职不高，但出身太原武氏家族，唐初迁至夏州朔方（今陕北靖边一带），家族显赫，死后葬于统万城附近的家族茔地。薛儆和武令璋之所以能享用明令禁止的殿堂式石椁，是因为家族势力在地方上十分强大，又远离京城，可以少受京城礼制的约束。实际上薛儆下葬不久就发生了人为损毁逾制设施的事件，墓道内发现了石武士、石墓表的残件，这些地面设施应是被人为摧毁而埋入墓道的，这说明在唐代礼制下，地方豪族也不能为所欲为。河南伊川昌营唐代石椁的主人身份不明，从其葬地和埋葬规模看，可能与薛儆和武令璋类似，当是地方豪强。

目前所发现的殿堂式石椁皆在安史之乱前，可能与开元年间玄宗颁布节葬令有关。此外，安史之乱后贵族地位和经济实力都有衰减，恐也无力再建造奢华的石椁。

这些石椁的形制相当规范，基本是面阔三间、进深二间的庑殿顶大殿结构，竖置于墓室西侧，即正面朝东，椁前是下葬时的祭祀空间，一般有帷帐、祭器、饮食等陈设。画像配置方式也相当一致，石椁外壁的正壁（东壁）是主要装饰部位，一般刻出大门和直棂窗，门口立有侍者，北壁和西壁因靠近墓圹，大多没有画像，南壁朝向墓道口，也是需要装饰的部位，多刻有持物供奉的侍女像。内壁四个壁面都刻有画像，一般以立柱分为10个单幅画像，构成类似于屏风的构图，东、西壁各3幅，南、北壁各2幅，每幅刻有持物供奉的侍者，有的是贵族女子主仆二人，有的是持物供奉的侍女一人，以花草、树木和假山为背景，象征内宅场景。立柱的内外壁都有画像，一般刻花草、神禽瑞兽图案。椁底板一般刻出连续的壸门，壸门内刻神禽瑞兽。这种图像配置方式从初唐到盛唐有一些变化，下面以画像较完整的李寿、永泰公主、武惠妃（贞顺皇后）、李宪的石椁为例介绍一百多年间画像配置的变化。

目前发现年代最早的是贞观五年（631）淮安靖王李寿石椁，置于墓室西侧，形制与李静训墓相似，是面阔三间、进深一间的歇山顶结构，但它不是做棺用的，其内还放置有一具木棺。石椁内外壁都刻有画像，外壁浅浮雕并彩绘贴金，是以宅门为中心的守御类图像，大门紧闭，门前立有两只相对的朱雀，左右两侧刻有一组持戟武士、持笏文吏，门的上方刻玄武，两侧分别是乘龙、乘凤的仙人；椁底阴刻十二生肖。内壁阴刻乐舞、男女侍从、星象，其中乐舞图像十分引人注目。孙机先生对画像中的乐器、乐舞及器物来源作了溯源，认为有大量来自西域的文化因素（图 7.25）[1]。这具石椁的正面画像模拟生前的宅门，但表现了升仙的内容，因此墓门的含义发生了转变，变成了生死之门，内壁则以乐舞、侍从等内容营造了死者在来世生活的场景。

神龙二年（706）永泰公主石椁竖置于主墓室西侧，由 34 块石板砌成，底部面阔 3.9 米，进深 2.8 米，内有木棺痕迹。石椁由 10 根石柱与壁板、顶板和底板拼合而成，构成面阔三间、进深二间的大殿式结构，正面朝东。椁底雕刻壸门及瑞兽图像，石柱上阴刻花鸟纹。石椁内外壁均有阴刻画像，由石柱分隔成单幅画像。外壁由于西壁靠近墓圹没有画像外，其他三面都有画像，其中东壁的中间明间刻宅门，门两侧立二位女侍；左右侧壁共 3 幅画像（左壁的西间无画像），每幅各刻二位仕女，应是主仆二人，其中南壁西间的侍仆是男装女子。女子男装是唐前期画像、陶俑中常见的现象，一般装扮是头戴软脚幞头，内穿圆领衫，外套翻领长衫，腰系蹀躞带，这是当时流行的胡服。北朝以来陶俑和画像中常见胡人穿的胡服，多是适应于骑马的窄袖、翻领的裤褶装，但唐墓中穿胡服的人不全是胡人，也有大量唐人，多作文官装束，说明胡服已经是当时的一种时尚，经过一些改造后甚至成为了女装时尚，很多宫中女侍都着这种男装。石椁内壁的每个壁面都有画像，共 10 幅，

---

[1] 孙机：《唐李寿石椁线刻〈侍女图〉、〈乐舞图〉散记》，《文物》1996 年第 5、6 期。

第七章 秩序重建：隋唐一统下的丧葬模式 533

图 7.25 唐李寿石椁正立面画像
(《文物》1996 年第 5 期孙机文，34 页)

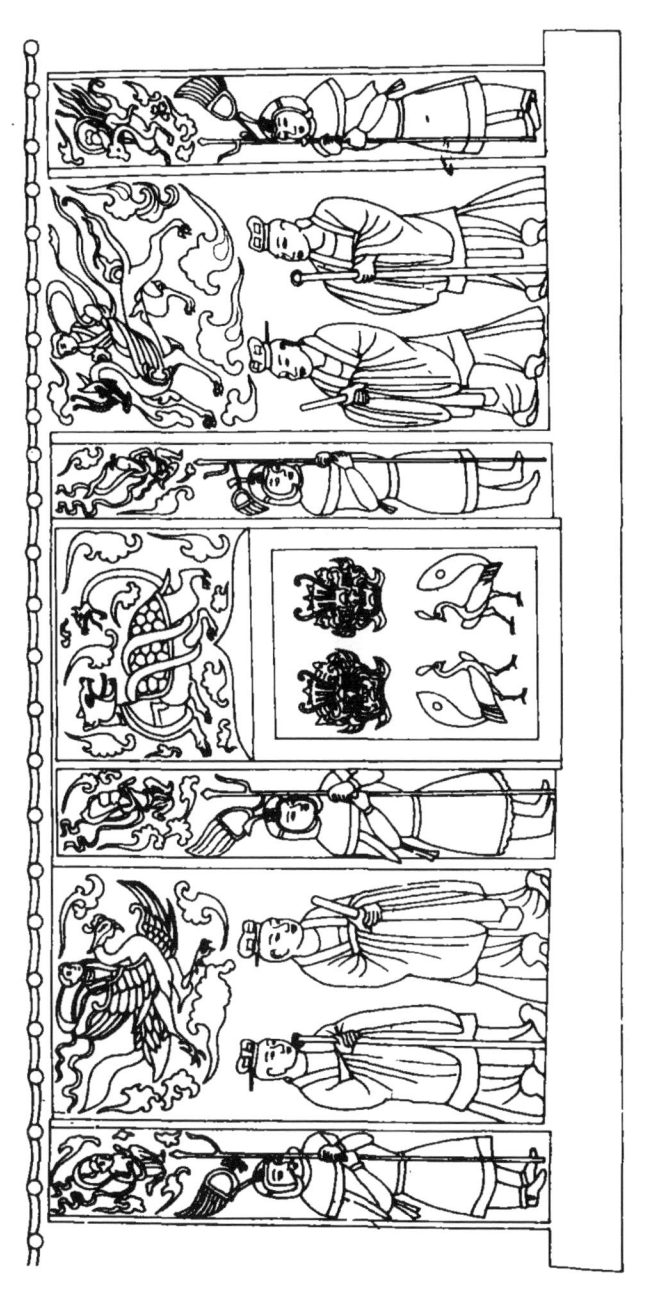

其中东壁明间刻二位侍女像，两个侧间刻持瓶和持食的女侍，其他三面画像皆为持物供奉的侍女形象，所有人物像皆以花草、树木为背景。另外石柱上布满了阴刻的花草、飞鸟（图7.26）。

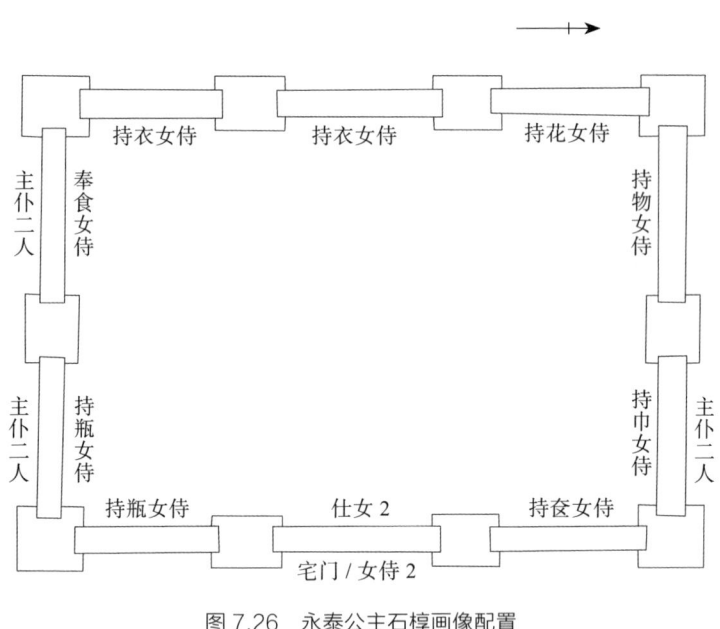

图7.26　永泰公主石椁画像配置
（据《文物》1964年第1期13页制）

这座石椁上的画像与唐初李寿石椁画像已有明显不同，没有了想象中的升仙内容，展现的完全是世俗的宫廷生活场景，这也是当时壁画表现的主要内容。同样陪葬乾陵的懿德太子墓和章怀太子墓中也置有类似的石椁，大小和形制相似，但石椁画像十分简略，懿德太子石椁仅在正壁中央宅门外刻头戴凤冠的宫女二人，章怀太子石椁在正壁宅门外刻男女侍者各一人，门的两侧刻出直棂窗，窗的上下刻飞马、飞狮。

值得注意的是，山西万荣县开元八年（720）的薛儆墓出土了一具几乎与上述三具石椁相同的石椁，显然是一种逾制现象。石椁形制、大小和画像内容与永泰公主石椁十分相似，也是由34块石板砌成的面阔三间、进深二间的庑殿式大殿结构，其椁底、石柱和壁板内外的画像内容与布局方式和人物形象也十分接近，可能是采用同类粉本制作的[1]。开元二十四年（736）杨会石椁的主人仅是羽林军士兵，家族也无高官，但采用了高大的石椁，显然也是逾制。不过椁壁画像比京畿地区要简略得多，除了立柱、底座线刻花草瑞兽纹，前壁刻出门窗外，内外壁都是彩绘，外壁门窗边彩绘门吏与侍者，内壁在立柱构成的界框内彩绘持物侍女图，旁以"阿兰""春花""思力"等题记标明侍者的名字（详见后述）。

武惠妃（贞顺皇后）的敬陵在2004—2005年间多次被盗掘，石椁和5幅壁画被走私至美国，2012年中国政府将其追回。石椁原置于墓室西部，是庑殿顶殿堂式石椁，长3.99米、宽2.58米、高2.45米，门窗、屋檐等部位还有彩绘。外壁正壁中央刻宅门，两个次间刻直棂窗，上下刻瑞兽、花草、童子，其他壁面皆为花草瑞兽。内壁四壁共10幅画像，每幅各刻主仆二人，以贵妇和持物侍女为主要组合，侍女作男装或女装。10根立柱刻花鸟图。底座刻28个壸门，内刻瑞兽（图7.2）。

天宝元年（742）的李宪石椁与永泰公主石椁形制接近，而更高大，高达2.25米，外壁正壁中央明间刻宅门及宫人，两个侧间刻直棂窗；右侧壁（南壁）刻2幅持物侍女像，皆男装侍女；左侧壁（北壁）和内壁（西壁）因靠近北墓圹而无画像。内壁四面皆刻画像，共10幅，正壁中央刻主仆二人，两侧刻男装侍女；内壁刻持物侍女3幅；左右侧壁各4幅，皆为持物供奉的单幅侍女像。10根立柱上刻花草、神禽、瑞兽。底座刻出16个壸门，每个壸门内刻一个瑞兽（图7.27）。

（3）石葬具上的祥瑞图案

上述隋唐石葬具在主题图案之外，还在边缘（棺盖的边缘和石椁的立

---

1 山西省考古研究所：《唐代薛儆墓发掘报告》，科学出版社，2000年，9—12、24—54页。

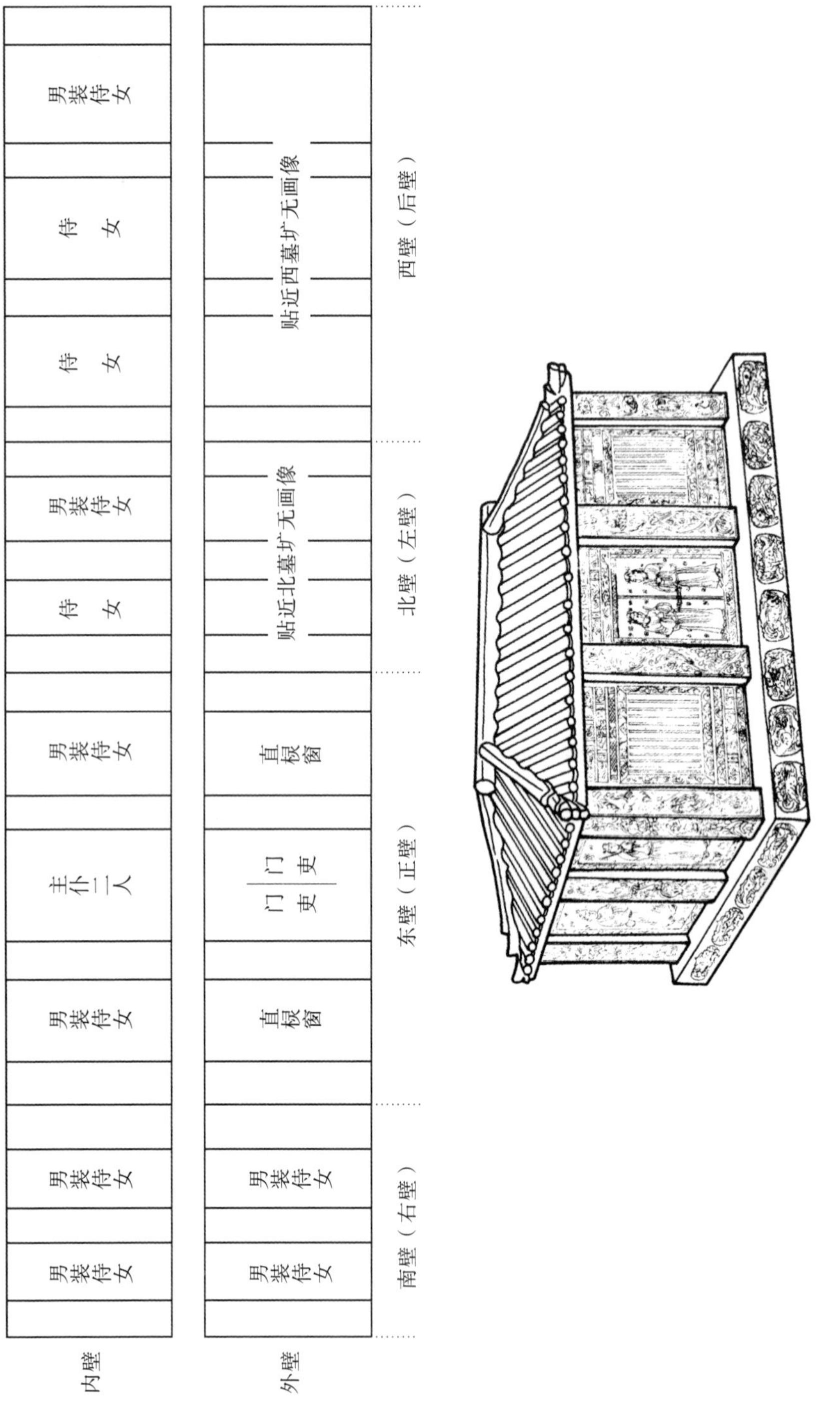

536　中古丧葬模式与礼仪空间

男装侍女	侍女	侍女	男装侍女	主仆三人	男装侍女	男装侍女
		贴近西墓圹无画像				
		贴近北墓圹无画像		门吏｜门吏	直棂窗	男装侍女
西壁（后壁）		北壁（左壁）		东壁（正壁）	南壁（右壁）	

内壁

外壁

图 7.27　李宪石椁画像配置
（据《唐李宪墓发掘报告》17、172 页制）

柱、底座、门窗等部位）刻有各种神禽瑞兽和花草，除了四神、十二生肖、龙、凤等传统题材外，出现了很多新的瑞兽和花草组合，如隋李和石棺棺盖上的联珠圈内，刻有数十个禽兽的头部，大多很难辨其种类，其中有波斯风格的绶带鸟纹，植物纹样有莲花、蔓草、花瓶等。税村石棺的棺盖和底座以联珠纹构成的多边形框内刻有摩羯鱼、凤鸟、龙、獬豸、兔、麒麟、翼马、绶带鸟、孔雀、鹤、雁、牛、狮、虎等瑞兽。李静训石棺在门窗部位刻卷草纹、莲花、宝瓶等图案。

其他几具唐代石椁上的神禽瑞兽和花草图案比较统一，主要刻在立柱的两面和石椁底座上。底座上刻出壸门，每个壸门内刻一个瑞兽。以李宪石椁为例，10根立柱上刻有16幅画像，有狮、象、鸿雁、鸳鸯、鹦鹉、羊、鱼、翼马等瑞兽，有莲花、忍冬、石榴、团花、牡丹等花草；底座的16个壸门内刻虎、龟、翼兽、狮等瑞兽。很多禽兽并不是真实存在的动物，而是想象中的神禽异兽，很难辨识其名。由于石椁有模拟宅第的意义，所刻飞禽走兽也可能是当时宅第上的装饰图案，具有象征吉祥的寓意，可以统称为瑞兽或祥瑞。

中国古代有天人感应信仰，相信自然界的一些特殊事物或现象会对统治秩序、国家乃至个人命运产生影响，有的是吉兆，有的是凶兆。先秦思想家即以自然生态现象解释人间世事，《中庸》："国家将兴，必有祯祥；国家将亡，必有妖孽。"[1] 在代表吉凶二兆的事物中，作为吉兆的祥瑞自然更受重视。《荀子·哀公篇》记孔子对鲁哀公曰："古之王者，有务而拘领者矣，其政好生而恶杀焉，是以凤在列树，麟在郊野，乌鹊之巢可俯而窥也。"[2] 劝导哀公以德为政，德政之下会出现凤凰、麒麟这类瑞应之物。

---

1 [宋]朱熹撰：《四书章句集注·中庸章句》第二十四章，《新编诸子集成》（第一辑），中华书局，1983年，33页。

2 [清]王先谦撰，沈啸寰点校：《荀子集解》卷20《哀公篇》，中华书局，1988年，542—543页。

汉代已形成系统的瑞应思想，班固《白虎通·封禅篇》论德政之下的瑞应，"天下太平，符瑞所以来至者，以为王者承天统理，调和阴阳，阴阳和，万物序，休气充塞，故符瑞并臻，皆应德而至"[1]。"应德而至"的瑞应现象有：（德至天）斗极明、日月光、甘露降；（德至地）嘉禾生、蓂荚起、秬鬯出；（德至文表）景星见、五纬顺轨；（德至草木）朱草生、木连理；（德至鸟兽）凤皇翔、鸾鸟舞、麒麟臻、白虎到、狐九尾、白雉降、白鹿见、白鸟下；（德至山陵）景云出、芝宝茂、陵出黑丹、阜出莲莆、山出器车、泽出神鼎；（德至渊泉）黄龙见、醴泉涌、河出龙图、洛出龟书、江出大贝、海出明珠，等等。

类似的汉代瑞应记录还有很多，当时可能也有相应的图像粉本传世，充斥于时人的生活中，大到建筑物，小到服饰和生活用具上，无不以祥瑞为饰。巫鸿认为东汉武梁祠刻石上的很多征兆图像都是以流行于汉代的征兆图籍为蓝本的，其中祥瑞图像源自《瑞图》，灾异图像来自《山海经》[2]。

汉代的瑞应思想和图像经过魏晋南北朝的流变，到唐代发生了一些变化，比如由于中西文化交流的发展，增加了很多不见于汉代的域外动植物图像。上述葬具上的唐代祥瑞种类繁多，相当一部分就是北朝隋唐以来出现的带有域外文化风格的新式祥瑞，如波斯风格的绶带鸟纹、印度风格的摩羯鱼纹，以及狮子、翼兽等形象。唐代非常重视祥瑞，形成了严格的报送与庆贺制度，孟宪实详细地讨论过唐代祥瑞的发现、上报、确认、表贺、养护制度，并讨论了祥瑞与政治、历史书写的关系，他的研究有助于我们理解隋唐葬具上的瑞兽装饰[3]。

---

1 [清]陈立撰，吴则虞点校：《白虎通疏证》卷6《封禅》"符瑞之应"，中华书局，1994年，283—286页。

2 前揭《武梁祠：中国古代画像艺术的思想性》，84页。

3 孟宪实以三篇论文讨论了唐代的祥瑞制度：《略论唐朝祥瑞制度》《沙洲祥瑞与沙洲地方政治》《武则天时期的"祥瑞"及其历史书写》，收入氏著《出土文献与中古史研究》，中华书局，2017年，22—85页。

根据《唐六典》，唐朝将被视为祥瑞的多种动植物、器具和自然现象，根据重要性分为四等：大瑞64种、上瑞38种、中瑞32种、下瑞14种，胡三省注唐《仪制令》："凡景星、庆云为大瑞，其名物六十有四；白狼、赤兔为上瑞，其名物三十有八；苍乌、朱雁为中瑞，其名物三十有二；嘉禾、芝草、木连理为下瑞，其名物十四。"[1]

列入唐朝祥瑞的物品有动物、植物、器物，也有一些特殊自然现象，如"河水清""江河水五色""海水不扬波""山称万岁""草木长生"等，其中很多都是沿用汉代以来的祥瑞，唐朝加入了一些新的内容后，对历代祥瑞进行了整合和礼制化。唐朝发现祥瑞后要呈报、表贺，交由太常保管，以供未来朝贺和告庙之用，但其中很多事物（如木连理之类）是无法以实物呈报的，实际上大多数想象中的动物（如神龙、六足兽、天鹿等）和奇异现象都是不可能有实物的，只好以图画方式呈报。《仪制令》规定：

> 诸祥瑞若麟、凤、龟、龙之类，依图书大瑞者，即随表奏。其表惟言瑞物色目及出处，不得苟陈虚饰。告庙颁下后，百官表贺。其诸瑞并申所司，元日以闻。其鸟兽之类，有生获者，放之山野，余送太常。若不可获，及木连理之类，有生即具图书上进。[2]

唐朝画家江都王李晖曾应玄宗之令，绘制《潞府十九瑞应图》[3]。

这些祥瑞图案由太常下属的天府院保管，在朝贺和告庙等礼仪活动中应是以图画示众的。这些被严格挑选、认证，被官方认可的祥瑞图画是备受欢迎的，也可能以粉本方式流行于世。唐代石葬具、壁画、器物上常见的神禽

---

[1]《资治通鉴》卷193《唐纪九》，6054页。
[2]《唐会要》卷28《祥瑞上》，531页。
[3]［唐］朱景玄著，吴企明校注：《唐朝名画录校注·国朝亲王三人》，黄山书社，2016年，1页。

瑞兽和花草图案可能正是唐代祥瑞制度的反映。

2. 墓室壁画的空间意涵

唐代墓室壁画可能是学术界最为关切的话题之一，多角度的成果层出不穷，一方面是由于唐墓的时空序列完整，基本涵盖了从初唐到晚唐的各个时期，墓葬嬗变的过程与唐代的社会变迁大致同步，而且形成了以都城长安为中心、向地方辐射的空间层次；另一方面大多数壁画墓的墓主身份明确，壁画内容与墓主生前社会角色的关系比较清晰，有助于讨论壁画在重塑丧葬秩序中的作用。

对唐墓壁画的研究，首要任务是建立壁画墓的时空序列，从20世纪80年代初宿白先生对西安地区24座唐墓壁画的分期开始[1]，多位学者随后又根据新增加的材料进行了补充或调整，王仁波[2]、齐东方[3]、李星明[4]等先后作了或详或略的分期，这些分期研究都是基于壁画的内容与配置方式，建立了较

---

1 宿白：《西安地区唐墓壁画的布局和内容》，《考古学报》1982年第2期。宿白先生从壁画布局和内容将24座壁画墓分为五个阶段：① 高祖至太宗中期，以贞观四年（630）的李寿墓为代表，壁画采取上下分栏、前后分段的布局方式，有源自北齐和河西墓葬的特征；② 高宗在位时期，以阿史那墓、苏定方墓、李凤墓等为代表，是唐代壁画特征开始出现的时期，壁画不再上下分栏，从墓道到墓室采取前后连贯的一元化布局，墓室内出现影作木构；③ 中宗复位后至开元后期，以懿德、永泰、章怀三墓及韦泂墓、万泉县主墓等为代表，是唐墓壁画特征形成的时期；等级较高的墓葬延续了前期墓道壁画的布局，较严格地遵守了一定的制度和格式，墓室出现等级较高的女侍群体像；等级较低的墓道壁画简化，影作木构扩展到墓道，游乐内容、云鹤花鸟增多；④ 天宝已降至肃、代、德宗三朝，以苏思勖墓、高元珪墓等为代表，墓道壁画继续衰落，最大的变化是影作木构被屏风画取代；⑤ 元和以后至唐亡时期，以梁元翰墓、高克从墓、杨玄略墓为代表，墓道不再有壁画，壁画主要集中于墓室，流行屏风式云鹤题材，云鹤入画可能与道教流行有关。

2 王仁波、何修龄、单暐：《陕西唐墓壁画之研究》，《文博》1984年第1、2期。王仁波等将陕西唐墓简化为三期：高祖武德至中宗景龙年间，着重表现仪仗和狩猎场面，同时适当安排宫廷生活和日常家居场面；睿宗景云至玄宗天宝年间，突出表现日常家内生活，而狩猎仪仗等内容大大减少；至德年至唐末，日常家居生活气氛更加浓厚，外出仪仗气氛更加淡薄。

3 齐东方、张静：《唐墓壁画与高松冢古坟壁画的比较研究》，《唐研究》第一卷，1995年，447—470页。他们将隋唐墓壁画分为四期，充分考虑到十六国、北朝至隋唐画特征的延续性。

4 李星明：《唐代墓室壁画研究》，陕西人民美术出版社，2005年，8—9页。李星明根据关中唐京畿地区壁画墓的结构和壁画配置分为初唐、盛唐、中晚唐三个时期，同时认为壁画中的人物画与壁画墓配置的发展并不同步，将人物画单独分为四期。

为可靠的以关中为中心的唐墓壁画时空框架。此处将壁画当作墓室空间的一个有机组成部分，希望通过壁画对礼仪空间的塑造，来考察唐代的丧葬模式与礼仪行为，因此无须过细地考虑分期，仅根据前贤建立的墓室壁画时空框架，以数座典型墓葬讨论唐代壁画的图像结构及其意涵。

李星明将唐墓壁画分为两个图像系统：一是表现贵族府邸（或宫苑）内外场景的现实性图像系统，二是表现宇宙时空的宇宙图像和表现升仙、吉祥或厌胜的神瑞图像系统，这是对唐墓壁画图像结构的准确概括[1]。但是，要完整地揭示墓室壁画的意涵，不仅要考虑壁画与墓室结构的关系，还需要考虑到壁画与葬具画像、墓内陈设的关系，更重要的是要将这些遗存与具体的礼仪行为结合起来。基于这些考虑，此处将唐代墓室壁画分为两个系统、两个空间：首先是将整个画像分为宅第内外系统，即李星明所说的第一个图像系统，它是对北周图式的继承与发展，主要特征是以影作木构与墓室建筑相结合营造一个静态的宅第内外场景，这是对汉代以来丧葬图像系统的重要变革；其次是将宅第内部系统（即象征内室的墓室）分为两个空间——埋葬空间与祭祀空间，分别通过石椁（或屏风）画像、墓壁壁画来塑造。

（1）承上启下的隋和唐初壁画

在前面关于北朝墓室壁画的讨论中，已明确北朝墓室壁画存在两个子传统——北齐图式和北周图式，其中北齐图式以墓主受祭图为中心，将墓室营造为生死互动的空间；北周图式中没有墓主受祭图，而是以影作门楼和夹道而立的卫士象征宅院森严，墓室以侍女和伎乐象征内宅生活，这种图式是将墓室营造为单纯的死者来世生活的空间，并不强调生者与死者的互动。这两种壁画图式的主要区别在于墓主像的有无，墓主的存在与否反映了墓室空

---

[1] 前揭《唐代墓室壁画研究》，128页。

间塑造的理念差别。入隋以后，北齐和北周图式分别在原北齐和北周地域得以延续，河东地区（指河北、山东一带）仍以墓主受祭图为中心配置墓室壁画，关中地区仍以静态的方式表现宅第内外的场景，没有出现墓主受祭图，但有些墓道内出现了类似于北齐的仪仗出行群像。

山东嘉祥徐敏行墓和潼关税村隋墓可以代表北齐和北周图式在隋代的发展情况。山东嘉祥发现的尚书驾部郎徐敏行墓（英山1号墓）是一座葬于开皇四年（584）的夫妇合葬墓，墓室壁画是以墓主受祭图为中心，按照左右对称的原则来安排的。在墓室的正壁绘墓主夫妇端坐于帷帐之下的榻上，手持高足杯，前有果蔬食品，背后设山水屏风，两侧和前面是侍女、伎乐图；西壁绘为男墓主出行而备的鞍马，有前导和后从各一人，上方绘白虎；东壁是为女墓主出行而备的牛车，前后各有四扈从，上方绘青龙，鞍马和牛车上都无骑乘者；南墙墓门两侧绘持剑武士，甬道两壁绘属吏，门外绘门吏；在墓室的穹隆顶上绘天象[1]（图7.3）。

这种壁画图式与邺城、晋阳一带的北齐墓基本一致，墓室被设计为一个生死互动的空间，通过生者对死者的祭祀完成了从生到死的转化，正壁墓主像是被祭祀的对象，侧壁和墓顶的内容象征死者的来世生活场景。由于徐敏行墓未发表墓葬平面图，可参照同年下葬的其父徐之范墓平面图，绘制墓室壁画配置示意图（图7.3：下）[2]。

潼关税村墓是目前关中地区发现等级最高的隋墓，墓主可能是隋文帝长子杨勇，在墓道、甬道和墓室都绘有壁画[3]。整个壁画系统以墓道北壁的庑殿顶楼阁图分隔为前后两段，分别象征宅第的外部与内部，前段的墓道两壁以红线分为上下两层，下层绘仪仗出行图，各有46个人物、1匹马、1架列

---

1 山东省博物馆：《山东嘉祥英山一号隋墓清理简报——隋代墓室壁画的首次发现》，《文物》1981年第4期。
2 嘉祥县文物管理所：《山东嘉祥英山二号隋墓清理简报》，《文物》1987年第11期。
3 陕西省考古研究院：《陕西潼关税村隋代壁画墓发掘简报》，《文物》2008年第5期。

戟，上部本应绘神禽瑞兽，但似乎未完工而留白。后段的过洞和墓室都绘影作木构，其中过洞的木构之下没有其他内容，墓室在两柱之间绘持物的侍女像；天井两侧各绘1—2名挎刀仪卫；墓顶绘银河和日月星辰（图7.28）。

这种图式显然是关中北周图式的延续，具有浓厚的模拟宅院的特征，通过墓道、天井、过洞的结构以及影作木构，象征层层递进的深宅大院，其中象征内室的墓室并没有表现墓主受祭，而仅以持物供奉的侍女像表现内室的场景，在画像系统里墓主是缺位的。

值得注意的是，象征宅院外部的墓道壁画相对北周墓道来说，也有了改变，不再是独立成幅的单体正面仪卫像，而是庞大的仪仗出行群像，而且上下分层布局。这是来自邺城、晋阳一带的北齐墓道图式，表明关中隋墓壁画在固守本地传统的基础上也出现了来自河东的因素。此外，墓道北端的彩绘楼阁之前出现了列戟图，这是新出现的代表身份等级的仪仗，成为以后关中唐墓的标配。宿白先生在谈到唐初李寿墓时就指出，"三品以上门皆列戟之制"早已流行于隋代[1]。《隋书·柳彧传》记载：

> 高祖受禅，（彧）累迁尚书虞部侍郎，以母忧去职。未几，起为屯田侍郎，固让弗许。时制三品已上，门皆列戟。左仆射高颎子弘德封应国公，申牒请戟。彧判曰："仆射之子更不异居，父之戟槊已列门外。尊有压卑之义，子有避父之礼，岂容外门既设，内阁又施。"事竟不行，颎闻而叹伏。[2]

关中地区从隋代开始就是三品以上墓葬最集中的地区，列戟图出现在象征宅院的楼阁之前，也表明关中隋墓设计具有明确的模拟宅院的理念。

---

1 宿白：《西安地区唐墓壁画的布局和内容》，《考古学报》1982年第2期。
2 《隋书》卷62《柳彧传》，1481页。

通过徐敏行墓和税村墓壁画的对比可知，隋代原北齐和北周地域的壁画各自保持着本地的传统，还没有形成统一的规范，但已出现一些交融现象。税村墓的主要特征是以影作木构模拟宅第的内外场景，影作木构是关中墓室壁画的流行做法。所谓影作木构，指绘在墓道到墓室的彩绘楼、阙、梁、柱等仿木结构，目的是模拟现实世界的宅第。这种做法曾经在河西地区的魏晋十六国墓葬中非常流行，一般以彩绘和造型砖的组合方式模拟宅院，到了十六国、西魏北周时期，关中地区开始出现多天井、过洞的墓室结构，影作木构得到了更充分的发展，在每个过洞的上方都绘有楼阁或者土刻楼阁，与墓室相结合强化了模拟深宅大院的色彩。一般以第一过洞上方的楼阁作为宅第内外的分界，前段的墓道象征宅第门外的场景，后段的多重过洞、天井、甬道和墓室则象征宅第之内的多重庭院和内室。这种对宅院内外场景的描绘是一种静态的图像表现，与中原华北地区的运动式（如车马出行）或互动式（如墓主受祭）图像结构是不同的。此外，影作木构除了模拟木构宅院外，还有分隔画幅的作用，一般在阑额之下、两柱之间绘制独立的画面，每幅画面之间并无逻辑联系，不像北齐墓中的那种大场面连续性画面，也没有复杂的人物群像。值得注意的是，关中影作木构模拟木构宅院的做法，在北周后期也传到了北齐境内，如山西朔州水泉梁墓、忻州九原岗墓等北齐墓的墓道北端和墓室都有彩绘的双层楼阁，墓主像绘于影作木构的两柱之间。这些情况说明，北齐与北周的壁画传统随着隋的统一而出现了绘画方面的交流，二地的绘画差异在缩小。

《历代名画记》记载了北齐画家高孝珩为周武帝俘虏，北周画家冯提伽流离于并、汾之间的情况：

> 高孝珩，世宗第二子……尝于厅事壁上画《苍鹰》，睹者疑其真，鸠雀不敢近。又画《朝士图》，当时绝妙。为周师所虏，授开封县侯。

孝珩亦善音律，周武宴齐君臣，自弹琵琶，命孝珩吹笛。

冯提伽，北平人也。官至散骑常侍兼礼部侍郎。志尚清远，后避周末之乱，佣画于并、汾之间。宝蒙曰："寺壁皆有合作，风格精密，动若神契。"彦远按："提伽之迹，未甚精密，山川草树，宛然塞北。车马为得意，人物非所长。[1]"

北周、北齐在绘画方面本有水平和风格上的巨大差异，但在北周末年，流离于周、齐之间的画家可能促进了两地的绘画交流，高孝珩代表的北齐画派传到了关中，冯提伽代表的关中画派也传到了太原地区。冯提伽"佣画于并、汾之间"，也许正是这些流落于北齐境内的北周画家将关中墓葬特有的影作木构宅院风气带到了北齐地域。通过这些画家的交流，入隋后，两地的绘画水平和风格进一步接近。

关中地区初唐的墓室壁画基本延续了税村隋墓的图式，如贞观五年（631）的淮安靖王李寿墓同样采取前后分段、影作木构的布局方式，以墓道北端的楼阁图分隔宅第的内外场景。墓道两壁上下分层，上层绘飞仙、狩猎图，下层绘仪仗出行图；过洞和天井绘仪仗出行、列戟、楼阁、牛耕、牛车等内容，两个列戟架上各有列戟7杆，楼阁图绘于过洞和甬道的南壁；甬道由佩剑门吏、内侍构成，后段的东西两壁绘寺院和道观，分别有僧人和道士举行佛道活动。宿白先生指出寺庙与道观的设计，大约和隋文帝建大兴城时，在皇城之南中轴大街东侧置大兴善寺，西侧设玄都观的设计有关。北壁残存有一座庭院，门前有7杆列戟、门吏，院内绘贵妇游乐、乐舞表演，西壁绘马厩、库房等，另外两壁已脱落；墓顶绘银河、日月星辰（图7.29）。

---

[1] 前揭《历代名画记》卷8，157、159页。

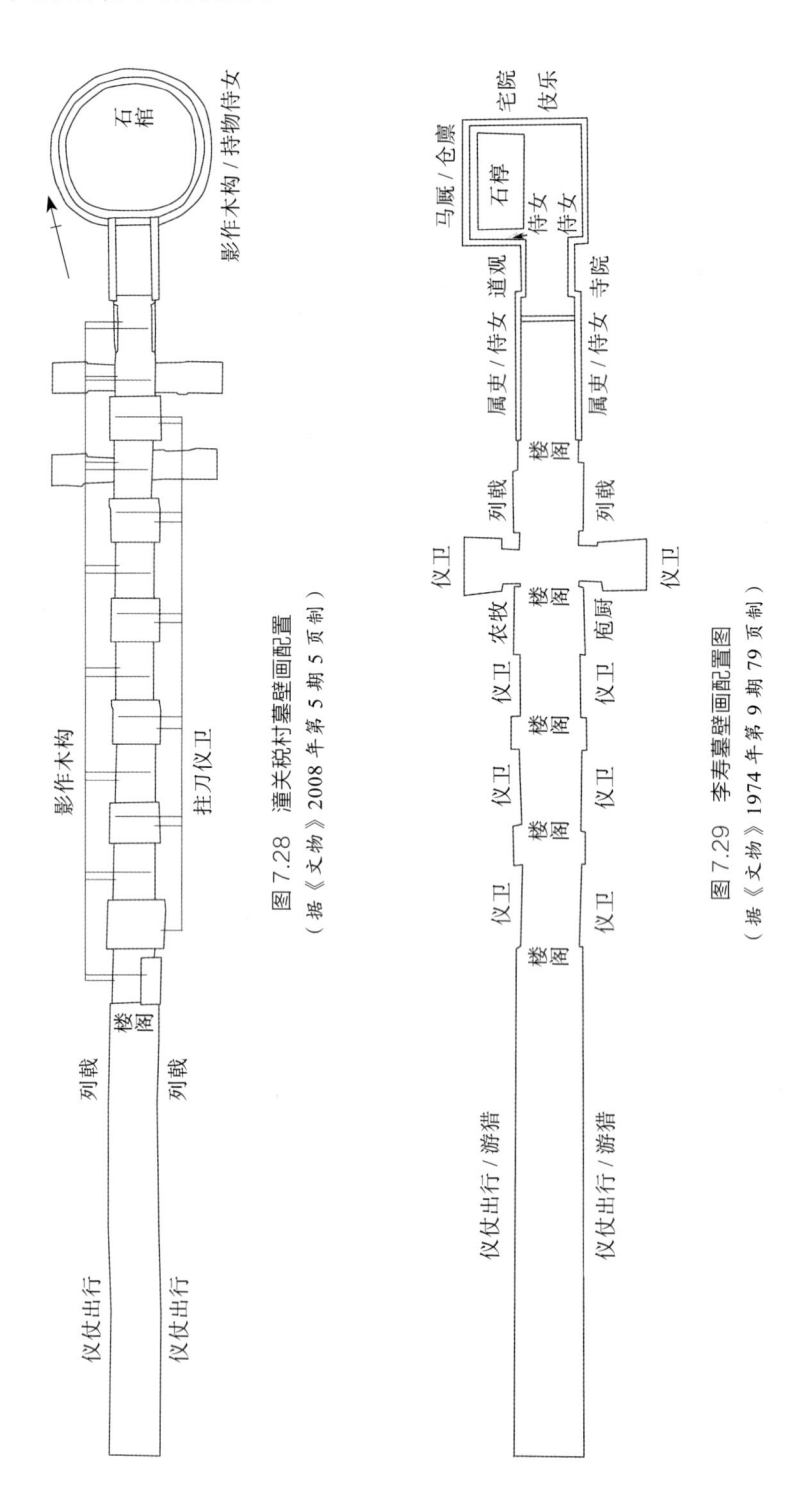

546　中古丧葬模式与礼仪空间

图 7.28　潼关税村墓壁画配置
（据《文物》2008 年第 5 期 5 页制）

图 7.29　李寿墓壁画配置图
（据《文物》1974 年第 9 期 79 页制）

李寿墓采用了奢华的殿堂式石椁。石椁呈面阔三间、进深一间的歇山顶式，竖置于墓室西侧，石椁外壁以宅门及守御者、乘龙凤的仙人象征生命状态的转化，内壁则以乐舞、侍从等内容营造了死者在来世生活的场景，也没有出现墓主画像。值得注意的是，紧靠石椁的墓室北壁和西壁并没有因为石椁的存在而留白，而是绘有宅院、伎乐、马厩、仓廪等内容，石椁图像与墓室壁画保持各自独立的状态，似乎没有统一的设计，没有以画像区分埋葬空间与祭祀空间，这种现象到盛唐才发生改变。

综上所述，隋和唐初京畿地区的墓室壁画基本图式来自关中本地，以影作木构、前后分段的方式模拟了宅第内外的场景。虽然墓道内出现了北齐的图像元素，但并没有引入北齐壁画的墓主受祭图像系统，其空间意涵是以宅第内外的场景构建死者的来世世界，而不是生死互动的空间。同样的图式也表现在石葬具画像上，如李静训石棺采取了北魏以来的房形石椁形制，但内壁的壁画内容是象征内室生活的侍女、房屋、花卉，同样不见北朝房形石椁常见的墓主受祭图和表现来世的备车、备马出行等场景。李静训墓由于采取了葬毕即藏的封闭式埋葬方式，墓壁是没有画像的。

（2）盛唐壁画图式

李星明将太宗和高宗时期的壁画模式称作"初唐京畿模式"，主要特征是壁画与墓室共同营造的模拟宅院的一元化时空场景[1]。如果我们整体考察墓葬的地面设施（封土、神道石刻）与地下墓室结构，实际上太宗时期还处于唐代丧葬模式的摸索时期，还没有形成严格的埋葬规范和等级秩序，直到高宗时期才形成较为统一的规范，形成之后的典型盛唐模式一直保持到安史之乱之前。墓室壁画也在这个阶段形成了典型的唐代特征，不但在京畿地区得到很好的执行，而且也扩展到京畿以外，甚至远离中原的羁縻统治

---

[1] 前揭《唐代墓室壁画研究》，56—58页。

区域，高宗至玄宗统治时期（7世纪末至8世纪中期）的唐墓壁画代表了唐代图式的定型，呈现出相当统一的特征。这个时期的代表性壁画墓有龙朔三年（663）新城长公主墓、上元二年（675）虢王李凤夫妇墓、神龙二年（706）懿德太子墓、神龙二年（706）永泰公主墓、神龙二年（706）章怀太子墓、景云元年（710）节愍太子李重俊墓、开元十二年（724）惠庄太子李㧑墓、开元二十九年（741）李宪墓等。这些都是高宗至玄宗时期的重要皇室成员墓，代表了京畿地区的埋葬规范与秩序，墓室壁画继承了关中隋和唐初以影作木构进行前后分段的图式，但后段象征内宅的部分出现了等级的分化，高等级墓葬有的使用殿堂式石椁，有的仅有石棺床或砖棺床，这两种情况下的墓室壁画配置方式是不同的，可以根据有无石椁将这些壁画墓分为两组：

① 有殿堂式石椁的墓。石椁占据墓室内大部分空间，墓室画像包括两部分：石椁内外的线刻画和石椁以外墓壁的彩绘壁画。石椁由倚柱、角柱和石板拼成，两柱之间的石板上线刻画像，被立柱分隔成一幅幅独立的画面，画像内容与影作木构的壁画相似，都表现的是内室生活场景。由于石椁一般较为高大，加上庑殿顶超过2米，会遮挡墓室西壁的大部分墓壁和北壁、南壁的一半壁面，因此彩绘壁画主要绘在石椁对面的墓室东壁。这样墓室的画像系统被营造出两个性质不同的礼仪空间——石椁所在的埋葬空间和石椁对面的祭祀空间，石椁画像与墓壁绘画各自独立而彼此呼应。

神龙二年（706）的懿德、永泰、章怀三墓以及天宝元年（742）让皇帝李宪墓都是这种图像结构。以懿德太子墓为例（图7.30）。

懿德太子墓的壁画继承了隋代以来影作木构、前后分段的模式。前段的墓道部分最前端绘披甲武士，两壁绘青龙、白虎引导的仪仗行列，由骑马旗队、侍卫武士、侍从文官、辂车队列组成，以山林、城墙和阙楼为背景，象征仪仗出城的状态。由于懿德太子以帝礼埋葬，这部分表现的应是都城城门外的场景。后段象征宫内情形，先是绘在过洞两壁的牵豹男仆，再往后是第一、二天井内绘的 4 个列戟架，两壁各列戟 24 杆，天井内绘列戟表明天井的含义是模拟宫门，两壁各列戟 24 杆符合天子礼仪[1]。再往后是内侍和车马，象征宫门前的状态。前后甬道和墓室象征宫内生活场景，壁画人物以侍女为主，其数量和执掌可能也有标识身份尊卑的作用，手持各类器物的女子形象应是各有执掌的宫女，懿德太子墓采取的是皇帝六尚宫官制度，其前后墓室应视为皇帝内宫[2]。主室（后室）的画像是以石椁为中心配置的，正面是三开间的正立面，正中刻宅门，门外刻头戴凤冠的宫女 2 人，另在石椁正对的墓室东壁绘伎乐和宫女供奉，一共 9 人，或持果盘，或执乐器，共同营造了宫内生活场景。永泰公主的石椁画像更完备一些，除了外壁模拟宅第之门外，内壁是由柱子分隔而成的 10 幅画像，也刻有持物供奉的侍女形象。

开元二十九年（741）的让皇帝李宪墓等级要低于懿德、永泰和章怀三墓，采取了单室墓形制，但壁画图式相似，同样是影作木构、前后分段模式。墓道是以青龙白虎引导的仪仗出行图，后方是楼阁图，后面的天井和过洞两侧、甬道都是象征宫廷内部的侍女与宫人形象，墓室南北壁残存朱雀和玄武，东壁有一幅贵妇观舞图。由于石椁紧靠西壁和北壁，可能除了玄武像，并无其他画像（图 7.31）。

② 没有使用石椁的墓。由于没有高大的石椁遮挡，墓室四壁都有彩绘壁画，一般以影作木构为背景，在阑额之下的两柱之间绘数位持物侍女像，描绘内室的生活场景。由于没有墓主受祭图，墓室壁画并没有一个明确的

---

[1]《唐六典》卷 4："凡太庙太社及诸宫殿门，各二十四戟，东宫诸门施十八戟；正一品门十六戟。"参[唐] 李林甫等撰，陈仲夫点校：《唐六典》卷 4，中华书局，1992 年，116 页。同属"号墓为陵"的永泰公主墓绘戟架 2 个，各列戟 6 杆，可能是因为女子列戟的标准不同。以雍王身份埋葬而"不称陵"的章怀太子墓绘戟架 2 个，每架列戟 7 杆，其等级低于东宫和正一品列戟数量。

[2] 李求是：《谈章怀、懿德两墓的形制等问题》，《文物》1972 年第 7 期。

550　中古丧葬模式与礼仪空间

图 7.30　懿德太子墓壁画配置
（据《文物》1972 年第 7 期 26 页制）

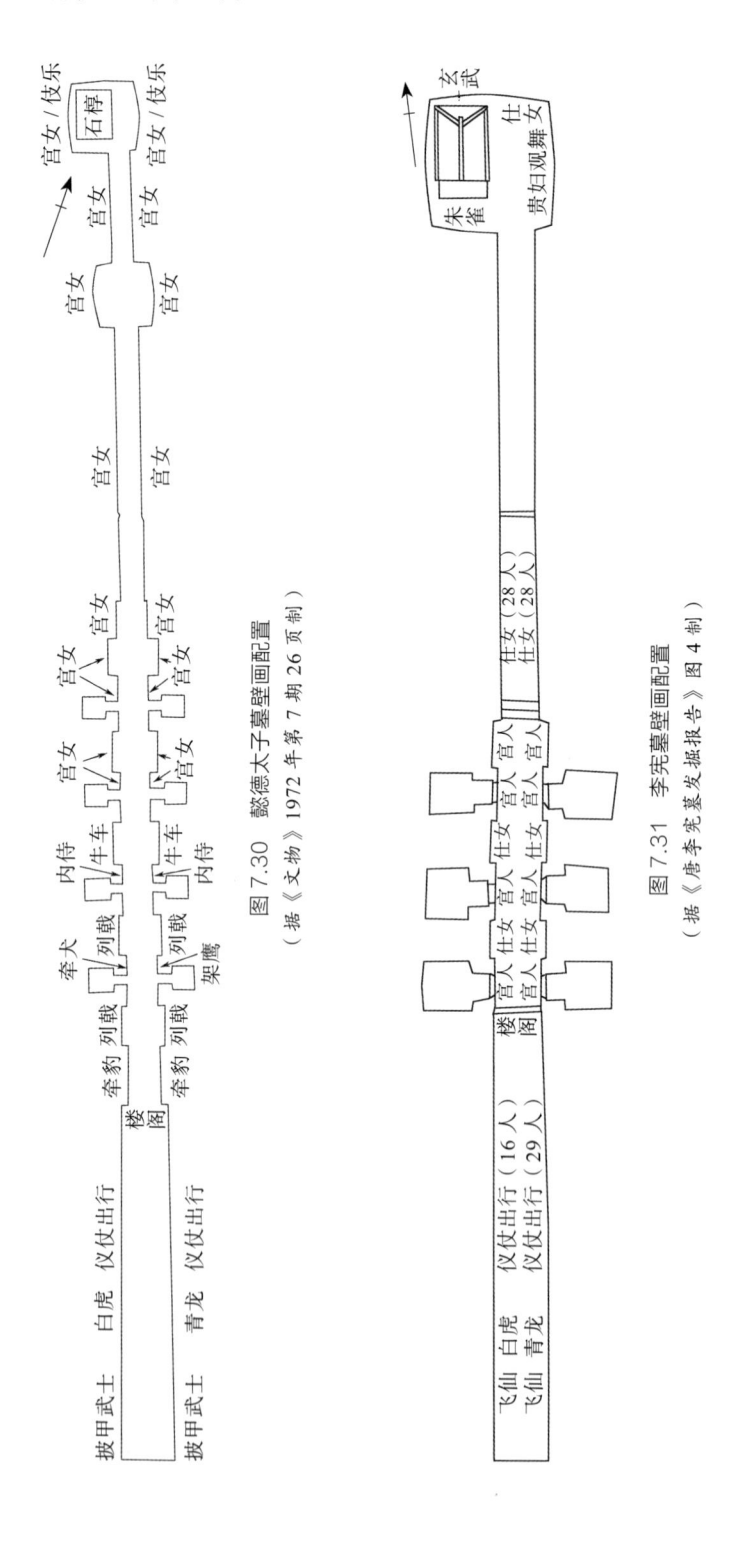

图 7.31　李宪墓壁画配置
（据《唐李宪墓发掘报告》图 4 制）

第七章　秩序重建：隋唐一统下的丧葬模式　551

中心，也没有明确的埋葬空间与祭祀空间的划分，而是由柱子分隔成一幅幅独立的画面，彼此之间也没有叙事逻辑。以龙朔三年（663）新城长公主墓、上元二年（675）虢王李凤夫妇墓、开元十二年（724）惠庄太子李撝墓为例。

新城长公主是以皇后礼埋葬的，墓室西侧置石棺床，但没有采用石椁，在棺床上置一具木棺。全墓壁画是以影作木构构建宅第内外的场景的，过洞、天井、甬道和墓室壁面都被柱子分成一幅幅独立的画面，除了第一天井东西两壁绘列戟图外，其余均为独幅的人物壁画，每幅内绘2—3人，都是持物供奉的男女侍者形象。墓室四壁在影作木构的两柱之间绘持物侍女像，东、北、西壁各3幅，南壁靠近棺床的一侧绘1幅，另一侧是墓门[1]（图7.32）。虢王李凤夫妇墓也采取类似的壁画布局，也以影作木构为背景，其间绘手持各种物品的侍女，两人一组，绘于建筑物的两柱之间。甬道和墓室也有影作木构，主要内容是持物供奉的侍者[2]。

惠庄太子李撝墓墓道和过洞、天井等处都以影作木构、前后分段的方式象征宅第内外场景，由于四壁壁画全部脱落（图7.33）[3]，未知是否采用了同样的构图。

上述两组高宗至玄宗时期的皇室成员墓，壁画都以影作木构、前后分段的方式表现宅第内外的场景，但是由于墓室陈设方式的不同（是否采用石椁）而存在构图方式的差异。有石椁的墓室，在石椁内外壁以倚柱分隔画幅，壁画主要绘于石椁对面的东壁上，石椁画像和墓壁壁画分别塑造了埋葬空间和祭祀空间，二者相对独立而彼此呼应；没有石椁的墓室，壁画绘于四壁，以影作木柱分隔画幅，没有一个明确的中心，没有明确区分埋葬空间与

---

1 陕西省考古研究所等：《唐新城长公主墓发掘报告》，科学出版社，2004年，74—114页。
2 富平县文化馆等：《唐李凤墓发掘简报》，《考古》1977年第5期。
3 前揭《唐惠庄太子李撝墓发掘报告》，22—34页。

552　中古丧葬模式与礼仪空间

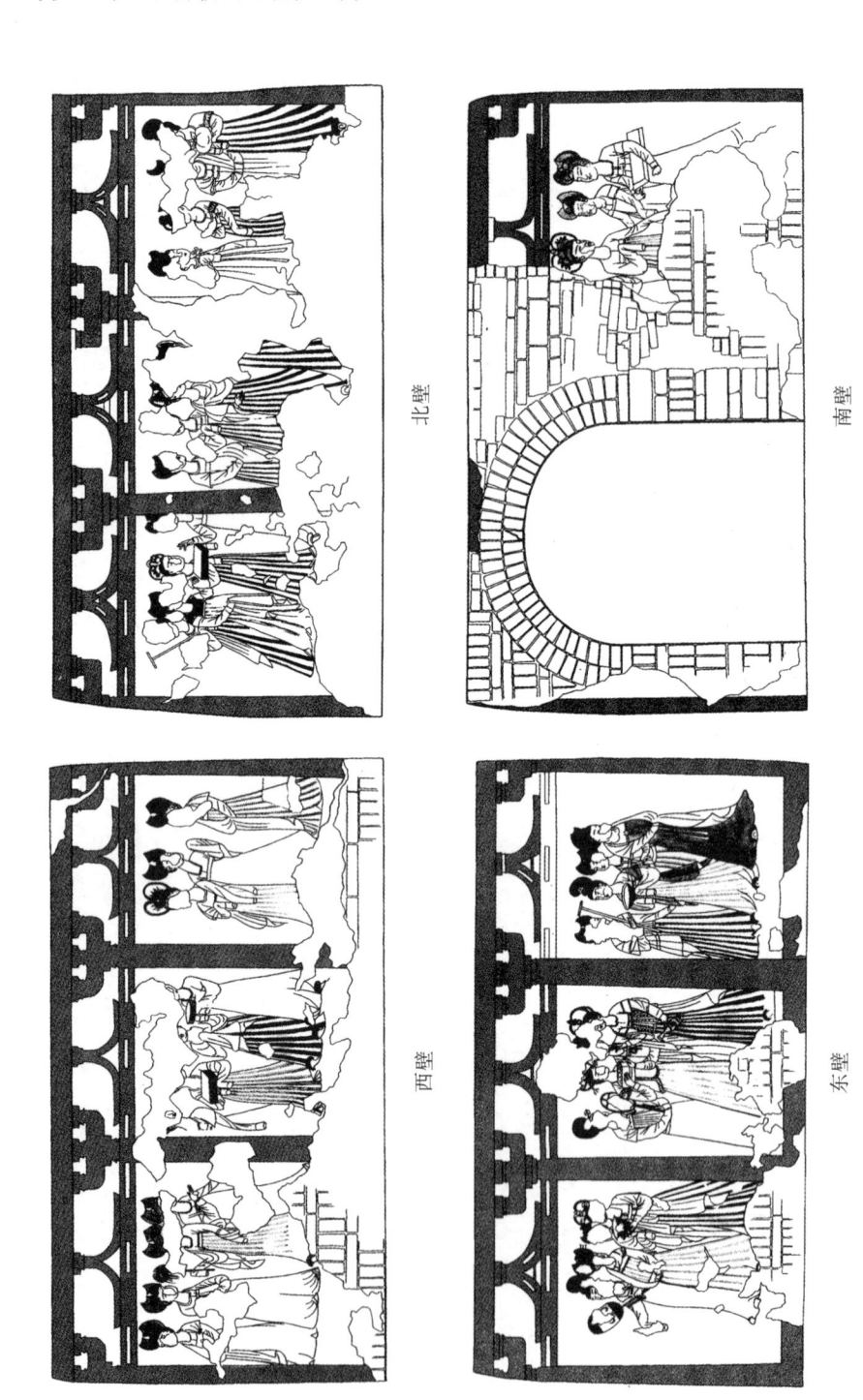

图 7.32　新城长公主墓墓室壁画
(《唐新城长公主墓发掘报告》109—112 页)

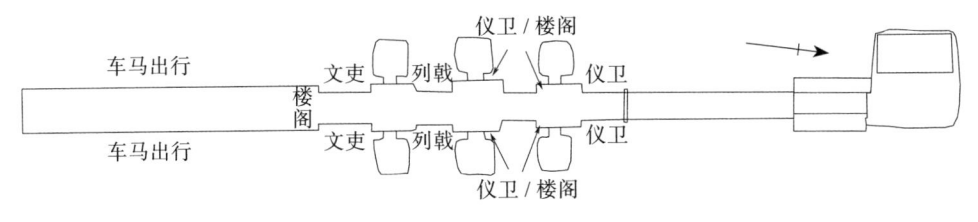

图 7.33 惠庄太子李㧑墓壁画
（据《唐惠庄太子李㧑墓发掘报告》10 页制）

祭祀空间。这种以石椁的倚柱或影作木构的柱子分隔画幅的做法与屏风式壁画相似，二者应有渊源关系。殿堂式石椁到中唐以后就逐渐消失了，而以影作木柱分隔画幅的做法一直流行，后来逐渐发展为屏风式构图。

（3）墓室中的屏风画

以屏风方式构图是唐墓壁画的一个突出现象，宿白先生曾根据 20 世纪 80 年代之前的考古材料，认为屏风画流行于天宝末年至唐代末年，先在地方上出现，后在长安兴起，并流行于各地，认为它是对影作木构壁画的取代[1]。后来陆续增加了很多墓室屏风画资料，引起了越来越多学者对这种特殊构图方式的讨论。张建林根据 12 座墓例将关中唐墓的屏风画分为四个发展阶段，认为屏风画有一个逐渐取代影作木构的过程，最先是以多扇屏风围绕墓室一周，变为仅环绕棺床三面，从天宝年间又开始扩展到其他壁面，画像内容从以侍女像为主变为以花草、山水、云鹤题材为主[2]。赵超分析了关中、太原和吐鲁番的数十例屏风画资料，对宿白先生的意见有所修正，认为屏风画在西安地区与太原地区基本是同时流行开的，甚至有可能是在中央兴起后传至各地的，他还讨论了屏风画的两个主题——树下列女图和树下老人图——的渊源，认为西安地区早期多列女图，太原地区多老人图，后者是汉

---

1 宿白：《西安地区唐墓壁画的布局和内容》，《考古学报》1982 年第 2 期。
2 张建林：《唐墓壁画中的屏风画》，载《远望集——陕西省考古研究所华诞四十周年纪念文集》，陕西人民美术出版社，1998 年，720—729 页。

以来逐渐定型的社会流行题材，原型是表现孝子贤人的忠孝图，而不是墓主像或是道教人物故事[1]。李星明认为天宝以前的屏风画人物多着魏晋时期的褒衣服饰，透露出初、盛唐时期以儒家观念为主，兼杂隐逸、道教神仙思想的社会意识形态的某些信息，也有一些人物画表现了现实中的贵族生活内容，天宝以后盛行的花鸟屏风主要起到一种装饰美化的作用[2]。巫鸿将屏风画称作"画中画"，认为是从北朝葬具的立体画像转化而成的二维画像，盛唐时期现实中的多扇连屏、单幅立屏、单幅和多幅的画障都被作为画中画引入墓葬壁画中[3]。上述研究中比较统一的意见是，唐墓屏风画主要是在北朝墓室壁画的基础上产生的，初唐时期已经出现在关中，中晚唐时逐渐成为墓室壁画的主流，安史之乱后画像内容有一个从人物画向花鸟画的显著转变，人物画中的树下列女、树下老人题材具有特殊的思想寓意，有些屏风画可能还有道德或政治方面的寓意[4]。这些对唐墓屏风画形式和内容的讨论都是很有说服力的，不过此处主要考察的是壁画与丧葬行为的关系，因此更关心的是屏风画在礼仪空间中的作用，希望通过屏风画与墓内陈设、屏风画与非屏风画、屏风画与葬具画像的关系，来理解屏风画在礼仪空间营造中的作用和设计意图，这需要我们从具体的丧葬礼仪活动来考察屏风画的配置方式和题材选择。

① 屏风画的形式渊源

为了考察屏风画在礼仪空间中的作用，我们首先应对墓室画像中的屏风形象进行具体的分析。前贤认为唐代屏风画源自北朝，这是没有问题的，但

---

1 赵超：《"树下老人"与唐代的屏风式墓中壁画》，《文物》2003 年第 2 期。
2 李星明：《唐代墓室壁画研究》，陕西人民美术出版社，2005 年，162—167 页。
3 巫鸿：《中国墓葬和绘画中的"画中画"》，载前揭《壁上观——细读山西古代壁画》，306 页。
4 林圣智：《中国中古时期的墓葬空间与图像》，颜娟英主编《中国史新论·美术考古分册》，台湾联经出版事业股份有限公司，2010 年，195 页；贺西林：《道德再现与政治表达——唐燕妃墓、李勣夫妇墓屏风画相关问题的讨论》，《故宫博物院院刊》2019 年第 12 期。

北朝墓室画像中实际上存在三种形式的屏风形象，它们的画像结构和空间意涵是不一样的。

第一类是壁画中作为墓主像背景的屏风，一般是素面屏风，还称不上是屏风画，可称为画中屏，它只是画面中的家居陈设。屏风前一般有正面端坐的墓主像，墓主端坐于帷帐之内，左右两侧配置男女侍者，画像向外延伸到左右两个侧壁上，分别配置备车、备马图，牛车和鞍马上皆无乘者和骑者，显然这是一组连续的、具有叙事性质的画像，帷帐和屏风是家居陈设，牛车和鞍马是为正壁端坐的墓主夫妇而备的。这套图式从东汉至北朝都十分常见，一般与实物陈设和祭器共同构成墓内的祭祀空间，营造了墓主受祭及受祭后去往来世生活的场景，具有较强的叙事性。

第二类是围屏石棺床上的屏风。北朝以来流行的围屏石棺床（或称围屏石榻）是棺床与屏风的组合形式，来源于现实生活中的床榻或丧礼中的灵床，由刻有画像的多块石板拼合而成。这种石屏风上的画像是独立成幅的，但每幅画像的内容彼此联系，有明确的叙事逻辑。叙事方式与前一类有画中屏的壁画图式相同，也以墓主像为中心，在左右配置男女侍者、鞍马、牛车等内容。石屏风大约相当于坐姿的高度，这与当时室内的立屏风是不一样的。菅谷文则统计过日本正仓院收藏的唐代立屏风实物的尺寸，标准尺寸是高5尺、宽1尺8寸，与西汉南越王墓出土的实物屏风高度差不多（高1.8米）。汉唐时期作为室内重要陈设的立屏风可能差不多都是这个高度，起遮挡和隔断空间的作用。而作为葬具的石棺床屏风大约只有立屏风高度的一半，大多在1米以下，大约在2尺3寸到2尺5寸之间，北魏司马金龙墓出土的漆画屏风高80厘米，也只有立屏风的一半。这种低矮的屏风在日本称作腰屏风[1]，它与墓室壁画中作为背景的画中屏一样，都是坐榻的背屏，来自

---

[1] 菅谷文则：《正仓院屏风和墓室壁画屏风》，载《宿白先生八秩华诞纪念文集》，文物出版社，2002年，231—254页。

现实生活中的床榻—屏风组合。

第三类才是真正的屏风画，特指以多扇屏风构图的壁画，是在墓壁的长条形界框内绘画，构成一幅幅独立的画面，每幅画的内容之间没有必然的逻辑联系，也没有一个明确的中心，因此这种屏风画不具有叙事性，其主要作用在于模仿现实生活中的家居陈设——立屏风，是为了再现内宅的场景。屏风中的某些画像内容（如孝子、列女等）在现实宅第中有"成教化、助人伦"的鉴戒作用，它们出现在墓室中是模拟宅第的装饰，并不具备祭祀、构建来世生活等丧葬方面的含义。

那么这三种屏风形象与唐代的屏风画到底有何关系？常被引用作为唐代屏风画源头的例子，是北齐青州地区和晋阳地区的5座壁画墓。这五座墓的壁画中虽然都出现了屏风形象，但存在着画中屏和屏风画两种形式，我们应区别看待。

首先是济南市马家庄发现的武平二年（571）祝阿令□道贵墓[1]、太原金胜村北齐壁画墓[2]、嘉祥隋开皇四年（584）徐敏行墓[3]，此三墓中的屏风都是作为墓主像背景存在的，是画中屏。济南马家庄墓的正壁（北壁）绘9格屏风，前面绘墓主的正面端坐像，两侧各绘一侍者，左右两个侧壁绘备马、备车图，皆无乘者与骑者。墓主头戴巾子，着大领广袖便服，低眉颔首，似为逝者之相，应是墓主受祭图，这是北魏平城至北齐墓室壁画的基本图式（图7.4：1）。太原金胜村北齐壁画墓的图像结构与此相似，在棺床所在的墓室后部北壁绘有一架帷帐，帷帐内绘有5扇屏风，屏风前端坐三位女性（图7.4：3）。徐敏行墓正壁绘端坐于榻的墓主夫妇像，后有6扇山水

---

1 济南市博物馆：《济南市马家庄北齐墓》，《文物》1985年第10期。
2 山西省考古研究所等：《太原南郊北齐壁画墓》，《文物》1990年第12期。
3 山东省博物馆：《山东嘉祥英山一号隋墓清理简报——隋代墓室壁画的首次发现》，《文物》1981年第4期。

屏风，屏风也是作为人物的背景存在的，其他壁面的图像配置与前二墓大致相同（图7.4：2）。这种作为墓主像背景的屏风，与帷帐、几案一样，只是作为室内陈设而出现的，并不是构图的方式，与唐代的屏风画之间还有明显差异。

其次，真正的屏风画最早出现在临朐天保二年（551）南讨大行台都军长史崔芬墓[1]和济南东八里洼壁画墓中[2]。此二墓中的屏风不是墓主像的背景，而是作为构图的方式。崔芬墓在墓室四壁绘有17扇屏风，大多绘有树下人物或仅绘树木假山（图7.34：1）。济南东八里洼壁画墓也在北壁绘有带足的8扇屏风，中间4扇各绘一袒胸跣足之宴乐人物，旁立侍童，东、西壁残存侍女形象（图7.34：2）。屏风画中的树下人物皆着魏晋时期的古装褒衣，人物姿态和风貌类似于竹林七贤之类的古人形象，杨泓、郑岩认为受到了南朝竹林七贤与荣启期画像内容与图式的影响[3]。这两座墓的屏风画皆不见墓主像，各扇屏风内容独立，彼此并无明确的逻辑顺序，从这点来说与唐代的屏风画非常接近，可以看作唐代屏风画的最早源头。不过从整体的图像结构上来说，又与唐代屏风画存在一定的差异。崔芬墓壁画的基本结构是以正壁（北壁）为中心向左右展开的，位于东壁的备马出行图和西壁的鞍马回归图大致处于对称位置，以备马待行和系马于树的画像表现墓主的出行与回归。另外15扇屏风中有8扇绘树下人物、1扇绘舞伎，其他6扇仅绘树木假山，或留白。按照邺城地区的图像结构，这组画像虽然在正壁未见墓主画像，但表现的也应是墓主受祭场景。从南壁墓门左侧两扇留白的屏风来看，此墓壁画可能尚未完工，这也许是正壁不见墓主像的原因（图6.14）。

---

1 山东省文物考古研究所等：《山东临朐北齐崔芬壁画墓》，《文物》2002年第4期。
2 山东省文物考古研究所：《济南市东八里洼北朝壁画墓》，《文物》1989年第4期。
3 杨泓：《北朝"七贤"屏风壁画》，载杨泓、孙机《寻常的精致》，辽宁教育出版社，1996年，118—122页；前揭《逝者的面具——汉唐墓葬艺术研究》，337—342页。

558　中古丧葬模式与礼仪空间

1

2

图 7.34　青州北齐屏风画

1. 崔芬墓北壁（《文物》2002 年第 4 期，11 页）　2. 济南东八里洼壁画墓北壁（《文物》1989 年第 4 期，69 页）

此墓右壁（西壁）的壁龛上部绘有1组人物群像，由16人组成，其中4位形体高大者应分别代表男墓主及男近侍、女墓主及女近侍，被其他12位男女侍者簇拥着向左行进（图6.15）。郑岩注意到这幅群像与邺城地区帷帐下的正襟危坐墓主像不同，是一种动态的群像，这种半侧面行进、两臂外展、侍者左右扶托、褒衣博带自然下垂的表现手法，刻画出人物雍容华贵的仪态，与文献所记的"左右扶托""入则扶持""迟形缓步"的仪貌一致，他认为这种图式与《洛神赋图》、龙门石窟中的帝后礼佛图等表现手法一致，反映了宗教题材与丧葬题材的共用情况[1]。这幅图表现的是墓主夫妇，当无疑问，但它的位置和表现方式与位于正壁的正面端坐像是不同的，不是为了表现受祭的灵魂，而是对来世生活的描绘，只不过这里以不同于邺城和晋阳的出行来表现来世。

如前所述，济南东八里洼壁画墓的画像内容不完整，屏风上部绘出了帷幔。虽然也没有出现墓主像，但从东西两壁对称布置的侍女像来看，应也是以北壁为中心进行构图的。

这两例北齐屏风画虽然没有出现正面端坐的墓主像，但图像结构与同时期的石棺床、非屏风构图的墓室壁画非常相似，从形式上可以看成唐代屏风画的源头。

唐代屏风画的另一个源头可能是带有浓厚关中地域特色的画像——模拟宅第的影作木构和殿堂式石椁画像。模拟宅第是关中地区北朝至隋唐墓的主要特征，不但墓葬建筑上有天井、过洞等模拟深宅大院的结构，还流行以彩绘的影作木构模拟宅第内部的场景，一般在影作木构的两柱之间绘持物忙碌的侍女形象，营造墓主的来世生活场景。除了影作木构外，一些高等级墓葬中的殿堂式石椁也有模拟内室的作用，在石壁上线刻类似的侍女形象，由角

---

[1] 前揭《逝者的面具——汉唐墓葬艺术研究》，344—347页。

柱和倚柱分隔成一幅幅独立的画面。这两种模拟内室场景的画像与屏风画的形式和内容都非常相似，尤其是石椁内壁的独幅侍女图恰如多扇的屏风，它们可能与屏风画之间有着密切的联系。

隋唐京畿地区屏风画出现的时间，正当影作木构和殿堂式石椁画像最盛行的时期，而当中唐以后影作木构和石椁衰落后仍在延续。目前所知关中地区最早的两例屏风画出现在总章元年（668）的縠州刺史王善贵墓、银青光禄大夫李爽墓[1]。王善贵墓在墓室的东、西、北三壁各绘有 4 扇屏风，每扇绘一位侍女，有的手中捧物，有的怀抱琵琶。李爽墓也是三壁各 4 扇屏风，绘于影作的两柱之间，绘持物侍女。年代略晚的岐山县郑家村垂拱二年（686）鄯州刺史元师奖墓也有类似的屏风画，在四壁绘有 22 组屏风画，都是以花木鸟蝉为背景的侍女图。这三例年代较早的屏风画占据墓室的大部分壁面（只有南壁因有墓门而不见屏风画）。有的甚至环绕墓室一周，张建林认为这是关中早期屏风画的形式[2]。这种占据大部分壁面的屏风画与石椁内壁的画像结构非常相似，屏风画所围绕的空间相当于石椁的内部空间，在设计意图上差不多就等同于石椁了。

1991 年在陕西靖边县统万城附近发现的开元二十四年（736）杨会石椁，更好地体现了屏风画与石椁线刻画像之间的关系[3]。墓主杨会身份并不高，仅是羽林飞骑，家族也并不显赫，但采用了高大的石椁，长 2.5 米、宽 1.72 米、高 1.74 米，显然是一种逾制埋葬，可能与葬地远离京畿而少受礼制约束有关。杨会石椁的形制与京畿地区的贵族石椁没有什么差别，是一座面阔三间、进深二间的歇山顶殿堂式石椁，由 4 块顶盖、10 根立柱、10 块帮板、4 块底座拼成，这是京畿石椁的通行结构。不过石椁壁上的画像比京

---

1 陕西省文物工作委员会：《西安羊头镇唐李爽墓的发掘》，《文物》1959 年第 3 期。
2 前揭《唐墓壁画中的屏风画》，722 页。
3 郭延龄：《靖边出土唐杨会石棺和墓志》，《考古与文物》1995 年第 4 期。

畿地区的石椁要显得草率,外壁既有线刻,也有彩绘,立柱和底座上的花草、瑞兽纹以及前壁的门窗和侧壁的侍女像都是线刻,彩绘内容主要是宅门旁的门吏像及附属的花草、瑞兽图案(图7.35)。

图 7.35　靖边县杨会石椁外观
(赵世斌、王笑天、张文保供图)[1]

内壁全是彩绘的持物侍女图,在石板上先涂一层白灰,再作彩绘,以石柱分隔,彼此之间独立,并无叙事性,实际上构成了屏风式的壁画。每块石板上绘一人,共10人,其中一人为男装侍女。以"阿兰""春花""思力""金花""□女""钊(?)綦"等文字标明了侍者的名字(图7.5)。这组画像显然是对京畿地区石椁线刻画像的模仿,应采取了同样的线刻粉本,但以造价更低的彩绘来代替。

综上所述,关中地区唐墓中,无论是影作木构、殿堂式石椁,还是屏风画中,都没有出现墓主形象,墓主的缺位导致并没有一个视觉中心或主题,画像的作用不在于叙事,而在于模拟内室的场景,这是关中地区北周以来的

---

[1] 杨会石椁照片由中共靖边县委宣传部副部长赵世斌、宣传部新闻中心干事王笑天、靖边县博物馆副馆长张文保提供,中国人民大学韩建业教授提供协助,在此一并致谢。

墓室画像传统，与北齐图式是明显不同的。唐墓中的屏风画从形式上来说，与北齐屏风画、北朝围屏石棺床的关系密切，但主要是在本地影作木构和石椁线刻画的基础上发展起来的，可能是对殿堂式石椁的模仿。

② 唐代屏风画的配置与内容

目前发现屏风画的唐墓主要集中于关中和太原地区，湖北、吐鲁番等地也有零星发现，配置方式与内容存在年代和地域上的差异（表7.2）。

表7.2 唐代墓室屏风画配置方式与内容

地区	墓葬	配置方式	屏风画内容	资料出处
关中地区	总章元年（668）王善贵墓	棺床靠西壁。东、西、北三壁各绘4扇屏风。	持物侍女	张建林（1998）[1]
	总章元年（668）李爽墓	棺床靠西壁。在西、北、东壁各绘4扇屏风，绘于影作两柱之间。	持物侍女	陕西省文物工作委员会（1959）[2]
	总章三年（670）李勣（徐懋功）墓	棺床靠西壁。围绕棺床绘12扇屏风，棺床以外壁面绘伎乐舞蹈。	树下古装女子	昭陵博物馆（2000）[3]
	咸亨三年（672）太宗燕妃墓	棺床靠西壁。围绕棺床绘12扇屏风，棺床以外壁面绘伎乐舞蹈。	树下古装女子	昭陵博物馆（2006）[4]
	岐山垂拱二年（686）元师奖墓	四壁绘有22扇屏风。	疑为持物侍女图（以树木鸟蝉为背景）	宝鸡市考古队（1994）[5]
	固原圣历二年（699）梁元珍墓	棺床靠西壁。西壁和北壁各绘5扇屏风，其他壁面绘持物侍女等。	树下老人	罗丰（1996）[6]

---

1 前揭《唐墓壁画中的屏风画》，722页。
2 陕西省文物工作委员会：《西安羊头镇唐李爽墓的发掘》，《文物》1959年第3期。
3 昭陵博物馆：《唐昭陵李勣（徐懋功）墓清理简报》，《考古与文物》2000年第3期。
4 昭陵博物馆编：《昭陵唐墓壁画》，文物出版社，2006年，179—184页。
5 宝鸡市考古队：《岐山郑家村唐元师奖墓清理简报》，《考古与文物》1994年第3期。
6 罗丰主编：《固原南郊隋唐墓地》，文物出版社，1996年，120—127页。

第七章　秩序重建：隋唐一统下的丧葬模式　563

续　表

地区	墓　葬	配置方式	屏风画内容	资料出处
关中地区	景云元年（710）节愍太子李重俊墓	棺床靠西壁。围绕棺床绘12扇屏风，棺床以外壁面绘持物的男装女侍。	树下唐装女子	陕西省考古研究所（2006）[1]
	开元二十六年（738）李道坚墓（富平朱家道村唐墓）	棺床靠西壁。棺床后壁（西壁）绘6扇山水屏风，北壁和南壁各绘2宽屏，绘双鹤、昆仑奴牵牛图、卧狮。东壁绘7人组乐舞。	山水图、昆仑奴牵牛、双鹤、卧狮	井增利、王小蒙（1997）[2]
	开元二十八年（740）韩休夫妇合葬墓	棺床靠西壁。棺床后壁绘6扇屏风，棺床以外壁面绘乐舞、山水。	树下老人	陕西省考古研究院（2019）[3]
	天宝四载（745）苏思勖墓	棺床靠西壁。棺床后壁绘6扇屏风，棺床以外壁面绘乐舞、侍者。	树下老人	陕西考古所唐墓工作组（1960）[4]
	宝应二年（763）高力士墓	棺床靠西壁。东西二壁各6扇屏风，绘人身十二生肖立像。	十二生肖	陕西省考古研究所（2002）[5]
	长安县南王里村唐墓（中唐）	棺床靠西壁。围绕棺床绘6扇屏风。棺床以外壁面绘侍者，东壁绘宴饮及侍者。	树下唐装女子	赵力光、王九刚（1989）[6]
	陕棉十厂M7（中唐晚期）	棺床靠西壁。棺床后壁绘5扇屏风，东壁中央宽屏绘乐舞图，两侧各绘1扇屏风。	花草图	陕西省考古研究所（1998）[7]

---

[1] 陕西省考古研究所：《唐节愍太子墓发掘简报》，《考古与文物》2004年第4期；陕西省考古研究所等：《唐节愍太子墓发掘报告》，科学出版社，2004年，39—80页。

[2] 井增利、王小蒙：《富平县新发现的唐墓壁画》，《考古与文物》1997年第4期；敬泽昊：《陕西富平发掘唐高祖曾孙李道坚墓，出土山水壁画或为中国现存最早》，《中国考古网·现场传真》，2017年7月12日。http://www.kaogu.cn/cn/xccz/20170712/58867.html。

[3] 陕西省考古研究院等：《西安郭庄唐代韩休墓发掘简报》，《文物》2019年第1期。

[4] 陕西考古所唐墓工作组：《西安东郊唐苏思勖墓清理简报》，《考古》1960年第1期。

[5] 陕西省考古研究所：《唐高力士墓发掘简报》，《考古与文物》2002年第6期。

[6] 赵力光、王九刚：《长安县南里王村唐壁画墓》，《文博》1989年第4期。

[7] 陕西省考古研究所：《陕西新出土唐墓壁画》，重庆出版社，1998年，174—184页。

续　表

地区	墓　葬	配　置　方　式	屏风画内容	资料出处
太原地区	太原金胜村 M337（高宗时期）	棺床靠北壁。围绕棺床绘4扇屏风，棺床以外壁面绘侍女儿童，均绘于影作两柱之间。	树下老人	山西省考古研究所等（1990）[1]
	太原万柏林区圣历三年（700）郭行墓	棺床靠北壁。围绕棺床绘8扇屏风，棺床以外壁面绘演乐图、侍卫图。	树下老人	山西省考古研究院等（2020）[2]
	太原晋源镇开元十八年（730）温神智墓	棺床靠西壁。围绕棺床绘6幅屏风，其他壁面绘属吏、侍女、庭院生活图，均绘于影作两柱之间。	树下老人	太原市文物考古研究所（2010）[3]
	太原晋源镇果树场 M552	棺床靠北壁。围绕棺床绘屏风画，现存东壁4幅，其他壁面绘侍卫图。	树下老人	同上
	太原晋源镇赤桥村 M1	棺床靠东壁（后壁）。围绕棺床绘6幅屏风（北壁4幅，东西各2幅），其他壁面绘侍女、门吏。	树下老人	同上
	太原开元十五年（727）赫连山夫妇合葬墓	棺床靠北壁。围绕棺床绘8扇屏风，棺床以外壁面绘男女侍者。	树下老人	太原市文物考古研究所（2019）[4]
	太原开元十五年（727）赫连简夫妇合葬墓	棺床靠北壁。围绕棺床绘8扇屏风，棺床以外壁面绘庖厨、劳作图。	树下老人	同上
	万荣县开元八年（720）薛儆墓	石椁靠北壁（线刻侍女图），围绕石椁有屏风画。	疑似树下老人	山西省考古研究所（2000）[5]
	太原金胜村 M6	棺床靠北壁。围绕棺床绘6扇屏风，棺床以外壁面绘侍女图、门吏。	树下老人	山西省文物管理委员会（1959）[6]

1　山西省考古研究所等：《太原金胜村337号唐代壁画墓》，《文物》1990年第12期。
2　山西省考古研究院、太原市文物考古研究所：《山西太原唐代郭行墓发掘简报》，《考古与文物》2020年第5期。
3　太原市文物考古研究所：《山西太原晋源镇三座唐壁画墓》，《文物》2010年第7期。
4　太原市文物考古研究所：《山西太原唐代赫连山、赫连简墓发掘简报》，《文物》2019年第5期。
5　山西省考古研究所：《唐代薛儆墓发掘报告》，科学出版社，2000年，16页、图表一〇。
6　山西省文物管理委员会：《太原市金胜村第六号唐代壁画墓》，《考古》1959年第8期。

续 表

地区	墓　葬	配置方式	屏风画内容	资料出处
太原地区	太原金胜村M4	棺床靠北壁。围绕棺床绘8扇屏风，棺床以外壁面绘侍女、门吏图，均绘于影作两柱之间。	树下老人	山西省文物管理委员会（1959）[1]
	太原金胜村M5	棺床靠北壁。围绕棺床绘8扇屏风，棺床以外壁面绘备车、备马图、门吏。	树下老人	同上
	太原金胜村焦化厂唐墓	2具棺床分别靠东西二壁。棺床后壁（东西壁）绘3扇、北壁绘1扇屏风，棺床以外壁面绘侍女，均绘于影作两柱之间。	树下老人	山西省考古研究所（1988）[2]
湖北地区	郧县嗣圣元年（684）李徽墓、天授元年李泰妃（690）阎婉墓	棺床靠西壁。李徽墓围绕棺床绘6扇屏风，其他壁面绘男女侍者、牵马等；阎婉墓围绕棺床似有屏风画。	花卉	湖北省博物馆等（1987）[3]
吐鲁番地区	吐鲁番哈拉和卓M38（盛唐至中唐）	后室北壁绘6扇屏风。	树下老人	刘文锁（2018）[4]
	吐鲁番阿斯塔那M216（开元天宝年间张氏夫妇墓）	墓室后壁绘6扇屏风。	鉴戒图（石人金人土人欹器、铺满丝束青草）	徐光冀（2012）[5]；刘文锁（2018）[6]
	吐鲁番哈拉和卓M217（开元天宝年间张氏夫妇墓）	墓室后壁绘6扇屏风。	花鸟图	徐光冀（2012）[7]；刘文锁（2018）[8]

1　山西省文物管理委员会：《太原南郊金胜村唐墓》，《考古》1959年第9期。
2　山西省考古研究所：《太原市南郊唐代壁画墓清理简报》《文物》1988年第12期。
3　湖北省博物馆、郧县博物馆：《湖北郧县李徽、阎婉墓发掘简报》，《文物》1987年第8期。
4　刘文锁：《唐代西周的屏风画》，《新疆艺术·汉文》2018年第5期。
5　前揭《中国出土壁画全集》（第九卷），216—220页。
6　刘文锁：《唐代西周的屏风画》，《新疆艺术·汉文》2018年第5期。
7　前揭《中国出土壁画全集》（第九卷），214—215页。
8　刘文锁：《唐代西周的屏风画》，《新疆艺术·汉文》2018年第5期。

关中地区是屏风画最集中的地区，从盛唐一直延续至晚唐，配置方式上早晚有一些变化，较早的墓（如王善贵墓、李爽墓、元师奖墓）除了南壁受到墓门的限制外，在各个壁面都绘有屏风画，屏风多达12—22扇，每扇皆绘持物供奉的侍者。这种屏风画可能是身份较低的墓葬对殿堂式石椁内壁的模拟。与此同时也出现了一种新的配置方式，屏风画不是环绕四壁，而仅仅围绕着棺床的三面。由于关中唐墓的棺床皆紧靠西壁，因此屏风画主要配置在棺床的后壁（西壁）和两个侧壁（南壁和北壁）的西半部，棺床的后壁是重点部位，一般采用六扇连屏的布局。墓壁的其他部位并不采取屏风式构图，而是通壁绘画，一般在棺床对面的东壁上绘伎乐舞蹈图像，在其他部位绘持物侍者。

这样的图像配置方式与墓室空间的功能划分有关，在以殿堂式石椁为葬具的少数高等级墓中，高大的石椁一般放置在墓室的西部，构成墓室的埋葬空间，石椁的对面（即墓室的东半部）是下葬时举行祭祀礼仪的空间。作为埋葬空间的石椁内壁，一般线刻持物侍女图，而祭祀空间所在的东壁一般彩绘伎乐舞蹈图，两个空间的画像方式和内容都有明确区分。但是，以殿堂式石椁为葬具的墓葬是极少数，绝大多数墓葬以砖、石或土台为棺床，上置木棺，这些墓葬同样以墓室的西半部为埋葬空间，在紧靠棺床的三面墓壁以屏风画装饰，墓室的东半部是祭祀空间，东壁上的伎乐舞蹈图也不采取屏风式构图。个别中唐以后的墓里，东壁的伎乐舞蹈图中出现红色的边框，形成一幅宽屏画，但它与我们所说的多扇连屏式屏风画是不同的，可能是模拟室内的挂画。

以李勣（徐懋功）墓和太宗燕妃墓为例。

李勣（徐懋功）是唐初重臣，以殊礼埋葬，因其孙起兵反对武则天而被"发冢斫棺"，墓葬遭到人为破坏，直到中宗即位后进行二次埋葬，现存墓志应是二次葬时所刻。李勣首葬于总章三年（670），墓葬的建造时间更早，可能在显庆五年（660）至麟德二年（665）之间[1]。这是一座初唐的弧方形单室砖墓，在墓室西侧置有一座砖棺床，占据了墓室大部分空间。墓内随葬物品及俑类几乎没有，可能也与毁墓、二次葬有关。墓道壁画都已脱落，只在墓室的棺床北面和西面墓壁上残存了6幅屏风画，以红色栏框分隔，从痕迹看原来应有12幅围绕在棺床的三面。每屏画一古装女子，背景是树木飞鸟。在棺床以外的部位不是屏风式构图，棺床对面的墓室东壁残存1幅伎乐图，北壁的东段残存1幅舞蹈图（图7.36）。墓室的埋葬空间和祭祀空间分别采取了不同的构图方式，由于埋葬空间占据了墓室的绝大部分空间，屏风画所占面积也较大。赵超认为，此墓屏风画可能是中宗时期改葬时重绘的[2]。一般改葬的墓除了改绘壁画外，还应举行一些仪式，葬入新的陶俑等随葬品，如武则天天授元年（690）金乡县主与驸马合葬时不但改绘了壁画，还葬入了石椁和一套全新的俑群[3]，但此墓几乎没有发现俑群及其他随葬品，伎乐舞蹈人物造型也有初唐风格，所以墓中壁画是首次建造时所绘也是可能的。

唐太宗的燕妃墓也是昭陵陪葬墓，葬于咸亨三年（672），是一座前后双室墓，后室壁画配置与李勣墓非常相似，围绕棺床的三面绘有12幅屏风画，每幅绘树下女子，面对棺床的墓室东壁绘伎乐舞蹈（图7.6）[4]。这种以屏风画和非屏风画区分埋葬空间与祭祀空间的做法是京畿地区高等级墓的通行做法。巫鸿推测李勣墓和燕妃墓的壁画由同一宫廷部门监修，甚至可能被同一批画家绘制[5]。

---

1 昭陵博物馆：《唐昭陵李勣（徐懋功）墓清理简报》，《考古与文物》2000年第3期。
2 赵超：《"树下老人"与唐代的屏风式墓中壁画》，《文物》2003年第2期。
3 西安市文物保护研究所：《唐金乡县主墓》，文物出版社，2002年，97—103页。
4 昭陵博物馆编：《昭陵唐墓壁画》，文物出版社，2006年，179—184页。
5 巫鸿：《中国墓葬和绘画中的"画中画"》，载前揭《壁上观——细读山西古代壁画》，311页。

568　中古丧葬模式与礼仪空间

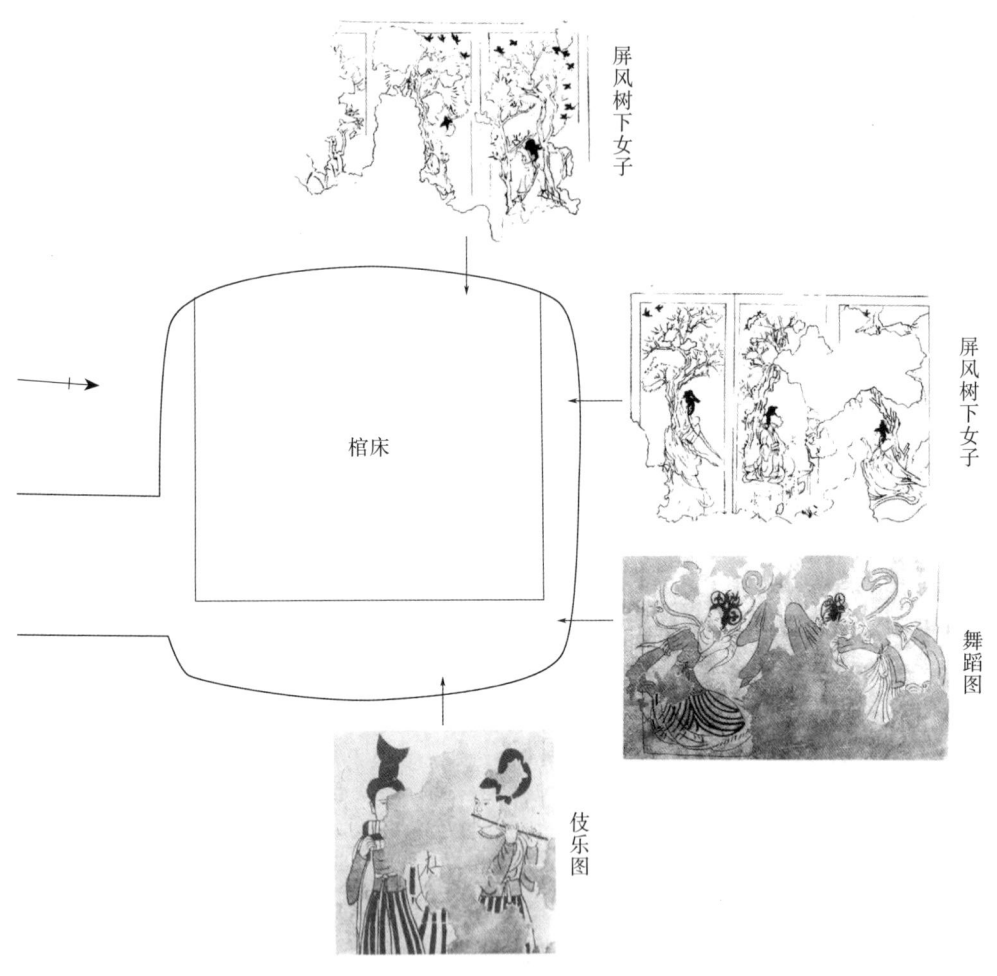

图 7.36　唐李勣墓壁画配置
（据《考古与文物》2000 年第 3 期 10—12 页制）

这两例屏风画的内容都是古装树下女子，研究者大多认为与历史上的列女故事有关。林圣智把燕妃墓屏风画称作列女屏风图，认为是武则天时期宣扬女德、彰显女性地位的一种手段，是具有特殊政治寓意的[1]。贺西林认为两墓屏风画参照和借鉴了古列女图的基本样式，并融入了初唐绘画的形式，由于燕妃与武则天在政治上处于同一阵营，这种图像兼具道德与政治双重意义[2]。值得注意的是，古装人物都只见于围绕棺床的屏风画中，而其他部位的非屏风画中，人物都是现实中的装束，这可能意味着屏风画围绕的空间是对现实宅第的模拟，古装人物正是现实宅第中的家居陈设——屏风的重要绘画内容。

景云元年（710）节愍太子李重俊墓的壁画沿用了初唐以来的前后分段、模拟宅第内外的布局，以墓道北端过洞上的门楼图为界，前段的墓道内绘青龙白虎、打马球图、假山树石、仪卫，后段的过洞和天井两侧在影作木构下绘宫人形象。前后甬道的影作木构廊柱间绘持物宫女像。墓室围绕石棺床的三壁绘屏风画，左右两壁各3扇，后壁（西壁）绘6扇，每扇内绘树下侍女图，构成埋葬空间。棺床部位以外的壁面绘持物的男装女侍，构成了祭祀空间[3]。这座墓的屏风画人物为唐装侍女，有的是男装女子，都是当时现实中的宫廷女子形象，与墓内其他部位的侍女形象相同，只不过采取了树下人物的形式，树下人物的构图方式可能来自太原一带（图7.37、7.38）。

以屏风画和非屏风画两种方式区分埋葬空间与祭祀空间的墓葬，还有固原圣历二年（699）梁元珍墓，富平开元二十六年（738）李道坚墓，西安开

---

1 林圣智：《中国中古时期的墓葬空间与图像》，载颜娟英主编《中国史新论·美术考古分册》，台湾联经出版事业股份有限公司，2010年，195页。

2 贺西林：《道德再现与政治表达——唐燕妃墓、李勣夫妇墓屏风画相关问题的讨论》，《故宫博物院院刊》2019年第12期。

3 陕西省考古研究所：《唐节愍太子墓发掘简报》，《考古与文物》2004年第4期；前揭《唐节愍太子墓发掘报告》，39—80页。

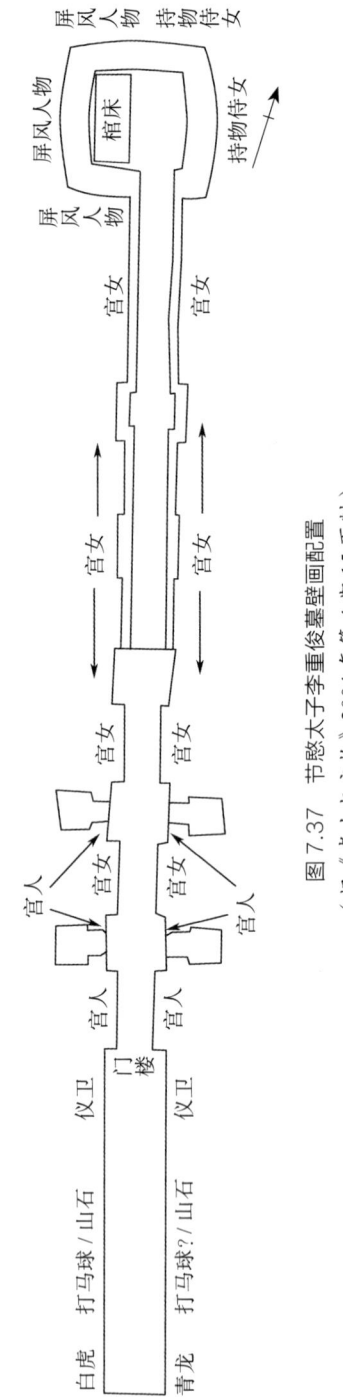

570 中古丧葬模式与礼仪空间

图 7.37 节愍太子李重俊墓壁画配置
（据《考古与文物》2004 年第 4 期 15 页改制）

第七章　秩序重建：隋唐一统下的丧葬模式　　571

图 7.38　节愍太子李重俊墓西壁屏风画
(《唐节愍太子墓发掘报告》，79 页)

元二十八年（740）韩休夫妇合葬墓、天宝四载（745）苏思勖墓、宝应二年（763）高力士墓、陕棉十厂 M7（中唐晚期）等。图像配置基本相似，皆采取树下人物的构图，不过屏风画的内容出现了多样化，既有现实中的侍女形象，也有太原一带流行的树下老人图，还有山水、花鸟、仙鹤等内容。

西安韩休墓和富平李道坚墓除了围绕棺床的屏风画外，还出现了宽屏绘画，位于墓室东壁，可能是对室内挂画的模拟。以韩休墓为例，工部尚书、太子少师韩休卒于开元二十八年（740），同年葬于少陵原上，夫人柳氏于天宝七载（748）合葬。在甬道两壁以影作木构的阑额构成两个长方形框，分别绘抬箱出行图和侍女图，以树木山石为背景，各由 8 人组成，人物之间相对独立。墓室西侧为砖砌棺床，棺床后壁绘 6 扇屏风画（现存 4 幅，另 2 幅被盗），均为树下人物，棺床对面的东壁是 1 组带栏框的宽屏乐舞图，由 1

个胡人舞者和男女2支乐队组成。南壁绘朱雀,北壁绘玄武和山水图,顶部绘天象(图7.7)[1]。天宝四载(745)银青光禄大夫苏思勖墓也有类似构图的壁画(图7.39)[2]。

湖北郧县发现了几座唐代皇室成员的墓,其中嗣圣元年(684)李徽墓、天授元年李泰妃(690)阎婉墓也采取了与关中唐墓相似的屏风画布局,李徽墓围绕西壁的棺床绘6扇屏风,其他壁面绘男女侍者、牵马等。阎婉墓围绕棺床似有屏风画。郧县是唐太宗第4子濮王李泰家族墓地,葬有李泰及妃阎婉(工部尚书阎立德长女)、长子李欣、次子李徽。李泰在贞观年间的夺嫡之争中败北,家族亦受牵连,死后不归京城而葬于郧县,但仍然遵循了京城地区的丧葬模式,表明皇室成员对京畿丧葬模式的认同。

太原是长安以外唐代壁画墓发现最多的地区,这与太原集中了大量高级官员有关,也与发达的北朝墓室绘画传统有关。山西地区在北齐后期出现了来自关中地区的影作木构壁画,如朔州水泉梁墓[3]、忻州九原岗墓[4]等,同时已出现了来自青州地区的屏风画,前述太原南郊金胜村北齐墓的屏风画采取了类似于青州地区的图式,可以说山西地区是北齐和北周两个壁画传统的汇聚之地。太原金胜村北齐墓的屏风画是围绕正壁的墓主像展开的,这种图像结构与青州地区非常接近,而与关中唐墓的屏风画存在较大差别。入唐以后,山西地区的屏风画与关中地区保持同步,不见了墓主像,屏风画围绕在棺床的三面,以屏风画和非屏风画区分埋葬空间与祭祀空间。

不同于关中的是,太原唐墓的棺床一般置于墓室的北半部(太原晋源镇开元十八年[730]温神智墓是个例外,棺床位于墓室西侧),墓室的空间功能不是按照东西而是按照南北划分的,墓室的北壁和东西两壁的后半部是埋

---

[1] 陕西省考古研究院等:《西安郭庄唐代韩休墓发掘简报》,《文物》2019年第1期。
[2] 陕西考古所唐墓工作组:《西安东郊唐苏思勖墓清理简报》,《考古》1960年第1期。
[3] 山西省考古研究所:《山西朔州水泉梁北齐壁画墓发掘简报》,《文物》2010年第12期。
[4] 白曙璋、张庆捷:《山西忻州九原岗北朝壁画墓的发掘》,《大众考古》2016年第5期。

第七章 秩序重建：隋唐一统下的丧葬模式 573

图 7.39 唐苏思勖墓西壁与东壁壁画
(《考古》1960 年第 1 期，图表肆、伍)

葬空间，以屏风画作为装饰；墓室的南部是祭祀空间，因此东西壁的南部和南壁的墓门两侧不采取屏风式构图，一般绘侍女、门吏等内容，个别墓中还保留了旧式的备车、备马题材。太原屏风画大多以树下老人为题材，这也是来自北齐青州地区的传统，皆着魏晋时期的褒衣古装，是对宅第屏风装饰的模拟，反映了崇拜前代圣贤高士的时风。这种树下老人题材，经由太原地区在中唐时期传入关中，逐渐取代了关中流行的树下女子图。

以太原发现的几座保存较好的唐代屏风画墓为例。

开元十五年（727）的赫连山、赫连简兄弟的墓都是夫妇合葬墓，同日埋葬于家族茔地[1]。赫连兄弟二人是本地大族赫连氏之后，曾短期投笔从戎，未入仕，死后赠上柱国，唐代追赠立有军功者为上柱国的现象极为普遍。赫连山墓的北部横置一座砖棺床，上有2具骨架遗骸，未见棺木痕迹。墓道、甬道和壁龛都涂白灰面，但未绘制壁画。墓室的正、左、右三壁先绘出影作的斗拱和梁柱，再围绕棺床绘出8扇屏风，影作木构与屏风之间有一定的透视关系。每扇屏风绘两个树下古装人物，以树木山石为背景，两个人物相对而立或相对而坐，或一立一坐，作交谈状。每扇屏风上的内容之间没什么逻辑关系，也没有一个明确的中心，这个部分是埋葬空间。墓室的前半部左右两壁各绘一幅侍者图，东壁是男侍，西壁是女侍，各由3人（2成年，1孩童）组成，均手持生活用品，这个部分的画像不是屏风式构图，构成了墓室的祭祀空间。墓室南壁的墓门两侧各绘一位守门武士（图7.8、7.9）。

赫连简墓也采取了类似的壁画布局，只是墓室的前部不是侍者而是劳作图，东壁是以水井为中心的磨坊，西壁是以灶台为中心的庖厨场景，8幅屏风中位于侧壁前部的2扇留白，其他皆为一位站立的男子形象，以树木山石为背景。

---

[1] 太原市文物考古研究所：《山西太原唐代赫连山、赫连简墓发掘简报》，《文物》2019年第5期。

这是典型的太原唐墓壁画图式，金胜村 M6、M4、M5，圣历三年（700）郭行墓等也都是这种图式。有研究者将这种按照南北轴向配置的壁画称为"太原模式"，而将开元十八年（730）温神智墓壁画称作"中央模式"，后者的棺床置于西侧，故按照东西轴向配置壁画，在西壁绘 4 幅屏风，两侧壁各 1 幅[1]。这两种壁画模式的差别代表了唐代两种不同的墓室空间形态，太原地区是按南北方向划分祭祀空间和埋葬空间的，而京畿地区是按照东西方向划分两个空间的，空间形态的差异表明两地墓内葬仪的差别。无论哪种空间划分方式，屏风画都只是对埋葬空间的装饰，屏风画的配置总是根据棺床的位置而定的。

太原金胜村焦化厂 M7 的屏风画更清晰地反映了屏风画与礼仪空间的关系。M7 在墓室的东西两侧各竖置一座棺床，构成东西两个埋葬空间，因此在东西两壁各绘 3 扇屏风，另外在北壁各绘 1 扇屏风，分别与两座棺床的侧端相对，屏风画的内容都是古装树下老人。墓室的南部是祭祀空间，因此东西两壁的前部并不采取屏风式构图，而是在影作木构下绘持物侍女像。另外，北壁的中央面向两座棺床之间的过道，也并不采取屏风式构图，只在影作木构下绘有一幅胡人驮运图。祭祀空间的画像人物都着唐装，是根据现实生活场景对死者来世的描绘。此墓以屏风画划分墓室空间的特征是十分明显的（图 7.10）。

吐鲁番地区的哈拉和卓墓地是唐西州时期的墓葬，在张氏茔地曾发现 3 座有屏风画的墓葬，刘文锁有详细介绍[2]。三墓的屏风画结构基本相同，都是在墓室的北壁绘 6 扇屏风，屏风画内容各不相同，M38 绘树下老人，M216 绘鉴戒图，绘石人、金人、土人、欹器、扑满、丝束、青草，有警示为人处世之道的寓意。M217 绘花鸟图（图 7.11：1—2）。

---

[1] 王炜、张丹华、冯钢：《赫连山、赫连简墓壁画的绘制、描润与配置——兼谈唐代壁画墓的"太原模式"》，《文物》2019 年第 8 期。

[2] 刘文锁：《唐代西州的屏风画》，《新疆艺术·汉文》2018 年第 5 期。

刘文锁还介绍了张氏墓地作为随葬物入藏的 3 件绢本、2 件纸本屏风画，认为它们与墓室的屏风壁画关系密切，他根据纸本屏风的尺寸推测墓室中的六扇式屏风可能是以纸本屏风为粉本的。其中绢本屏风画分别出自 M187（长安四年和天宝四载的张氏夫妇合葬墓）、M188（开元三年的张氏夫妇合葬墓）、M230（长安三年和开元九年的张礼臣夫妇合葬墓），皆是木框绢画设色屏风，绘画题材也各不相同，分别绘弈棋侍女、鞍马人物、乐舞图。这三件都是以实物屏风下葬的。2 件纸本屏风画中，一件出自开元四年以后的墓中，由 2 扇组成，绘树下人物、树下女子。另一件墓主人和年代不详，2018 年出版的哈拉和卓墓地考古报告中，将其归入 69TKM50，此墓出有延昌五年（565）的墓表，属麴氏高昌时期[1]。但这件纸本屏风属典型的中晚唐花鸟屏风画，由 3 扇组成，长 140 厘米、宽 205 厘米，内容和风格与 M217 后壁的 6 扇屏风花鸟图接近，在花草前绘有立鸟，地上有山石（图 7.11：3），很可能这件纸本屏风画原本并不属于此墓，可能因发掘年代久远、部分发掘记录遗失而与麴氏高昌时期的 M50 资料混淆了。

纸本屏风画是粘贴在屏风上的，与直接在屏风上作画不同，纸本屏风画便于更换，可能是唐代屏风的主要装饰手法。日本正仓院收藏的 6 扇鸟毛文字纸屏风可能也是这种用法，每扇屏风长 149.0 厘米，宽 56.5 厘米。绿色为底，用野鸡毛装饰字体，文字内容为君臣警示箴言，分两列，共 16 字，篆书与楷书相间。其中 2 扇文字内容为"主无独治，臣有赞明""箴规苟纳，咎悔不生"（据正仓院官网，图 7.37）。用这类警示箴言来装饰屏风，与上述哈拉和卓墓地 M216 的鉴戒图，以及其他墓葬用古代高士、列女图来装饰屏风的做法具有相似的意味，将其装饰在室内的家具上，具有宣示主人高洁品行的作用。

---

1 新疆文物考古研究所编著：《吐鲁番阿斯塔那—哈拉和卓墓地（哈拉和卓卷）》，文物出版社，2018 年，70 页。

上述关中、湖北、太原、吐鲁番四地的屏风画，在画像配置和内容上各有差异，配置方式是由棺床所在位置决定的，内容选择则与墓主的身份关系密切。关中地区屏风画主要配置在棺床所在的西壁和两个侧壁（南壁和北壁）的西半部，尤其是棺床紧邻的后壁是重点配置部位，一般采用六扇连屏的布局；屏风画的题材以唐装侍女为主，手持生活用具和食物，与石椁内壁和影作木构中的侍女相似，反映了京畿地区上层社会的生活图景；也有一些古装女子和古装老人形象，属于汉晋北朝时期民间流行的孝子列女、古圣先贤等题材，这类题材应是从太原地区传入京畿的；中晚唐时期开始出现山水、仙鹤、十二生肖等内容，屏风画的装饰意味更强了。太原地区的屏风画主要配置在棺床所在的北壁和东西壁的北半部，墓主身份普遍低于京畿地区，多是中下级官吏和平民，屏风画的题材基本不见关中地区的时装侍女题材，而是民间性更强、更具古风的树下古装老人题材，这是对本地北齐画像的继承。湖北和吐鲁番地区发现的屏风画比较少，但也有来自京畿地区的影响，其中湖北的几座皇室成员墓与长安地区高度一致，屏风画也配置在棺床所在的西壁，采取六扇连屏的方式布局；吐鲁番地区远离核心地区，大约在中晚唐时期接受了来自京畿地区的屏风画形式，以鉴戒、历史类题材和装饰性花鸟画为主，不见京畿地区高等级墓常见的树下时装侍女题材。中晚唐以后各地的屏风画题材有趋同的现象，山水、仙鹤、花鸟等题材成为各地屏风画的流行题材，装饰意味更浓了。

③ 屏风画的空间意涵

屏风画是对现实家居生活中屏风的模拟，移植到墓室空间后又具有了特殊的意涵，其配置方式和题材反映了特定的礼仪空间营造理念，因此我们还应从具体的丧葬礼仪活动来解读屏风画的作用和象征意义。唐代的丧葬礼仪在唐初的《开元礼纂》和中唐的《大唐元陵仪注》中记载最详，它们是考察京畿地区屏风画空间意涵的珍贵资料。开元礼是对三品以上大臣丧葬典礼的规定，不见皇帝葬礼的记载。德宗朝颜真卿修撰的《大唐元陵仪注》详细记载了皇帝葬礼的情况[1]，是对前代礼制的吸收与改造，也是对唐初以来丧葬实践经验的总结，葬仪程序与开元礼所记大臣葬礼基本相同而场面更宏大。根据开元礼[2]，墓内葬仪是丧葬礼仪的最后环节——墓内陈设与祭祀。当完成了在墓园、墓道内举行的一系列仪式后，由掌事者（皇帝葬仪的掌事者是将作监、少府监官员）将棺柩送入墓室，安放在墓室西部的棺床上，并在墓室的东部设帷帐，帷帐内设灵座（皇帝葬仪中要将宝册、谥册、哀册置于神座），灵座前放置祭器与饮食，这是一个生者向死者灵魂献祭的空间。这样墓室就被分成两个功能分区——西部以棺床为中心的埋葬空间、东部以灵座为中心的祭祀空间。西部棺床上的遗体是死者的实际存在——魄，东部灵座代表死者的虚拟存在——魂，两个空间的陈设分别围绕对魄和魂的安抚而展开。当两个空间陈设妥当后，丧家在掌事者的带领下到灵座前进行最后的献祭，然后丧家退出，掌事者在墓门口安放墓志等铭旌之物，封闭墓室。这套葬仪是京畿地区大臣的埋葬规范，与考古发现的京畿地区唐墓空间设置是相当吻合的。太原地区的空间划分方式不同，棺床位于墓室的北半部，是按照南北方向来划分祭祀空间和埋葬空间的。

按照社会人类学的解释，这个有条不紊的葬仪象征着生命状态的转化。社会人类学的"过渡礼仪（Rites of Passage）"把人的生命历程看成一种状态向另一种状态的转变，俨如通过一个被划分为若干片段的通道[3]。每当生命状态发生改变的关键时刻都要举行隆重的仪式，如出生礼、成年礼、婚礼、丧礼等。死亡也是生命状态的一种转化，为死亡而举行的丧礼是一种符号化的行为，是族群或社会内部文化认同的方式，往往不需要强制力量，有时甚

---

[1]《通典》卷86《沿革·凶礼八·葬仪》"大唐元陵仪注"条，2346—2349页。
[2]《通典》卷139《开元礼纂类·凶礼六》，3543—3544页。
[3] 有关"过渡礼仪（Rites of Passage）"，参见本书第9页的叙述。（法）阿诺尔德·范热内普著，张举文译：《过渡礼仪》，商务印书馆，2010年。

第七章　秩序重建：隋唐一统下的丧葬模式　579

至也不反映参与者对于死亡的信仰。过渡礼仪将丧礼分为三个阶段，各有不同的象征意义：分离阶段（separation），是人初死时的状态，象征灵魂与肉体的分离，中国古代的魂魄二元论认为人死即魂魄离散、各有所归；临界阶段（marginality）是生者与死者互动的阶段，是生死之间的状态，要举行一系列的仪式为亡者营造一个来世的世界，中国古代的丧礼和葬礼都是这个阶段的仪式；聚合阶段（aggregation）是葬礼结束后重归正常生活、灵魂归入祖先之列的阶段，大致相当于葬后的祭礼阶段。上述开元礼所记的墓内葬仪是临界阶段的最后一个仪式环节，墓内的一切设施和礼仪活动都为生死转化而设，墓室就是一个生命状态转化的礼仪空间。当灵座前的祭祀完成后，墓室被封闭，即进入聚合阶段，仪式的参与者自墓道退出，将辒辌车、龙楯等葬具焚烧，"凶仪卤簿，解严退散"，并改换衣服，生活恢复正常。与此同时，死者的灵魂归入祖先的行列，以后在墓地祠堂或祖庙中接受祭祀。将墓室看作一个生命状态转化的礼仪空间，对于我们理解墓室壁画的象征意义是有意义的。壁画不是现实生活的再现，而是具有礼仪功能的设置，它以一种形象的、近乎叙事的方式来表达生死状态的转化。唐墓墓室内的埋葬空间与祭祀空间的划分十分明确，两个空间内的壁画图式也迥然有别，意味着它们的礼仪功能是不同的。埋葬空间以屏风画作为装饰，模拟了生前的内宅场景；祭祀空间是生者与死者灵魂互动的空间，死者灵魂接受祭祀后进入永生的来世，所绘的伎乐舞蹈、侍者、劳作等内容表现的是来世生活场景。

四、关中模式的对外辐射

上述几部分主要是对京畿地区唐墓的讨论，在统一王朝重建秩序的大背景下，丧葬模式逐渐形成统一的规范，无论地面陵园的空间布局，还是地下墓室空间的结构、陈设与画像，都呈现出相当统一的面貌。京畿地区是皇帝、皇室成员和高级官吏集中的地区，他们是丧葬礼制的制定者和执行者，埋葬方式较充分地体现了新的丧葬秩序，这套丧葬秩序在统一王朝时期也辐射到京畿以外地区，在不同的地域有着不同的呈现。

1. 京畿以外的高等级唐墓

（1）中原唐墓

洛阳是唐代在长安以外的另一个政治中心，城市的营建规模仅逊于长安。洛阳在唐代历史上是举足轻重的地区，是高级官员和门庭显赫之士集中之地。太原在北齐时期即是北方重镇，入隋后炀帝杨广进行了大规模营建，李渊、李世民以此为据点建立了李唐基业。太原又是武则天的故乡所在地，历代皇帝多次巡幸太原，以之为北都，仿照长安和洛阳建设了里坊制的城市，城市规模仅次于洛阳，也是显贵高门聚集之地。洛阳和太原是隋唐时期长安以外的两个最重要的政治文化中心，也是关中唐代丧葬模式最先辐射到的地区，较充分地体现了京畿地区的丧葬模式。

徐殿魁曾对洛阳及周边地区的隋唐墓进行分期，从墓葬形制看，隋和初唐时期墓室多为弧方形，砖砌棺床位于北壁之下；盛唐时期多为竖长方形墓，四壁近直，棺床多靠近墓室西壁；中唐以后墓道逐渐缩短，出现了竖井式墓道，墓室西壁的砖棺床逐渐消失[1]。这些墓葬的等级不高，大多是中低级官吏（四五品以下）和平民墓，地面设施可能本来相对简陋，目前基本没有发现地面遗迹。地下部分的形制变化基本与关中地区同步。值得注意的是，棺床在墓室中的位置往往反映墓室内的下葬和祭祀礼仪，洛阳唐墓的棺床在盛唐时期发生了由墓室北部向西部的变化，这实际上是向京畿丧葬模式的靠拢，表明盛唐时期的洛阳与京畿地区的联系更加紧密了。洛阳地区也发现了

---

[1] 徐殿魁：《洛阳地区隋唐墓的分期》，《考古学报》1989年第3期。

少量等级较高的墓葬，他们的丧葬模式更接近京畿地区的唐墓。隋唐洛阳城南的万安山（即龙门西山）南北之原是唐代皇室成员及高等级墓葬最集中的地区，见于文献记载和考古发现的有睿宗贵妃豆卢氏及家族墓地、景龙三年（709）安菩夫妇墓、伊川鸦岭长庆四年（824）齐国太夫人墓，以及名臣姚崇、张说、董晋、白居易的墓等。

2005年在隋唐洛阳城南延长线2公里的定鼎原上发掘了安国相王（即睿宗李旦）的孺人唐氏、崔氏墓，二人都是武则天时期政治事件中死于非命的，中宗复位后，对被诛杀的诸王、妃妾及子孙平反，予以重新安葬，唐氏、崔氏墓是神龙二年（706）的招魂葬[1]，应与同年在长安下葬的其他皇室成员墓一样，施行的是京畿地区丧葬模式，只是按较低的规格来埋葬。二墓都是长斜坡墓道带天井和过洞的单室砖墓，墓室方形、穹窿顶，墓道内有壁画，也像关中唐墓一样，采取前后分段的影作木构方式布局，以墓道北端的影作楼阁为界，前段的墓道内绘青龙、白虎引导的仪仗出行行列，后段的天井、甬道、过洞和墓室绘以影作木构为背景的持物侍者图，但大多已脱落。壁画配置方式、内容和绘画风格与关中地区盛唐时期的壁画相似。值得注意的是，在崔氏墓的天井填土中发现了2个石人，应属于地面的神道石刻，可能因毁墓等原因被扔入天井中，这说明洛阳地区的高等级墓原本也是有陵园和神道石刻等设施的。

2008年在伊川彭婆镇昌营村发现的唐墓墓主身份不明，埋葬等级比唐氏、崔氏墓要高得多，墓道内设有5个天井和过洞，墓室是长方形土洞结构，在墓室西半部置有一具殿堂式石椁。墓葬多次被盗，没有发现墓志，从墓葬结构、石椁葬具等来看，应是开元年间的高等级墓。石椁的形制、规模及画像与京畿地区的石椁非常相似，也是面阔三间、进深二间的庑殿顶式，

---

[1] 洛阳市第二文物工作队编著：《唐安国相王孺人壁画墓发掘报告》，河南美术出版社，2008年，5、94页。

长 3.14 米、宽 1.66 米、高 1.62 米，仅比京畿地区皇室成员的石椁略小，但比检校右武侯将军郑仁泰、银川太守武令璋的石椁要大（参表 7.2）。石椁的东壁和南壁、石柱和底板的外壁都有线刻画像。东壁（正壁）的中央刻宅门，门上方刻有五人组伎乐，左右两侧为门吏，左侧间为主仆二人，侍仆为男装女子形象，右侧间刻贵妇弈棋；南壁刻一主二仆形象。立柱上刻花草。底板刻 12 个壸门，每个壸门内刻瑞兽[1]。这具石椁应是采用来自京畿地区的石椁粉本制作的（图 7.40）。

伊川鸦岭发现的唐齐国太夫人墓反映了洛阳地区晚唐时期的埋葬规范，墓主是成德军节度使王承宗之母，卒于唐穆宗长庆四年（824），生前被封为诰命夫人。墓葬由斜坡式墓道、3 个天井、3 个过洞、甬道和长方形砖室组成，在墓室西侧置有木质棺椁。在甬道内置有 1 道石门和 1 道木门，石门上有阴刻纹饰，主题纹饰是头戴小冠和幞头的文官和武官装束的门吏，辅以牡丹纹饰[2]。

（2）洛阳安菩墓的特殊性

位于隋唐洛阳城南 8 公里龙门东山的陆胡州（六胡州）大首领安菩夫妇墓，是一座体现了特殊葬仪的唐墓。安菩是粟特安国后裔，六胡州是唐代最大的粟特人移民部落，位于河曲地区（今鄂尔多斯地区），其大首领品级同于京官五品，封定远将军。安菩于麟德元年（664）卒于长安金城坊私第，同年下葬于龙首原上，40 年后的长安四年（704），夫人何氏卒于洛阳的惠和坊私第，葬于洛城南的敬善寺东，五年后由其子安金藏在洛阳进行了合葬[3]。

---

[1] 洛阳市文物考古研究院：《洛阳伊川昌营唐代石椁墓发掘简报》，《文物》2016 年第 6 期。
[2] 洛阳市第二文物工作队：《伊川鸦岭唐齐国夫人墓》，《文物》1995 年第 11 期。
[3] 洛阳市文物考古研究院编著：《洛阳龙门唐安菩夫妇墓》，科学出版社，2017 年，3—5、144—164 页。

图 7.40　伊川昌营村唐代石椁
(《文物》2016 年第 6 期，32、34—35 页)

安菩墓的地面设施已经了无遗迹，但据《旧唐书·安金藏传》[1]，安金藏曾亲自为父母造"石坟""石塔"，但考古发掘的安菩墓室是方形的单室土洞，所谓"石坟""石塔"可能指地面曾有墓幢、佛塔之类的石质建筑。墓道方向并没有采取一般的南向传统，而是坐南朝北，死者的头向面朝后壁，

1《旧唐书》卷 187 上《忠义传·安金藏》："金藏，神龙初丧母，寓葬于都南阙口之北，庐于墓侧，躬造石坟石塔，昼夜不息。"4885 页。

即朝向南方，这是较为罕见的做法，可能与安菩的胡人种族有关。甬道内设1座石门，墓室的东西两侧各置1具棺床，以石条包边，内部填土。在两个棺床之间陈放着陶俑群，甬道两侧放置镇墓兽、墓志、文武官俑，俑群中很多都是胡人俑。死者手中握有东罗马金币、开元通宝铜钱。石门上有阴刻和浅浮雕图像，门楣上刻瑞兽、卷草图案，两扇门扉各刻一位小冠、长袍的门吏，分别持剑和持笏。门槛、门框、门墩上刻有卷草纹、牡丹纹。棺床的石包边上刻十二生肖图案（图7.41）。

图 7.41 唐安菩夫妇墓石门线刻门吏像
（《洛阳龙门唐安菩夫妇墓》146、147 页）

此墓的结构并无太多特殊性，与一般唐墓无明显差别。北朝隋唐时期的粟特人后裔墓葬常有发现，一般采取中原式的埋葬方式，但在图像、器物上会反映其本民族的祆教信仰，但直接表现祆教活动的图像入唐后似乎少见了，更多地体现在一些随葬器物上。姜伯勤将安菩墓中出土的一件饰有神像的三彩骆驼鞍鞯皮囊识别为祆教性质，认为它反映了六胡州以马驼皮袋祀祆神的习俗，据《酉阳杂俎》卷4记载，六胡州的突厥等族事祆神，"无祠庙，刻毡为形，盛于皮袋，行动之处，以脂苏涂之。或系之竿上，四时祀之"[1]。

关于安菩墓体现的宗教信仰，学者们有两种截然不同的解释，一种是刘淑芬主张的，安菩墓采取了佛教石窟瘗窟的形式[2]。确实此墓有很多现象带有明显的佛教印记，如安菩夫人何氏葬于洛城南的敬善寺东，合葬时曾建有墓幢之类的石塔。此外安菩"讳菩，字萨"、其子名"金藏"、金藏又有子名"金刚"等，这类来自佛教的词汇作为人名是佛教盛行时期的常见现象，不但汉人使用，胡人也使用，甚至也有回纥首领以菩萨为名[3]。另一种是沈睿文的看法，他从安菩墓志和《唐书·安金藏传》，认为安金藏在为父母举行的合葬中，使用了祆教的犬视仪式，使用了现实中的犬和鹿，这一葬仪不仅符合祆教教义，而且也与安菩定远将军的身份相符。此外墓葬的头向、"石坟"、石门画像等也体现了安菩家族的祆教信仰[4]。

在我看来，安金藏在为父母合葬时未必有明确的佛教或祆教信仰，而是中原传统葬仪与佛教、祆教甚至其他宗教的混用，这在当时粟特人聚落中是很平常的现象。安菩任职的六胡州本就是粟特人与被降服的漠北突厥人共

---

1 姜伯勤：《唐安菩墓三彩骆驼所见"盛于皮袋"的祆神——兼论六胡州突厥人与粟特人之祆神崇拜》，载氏著《中国祆教艺术史研究》，生活·读书·新知三联书店，2004年，225—236页。

2 前揭《中古的佛教与社会》，276—277页。

3 《旧唐书》卷195《回纥传》记唐初时的漠北回纥部落首领名曰菩萨，"初，有特健俟斤死，有子曰菩萨，部落以为贤而立之"。5195页。

4 沈睿文：《重读安菩墓》，《故宫博物院院刊》2009年第4期。

处之地，他们不但事祆神，也接受了佛教，对移居中原腹地洛阳的六胡州粟特人来说，进一步受到了佛教的浸染。洛阳的粟特人聚居区佛教是非常盛行的，著名粟特僧人康法藏在武则天时期，受命在洛阳翻译《华严经》，创立了华严宗，洛阳出土的很多粟特人墓志中都有皈依佛教的记录，在龙门石窟奉先寺卢舍那大佛旁、古阳洞与药方洞之间的窟龛供养人题记中就有很多粟特商人的名字，表明皈依佛教的粟特人数之众[1]。

除了佛教，景教也在洛阳粟特人群中流行。洛阳隋唐故城东郊曾发现 1 件唐大和三年（829）的八面体景教石刻，形制模拟了佛教陀罗尼经幢，除了十字架符号外，也有佛教的莲花和宝珠装饰，上刻汉文祝文及《大秦景教宣元至本经》《大秦景教宣元至本经幢记》。《经幢记》记载了为安国安氏太夫人在洛阳县柏仁里购买茔地、神道刻石的经过，并提到"大秦寺寺主法和玄应，俗姓米，威仪大德玄庆，俗姓米，九阶大德至通，俗姓康"，亡者安国安氏太夫人和洛阳大秦寺的米姓、康姓主事者应该都是洛阳粟特人聚落中的景教教士[2]。但是这些洛阳粟特景教信徒的葬仪，是融合了佛教和传统汉地葬俗的，如经幢的做法就是来自佛教，而购买茔地的记载未必真的就是买地，可能就是汉传统葬俗中以买地券的形式虚拟置地。

洛阳粟特聚落中也崇奉摩尼教，摩尼教与祆教一样起源于西亚，都是二元论宗教，信奉善与恶、光明与黑暗的对立，故又称明教。宋代释志磐《佛祖统纪》卷 3 载武则天延载元年（694）有波斯国人献《二宗经》之事，一般把这个记载当成摩尼教入华的标志，但实际上此前摩尼教早已在民间传播，林悟殊引《资治通鉴》卷 203 高宗永淳二年（683）绥州胡人白铁余自称"光明圣皇帝"之事，认为摩尼教在延载元年得到官方承认之前已在民间

---

[1] 张丽明：《河南洛阳市龙门北市香行像窟的考察》，《考古》2000 年第 5 期。
[2] 张乃翥：《跋河南洛阳新出土的一件唐代景教石刻》，《西域研究》2007 年第 1 期；罗炤：《洛阳新出土〈大秦景教宣元至本经及幢记〉石幢的几个问题》，《文物》2007 年第 6 期。

传播，甚至南北朝至唐初很多农民起义首领的"圣王""明法王"等称呼、崇尚白色等现象可能也表明民间早已存在摩尼教的信仰[1]。洛阳的粟特摩尼僧甚至将摩尼教传入了漠北，回鹘可汗曾由洛阳携四摩尼僧入漠北，并定摩尼教为国教。7世纪后半期至8世纪初，生活在洛阳的安金藏母子想必对摩尼教并不陌生。杨富学认为8世纪的粟特人信奉摩尼教、景教、祆教和佛教，四教之中以祆教势力最大，摩尼教次之，景教和佛教又次之[2]。

上面的讨论是为了说明洛阳的粟特聚落中，信仰其实是十分庞杂的，彼此之间互有浸染，而在民间葬俗中，通过丧礼达到行孝、祈福的目的是最重要的，未必与家族的宗教信仰有直接关系。安菩之子安金藏是武则天时期的太常乐工，长期居住在洛阳的惠和坊[3]，其母何氏在丈夫安菩死于长安后的40年间，与孤子安金藏共同生活于洛阳，直到长安四年（704）卒于惠和坊私第。安菩一家长期居住于信仰庞杂的洛阳粟特聚落中，安金藏为父母举行一个融合了祆教、佛教、摩尼教、中原葬俗的葬仪是完全可能的，如《安金藏传》中的"石塔"可能是佛教葬俗（如刘淑芬看法）；墓葬的头向、"石坟"、石门画像等体现了祆教葬俗（如沈睿文看法）；安菩墓志中有"天玄地厚，感动明祇"等语，考虑到洛阳聚落中的摩尼教信仰，此"明祇"或许不是泛指的上天，而可能指摩尼神祇；而墓室结构、随葬俑群又是平常的中原葬俗。

最近在安阳新发现的隋开皇十年（590）麹庆墓中出土了1具石棺床，上有雕刻、彩绘和贴金，雕刻内容既有祆教的圣火坛，又有一些内容可能与景教、摩尼教和佛教有关，还有传统的瑞兽题材。此外在石棺床前还立有1件

---

1 林悟殊：《摩尼教及其东渐》，台湾淑声出版社，1997年，49—53页。
2 杨富学：《回鹘改宗摩尼教问题再探》，《文史》2013年第1期；刘复兴、杨富学：《秦州粟特米氏墓志铭新探》，《石河子大学学报（哲学社会科学版）》2020年第3期。
3 毛阳光：《唐代洛阳粟特人研究——以出土墓志等石刻史料为中心》，《郑州大学学报（哲学社会科学版）》2015年第4期。

石屏风，线刻有"节士"故事及长篇题记。可见，这也是一座居住在中原的西域人采取的融合性葬俗[1]。

(3) 山西等地唐墓

太原地区也是唐墓集中的地区，但墓葬等级普遍不高，一般是中低级官员和平民的墓葬，这点是不同于东都洛阳的，但在丧葬模式上似乎更接近京畿地区，这可能与它曾是北齐的核心地区之一有关，隋唐墓葬的很多因素都源自太原地区的北齐传统，入唐后两地的丧葬模式基本保持了同步发展，这点已见于前述，此处不再赘述。

临近京畿的山西运城万荣县皇甫乡发现的开元八年 (720) 薛儆墓较完整地体现了京畿地区的丧葬模式，但存在与身份不相符的"逾制"现象。地面发现有石羊的残块，应是神道石刻的一部分，地面也可能曾有墓园和封土。从天井内发现的 2 件石墓表、2 件石人残块来看，它们是在天井填实之前被人为打坏埋入的。地下是一座带有 6 个天井、6 个过洞、6 个壁龛的长斜坡墓道的砖砌单室墓，墓室弧方形，边长 4.7 米，高 5.5 米。甬道内置石门，石门门扉上线刻的门吏像似为太监形象，常见于长安地区皇室成员的壁画中，出现在此墓中应是一种逾制。墓室西侧有一具庑殿顶石椁，大小和形制几乎等同于永泰公主石椁，内外皆有阴刻画像。墓道两壁有青龙白虎引导的仪仗出行图，墓室内绘屏风式树下人物。发掘者根据天井内打碎的石武士和石墓表、墓道填土中的壁画残片、墓志中谥号空出等特殊现象，认为薛儆死后不久就遭到了人为的破坏[2]。薛氏是唐代山西的望族，武则天的甥家，薛儆本人又是睿宗的女婿，根据其官爵，使用石椁是逾制行为，墓中发

---

1 安阳考古研究所：《安阳新发现隋代汉白玉石棺床墓，墓主麹庆为高昌王室后人》，《文博中国网》2021 年 1 月 4 日新闻。

2 山西省考古研究所：《唐薛儆墓发掘简报》，《文物集刊》1997 年第 3 期；前揭《唐代薛儆墓发掘报告》，2—11 页。

现的残石武士像可能说明他死后不久被人告发逾制[1]。也有学者认为薛儆的逾制可能与薛家一家得玄宗恩宠,去世后玄宗赠其兖州都督,遣使赠物,默许了石椁下葬,但在归葬后,营建好的石人石柱等因为不合礼制而被整肃(图7.42)[2]。

图 7.42 唐薛儆墓石椁及石门线刻画像
(《唐代薛儆墓发掘报告》,图版二一、二二、二五)

类似的"逾制"现象还见于陕北地区的唐墓。前述榆林靖边统万城东发现的开元二十四年(736)杨会石椁,墓主杨会仅是羽林军士兵(羽林飞骑),父亲也只是甘州司马,但采用了高大的石椁,显然也是逾制。不过石椁的画像比京畿地区要简略得多,线刻部分仅限于立柱、底座和前壁的门窗,其他部位都是彩绘,绘画内容主要是持物侍女,旁以"阿兰""春

---

1 华阳:《论薛儆墓的形制及等级问题》,《北方文物》2011年第4期。
2 李雨生:《山西唐代薛儆墓几个问题的再思考》,《中国国家博物馆馆刊》2013年第5期。

花""思力"等题记标明侍者的名字[1]。志丹县发现的天宝十三载（754）银川太守武令璋墓同样葬在统万城东，也采取了面阔三间、进深二间的庑殿顶石椁，石椁规模和画像内容几乎与京畿地区皇室成员葬具相近。银川太守应是正四品官，显然也是没有资格享用石椁的，这也是逾制[2]。

上述几座"逾制"墓都位于京畿以外地区，墓主并非制度的制订者和坚定执行者，其埋葬方式可能少受京畿地区秩序的约束。

南方地区的唐墓基本是六朝以来丧葬模式的延续，与中原和关中墓葬差别较大，只有极个别高等级墓采取了与遥远的京畿地区相同的丧葬模式，如湖北安陆发现的太宗时吴王妃杨氏墓和高宗时濮王李泰墓、中宗时新安郡王李徽墓，以及远在广东韶关的开元二十九年张九龄墓等，墓葬形制和等级特征基本与同时期的京城地区相同，壁画内容也与西安唐墓接近。这些墓葬与南方其他唐墓格格不入，应是由于他们的特殊身份而使用了中央的埋葬礼制[3]。这些身份特殊的人对京畿地区丧葬模式的坚守，是对中央礼制与核心文化的认同，是大唐新秩序的具体体现。

（4）吐谷浑贵族墓

北朝至唐代活动于祁连山至青海湖一带的吐谷浑是慕容鲜卑的一支，是西晋太康年间（3世纪末）从辽西的慕容鲜卑中析出后西迁的，南北朝时，在张掖之南、陇西之西、黄河之南发展成一个强盛的政权，被南朝史书称作河南国。由于盘踞在丝绸之路的要道上，吐谷浑是南北朝时期南、北政权与西域沟通的媒介，与南朝齐梁之间交往甚密，主要是使节往来，通过四川盆地和长江水道进行沟通，而与北朝之间的交流更为频繁，通过战争、贡赋、质子、通婚等方式保持着密切关系。从中原地区发现的一些吐谷浑后裔墓志（如洛阳出土的吐

---

[1] 郭延龄：《靖边出土唐杨会石棺和墓志》，《考古与文物》1995年第4期。
[2] 王勇刚等：《新发现的唐武令璋石椁和墓志》，《考古与文物》2010年第2期。
[3] 权奎山：《中国南方隋唐墓的分区分期》，《考古学报》1992年第2期。

谷浑玑墓志、北齐尧峻妻吐谷浑静媚墓志、武昌王妃吐谷浑墓志等）来看，这些进入中原日久的吐谷浑人已经完全中原化，以至于墓志中称洛阳人[1]。唐太宗贞观九年（635）李靖大破吐谷浑后，立诺曷钵为主，吐谷浑成为大唐属国，妻以宗室女弘化公主，诺曷钵的石像作为番酋像，也立在太宗的昭陵前。

高宗龙朔三年（663），吐谷浑被吐蕃所灭后，诺曷钵被安置在凉州南山一带（今甘肃武威），后又被迁至灵州（今宁夏灵武），置安乐州以处之，以诺曷钵为刺史。但诺曷钵家族去世后，都归葬凉州的祖茔，今武威市天祝县南山的青嘴喇嘛湾墓地就是诺曷钵以后四代王族成员的茔地，属于初唐和盛唐时期。这里先后出土了诺曷钵之妻弘化公主、慕容忠及妻金城县主等多方吐谷浑主及唐妻的墓志[2]，1980年曾发掘其中数座墓葬[3]。

吐谷浑的民族葬俗是较为简略的土葬，《魏书·吐谷浑传》："死者亦皆埋殡，其服制，葬讫则除之"[4]，但灭国后的吐谷浑贵族墓与其位于青海的早期墓葬在地面和地下形制上有了很大的不同，采取了京畿地区唐代贵族墓的丧葬模式，如因山为陵、带斜坡墓道的单室砖墓、墓志、壁画和俑群等，符合初唐和盛唐墓的典型特征，表明吐谷浑贵族葬仪已经完全纳入唐代的丧葬秩序中了。

青嘴喇嘛湾吐谷浑王族茔地的陵园布局尚不清楚，诺曷钵的墓也未确认，但值得注意的是诺曷钵之妻弘化公主墓志（武周圣历二年，699）记载："别建陵垣，异周公合葬之仪，非诗人同穴之咏"[5]，表明诺曷钵与妻应采取了

---

1 武威以及宁夏、中原等地出土的吐谷浑墓志已不下20方。吐谷浑墓志以周伟洲先生的收集考证最详，参周伟洲：《吐谷浑资料辑录》卷2，青海人民出版社，1992年，87—120页；《吐谷浑墓志通考》，《中国边疆史地研究》2019年第3期。

2 周伟洲：《吐谷浑资料辑录》卷2，青海人民出版社，1992年，87—120页。

3 黎大祥：《武威青嘴喇嘛湾唐代吐谷浑王族墓葬》，《陇右文博》1996年第1期。

4《魏书》卷101《吐谷浑传》，2240页。

5 夏鼐：《武威唐代吐谷浑慕容氏墓志》，《考古学论文集》，河北教育出版社，2000年，113—114页。

异穴合葬的方式，各有单独的陵园，这种合葬方式与关中和中原隋唐合葬都不太一样，前述隋文帝和炀帝都是同坟异穴合葬，昭陵和乾陵是同穴合葬，唐陵中采取异穴合葬的只有高宗太子李宏的恭陵（葬于上元二年，674），位于河南偃师县缑氏陵区，帝后各有封土和墓穴，但位于同一陵园内[1]。诺曷钵与弘化公主到底是如何合葬的，还有待未来对陵园结构的进一步揭示。

2019年下半年，甘肃省考古研究所发掘了武周天授二年（691）下葬的吐谷浑喜王慕容智墓[2]。这是一座保存完好的墓，应是因山为陵，但在山顶上又有人工的封土，据说以前调查时，地面还有神道石像生。慕容智是诺曷钵第3子，也是吐谷浑末代统治者。地下的墓葬结构和随葬品等情况保持了与关中唐代贵族墓的一致性，是由斜坡墓道、甬道和单室砖墓构成的，在墓室西侧置棺，东部是由1组木构、陶俑、祭器和食物构成的祭祀空间。墓中还发现了木质的列戟架和六曲屏风，陶俑组合与关中地区一致。墓中甬道口上方的照墙上绘有双层楼阁，甬道、墓壁和顶部绘有壁画，其中甬道和墓壁残存男女人物形象，顶部绘天象图，红色的太阳与白色的月亮清晰可辨。值得注意的是，墓志铭文中也有对壁画内容的记录："上悬乌兔，下临城阙……丹乌迅速，白兔苍茫"[3]，此"乌兔"当指墓顶所绘的三足乌（太阳）、玉兔捣药（月亮），"城阙"当指甬道口上方的双层楼阁，这说明墓志铭是壁画完成之后的写实性描绘。总体来说，这是一座体现了关中唐代丧葬模式的墓葬，但也有一些民族特色的遗存，如棺上覆盖的丝织物上有成排的大象图案，以金覆面、下颌托、金丝网络装殓遗体，这些是北方草原民族的埋葬习俗；而折腹的银扣木胎漆碗等则是对西方金银器的模仿，反映了域外文化对唐代工艺的影响。

---

1 若是：《唐恭陵调查纪要》，《文物》1985年第3期。
2 甘肃省文物考古研究所、武威市文物考古研究所、天祝藏族自治县博物馆：《甘肃武周时期吐谷浑喜王慕容智墓发掘简报》，《考古与文物》2021年第2期。
3 刘兵兵、陈国科、沙琛乔：《唐〈慕容智墓志〉考释》，《考古与文物》2021年第2期。

2. 漠北突厥贵族墓

京畿地区的陵园制度也辐射到实行羁縻统治的漠北突厥地区。漠北突厥时期的遗存主要分布于蒙古国鄂尔浑、色楞格流域，发现了很多唐羁縻统治时期的突厥贵族墓和以汉文、古突厥文书写的碑铭，也发现了几座高等级的壁画墓。

2011年8月蒙古国科学院考古研究所与哈萨克斯坦欧亚科学院突厥阿尔泰研究中心在蒙古国布尔干省巴彦诺尔苏木的乌兰克热姆（Ulaan Kheremiin），发掘了一座保存完好的7世纪土丘壁画墓，但没有发现墓志。日本学者东潮曾于2013年对此墓进行了介绍，认为它与另一座发现在中央省扎马尔县图拉河南岸的仆固乙突墓一样是初唐时期的墓葬，属于高宗时期受唐朝册封的突厥贵族墓，墓主很可能是安北都护府辖下的都督，也有可能是从长安归葬故里、与陪葬昭陵的阿史那忠同族的突厥贵族[1]。蒙古国考古学家敖其尔（Ochir A.）也撰文介绍了墓葬的发现情况，认为墓葬形制和出土遗物与唐代墓葬有很多相似之处，同时也反映了突厥汗国与西方的拜占庭、萨珊王朝以及唐朝之间的文化交流与贸易往来[2]。也有中国学者从墓中出土的拜占庭金币及仿制品，判断墓葬的年代不早于620年，应是唐羁縻府州制度时期的墓葬，墓主可能是受唐朝册封的特勒部酋长[3]。最近又有学者推测此墓的主人可能是第一任金微州都督仆固歌滥拔延[4]。2017年蒙古科学院历史考古

---

1 东潮：《モンゴル草原の突厥オラーン・ヘレム壁画墓》，德岛大学综合科学部《人间社会文化研究》第21卷，2013年，1—50页；东潮著，篠原典生译：《蒙古国境内的两座突厥墓——乌兰克热姆墓和仆固乙突墓》，载中国人民大学考古文博系主编《北方民族考古》第3辑，科学出版社，2016年，31—44页。

2 阿·敖其尔等著，萨仁毕力格译：《蒙古国布尔干省巴彦诺尔突厥壁画墓的发掘》，《草原文物》2014年第1期。

3 林英、萨仁毕力格：《族属与等级：蒙古国巴彦诺尔突厥壁画墓初探》，《草原文物》2016年第1期。

4 徐弛：《蒙古国巴彦诺尔壁画墓墓主人考》，《暨南史学》第二十辑，暨南大学出版社，2020年5月。

研究所正式发表了考古发掘报告，报告编撰者极力强调它与中亚甚至小亚细亚的文化联系[1]。这是一座采用唐代丧葬模式、被纳入唐朝丧葬秩序中的漠北游牧民族贵族墓，是毫无疑问的，与中国关中发现的凉州都督郑仁泰墓、左武卫大将军苏定方墓以及蒙古发现的仆固乙突墓等的埋葬等级相当。

乌兰克热姆墓的地面有圆形封土，底边直径约35米，高4.2米，地下部分由斜坡墓道、4个过洞、4个天井、2个壁龛、甬道和墓室组成，墓道长42米，壁龛约1米见方，装有木门。墓室是一个长3.7米、宽3.5米、高2.2米的弧方形土洞，墓室西侧置有一具木棺，棺内置有一个80×40厘米的木质骨灰盒，盒内除了骨灰外，还发现盛储金器的丝绸口袋。火葬是突厥的葬俗，颉利可汗作为俘虏在长安去世后，是以火葬方式在长安下葬的，《新唐书·突厥传》："（贞观八年）颉利死，赠归义王，谥曰荒，诏国人葬之，从其礼，火尸，起冢灞东。"[2] 棺内还发现了金、银、铜币等物，墓室内置有陶俑。

这座墓有体现突厥人葬俗的一些特点，如火葬现象、随葬俑群中的鸟首镇墓兽等，也有反映突厥与西方交往的金银器和金币等，但从墓葬结构、陶俑群和壁画来看，主要还是关中唐墓的模式，尤其是壁画布局与内容。在墓道和墓室内绘有壁画，先在土壁上敷一层草拌泥，再涂一层白灰面，再以白、黑、青色绘画。基本上采取的是关中以影作木构前后分段的方式布局画面，以墓道北端的楼阁图为界，前段的墓道绘青龙白虎，后段的天井、过洞和甬道内绘列戟6杆、男侍、牵马人像等，分别是长辫、交领长袍的突厥人和圆领长袍的唐人。墓室内在影作木构的两柱之间绘唐装侍女形象，构成屏风式的树下人物。墓内壁画和陶俑相比关中唐墓较为简略，水平较为粗拙（图7.13、7.14）。

---

1 Ochir A., Erdenebold L. ed. *Cultural Monuments of Ancient Nomads*, Ⅶ, in Archaeological Relics of Mongolia Catalogues, 2017, pp. 13–56.

2 《新唐书》卷215上《突厥传》，6036页。

另一座位于中央省扎马尔县图拉河南岸的仆固乙突墓，形制与此类似，规模略小，出土墓志表明，墓主仆固乙突死于仪凤三年（678），埋葬地在唐羁縻州金微州附近。仆固乙突家族从其祖父开始任金微州都督，他是第三代都督，最后官职是正三品的右骁卫大将军、金微州都督。由于他在高宗时期对西突厥、靺鞨、吐蕃的战争中立有战功，备受嘉奖，因此其形象也见于唐高宗乾陵陵园的 61 蕃酋像中[1]。地面有南北向的长方形垣墙，长 108 米、宽 87 米，有圆形封土，直径 20 米，高 5 米。地下由墓道、3 个过洞、3 个天井、2 个壁龛、甬道和土洞墓室构成。墓室面积 3.6×3.5 米（图 7.43）[2]。仆固乙突去世后，唐朝中央朝廷是参与了葬礼的，派官员吊祭，并赐予象征身份的弓箭、胡禄、鞍辔等物，"天子悼惜久之，敕朝散大夫、守都水使者、天山郡开国公鞠昭监护吊祭，赗物三百段、锦袍、金装带弓箭、胡禄、鞍辔各一具。凡厥丧葬，并令官给，并为立碑"（墓志）。

值得注意的是，这两座高宗时期的突厥贵族墓的墓园是按照关中墓园的南北朝向设置的，与突厥传统的东西方向不同，也与年代稍晚的阙特勤、毗伽可汗墓园的东西朝向不同。

位于后杭爱省和硕柴达木湖西南的阙特勤遗址，是突厥贵族阙特勤的墓园。《新唐书·突厥传》记载开元十九年（731）阙特勤死后，唐玄宗派金吾将军张去逸等奉玺诏前往漠北吊祭，"帝为刻辞于碑，仍立庙像，四垣图战阵状，诏高手工六人往，绘写精肖，其国以为未尝有"[3]。这种立碑、立像和陵园四门外画像的做法，显然与关中墓园的设计是一致的。墓园内发现了石椁、祠庙、碑刻及石像生等遗迹，周围以瓦顶夯土的垣墙围绕。石雕、碑刻

---

1 杨富学和冯恩学都对出土墓志有关史实进行了讨论。杨富学：《蒙古国新出土仆固墓志研究》，《文物》2014 第 5 期；冯恩学：《蒙古国出土金微州都督仆固墓志考研》，《文物》2014 年第 5 期。

2 А.Очир, С. В. Данилов, Д. Эрдэнэголд, Ц. Цэрэндрж. Эртний нүүдэлчдийн Бунхант булшны Малтлага судалгаа. Төв аймгийн Заамар сумын Шороон бумбагарын малтлагын тайлан, Улаанбаатар. 2013.

3《新唐书》卷 215 下《突厥传》，6054 页。

596　中古丧葬模式与礼仪空间

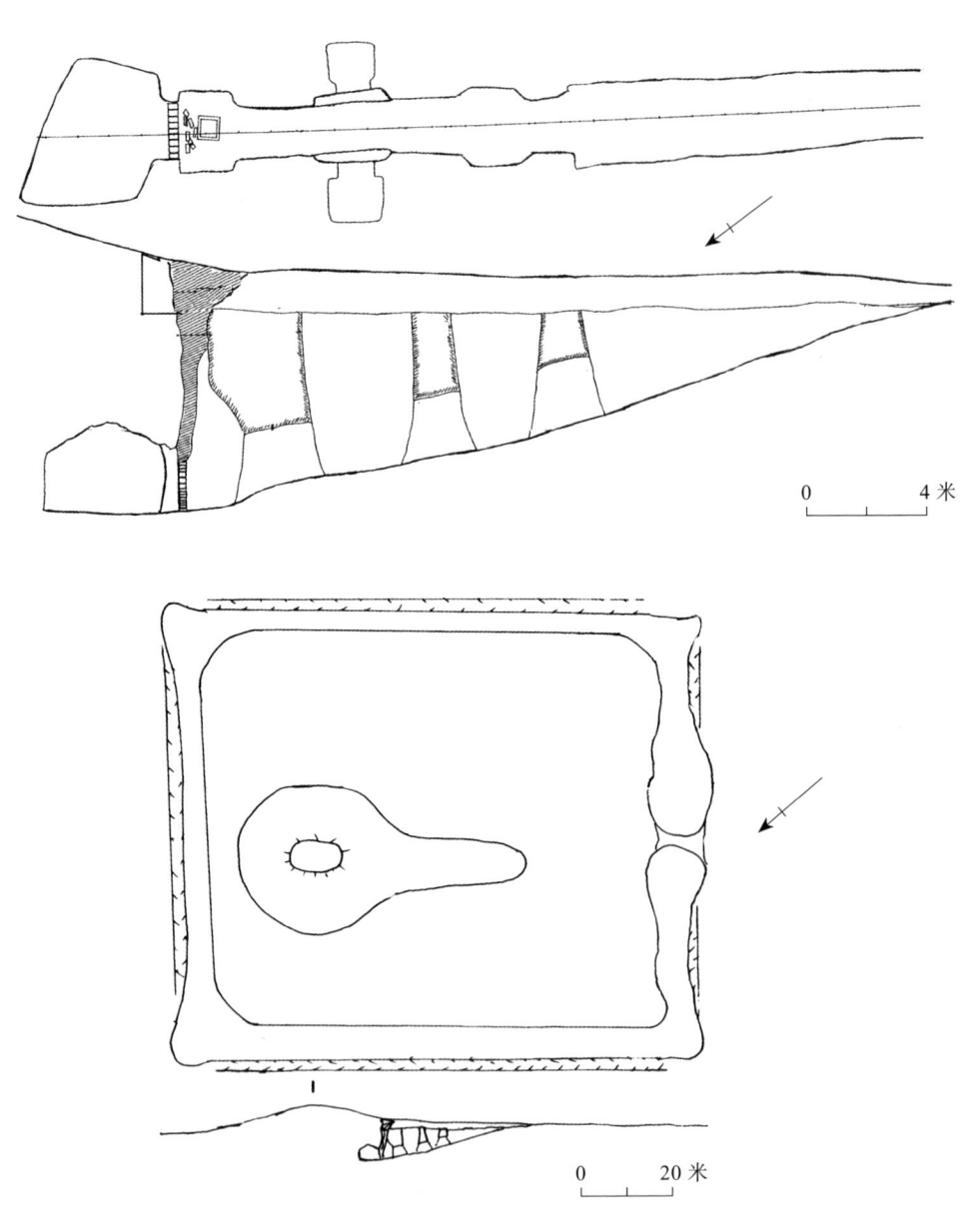

图 7.43　蒙古国仆固乙突墓平剖面图及墓园平面图

皆为唐人所作，风格完全是关中唐式。所立墓碑（阙特勤碑）刻汉字和突厥文字的双体碑文，正面及左右侧面刻突厥文，背面为唐玄宗亲书的悼文，二种文字的内容并不完全对应。垣墙四门原来可能绘有纪念阙特勤战功的壁画，即"四垣图战阵状"，发掘时尚有痕迹。阙特勤墓园东南不远处还有毗伽可汗墓园，墓园形制和石刻设置相似，应是同一批唐代工匠所为，也留下了突厥文和汉文书写的墓碑。据刘文锁的调查，地面似乎还有祠庙、立石、石像等遗迹，还有7块可能出自墓室的石板，上有团花、缠枝花、朱雀等图案，推测属于围屏式石椁（石棺床）[1]。这两座墓园坐西朝东，表明羁縻体制下对本民族传统的保留。这种情况一直延续到回纥时期（745—840），东潮介绍了位于后杭爱省浩腾特苏木一带的几处回纥墓园，都采取了东西朝向，他认为这与回纥都城的坐西朝东有关[2]。

五、小　结

隋唐丧葬模式是对汉魏晋南北朝模式的继承、整合与创造，经过隋和唐初的摸索，到盛唐时期形成了适应大一统局面的新的丧葬规范。隋和唐初在陵园设置上，抛弃了北周帝陵不树不封的传统，开始建立庞大的陵园，在营造理念上多以汉制为范，如隋文帝太陵的覆斗形封土、陵庙、同坟异穴合葬是对西汉帝陵和诸侯王墓埋葬方式的复古，炀帝与萧皇后也是同坟异穴式合葬。唐初的献陵和昭陵是唐代帝陵的开创之作，尚未形成定制，献陵主要是

---

[1] 刘文锁：《蒙古国境内突厥遗迹的调查》，载罗丰主编《丝绸之路上的考古、宗教与历史》，文物出版社，2011年，161—165页。

[2] 东潮：《モンゴル草原の突厥オラーン・ヘレム壁画墓》，德岛大学综合科学部《人间社会文化研究》第21卷，2013年，1—50页；东潮著，篠原典生译：《蒙古国境内的两座突厥墓——乌兰克热姆墓和仆固乙突墓》，载中国人民大学考古文博系主编《北方民族考古》第3辑，科学出版社，2016年，31—44页。

对西汉制度的复古，如覆斗形封土、寝殿建筑、方形墙垣和陪葬墓区等，这是对同处于渭河两岸的西汉帝陵陵园的模仿；也有一些特征来自东汉帝陵，如神道石刻制度是为了盛大的墓祭活动需要而出现的，源自东汉帝陵。唐太宗的昭陵抛弃了隋和高祖献陵的覆斗形封土之制，采取了因山为陵的做法，这是对西汉文帝霸陵的效仿，此外建立了完善的大臣陪葬制度。高宗、武则天合葬的乾陵代表着唐代帝陵陵园制度的定型，完善的神道石刻组合和内外城的设计有模拟都城的意味，内城位于整个陵园的北部居中，象征长安城的宫城，外城象征百官衙署所在的皇城，而仪卫性的神道象征长安城的中轴大街——朱雀大街，这种设计延续了秦汉帝陵的"若都邑"理念。隋唐帝陵远祖汉代陵寝制度的做法并非对南北朝制度的割裂，而是延续了南北朝帝陵的复古倾向，北魏、东魏、北齐和南朝帝陵实际上早已抛弃了魏晋薄葬制度，在地面上开始恢复汉代制度，因此隋唐帝陵实际上是对南北朝帝陵制度的进一步完善。在这个过程中，关中地区的西汉帝陵和东都洛阳的东汉帝陵遗迹成为了直接效仿的对象。

地下的墓室空间主要是北朝墓葬的发展和进一步规范化，其中既有关中本地的地域传统，如以天井和过洞模拟宅院的做法、影作木构的墓室装饰等，也有来自北齐的丧葬模式，如陶俑群和某些壁画图式等。经过一番整合和调整，最终形成了一套新的埋葬规范——以完备的等级秩序为特征的唐代丧葬模式。这套新的丧葬规范在盛唐时期已经定型，在地面上形成了以陵园布局、封土样式与规模、神道石刻组合等为标志的等级秩序，在地下的墓室空间形态上以弧方形、穹隆顶的单室砖墓为主，形成了以天井和过洞、石椁、列戟制度、志墓方式等代表等级身份的制度。

北魏形成的石葬具传统也被隋唐模式继承，隋代主要是石棺，唐代主要是房形石椁。隋代皇族和显贵使用的画像石棺皆为线刻画像，以传统的墓主升仙为主题，但在粉本流传过程中出现了变异，抛弃了北朝的孝子故事、宴

第七章　秩序重建：隋唐一统下的丧葬模式　599

饮乐舞、牛车出行等世俗生活的内容，着重表达成仙后的境界，此外画像中出现了很多西方文化的因素。房形石椁流行于初唐和盛唐时期，被一部分皇族和重要勋臣使用，具有严格的等级意义，形制逐渐定型为模拟殿堂的结构，与墓道、甬道等处彩绘的楼阁、仪仗、列戟等一起模拟了死者生前的宫殿或宅第。石椁的形制和画像内容也较为统一，基本是面阔三间、进深二间的庑殿顶大殿结构，竖置于墓室西侧，即正面朝东，椁前是下葬时的祭祀空间，一般有帷帐、祭器、饮食等陈设。画像配置方式也相当一致，石椁外壁的正壁（东壁）是主要装饰部位，一般刻大门和直棂窗，门口立有侍者，北壁和西壁因靠近墓圹，大多没有画像，南壁朝向墓道口，也是需要装饰的部位，多刻有持物供奉的侍女像。内壁四个壁面都刻有画像，一般以立柱分为10个单幅画像，构成类似于屏风的构图，每幅刻有持物供奉的侍者，有的是主仆二人，有的是持物供奉的侍女一人，以花草、树木和假山为背景，象征内宅场景。立柱的内外壁都有画像，一般刻花草、神禽瑞兽图案。椁底板一般刻出连续的壸门，壸门内刻神禽瑞兽。

　　从壁画与葬具画像、墓内陈设的关系来看，唐墓壁画可分为两个系统、两个空间。首先是将整个画像分为宅院内外系统，以影作木构与墓室建筑相结合，营造了一个静态的宅院内外场景，这是对汉代以来的场景式图像系统的变革；其次是将宅院内部系统分为两个空间——埋葬空间与祭祀空间，分别通过石椁（或屏风）画像、墓壁壁画来塑造。在有殿堂式石椁的墓内，石椁被两柱之间的石板分隔成一幅幅独立的画面，画像内容与影作木构的壁画相似，都表现内室的生活场景；壁画主要绘在石椁对面的墓室东壁，这样墓室的画像系统就营造出两个空间——埋葬空间和祭祀空间，墓壁绘画与石椁画像各自独立而彼此呼应。没有使用石椁的墓内，墓室四壁都有壁画，一般以影作木构为背景，在阑额之下的两柱之间绘数位持物侍女像，描绘内室的生活场景。由于没有墓主受祭图，墓室壁画并没有一个明确的中心，也没有明确的埋葬空间与祭祀空间的划分，而是由柱子分隔成一幅幅独立的画面，彼此之间也没有联系，这种影作木构式的壁画配置方式是为了模拟宅第的场景。

以屏风方式构图的壁画是唐墓壁画一个十分突出的现象，从形式上来说与北齐屏风画、北朝围屏石棺床的关系密切，但在图像配置上并不是围绕墓主像展开的，没有明确的中心，应主要是在本地影作木构和石椁线刻画的基础上发展起来的。屏风画一般仅仅围绕棺床，即画在棺床的后壁和两个侧壁，尤其是棺床的后壁是重点配置的部位，一般是六扇连屏；而在棺床以外的壁面一般不采取屏风式构图，尤其是在棺床对面的墓室东壁一般绘包含众多人物的伎乐舞蹈图像，在其他部位绘持物侍女。这样的图像配置将墓室分为了两个空间：以屏风画围绕的棺床部位是埋葬空间，东部是下葬时举行墓内祭奠的祭祀空间。屏风画的作用是营造埋葬空间。这种空间划分类似于有石椁的墓——石椁放置在墓室西部，是埋葬空间，石椁对面是祭祀空间。没有石椁的墓以屏风画模拟石椁内壁的画像而营造出埋葬空间。

唐代的丧葬模式充分体现了帝国统一时期的秩序重建，无论地面陵园的空间布局，还是地下墓室空间的结构、陈设与画像，都呈现出相当强的统一面貌，规范性、等级性极强。京畿地区是皇帝、皇室成员和高级官吏集中的地区，他们是丧葬礼制的制定者和执行者，埋葬方式较充分地体现了新的丧葬秩序，在一定程度上代表了唐代的丧葬模式。这套新的丧葬秩序在统一王朝的版图内也辐射到京畿以外地区，在不同的地域有着不同的呈现方式。

第八章
结语：不知死，焉知生？

人类诞生以来，死亡人数众多，只有极小的一部分"精英人士"被历史文献记录下来，但被考古学家"记住"的人数要多得多，墓葬遗存以一种特殊的方式"记录"了他们的死亡，见证了他们处理死亡的方式、对待死亡的态度。墓葬考古学就是通过"死亡的遗存"来观察古人的丧葬行为和生死观念的学问，它采取一种由死及生的研究路径，研究与死亡有关的一切文化、社会现象，以及古人的应对方式与态度。具体来说，就是通过死亡的遗存来重建丧葬仪式的过程，复原丧葬仪式的场景，讨论丧葬仪式的象征意义；通过观察古人处理死亡的方式来揭示古人对待生命与死亡的态度，达到透物见人、见社会、见历史的目的。

一、中古生死观的变迁

中古时期是社会变迁加剧的时期，在政局变动、民族融合、人口迁徙、外来宗教与文化渗透的背景下，主流意识形态发生了很大的变化。受其影响，人们对于生命与死亡的态度也发生了相应的变化。

汉代是佛教入华之前中国传统思想与信仰的沉淀和定型时期，也是魂魄观和来世观在丧葬中得到最充分表达的时期。汉代的主流意识形态是基于经学的儒家思想和基于阴阳五行的黄老学说，一方面汉王朝将丧葬活动作为宣扬儒家伦理、维护社会秩序的手段，以厚葬为德，以薄葬为鄙，以孝悌、忠义为表现方式；另一方面汉人将西王母所在的仙界作为来世的追求，在墓葬中不但完整表达了来世的多个层次（天界、仙界、人间、鬼界等），而且通过灵魂之旅的方式表达了去往来世的途径，那些打包整齐并挂有标签的行李箱，图像中的车马、桥、天门等，都是对来世之旅的表达，现实世界与来世之间的逻辑关系是清晰而完整的。

佛教自两汉之际传入中国，它对于生命本质的认识与中国本土信仰是不同的，对于生命的基本观念是因果报应、轮回转世，认为生命通过轮回转世而进入新的境界，"又以为人死精神不灭，随复受形，生时所行善恶皆有报应。故所贵行善修道，以炼精神而不已，以至无生而得为佛也"[1]。佛教宣扬的形与神，在形式上与传统生命观中的魂、魄有一定关系，但对于肉体生命消失之后的想象却有不同的认识，不是成仙，而是成佛，而且成佛的途径与成仙的途径也大不相同，佛教徒希望戒欲行善以致灵魂超脱轮回而成佛，不同于汉代通过方术导引而至肉体飞升成仙。但是，作为外来信仰的佛教，在入华之初是紧紧地依附于中国传统信仰而发展的，二者的界限被有意无意地淡化了，佛教的修习方式，甚至佛的形象都与神仙相近，在汉人心目中仙、佛无异，也视佛为变化不死之神，汤用彤先生说，"神灵不死乃时人之共同信仰，奉佛为神明，为斋戒祭祀，固由此根本之信仰而来也"[2]。故在东汉明帝的梦中，佛能飞行变化，他一边遣使以求真佛，一边又以传统的方式对佛进行斋戒祭祀，将佛作为助己成仙的又一个途径。他将佛像绘在自己的显节陵上，无非是一种对于升仙的祈愿罢了。

佛作为一种外来的神祇，最先风行于东汉的上层社会，这大约与西汉以来一直盛行的迷信图谶、尚巫祝之风有关。在这种风气之下，东汉初入华的

---

[1] [晋] 袁宏撰，张烈点校：《后汉纪》卷10《孝明皇帝纪下》，187页。
[2] 前揭《汉魏两晋南北朝佛教史》，81页。

佛教被当成一种禳灾、避祸、成仙的方式，迅速融入当时的方术信仰中，受到上层社会的礼敬。楚王英将黄老与佛陀并祀，"英少时好游侠，交通宾客，晚节更喜黄老，学为浮屠斋戒祭祀。……（永平）八年诏报曰：'楚王诵黄老之微言，尚浮屠之仁祠，洁斋三月，与神为誓，何嫌何疑，当有悔吝？其还赎，以助伊蒲塞桑门之盛馔'"[1]。汉桓帝在濯龙园内祭祀老子和浮图，"饰芳林而考濯龙之宫，设华盖以祠浮图、老子"[2]，濯龙园内的黄老祠是洛阳北宫的皇家祠庙，祭祀方式是"以文罽为坛，饰淳金扣器，采色眩耀，祠用三牲，太官设珍馔，作倡乐，以求福祥"[3]，以这种传统的方式祭祀佛陀与黄老，佛陀可能只是配飨（陪祭）的对象，祭祀是为了禳灾、避祸、成仙，"世信祭祀，以为祭祀者必有福，不祭祀者必有祸，……谓死人有知，鬼神饮食，犹相宾客，宾客悦喜，报主人恩矣"[4]。

对佛的祭祀也风行于东汉民间。在汉代的丧葬空间中，佛陀往往与表现早期道教和其他民间信仰和巫术的内容杂处，如蜀地的佛陀常与西王母、秘戏图、升仙图等杂处，吴地的佛像也与表现丧葬场景的内容杂处。这些表明佛教已经渗透到了传统的丧葬中，对佛的祭祀有如对西王母或其他神祇的祭祀一样，只是民间祈福的一种方式，也是追求长生不老的一种途径，佛教所描绘的西方净土世界也与汉代以来追求的西王母仙界不谋而合。这更丰富了中国人对于死后世界的想象，因此在丧葬行为中出现一些佛教因素也就顺理成章了。东汉末年长江流域出现大量具有佛教性质的图像或陶塑，正反映了佛教初传时期与传统神仙信仰的杂糅状态。

进入魏晋之后，政治动荡、战争频仍，社会各阶层都经历了时代的苦

---

[1]《后汉书》卷42《光武十王列传·楚王英传》，1428页。
[2]《后汉书》卷7《孝桓帝纪》论曰，320页。
[3]［汉］刘珍等撰，吴树平校注：《东观汉记校注》卷3《威宗孝桓皇帝》，中州古籍出版社，1987年，126页。
[4] 前揭《论衡校释》卷25《祀义篇》，1047页。

难，魏晋人士对于宇宙万物、天道人伦的看法发生了极大的变化。杜维明将魏晋思想总结为：

> 魏晋是大一统政局也已崩溃的衰落的时代，汉代名物训古的学风与忠臣气节的士风都荡然无存，取而代之的是对"宇宙之终始，人生之究竟，死生之意义，人我之关系，心物之离合，哀乐之情感"等存在课题的深思熟虑。[1]

在对待生死问题上，以往种种以升仙为目的的各类方术受到了越来越多的质疑，以阮籍、嵇康、何晏、王弼等为代表的玄学思想家，以老庄的虚无之论为基础，重虚无之道，抛弃了儒学对于现世的重视，转而追求更为抽象的"道"，即脱离了现实和俗世的玄远境界。这又与佛教的空无思想较为契合，魏晋玄学实际上是老庄思想与佛教思想的结合。在对待生死问题上，玄学家有着与汉代长生久视完全不同的态度和追求，认为人生如万物一样，本质上是一体的，生与死之间并没有明确的界限，只是形态的变化，因此主张以恬静自然的态度去对待死亡。玄学家的生死观是对汉代神仙思想的反叛，这可能正是魏晋丧葬模式大不同于汉代的主要原因。我们在解释魏晋薄葬时，不能仅仅归结于经济因素、防止盗墓等原因，魏晋薄葬模式的急剧变化，主要原因应是社会主流意识对于生死问题的看法发生了根本的改变。

魏晋时期佛教虽已入华，译经也渐增多，但并未成为主流意识形态。一个重要表现是名士罕有推崇佛教者，尊敬僧人更未之闻[2]。但在民间，以礼佛来祈福的行为已经盛行，尤其在西晋以后五胡乱华、民生凋敝的情况下，佛教成为方术之后的一种新的祈福方式，吸引了大批普通民众。从墓葬资料来

---

[1] 杜维明：《魏晋玄学中的体验思想》，载《燕园论学集》，北京大学出版社，1984年，198页。
[2] 前揭《汉魏两晋南北朝佛教史》，147页。

看，汉末魏晋时期的长江流域墓中已经出现了大量的佛教元素，如摇钱树、楼阁、魂瓶和带白毫相的胡人形象陶俑等，墓主基本属于中下层百姓，在上层社会的墓葬中并无明显的佛教因素，这表明佛教已经渗透到以祈福为目的的民间丧葬礼俗中。

进入东晋以后，译经活动渐趋活跃，佛教仪轨逐渐明确，佛教思想渐入人心，至南北朝时期，佛教进入发展的高峰时期，南北朝诸帝对于佛教的推崇，已经全面影响到了社会对于生命与死亡的态度，净土世界成为新的来世追求，以立寺、造像的方式为死者往生净土、为生者祈福的做法十分普遍。

北朝佛教注重具体的修习行为，尤重禅修，与帝王交游者大多是禅师，故大量开凿适合于习禅的石窟。北魏在迁都平城之前，北方佛法以西北的凉州、东北的三燕地区最盛。随着北魏的统一，大量佛教人才与工匠进入平城，成为云冈石窟等大型佛教中心的实力来源，其中最重要的一次实力集聚当属太武帝太延五年（439）的灭凉战争，玄高、昙曜、师贤等著名僧人皆从凉州来到平城，为平城的佛教发展起了推波助澜的作用。太武帝死后，文成帝复兴佛法，僧人领袖师贤、昙曜带头礼拜皇帝，在平城内兴建五级大寺，为太祖以下的五帝铸释迦立像，又开凿云冈石窟。频繁的佛教建造活动可能造成了佛教空间与丧葬空间之间的匠作互动，大同北魏墓葬中发现的大量佛教元素都与云冈所见相似。平城时期的僧人中当有大量来自域外的僧人，除了昙曜以外，还有太安初（454）的师子国沙门邪奢遗多、浮陀难提等五人，曾到平城敬献佛像。在大同邢合姜墓的佛殿式石椁中，绘有以胡僧为引导的男女供养人行列，或许表明平城时期的外来僧人已经参与到丧葬仪式中。

北魏迁都洛阳后，造像、立寺之风不减，洛阳城内外建有永宁寺、景明寺、龙门石窟等宏伟巨构。《洛阳伽蓝记》序：

> 逮皇魏受图，光宅嵩洛，笃信弥繁，法教愈盛。王侯贵臣，弃象马

如脱屐,庶士豪家,舍资财若遗迹。于是昭提栉比,宝塔骈罗,争写天上之姿,竞摹山中之影。金刹与灵台比高,讲殿共阿房等壮。岂直木衣绨绣,土被朱紫而已哉。[1]

洛阳佛法之盛,还可从宣武帝时的法会盛况略见一斑:

> 时世好崇佛,四月七日,京师诸像皆来此寺。尚书祠部曹录像凡有一千余躯,至八日,以次入宣阳门,向阊阖宫前受皇帝散花。于时金花映日,宝盖浮云,幡幢若林,香烟似雾。梵乐法音,聒动天地。百戏腾骧,所在骈比。名僧德众,负锡为群;信徒法侣,持花成薮。车骑填咽,繁衍相倾。时有西域胡沙门见此,唱言佛国。[2]

除了上层社会的建寺、法会等佛事活动外,北朝民间的佛教活动同样兴盛。

> 北朝法雨之普及,人民崇福之热烈,可于造像一事见之。北朝造像,以云冈龙门为最大。而在北齐幼帝凿晋阳西山为大佛像,即所谓天龙山造像,亦均与伊阙武州齐名。此皆竭国家之力,惨淡经营。其时人民立塔造像,风尚普遍。经晚近所发现者,所在皆有。其宗旨自在求福田利益:或愿证菩提,希能成佛;或冀生安乐土,崇拜佛陀;或求生兜率,得见慈氏(弥勒)。或于事先预求饶益;或于时候还报前愿。或愿生者富贵;或愿出征平安;或愿病患除灾。[3]

---

[1] 前揭《洛阳伽蓝记》序,1页。
[2] 前揭《洛阳伽蓝记》卷3《城南·景明寺》,133页。
[3] 前揭《汉魏两晋南北朝佛教史》,414页。

有些信佛者甚至直接借鉴了佛教处理死亡的方式,如北魏冯亮采取了佛教荼毗火葬法,起佛塔经藏,但同时又以七星板、《孝经》等传统方式随葬[1]。西魏文帝的废后乙弗氏于大统六年(540)自杀后,凿麦积崖为龛而葬,称为寂陵[2]。

南朝佛法亦盛,刘宋初年的建康已有大量建寺塔、造佛像活动,刘宋元嘉十二年丹阳尹萧摩之针对造像奢靡之风,奏言:

> 佛化被于中国,已历四代,形像塔寺,所在千数,……请自今以后,有欲铸铜像者,悉诣台自闻;兴造塔寺精舍,皆先诣在所二千石通辞,郡依事列言本州;须许报,然后就功。其有辄造寺舍者,皆依不承用诏书律,铜宅林苑,悉没入官。[3]

梁武帝在位四十八年,正逢江表无事,成了南朝佛法最盛的时期,修寺塔、造铜佛蔚然成风,仅在建康城内就建有佛寺数百座。襄阳是建康之外的另一个佛教中心,名僧释道安先在邺城追随佛图澄学佛,为避中原之乱而南投襄阳,居襄阳十五年期间,得到守宰朱序、名士习凿齿等的支持,大量造塔铸像、整理经典、建立戒规仪轨,极大地推动了南方佛教的发展,释道安所重的弥勒净土信仰风行于世。南方地区的佛教仪轨也影响到了传统的丧葬方式,如当时的荆楚地区流行以盂兰盆会超度亡灵等。盂兰盆会是每年孟秋望日(七月十五日)举行的超度亡灵的斋会,仪节源自西晋竺法护译《佛说盂

---

1 《魏书》卷90《冯亮传》:"敛以衣帽,左手持板,右手执《孝经》一卷,置尸盘石上,去人数里外。积十余日,乃焚于山。以灰烬处,起佛塔经藏。"1931页。

2 《北史》卷13《后妃列传·文帝文皇后乙弗氏》:"(文帝)乃遣中常侍曹宠赍手敕令后自尽。后奉敕,……召僧设供,令侍婢数十人出家,手为落发。事毕,乃入室,引被自覆而崩,年三十一。凿麦积崖为龛而葬。神柩将入,有二丛云先入龛中,顷之一灭一出,后号寂陵……废帝时,合葬于永陵。"507页。

3 《宋书》卷97《蛮夷传》,2386页。

兰盆经》目连救母的故事，目连欲报父母哺乳之恩：

> 以道眼观视世间，见其亡母生饿鬼中，不见饮食，皮骨连。……佛告目连，十方众僧于七月十五日僧自恣时，当为七世父母及现在父母厄难中者，具饭百味、五果、汲灌盆器、香油……目连母，即于是日得脱一劫饿鬼之苦。[1]

由于目连救度亡母之事与本土传统的孝悌观念十分契合，成为僧侣在忠孝观念根深蒂固的汉地民间招徕信众的宣传工具，后渐与本土中元节融合而形成了中土风格。最早记载民间盂兰盆会的是南朝梁宗懔所著《荆楚岁时记》，荆楚地区"七月十五日，僧尼道俗悉营盆供诸寺"，以幡花、歌鼓、果实等奉献寺院[2]。这种超度亡灵的佛教仪轨与传统的以饮食祭奠亡祖的仪式得到了融合，仪式的部分内容可能也进入墓室空间中，在襄阳南朝墓葬画像砖上除了传统的升仙、孝悌图像外，还常见幡花、歌鼓等图像与坐佛、飞天等佛教题材共存，或是荆楚民间盂兰盆会超度亡灵仪式的表现。

虽然从汉末至南北朝时期，佛教丧葬观对传统生死观的影响越来越大，部分佛教仪轨也进入丧葬仪式中，但佛教与传统丧葬在观念和仪式上还谈不上"融合"，与当时极盛的造像、立寺之风相比，墓葬中还是很少直接表现礼佛的场景，这表明佛教与传统丧葬的关系仍是泾渭分明，二者在长时期里都保持着平行发展的"双轨"局面[3]。直到进入隋唐以后，佛教与传统丧葬的界限才变得越来越模糊，佛教才真正融入传统丧葬之中，成为中国古代生死观的一部分。

---

1 《中华大藏经》第19册《佛说盂兰盆经》，283页。
2 [梁]宗懔撰，宋金龙校注：《荆楚岁时记》："按《盂兰盆经》云：有七叶功德，并幡花、歌鼓、果食送之，盖由此也。"山西人民出版社，1987年，57页。
3 前揭《全球景观中的中国古代艺术》，125页。

二、反思墓葬研究的目的

墓葬在考古遗存中的比重极大，大约超过半数的考古发现和研究成果都是关于墓葬的。墓葬是最受考古学家看重的一类遗存，也是最能吸引公众的考古发现。墓葬考古的目的当然不是为了获取金银财宝，也不是为了猎奇，甚至也不完全是为了重建古代历史，因为墓葬提供的关于古代历史的信息并不比一个遗址（聚落或城市）提供的信息更全面。那么，我们到底为什么要发掘墓葬、研究墓葬呢？目前田野考古工作越来越精细化，从墓葬中提取的历史信息越来越多，这些信息对我们来说意味着什么？

墓葬的考古学研究，除了需要知道"有什么""是什么"，还需要回答"为什么"的问题，即要解释处理死亡的方式背后的社会、文化、信仰根源。我们关注的不只是墓主的个人生命历程，还要看到他或她所处的时代；不仅要"透物见人"，更要透物见社会；不仅要关注墓葬遗存代表的物质文化，还要考察那个时代的精神世界；不仅要了解当时的人们如何看待死亡，还要解释他们对待死亡的态度是如何变化的。总之，我们要从千差万别的丧葬模式中，了解人类社会的复杂性、文化的多样性、价值观的多元性，寻找古今价值观的联系，这是考古学作为人文学科的根本目的所在。

死亡是人类的永恒话题，死亡一直是古代艺术家和诗人的作品主题，哲学家则倾注了大量的热情去探索死亡的本质与意义。在古代各大文明体系内，大多以肉体与灵魂的关系来解释生命与死亡，欧洲中世纪哲学的泛灵论认为死亡是肉体与灵魂的分离，肉体是灵魂的牢狱，使人们充满了激情、欲望、恐惧和愚昧，而灵魂是不朽的。近世人类学家也相信万物有灵，认为灵魂控制着一切的自然现象和人类行为，生命消失后，灵魂继续存在。中国古代的魂魄二元论代表中国古人对于生命与死亡的基本看法。正是基于这些对于生命本质的认识,各大文明体系里产生了各种各样的关于死后世界的想象,产生了复活、重生、轮回或升仙的信仰,相应地出现了各不相同的处理死亡的方式。

现代学术产生后,灵魂不灭、生命不朽的观念被抛弃,人们开始以科学的眼光来看待生死。1908年的诺贝尔医学与生理学奖得主、俄罗斯免疫学家梅契尼考夫(Elie Metchnikoff)从自然免疫的角度研究衰老、长寿和死亡的机制,率先从科学的角度来观察死亡的过程与现象,旨在帮助人类意识到生命的有限性,以减少人们对于死亡的恐惧。这是科学家首次直面死亡,但他的研究在当时并没有引起足够的重视,因为死亡在很多文化和宗教里,还是一个不宜公开讨论的禁忌。直到20世纪中期,"二战"造成的伤亡记忆成了一个无法回避的话题,学术界才开始了对死亡问题的理性思考。美国心理学家费菲尔(Herman Feifel)主张通过对死亡的科学研究和死亡教育来减少濒死者及家人的痛苦,他剥离了关于死亡的神话和巫术因素,吸收了神学、哲学和心理学对于死亡的认知,提出了死亡研究的理论与方法,1959年撰写的《死亡的意义》(Meaning of Death)一书奠定了现代死亡学(Thanatology)的基础[1],他也因此被称为"现代死亡运动之父"。1970年代,随着全球老龄化时代的到来,西方世界兴起了"尊严死亡"运动(Death with Dignity),出现了大量临终关怀的机构,死亡学也引起了学术界的空前关注,多个学科——医学、伦理学、教育学、社会学、宗教学、哲学、人类学等——都参与到有关死亡现象、临终关怀、死亡教育的研究中,死亡学成为一门十分显眼的交叉学科。

死亡学(Thanatology)源自希腊文"θάνατος"(thanatos,即"死亡"的意思),是一门对生命有限性的认知和应对的交叉学科,研究一切与死亡有关的现象与相应的人类行为。其中,自然科学主要关注死亡的原因、过

---

[1] Herman Feifel ed. *The Meaning of Death*. New York: McGraw-Hili Book Company, Inc., 1959.

程、肌体的变化，并讨论死亡的标准、死亡的心理等；人文社会科学则将注意力集中在死亡现象与行为的社会机制与人文内涵，如有关死亡的丧葬仪式、传统习俗、宗教信仰、临终关怀等。

其实，在1950年代死亡学正式诞生之前，考古学早已先于其他学科直面死亡，因为记录古人处理死亡方式的遗存——墓葬，是最常见的一类考古遗存，是考古学研究的主要材料来源，对这类死亡遗存的研究几乎与考古学的发展同步。有人推算，人类出现以来的死亡人数已有千亿之多[1]，只有极小的一部分"精英人士"被历史文献记录下来，但被考古遗存"记住"的人数要多得多，而且涵盖了不同时期、不同文化、不同社会阶层，他们的墓葬是比传世文献更有代表性、也更客观的死亡学材料，可以说考古学在研究死亡问题上具有独一无二的优势。

2005年，法国医学兼考古学者杜道伊（Henri Duday）提出"古代死亡学（Archaeothanatology）"之名，主张通过考察遗体的处理方式、丧葬仪式的过程来重建古人对于死亡的态度。他以意大利西西里岛的一处墓地为例，发现墓地内的所有墓葬埋葬方式相同，都是侧身屈肢葬，皆头向东南、面向西南，而建造墓葬的石材都取自附近的古希腊墓葬，他认为这个墓地反映了伊斯兰势力进入西西里岛之后，信仰的改变导致了丧葬仪式的变化，死者面向的西南方向正是伊斯兰教的圣地麦加的方向[2]。

在当前墓葬文化的时空框架已经基本建立的情况下，我们应回归墓葬遗存的本质——死亡的遗存，从死亡学的角度来讨论古人处理死亡的方式、对待死亡的态度，这也是实现考古学学科价值所需要的。从死亡学的角度来研究墓葬遗存，可以称为死亡考古学。

---

1 据美国学者卡尔·哈卜（Carl Haub）估算，地球有史以来诞生过1 080亿个智人。另据联合国的书卷，目前全球人口约为77亿，数据来自网络。

2 Henri Duday. *The Archaeology of the Dead: Lectures in Archaeothanatology*. trans, Anna Maria Cipriani. Oxford: The David Brown Book Company, 2009, pp. 24–26.

三、刍议死亡考古学

死亡考古学的研究至少要包括三个方面的内容：丧葬空间、丧葬仪式、丧葬观念。考古发现的墓葬遗存总是残缺不全的，但遗存所在的丧葬空间一般是完整和明确的，对空间形态的分析是死亡考古学的基础；遗存的空间形态是丧葬仪式的结果，而历史文献中保留了大量关于丧葬礼仪程序的材料，结合历史文献，我们是可以"观察到"丧葬空间内发生的丧葬行为的；丧葬仪式是一种处理死亡的方式，但反映的是特定文化背景下对待死亡的态度，即丧葬观念，它是受特定的宗教与主流意识形态制约的。死亡考古学的研究内容图示如下（图8.1）。

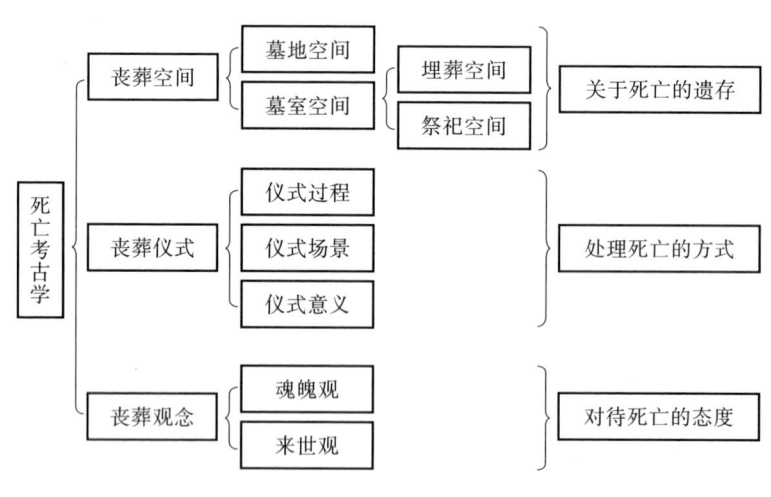

图 8.1 死亡考古学的研究内容

1. 丧葬空间

死亡考古学的第一个内容是丧葬空间。丧葬空间是为丧葬活动营造的、由各类功能性设施构成的空间，包括由祭祀性和标记性设施构成的墓地空间，以及由墓道、墓室、棺椁、随葬品、画像等构成的地下墓室空间；墓室空间又可根据功能分为埋葬空间和祭祀空间。将墓葬遗存看成礼仪空间的一个整体，便于我们发现各类残缺不全的遗存之间的逻辑关系，这种逻辑关系反映了丧葬空间的礼仪功能。

中国古代的丧葬空间经过了多次阶段性的变化，最大的变化发生在西汉中期，由封闭性空间变为开放式空间，这种变化与对魂、魄的安抚方式有关。封闭性的墓室空间指"葬毕即藏"的竖穴木椁墓，墓室建在深深的地下，被棺椁和各类器物充斥，并以青膏泥、砂石、木炭等严密封闭。根据考古遗存的叠压关系，可知这种墓葬的下葬过程是将棺木和器物悬吊入圹后，一步步地封闭墓室的过程，这个过程是不可逆的，埋葬之后再无开启的可能。这种墓室空间形态表明墓葬的功能是藏形，不具备安魂的功能，所以墓室中没有设置祭祀空间，或仅在靠近墓道处设有一个狭小的祭台，它是墓室封闭之前的献祭场所。从商周到汉武帝前后的墓葬基本都是这种形态，整个墓室好像一个竖向植入地下的盒子，没有为下葬或祭祀活动留下更大的空间，与下葬有关的大规模礼仪活动应主要在地面进行，而安魂祭祀的场所主要在宗庙或祠堂。

西汉中期开始，一些高等级诸侯王墓开始在山崖里开凿模拟宅第的墓室，墓室不再是深埋的竖穴，而是一个以前堂、后室为基本结构的横穴，在墓道、前堂、后室所在的中轴线两旁配置众多的墓室，以模拟宅第内的仓储、车库、马厩等。在横穴式墓里，埋葬空间与祭祀空间各自独立，各有不同的空间形态，表明对魂、魄的安抚方式发生了变化，墓室不仅可以藏形，还可以安魂，墓室内出现了祭祀活动。与旧式的竖穴墓相比，宅第墓的开放性是非常明显的，不仅各个墓室之间像真实的宅第内部一样是互通的，而且通过墓道与地面相连通。墓道是棺柩和随葬品入圹的通道，也是下葬时举行礼仪活动的场所。下葬时，丧家在墓道两侧排列，参加最后的祭祀仪式，作为祭祀对象的神主就设在前堂的帷帐内。正是由于墓内祭祀仪式的需要，墓室空间变得宽敞高大，对墓壁的装饰也有了必要性和可能性，因此墓室画像（画像石、画像砖、壁画）几乎同步出现。西汉中期以后，开放式的墓室空间成为中国古代墓室空间的主流形态，虽然在不同时期有建造材料、墓室多寡、空间形状、陈设繁简的差异，但埋葬空间和祭祀空间的划分始终存在，分别为藏形和安魂活动而设。

与地下墓室空间的变化趋势相同，墓地的空间形态也有一个走向开放的过程，主要表现在封土、墓碑等标记性设施和寝殿、祠堂、神道等祭祀性设施的出现上。封土应是最早出现的地面设施，大约出现在春秋、战国之交，传说孔子葬其父母于防，为了便于识别，筑有四尺高的封土[1]。孔子时代的封土已被大量考古发现所证明。

有些大型贵族墓的封土除了标记作用外，还具有工程方面的意义。由于要葬入的物品数量庞大，墓穴空间深而大，需将筑墓时挖出的泥土再回填，这样就在墓穴之上形成了人工的土冢。墓地的祭祀性设施可能是与封土同时出现的，战国墓葬的地面大多有与祭祀有关的遗迹，有的是祭祀坑，有的是享堂式建筑。湖北荆州熊家冢墓地的主墓南侧、主墓与陪葬墓之间、主墓与车马坑之间一共发现了排列整齐的100余座祭祀坑，多为圆形，少量方形，在某些祭祀坑上发现了柱洞痕迹，很可能是墓地的祭祀性建筑遗存，已发掘的祭祀坑内出土了玉璧、玉珩等器[2]。这些祭祀坑和建筑遗存应与下葬或葬后的祭祀仪式有关。

河北平山战国中山王陵的夯土封土台上发现了享堂、回廊等建筑遗存，根据中山王䰽墓椁室出土的铜版兆域图可知陵园内规划了东西并列的5座

---

1 前揭《礼记集解》卷7《檀弓上》，168—169页。
2 荆州博物馆：《湖北荆州熊家冢墓地2006—2007年发掘简报》，《文物》2009年第4期。

享堂式建筑[1]，这些墓上建筑应是象征墓主饮食起居之所的寝，是纪念性的建筑，它们还不是常设性的祭祀场所——庙或祠堂。到了战国晚期，秦芷阳陵园将墓口之上的"堂"移至封土之侧，成为常设性的墓地祭祀场所。这种做法被后来的秦始皇陵和西汉帝陵所继承。西汉自惠帝开始在陵园附近设置陵庙，东汉明帝又将陵庙建在陵园内，墓地祭祀开始普遍流行。墓地的祭祀性设施从无到有、到逐渐完备的过程，表明墓地的丧葬空间一步步走向开放。正因为这种开放性，墓地由凄凉沉寂的死者世界一变而为熙熙攘攘的社会活动中心[2]，尤其是在儒家思想盛行的汉代，丧葬礼仪成为整饬社会秩序、宣扬道德伦理的手段，墓地不再是一个专属死者的丧葬空间，而变成了一个极具开放性的教化场所。

魏晋时期的丧葬模式发生了巨大变化，地面设施大多被取消，意味着在墓地进行的祭祀活动消失了。但南北朝时期又发生了向汉传统的回归，重新出现了设施完善的标记性和祭祀性设施，墓地再次成为重要的礼仪空间，并增加了一些新的礼仪设施，如北魏冯太后的方山永固陵陵园内，不但设有供奉神主的陵庙（永固堂），还出现了佛寺[3]，表明佛教礼仪可能参与到了冯太后的祭祀活动中。进入隋唐后，墓地形成了以封土、神道、祭祀性建筑、陪葬墓等构成的礼仪空间，空间营造更加制度化和等级化。

丧葬空间的形态是受制于一定的空间营造理念的，而空间营造理念服务于埋葬和祭祀两类礼仪活动，当空间形态发生变化时，意味着礼仪活动的内容发生了变化。祭祀礼仪应是引起中国古代丧葬空间形态变化的主要原因。秦汉以后除了魏晋以外，在墓地祭祀祖先成为一个延续性极强的传统，正如东汉张衡《冢赋》所描述的那样，墓地是一个有崇栋广宇的神明所居之地，

---

1 前揭《𰻞墓——战国中山国国王之墓》（上册），105 页。
2 前揭《礼仪中的美术》（上册），275—280、549—568 页。
3 大同市博物馆：《大同北魏方山思远佛寺遗址发掘报告》，《文物》2007 年第 4 期。

也是一个生死互动的地方[1]，通过祭祀，死者可以安魂，子孙后代可以获得逝者的赐福，对共同祖先的祭祀还可以起到联结亲族、维护儒家伦理秩序的作用。

2. 丧葬仪式

死亡考古学的第二个内容是丧葬仪式的研究，通过仪式的过程和场景复原，讨论仪式的象征意义。考古遗存所在的空间是一种静止的状态，而丧葬仪式是动态的人类行为，我们需要结合历史文献或民族志资料，重建丧葬礼仪的过程，复原礼仪的场景。

在封闭性的墓葬空间里，可以根据遗存的堆积层次复原下葬仪式的过程。以安阳殷墟妇好墓为例，1976年发掘的妇好墓是一座保存完好的商代晚期大墓[2]，墓主人是商王武丁的配偶妇好，死于武丁晚期，庙号是"辛"。墓葬保存状况良好，墓内堆积层次清晰，我们可以根据考古记录复原墓葬的下葬过程：筑圹—奠基殉葬—搭建椁室—窆棺与陈器—封闭椁室—回填与封闭墓室。这是一个持续时间较长的非常复杂的下葬仪式，每一个环节都伴随着杀殉、藏器等仪式。除了杀殉，其他仪式大致与后来《仪礼》所记的下葬仪式接近，应代表了商周时期处理死亡的一般方式。殷墟武官村大墓也是一座封闭性的竖穴木椁墓，深达8.4米，郭宝钧根据遗存的形态将墓葬的建造过程分为画地、掘土、腰坑、井椁、封筑五道工序[3]，下葬过程也是一个逐步封闭墓室的过程，在筑墓、下葬和回填过程中伴随着更复杂的祭奠和殉葬仪式，至少有131个动物和人被用于殉葬。

---

1 [清]严可均辑，许振生审定：《全上古三代秦汉三国六朝文全后汉文》卷54（下册）："奕奕将将，崇栋广宇。在冬不凉，在夏不暑。祭祀是居，神明是处……恢厥广庑，祭我兮子孙。……幽墓既美，鬼神既宁，降之以福，于以之平。"商务印书馆，1999年，553页。

2 前揭《殷墟妇好墓》，7—14页。

3 参见第三章"二、藏形的井椁"。

第八章 结语：不知死，焉知生？ 617

在开放式的墓室空间里，可以根据空间布局和陈设方式复原仪式的过程，结合历史文献可以再现仪式的场景。在汉代的宅第墓里，埋葬空间与祭祀空间的划分十分明确，一般多室墓的前堂是祭祀空间，后室是埋葬空间，它们的陈设方式是下葬仪式场景的定格。祭祀仪式是开放式墓室空间出现的根本原因，因此对宅第墓内祭祀场景的复原是解读墓葬遗存的关键。墓内的祭祀空间一般是由帷帐、祭台、祭器和饮食构成的相对独立的空间。这里的祭祀仪式也如宗庙或祠堂的祭祀礼仪一样，常将被祭祀的对象——象征死者灵魂的神主——置于帷帐之内，以饮食供奉。在汉代的祭祀活动中，常以帷帐居神，传说汉武帝以帷帐迎西王母，作甲、乙二帐，甲帐居神，乙帐自居[1]。他还听信方士之言为死去的宠妾李夫人招魂，也采取了帷帐设祭的方式[2]。武帝与李夫人所在的帷帐虽近在咫尺，却遥望而不可及，但通过献祭仪式，如见李夫人之貌，达到人神互动的效果。东汉在太祖庙（高庙）举行祫祭，将汉高祖以下诸帝的神主都安置在帷帐之内，依昭穆次序排列，旁边盛陈饮食，皇帝依次敬献酒肉后，再享用先帝灵魂赏赐的酒肉[3]。这些以帷帐居神的祭祀方式在宅第式的墓室空间里屡见不鲜，如中山靖王刘胜墓的中室内建有一座瓦顶木构房屋，房内设有二座帷帐，一座较精致的位于前堂的正中部位，一座较朴素的偏于左侧[4]。这种设置显示了二者的主次关系，根据现实生活中的帷帐祭祀方式，推测前者应是为刘胜的灵魂所设，是祭祀空间的主

---

1 [隋]虞世南撰，[清]孔广陶校注：《北堂书钞》卷132《服饰部一·帐五》："形如覆斗，上应星宿，甲以居神，乙以自居。"注引《汉武帝故事》："上以琉璃珠玉，明月夜光，杂错天下珍宝为甲帐，次为乙帐。"学苑出版社影印本，1998年。

2 《汉书》卷97上《外戚传·李夫人传》："上思念李夫人不已，方士齐人少翁言能致其神。乃夜张灯烛，设帷帐，陈酒肉，而令上居他帐，遥望见好女如李夫人之貌。"（3952页）不过《史记》卷12《孝武本纪》所记故事的主角是王夫人（458页）。

3 《后汉书·祭祀志下》注引《汉旧仪》："宗庙三年大祫祭，子孙诸帝以昭穆坐于高庙，诸隳庙神皆合食，设左右坐。高祖南面，幄绣帐，望royal上西北隅。帐中坐长一丈，广六尺，绣绲厚一尺，著之以絮四百斤。曲几，黄金扣器。高后右坐，亦幄帐，却六寸。白银扣器。……赞飨奉高祖赐寿，皇帝起再拜，即席以太牢之左辨赐皇帝，如祠。"3195页。

4 前揭《满城汉墓发掘报告》（上），25—29页。

帐；后者可能是祭祀者所在的空间，正如武帝所居的"他帐"。这样结合墓室内的其他陈设和器物，我们就不难复原发生在墓室里的祭祀场景。

魏晋以后至隋唐时期，墓室空间多为单室，但埋葬空间与祭祀空间的区分仍然非常明确，一般在墓室的西侧置棺床或石椁，构成埋葬空间，东侧是由帷帐、祭台等构成的祭祀空间，个别地区是按照南北划分两个空间的。根据历史文献记载的墓内礼仪，不难复原墓内的礼仪活动场景。以唐代墓室内的礼仪活动为例，唐代的"开元礼"记载了唐初三品以上官员的丧葬仪式，仪式过程非常详细，最后的礼仪是墓室内进行的下葬仪式[1]，在完成了地面进行的一系列仪式后，参加葬礼的孝子、丧家转入地下，在墓道的东西两侧相向列队，掌事者将棺柩送入墓室，安放在墓室西部的棺床上；然后在墓室的东部设帷帐，帷帐内设灵座，灵座前放置祭器与饮食；最后锁闭玄宫，所有人员自墓道退出，改换衣服，将运送丧葬用品的辒辌车、龙楯等葬具焚烧，葬礼结束。显然，这个在墓室进行的仪式产生了两个功能不同的空间：西部以棺床为中心的埋葬空间、东部以灵座为中心的祭祀空间，这种空间形态是西安地区高等级唐墓的典型形态。

对仪式场景的复原，墓室画像提供了更加直观的证据，因为墓室画像是与宫室壁画不同的"死亡的艺术"，本就是为了营造丧葬礼仪的场景而作，本身具有叙事性。以唐墓壁画为例，埋葬空间和祭祀空间的壁画构图和内容是完全不同的，一般在围绕棺床的墓壁上以屏风方式绘画，而在棺床以外的壁面并不以屏风方式构图。例如，太原发现的开元十五年（727）赫连山墓，墓室北侧是以棺床为中心的埋葬空间，南侧为祭祀空间，这种南北分区的做法与西安地区的东西分区方式不一样，是太原唐墓的特色[2]。很明显的是，赫连山墓内围绕棺床的三面是屏风式构图，而棺床以外的墓室前部则不采用屏

---

1 《通典》卷 139《开元礼纂·凶礼六》，3543—3544 页。
2 太原市文物考古研究所：《山西太原唐代赫连山、赫连简墓发掘简报》，《文物》2019 年第 5 期。

风式构图，两种构图的画像内容也有很大不同，屏风画的内容是古装的树下老人形象，非屏风构图的壁画画的是侍仆类人物，是当时人的装束，这些配置和内容的差距表明两个空间的意义是完全不同的。类似的情况在西安地区唐墓中还有很多。参考礼书中的仪式场景，墓室的空间含义就非常清晰了，屏风画围绕的埋葬空间象征着死者生前的私宅，当时现实生活中的宅第也是以屏风画作为装饰的，上面画的通常是古圣先贤等古人的形象；而棺床以外的空间象征着死者的灵魂在来世生活的场景，所以用现实生活中的一些象征性片段来表现，画中人物都是现实世界的装束，因此，这组壁画的象征意义可能是：墓主的灵魂受祭后，去往永恒的来世。

如果我们不从仪式的场景来看待墓室壁画，很容易陷入模棱两可的"事死如生"的解释模式，比如汉唐墓室画像中常见的"墓主宴饮图"到底是什么性质？有什么作用？真的是为了描绘墓主生前锦衣玉食的生活吗？如果我们从礼仪的场景来考察它，就知道它不是为了"再现"死者生前的宴饮场面，也不是为了延续曾经的锦衣玉食生活，而是描绘祭祀场景，端坐于帷帐之下的墓主就是被祭祀的对象，代表死者的灵魂，相当于灵座内的神主。祭祀的场景在《诗经·楚茨》中有一段十分生动的描写[1]，虽然描绘的是周代祭礼，但对我们理解汉唐时期的墓室画像也是有意义的。《楚茨》中的祭祀场景非常热闹，一点没有想象中的阴森、静寂的气氛，大致包括祭前备食、巫祝献祭、迎尸、飨食、送尸、祭后宴享等环节，此"尸"不是指尸体，而是代替死者接受祭祀的人。整个祭祀礼仪在恭谨有加、钟鼓齐鸣的场景中进行，甚至还有一片笑语连连的欢快气氛（"礼仪卒度，笑语卒获""礼仪既备，钟鼓既戒"）。祭祀结束后，参与者会在热闹的氛围中，分享祭后的美酒佳肴，酒足饭饱而散（"既醉既饱，小大稽首"）。这个场面不是普通的宴会，

---

[1] 前揭《诗经译注》卷5《小雅·楚茨》，342—346页。

而是一个人神互动的场景，通过生者与死者灵魂的交流，共享美食，为死者安魂，也为生者祈福。这个场面让我们可以重新理解汉唐墓室壁画中的墓主夫妇、庖厨、百戏、宴饮等画像，它们描绘的也许就是祭祀的场景，而不是对死者生前富贵生活的再现。如太原发现的北齐徐显秀墓，墓主夫妇端坐于帷帐之内，面前摆放着丰盛的食物，两侧是侍者和两组伎乐[1]，是一个在丝竹之中尽享美食的热闹场景，这个热闹的场景是为了祭祀活动而设。

仪式是观念的符号化，丧葬仪式是生死观的具体表现。关于丧葬仪式的象征意义，社会学的"过渡礼仪"理论为我们提供了一个非常有用的视角[2]。

中国古代的丧礼非常繁琐复杂，根据过渡礼仪理论也可分为几个意义不同的阶段：人初死时，灵魂与肉体分离，开始分离阶段，这时要举行招魂等仪式；之后直到下葬结束的一系列复杂仪节，都是为了表达从生到死的过渡，象征生死之间的临界状态，这期间生者的正常的生活被迫中断，如服饰、饮食、嫁娶、官员履职等，有时持续时间非常长，如三年之丧；葬礼结束后，死者的遗体永藏地下，灵魂进入聚合状态，加入祖先的行列，生者的生活恢复正常。值得注意的是，临界阶段的仪式以封闭墓室结束，意味着考古所见的墓内遗存是临界阶段仪式的"定格"，也就是说，墓内的所有遗存——空间形态、陈设、物品、装饰——都是为了生死状态的过渡而设的，这就要求我们将墓内遗存当成一个整体，从生死过渡的角度观察它们的叙事方式与逻辑。当墓室封闭后，仪式的参加者从墓道退出，改换衣服，将辒辌车、龙楯等葬具焚烧，"凶仪卤簿，解严退散"，葬礼结束，仪式进入聚合阶段，灵魂成为"列祖列宗"的一员，在宗庙、祠堂等场所接受祭祀。

---

1 山西省考古研究所等：《太原北齐徐显秀墓发掘简报》，《文物》2003年第10期。
2 参见本书第9页有关"过渡礼仪"理论的论述。

从过渡礼仪理论来看，所有的墓葬遗存都是丧葬仪式的结果，考古学的任务是从这些物质遗存还原仪式的过程，解释丧葬礼仪发生的动因，即社会结构、生死观念与宗教信仰等。用过渡礼仪理论来解读中国古代的墓葬遗存，将墓葬作为生死转换的空间，可以发现各类遗存隐含的叙事方式与叙事逻辑，而不是简单地得出"事死如生"之类的似是而非的结论。先秦两汉时期常通过画像和文书来表现生命状态的"过渡"，画像中的桥、天门等象征着通往阴间或仙界的旅行，有的还以文书的形式表达了由生到死的转化，如西汉墓葬中以告地策的形式向地下的世界宣告死者的抵达，长沙马王堆3号汉墓出土的告地策，"十二年，二月乙巳朔戊辰，家丞奋，移主葬郎中，移葬物一编，书到先选具奏主葬君……"[1]是以家丞奋的名义向地下的同僚主葬君报告死者的到达。江陵凤凰山168号汉墓的告地策（文帝前元十三年，前167）也以江陵丞的名义向地下主汇报[2]。墓内的其他文书所记的车马、奴婢、漆器、丝麻织品、竹器、食物等，是一份详细的随身携带的财物清单。东汉至魏晋时期的墓室画像也表现了生命状态的过渡，一般在不对称的墓室空间里，以动态的车马运动和静态的墓主受祭图表现从生到死的转化。巫鸿曾分析山东苍山元嘉元年墓的石刻画像，认为它表现了一个灵魂转化的完整叙事，是今生向来世的"过渡性叙事"[3]。北朝隋唐时期的墓室壁画，以前常被解释为死者生前优裕生活状态的再现，这并没有触及墓室画像的丧葬本质，如果把墓主画像与其他画像、器物、陈设一起考量，可以看出墓室画像是一个具有明确叙事逻辑的整体，表现了生死之间的过渡：位于正壁的墓主宴饮图是墓主灵魂接受祭祀时的场景，两旁的备车、备马图是为受祭后的亡灵去往来世而备的，其他的表现人间、天上、鬼神世界的画像是对来世生活的想

---

[1] 前揭《长沙马王堆二、三号汉墓》，43页。
[2] 纪南城凤凰山一六八号汉墓发掘整理组：《湖北江陵凤凰山一六八号汉墓发掘简报》，《文物》1975年第9期。
[3] 前揭《礼仪中的美术——巫鸿中国古代美术史文编》，223页。

象。整组画像的含义是通过祭祀，墓主的生命完成了从生到死的转化；祭祀之后，封闭的墓室成为死者灵魂的来世居所。

3. 丧葬观念

死亡考古学研究的第三个内容是丧葬观念，是关于古人对待死亡的态度及所蕴含的价值观的研究。由于宗教和价值观的不同，世界各个文化里对待死亡的态度也大不相同，比如，古埃及人相信，人死后借助奥西里斯（Osiris）的力量而达到重生，墓葬是生命的延续和重生之地，墓室的设施、图像和文字、咒语都是为了这个目的而设；古波斯人相信人死后的第三天，灵魂要通过一座"天桥（Chinvat Bridge）"，根据生前的善恶品行，灵魂或升入光明的天堂，或坠入黑暗的地域；基督教文化里有关于复活的信仰，佛教讲究轮回转世，等等。这些有关生命与死亡的认识形成了千差万别的处理死亡的方式。

中国古代对于死亡的基本态度是基于魂魄二元观的，认为生命由魂和魄组成，死亡是魂与魄的分离，所有的丧葬和祭祀行为都是为了妥善地安抚魂和魄。但是，在不同的宗教和主流意识形态影响下，不同时期对人死后的魂魄去向也有不同的认识，产生了不尽相同的来世想象，来世观（Afterlife）是另一个重要的丧葬观念。

丧葬文化是中华传统文化的重要组成部分，有着很强的延续性和深刻的内涵，通过丧葬礼仪体现出的丧葬观念是中国古代人文思想的重要体现，死亡考古学研究的目的就是为了探索丧葬观念中的人文价值及其传承脉络。以往的墓葬研究侧重于丧葬礼制的诠释和文化历史的重建，建立了基本的墓葬文化框架，为中国特色的考古学研究作出了巨大贡献。但在研究中存在阐释不足的问题，常以"事死如生"的模糊说法来解释一切，或将墓葬材料与传世文献中的礼制、与历史研究中的政治变迁等进行简单对照，这些研究趋向忽略了墓葬遗存的特殊性——墓葬遗存的本质是关于死亡的遗存。

为了进一步理解日益增多的墓葬资料，我们根据中国古代墓葬遗存的实际情况，提出了"死亡考古学"的概念，将墓葬作为处理死亡的方式和对待死亡的态度的遗存，主张从丧葬空间、丧葬仪式和丧葬观念三个方面来研究墓葬。丧葬空间是古人的丧葬活动遗留下来的、由各类残缺不全的死亡遗存构成的空间，各类遗存之间有着隐含的逻辑联系；丧葬仪式是一种符号化的人类行为，是静态的墓葬遗存与动态的现实社会之间的桥梁，通过历史文献记载的礼仪程序，可以重建礼仪的场景，观察到古人处理死亡的方式；丧葬观念是古人对待死亡的态度，是宗教和主流意识形态在生死问题上的体现，影响中国古代丧葬的主要是魂魄观和来世观。

死亡考古学是研究的一个视角，虽然研究的是死亡，但关注的却是现实的生命，不但有关死，也关乎生动的人类社会。孔子说："未知生，焉知死？"[1]他在生死问题上强调现世，认为只有重视现实的生命才能把握死的内涵。而对我们来说，对古人死亡世界的探究或是进入古代社会的重要途径，可以说，"不知死，焉知生？"死亡考古学为我们提供了由死及生地探索古代社会的可能。从这个意义来说，死亡考古学也是"死亡学（Thanatology）"的分支学科，是以墓葬遗存为研究对象，探索与死亡有关的文化、社会现象，以及古人应对方式与态度的学科。

死亡考古学也是一种工作方法。田野考古的宗旨是尽可能全面地采集与古代社会有关的信息，如果对遗存的属性和研究目的没有充分的认识，很可能会遗漏一些重要的信息，如墓葬发掘中的一些细微迹象——容器内的食物残骸、衣物等有机物残骸、器物的摆放方式等——是很容易被忽略的，但它们都是丧葬仪式的结果，对我们讨论古人处理死亡的方式是至关重要的。如

---

[1] 杨伯峻译注《论语译注·先进第十一》："季路问事鬼神。子曰：'未能事人，焉能事鬼？'曰：'敢问死。'曰：'未知生，焉知死？'"中华书局，1980年，113页。

果我们对墓葬遗存的死亡本质有充分的认识，田野考古工作将会更加精细化，获取的信息也更加丰富和准确。

中国古代墓葬遗存资料十分丰富，延续性极强，文化内涵非常独特，我们可以通过死亡考古学的研究，揭示丧葬中的人文价值及其传承脉络，寻找古今价值观的联系，以达到文化传承的目的。

参考文献

一、历史文献

［汉］司马迁撰：《史记》，中华书局，1982年。

［汉］班固撰：《汉书》，中华书局，1962年。

［南朝宋］范晔撰：《后汉书》，中华书局，1965年。

［晋］陈寿撰：《三国志》，中华书局，1959年。

［唐］房玄龄撰：《晋书》，中华书局，1974年。

［梁］沈约撰：《宋书》，中华书局，1974年。

［梁］萧子显撰：《南齐书》，中华书局，1972年。

［唐］姚思廉撰：《梁书》，中华书局，1973年。

［北齐］魏收撰：《魏书》，中华书局，1974年。

［唐］李百药撰：《北齐书》，中华书局，1972年。

［唐］令狐德棻等撰：《周书》，中华书局，1971年。

［唐］李延寿撰：《南史》，中华书局，1975年。

［唐］李延寿撰：《北史》，中华书局，1974年。

［唐］魏徵等撰：《隋书》，中华书局，1973年。

［后晋］刘昫等撰：《旧唐书》，中华书局，1975年。

［宋］欧阳修、宋祁撰：《新唐书》，中书书局，1975年。

［宋］司马光编著，［元］胡三省音注：《资治通鉴》，中华书局，1956年。

［唐］杜佑撰，王文锦等点校：《通典》，中华书局，1988年。

［汉］赵岐注，孙奭疏，廖名春、刘佑平整理：《孟子注疏》，北京大学出版社，2000年。

［汉］郑玄注，贾公彦疏，赵伯雄整理：《周礼注疏》，北京大学出版社，1999年。

［清］孙诒让撰，王文锦、陈玉霞点校：《周礼正义》，中华书局，1987年。

［汉］郑玄注，孔颖达疏：《礼记正义》，北京大学出版社，1999年。

［清］孙希旦撰，沈啸寰、王星贤点校：《礼记集解》，中华书局，1989年。

［清］王先谦撰，沈啸寰点校：《荀子集解》，中华书局，1988年。

［清］洪亮吉撰，李解民点校：《春秋左传诂》，中华书局，1987年。

［战国］公羊高撰，顾馨、徐明点校：《春秋公羊传》，辽宁教育出版社，1997年。

杨伯峻译注：《论语译注》，中华书局，1980年。

杨伯峻编著：《春秋左传注》，中华书局，2016年。

周振甫译注：《诗经译注》，中华书局，2002年。

王明著：《抱朴子内篇校释》，中华书局，1985年。

张双棣撰：《淮南子校释》，北京大学出版社，1997年。

［汉］王逸注，洪兴祖补注：《楚辞章句补注》，吉林人民出版社，2005年。

［宋］朱熹撰，蒋立甫点校：《楚辞集注》，上海古籍出版社，2001年。

林家骊译注：《楚辞译注》，中华书局，2009年。

闻一多：《离骚解诂》，上海古籍出版社，1985年。

许维遹撰：《吕氏春秋集释》，中华书局，2009年。

袁珂校注：《山海经校注》，巴蜀书社，1993年。

黄晖撰：《论衡校释》，中华书局，1990年。

［汉］刘珍等撰，吴树平校注：《东观汉记校注》，中州古籍出版社，1987年。

［东晋］袁宏撰，张烈点校：《后汉纪》，中华书局，2002年。

刘庆柱辑注：《关中记辑注》，三秦出版社，2006年。

［晋］葛洪撰，周天游校注：《西京杂记》，三秦出版社，2006年。

［晋］陆翙撰：《邺中记》，《丛书集成初编》，上海商务印书馆影印，1937年。

［清］严可均辑，许振生审定：《全上古三代秦汉三国六朝文》，商务印书馆，1999年。

［北魏］郦道元著，陈桥驿校证：《水经注校证》，中华书局，2007年。

［北魏］杨衒之撰，范祥雍校注：《洛阳伽蓝记》，上海古籍出版社，1978年。

［南朝］宗懔撰，宋金龙校注：《荆楚岁时记》，山西人民出版社，1987年。

［北周］庾信撰，倪璠注，许逸民校点：《庾子山集》，中华书局，1980年。

［南朝梁］萧统编，李善等注：《六臣注文选》，中华书局影印本，1987年。

［宋］郭茂倩编：《乐府诗集》，中华书局，1979年。

［南朝］僧佑编撰，刘立夫、胡勇译注：《弘明集》，中华书局，2011年。

［南朝］释慧皎撰，汤用彤校注：《高僧传》，中华书局，1992年。

［唐］道宣撰，郭绍林点校：《续高僧传》，中华书局，2014年。

［唐］韦述撰：《两京新记》，《丛书集成初编》，中华书局影印本，1985年。

［唐］吴兢撰，谢保成集校：《贞观政要集校》，中华书局，2003年。

［唐］封演撰，赵贞信校注：《封氏闻见记校注》，中华书局，2005年。

［宋］宋敏求编：《唐大诏令集》，中华书局，2008年。

［宋］王溥：《唐会要》，中华书局，1955年。

［唐］虞世南撰，孔广陶校注：《北堂书钞》，学苑出版社影印本，1998年。

［唐］张彦远著，俞剑华注释：《历代名画记》，上海人民美术出版社，1964年。

［唐］朱景玄著，吴企明校注：《唐朝名画录校注》，黄山书社，2016年。

［宋］朱熹撰：《四书章句集注》，《新编诸子集成》（第一辑），中华书

局，1983 年。

［宋］赵明诚撰：《宋本金石录》，中华书局影印本，1991 年。

［宋］李昉编撰，夏剑钦校点：《太平御览》，河北教育出版社，1994 年。

［清］赵翼撰：《廿二史劄记》，中国书店，1987 年。

［清］陈立撰，吴则虞点校：《白虎通疏证》，中华书局，1994 年。

二、考古资料

（按地区和发表年代排序）

1. 北京、河北

北京历史博物馆、河北省文物管理委员会：《望都汉墓壁画》，中国古典艺术出版社，1955 年。

河北省文化局文物工作队：《望都二号汉墓》，文物出版社，1959 年。

河北省文物管理委员会：《河北磁县讲武城古墓清理简报》，《考古》1959 年第 1 期。

北京市文物工作队：《北京西郊发现汉代石阙清理简报》，《文物》1964 年第 11 期。

河北省文化局文物工作队：《河北定县北庄汉墓发掘报告》，《考古学报》1964 年第 2 期。

定县博物馆：《河北定县 43 号墓发掘简报》，《文物》1973 年第 11 期。

磁县文化馆：《河北磁县东陈村东魏墓》，《考古》1977 年第 6 期。

磁县文化馆：《河北磁县北齐高润墓》，《考古》1979 年第 3 期。

石家庄市图书馆文物考古小组：《河北石家庄市北郊西汉墓发掘简报》，《考古》1980 年第 1 期。

石景山区文物管理所：《北京市石景山区八角村魏晋墓》，《文物》2001

年第 4 期。

中国社会科学院考古研究所、河北省文物管理处：《满城汉墓发掘报告》，文物出版社，1980 年。

河北省文物研究所：《河北定县 40 号汉墓发掘简报》，《文物》1981 年第 8 期。

邯郸市文物保管所、峰峰矿区文物保管所：《河北邯郸鼓山常乐寺遗址清理简报》，《文物》1982 年第 10 期。

河北省文管处等：《河北邯郸赵王陵》，《考古》1982 年第 6 期。

磁县文化馆：《河北磁县东魏茹茹公主墓发掘简报》，《文物》1984 年第 4 期。

磁县文化馆：《河北磁县东陈村北齐尧峻墓》，《文物》1984 年第 4 期。

河北省文物研究所：《安平东汉壁画墓发掘简报》，《文物春秋》1989 年第 1 期。

中国社会科学院考古研究所：《北京大葆台汉墓》，文物出版社，1989 年。

河北省文物研究所：《安平东汉壁画墓》，文物出版社，1990 年。

中国社会科学院考古研究所、河北省文物研究所邺城考古工作队：《河北磁县湾漳北朝墓》，《考古》1990 年第 7 期。

石家庄市文物保管所、获鹿县文物保管所：《河北获鹿高庄出土西汉常山国文物》，《考古》1994 年第 4 期。

河北省文物研究所：《䂮墓——战国中山国国王之墓》，文物出版社，1996 年。

磁县文物保管所：《河北磁县北齐元良墓》，《考古》1997 年第 3 期。

中国社会科学院考古研究所、河北省文物研究所：《磁县湾漳北朝壁画墓》，科学出版社，2003 年。

中国社会科学院考古研究所河北工作队：《河北磁县北朝墓群发现东魏

皇族元祜墓》，《考古》2007 年第 11 期。

张晓峥、张小沧：《河北磁县北齐皇族高孝绪墓发掘》，中国文物信息网，2010 年 4 月 12 日。

2. 河南

郭宝钧：《浚县辛村古残墓之清理》，《田野考古报告》（国立中央研究院历史语言研究所专刊之十三），商务印书馆，1936 年。

（日）常盤大定：《支那佛教史跡踏查記・南北響堂山》，東京龍吟社，1938 年。

郭宝钧：《一九五〇春殷墟发掘报告》，中国科学院考古研究所编《中国考古学报》第五册，1951 年。

河南省文化局文物工作队第二队：《洛阳晋墓的发掘》，《考古学报》1957 年第 1 期。

河南省文化局文物工作队：《河南邓县彩色画像砖墓》，文物出版社，1958 年。

李宗道等：《洛阳 16 工区曹魏墓清理》，《考古通讯》1958 年第 7 期。

郭宝钧：《山彪镇与琉璃阁》，科学出版社，1959 年。

洛阳区考古发掘队：《洛阳烧沟汉墓》，科学出版社，1959 年。

河南省文化局文物工作队：《洛阳西汉壁画墓发掘报告》，《考古学报》1964 年第 2 期。

周到：《河南濮阳北齐李云墓出土的瓷器和墓志》，《考古》1964 年第 9 期。

黄河水库考古工作队：《河南陕县刘家渠汉墓》，《考古学报》1965 年第 1 期。

河南省博物馆：《河南安阳北齐范粹墓发掘简报》，《文物》1972 年第 1 期。

安阳县文教局:《河南安阳县清理一座北齐墓》,《考古》1973 年第 2 期。

洛阳博物馆:《洛阳北魏元邵墓》,《考古》1973 年第 4 期。

洛阳博物馆:《河南洛阳北魏元乂墓调查》,《文物》1974 年第 12 期。

洛阳博物馆:《洛阳涧西七里河东汉墓发掘简报》,《考古》1975 年第 2 期。

洛阳博物馆:《洛阳西汉卜千秋壁画墓发掘简报》,《文物》1977 年第 6 期。

郭建邦:《北魏宁懋石室和墓志》,《中原文物》1980 年第 2 期。

洛阳博物馆:《洛阳北魏画像石棺》,《考古》1980 年第 3 期。

南阳地区文物队、南阳博物馆:《唐河汉郁平大尹冯君孺人画象石墓》,《考古学报》1980 年第 2 期。

中国社会科学院考古研究所:《殷墟妇好墓》,文物出版社,1980 年。

固始侯古堆一号墓发掘组:《河南固始侯古堆一号墓发掘简报》,《文物》1981 年第 1 期。

孟县人民文化馆:《孟县出土北魏司马悦墓志》,《文物》1981 年第 12 期。

黄明兰:《西晋裴祇和北魏元暐两墓拾零》,《文物》1982 年第 1 期。

孟县人民文化馆:《河南省孟县出土北魏司马悦墓志》,《考古》1983 年第 3 期。

中国社会科学院考古研究所洛阳汉魏故城工作队:《西晋帝陵勘察记》,《考古》1984 年第 12 期。

黄明兰:《北魏孝子棺线刻画》,人民美术出版社,1985 年。

河南省文物研究所:《信阳楚墓》,文物出版社,1986 年。

郭建邦:《北魏宁懋石室线刻画》,人民美术出版社,1987 年。

河南省文物研究所:《安阳北齐和绍隆夫妇合葬墓清理简报》,《中原文物》1987 年第 1 期。

黄明兰:《洛阳北魏世俗石刻线画集》,人民美术出版社,1987 年。

洛阳市文物工作队:《洛阳曹魏正始八年墓发掘报告》,《考古》1989 年第 4 期。

阎道衡：《永城芒山柿园发现梁国国王壁画墓》，《中原文物》1990 年第 1 期。

洛阳市文物工作队：《洛阳孟津晋墓、北魏墓发掘简报》，《文物》1991 年第 8 期。

中国社会科学院考古研究所：《河南偃师县杏园村的四座北魏墓》，《考古》1991 年第 9 期。

周口地区文物工作队、淮阳县博物馆：《河南淮阳北关一号汉墓发掘简报》，《文物》1991 年第 4 期。

河南省文物研究所、永城县文物管理委员会：《河南永城芒山西汉梁国王陵的调查》，《华夏考古》1992 年第 3 期。

洛阳市第二文物工作队：《洛阳市朱村东汉壁画墓发掘简报》，《文物》1992 年第 12 期。

310 国道孟津考古队：《洛阳孟津邙山西晋北魏墓发掘报告》，《华夏考古》1993 年第 1 期。

河南省文物研究所：《密县打虎亭汉墓》，文物出版社，1993 年。

偃师商城博物馆：《河南偃师两座北魏墓发掘简报》，《考古》1993 年第 5 期。

中国社会科学院考古研究所汉魏工作队、洛阳古墓博物馆：《北魏宣武帝景陵发掘报告》，《考古》1994 年第 9 期。

韦娜等：《洛阳古墓博物馆》，中州古籍出版社，1995 年。

洛阳市第二文物工作队：《洛阳五女冢新莽墓发掘简报》，《文物》1995 年第 11 期。

洛阳市第二文物工作队：《伊川鸦岭唐齐国夫人墓》，《文物》1995 年第 11 期。

洛阳市文物工作队：《洛阳孟津北陈村北魏壁画墓》，《文物》1995年第8期。

河南省文物考古研究院：《永城西汉梁国王陵与寝园》，中州古籍出版社，1996年。

洛阳市第二文物工作队：《洛阳五女冢267号新莽墓发掘简报》，《文物》1996年第7期。

洛阳市文物工作队：《河南新安县晋墓发掘简报》，《华夏考古》1998年第1期。

河南省文物考古研究所、三门峡市文物工作队：《三门峡虢国墓》，文物出版社，1999年。

河南省商丘市文物管理委员会、河南省文物考古研究所、河南省永城市文物管理委员会：《芒砀山西汉梁王墓地》，文物出版社，2001年。

徐婵菲：《洛阳北魏元怿墓壁画》，《文物》2002年第2期。

洛阳市文物工作队：《河南新安西晋墓（C12M262）发掘简报》，《文物》2004年第12期。

洛阳市第二文物工作队：《北魏孝文帝长陵的调查和钻探》，《文物》2005年第7期。

洛阳市第二文物工作队、偃师市文物管理委员会：《偃师白草坡东汉帝陵陵园遗址》，《文物》2007年第10期。

洛阳市第二文物工作队：《洛阳邙山陵墓群的文物普查》，《文物》2007年第10期。

洛阳市第二文物工作队：《唐安国相王孺人壁画墓发掘报告》，河南美术出版社，2008年。

洛阳市第二文物工作队：《洛阳新发现的两座西晋墓发掘简报》，《文物》2009年第3期。

河南省文物考古研究所、安阳县文化局：《河南安阳市西高穴曹操高陵》，《考古》2010 年第 8 期。

洛阳市第二文物工作队：《洛阳孟津大汉冢曹魏贵族墓》，《文物》2011 年第 9 期。

刘斌：《洛阳北邙山北魏大墓考古记》，《大众考古》2014 年第 5 期。

河南省文物局：《安阳北朝墓葬》，科学出版社，2015 年。

洛阳市文物考古研究院：《洛阳偃师东汉洛南陵区 2008 年考古勘探简报》，《洛阳考古》2015 年第 2 期。

洛阳市文物考古研究院：《洛阳伊川昌营唐代石椁墓发掘简报》，《文物》2016 年第 6 期。

洛阳市文物考古研究院：《河南洛阳市西朱村曹魏墓葬》，《考古》2017 年第 7 期。

洛阳市文物考古研究院：《洛阳龙门唐安菩夫妇墓》，科学出版社，2017 年。

齐运通、杨建锋：《洛阳新获墓志（2015）》，中华书局，2017 年。

河南省文物考古研究院、安阳市文物考古研究所、曹操高陵管理委员会：《安阳高陵陵园遗址 2016—2017 年度考古发掘简报》，《华夏考古》2018 年第 1 期。

洛阳市文物考古研究院：《邙山陵墓群考古调查与勘测第一阶段考古报告》，文物出版社，2018 年。

洛阳市文物考古研究院：《洛阳北魏曹连石棺墓》，科学出版社，2019 年。

3. 山西

山西省博物馆：《太原圹坡北齐张肃墓文物图录》，中国古典艺术出版社，1958 年。

山西省文物管理委员会：《太原南郊金胜村唐墓》，《考古》1959 年第 9 期。

参考文献　635

山西省文物管理委员会：《太原市金胜村第六号唐代壁画墓》，《考古》1959年第8期。

王玉山：《太原市南郊清理北齐墓葬一座》，《文物》1963年第6期。

山西省大同市博物馆、山西省文物工作委员会：《山西大同石家寨北魏司马金龙墓》，《文物》1972年第3期。

陶正刚：《山西祁县白圭北齐韩裔墓》，《文物》1975年第4期。

山西省考古研究所：《唐薛儆墓发掘简报》，《文物集刊》1997年第3期。

大同市博物馆、山西省文物工作委员会：《大同方山北魏永固陵》，《文物》1978年第7期。

汤池：《北齐高润墓壁画简介》，《考古》1979年第3期。

王克林：《北齐库狄迴洛墓》，《考古学报》1979年第3期。

大同市博物馆：《大同市小站村花圪塔台北魏墓清理简报》，《文物》1983年第8期。

山西省考古研究所：《太原市北齐娄叡墓发掘简报》，《文物》1983年第10期。

山西省考古研究所：《太原市南郊唐代壁画墓清理简报》《文物》1988年第12期。

大同市博物馆：《大同东郊北魏元淑墓》，《文物》1989年第8期。

山西省考古研究所、太原市文物管理委员会：《太原金胜村251号春秋大墓及车马坑发掘简报》，《文物》年第9期。

山西省考古研究所等：《太原金胜村337号唐代壁画墓》，《文物》1990年第12期。

山西省考古研究所等：《太原南郊北齐壁画墓》，《文物》1990年第12期。

山西省考古研究所等：《太原市南郊北齐壁画墓》，《文物》1990年第12期。

常一民：《太原市神堂沟北齐贺娄悦墓整理简报》，《文物季刊》1992年第 3 期。

山西省考古研究所、大同市博物馆：《大同南郊北魏墓群发掘简报》，《文物》1992 年第 8 期。

王太明、贾文亮：《山西榆社县发现北魏画像石棺》，《考古》1993 年第 8 期。

（日）水野清一、長廣敏雄：《雲岡石窟：西暦五世紀における中国北部佛教窟院の考古學的調査報告》第十五卷本文，京都大學人文科學研究所雲岡刊行會，1955 年。

求实：《怀仁县发现北魏丹阳王墓》，《北朝研究》1999 年第 1 辑。

山西省考古研究所：《唐代薛儆墓发掘报告》，科学出版社，2000 年。

王太明：《榆社县发现一批石棺》，《山西省考古学会论文集》2000 年，119—122 页。

大同市博物馆、大同市考古所：《大同智家堡北魏墓石椁壁画》，《文物》2001 年第 7 期。

山西省考古研究所、大同市考古研究所：《大同市北魏宋绍祖墓发掘简报》，《文物》2001 年第 7 期。

山西省考古研究所等：《太原隋代虞弘墓清理简报》，《文物》2001 年第 1 期。

王银田、刘俊喜：《大同智家堡北魏墓石椁壁画》，《文物》2001 年第 7 期。

王立斌等：《北齐砖室墓葬》，《文物世界》2002 年第 2 期。

李爱国：《太原北齐张海翼墓》，《文物》2003 年第 10 期。

山西省考古研究所等：《太原北齐徐显秀墓发掘简报》，《文物》2003 年第 10 期。

太原市文物考古研究所：《太原北齐狄湛墓》，《文物》2003 年第 3 期。

太原市文物考古研究所：《太原北齐贺拔昌墓》，《文物》2003 年第 3 期。

太原市文物考古研究所：《太原北齐库狄业墓》，《文物》2003 年第 3 期。

山西省大同市考古研究所：《大同湖东北魏一号墓》，《文物》2004 年第 12 期。

王银田、曹臣民：《北魏石雕三品》，《文物》2004 年第 6 期。

山西省考古研究所等：《太原隋虞弘墓》，文物出版社，2005 年。

大同市考古研究所：《山西大同沙岭北魏壁画墓发掘简报》，《文物》2006 年第 10 期。

大同市考古研究所：《山西大同迎宾大道北魏墓群》，《文物》2006 年第 10 期。

山西省考古研究所：《山西绛县横水西周墓发掘简报》，《文物》2006 年第 8 期。

大同市博物馆：《大同北魏方山思远佛寺遗址发掘报告》，《文物》2007 年第 4 期。

大同市考古研究所　刘俊喜：《大同雁北师院北魏墓群》，文物出版社，2008 年。

怀仁县文物管理所：《山西怀仁北魏丹扬王墓及花纹砖》，《文物》2010 年第 5 期。

山西省考古研究所等：《山西朔州水泉梁北齐壁画墓发掘简报》，《文物》2010 年第 12 期。

太原市文物考古研究所：《山西太原晋源镇三座唐壁画墓》，《文物》2010 年第 7 期。

张庆捷：《大同南郊北魏墓考古新发现》，《2009 中国重要考古发现》，文物出版社，2010 年。

大同市考古研究所：《山西大同文瀛路北魏壁画墓发掘简报》，《文物》2011 年第 12 期。

大同市考古研究所：《山西大同阳高北魏尉迟定州墓发掘简报》，《文物》2011 年第 12 期。

大同市考古研究所：《山西大同云波里路北魏壁画墓发掘简报》，《文物》2011 年第 12 期。

殷宪、刘俊喜：《北魏尉迟定州墓石椁封门石铭文》，《文物》2011 年第 12 期。

山西省考古研究所、大同市考古研究所：《山西大同南郊仝家湾北魏墓（M7、M9）发掘简报》，《文物》2015 年第 12 期。

山西省考古研究所等：《山西忻州市九原岗北朝壁画墓》，《考古》2015 年第 7 期。

白曙璋、张庆捷：《山西忻州九原岗北朝壁画墓的发掘》，《大众考古》2016 年第 5 期。

山西省考古研究所：《太原沙沟隋代斛律彻墓》，科学出版社，2017 年。

大同市考古研究所：《山西大同二电厂北魏墓群发掘简报》，《文物》2019 年第 8 期。

山西博物院、山西省考古研究所：《山西朔州水泉梁北齐壁画墓发掘报告》，科学出版社，2019 年。

山西博物院、山西省考古研究所：《壁上乾坤——山西北朝墓葬壁画艺术》，山西人民出版社，2019 年。

太原市文物考古研究所：《山西太原唐代赫连山、赫连简墓发掘简报》，《文物》2019 年第 5 期。

山西省考古研究院、太原市文物考古研究所：《山西太原唐代郭行墓发掘简报》，《考古与文物》2020 年第 5 期。

大同市考古研究所：《山西大同北魏贾宝墓发掘简报》，《文物》2021 年第 6 期。

大同市考古研究所：《山西大同仝家湾北魏邢合姜石椁调查简报》，《文物》2022年第2期。

4. 陕西

陕西省文物工作委员会：《西安羊头镇唐李爽墓的发掘》，《文物》1959年第3期。

陕西省文物管理委员会：《西安郭家滩隋姬威墓清理简报》，《文物》1959年第8期。

陕西省文物管理委员会：《西安南郊草厂坡村北朝墓的发掘》，《考古》1959年第6期。

陕西省文物管理委员会：《长安县南里王村唐韦泂墓发掘记》，《文物》1959年第8期。

陕西考古所唐墓工作组：《西安东郊唐苏思勖墓清理简报》，《考古》1960年第1期。

陕西省文物管理委员会：《唐乾陵勘查记》，《文物》1960年第4期。

陕西省文物管理委员会：《唐永泰公主墓发掘简报》，《文物》1964年第1期。

陕西省文物管理委员会：《陕西省三原县双盛村隋李和墓清理简报》，《文物》1966年第1期。

陕西省博物馆、乾县文教局唐墓发掘组：《唐懿德太子墓发掘简报》，《文物》1972年第7期。

陕西省博物馆、乾县文教局唐墓发掘组：《唐章怀太子墓发掘简报》，《文物》1972年第7期。

陕西省博物馆等：《唐郑仁泰墓发掘简报》，《文物》1972年第7期。

陕西省博物馆、陕西省文管会：《唐李寿墓发掘简报》，《文物》1974年第 9 期。

富平县文化馆等:《唐李凤墓发掘简报》,《考古》1977 年第 5 期。

陕西省文物管理委员会、礼泉县昭陵文管所:《唐阿史那忠墓发掘简报》,《考古》1977 年第 2 期。

昭陵文物管理所:《昭陵陪葬墓调查记》,《文物》1977 年第 10 期。

雍城考古工作队:《凤翔县高庄战国秦墓发掘简报》,《文物》1980 年第 9 期。

郑洪春、姚生民:《汉甘泉宫遗址调查》,《人文杂志》1980 年第 1 期。

中国社会科学院考古研究所:《唐长安城郊隋唐墓》,文物出版社,1980 年。

禚振西:《陕西户县的两座墓》,《考古与文物》1980 第 1 期。

崔汉林等:《陕西华阴北魏杨舒墓发掘简报》,《文博》1985 年第 2 期。

若是:《唐恭陵调查纪要》,《文物》1985 年第 3 期。

陕西省雍城考古队:《凤翔秦公陵园第二次钻探简报》,《文物》1987 年第 5 期。

孙润德、贺雅宜:《龚家湾一号墓清理简报》,《考古与文物》1987 年第 1 期。

徐进、张蕴:《西安南郊曲江池汉唐墓葬清理简报》,《考古与文物》1987 年第 6 期。

赵力光、王九刚:《长安县南里王村唐壁画墓》,《文博》1989 年第 4 期。

陕西省考古研究所、西安交通大学:《西安交通大学西汉壁画墓发掘简报》,《考古与文物》1990 年第 4 期。

负安志、马志军:《长安县南李王村汉墓发掘简报》,《考古与文物》1990 年第 4 期。

陕西省考古研究所、西安交通大学:《西安交通大学西汉壁画墓》,西安交通大学出版社,1991 年。

贠安志：《中国北周珍贵文物——北周墓葬发掘报告》，陕西人民美术出版社，1993年。

宝鸡市考古队：《岐山郑家村唐元师奖墓清理简报》，《考古与文物》1994年第3期。

郭延龄：《靖边出土唐杨会石棺和墓志》，《考古与文物》1995年第4期。

井增利、王小蒙：《富平县新发现的唐墓壁画》，《考古与文物》1997年第4期。

陕西省考古研究所、咸阳市考古研究所：《北周武帝孝陵发掘简报》，《考古与文物》1997年第2期。

西安市文物保护考古所：《西安财政干部培训中心汉、后赵墓发掘简报》，《文博》1997年第6期。

解峰、马先登：《唐契苾明墓发掘记》，《文博》1998年第5期。

巩启明：《唐献陵踏查记》，《文博》1999年第1期。

陕西省考古研究所、秦始皇兵马俑博物馆：《秦始皇帝陵园考古报告（1999）》，科学出版社，2000年。

咸阳市文物考古所：《咸阳教育学院东汉墓清理简报》，载《文物考古论集——咸阳市文物考古所成立十周年纪念》，三秦出版社，2000年。

昭陵博物馆：《唐昭陵李勣（徐懋功）墓清理简报》，《考古与文物》2000年第3期。

中日联合原州考古队：《北周田弘墓——原州联合考古队发掘调查报告》，日本勉诚出版社，2000年。

陕西省考古研究所：《唐高力士墓发掘简报》，《考古与文物》2002年第6期。

西安市文物保护研究所：《唐金乡县主墓》，文物出版社，2002年。

尹申平：《陕西旬邑发现东汉壁画墓》，《考古与文物》2002年第3期。

陕西省考古研究所：《西安北周安伽墓》，文物出版社，2003年。

陕西省考古研究所：《唐惠庄太子李㧑墓发掘报告》，科学出版社，2004年。

陕西省考古研究所：《唐节愍太子墓发掘简报》，《考古与文物》2004年第4期。

陕西省考古研究所等：《唐节愍太子墓发掘报告》，科学出版社，2004年。

陕西省考古研究所等：《唐新城长公主墓发掘报告》，科学出版社，2004年。

陕西省考古研究所：《唐李宪墓发掘报告》，科学出版社，2005年。

西安市文物保护考古所：《西安北周凉州萨保史君墓发掘简报》，《文物》2005年第3期。

西安市文物保护考古研究院：《陕西西安洪庆原十六国梁猛墓发掘简报》，《考古与文物》2005年第1期。

程林泉：《西安北周李诞墓的考古发现与研究》，《西部考古》第1辑，三秦出版社，2006年。

陕西省考古研究所、秦始皇兵马俑博物馆：《秦始皇帝陵园考古报告（2000）》，科学出版社，2006年。

咸阳市文物考古研究所：《咸阳十六国墓》，文物出版社，2006年。

昭陵博物馆：《昭陵唐墓壁画》，文物出版社，2006年。

陕西省考古研究院、秦始皇兵马俑博物馆：《秦始皇帝陵园考古报告（2000—2003）》，文物出版社，2007年。

陕西省考古研究院：《陕西潼关税村隋代壁画墓发掘简报》，《文物》2008年第5期。

陕西省考古研究院：《陕西潼关税村隋代壁画墓线刻石棺》，《考古与文物》2008年第3期。

西安市文物保护考古所：《西安北周康业墓发掘简报》，《文物》2008年第6期。

陕西省考古研究院：《西安凤栖塬西汉墓地田野考古发掘收获》，《考古与文物》2009 年第 5 期。

王勇刚等：《新发现的唐武令璋石椁和墓志》，《考古与文物》2010 年第 2 期。

咸阳市文物考古研究所：《西汉帝陵钻探调查报告》，文物出版社，2010 年。

陕西省考古研究院、蒲城县文物局：《唐玄宗泰陵陵园遗址考古勘探、发掘简报》，《考古与文物》2011 年第 3 期。

陕西省考古研究院、咸阳市文物考古研究所、茂陵博物馆：《汉武帝茂陵考古调查、勘探简报》，《考古与文物》年第 2 期。

陕西省考古研究院、咸阳市文物考古研究所：《咸阳"周王陵"考古调查、勘探简报》，《考古与文物》2011 年第 1 期。

陕西省考古研究院：《唐睿宗桥陵陵园遗址考古勘探、发掘简报》，《考古与文物》2011 年第 1 期。

西安市文物保护研究所：《西安南郊清理两座十六国墓葬》，《文博》2011 年第 1 期。

秦始皇帝陵博物院：《秦始皇帝陵园考古报告（2009—2010）》，科学出版社，2012 年。

程旭、师小群：《唐贞顺皇后敬陵石椁》，《文物》2012 年第 5 期。

张建林：《隋文帝泰陵》，《中国考古学年鉴（2011）》，文物出版社，2012 年。

陕西省考古研究院：《唐高祖献陵陵园遗址考古勘探与发掘简报》，《考古与文物》2013 年第 5 期。

西安市文物保护考古研究院：《北周史君墓》，文物出版社，2014 年。

西安市文物保护考古研究院：《西安凤栖原十六国墓发掘简报》，《文博》2014 年第 1 期。

陕西省文物保护研究院：《隋独孤罗墓的发现和研究》，《考古与文物》2017年第2期。

西安市文物保护考古研究院：《西安西汉壁画墓》，文物出版社，2017年。

陕西省考古研究院等：《西安郭庄唐代韩休墓发掘简报》，《文物》2019年第1期。

李明、赵占锐：《陕西咸阳发现隋代王韶家族墓园》，中国考古网，2020年7月3日。

5. 山东

山东省博物馆：《曲阜九龙山汉墓发掘简报》，《文物》1972年第5期。

山东省文物管理处、济南市博物馆：《大汶口——新石器时代墓葬发掘报告》，文物出版社，1974年。

山东省博物馆、苍山县文化馆：《山东苍山元嘉元年画像石墓》，《考古》1975年第2期。

临沂金雀山汉墓发掘组：《山东临沂金雀山九号汉墓发掘简报》，《文物》1977年第11期。

山东省博物馆：《山东嘉祥英山一号隋墓清理简报——隋代墓室壁画的首次发现》，《文物》1981年第4期。

山东省菏泽地区汉墓发掘小组：《巨野红土山西汉墓》，《考古学报》1983年第4期。

山东省文物考古研究所：《临淄北朝崔氏墓地》，《考古学报》1984年第2期。

济南市博物馆：《济南市马家庄北齐墓》，《文物》1985年第10期。

山东省淄博市博物馆：《西汉齐王墓随葬器物坑》，《考古学报》1985年第2期。

夏名采：《益都北齐石室墓线刻画像》，《文物》1985年第10期。

诸城县博物馆：《山东省诸城县西晋墓清理简报》，《考古》1985年第12期。

淄博市博物馆等：《临淄北朝崔氏墓地第二次清理简报》，《考古》1985年第3期。

嘉祥县文物管理所：《山东嘉祥英山二号隋墓清理简报》，《文物》1987年第11期。

临沂地区文管会等：《山东苍山县晋墓》，《考古》1989年8期。

山东省文物考古研究所：《济南市东八里洼北朝壁画墓》，《文物》1989年第4期。

王思礼、赖非、丁冲、万良：《山东微山县汉代画像石调查报告》，《考古》1989年第8期。

中国社会科学院考古研究所山东工作队：《山东临朐朱封龙山文化墓葬》，《考古》1990年第7期。

潍坊市博物馆、昌乐县文管所：《山东昌乐县东圈汉墓》，《考古》1993年第6期。

山东大学考古系、山东省文物局、长清县文化局：《山东长清县双乳山一号汉墓发掘简报》，《考古》1997年第3期。

管恩洁、霍启明、尹世娟：《山东临沂吴白庄汉画像石墓》，《东南文化》1999年第6期。

刘玉新：《山东省东阿县曹植墓的发掘》，《华夏考古》1999年第1期。

滕州市文化局等：《山东滕州市西晋元康九年墓》，《考古》1999年第12期。

夏名采：《青州傅家北齐线刻画像补遗》，《文物》2001年第5期。

山东省文物考古研究所等：《山东临朐北齐崔芬壁画墓》，《文物》2002

年第 4 期。

济南市考古研究所等：《山东章丘市洛庄汉墓陪葬坑的清理》，《考古》2004 年第 8 期。

山东省文物考古研究所、临沂市文化局：《山东临沂洗砚池晋墓》，《文物》2005 年第 7 期。

山东邹城市文物局：《山东邹城西晋刘宝墓》，《文物》2005 年第 1 期。

山东省石刻艺术博物馆编，蒋英炬、杨爱国、蒋群著：《朱鲔石室》，文物出版社，2015 年。

山东省石刻仪注博物馆、山东省文物考古研究所编，蒋英炬、杨爱国、信立祥、吴文祺著：《孝堂山石祠》，文物出版社，2017 年。

6. 甘肃、宁夏、新疆

党国栋：《武威县磨嘴子古墓清理记要》，《文物参考资料》1958 年第 11 期。

甘肃省文物管理委员会：《酒泉下河清第 1 号墓和第 18 号墓发掘简报》，《文物》1959 年第 10 期。

甘肃省博物馆：《甘肃武威磨咀子汉墓发掘》，《考古》1960 年第 9 期。

嘉峪关市文物清理小组：《嘉峪关汉画像砖墓》，《文物》1972 年 12 期。

甘肃省博物馆：《酒泉、嘉峪关晋墓的发掘》，《文物》1979 年第 6 期。

嘉峪关市文物管理所：《嘉峪关新城十二、十三号画像砖墓发掘简报》，《文物》1982 年第 8 期。

甘肃省文物队、甘肃省博物馆、嘉峪关市文物管理所：《嘉峪关壁画墓发掘报告》，文物出版社，1985 年。

宁夏回族自治区博物馆、宁夏固原博物馆：《宁夏固原北周李贤夫妇墓发掘简报》，《文物》1985 年第 11 期。

宁夏固原博物馆：《彭阳新集北魏墓》，《文物》1988 年第 9 期。

甘肃省文物考古研究所编：《酒泉十六国墓壁画》，文物出版社，1989年。

天水市博物馆：《天水市发现隋唐屏风石棺床墓》，《考古》1992年第1期。

宁夏回族自治区固原博物馆　罗丰：《固原南郊隋唐墓》，文物出版社，1996年。

张掖地区文物管理办公室、高台县博物馆：《甘肃高台骆驼城画像砖墓调查》，《文物》1997年第12期。

甘肃省文物考古研究所：《敦煌佛爷庙湾——西晋画像砖墓》，文物出版社，1998年。

宁夏回族自治区博物馆等：《原州古墓集成》，文物出版社，1999年。

新疆文物考古研究所：《吐鲁番阿斯塔那—哈拉和卓墓地（哈拉和卓卷）》，文物出版社，2018年。

甘肃省文物考古研究所、武威市文物考古研究所、天祝藏族自治县博物馆：《甘肃武周时期吐谷浑喜王慕容智墓发掘简报》，《考古与文物》2021年第2期。

7. 辽宁、吉林

朝阳地区博物馆等：《辽宁朝阳发现北燕、北魏墓》，《考古》1985年第10期。

吉林省文物工作队、集安县文物保管所：《集安长川一号壁画墓》，载《东北考古与历史》第一辑，文物出版社，1982年。

黎瑶渤：《辽宁北票县西官营子北燕冯素弗墓》，《文物》1973年第3期。

李文信：《辽阳北园壁画古墓记略》，《国立沈阳博物院筹备委员会汇刊》1947年第1期。

辽宁省博物馆文物队、朝阳地区博物馆文物队、朝阳县文化馆：《朝阳袁台子东晋壁画墓》，《文物》1984年第6期。

辽宁省文物考古研究所、朝阳市北塔博物馆：《朝阳北塔——考古发掘与维修工程报告》，文物出版社，2007年。

辽阳博物馆：《辽阳市三道壕西晋墓清理简报》，《考古》1990年第4期。

王增新：《辽阳市棒台子二号壁画墓》，《考古》1960年第1期。

李文信：《辽阳发现的三座壁画古墓》，《文物参考资料》1955年第5期。

东北博物馆：《辽阳三道壕两座壁画墓的清理工作简报》，《文物参考资料》1955年第12期。

李庆发：《辽阳上王家村晋代壁画墓清理简报》，《文物》1959年第7期。

辽宁省博物馆等：《辽阳旧城东门里东汉壁画墓发掘报告》，《文物》1985年第6期。

辽宁省文物考古研究所：《辽宁辽阳南环街壁画墓》，《北方文物》1998年第3期。

8. 江苏、浙江、江西、安徽

华东文物工作队清理小组：《江苏宜兴周墓墩古墓清理简报》，《文物参考资料》1953年第8期。

罗宗真：《江苏宜兴晋墓发掘报告》，《考古学报》1957年第4期。

南京市文物保管委员会：《南京六朝墓清理简报》，《考古》1959年第5期。

江苏省文物管理委员会：《江苏高邮邵家沟汉代遗址的清理》，《考古》1960年第10期。

罗宗真：《南京西善桥油坊村南朝大墓的发掘》，《考古》1963年第6期。

南京博物院、南京市文物保管委员会：《南京西善桥南朝墓及其砖刻壁画》，《文物》1960年第8、9期合刊。

南京市文物保管委员会：《南京板桥镇石闸湖西晋墓清理简报》，《文物》1965年第6期。

南京市博物馆：《南京象山5号、6号、7号墓清理简报》，《文物》1972年第11期。

南京博物院：《江苏溧阳果园东晋墓》，《考古》1973年第4期。

江西省博物馆：《江西南昌晋墓》，《考古》1974年第6期。

南京博物院、连云港市博物馆：《海州西汉霍贺墓清理简报》，《考古》1974年第3期。

南京博物院：《江苏丹阳胡桥南朝大墓及砖刻壁画》，《文物》1974年第2期。

南京博物院：《江苏宜兴晋墓的第二次发掘》，《考古》1977年第2期。

常州市博物馆：《常州南郊戚家村画像砖墓》，《文物》1979年第3期。

江西省历史博物馆：《江西南昌市东吴高荣墓的发掘》，《考古》1980年第3期。

扬州博物馆、邗江县文化馆：《扬州邗江县胡场汉墓》，《文物》1980年第3期。

南京博物院：《江苏邗江甘泉二号汉墓》，《文物》1981年第11期。

扬州博物馆、邗江县图书馆：《江苏邗江胡场五号汉墓》，《文物》1981年第11期。

安徽省文物工作队：《安徽南陵县麻桥东吴墓》，《考古》1984年第11期。

徐州博物馆：《徐州石桥汉墓清理报告》，《文物》1984年第11期。

扬州博物馆：《江苏邗江发现两座南朝画像砖墓》，《考古》1984年第3期。

南京博物院、铜山县文化馆：《铜山龟山二号西汉崖洞墓》，《考古学报》1985年第1期。

无锡博物馆：《无锡赤墩里东晋墓》，《考古》1985年第11期。

安徽省文物考古研究所、马鞍山市文化局：《安徽马鞍山东吴朱然墓发掘简报》，《文物》1986年第3期。

徐州博物馆：《徐州狮子山兵马俑坑第一次发掘简报》，《文物》1986年第12期。

南京博物院：《江苏吴县何山东晋墓》，《考古》1987年第3期。

徐州博物馆、南京大学历史系考古专业：《徐州北洞山西汉墓发掘简报》，《文物》1988年第2期。

杭州市文物考古所：《浙江省余杭南朝画像砖墓清理简报》，《东南文化》1992年第3期。

常州市博物馆、武进县博物馆：《江苏常州南郊画像、花纹砖》，《考古》1994年第12期。

徐州博物馆、南京大学历史学系考古专业：《徐州北洞山西汉楚王墓》，文物出版社，2003年。

南京市博物馆、南京市江宁区博物馆：《南京江宁上坊孙吴墓发掘简报》，《文物》2008年第12期。

安徽省马鞍山市博物馆：《安徽省马鞍山上湖村东晋墓发掘简报》，《考古与文物》2010年第6期。

南京博物馆等：《江苏盱眙大云山汉墓》，《考古》2012年第7期。

南京博物院、盱眙县文广新局：《江苏盱眙县大云山汉墓》，《考古》2012年第7期。

杭州市文物考古研究所、余杭博物馆：《浙江余杭小横山南朝画像砖墓M109发掘简报》，《文物》2013年第5期。

杭州市文物考古研究所、余杭博物馆：《余杭小横山东晋南朝墓》，文物出版社，2013年。

南京博物院等：《江苏扬州市曹庄隋炀帝墓》，《考古》2014年第7期。

南京市博物馆：《南京市雨花台区铁心桥小村南朝墓发掘简报》，《东南文化》2015年第2期。

南京市考古研究所：《南京栖霞狮子冲南朝大墓发掘简报》，《东南文化》2015年第4期。

杨军：《江西南昌西汉海昏侯墓园》，《大众考古》2015年第12期。

江西省文物考古研究所、南昌市博物馆、南昌市新建区博物馆：《南昌市西汉海昏侯墓》，《考古》2016年第7期。

马涛、祁海宁：《南京市栖霞区狮子冲南朝陵园考古工作简报》，载《南朝真迹——南京新出南朝砖印壁画墓与砖文精选》，江苏凤凰美术出版社，2016年。

南京市博物馆总棺、南京市考古研究所：《南朝真迹——南京新出南朝砖印壁画墓与砖文精选》，江苏凤凰美术出版社，2016年。

安徽省文物考古研究所等：《安徽当涂发现高等级东吴宗室墓葬"天子坟"》，《中国文物报》2017年3月10日。

淮北市文物局：《安徽省淮北市发现汉代画像石祠》，《东南文化》2019年第6期。

9. 湖南、湖北

湖南省文物管理委员会：《湖南常德西郊古墓葬群清理小结》，《文物参考资料》1955年第5期。

中国科学院考古研究所：《长沙发掘报告》，科学出版社，1957年。

湖南省博物馆：《长沙两晋南北朝隋墓发掘报告》，《考古学报》1959年第3期。

湖南省博物馆：《长沙汤家岭西汉墓清理报告》，《考古》1966年第4期。

湖南省博物馆、中国科学院考古研究所：《长沙马王堆一号汉墓》，文物出版社，1973年。

湖南省博物馆：《新发现的长沙战国楚墓帛画》，《文物》1973年第7期。

湖南省博物馆：《长沙子弹库战国木椁墓》，《文物》1974年第2期。

纪南城凤凰山一六八号汉墓发掘整理组：《湖北江陵凤凰山一六八号汉墓发掘简报》，《文物》1975年第9期。

凤凰山一六七号汉墓发掘整理小组：《江陵凤凰山一六七号汉墓发掘简报》，《文物》1976年第10期。

长沙市文化局文物组：《长沙咸家湖西汉曹嬛墓》，《文物》1979年第3期。

湖南省博物馆：《长沙象鼻嘴一号西汉墓》，《考古学报》1981年第1期。

襄阳地区博物馆：《湖北襄阳擂鼓台一号墓发掘简报》，《考古》1982年第2期。

江陵县文物工作组：《湖北江陵楚冢调查》，《考古学集刊》（4），中国社会科学出版社，1984年。

湖北省荆州地区博物馆：《江陵马山一号楚墓》，文物出版社，1985年。

襄樊市文物管理处：《襄阳贾家冲画像砖墓》，《江汉考古》1986年第1期。

湖北省博物馆、郧县博物馆：《湖北郧县唐李徽、阎婉墓发掘简报》，《文物》1987年第8期。

湖北省博物馆：《曾侯乙墓》，文物出版社，1989年。

安乡县文物管理所：《湖南安乡西晋刘弘墓》，《文物》1993年第11期。

湖南省博物馆、湖南省文物考古研究所：《长沙马王堆二、三号汉墓》，文物出版社，2004年。

襄樊市考古队、谷城县博物馆：《湖北谷城县肖家营墓地》，《考古》2006年第11期。

长沙市文物考古研究所、望城县文物管理局：《湖南望城风篷岭汉墓发掘简报》，《文物》2007年第12期。

南京大学历史系考古专业等：《鄂城六朝墓》，科学出版社，2007年。

荆州博物馆：《湖北荆州熊家冢墓地2006—2007年发掘简报》，《文物》

2009 年第 4 期。

谷城县博物馆:《湖北谷城六朝画像砖墓发掘简报》,《文物》2013 年第 7 期。

襄阳市文物考古研究所:《湖北襄阳麒麟清水沟南朝画像砖墓发掘简报》,《文物》2017 年第 11 期。

襄阳市文物考古研究所:《湖北襄阳柿庄南朝画像砖墓发掘简报》,《文物》2019 年第 8 期。

10. 广东、广西、福建

福建省博物馆:《福建闽侯南屿南朝墓》,《考古》1980 年第 1 期。
广西壮族自治区博物馆:《广西贵县罗泊湾汉墓》,文物出版社,1988 年。
广州市文物管理委员会、中国社会科学院考古研究所、广东省博物馆:《西汉南越王墓》,文物出版社,1991 年。

11. 云南、贵州、四川、重庆

云南省文物工作队:《云南省昭通后海子东晋壁画墓清理简报》,《文物》1963 年第 12 期。

四川省博物馆:《成都百花潭中学十号墓发掘记》,《文物》1976 年第 3 期。
李晓鸣:《四川荥经东汉石棺画像》,《文物》1987 年第 1 期。
乐山市文化局:《四川乐山麻浩一号崖墓》,《考古》1990 年第 2 期。
南京博物院:《四川彭山汉代崖墓》,文物出版社,1991 年。
中国历史博物馆故陵考古队、云阳县文物管理所:《云阳故陵楚墓发掘报告》,载《重庆库区考古发掘报告集(1998 年)》,科学出版社,2003 年。

四川省文物考古研究院等:《四川乐山市柿子湾崖墓 B 区 M1 调查简报》,《四川文物》2016 年第 5 期。

12. 国外（朝鲜、蒙古）

（日）朝鲜古蹟研究會：《古蹟調查報告第二—樂浪王光墓》，东京，1935年。

（日）原田淑人、田澤金吾：《樂浪-五官掾王盱の墳墓》，日本刀江書院，1936年。

宿白：《朝鲜安岳所发现的冬寿墓》，《文物参考资料》1952年第1期。

（朝）朝鲜科学院考古学及民俗学研究所：《遗迹发掘调查报告》三《安岳第3号墓发掘报告》，（朝鲜）科学院出版社，1958年。

（蒙）阿·敖其尔等著，萨仁毕力格译：《蒙古国布尔干省巴彦诺尔突厥壁画墓的发掘》，《草原文物》2014年第1期。

（日）东潮：《モンゴル草原の突厥オラーン・ヘレム壁画墓》，德岛大学综合科学部《人间社会文化研究》第21卷，2013年。

（日）东潮著，篠原典生译：《蒙古国境内的两座突厥墓——乌兰克热姆墓和仆固乙突墓》，载中国人民大学考古文博系《北方民族考古》第3辑，科学出版社，2016年。

三、图　录

（按出版年代排序）

闻宥：《四川汉代画像选集》，群联出版社，1955年。

曾昭燏等：《沂南古画像石墓发掘报告》，文化部文物管理局，1956年。

王子云：《中国古代石刻画选集》，中国古典艺术出版社，1957年。

山东省博物馆、山东省文物考古研究所：《山东汉画像石选集》，齐鲁书社，1982年。

张安治：《中国美术全集·绘画编》第 1 卷《原始社会至南北朝绘画》，人民美术出版社，1986 年。

傅举有、陈松长：《马王堆汉墓文物》，湖南出版社，1992 年。

南京博物院等：《佛教初传南方之路文物图录》，文物出版社，1993 年。

（日）曾布川寬、岡田健《世界美術大全集·東洋編》，東京小學社，1998 年。

陕西省考古研究所：《陕西新出土唐墓壁画》，重庆出版社，1998 年。

李贵龙、王建勤：《绥德汉代画像石》，陕西人民美术出版社，2001 年。

李辉柄：《故宫博物院藏文物珍品大系——晋唐瓷器》，上海科学技术出版社，2002 年。

昭陵博物馆：《昭陵唐墓壁画》，文物出版社，2006 年。

高文主：《中国画像石棺全集》，三晋出版社，2011 年。

徐光冀：《中国出土壁画全集》，科学出版社，2011 年。

重庆市文物局、重庆市移民局：《巫山博物馆——巫山出土文物》，西南交通大学出版社，2012 年。

吕章申：《中国国家博物馆百年收藏集萃》，安徽美术出版社，2014 年。

王绣、霍宏伟：《洛阳两汉彩画》，文物出版社，2015 年。

常青：《金石之躯寓慈悲——美国佛利尔美术馆藏中国佛教雕塑（著录篇）》，文物出版社，2016 年。

大同北朝艺术研究院：《北朝艺术研究院藏品图录》，文物出版社，2016 年。

大同市博物馆：《平城文物精粹》，江苏凤凰美术出版社，2016 年。

襄阳市博物馆、襄阳市文物考古研究所、谷城县博物馆：《天国之享——襄阳南朝画像砖艺术》，科学出版社，2016 年。

张明等：《河北隆尧石刻》，科学出版社，2018 年。

国家文物局：《回归之路——新中国成立七十周年流失文物回归成果展》，文物出版社，2019 年。

四、论著

（按作者姓氏拼音首字母排序）

1. 中文

（法）阿诺尔德·范热内普著，张举文译：《过渡礼仪》，商务印书馆，2010年。

曹臣明：《平城附近鲜卑及北魏墓葬分布规律考》，《文物》2016年第5期。

（日）大村西崖：《支那美术史雕塑篇》，佛书刊行会图像部，1917年。

柴俊林：《试论响堂石窟的初创年代》，《考古》1996年第6期。

陈公柔：《士丧礼、既夕礼中所记载的丧葬制度》，《考古学报》1956年第4期。

陈公柔：《仪礼士丧礼墓葬研究》《仪礼士丧礼器物研究》，台湾中华书局，1971年。

陈建明、聂菲：《马王堆汉墓漆器整理与研究》，中华书局，2019年。

陈克伦：《〈仪礼·士丧礼〉中所见丧葬、祭奠器物考略》，《郑州大学学报（哲学社会科学版）》1989年第3期。

陈胜前：《文化历史考古的理论反思：中国考古学的视角》，《考古》2018年第2期。

陈戍国：《中国礼制史》，湖南教育出版社，1991年。

陈寅恪：《隋唐制度渊源略论稿》，上海古籍出版社，1982年。

陈振裕：《楚国车马出行图初论》，《江汉考古》1989年第4期。

陈直：《望都汉墓题字通释》，《考古》1962年第12期。

持志、刘俊喜：《北魏毛德祖妻张智朗石椁铭刻》，《中国书法》2014年第7期。

崔仁义：《荆门市包山二号墓出土的〈迎宾出行图初论〉》，《江汉考古》1988年第2期。

邓宏里、蔡全法：《沁阳县西向发现北朝墓及画像石棺床》，《中原文物》1983年第1期。

丁凌华：《中国丧服制度史》，上海人民出版社，2000年。

董华锋、宁宇：《南、北石窟寺七佛造像空间布局之渊源》，《敦煌学辑刊》2010年第1辑。

段清波：《晋侯请隧中的"隧"不当作墓道讲》，《中国文物报》2006年2月24日第7版。

段清波：《外藏系统的兴衰与中央集权整体的确立》，《文物》2016年第8期。

范志军：《长沙马王堆女尸所穿裹衣衾探析》，《华夏考古》2007年3期。

方鹏钧、张勋燎：《山东苍山元嘉元年画象石题记的时代和有关问题的讨论》，《考古》1980年第3期。

冯恩学：《下颌托——一个被忽视的祆教文化遗物》，《考古》2011年第2期。

冯恩学：《蒙古国出土金微州都督仆固墓志考研》，《文物》2014年第5期。

冯时：《丧、噩考——兼论丧礼的形成及其意义》，《中原文物》2019年第1期。

冯雨：《床榻之辨——东魏谢氏冯僧晖墓双阙围屏石床研究》，《装饰》2018年第11期。

付承章：《对下颌托源头及相关问题的探讨》，《内蒙古民族大学学报（社会科学版）》2016年第6期。

高崇文：《试论先秦两汉丧葬礼俗的演变》，《考古学报》2006年第4期。

高崇文：《释"便椁"、"便房"与"便殿"》，《考古与文物》2010年第

3 期。

高崇文:《释"正藏"与"外藏"》,《湖南省博物馆馆刊》2010 年刊。

高崇文:《论汉简〈葬律〉中的祭奠之礼》,《文物》2011 年第 5 期。

(荷)高罗佩(Robert H. ram Gulik)著,杨群译:《秘戏图考——附论汉代至清代的中国性生活》,广东人民出版社,1992 年。

(荷)高罗佩(Robert H. ram Gulik)著,李零、郭晓惠等译:《中国古代房内考》,上海人民出版社,1990 年。

高文:《野合图考》,《四川文物》1995 年第 1 期。

葛承雍:《北朝粟特人大会中祆教色彩的新图像——中国国家博物馆藏北朝石堂解析》,《文物》2016 年第 1 期。

(法)古郎士(Fustel de Coulanges)著,李玄伯译:《希腊罗马古代社会研究》,中国政法大学出版社,2005 年。

(日)谷川道雄著,郭兴亮、王志邦译:《六朝时代与地域社会——〈六朝地域社会丛书〉总序》,《东南文化》1991 年第 5 期。

耿朔:《从双室到单室:魏晋墓葬形制转变过程中的一个关键问题》,载王煜等主编《文物、文献与文化——历史考古青年论集》(第一辑),上海古籍出版社,2017 年。

耿朔:《"于襄阳致之":中古陵墓石刻传播路线之一瞥》,《美术研究》2019 年第 1 期。

耿朔:《层累的图像——拼砌砖画与南朝艺术》,人民美术出版社,2020 年。

桂娟、史林静:《河南洛阳出土纪年器物,基本确认墓主为汉桓帝》,新华网新闻,2020 年 12 月 30 日。

郭永利:《河西十六国壁画墓》,民族出版社,2012 年。

郭培育、郭培智:《洛阳出土石刻时地记》,大象出版社,2004 年。

国家文物局古文献研究室等:《吐鲁番出土文书》,文物出版社,1981—

1991 年。

韩国河:《魏晋时期丧葬礼制的承传与创新》,《文史哲》1999 年第 1 期。

韩国河:《温明、秘器与便房考》,《文史哲》2003 年第 4 期。

韩国河:《东汉帝有关问题的探讨》,《考古与文物》2007 年第 5 期。

韩国河、朱津:《三国时期墓葬特征述论》,《中原文物》2010 年第 6 期。

韩国河、张鸿亮:《东汉陵园建筑布局的相关研究》,《考古与文物》2019 年第 6 期。

郝军军:《北魏尉迟定州墓墓主身份再考》,《文物》2014 年第 12 期。

(日)黑田彰:《关于深圳博物馆展陈北魏石床的孝子传图》,载《永远的北朝·深圳博物馆北朝石刻艺术展》,文物出版社,2016 年。

何旭红:《湖南望城风篷岭一号汉墓年代及墓主考》,《文物》2007 年第 12 期。

何志国:《汉魏摇钱树初步研究》,科学出版社,2007 年。

何志国:《论汉晋佛像的"佛神模式"》,《民族艺术》2007 年第 3 期。

贺西林:《道德再现与政治表达——唐燕妃墓、李勣夫妇墓屏风画相关问题的讨论》,《故宫博物院院刊》2019 年第 12 期。

贺云翱:《南京江宁上坊孙吴大墓墓主试考》,《东南文化》2009 年第 1 期。

洪石:《战国秦汉漆器研究》,中国社会科学院研究生院博士学位论文,2002 年。

侯灿、吴美琳:《吐鲁番出土砖志集注》附录《吐鲁番晋—唐古墓出土随葬衣物疏》,巴蜀书社,2003 年。

侯鸿钧:《洛阳西车站发现北魏墓一座》,《文物参考资料》1957 年第 2 期。

侯旭东:《丞相、皇帝与郡国计吏:两汉上计制度变迁探微》,《中国史研究》2014 年第 4 期。

侯彦峰、王娟：《信阳城阳城址八号墓鼎实用牲研究》，《华夏考古》2020年第4期。

侯毅：《试论太原金胜村251号墓墓主身份》，《文物》1989年第9期。

胡新立：《邹城新发现汉安元年文通祠堂题记及图像释读》，《文物》2017年第1期。

胡振东：《昭通东晋壁画墓墓主考》，《思想战线》1980年第4期。

胡雅丽：《包山二号楚墓所见葬制葬俗考》，载湖北省荆沙铁路考古队编《包山楚墓》，文物出版社，1991年。

胡雅丽：《包山二号墓漆画考》，《文物》1998年第5期。

华阳：《论薛儆墓的形制及等级问题》，《北方文物》2011年第4期。

黄明兰：《洛阳北魏景陵位置的确定和静陵位置的推测》，《文物》1978年第7期。

黄明兰：《西晋裴祗和北魏元暐两墓拾零》，《文物》1982年第1期。

黄佩贤：《汉代墓室壁画研究》，文物出版社，2008年。

黄晓芬：《汉墓的考古学研究》，岳麓书社，2003年。

黄展岳：《汉代诸侯王墓论述》，《考古学报》1998年第1期。

霍巍：《中心与边缘：汉文化的扩张与变异——以四川乐山麻浩一号崖墓画像石刻为例》，载四川大学中国藏学研究所编《文化传承与历史记忆学术研讨会论文集》，2007年。

霍巍：《六朝陵墓装饰中瑞兽的嬗变与"晋制"的形成》，《考古》2015年第2期。

（日）菅谷文则：《正仓院屏风和墓室壁画屏风》，载《宿白先生八秩华诞纪念文集》，文物出版社，2002年。

姜伯勤：《唐安菩墓三彩骆驼所见"盛于皮袋"的祆神——兼论六胡州突厥人与粟特人之祆神崇拜》，载氏著《中国祆教艺术史研究》，生活·读书·新知三联书店，2004年。

姜生：《汉帝国的遗产：汉鬼考》，科学出版社，2016年。

姜生：《指鹿为龙：汉墓鹿蹻葬仪考》，《社会科学辑刊》2020年第1期。

蒋若是：《对满城窦绾墓年代之再审定》，载氏著《秦汉钱币研究》，中华书局，1997年。

蒋晓春：《有关鎏金棺饰铜牌的几个问题》，《考古》2007年第5期。

蒋英炬、吴文祺：《武氏祠画象石建筑配置考》，《考古学报》1981年第2期。

蒋英炬：《汉代的小祠堂——嘉祥宋山汉画像石的建筑复原》，《考古》1983年第8期。

蒋英炬：《汉代画像"楼阁拜谒图"中的大树方位与诸图像意义》，《艺术史研究》第6辑，2004年。

蒋赞初：《南京东晋帝陵考》，《东南文化》1992年第3—4期。

（英）肯·达柯著，刘文锁、卓文静译：《理论考古学》，岳麓书社，2005年。

焦南峰：《汉阳陵从葬坑初探》，《文物》2006年第7期。

焦南峰：《试论西汉帝陵的建设理念》，《考古》2007年第11期。

焦南峰：《西汉帝陵形制要素的分析与推定》，《考古与文物》2013年第5期。

焦南峰、孙伟刚、杜林渊：《秦人的十个陵区》，《文物》2014年第6期。

康乐：《从西郊到南郊——国家祭典与北魏政治》，稻乡出版社，1995年。

（美）乐仲迪著，苏银梅译：《日本美穗博物院藏中国十一围屏双塔柱门石榻》，《宁夏社会科学》2003年第1期。

黎大祥：《武威青嘴喇嘛湾唐代吐谷浑王族墓葬》，《陇右文博》1996年第1期。

黎石生：《湖南望城风篷岭一号汉墓的年代与墓主》，《故宫博物院院刊》2009 年第 1 期。

李阿能：《乾陵陪葬宰相浅析》，《乾陵文化研究》2015 年刊。

李殿福：《集安高句丽墓葬研究》，《考古学报》1980 年第 2 期。

李发林：《山东汉画像石研究》，齐鲁书社，1982 年。

李杰：《中国美术考古学的风格谱系研究——以中古时期平面图像为中心》，科学出版社，2018 年。

李零：《马王堆房中书研究》，《文史》1992 年第 25 卷。

李零：《说汉阳陵"罗经石"遗址的建筑设计》，《考古与文物》2002 年第 6 期。

李零：《中国方术概观·房中术》，人民中国出版社，1993 年。

李梅田：《魏晋北朝墓葬的考古学研究》，商务印书馆，2009 年。

李梅田：《魏晋南北朝墓葬中的弧壁砖室现象研究》，《中国国家博物馆馆刊》2012 年第 7 期。

李梅田：《略谈巫山汉墓的鎏金棺饰——兼及汉代的饰棺之法》，《文物》2014 年第 9 期。

李梅田：《西曲歌与文康舞：邓县南朝画像砖墓乐舞图新释》，《故宫博物院院刊》2016 年第 4 期。

李梅田、李童：《魂归于墓——中古招魂葬略论》，《江汉考古》2019 年第 4 期。

李梅田：《葬之以礼——魏晋南北朝丧葬礼俗与文化变迁》，上海古籍出版社，2021 年。

李明：《潼关税村隋代壁画墓石棺图像试读》，《考古与文物》2008 年第 3 期。

李凭：《北魏道武帝早年经历考》，《中国史研究》1992 年第 1 期。

李清泉：《墓葬中的佛像——长川 1 号壁画墓释读》，载巫鸿主编《汉唐之间的视觉文化与物质文化》，文物出版社，2003 年。

李清泉：《引魂升天，还是招魂入墓——马王堆帛画的功能与汉代的死后招魂习俗》，载台湾大学《美术史研究集刊》第四十一期，2016 年。

李清泉：《佛教改变了什么——来自五代宋辽金墓葬美术的观察》，载巫鸿、朱青生、郑岩主编《古代墓葬美术研究》第四辑，湖南美术出版社，2017 年。

李求是：《谈章怀、懿德两墓的形制等问题》，《文物》1972 年第 7 期。

李如森：《汉代丧葬制度》，吉林大学出版社，1995 年。

李如森：《汉代外藏椁的起源与演变》，《考古》1997 年第 12 期。

李如森：《汉代墓祀新探》，《北方文物》1998 年第 1 期。

李淞：《论汉代艺术中的西王母形象》，湖南教育出版社，2000 年。

李婷：《墓内祭祀的继承与流变——基于六朝都城地区的墓内祭祀空间的考古学考察》，云南民族大学硕士学位论文，2015 年。

（英）鲁惟一著，王浩译：《汉代的信仰、神话和理性》，北京大学出版社，2009 年。

李星明：《唐代墓室壁画研究》，陕西人民美术出版社，2005 年。

李雪芹：《云冈石窟供养人图像形式分析》，《山西大同大学学报（社会科学版）》2017 年第 1 期。

李雨生：《山西唐代薛儆墓几个问题的再思考》，《中国国家博物馆馆刊》2013 年第 5 期。

李毓芳：《西汉陵墓封土渊源与形制》，《文博》1987 年第 3 期。

李治国、丁明夷：《第 38 窟的形制与雕刻艺术》，载云冈石窟文物保管所编《中国石窟·云冈石窟》第二卷，文物出版社，2016 年。

梁云、王璐：《论东汉帝陵形制的渊源》，《考古》2019 年第 1 期。

梁云：《战国王陵形制的东西差别》，《社会科学战线》2013年第6期。

林富士：《略伦早期道教与房中术的关系》，《中研院历史语言研究所集刊》2001年第72卷第2期。

林富士：《中国中古时期的宗教与医疗》，中华书局，2012年。

林圣智：《北朝時代における葬具の圖像と機能——石棺床圍屏の墓主肖像と孝子傳圖を例として—》，（日本）《美術史》第154册，2003年。

林圣智：《北魏宁懋石室的图像与功能》，《美术史研究集刊》2005年第18期。

林圣智：《中国中古时期的墓葬空间与图像》，载颜娟英主编《中国史新论·美术考古分册》，台湾联经出版事业股份有限公司，2010年。

林圣智：《图像与装饰——北朝墓葬的生死表象》，台湾大学出版中心，2019年。

林树中：《南朝陵墓石刻研究》，《新美术》1981年第1期。

林伟正：《何嗟夭寿：李静训墓的情感表达》，第六届古代墓葬美术研究国际学术会议论文，2019年8月。

林悟殊：《摩尼教及其东渐》，台湾淑声出版社，1997年。

林英、萨仁毕力格：《族属与等级：蒙古国巴彦诺尔突厥壁画墓初探》，《草原文物》2016年第1期。

刘安志：《吐鲁番所出衣物疏研究二题》，《魏晋南北朝隋唐史资料》第22辑，武汉大学文科学报编辑部，2005年。

刘斌：《洛阳地区西晋墓葬研究——兼谈晋制及其影响》，《考古》2012年第4期。

刘斌：《洛阳北邙山北魏大墓考古记》，《大众考古》2014年第5期。

刘兵兵、陈国科、沙琛乔：《唐〈慕容智墓志〉考释》，《考古与文物》2021年第2期。

刘聪等:《徐州狮子山西汉楚王陵园考古调查及初步研究》,《中原文物》2019年第6期。

刘呆运:《关中地区隋代墓葬形制研究》,《考古与文物》2012年第4期。

刘东光:《试论北响堂石窟的凿建年代及性质》,《世界宗教研究》1997年第4期。

刘复兴、杨富学:《秦州粟特米氏墓志铭新探》,《石河子大学学报(哲学社会科学版)》2020年第3期。

刘汉兴:《西安张安世家族墓地刍议》,《北方民族考古》第7辑,2019年。

刘连香:《民族史视野下的北魏墓志研究》,文物出版社,2017年。

刘庆柱、李毓芳:《关于西汉帝陵形制诸问题探讨》,《考古与文物》1985年第5期。

刘庆柱、李毓芳:《西汉十一陵》,陕西人民出版社,1987年。

刘庆柱、李毓芳:《汉杜陵陵园遗址》,科学出版社,1993年。

刘瑞:《汉景帝阳陵内、中、外三重陵园的建筑和埋藏特点》,《中国文物报》2007年4月20日。

刘淑芬:《中古的佛教与社会》,上海古籍出版社,2008年。

刘卫鹏、程义:《汉晋墓葬中随葬陶瓶内盛物的初步研究》,《江汉考古》2008年第3期。

刘卫鹏:《汉代镇墓瓶所见"神药"考》,《宗教学研究》2009年第3期。

刘卫鹏:《浙江余杭小横山南朝画像砖墓飞仙和仙人》,《中国国家博物馆馆刊》2016年第9期。

刘未:《龙门唐萧元礼妻张氏瘗窟考察札记》,《中国国家博物馆馆刊》2012年第5期。

刘文锁:《蒙古国境内突厥遗迹的调查》,载罗丰主编《丝绸之路上的考古、宗教与历史》,文物出版社,2011年。

刘文锁：《唐代西州的屏风画》，《新疆艺术·汉文》2018年第5期。

刘毅：《关于古代"陵寺"的几个问题》，《南开学报》2018年第2期。

刘昭瑞：《考古发现与早期道教研究》，文物出版社，2007年。

刘照建：《徐州东洞山汉墓相关问题研究》，《中国国家博物馆馆刊》2019年第3期。

刘振东：《中国古代陵墓中的外藏椁——汉代王、侯墓制研究之二》，《考古与文物》1999年第4期。

刘振东：《冥界的秩序——中国古代墓葬制度概论》，文物出版社，2015年。

刘尊志：《徐州汉代夫妻合葬墓初论》，《南方文物》2009年第4期。

刘尊志：《汉代墓内祭祀设施浅论》，《中原文化研究》2019年第1期。

柳涵：《邓县画像砖墓的时代和研究》，《考古》1959年第5期。

柳洪亮：《吐鲁番阿斯塔那古墓群360号墓出土文书》，《考古》1991年第1期。

卢兆荫：《略论两汉魏晋的帷帐》，《考古》1984年第5期。

罗二虎：《中国初期佛像与西南地域文化圈》，《世界文化与佛教》，日本京都永田文昌堂，2000年。

罗二虎：《汉代画像石棺》，巴蜀书社，2002年。

罗二虎：《四川南溪长顺坡汉墓石棺画像考释》，《四川文物》2003年第6期。

罗二虎：《东汉画像中所见的早期民间道教》，《文艺研究》2007年第2期。

罗丰、荣新江：《北周西国胡人翟曹明墓志及墓葬遗物》，载荣新江、罗丰主编《粟特人在中国：考古发现与出土文献的新印证》，科学出版社，2016年。

罗福颐：《芗他君石祠堂题字解释》，《故宫博物院院刊》1960年第2期。

（美）罗泰著，吴长青等译：《宗子维城——从考古材料的角度看公元前

1000 至前 250 年的中国社会》，上海古籍出版社，2017 年。

罗西章：《隋文帝陵、祠勘查记》，《考古与文物》1985 年第 6 期。

罗炤：《洛阳新出土〈大秦景教宣元至本经及幢记〉石幢的几个问题》，《文物》2007 年第 6 期。

罗宗真、王志高：《六朝文物》，南京出版社，2004 年。

马永嬴：《从"将作大匠"看西汉帝陵的变化》，《考古与文物》2009 年第 4 期。

马长寿：《碑铭所见前秦至隋初关中部族》，中华书局，1985 年。

马忠理：《磁县北朝墓群——东魏北齐陵墓兆域考》，《文物》1994 年第 11 期。

马子云：《西汉霍去病墓石刻记》，《文物》1964 年第 1 期。

毛阳光：《唐代洛阳粟特人研究——以出土墓志等石刻史料为中心》，《郑州大学学报（哲学社会科学版）》2015 年第 4 期。

孟宪实：《略论唐朝祥瑞制度》《沙洲祥瑞与沙洲地方政治》《武则天时期的"祥瑞"及其历史书写》，载氏著《出土文献与中古史研究》，中华书局，2017 年。

倪润安：《敦煌隋唐瘗窟形制的演变及相关问题》，《敦煌研究》2006 年第 5 期。

倪润安：《光宅中原——拓跋至北魏的墓葬文化与社会演进》，上海古籍出版社，2017 年。

彭德：《屈原时代的一幅情节性绘画——荆门楚墓彩绘〈王孙亲迎图〉》，《文艺研究》1990 年第 8 期。

齐东方：《略论西安地区发现的唐代双室砖墓》，《考古》1990 年第 9 期。

齐东方、张静：《唐墓壁画与高松冢古坟壁画的比较研究》，《唐研究》第一卷，1995 年。

齐东方：《唐代的丧葬观念习俗与礼仪制度》，《考古学报》2006年第1期。

齐东方：《中国古代丧葬中的晋制》，《考古学报》2015年第3期。

钱国祥：《东汉洛阳帝陵的布局与归属辨析》，《中原文物》2019年第1期。

钱穆：《钱宾四先生全集》第46册《灵魂与心·论古代对于鬼魂及葬祭之观念》，台北联经出版社事业公司，1988年。

钱玄：《三礼名物通释》，江苏古籍出版社，1987年。

钱玄：《三礼通论》，南京师范大学出版社，1996年。

卿希泰：《中国道教史》第一卷，四川人民出版社，1988年。

渠川福：《太原金胜村大墓年代的推定》，《文物》1989年第9期。

权奎山：《中国南方隋唐墓的分区分期》，《考古学报》1992年第2期。

（韩）全虎兑著，潘博兴译：《德兴里壁画墓》，《地域文化研究》2017年第2期。

任乃强：《芦山新出土汉石图考》，《康导月刊》第四卷第6、7期，1942年。

荣新江：《北朝隋唐粟特人聚落的内部形态》，《中古中国与外来文明》，生活·读书·新知三联书店，2001年。

阮荣春：《佛教南传之路》，湖南美术出版社，2000年。

沈从文：《沈从文全集》二十八卷《物质文化史》，北岳文艺出版社，2002年。

沈丽华：《邺城地区东魏北齐墓群布局研究》，《考古》2016年第3期。

沈睿文：《唐陵的布局——空间与秩序》，北京大学出版社，2009年。

沈睿文：《重读安菩墓》，《故宫博物院院刊》2009年第4期。

沈睿文：《青州傅家画像石的图像组合问题》，《欧亚学刊》2015年第2期。

沈睿文：《中古中国祆教信仰与丧葬》，上海古籍出版社，2019年。

施安昌：《北魏冯邕妻元氏墓志纹饰考》，《故宫博物院院刊》1997年第2期。

施杰：《交通幽明：西汉诸侯王墓中的祭祀空间》，载巫鸿、朱青生、郑岩主编《古代墓葬美术研究》第二辑，湖南美术出版社，2013年。

史树青：《晋周芳命妻潘氏衣物券考释》，《考古》1956年第2期。

苏哲：《安岳3号墓の出行图に關すゎ一考察》，《博古研究》17号，1999年4月。

苏哲：《西安草厂坡1号墓的结构、仪卫俑组合及年代》，载《宿白先生八秩华诞纪念文集》，文物出版社，2002年。

孙博：《国博石堂的年代、匠作传统和归属》，载巫鸿、朱青生、郑岩主编《古代墓葬美术研究》第四辑，湖南美术出版社，2017年。

孙贯文：《芎他君石祠堂考释》，载北京大学考古文博学院、北京大学中国考古学研究中心编《考古学研究》第十辑，科学出版社，1992年。

孙机：《唐李寿石椁线刻〈侍女图〉、〈乐舞图〉散记》，《文物》1996年第5、6期。

孙机：《仙凡幽明之间——汉画像石与"大象其生"》，《中国国家博物馆馆刊》2013年第9期。

孙晓峰：《麦积山第127窟七佛图像研究》，《敦煌学辑刊》2012年第4辑。

孙彦：《河西魏晋十六国壁画墓研究》，文物出版社，2011年。

孙作云：《长沙战国时代出土帛画考》，《人文杂志》1960年第4期。

谭其骧：《晋永嘉乱后之民族迁徙》，《燕京学报》第十五期，1934年。

汤用彤：《汉魏两晋南北朝佛教史》，商务印书馆，2015年。

滕固：《六朝陵墓石迹述略》，载王志高点校《南京稀见文献丛刊·六朝陵墓调查报告》，南京出版社，2010年。

滕磊：《一件海外回流石棺床之我见》，《故宫博物院院刊》2009年第4期。

田河：《武威旱滩坡十九号前凉墓衣物疏考释》，《社会科学战线》2012年第6期。

田立坤：《三燕文化墓葬的类型与分期》，载巫鸿主编《汉唐之间文化艺术的互动与交融》，文物出版社，2001 年。

田天：《西汉遣策"偶人简"研究》，《文物》2019 年第 6 期。

汪晓原：《〈天地阴阳交欢大乐赋〉发微》，《汉学研究》9-1，1991 年。

汪晓原：《高罗佩〈秘戏图考〉与〈房中考〉之得失及有关问题》，《中国文化》1995 年第 11 期。

汪悦进：《佛教石窟的时空观及图像附会——云冈第 38 窟北魏雕刻布局构思浅议》，载巫鸿主编《汉唐之间的宗教艺术与考古》，文物出版社，2000 年。

王冰：《高邮天山汉墓墓主考辨》，《文博》1999 年第 2 期。

王飞峰：《关于永固陵的几个问题》，《中国国家博物馆馆刊》2012 年第 11 期。

王恒：《二佛并坐及其佛教意义》，《文物世界》2002 年第 1 期。

王建新：《"阳陵模式"与西汉帝陵制度》，《古代文明》第 5 卷，文物出版社，2006 年。

王宁邦：《孙坚高陵考——南京江宁上坊孙吴大墓墓主考》，《南京晓庄学院学报》2016 年第 4 期。

王培新：《乐浪文化——以墓葬为中心的考古学研究》，科学出版社，2007 年。

王倩：《北朝墓葬图像中的佛教因素初探》，《西部考古》第 14 辑，科学出版社，2017 年。

王仁波、何修龄、单暐：《陕西唐墓壁画之研究》，《文博》1984 年第 1、2 期。

王世民：《中国春秋战国时代的冢墓》，《考古》1981 年第 5 期。

王炜、张丹华、冯钢：《赫连山、赫连简墓壁画的绘制、描润与配置——兼谈唐代壁画墓的"太原模式"》，《文物》2019 年第 8 期。

王雁卿：《云冈石窟七佛造像题材浅析》，载云冈石窟研究院编《2005

年云冈国际学术研讨会论文集》，文物出版社，2006 年。

王雁卿：《山西大同出土的北魏石棺床》，《文物世界》2008 年第 2 期。

王银田：《〈王遇墓志〉再考》，载王银田等著《北魏平城考古研究——公元五世纪中国都城的演变》，科学出版社，2017 年。

王育成：《东汉道符释例》，《考古学报》1991 年第 1 期。

王志高：《关于东晋帝陵的两个问题》，《东南文化》2001 年第 1 期。

王志高：《梁昭明太子陵墓考》，《东南文化》2006 年第 4 期。

王志高、马涛、龚巨平：《南京上坊孙吴大墓墓主身份的蠡测——兼论孙吴时期的宗室墓》，《东南文化》2009 年第 3 期。

王志高：《六朝建康城发掘与研究》，江苏人民出版社，2015 年。

王志高：《再论南京栖霞狮子冲南朝陵墓石兽的墓主人身份及相关问题》，载《六朝建康城发掘与研究》，江苏人民出版社，2015 年。

韦正：《试谈南朝墓葬中的佛教因素》，《东南文化》2010 年第 3 期。

韦正：《六朝墓葬的考古学研究》，北京大学出版社，2011 年。

韦正：《试谈酒泉丁家闸 5 号壁画墓的时代》，《文物》2011 年第 4 期。

韦正：《将毋同——魏晋南北朝图像与历史》，上海古籍出版社，2019 年。

魏存成：《高句丽考古》，吉林大学出版社，1994 年。

魏文斌、唐晓军：《关于十六国北朝七佛造像诸问题》，《北朝研究》1993 年第 3 期。

魏镇：《洛阳汉墓中的陶案及其礼仪功能》，《中国国家博物馆馆刊》2017 年第 12 期。

温玉成：《集安长川高句丽一号墓的佛教壁画》，《敦煌研究》2001 年第 1 期。

吴桂兵：《洞房石室与珉床雕户——关于北朝墓葬与佛教窟龛关联的思考》，载巫鸿、朱青生、郑岩主编《古代墓葬美术研究》第三辑，湖南美术出版社，2015年。

吴桂兵：《晋代墓葬制度与两晋变迁》，《东南文化》2009年第3期。

吴桂兵：《两晋墓葬文化因素研究》，南京大学出版社，2017年。

巫鸿主编：《汉唐之间文化艺术的互动与交融》，文物出版社，2001年。

巫鸿主编：《汉唐之间的视觉文化与物质文化》，文物出版社，2003年。

（美）巫鸿著，郑岩等译：《礼仪中的美术——巫鸿中国古代美术史文编》，生活·读书·新知三联书店，2005年。

（美）巫鸿：《明器的理论和实践：战国时期礼仪美术的观念化倾向》，《文物》2006年第6期。

（美）巫鸿著，柳扬、岑河译：《武梁祠：中国古代画像艺术的思想性》，生活·读书·新知三联书店，2006年。

（美）巫鸿著，梅玫、肖铁、施杰译《时空中的美术——巫鸿中国美术史文编二集》，生活·读书·新知三联书店，2009年。

（美）巫鸿著，施杰译：《黄泉下的美术：宏观中国古代墓葬》，生活·读书·新知三联书店，2010年。

（美）巫鸿：《东亚墓葬艺术反思：一个有关方法论的提案》，载《时空中的美术——巫鸿中国美术史文编二集》，生活·读书·新知三联书店，2009年。

巫鸿、郑岩主编：《古代墓葬美术研究》第一辑，文物出版社，2011年。

巫鸿、朱青生、郑岩主编：《古代墓葬美术研究》第二辑，湖南美术出版社，2013年。

巫鸿、朱青生、郑岩主编：《古代墓葬美术研究》第三辑，湖南美术出版社，2015年。

巫鸿、朱青生、郑岩主编：《古代墓葬美术研究》第四辑，湖南美术出版社，2017年。

（美）巫鸿：《全球景观中的中国古代艺术》，生活·读书·新知三联书店，2017年。

（美）巫鸿：《中国墓葬和绘画中的"画中画"》，载上海博物馆编《壁上观——细读山西古代壁画》，北京大学出版社，2017年。

（美）巫鸿著，钱文逸译：《"空间"的美术史》，上海人民出版社，2018年。

吴丽娱：《终极之典——中古丧葬制度研究》，中华书局，2012年。

吴荣曾：《镇墓文中所见到的东汉道巫关系》，《文物》1981年第3期。

吴小平：《论我国境内出土的下颌托》，《考古》2013年第8期。

武家璧：《曹操墓出土"常所用"兵器考》，《中原文物》2010年第4期。

夏鼐：《武威唐代吐谷浑慕容氏墓志》，《考古学论文集》，河北教育出版社，2000年。

辛长青：《羌族建筑家王遇考略》，《文史哲》1993年第3期。

（日）山田明尔等：《"早期佛教造像南传系统"研究概况及展望》，《东南文化》1991年第3、4期。

信立祥：《汉代画像石综合研究》，文物出版社，2000年。

石守谦、颜娟英主编：《艺术史中的汉晋与唐宋之变》，台湾石头出版股份有限公司，2014年。

（日）石松日奈子著，筱原典生译：《北魏佛教造像史研究》，文物出版社，2012年。

宿白：《"大金西京武州山重修大石窟寺碑"校注——新发现的大同云岗石窟寺历史材料的初步整理》，《北京大学学报》1956年第1期。

宿白：《盛乐、平城一带的拓跋鲜卑—北魏遗迹——鲜卑遗迹辑录之二》，《文物》1977年第11期。

宿白：《西安地区唐墓壁画的布局和内容》，《考古学报》1982年第2期。

宿白：《北魏洛阳城和北邙陵墓——鲜卑遗迹辑录之三》，《文物》1978

年第 7 期。

宿白：《平城实力的集聚和"云冈模式"的形成和发展》，载《中国石窟·云冈石窟》，文物出版社、平凡社，1991 年。

宿白：《西安地区唐墓的形制》，《文物》1995 年第 12 期。

宿白：《四川钱树和长江中下游部分器物上的佛像——中国南方发现的早期佛像札记》，《文物》2004 年第 10 期。

宿白：《东汉魏晋南北朝佛寺布局初探》，载《魏晋南北朝唐宋考古文稿辑丛》，文物出版社，2011 年。

宿白：《考古发现与中西文化交流》，文物出版社，2012 年。

（日）土居淑子：《古代中国の画像石》，同朋舍出版，1986 年。

徐弛：《蒙古国巴彦诺尔壁画墓墓主人考》，《暨南史学》第二十辑，暨南大学出版社，2020 年。

徐殿魁：《洛阳地区隋唐墓的分期》，《考古学报》1989 年第 3 期。

徐光冀：《河北磁县湾漳北朝大型壁画墓的发掘与研究》，《文物》1996 年第 9 期。

徐津：《美国纳尔逊博物馆藏北魏孝子石棺床围屏图像释读》，《中国国家博物馆馆刊》2019 年第 10 期。

徐苹芳：《中国秦汉魏晋南北朝时代的陵园和茔域》，《考古》1981 年第 6 期。

徐润庆：《从沙岭壁画墓看北魏平城时期的丧葬美术》，载《古代墓葬美术研究》第一辑，文物出版社，2011 年。

许志强、张学锋：《南京狮子冲南朝大墓墓主身份的探讨》，《东南文化》2015 年第 4 期。

严辉、张鸿亮、卢青峰：《洛阳孟津朱仓东汉帝陵陵园遗址相关问题的思考》，《文物》2011 年第 9 期。

杨爱国：《室即墓室》，《文物》1998年第9期。

杨爱国：《幽墓美 鬼神宁——山东沂南北寨村汉代画像石墓探析》，《美术学报》2016年第6期。

杨富学：《回鹘改宗摩尼教问题再探》，《文史》2013年第1期。

杨富学：《蒙古国新出土仆固墓志研究》，《文物》2014第5期。

杨泓、孙机：《寻常的精致》，辽宁教育出版社，1996年。

杨泓：《北朝"七贤"屏风壁画》，载杨泓、孙机著《寻常的精致》，辽宁教育出版社，1996年。

杨泓：《谈中国汉唐之间葬俗的演变》，《文物》1999年第10期。

杨华：《禭·赗·遣——简牍所见楚地助丧礼制研究》，《学术月刊》2003年第9期。

杨宽：《中国古代陵寝制度史研究》，上海古籍出版社，1985年。

杨树达：《汉代婚丧礼俗考》，商务印书馆，1933年。

杨晓春：《南朝陵墓神道石刻渊源研究》，《考古》2006年第8期。

杨莹沁：《汉末魏晋南北朝时期墓葬中神仙与佛教混合图像分析》，《石窟寺研究》第三辑，科学出版社，2012年。

殷光明：《北凉石塔上的易经八卦与七佛一弥勒造像》，《敦煌研究》1997年第1期。

殷光明：《北凉石塔造像研究》，载《法藏文库·中国佛教学术论典·佛学硕、博士学位论文》第九辑，佛光山文教基金会，2003年。

（英）伊恩·霍德、司格特·哈特森著，徐坚译：《阅读过去》，岳麓书社，2005年。

俞伟超：《汉代诸侯王与列侯墓葬的形制分析——兼论"周制"、"汉制"、"晋制"的三阶段性》，载《中国考古学会第一次年会论文集（1979）》，文物出版社，1980年。

俞伟超、信立祥：《汉画像石墓》，载《中国大百科全书·考古学》，中国大百科全书出版社，1981年。

俞伟超：《魏晋墓制非日本古坟之源》，载《古史的考古学探索》，文物出版社，2002年。

俞伟超：《中国古墓壁画内容变化的阶段性——〈河北古代墓葬壁画精粹展〉座谈会上的发言提纲》，《文物》1996年第9期。

虞金永：《安徽马鞍山"天子坟"孙吴墓的发掘及初步认识——以墓葬形制结构为重点》，南京师范大学硕士学位论文，2017年。

袁俊杰：《两周射礼研究》，河南大学博士学位论文，2010年。

岳起、刘卫鹏：《关中地区十六国墓的初步认定——兼谈咸阳平陵十六国墓出土的鼓吹俑》，《文物》2004年第8期。

云南省文物工作队：《云南省昭通后海子东晋壁画墓清理简报》，《文物》1963年第12期。

曾蓝莹：《视觉复制与政治说服：北魏元乂墓天象图解析》，载巫鸿主编《汉唐之间的视觉文化与物质文化》，文物出版社，2003年。

张宝玺：《北凉石塔艺术》，上海辞书出版社，2006年。

张弛：《新石器时代葬仪空间所见饮具四例》，《江汉考古》2019年第1期。

张从军：《两城小祠堂画像》，《走向世界》2002年第6期。

张弓：《中古盂兰盆节的民族化衍变》，《历史研究》1991年第1期。

张光直：《濮阳三蹻与中国古代美术上的人兽母题》，《文物》1988年第11期。

张国文、胡耀武、裴德明、宋国定、王昌燧：《大同南郊北魏墓群人骨的稳定同位素分析》，《南方文物》2010年第1期。

张瀚墨：《襄阳擂鼓台一号墓出土漆奁绘画装饰解读》，《江汉考古》2017年第6期。

张建林：《昭陵石室初探》，载《乾陵文化研究》（二），三秦出版社，2006年。

张建林：《唐墓壁画中的屏风画》，载《远望集——陕西省考古研究所华诞四十周年纪念文集》，陕西人民美术出版社，1998年。

张建林：《唐代帝陵陵园形制的发展与演变》，《考古与文物》2013年第5期。

张建林：《"斟酌汉魏"还是"唐承隋制"——唐高祖献陵与隋文帝泰陵的比较》，《考古与文物》2021年第1期。

张丽明：《河南洛阳市龙门北市香行像窟的考察》，《考古》2000年第5期。

张林堂、孙迪编著：《响堂山石窟——流失海外石刻造像研究》，外文出版社，2004年。

张乃翥：《龙门石窟唐代瘗窟的新发现及其文化意义的探讨》，《考古》1991年第2期。

张乃翥：《跋河南洛阳新出土的一件唐代景教石刻》，《西域研究》2007年第1期。

张朋川：《河西出土的汉晋绘画简述》，《文物》1978年第6期。

张齐明：《两汉时期丧葬风水信仰》，《南都学坛》2007年第6期。

张庆捷、刘俊喜：《北魏宋绍祖墓两处铭记析》，《文物》2001年第7期。

张庆捷：《〈虞弘墓志〉中的几个问题》，《文物》2001年第1期。

张庆捷：《北魏永固陵的调查与探讨》，载洛阳市第二文物工作队编《洛阳汉魏陵墓研究论文集》，文物出版社，2009年。

张庆捷：《北魏石堂棺床与附属壁画文字——以新发现解兴石堂为例探讨葬俗文化的变迁》，载北京大学中国考古学研究中心编《两个世界的徘徊——中古时期丧葬观念风俗与礼仪制度学术研讨会论文集》，科学出版社，2016年。

张庆捷：《献给另一个世界的画作——北魏平城墓葬壁画》，载上海博物馆编《壁上观——细读山西古代壁画》，北京大学出版社，2017年。

张闻捷：《包山二号墓漆画为婚礼图考》，《江汉考古》2009年第4期。

张闻捷：《从"敬神"到"事鬼"——墓葬资料所见周代贵族生死观的变迁》，《考古与文物》2013年第6期。

张闻捷：《楚国青铜礼器制度研究》，厦门大学出版社，2015年。

张闻捷：《汉代"特牛"之礼与马王堆帛画中的祭奠图像》，《故宫博物院院刊》2017年第2期。

张闻捷：《西汉陵庙与陵寝建制考——兼论海昏侯墓墓园中的祠堂与寝》，《故宫博物院院刊》2019年第4期。

张小贵：《中古华化祆教考述》，文物出版社，2010年。

张小舟：《北方地区魏晋十六国墓葬的分区与分期》，《考古学报》1987年第1期。

张学锋：《扬州曹庄隋炀帝墓研究六题》，《唐史论丛》2015年第2期。

张勋燎、白彬：《中国道教考古》，线装书局，2006年。

张勋燎：《东汉墓葬出土的解注器材料和天师道的起源》，《道教文化研究》第九辑，上海古籍出版社，1996年。

张志忠：《大同北魏墓葬佛教图像浅议》，载 Shing Muller, Thomas O. Hollmann, and Sonja Filip. *Early Medieval North China: Archaeological and Textual Evidence*（《从考古与文献看中古早期的中国北方》）. Otto Harrassowitz GmbH & Co. KG, Wiesbaden 2019.

赵超：《式、穹窿顶墓室与覆斗形墓志——兼谈古代墓葬中"象天地"的思想》，《文物》1999年第5期。

赵超：《"树下老人"与唐代的屏风式墓中壁画》，《文物》2003年第2期。

赵超：《从南京出土的南朝竹林七贤壁画谈开去》，《中国典籍与文化》

2003年第3期。

赵超：《介绍胡客翟门生墓门志铭及石屏风》，载荣新江、罗丰主编《粟特人在中国：考古发现与出土文献的新印证》，科学出版社，2016年。

赵春兰、韦正：《试论南北朝墓葬中的佛教因素——兼及高句丽墓葬》，《四川文物》2019年第2期。

赵化成：《秦汉帝陵外藏系统（从葬坑）的性质问题》，载《秦始皇帝陵博物院院刊》，三秦出版社，2011年。

赵明星：《战国至汉代墓葬中的仿木构因素——兼论仿木构墓葬的起源》，《中国国家博物馆馆刊》2011年第4期。

赵沛霖：《树木兴象的起源与社树崇拜》，《河北学刊》1984年第3期。

赵瑞民、刘俊喜：《大同沙岭北魏壁画墓出土漆皮文字考》，《文物》2006年第10期。

赵万里：《汉魏晋南北朝墓志集释》，科学出版社，1956年。

郑曙斌：《遣策的考古发现与文献诠释》，《南方文物》2005年第2期。

郑曙斌：《论马王堆汉墓遣册记载的祭器》，《湖南省博物馆馆刊》2016年刊。

郑岩：《关于汉代丧葬画像观者问题的思考》，载氏著《逝者的面具——汉唐墓葬艺术研究》，北京大学出版社，2013年。

郑岩：《青州北齐画像石与入华粟特人美术——虞弘墓等考古新发现的启示》，载巫鸿主编《汉唐之间文化艺术的互动与交融》，文物出版社，2001年。

郑岩：《魏晋南北朝壁画墓研究》（增订版），文物出版社，2016年。

郑岩：《墓主画像研究》，载氏著《逝者的面具——汉唐墓葬艺术研究》，北京大学出版社，2013年。

郑岩：《逝者的面具——汉唐墓葬艺术研究》，北京大学出版社，2013年。

重庆巫山县文物管理所、中国社会科学院考古研究所三峡工作队：《重庆巫山县东汉鎏金铜牌饰的发现与研究》，《考古》1998 年第 12 期。

周繁文：《隋代李静训墓研究——兼论唐以前房形石葬具的使用背景》，《华夏考古》2012 年第 1 期。

周立刚、楚小龙：《试论汉代中小型洞室墓的墓道——以河南荥阳薛村汉墓为例》，《中原文物》2011 年第 5 期；周立刚：《模糊生死界限：东汉墓内祭奠活动的考古学观察》，《华夏文明》2019 年第 4 期。

周伟洲：《吐谷浑资料辑录》，青海人民出版社，1992 年。

周伟洲：《北魏〈王遇墓志〉补考》，《西北民族论丛》2018 年第 2 期。

周伟洲：《吐谷浑墓志通考》，《中国边疆史地研究》2019 年第 3 期。

朱希祖：《天禄辟邪考》，载王志高点校《南京稀见文献丛刊·六朝陵墓调查报告》，南京出版社，2010 年。

邹清泉：《北魏画像石榻考辨》，《考古与文物》2014 年第 5 期。

邹清泉：《汉魏南北朝孝子画像的发现与研究》，《美术学报》2014 年第 1 期。

邹清泉：《图像重组与主题再造——"宁懋"石室再研究》，《故宫博物院院刊》2014 年第 2 期。

左骏、张长东：《模印拼砌砖画与南朝帝陵墓室空间营造——以丹阳鹤仙坳大墓为中心》，《故宫博物院院刊》2019 年第 7 期。

2. 英文

Aidan Dodson, Salima Ikram. *The Tomb in Ancient Egypt: Royal and Private Sepulchres from the Early Dynastic Period to the Romans*. Thames & Hudson, Ltd, London, 2008, pp. 241-246.

Angela F. Howard. "Highlights of Chinese Buddhist sculpture in the Freer Collection". *Orientations* (Hong Kong), vol. 24 (5), pp. 93-101, 1993.

Anna Seidel. "Tokens of Immortality in Han Graves (review article)". *Numen*, Vol. 29, Fasc. 1, 1982, p. 107.

Annette Juliano, Judith Lerner. "Cultural Crossroad: Central Asian and Chinese Entertainers on the Miho Funerary Couch". *Orientations*, October, 1997, p. 72.

Arnold Van Gennep. *The Rites of Passages* (second edition). London: the University of Chicago Press, Ltd., 2019, pp. 8-20. Translation by Monika B. Vizedom and Gabrielle L. Caffee, Introduction by David I.Kertzer

Arthur Saxe. "Social dimensions of mortuary practices". *PhD thesis*. University of Michigan, 1970.

Guolong Lai. "Death and the Otherworldly Iourney in Early China as Seen Through Tomb Texts, Travel Paraphernalia, and Road Rituals". *Asia Major*, 2005, pp. 3-4.

Henri Duday. *The Archaeology of the Dead: Lectures in Archaeothanatology*. trans. Anna Maria Cipriani. Oxford: The David Brown Book Company, 2009, pp. 24-26.

Herman Feifel ed. *The Meaning of Death*. New York: McGraw-Hili Book Company, Inc., 1959.

Ian Morris. *Death-Ritual and Social Structure in Classical Antiquity*. Cambridge University Press, 1992, pp. 8, 202-204.

J.R. Tainter. "Mortuary Practices and the Study of Prehistoric Social Systems". *Archaeological method and theory*, 1978:1, pp. 105-141.

James G. Frazer. "On Certain Burial Customs as Illustrative of the Primitive Theory of the Soul". in *The Journal of the Anthropological Institute of Great Britain and Ireland*, Vol. 15 (1886), pp. 65, 74-75.

James L. Watson. "The Structure of Chinese Funerary Rites: Elementary Forms, Ritual Sequence, and the Primacy of Performance". J.L. Watson and E.S Rawski.ed. *Death Ritual in late Imperial and Modern China*. SMC Publishing Inc. Taipei, 1988, pp. 3-4.

Jie Shi. "To Die with the Buddha: The Brick Pagoda and its Role in the Xuezhuang Tomb in Early Medieval China". *T'oung Pao*, Vol. 100, 4/5(2014), pp. 363-403.

Joseph L. Rife. "Review of The Archaeology of Death and Burial". *American Journal of Archaeology*. 105 (1) 2001, pp. 110-112.

Kojiro Tomita. "A Chinese Sacrificial Stone House of the Sixth Century A.D.". *Bulletin of the Museum of Fine Arts*, Vol. 40, No. 242 (Dec., 1942), pp. 98-110.

L.R. Binford. "Mortuary Practices: Their Study and their Potential". in Brown J.A., ed. *Approaches to the Social Demensions of Mortuary Practices*. New York (Memoirs of the Society for American Archaeology 25), 1971, pp. 6-29.

Michael Loewe. *Ways to paradise: the Chinese Quest for Immortality*. SMC Pub., 1994, pp. 12-13.

Mike Parker Pearson. *The Archaeology of Death and Burial*. Sutton Publishing Ltd, 1999.

A. Ochir, Erdenebold L. ed. *Cultural Monuments of Ancient Nomads*, VII. in Archaeological Relics of Mongolia Catalogues, 2017, pp. 13-56.

Victor Turner (b.1920). "Betwixt and Between: the Liminal Period in Rites de Passage". in *The Proceedings of the American Ethnological Society, Symposium on New Approachese to the Study of Religion*. Seattle: University of Washington Press, pp. 4-20.

Ying-Shih Yu. "O Soul, Come Back! A Study in the Changing Conceptions of the Soul and Afterlife in Pre-Buddhist China". *Harvard Jornal of Asiatic Studies*, Vol. 47, No. 2, 1987, pp. 375-378.

插图索引

图 2.1	战国铜壶上的祭祀场景	045
图 2.2	长沙出土战国帛画	052
图 2.3	西汉墓出土告地策	053
图 3.1	三门峡西周虢国墓地 M2001（虢季墓）墓底遗存	054
图 3.2	马王堆 1 号汉墓漆棺绘画局部	055
图 3.3	荆门包山 2 号漆奁画像	056
图 3.4	随州战国、西汉漆器彩绘	057
图 3.5	马王堆 1 号墓帛画	058
图 3.6	马王堆 3 号墓帛画	059
图 3.7	安阳殷墟妇好墓的建造和下葬过程示意图	065
图 3.8	安阳殷墟武官村大墓平剖面图	068
图 3.9	太原金胜村 251 号春秋大墓平剖面及墓底遗存图	071
图 3.10	湖北随县战国曾侯乙墓结构	072
图 3.11	信阳长台关 1、2 号战国楚墓椁室结构	073
图 3.12	马王堆 1 号汉墓结构	076
图 3.13	信阳长台关 2 号墓器物分布图	089
图 3.14	曾侯乙墓内棺漆画	092
图 3.15	马王堆 1 号汉墓帛画	098
图 4.1	东汉帝陵陵区位置图	104

图 4.2　作为祭器的漆器及漆书文字　　　　　　　　　　105
图 4.3　洛阳西汉卜千秋墓脊顶壁画　　　　　　　　　　106
图 4.4　洛阳烧沟 61 号西汉墓脊顶壁画　　　　　　　　106
图 4.5　苍山元嘉元年画像石墓及题记　　　　　　　　　108
图 4.6　望都县所药村一号墓西壁壁画　　　　　　　　　109
图 4.7　西汉帛画和壁画中的墓主形象　　　　　　　　　110
图 4.8　大连营城子东汉墓壁画　　　　　　　　　　　　111
图 4.9　秦始皇帝陵园遗址平面示意图　　　　　　　　　113
图 4.10　西汉景帝阳陵陵区遗迹及陵园布局　　　　　　119
图 4.11　南昌海昏侯墓墓园平面图　　　　　　　　　　123
图 4.12　洛阳大汉冢钻探平剖面图　　　　　　　　　　132
图 4.13　定县北庄中山简王刘焉墓　　　　　　　　　　133
图 4.14　西汉井椁墓与宅第墓平面图　　　　　　　　　136
图 4.15　西汉前期的黄肠题凑式竖穴木椁墓（长沙象鼻嘴 1 号墓）　139
图 4.16　徐州北洞山楚王墓平面图　　　　　　　　　　140
图 4.17　永城保安山 1 号、2 号墓平剖面图　　　　　　142
图 4.18　满城 1、2 号墓平面图（中山靖王刘胜夫妇墓）　143
图 4.19　带回廊的东汉宅第墓（南阳冯孺人墓）　　　　146
图 4.20　东汉晚期大型宅第墓平面图　　　　　　　　　147
图 4.21　淮北红山石祠堂复原图　　　　　　　　　　　152
图 4.22　乐山麻浩 1 号墓平剖面图　　　　　　　　　　156
图 4.23　东汉墓地石祠堂　　　　　　　　　　　　　　157
图 4.24　马王堆 1 号汉墓的祭祀空间（北边箱）　　　　161
图 4.25　满城 1 号汉墓（中山靖王刘胜墓）的祭祀空间及帷帐　162
图 4.26　洛阳新莽时期墓的祭祀空间　　　　　　　　　166

图 4.27	洛阳涧西七里河东汉墓祭祀空间	168
图 4.28	济南孝堂山石祠墓主受祭图	178
图 4.29	金乡县朱鲔石室北墙画像	180
图 4.30	望都县所药村 1 号墓壁画配置	185
图 4.31	乐山麻浩 1 号墓画像配置图	187
图 4.32	沂南北寨村画像石墓的画像配置	191
图 4.33	苍山元嘉元年画像石墓的场景与叙事	193
图 4.34	户县曹氏朱书解除文和符箓	199
图 4.35	巫山县出土西王母形像鎏金棺饰	203
图 4.36	四川汉代画像石棺中的持节仙人（道士）形象	206
图 4.37	四川发现的东汉秘戏图	207
图 5.1	石景山八角村魏晋墓石椁	225
图 5.2	洛阳曹魏高等级墓的平面形制	229
图 5.3	洛阳西晋墓的形制	231
图 5.4	山东西晋墓形制	233
图 5.5	河西魏晋墓形制	236
图 5.6	长江下游两晋墓形制	238
图 5.7	洛阳魏晋墓内的祭祀空间陈设	243
图 5.8	朝阳袁台子东晋壁画墓的祭祀空间	245
图 5.9	魏晋合葬墓的祭祀空间	247
图 5.10	酒泉丁家闸 5 号墓结构	253
图 5.11	酒泉丁家闸 5 号墓前堂壁画	254
图 5.12	辽阳棒台子二号壁画墓画像配置	258
图 5.13	朝鲜安岳 3 号墓西侧室男女墓主画像	261
图 5.14	朝鲜安岳 3 号墓西侧室门画像及题记	262

图 5.15	朝鲜安岳 3 号墓东壁、南壁画像	263
图 5.16	朝鲜安岳 3 号墓东侧室画像	264
图 5.17	朝鲜安岳 3 号墓画像配置	265
图 5.18	朝阳袁台子东晋壁画墓画像配置	267
图 5.19	昭通东晋霍承嗣墓墓主画像及题记	269
图 5.20	洛阳西朱村曹魏大墓石牌物品分类统计	274
图 6.1	大同方山永固陵陵园地面遗迹	282
图 6.2	邺城东魏北齐墓葬分区示意图	283
图 6.3	东汉和南朝神道石柱	283
图 6.4	北魏解兴石堂结构及壁画	284
图 6.5	大同北魏石椁壁画	285
图 6.6	北朝石椁祆教祭祀画像	286
图 6.7	安阳固岸村东魏 M57 棺床出土场景	286
图 6.8	弗利尔美术馆藏石棺床台座	287
图 6.9	大同沙岭北魏壁画墓东壁和南壁画像	288
图 6.10	大同仝家湾北魏墓 M9 正壁壁画及墓门题记	289
图 6.11	洛阳北魏元乂墓天象图	290
图 6.12	磁县湾漳大墓墓道壁画	291
图 6.13	太原北齐徐显秀墓壁画	292
图 6.14	山西北齐墓主画像	293
图 6.15	朔州水泉梁墓壁画的分层现象	294
图 6.16	临朐崔芬墓西壁出行图	295
图 6.17	济南市马家庄武平二年墓壁画配置	296
图 6.18	北魏平城墓区分布示意图	301
图 6.19	洛阳北魏皇室陵区示意图	307

图 6.20	大同方山永固陵墓室结构	319
图 6.21	大同司马金龙墓结构及陈设	320
图 6.22	北魏平城时期的墓室结构	322
图 6.23	大同北魏宋绍祖夫妇合葬墓的墓室空间	324
图 6.24	洛阳北魏墓室空间	327
图 6.25	邺城东魏北齐高等级墓的墓室空间	331
图 6.26	晋阳及周边地区北齐墓的墓室空间	334
图 6.27	长安和原州北周墓的墓室空间	337
图 6.28	丹阳南朝大墓的墓室空间	341
图 6.29	宁懋石室画像配置示意图	353
图 6.30	宁懋石室后壁内面画像	354
图 6.31	宁懋石室外壁左右山墙孝子故事图	355
图 6.32	宁懋石室后壁外面"宁懋夫妇图"	357
图 6.33	大同北魏司马金龙墓石棺床	369
图 6.34	私人藏东魏胡客翟门生石棺床画像	373
图 6.35	安阳固岸村东魏 M57 石棺床画像配置	375
图 6.36	沁阳西向石棺床画像配置	375
图 6.37	北周康业墓围屏石棺床画像摹本	377
图 6.38	弗利尔美术馆藏石棺床想象复原图	379
图 6.39	弗利尔石棺床台座线图	380
图 6.40	榆社孙龙石棺前挡画像	383
图 6.41	北魏曹连石棺画像配置	385
图 6.42	北周李诞石棺画像	385
图 6.43	北魏洛阳石棺和壁画中的守门武士像	386
图 6.44	大同沙岭北魏壁画墓画像配置	391

图 6.45	磁县北齐高润墓正壁画像	397
图 6.46	朔州水泉梁墓壁画的二次绘制内容	400
图 6.47	临朐崔芬墓壁画配置	402
图 6.48	固原北周李贤墓壁画配置	407
图 6.49	建康附近南朝帝陵拼合画像砖的配置	417
图 6.50	南京西善桥宫山大墓竹林七贤与荣启期拼合砖画	419
图 6.51	南京狮子冲 M1 西壁竹林七贤拼合砖画	420
图 6.52	邓县画像砖墓图像配置示意图	424
图 6.53	邓县学庄南朝画像砖	425
图 6.54	墓室图像的空间意涵	432
图 6.55	大同皇兴三年邢合姜墓志	437
图 6.56	大同皇兴三年邢合姜石椁画像配置	438
图 6.57	长川 1 号高句丽壁画墓前室壁画配置	444
图 6.58	长川 1 号高句丽壁画墓前室藻井礼佛图	446
图 7.1	隋炀帝和萧后同茔异穴合葬墓	464
图 7.2	武惠妃（贞顺皇后）石椁	465
图 7.3	嘉祥隋徐敏行墓壁画	466
图 7.4	作为墓主像背景的屏风（画中屏）	467
图 7.5	靖边县杨会石椁内壁彩绘人物	468
图 7.6	唐燕妃墓屏风画	469
图 7.7	唐韩休墓西壁与东壁壁画	470
图 7.8	太原唐赫连山墓墓室空间	471
图 7.9	太原唐赫连山墓墓室壁画透视	472
图 7.10	太原金胜村化工焦化厂唐墓壁画透视	473
图 7.11	吐鲁番哈拉和卓墓地出土屏风画	474

图 7.12	日本奈良正仓院藏鸟毛文字纸屏风	475
图 7.13	蒙古国乌兰克热姆墓平剖面图及陶俑	476
图 7.14	蒙古国乌兰克热姆墓壁画	477
图 7.15	潼关税村墓（杨勇墓）平剖面图	500
图 7.16	隋李静训墓平面及空间配置	503
图 7.17	唐代皇室成员的双室砖墓	508
图 7.18	唐代单室砖墓	512
图 7.19	李宪墓透视图	515
图 7.20	唐代单室土洞墓（金乡县主夫妇合葬墓）	517
图 7.21	隋李和石棺画像配置图	519
图 7.22	隋李和石棺线刻画像	521
图 7.23	潼关税村隋墓石棺画像摹本	525
图 7.24	隋李静训墓石棺	526
图 7.25	唐李寿石椁正立面画像	533
图 7.26	永泰公主石椁画像配置	534
图 7.27	李宪石椁画像配置	536
图 7.28	潼关税村墓壁画配置	546
图 7.29	李寿墓壁画配置图	546
图 7.30	懿德太子墓壁画配置	550
图 7.31	李宪墓壁画配置	550
图 7.32	新城长公主墓墓室壁画	552
图 7.33	惠庄太子李撝墓壁画	553
图 7.34	青州北齐屏风画	558
图 7.35	靖边县杨会石椁外观	561
图 7.36	唐李勣墓壁画配置	568

图 7.37　节愍太子李重俊墓壁画配置　570

图 7.38　节愍太子李重俊墓西壁屏风画　571

图 7.39　唐苏思勖墓西壁与东壁壁画　573

图 7.40　伊川昌营村唐代石椁　583

图 7.41　唐安菩夫妇墓石门线刻门吏像　584

图 7.42　唐薛儆墓石椁及石门线刻画像　589

图 7.43　蒙古国仆固乙突墓平剖面图及墓园平面图　596

图 8.1　死亡考古学的研究内容　612

表格索引

表 6.1　北朝房形石椁画像配置与内容　　　　　　347

表 6.2　北朝画像石棺床形制与画像　　　　　　　364

表 6.3　北朝石棺画像　　　　　　　　　　　　　382

表 6.4　平城墓室壁画内容与布局　　　　　　　　388

表 6.5　邺城、晋阳北齐墓室壁画布局与内容　　　393

表 6.6　青州地区北齐墓室壁画　　　　　　　　　401

表 6.7　南朝画像砖配置与内容　　　　　　　　　410

表 6.8　平城北魏墓葬佛教类图像　　　　　　　　433

表 7.1　唐代殿堂式石椁画像配置与内容　　　　　528

表 7.2　唐代墓室屏风画配置方式与内容　　　　　562

后　记

很多考古从业者可能都被问到过这样的问题："考古就是挖墓吗？""你们为什么要挖墓？"语气中充满了好奇，也隐藏着一些不解，甚至一丝责难。我们当然可以以"考古可不是盗墓""我们是为了研究历史（或保护文物）"来回应，但这样的回应多少有些苍白，并不能打消问话者的疑虑。那么，对于一名考古学者来说，墓葬到底意味着什么？研究墓葬到底要达到什么样的学术目的？

中国墓葬的考古史几乎与中国现代考古学的发展同步，从郭宝钧、陈公柔等对商周墓葬的研究，到杨树达、杨宽、俞伟超、李如森等对汉墓的研究，再到当今越来越多的考古研究者，都用墓葬资料来诠释古代丧葬礼制、建构文化史，用来辅证传世文献记载的政治史与社会史。这些当然是墓葬考古的重要内容，也是过去二十多年我的研究主题，但现在，我更愿意把墓葬当作一种人文主题的研究对象，更希望聚焦于人类自身——人类的死亡与生命。

墓葬从本质上来说属于"死亡的遗存"，它以一种特殊的方式"记录"了古人的死亡，见证了古人处理死亡的方式、对待死亡的态度。在不同时代、不同地区、不同形态的古代文明中，死亡遗存的形式千差万别，但都是特定丧葬仪式的结果，都是生者对于死亡的认知与表达，其间的差异反映了人类文化的多样性。通过这些"死亡的遗存"来观察古人的丧葬行为和对待死亡的态度，是对人类自身命运的关切，也是作为人文学科的考古学所应秉持的人文取向。墓葬考古直面的是死亡，但关切的却是现世的生命与生活，以及与之关联的信仰、审美、情感、尊严等人文主题，采取的是一种独特的由死及生地探索人类历史的研究路径。

正是基于这样的人文取向，我在本书中尝试以"死亡考古"来解读中古中国的丧葬模式、丧葬礼仪与丧葬观念，希望揭示这个时期丧葬行为中的人文内核及其传承脉络。这个写作思路主要是对自己以往所持文化史研究方法的一种反思、一个改变，或可称为"人文转向"。但由于学力所限，目标远未达成，其中必有很多错讹之处和肤浅之谈，还希望方家不吝指正。

本书主要是在新冠疫情期间完成的。在疫情刚开始的时候，行动还很自由，交通异常畅通，学校也非常安静。那段时间，我几乎每天驱车前往办公室，日出而作、日落而息，每天心无旁骛地思考、写作，效率奇高。现在，对那段"非常"的日子竟有一丝怀念。但它毕竟只是人类历史上的一个非常瞬间，常态终究还是忙碌、纷乱但真实。虽然怀念，还是希望那种"非常"的日子永不再见。

本书是国家社会科学基金 2017 年度一般项目的结项成果，有幸入选 2022 年度国家哲学社会科学成果文库，感谢全国哲学社会科学工作办公室以及评委专家们的指导，我已尽量吸收他们的宝贵意见。最后，要感谢上海古籍出版社的编辑同事们，正是他们认真、高效、专业的工作，使得这本小书能顺利出版，在此向他们深深地致谢、致敬！

李梅田
2023 年 3 月于中国人民大学人文楼

Summary

"Burial Modes and Ritual Spaces in Medieval China" attempts to comprehensively examine the tombs of medieval China (from the 3rd BC century to the 9th century AD) from a relatively new perspective. Based on the established spatial and temporal framework of burial remains, the burials of this period are classified into several burial modes, and the relationship between burial space and funeral rituals is examined. The social mechanisms and ideological factors behind the formation and evolution of each burial mode are also explained.

This book draws on interdisciplinary theories of thanatology and argues for viewing tomb remains from the perspective of thanatology. This means treating archaeological remains of burials as remains of death, and studying cultural and social phenomena related to death, as well as the attitudes and coping mechanisms of ancient people towards death. This approach is referred to as the "Archaeology of Death" and covers three main aspects: burial space, burial rituals, and burial beliefs. Firstly, the analysis of the spatial form of tombs is the foundation for the study of "Archaeology of Death" since archaeological remains of tombs are often incomplete, but the burial space is usually complete and clear. Secondly, the spatial form of a tomb always reflects specific forms of burial rituals. By combining the historical records related to burial rituals, we can "observe" the funerary activities that took place in the burial space. Thirdly, burial rituals are a way of dealing with death, reflecting the attitudes of the living towards death within a specific cultural context. They express specific religions or mainstream ideologies in funerary practices.

The book is divided into eight chapters: Chapter 1 reviews the research of burial studies and seeks a new approach that might be suitable for the actual situation of

Chinese archaeology. Chapter 2 discusses the duality of bodily soul and spiritual soul and argues that the behavior of "hiding in the tomb" and "enshrining in the temple" based on the duality of bodily soul and spiritual soul is the most critical reason that influenced burial modes in medieval China. Chapter 3 discusses the burial mode from the pre-Qin to the early Western Han period, characterized by the closed structure of earth-pit chambers with a well-shaped wooden coffin, forming the burial mode of earlier ancient China. The main features of this burial mode are the symbolic meanings of permanent farewell and the separation of life and death. Chapter 4 discusses the burial mode of the Qin and Han periods and summarizes the mode that gradually formed after the mid-Western Han period as house-modeled tomb chambers, which are relatively open burial spaces. The new spatial form provided the possibility and necessity for the emergence of funerary art. The rich pictorial representations in tombs express the cosmological, historical, ethical views of the Han people and the life of the tomb owners. Chapter 5 discusses the formation and development of burial modes in the Wei and Jin periods against the backdrop of social changes between the Han and Jin dynasties, arguing that burial rituals became more private, and under the influence of mainstream ideologies, the burial mode evolved towards a simpler form. Chapter 6 discusses the regional differences in burial modes during the Northern and Southern Dynasties from the perspectives of burial space, funerary images, and the ambiguous relationship between Buddhism and funerary practices, as well as the retrogression and innovation in ritual practices. Chapter 7 is a discussion of the burial modes during the Sui and Tang dynasties, focusing on the reconstruction and manifestation of the funeral order after the reunification of the country. The new order inherited, integrated, and innovated the traditions of the Han, Wei-Jin, and Northern-Southern dynasties respectively, forming a Tang burial mode characterized by the strict hierarchical norms. Chapter 8 is a conclusion of the entire book, examining the changes in views on life and death reflected in burial modes in the medieval period. It also reflects on the purpose, content, and methodology of tomb research and expounds on the research approach of "Archaeology of Death".